해커스 토익 LC

실전 **1000**제 1
LISTENING

해설집

해커스 어학연구소

최신 토익 경향을 완벽하게 반영한
해커스 토익 실전 1000제 1 LISTENING 해설집을 내면서

해커스 토익이 항상 독보적인 베스트셀러의 자리를 지킬 수 있는 것은 늘 **처음과 같은 마음**으로 더 좋은 책을 만들기 위해 고민하고, **최신 경향을 반영하기 위해 끊임없이 노력**하기 때문입니다.

그리고 이러한 노력 끝에 **최신 토익 경향을 반영**한《**해커스 토익 실전 1000제 1 Listening 해설집**》(**최신 개정 판**)을 출간하게 되었습니다.

최신 출제 경향의 문제 이해로 실전 완벽 대비!

최신 토익 출제 경향이 완벽 반영된《**해커스 토익 실전 1000제 1 Listening 문제집**》의 모든 문제 유형을 세분화하고, 각 유형에 따른 명쾌한 해설로 문제를 제대로 이해하고 풀 수 있도록 하였습니다. 이러한 문제 이해를 바탕으로 실전에 보다 철저하게 대비할 수 있으며, 나아가 토익 리스닝 실력 또한 향상시킬 수 있도록 하였습니다.

상세한 해설과 문제 풀이 전략 적용을 통한 고득점 달성!

모든 문제에 대한 스크립트, 해석, 정답에 대한 해설은 기본이고, 오답까지 상세하게 분석한 해설과 중요 어휘를 수록하여 문제를 확실하게 이해하고 학습할 수 있습니다. 또한, 모든 문제에 난이도를 표시하여 자신의 실력과 학습 목표에 따라 학습할 수 있을 뿐만 아니라, 지문에서 정답의 단서가 되는 부분이 질문이나 정답 보기에서 어떻게 바뀌어 표현되었는지를 한눈에 확인할 수 있는 '바꾸어 표현하기' 등 문제 풀이에 실질적으로 도움이 되는 구성도 함께 수록하여 실전 고득점 달성이 가능합니다.

《**해커스 토익 실전 1000제 1 Listening 해설집**》이 여러분의 토익 목표 점수 달성에 확실한 해결책이 되고 영어 실력 향상, 나아가 여러분의 꿈을 향한 길에 믿음직한 동반자가 되기를 소망합니다.

해커스 어학연구소

CONTENTS

상세한 해설집으로 토익 점수

확실하게 잡는다!

PART 1 해설 미리보기

1. 문제, 해석
2. 국가별 발음 표시
3. 난이도
4. 문제 유형
5. 해설
6. 어휘

PART 1

1

미국식 발음

(A) A woman is fixing a device.
(B) A woman is taking a wallet out of her handbag.
(C) A woman is arranging flowers in a vase.
(D) A woman is examining some clothing on a rack.

(A) 한 여자가 기기를 수리하고 있다.
(B) 한 여자가 핸드백에서 지갑을 꺼내고 있다.
(C) 한 여자가 화병에 꽃을 정리하고 있다.
(D) 한 여자가 걸이에 있는 옷을 살펴보고 있다.

■ 1인 사진 정답 (D)

한 여자가 옷을 살펴보고 있는 모습과 주변 사물의 상태를 주의 깊게 살핀다.
(A) [×] fixing(수리하고 있다)은 여자의 동작과 무관하므로 오답이다. 사진에 있는 기기(device)를 사용하여 혼동을 주었다.
(B) [×] taking a wallet out(지갑을 꺼내고 있다)은 여자의 동작과 무관하고, 사진에 지갑(wallet)과 핸드백(handbag)이 없으므로 오답이다.
(C) [×] arranging(정리하고 있다)은 여자의 동작과 무관하므로 오답이다. 사진에 있는 꽃(flowers)과 화병(vase)을 사용하여 혼동을 주었다.
(D) [○] 걸이에 있는 옷을 살펴보고 있는 여자의 모습을 가장 잘 묘사한 정답이다.

어휘 device[diváis] 기기 arrange[əréindʒ] 정리하다, 준비하다 examine[igzǽmin] 살펴보다 rack[ræk] 걸이

PART 2 해설 미리보기

1. 문제, 해석
2. 국가별 발음 표시
3. 난이도
4. 문제 유형
5. 해설
6. 어휘

PART 2

7

캐나다식 발음 → 미국식 발음

What play have you decided on going to see?
(A) The new one with Judd Kinsley.
(B) She is a famous movie producer.
(C) No, it's going really well.

당신은 무슨 연극을 보러 가기로 결정했나요?
(A) Judd Kinsley가 나오는 새로운 것이요.
(B) 그녀는 유명한 영화 제작자예요.
(C) 아니요, 그것은 매우 잘되고 있어요.

■ What 의문문 정답 (A)

무슨 연극을 보러 가기로 결정했는지를 묻는 What 의문문이다.
(A) [○] Judd Kinsley가 나오는 새로운 것이라는 말로 자신이 보러 가기로 결정한 연극을 언급했으므로 정답이다.
(B) [×] She가 나타내는 대상이 질문에 없으므로 오답이다. play(연극)와 관련 있는 producer(제작자)를 사용하여 혼동을 주었다.
(C) [×] 의문사 의문문에 No로 응답했으므로 오답이다. 질문의 play(연극)를 나타낼 수 있는 it을 사용하고, 질문의 going을 반복 사용하여 혼동을 주었다.

어휘 play[plei] 연극 decide[disáid] 결정하다 producer[prədúːsər] 제작자

PART 1 & 2

1. 문제, 해석

최신 출제 경향과 난이도가 반영된 문제를 해설집에도 그대로 수록하였습니다. 해설을 보기 전에, 문제를 다시 한 번 풀어보며 자신이 어떤 과정으로 정답을 선택했는지 되짚어보고, 함께 수록된 정확한 해석을 보며 문제를 확실히 이해하고 문장 구조를 꼼꼼하게 파악합니다.

2. 국가별 발음 표시

문제의 음성이 미국 · 캐나다 · 영국 · 호주식 영어 발음 중 어떤 발음인지를 표시하였습니다. 국가별 발음 표시를 통해 아는 단어인데도 국가별 발음 차이 때문에 잘 들리지 않았던 발음과 취약했던 발음 등을 파악하여 집중 연습할 수 있도록 합니다.

3. 난이도

사전 테스트를 거쳐 검증된 문제별 난이도를 '하, 중, 상, 최상'의 4단계로 나누어 각 문제 번호 아래에 표시하였습니다. 각 문제별 난이도를 참고하여 자신의 실력과 학습 목표에 따라 학습할 수 있습니다.

4. 문제 유형

자주 틀리는 문제 유형을 쉽게 파악할 수 있도록 모든 문제마다 문제 유형을 제시하였습니다. 문제 유형은 모두 《해커스 토익 Listening》의 목차 목록과 동일하여, 특정 유형에 대해 추가 학습이 필요할 경우 쉽게 참고할 수 있도록 하였습니다.

5. 해설

문제 유형별로 가장 효과적인 해결 방법을 제시하였을 뿐만 아니라, 오답 보기가 오답이 되는 이유까지도 상세하게 설명하였습니다. 이와 함께, 문제 풀이에 도움이 되는 사항을 추가로 제공하였습니다.

6. 어휘

문제 풀이 시 사전을 찾는 불편을 덜 수 있도록 문제에서 사용된 단어나 어구의 뜻을 발음 기호와 함께 수록하였습니다. 또한, 영국 · 호주식 발음으로 들려준 지문문제에서 어휘의 국가별 발음이 다를 경우, 미국 · 영국식 발음 기호를 모두 수록하여 국가별 발음 차이까지 익힐 수 있도록 하였습니다.

PART 3 & 4 해설 미리보기

1. 지문, 문제, 해석

2. 국가별 발음 표시

4. 정답의 단서

4. 정답의 단서

5. 어휘

6. 문제 유형

7. 해설

3. 난이도

8. 바꾸어 표현하기

■ PART 3

32 33 34

Questions 32-34 refer to the following conversation.

🔊 영국식 발음 → 캐나다식 발음

W: ³²/³³We have to prepare the rooftop so we have a place for the new solar panels.

M: But don't we already have enough empty space for them on the north side of the roof? ³³I'm worried because there are air conditioning units and fans on the rooftop.

W: Yes. But the panels must be on the south side rather than the north side so they receive direct sunlight. ³⁴Maybe we should consider moving the air conditioner units to the north side of the rooftop.

32 What is the conversation mainly about?
(A) Lowering an expense
(B) Selecting a location
(C) Repairing a machine
(D) Moving to a new office

33 What is the man concerned about?
(A) Employees take breaks too often.
(B) The solar panels are not efficient.
(C) A site is unsuitable for an installation.
(D) Air conditioners may not work properly.

34 What does the woman suggest doing?
(A) Installing fans in all of the offices
(B) Upgrading the air conditioning system
(C) Moving existing equipment to an empty space
(D) Replacing the building's roof

32-34번은 다음 대화에 관한 문제입니다.

W: ³²/³³새로운 태양 전지판들을 위한 공간이 있도록 우리는 옥상을 준비해야 해요.

M: 하지만 우리는 이미 지붕의 북쪽에 그것들을 위한 충분한 빈 공간을 가지고 있지 않나요? ³³옥상에 냉방 장치들과 환풍기들이 있어서 걱정이에요.

W: 네, 하지만 전지판들이 직사광선을 받도록 북쪽보다 남쪽에 있어야 해요. ³⁴아마도 우리는 냉방 장치들을 옥상의 북쪽으로 옮기는 것을 고려해야겠어요.

32. 대화는 주로 무엇에 관한 것인가?
(A) 비용을 낮추는 것
(B) 장소를 선정하는 것
(C) 기계를 수리하는 것
(D) 새로운 사무실로 옮기는 것

33. 남자는 무엇에 관해 걱정하는가?
(A) 직원들이 너무 자주 휴식을 취한다.
(B) 태양 전지판들이 효과가 없다.
(C) 장소가 설치에 적합하지 않다.
(D) 에어컨들이 제대로 작동하지 않을 수 있다.

34. 여자는 무엇을 하라고 제안하는가?
(A) 모든 사무실에 환풍기를 설치하는 것
(B) 에어컨 시스템을 업그레이드하는 것
(C) 현재 사용되는 기기를 빈 공간으로 옮기는 것
(D) 건물의 지붕을 교체하는 것

지문 prepare[미 pripɛ́ər, 영 pripɛ́ə] 준비하다, 마련하다 rooftop[미 rúːftɑːp, 영 rúːftɔp] 옥상 solar panel 태양 전지판
consider[미 kənsídər, 영 kənsídə] 고려하다, 생각하다
32 lower[lóuər] 낮추다 expense[ikspéns] 비용 repair[ripɛ́ər] 수리하다
33 efficient[ifíʃənt] 효과가 있는, 효율적인 site[sait] 장소, 현장 unsuitable[ʌnsúːtəbl] 적합하지 않은
34 existing[igzístiŋ] 현재 사용되는, 기존의 equipment[ikwípmənt] 기기, 장비 replace[ripléis] 교체하다, 대체하다

32 ■ 전체 대화 관련 문제 주제   정답 (B)
대화의 주제를 묻는 문제이므로, 대화의 초반을 반드시 듣는다. 여자가 남자에게 "We have to prepare the rooftop so we have a place for the new solar panels."라며 새로운 태양 전지판들을 위한 공간이 있도록 옥상을 준비해야 한다고 한 뒤, 태양 전지판을 설치할 장소를 선정하는 것에 관한 내용으로 대화가 이어지고 있다. 따라서 정답은 (B) Selecting a location이다.

33 ■ 세부 사항 관련 문제 문제점   정답 (C)
남자가 걱정하는 것을 묻는 문제이므로, 남자의 말에서 부정적인 표현이 언급된 다음을 주의 깊게 듣는다. 여자가 "We have to prepare the rooftop so we have a place for the new solar panels."라며 새로운 태양 전지판들을 위한 공간이 있도록 옥상을 준비해야 한다고 하자, 남자가 "I'm worried because there are air conditioning units and fans on the rooftop."이라며 옥상에 냉방 장치들과 환풍기들이 있어서 걱정이라고 하였다. 따라서 정답은 (C) A site is unsuitable for an installation이다.

34 ■ 세부 사항 관련 문제 제안   정답 (C)
여자가 제안하는 것을 묻는 문제이므로, 여자의 말에서 제안과 관련된 표현이 언급된 다음을 주의 깊게 듣는다. 여자가 "Maybe we should consider moving the air conditioner units to the north side of the rooftop."이라며 아마도 냉방 장치들을 옥상의 북쪽, 즉 비어 있는 공간으로 옮기는 것을 고려해야겠다고 하였다. 따라서 정답은 (C) Moving existing equipment to an empty space이다.

바꾸어 표현하기
air conditioner units 냉방 장치들 → equipment 기기

PART 3 & 4

1. 지문, 문제, 해석

최신 출제 경향과 난이도가 반영된 지문 및 문제를 해설집에도 그대로 수록하였습니다. 해설을 보기 전에, 문제를 다시 한번 풀어보며 자신이 어떤 과정으로 정답을 선택했는지 되짚어보고, 함께 수록된 정확한 해석을 보며 문제를 확실히 이해하고 문장 구조를 꼼꼼하게 파악합니다.

2. 국가별 발음 표시

문제의 음성이 미국·캐나다·영국·호주식 영어 발음 중 어떤 발음인지를 표시하였습니다. 아는 단어인데도 국가별 발음 차이 때문에 잘 들리지 않았던 발음과 취약했던 발음 등을 파악하여 집중 연습할 수 있도록 합니다.

3. 난이도

사전 테스트를 거쳐 검증된 문제별 난이도를 '하, 중, 상, 최상'의 4단계로 나누어 각 문제 번호 아래에 표시하였습니다. 각 문제별 난이도를 참고하여 자신의 실력과 학습 목표에 따라 학습할 수 있습니다.

4. 정답의 단서

정답을 선택하는 데 결정적인 단서가 되는 부분을 보라색으로 표시하였습니다. 해설을 읽기 전에 먼저 대화/지문에서 보라색으로 표시된 단서를 찾고, 정답을 선택하는 연습을 합니다.

5. 어휘

문제 풀이 시 사전을 찾는 불편을 덜 수 있도록 지문 및 문제에서 사용된 단어나 어구의 뜻을 발음 기호와 함께 수록하였습니다. 국가별로 발음에 차이가 있는 경우, 미국·영국식 발음 기호를 모두 수록하여 국가별 발음 차이까지 익힐 수 있도록 하였습니다.

6. 문제 유형

모든 문제에 세분화된 유형을 표시하여 해설에서 출제 유형에 따른 문제 풀이 방법을 익힐 수 있도록 하였습니다. 문제 유형은 모두 《해커스 토익 Listening》의 목차 목록과 동일하여, 특정 유형에 대해 추가 학습이 필요할 경우 쉽게 참고할 수 있도록 하였습니다.

7. 해설

질문 유형별로 가장 효율적인 해결 방법이 적용된 문제 풀이 방법을 제시하였습니다. 대화/지문에서 주의 깊게 들어야 할 부분이나 파악해야 할 사항을 확인하는 단계부터 대화/지문을 들으며 정답을 선택하는 문제 풀이 과정을 읽는 것만으로도 자연스럽게 Part 3·4의 문제 풀이 전략을 익힐 수 있습니다.

8. 바꾸어 표현하기

대화/지문의 내용이 질문이나 정답 보기에서 바꾸어 표현된 경우, [대화/지문의 표현 → 정답 보기의 표현] 혹은 [질문의 표현 → 대화/지문의 표현]으로 정리하여 한눈에 확인할 수 있도록 하였습니다. 이를 통해 Part 3·4 풀이 전략을 익히고 나아가 고득점 달성이 가능하도록 하였습니다.

토익 소개 및 시험장 Tips

토익이란 무엇인가?

TOEIC은 **Test Of English for International Communication**의 약자로 영어가 모국어가 아닌 사람들을 대상으로 언어 본래의 기능인 '커뮤니케이션' 능력에 중점을 두고 일상생활 또는 국제 업무 등에 필요한 실용영어 능력을 평가하는 시험입니다. 토익은 일상생활 및 비즈니스 현장에서 필요로 하는 내용을 평가하기 위해 개발되었고 다음과 같은 실용적인 주제들을 주로 다룹니다.

- ▮ 협력 개발: 연구, 제품 개발
- ▮ 재무 회계: 대출, 투자, 세금, 회계, 은행 업무
- ▮ 일반 업무: 계약, 협상, 마케팅, 판매
- ▮ 기술 영역: 전기, 공업 기술, 컴퓨터, 실험실
- ▮ 사무 영역: 회의, 서류 업무
- ▮ 물품 구입: 쇼핑, 물건 주문, 대금 지불

- ▮ 식사: 레스토랑, 회식, 만찬
- ▮ 문화: 극장, 스포츠, 피크닉
- ▮ 건강: 의료 보험, 병원 진료, 치과
- ▮ 제조: 생산 조립 라인, 공장 경영
- ▮ 직원: 채용, 은퇴, 급여, 진급, 고용 기회
- ▮ 주택: 부동산, 이사, 기업 부지

토익의 파트별 구성

구성		내용	문항 수	시간	배점
Listening Test	Part 1	사진 묘사	6문항 (1번~6번)	45분	495점
	Part 2	질의 응답	25문항 (7번~31번)		
	Part 3	짧은 대화	39문항, 13지문 (32번~70번)		
	Part 4	짧은 담화	30문항, 10지문 (71번~100번)		
Reading Test	Part 5	단문 빈칸 채우기 (문법/어휘)	30문항 (101번~130번)	75분	495점
	Part 6	장문 빈칸 채우기 (문법/어휘/문장 고르기)	16문항, 4지문 (131번~146번)		
	Part 7	지문 읽고 문제 풀기(독해) - 단일 지문(Single Passage) - 이중 지문(Double Passages) - 삼중 지문(Triple Passages)	54문항, 15지문 (147번~200번) - 29문항, 10지문 (147번~175번) - 10문항, 2지문 (176번~185번) - 15문항, 3지문 (186번~200번)		
Total		7 Parts	200문항	120분	990점

토익 접수 방법 및 성적 확인

1. 접수 방법
- 접수 기간을 TOEIC위원회 인터넷 사이트(www.toeic.co.kr) 혹은 공식 애플리케이션에서 확인하고 접수합니다.
- 접수 시 jpg형식의 사진 파일이 필요하므로 미리 준비합니다.

2. 성적 확인
- 시험일로부터 약 10일 이후 TOEIC위원회 인터넷 사이트(www.toeic.co.kr) 혹은 공식 애플리케이션에서 확인합니다. (성적 발표 기간은 회차마다 상이함)
- 시험 접수 시, 우편 수령과 온라인 출력 중 성적 수령 방법을 선택할 수 있습니다.
  *온라인 출력은 성적 발표 즉시 발급 가능하나, 우편 수령은 약 7일가량의 발송 기간이 소요될 수 있습니다.

시험 당일 준비물

| 신분증 | 연필&지우개 | 시계 | 수험번호를 적어둔 메모 | 오답노트&단어암기장 |

* 시험 당일 신분증이 없으면 시험에 응시할 수 없으므로, 반드시 ETS에서 요구하는 신분증(주민등록증, 운전면허증, 공무원증 등)을 지참해야 합니다.
  ETS에서 인정하는 신분증 종류는 TOEIC위원회 인터넷 사이트(www.toeic.co.kr)에서 확인 가능합니다.

시험 진행 순서

정기시험/추가시험(오전)	추가시험(오후)	진행내용	유의사항
AM 9:30 - 9:45	PM 2:30 - 2:45	답안지 작성 오리엔테이션	10분 전에 고사장에 도착하여, 이름과 수험번호로 고사실을 확인합니다.
AM 9:45 - 9:50	PM 2:45 - 2:50	쉬는 시간	준비해간 오답노트나 단어암기장으로 최종 정리를 합니다. 시험 중간에는 쉬는 시간이 없으므로 화장실에 꼭 다녀오도록 합니다.
AM 9:50 - 10:10	PM 2:50 - 3:10	신분 확인 및 문제지 배부	
AM 10:10 - 10:55	PM 3:10 - 3:55	Listening Test	Part 1과 Part 2는 문제를 풀면서 정답을 바로 답안지에 마킹합니다. Part 3와 Part 4는 문제의 정답 보기 옆에 살짝 표시해두고, Listening Test가 끝난 후 한꺼번에 마킹합니다.
AM 10:55 - 12:10	PM 3:55 - 5:10	Reading Test	각 문제를 풀 때 바로 정답을 마킹합니다.

* 추가시험은 토요일 오전 또는 오후에 시행되므로 이 사항도 꼼꼼히 확인합니다.
* 당일 진행 순서에 대한 더 자세한 내용은 해커스토익(Hackers.co.kr) 사이트에서 확인할 수 있습니다.

파트별 형태 및 전략

Part 1 사진 묘사 (6문제)

사진을 가장 잘 묘사한 문장을 4개의 보기 중에서 고르는 유형

문제 형태

문제지	음성
1. 	Number 1. Look at the picture marked number 1 in your test book. (A) He is writing on a sheet of paper. (B) He is reaching for a glass. (C) He is seated near a window. (D) He is opening up a laptop computer.

해설 남자가 창문 근처에 앉아 있는 모습을 seated near a window(창문 근처에 앉아 있다)로 묘사한 (C)가 정답이다.

문제 풀이 전략

1. 보기를 듣기 전에 사진을 묘사할 수 있는 표현을 미리 연상합니다.

보기를 듣기 전에 사진을 보면서 사용 가능한 주어와 등장 인물의 동작이나 사물을 나타내는 동사 및 명사를 미리 연상합니다. 표현을 미리 연상하는 과정에서 사진의 내용을 정확하게 확인하게 되며, 연상했던 표현이 보기에서 사용될 경우 훨씬 명확하게 들을 수 있어 정답 선택이 수월해집니다.

2. 사진을 완벽하게 묘사한 것이 아니라 가장 적절하게 묘사한 보기를 선택합니다.

Part 1은 사진을 완벽하게 묘사한 보기가 아니라 가장 적절하게 묘사한 보기를 선택해야 합니다. 이를 위해 Part 1의 문제를 풀 때 O, ×를 표시하면서 보기를 들으면 오답 보기를 확실히 제거할 수 있어 정확히 정답을 선택할 수 있습니다. 특별히 Part 1에서 자주 출제되는 오답 유형을 알아두면 ×를 표시하면서 훨씬 수월하게 정답을 선택할 수 있습니다.

Part 1 빈출 오답 유형
- 사진 속 사람의 동작을 잘못 묘사한 오답
- 사진에 없는 사람이나 사물을 언급한 오답
- 사진 속 사물의 상태나 위치를 잘못 묘사한 오답
- 사물의 상태를 사람의 동작으로 잘못 묘사한 오답
- 사진에서는 알 수 없는 사실을 진술한 오답
- 혼동하기 쉬운 어휘를 이용한 오답

* 실제 시험을 볼 때, Part 1 디렉션이 나오는 동안 Part 5 문제를 최대한 많이 풀면 전체 시험 시간 조절에 도움이 됩니다. 하지만 "Now, Part 1 will begin"이라는 음성이 들리면 바로 Part 1으로 돌아가서 문제를 풀도록 합니다.

Part 2 질의 응답 (25문제)

영어로 된 질문을 듣고 가장 적절한 응답을 3개의 보기 중에서 고르는 유형

문제 형태

문제지	음성
7. Mark your answer on your answer sheet.	Number 7. When is the presentation going to be held? (A) I'm going to discuss sales levels. (B) Sometime on Tuesday. (C) He handled the preparations.

해설　의문사 When을 이용하여 발표가 진행될 시기를 묻고 있는 문제이므로 Sometime on Tuesday라는 시점을 언급한 (B)가 정답이다.

문제 풀이 전략

1. 질문의 첫 단어는 절대 놓치지 않도록 합니다.

Part 2의 문제 유형은 질문의 첫 단어로 결정되므로 절대 첫 단어를 놓치지 않아야 합니다. Part 2에서 평균 11문제 정도 출제되는 의문사 의문문은 첫 단어인 의문사만 들으면 대부분 정답을 선택할 수 있습니다. 그리고 다른 유형의 문제도 첫 단어를 통하여 유형, 시제, 주어 등 문제 풀이와 관련된 기본적인 정보를 파악할 수 있습니다.

2. 오답 유형을 숙지하여 오답 제거 방법을 100% 활용하도록 합니다.

Part 2에서는 오답의 유형이 어느 정도 일정한 패턴으로 사용되고 있습니다. 따라서 오답 유형을 숙지해두어 문제를 풀 때마다 오답 제거 방법을 최대한 활용하도록 합니다. 이를 위해 Part 2의 문제를 풀 때 ○, ×를 표시하면서 보기를 들으면 오답 보기를 확실히 제거할 수 있어 정확히 정답을 선택할 수 있습니다.

Part 2 빈출 오답 유형

· 질문에 등장한 단어를 반복하거나, 발음이 유사한 어휘를 사용한 오답

· 동의어, 관련 어휘, 다의어를 사용한 오답

· 주체나 시제를 혼동한 오답

· 정보를 묻는 의문사 의문문에 Yes/No로 응답한 오답

* 실제 시험을 볼 때, Part 2 디렉션이 나오는 동안 Part 5 문제를 최대한 많이 풀면 전체 시험 시간 조절에 도움이 됩니다. 하지만 "Now, let us begin with question number 7"이라는 음성이 들리면 바로 Part 2로 돌아가서 문제를 풀도록 합니다.

▌Part 3 짧은 대화 (39문제)

· 2~3명이 주고받는 짧은 대화를 듣고 관련 질문에 대한 정답을 고르는 유형
· 구성: 총 13개의 대화에 39문제 출제 (한 대화 당 3문제, 일부 대화는 3문제와 함께 시각 자료가 출제)

문제 형태

문제지	음성
32. What are the speakers mainly discussing? (A) Finding a venue (B) Scheduling a renovation (C) Choosing a menu (D) Organizing a conference 33. What does the woman offer to do? (A) Visit a nearby event hall (B) Revise a travel itinerary (C) Make a booking (D) Contact a facility manager 34. What does the woman mean when she says, "we're all set"? (A) Some furniture will be arranged. (B) Some memos will be circulated. (C) An update will be installed. (D) An area will be large enough.	Questions 32 through 34 refer to the following conversation. W: Joseph, I'm worried it'll be too chilly for the outdoor luncheon we've planned for Wednesday. M: I agree. We'd better book an event hall instead. W: How about Wolford Hall? I'm looking at its Web site now, and it appears to be available. M: Oh, that'd be ideal. That place is near our office, so staff won't have to travel far. W: I can book the hall now, if you want. We need it from 11 A.M. to 2 P.M., right? M: Yeah. Just make sure it can accommodate 50 people. W: It says it'll hold up to 70, so we're all set. M: Perfect. I'll send staff an e-mail with the updated details. Number 32. What are the speakers mainly discussing? Number 33. What does the woman offer to do? Number 34. What does the woman mean when she says, "we're all set"?

해설 32. 대화의 주제를 묻는 문제이다. 여자가 it'll be too chilly for the outdoor luncheon이라며 야외 오찬을 하기에는 날씨가 너무 쌀쌀할 것 같다고 하자, 남자가 We'd better book an event hall instead라며 대신 행사장을 예약하는 것이 낫겠다고 한 뒤, 행사를 위한 장소를 찾는 것에 관한 내용으로 대화가 이어지고 있다. 따라서 정답은 (A)이다.

33. 여자가 해주겠다고 제안하는 것을 묻는 문제이다. 여자가 I can book the hall now라며 지금 자신이 그 행사장을 예약할 수 있다고 하였다. 따라서 정답은 (C)이다.

34. 여자가 하는 말의 의도를 묻는 문제이다. 남자가 Just make sure it[hall] can accommodate 50 people이라며 행사장이 50명의 사람들을 수용할 수 있는지 확인하라고 하자, 여자가 it'll hold up to 70, so we're all set이라며 그것은 70명까지 수용할 것이니 우리는 준비가 다 되었다고 한 말을 통해 행사장의 공간이 충분히 클 것임을 알 수 있다. 따라서 정답은 (D)이다.

문제 풀이 전략

1. 대화를 듣기 전에 반드시 질문과 보기를 먼저 읽어야 합니다.

① Part 3의 디렉션을 들려줄 때 32번부터 34번까지의 질문과 보기를 읽으면, 이후 계속해서 대화를 듣기 전에 질문과 보기를 미리 읽을 수 있습니다.

② 질문을 읽을 때에는 질문 유형을 파악한 후, 해당 유형에 따라 어느 부분을 들을지와 어떤 내용을 들을지 듣기 전략을 세웁니다. 시각 자료가 출제된 대화의 경우, 시각 자료를 함께 확인하면서 시각 자료의 종류와 그 내용을 파악합니다.

③ 보기를 읽을 때에는 각 보기를 다르게 구별해주는 어휘를 선택적으로 읽어야 합니다. 특별히 보기가 문장일 경우, 주어가 모두 다르면 주어를, 주어가 모두 같으면 동사 또는 목적어 등의 중요 어휘를 키워드로 결정합니다.

2. 대화를 들으면서 동시에 정답을 선택합니다.

① 질문과 보기를 읽으며 세운 듣기 전략을 토대로, 대화를 들으면서 동시에 각 문제의 정답을 선택합니다.

② 3인 대화의 경우, 대화가 시작하기 전에 "Questions ~ refer to the following conversation with three speakers."라는 음성이 재생되므로 각 대화별 디렉션에도 집중해야 합니다.

③ 대화가 끝난 후 관련된 3개의 질문을 읽어줄 때 다음 대화와 관련된 3개의 질문과 보기를 재빨리 읽으면서 듣기 전략을 다시 세워야 합니다.

④ 만약 대화가 다 끝났는데도 정답을 선택하지 못했다면 가장 정답인 것 같은 보기를 선택하고, 곧바로 다음 대화에 해당하는 질문과 보기를 읽기 시작하는 것이 오답률을 줄이는 현명한 방법입니다.

3. 대화의 초반은 반드시 들어야 합니다.

① 대화에서 초반에 언급된 내용 중 80% 이상이 문제로 출제되므로 대화의 초반은 반드시 들어야 합니다.

② 특별히 대화의 주제를 묻는 문제, 대화자의 직업, 대화의 장소를 묻는 문제에 대한 정답의 단서는 대부분 대화의 초반에 언급됩니다.

③ 초반을 듣지 못하고 놓칠 경우 대화 후반에서 언급된 특정 표현을 사용한 보기를 정답으로 선택하는 오류를 범할 수 있으므로 각별히 주의해야 합니다.

Part 4 짧은 담화 (30문제)

· 짧은 담화를 듣고 관련 질문에 대한 정답을 고르는 유형
· 구성: 총 10개의 지문에 30문제 출제 (한 지문 당 3문제, 일부 지문은 3문제와 함께 시각 자료가 출제)

문제 형태

문제지	음성
<table><tr><td>Department</td><td>Manager</td></tr><tr><td>Accounting</td><td>Janet Lee</td></tr><tr><td>Sales</td><td>Sarah Bedford</td></tr><tr><td>Human Resources</td><td>David Weber</td></tr><tr><td>Marketing</td><td>Michael Brenner</td></tr></table> 95. What is the purpose of the announcement? (A) To explain a new project (B) To describe a job opening (C) To discuss a recent hire (D) To verify a policy change 96. Look at the graphic. Which department will Shannon Clark manage? (A) Accounting (B) Sales (C) Human Resources (D) Marketing 97. What will probably happen on September 1? (A) A job interview (B) A product launch (C) A staff gathering (D) An employee evaluation	Questions 95 through 97 refer to the following announcement and list. May I have your attention, please? I just received an e-mail from David Weber in human resources regarding a new manager. Shannon Clark will begin working here next month. Ms. Clark has over a decade of experience working for multinational corporations, so she brings a wealth of knowledge to our company. She will be replacing Michael Brenner, who is retiring this month. One of the other department managers . . . um, Janet Lee . . . has arranged a get-together on September 1 to introduce Ms. Clark. Food and beverages will be provided. Please give her a warm welcome. Number 95. What is the purpose of the announcement? Number 96. Look at the graphic. Which department will Shannon Clark manage? Number 97. What will probably happen on September 1?

해설 95. 공지의 목적을 묻는 문제이다. I just received an e-mail ~ regarding a new manager. Shannon Clark will begin working here next month라며 새로운 관리자에 관련된 이메일을 방금 받았으며, Shannon Clark가 다음 달에 이곳에서 근무를 시작할 것이라고 하였다. 따라서 정답은 (C)이다.

96. Shannon Clark가 관리할 부서를 묻는 문제이다. She[Shannon Clark] will be replacing Michael Brenner, who is retiring this month라며 Shannon Clark은 이달에 은퇴하는 Michael Brenner를 대신할 것이라고 하였으므로, Michael Brenner가 관리자로 일하던 마케팅 부서를 관리하게 될 것임을 표에서 알 수 있다. 따라서 정답은 (D)이다.

97. 9월 1일에 일어날 일을 묻는 문제이다. Janet Lee ~ has arranged a get-together on September 1라며 Janet Lee가 9월 1일에 열릴 모임을 마련했다고 하였다. 따라서 정답은 (C)이다.

문제 풀이 전략

1. 지문을 듣기 전에 반드시 질문과 보기를 먼저 읽어야 합니다.

① Part 4의 디렉션을 들려줄 때 71번부터 73번까지의 질문과 보기를 읽으면, 이후 계속해서 지문을 듣기 전에 질문과 보기를 미리 읽을 수 있습니다.

② 질문을 읽을 때에는 질문 유형을 파악한 후, 해당 유형에 따라 어느 부분을 들을지와 어떤 내용을 들을지 듣기 전략을 세웁니다. 시각 자료가 출제된 담화의 경우, 시각 자료를 함께 확인하면서 시각 자료의 종류와 그 내용을 파악합니다.

③ 보기를 읽을 때에는 각 보기를 다르게 구별해주는 어휘를 선택적으로 읽어야 합니다. 특별히 보기가 문장일 경우, 주어가 모두 다르면 주어를, 주어가 모두 같으면 동사 또는 목적어 등의 중요 어휘를 키워드로 결정합니다.

2. 지문을 들으면서 동시에 정답을 선택합니다.

① 질문과 보기를 읽으며 세운 듣기 전략을 토대로, 지문을 들으면서 동시에 각 문제의 정답을 곧바로 선택합니다.

② 지문의 음성이 끝날 때에는 세 문제의 정답 선택도 완료되어 있어야 합니다.

③ 지문의 음성이 끝난 후 관련된 3개의 질문을 읽어줄 때 다음 지문과 관련된 3개의 질문과 보기를 재빨리 읽으면서 듣기 전략을 다시 세워야 합니다.

④ 만약 지문이 다 끝났는데도 정답을 선택하지 못했다면 가장 정답인 것 같은 보기를 선택하고, 곧바로 다음 지문에 해당하는 질문과 보기를 읽기 시작하는 것이 오답률을 줄이는 현명한 방법입니다.

3. 지문의 초반은 반드시 들어야 합니다.

① 지문에서 초반에 언급된 내용 중 80% 이상이 문제로 출제되므로 지문의 초반을 반드시 들어야 합니다.

② 특별히 지문의 주제/목적 문제나 화자/청자 및 담화 장소 문제처럼 전체 지문 관련 문제에 대한 정답의 단서는 대부분 지문의 초반에 언급됩니다.

③ 초반을 듣지 못하고 놓칠 경우 더 이상 관련된 내용이 언급되지 않아 정답 선택이 어려워질 수 있으므로 주의해야 합니다.

수준별 맞춤 학습 플랜

TEST 01을 마친 후 자신의 환산 점수에 맞는 학습 플랜을 선택하여 매일매일 박스에 체크하며 공부합니다. 각 TEST를 마친 후, 다양한 자료를 활용하여 각 테스트를 꼼꼼하게 리뷰합니다.

* 각 테스트를 마친 후, 해당 테스트의 점수를 문제집 앞쪽에 있는 [토익 Listening 목표 달성기]에 기록하여 자신의 점수 변화를 확인할 수 있습니다.

400점 이상
2주 완성 학습 플랜
· 2주 동안 매일 테스트 1회분을 문제집 뒤의 Answer Sheet(p.229)를 활용하여 실전처럼 풀어본 후 꼼꼼하게 리뷰합니다.
· 틀렸던 문제와 난이도 최상 문제를 다시 한번 풀어보며 완벽하게 이해합니다.
· 틀린 문제는 정답 및 오답 해설을 보며 오답이 오답인 이유까지 확실하게 파악합니다.

	Day 1	Day 2	Day 3	Day 4	Day 5
Week 1	☐ Test 01 풀기 및 리뷰	☐ Test 02 풀기 및 리뷰	☐ Test 03 풀기 및 리뷰	☐ Test 04 풀기 및 리뷰	☐ Test 05 풀기 및 리뷰
Week 2	☐ Test 06 풀기 및 리뷰	☐ Test 07 풀기 및 리뷰	☐ Test 08 풀기 및 리뷰	☐ Test 09 풀기 및 리뷰	☐ Test 10 풀기 및 리뷰

300~395점
3주 완성 학습 플랜
· 3주 동안 첫째 날, 둘째 날에 테스트 1회분씩을 풀어본 후 꼼꼼하게 리뷰하고, 셋째 날에는 2회분에 대한 심화 학습을 합니다.
· 자신이 틀렸던 문제와 난이도 상 이상의 문제를 다시 한번 풀어보며 완벽하게 이해합니다.
· 틀린 문제는 정답 및 오답 해설을 보며 오답이 오답인 이유까지 확실하게 파악합니다.
· 모든 문제마다 표시된 문제 유형을 보고 자신이 자주 틀리는 문제 유형을 파악하고 보완합니다.
· 대화/지문에 보라색으로 표시된 정답의 단서를 보고 정답을 선택해보며 문제 풀이 노하우를 파악합니다.

	Day 1	Day 2	Day 3	Day 4	Day 5
Week 1	☐ Test 01 풀기 및 리뷰	☐ Test 02 풀기 및 리뷰	☐ Test 01&02 심화 학습	☐ Test 03 풀기 및 리뷰	☐ Test 04 풀기 및 리뷰
Week 2	☐ Test 03&04 심화 학습	☐ Test 05 풀기 및 리뷰	☐ Test 06 풀기 및 리뷰	☐ Test 05&06 심화 학습	☐ Test 07 풀기 및 리뷰
Week 3	☐ Test 08 풀기 및 리뷰	☐ Test 07&08 심화 학습	☐ Test 09 풀기 및 리뷰	☐ Test 10 풀기 및 리뷰	☐ Test 09&10 심화 학습

295점 이하

4주 완성 학습 플랜

- 4주 동안 이틀에 걸쳐 테스트 1회분을 풀고 꼼꼼하게 리뷰합니다.
- 틀렸던 문제와 난이도 중 이상의 문제를 다시 한번 풀어보며 완벽하게 이해합니다.
- 틀린 문제는 정답 및 오답 해설을 보며 오답을 고른 이유를 확실하게 파악합니다.
- 모든 문제마다 표시된 문제 유형을 보고 자신이 자주 틀리는 문제 유형을 파악하고 보완합니다.
- 대화/지문에 보라색으로 표시된 정답의 단서를 보고 정답을 선택해보며 문제 풀이 노하우를 파악합니다.
- Part 3·4의 중요한 바꾸어 표현하기를 정리하고 암기합니다.

	Day 1	Day 2	Day 3	Day 4	Day 5
Week 1	☐ Test 01 풀기	☐ Test 01 리뷰	☐ Test 02 풀기	☐ Test 02 리뷰	☐ Test 03 풀기
Week 2	☐ Test 03 리뷰	☐ Test 04 풀기	☐ Test 04 리뷰	☐ Test 05 풀기	☐ Test 05 리뷰
Week 3	☐ Test 06 풀기	☐ Test 06 리뷰	☐ Test 07 풀기	☐ Test 07 리뷰	☐ Test 08 풀기
Week 4	☐ Test 08 리뷰	☐ Test 09 풀기	☐ Test 09 리뷰	☐ Test 10 풀기	☐ Test 10 리뷰

해커스와 함께라면 여러분의 목표를 더 빠르게 달성할 수 있습니다!

자신의 점수에 맞춰 아래 해커스 교재로 함께 학습하시면 더욱 빠르게 여러분이 목표한 바를 달성할 수 있습니다.

400점 이상	300~395점	295점 이하
≪해커스 토익 Listening≫	≪해커스 토익 750+ LC≫	≪해커스 토익 스타트 Listening≫

▌TEST 01

🎧 TEST 01.mp3

실전용·복습용 문제풀이 MP3 무료 다운로드 및 스트리밍 바로듣기 (HackersIngang.com)
* 실제 시험장의 소음까지 재현해 낸 고사장 소음/매미 버전 MP3, 영국식·호주식 발음 집중 MP3, 고속 버전 MP3까지
  구매하면 실전에 더욱 완벽히 대비할 수 있습니다.

무료MP3 바로듣기

1
○○○●○
중

🔊 미국식 발음

(A) A woman is fixing a device.
(B) A woman is taking a wallet out of her handbag.
(C) A woman is arranging flowers in a vase.
(D) A woman is examining some clothing on a rack.

(A) 한 여자가 기기를 수리하고 있다.
(B) 한 여자가 핸드백에서 지갑을 꺼내고 있다.
(C) 한 여자가 화병에 꽃을 정리하고 있다.
(D) 한 여자가 걸이에 있는 옷을 살펴보고 있다.

■ 1인 사진   정답 (D)

한 여자가 옷을 살펴보고 있는 모습과 주변 사물의 상태를 주의 깊게 살핀다.
(A) [×] fixing(수리하고 있다)은 여자의 동작과 무관하므로 오답이다. 사진에 있는 기기(device)를 사용하여 혼동을 주었다.
(B) [×] taking a wallet out(지갑을 꺼내고 있다)은 여자의 동작과 무관하고, 사진에 지갑(wallet)과 핸드백(handbag)이 없으므로 오답이다.
(C) [×] arranging(정리하고 있다)은 여자의 동작과 무관하므로 오답이다. 사진에 있는 꽃(flowers)과 화병(vase)을 사용하여 혼동을 주었다.
(D) [○] 걸이에 있는 옷을 살펴보고 있는 여자의 모습을 가장 잘 묘사한 정답이다.

어휘   device[diváis] 기기   arrange[əréindʒ] 정리하다, 준비하다   examine[igzǽmin] 살펴보다   rack[ræk] 걸이

2
○●●●○
상

🔊 호주식 발음

(A) Some tools are scattered on the ground.
(B) A tree is surrounded by some tents.
(C) They are looking in a box.
(D) They are assembling cameras.

(A) 몇몇 도구들이 땅바닥에 흩어져 있다.
(B) 나무가 몇몇 텐트들에 둘러싸여 있다.
(C) 그들이 상자를 들여다보고 있다.
(D) 그들이 카메라를 조립하고 있다.

■ 2인 이상 사진   정답 (B)

야외에서 두 남녀가 캠핑 의자에 앉아 있는 모습과 주변 사물의 상태를 주의 깊게 살핀다.
(A) [×] 사진에서 흩어져 있는 도구들(tools)을 확인할 수 없으므로 오답이다. 사람들이 캠핑하고 있는 상황에서 연상할 수 있는 tools(도구들)를 사용하여 혼동을 주었다.
(B) [○] 나무가 텐트들에 둘러싸여 있는 상태를 정확히 묘사한 정답이다.
(C) [×] 사진에서 상자(box)를 확인할 수 없으므로 오답이다. 남자가 망원경으로 보고 있는 모습에서 연상할 수 있는 looking in(들여다보고 있다)을 사용하여 혼동을 주었다.
(D) [×] assembling(조립하고 있다)은 사람들의 동작과 무관하므로 오답이다.

어휘   scatter[미 skǽtər, 영 skǽtə] 흩뜨리다, 뿌리다   surround[səráund] 둘러싸다   assemble[əsémbl] 조립하다, 모으다

3
○○○●○
하

🔊 영국식 발음

(A) They are walking side by side.
(B) They are wearing ties.
(C) They are going into a building.
(D) They are standing under an umbrella.

(A) 그들은 나란히 걷고 있다.
(B) 그들은 넥타이를 착용하고 있다.
(C) 그들은 건물 안으로 들어가고 있다.
(D) 그들은 파라솔 아래 서 있다.

■ 2인 이상 사진   정답 (A)

두 남자가 건물을 등지고 걸어가고 있는 모습을 확인한다.
(A) [○] 나란히 걷고 있는 사람들의 모습을 가장 잘 묘사한 정답이다.
(B) [×] 사진에서 넥타이(ties)를 확인할 수 없으므로 오답이다. They are wearing(그들은 착용하고 있다)까지만 듣고 정답으로 선택하지 않도록 주의한다.
(C) [×] going into(들어가고 있다)는 사람들의 동작과 무관하므로 오답이다. 사진에 있는 건물(building)을 사용하여 혼동을 주었다.
(D) [×] standing under an umbrella(파라솔 아래에 서 있다)는 사람들의 동작과 무관하므로 오답이다. 사진에 있는 파라솔(umbrella)을 사용하여 혼동을 주었다.

어휘   side by side 나란히   go into 들어가다

4

🔊 캐나다식 발음

(A) A painting is beside a lamp.
(B) There is a tablecloth over the table.
(C) A cushion is propped up on an armchair.
(D) A clock is mounted on the wall.

(A) 그림이 전등 옆에 있다.
(B) 탁자 위에 테이블보가 있다.
(C) 쿠션이 안락의자 위에 받쳐져 있다.
(D) 시계가 벽에 고정되어 있다.

■ 사물 및 풍경 사진

정답 (C)

사진에 사람이 없다는 것과 실내에 있는 사물들의 위치 및 상태를 주의 깊게 살핀다.
(A) [×] 사진에서 전등(lamp)을 확인할 수 없으므로 오답이다. 사진에 있는 그림(painting)을 사용하여 혼동을 주었다.
(B) [×] 사진에서 테이블보(tablecloth)를 확인할 수 없으므로 오답이다. 사진에 있는 탁자(table)를 사용하여 혼동을 주었다.
(C) [○] 쿠션이 안락의자 위에 받쳐져 있는 모습을 정확히 묘사한 정답이다.
(D) [×] 사진에 시계(clock)가 없으므로 오답이다.

어휘 tablecloth[téibəlklɔːθ] 테이블보, 식탁보 prop up 받쳐주다, 지원하다 mount[maunt] 고정시키다, 올려놓다

5

🔊 영국식 발음

(A) The man is mopping the floor.
(B) The man is repositioning a bulletin board.
(C) The woman is carrying a bucket.
(D) The woman is plugging in a television.

(A) 남자가 바닥을 닦고 있다.
(B) 남자가 게시판을 옮기고 있다.
(C) 여자가 양동이를 들고 있다.
(D) 여자가 텔레비전에 전원을 연결하고 있다.

■ 2인 이상 사진

정답 (A)

사무실에서 두 남녀가 청소하고 있는 모습과 주변 사물의 상태를 주의 깊게 살핀다.
(A) [○] 바닥을 닦고 있는 남자의 모습을 정확히 묘사한 정답이다.
(B) [×] 사진에서 게시판(bulletin board)을 확인할 수 없으므로 오답이다. 사진의 장소인 사무실과 관련된 bulletin board(게시판)를 사용하여 혼동을 주었다.
(C) [×] carrying(들고 있다)은 여자의 동작과 무관하므로 오답이다. 사진에 있는 양동이(bucket)를 사용하여 혼동을 주었다.
(D) [×] plugging in(전원을 연결하고 있다)은 여자의 동작과 무관하고, 사진에서 텔레비전(television)을 확인할 수 없으므로 오답이다.

어휘 mop[미 mɑːp, 영 mɔp] 닦다 reposition[rìːpəzíʃən] (다른 장소로) 옮기다, ~의 위치를 바꾸다 bulletin board 게시판 bucket[bʌ́kit] 양동이
plug in 전원을 연결하다

6

🔊 미국식 발음

(A) A bottle cap is being removed.
(B) A wall is covered in brick.
(C) Some plants are placed on a table.
(D) Some shelves have been emptied.

(A) 병뚜껑이 제거되고 있다.
(B) 벽이 벽돌로 덮여 있다.
(C) 식물들이 탁자에 놓여 있다.
(D) 선반들이 비워져 있다.

■ 사물 및 풍경 사진

정답 (B)

사진에 사람이 없다는 것과 진열되어 있는 사물 및 주변 환경의 상태를 주의 깊게 살핀다.
(A) [×] 사진에서 병뚜껑은 보이지만 제거되고 있는(is being removed) 모습은 아니므로 오답이다. 사진에 있는 병뚜껑(bottle cap)을 사용하여 혼동을 주었다.
(B) [○] 벽이 벽돌로 덮여 있는 모습을 정확히 묘사한 정답이다.
(C) [×] 식물들이 선반에 놓여 있는데 탁자에 놓여 있다고 잘못 묘사했으므로 오답이다. Some plants are placed(식물들이 놓여 있다)까지만 듣고 정답으로 선택하지 않도록 주의한다.
(D) [×] 사진에 비워져 있는 선반들이 없으므로 오답이다. 사진에 있는 선반들(shelves)을 사용하여 혼동을 주었다.

어휘 remove[rimúːv] 제거하다, 떼어내다 brick[brik] 벽돌 empty[émpti] 비우다

PART 2

7
○○○○● 하

🔊 캐나다식 발음 → 미국식 발음

What play have you decided on going to see?

(A) The new one with Judd Kinsley.
(B) She is a famous movie producer.
(C) No, it's going really well.

당신은 무슨 연극을 보러 가기로 결정했나요?

(A) Judd Kinsley가 나오는 새로운 것이요.
(B) 그녀는 유명한 영화 제작자예요.
(C) 아니요, 그것은 매우 잘되고 있어요.

■ What 의문문

정답 (A)

무슨 연극을 보러 가기로 결정했는지를 묻는 What 의문문이다.
(A) [○] Judd Kinsley가 나오는 새로운 것이라는 말로 자신이 보러 가기로 결정한 연극을 언급했으므로 정답이다.
(B) [×] She가 나타내는 대상이 질문에 없으므로 오답이다. play(연극)와 관련 있는 producer(제작자)를 사용하여 혼동을 주었다.
(C) [×] 의문사 의문문에 No로 응답했으므로 오답이다. 질문의 play(연극)를 나타낼 수 있는 it을 사용하고, 질문의 going을 반복 사용하여 혼동을 주었다.

어휘   play[plei] 연극   decide[disáid] 결정하다   producer[prədú:sər] 제작자

8
○○○●○ 하

🔊 영국식 발음 → 캐나다식 발음

Who called you earlier this morning?

(A) Later in the afternoon.
(B) One of my clients.
(C) In my office.

오늘 아침 일찍 누가 당신에게 전화했나요?

(A) 오후 늦게요.
(B) 제 고객들 중 한 명이요.
(C) 제 사무실에서요.

■ Who 의문문

정답 (B)

오늘 아침 일찍 누가 전화했는지를 묻는 Who 의문문이다.
(A) [×] 질문의 earlier(일찍)와 반대 의미인 Later(늦게)를 사용하고, morning(아침)과 관련 있는 afternoon(오후)을 사용하여 혼동을 준 오답이다.
(B) [○] 자신의 고객들 중 한 명이라는 말로 오늘 아침 일찍 전화한 인물을 언급했으므로 정답이다.
(C) [×] 오늘 아침 일찍 누가 전화했는지를 물었는데, 장소로 응답했으므로 오답이다.

어휘   client[kláiənt] 고객

9
○○○●○ 중

🔊 미국식 발음 → 호주식 발음

Would you like to switch to a corner room?

(A) Turn the lights off, please.
(B) Around the corner.
(C) That would be nice.

코너 룸으로 변경하시겠어요?

(A) 전등을 꺼주세요.
(B) 모퉁이를 돌아서요.
(C) 그거 좋겠네요.

■ 제안 의문문

정답 (C)

코너 룸으로 변경하라는 제안 의문문이다. Would you like to가 제안하는 표현임을 이해할 수 있어야 한다.
(A) [×] 질문의 switch(변경하다)의 다른 의미인 '스위치'와 관련된 Turn ~ off(~을 끄다)를 사용하여 혼동을 준 오답이다.
(B) [×] 질문의 corner를 반복 사용하여 혼동을 준 오답이다.
(C) [○] 좋겠다는 말로 제안을 수락했으므로 정답이다.

어휘   switch[switʃ] 변경하다; 스위치   turn off ~을 끄다

10
○○○○
상

🎧 호주식 발음 → 영국식 발음

Are we going to fix the broken copier soon?

(A) No, I can't go this time.
(B) I've got my copy right here.
(C) A new one would be cheaper.

우리는 고장 난 복사기를 곧 고칠 건가요?

(A) 아니요, 저는 이번에 못 가요.
(B) 제가 바로 여기에 제 복사본을 가지고 있어요.
(C) 새로운 것이 더 저렴할 거예요.

■ Be 동사 의문문

정답 (C)

고장 난 복사기를 곧 고칠 건지를 묻는 Be 동사 의문문이다.
(A) [×] 질문의 going을 go로 반복 사용하여 혼동을 준 오답이다. No만 듣고 정답으로 고르지 않도록 주의한다.
(B) [×] copier – copy의 유사 발음 어휘를 사용하여 혼동을 준 오답이다.
(C) [○] 새로운 것이 더 저렴할 거라는 말로 고장 난 복사기를 곧 고치지 않을 것임을 간접적으로 전달했으므로 정답이다.

어휘 fix[fiks] 고치다, 수리하다

11
○○○○
중

🎧 영국식 발음 → 호주식 발음

How can I check the balance in my account?

(A) You can log on to the bank's Web site.
(B) Just charge it and pay later.
(C) The deal is fair for both parties.

저는 제 계좌의 잔고를 어떻게 확인할 수 있나요?

(A) 당신은 은행의 웹사이트에 로그인할 수 있어요.
(B) 그냥 신용카드로 지불하고 나중에 납부하세요.
(C) 그 거래는 두 당사자들에게 공평해요.

■ How 의문문

정답 (A)

자신의 계좌 잔고를 어떻게 확인할 수 있는지를 묻는 How 의문문이다.
(A) [○] 은행의 웹사이트에 로그인할 수 있다는 말로 계좌의 잔고를 확인할 수 있는 방법을 언급했으므로 정답이다.
(B) [×] account(계좌)에서 연상할 수 있는 행동과 관련된 charge(신용카드로 지불하다)를 사용하여 혼동을 준 오답이다.
(C) [×] 질문의 balance(잔고)의 다른 의미인 '균형'과 관련된 fair(공평한)를 사용하여 혼동을 준 오답이다.

어휘 balance[bǽləns] 잔고, 잔액, 균형 account[əkáunt] 계좌 charge[미 tʃɑːrdʒ, 영 tʃɑːdʒ] 신용카드로 지불하다 deal[미 diːl, 영 diəl] 거래
fair[미 fɛər, 영 feə] 공평한, 적당한 party[pɑ́ːrti] 당사자

12
○○○○
하

🎧 미국식 발음 → 호주식 발음

We need to increase our social media efforts.

(A) An ancient society.
(B) The media will be there.
(C) I agree, but I am no expert.

우리는 우리의 소셜 미디어 활동을 증가시켜야 해요.

(A) 고대 사회예요.
(B) 대중 매체가 그곳에 있을 거예요.
(C) 저도 동의해요, 하지만 저는 전문가가 아니에요.

■ 평서문

정답 (C)

자신들의 소셜 미디어 활동을 증가시켜야 한다는 의견을 제시하는 평서문이다.
(A) [×] social – society의 유사 발음 어휘를 사용하여 혼동을 준 오답이다.
(B) [×] 질문의 media(미디어)를 '대중매체'라는 의미의 명사로 반복 사용하여 혼동을 준 오답이다.
(C) [○] I agree(저도 동의해요)로 의견에 동의한 후, 자신은 전문가가 아니라는 추가 정보를 제공했으므로 정답이다.

어휘 media[míːdiə] 미디어, 대중 매체 effort[éfərt] 활동, 노력 expert[미 ékspəːrt, 영 ékspəːt] 전문가

13

○○○○●
하

🔊 캐나다식 발음 → 영국식 발음

Where is your company's headquarters?

(A) He works at the local branch.
(B) In Madrid, Spain.
(C) We're a food manufacturing company.

당신의 회사 본사는 어디에 있나요?

(A) 그는 지역 지사에서 일해요.
(B) 마드리드, 스페인에요.
(C) 우리는 식품 제조 회사예요.

■ Where 의문문   정답 (B)

상대방의 회사 본사가 어디에 있는지를 묻는 Where 의문문이다.
(A) [×] He가 나타내는 대상이 질문에 없으므로 오답이다. headquarters(본사)와 관련 있는 branch(지사)를 사용하여 혼동을 주었다.
(B) [○] 마드리드, 스페인이라며 회사 본사가 있는 장소를 언급했으므로 정답이다.
(C) [×] 회사 본사가 어디에 있는지를 물었는데, 이와 관련이 없는 식품 제조 회사라는 내용으로 응답했으므로 오답이다. 질문의 company를 반복 사용하여 혼동을 주었다.

어휘   headquarters[hédkwɔ̀:rtərz] 본사   branch[bræntʃ] 지사   manufacturing[mænjufǽktʃəriŋ] 제조, 가공

14

○○○●○
중

🔊 캐나다식 발음 → 미국식 발음

When is the technician supposed to come?

(A) It's technologically very advanced.
(B) I left a memo on your desk.
(C) She's highly qualified for the task.

기술자는 언제 오기로 되어 있나요?

(A) 그것은 기술적으로 매우 발전되었어요.
(B) 제가 당신의 책상에 메모를 남겼어요.
(C) 그녀는 그 업무에 충분한 자격이 있어요.

■ When 의문문   정답 (B)

기술자가 언제 오기로 되어 있는지를 묻는 When 의문문이다.
(A) [×] It이 가리키는 대상이 질문에 없으므로 오답이다. technician – technologically의 유사 발음 어휘를 사용하여 혼동을 주었다.
(B) [○] 상대방의 책상에 메모를 남겼다는 말로 기술자가 언제 오기로 되어 있는지 메모에서 확인할 수 있다는 내용을 간접적으로 전달했으므로 정답이다.
(C) [×] technician(기술자)에서 연상할 수 있는 작업과 관련된 task(업무)를 사용하여 혼동을 준 오답이다.

어휘   technician[tekníʃən] 기술자   qualified[kwá:lifaid] 자격이 있는, 적임의   task[tæsk] 업무, 일

15

○○○○●
중

🔊 호주식 발음 → 영국식 발음

It feels like the brakes are not working properly.

(A) You came to the right place to fix them.
(B) The property is quite large.
(C) You can take your break now.

브레이크가 제대로 작동하지 않는 것 같아요.

(A) 당신은 그것들을 고치기에 적합한 장소에 왔어요.
(B) 그 소유지는 꽤 커요.
(C) 당신은 이제 휴식 시간을 가져도 돼요.

■ 평서문   정답 (A)

브레이크가 제대로 작동하지 않는 것 같다는 문제점을 언급하는 평서문이다.
(A) [○] 그것들을 고치기에 적합한 장소에 왔다는 말로 문제점에 대한 해결책을 제시했으므로 정답이다.
(B) [×] properly – property의 유사 발음 어휘를 사용하여 혼동을 준 오답이다.
(C) [×] brakes – break의 유사 발음 어휘를 사용하여 혼동을 준 오답이다.

어휘   property[미 prá:pərti, 영 prɔ́pəti] 소유지, 건물

16

🔊 미국식 발음 → 호주식 발음

Could I get a bit more of the dressing for the salad?

(A) There is no dress code for the event.
(B) The bottle is over there.
(C) You don't have to prepare all the ingredients.

샐러드드레싱을 좀 더 받을 수 있을까요?

(A) 그 행사에 복장 규정은 없어요.
(B) 병은 저쪽에 있어요.
(C) 당신은 모든 재료들을 준비할 필요가 없어요.

■ 요청 의문문 정답 (B)

샐러드드레싱을 좀 더 받고 싶다는 요청 의문문이다. Could I가 요청하는 표현임을 이해할 수 있어야 한다.
(A) [×] dressing – dress의 유사 발음 어휘를 사용하여 혼동을 준 오답이다.
(B) [○] 병은 저쪽에 있다는 말로 요청을 간접적으로 수락한 정답이다.
(C) [×] 질문의 dressing(드레싱)과 관련 있는 ingredients(재료들)를 사용하여 혼동을 준 오답이다.

어휘 dress code 복장 규정 ingredient[ingríːdiənt] 재료

17

🔊 영국식 발음 → 캐나다식 발음

Would you prefer the first or second option for our new logo?

(A) The darker blue one.
(B) Yes, I love it.
(C) Because we hired a designer.

우리의 새로운 로고의 첫 번째 옵션을 선호하나요, 아니면 두 번째 옵션을 선호하나요?

(A) 더 어두운 파란색인 것이요.
(B) 네, 저는 그것을 좋아해요.
(C) 우리가 디자이너를 고용했기 때문이에요.

■ 선택 의문문 정답 (A)

새로운 로고의 첫 번째 옵션을 선호하는지 아니면 두 번째 옵션을 선호하는지를 묻는 선택 의문문이다.
(A) [○] 더 어두운 파란색인 것이라는 말로 둘 중 하나를 선택했으므로 정답이다.
(B) [×] or 앞뒤로 단어가 제시된 선택 의문문에서 Yes로 응답했으므로 오답이다. or 앞뒤로 단어 또는 구를 연결한 선택 의문문에서는 Yes/No 로 답할 수 없음을 알아둔다.
(C) [×] 새로운 로고의 첫 번째 옵션을 선호하는지 아니면 두 번째 옵션을 선호하는지를 물었는데, 이유로 응답했으므로 오답이다. logo(로고)에 서 연상할 수 있는 디자인과 관련된 designer(디자이너)를 사용하여 혼동을 주었다.

어휘 prefer[미 prifə́ːr, 영 prifə́ː] 선호하다, 좋아하다

18

🔊 캐나다식 발음 → 미국식 발음

This is the restaurant where you're having your retirement party, isn't it?

(A) No, on the 25th of next month.
(B) That was a great party.
(C) I'm still trying to decide.

이곳이 당신의 은퇴 파티를 여는 식당이죠, 그렇지 않나요?

(A) 아니요, 다음 달 25일이에요.
(B) 그것은 굉장한 파티였어요.
(C) 저는 아직 결정하려고 하고 있어요.

■ 부가 의문문 정답 (C)

이곳이 상대방의 은퇴 파티를 여는 식당인지를 확인하는 부가 의문문이다.
(A) [×] 부가 의문문에 가능한 응답인 No를 사용하고, 질문의 party(파티)에서 연상할 수 있는 행사일과 관련된 on the 25th of next month (다음 달 25일에)를 사용하여 혼동을 준 오답이다.
(B) [×] 질문의 party를 반복 사용하여 혼동을 준 오답이다.
(C) [○] 아직 결정하려고 하고 있다는 말로 은퇴 파티를 여는 식당이 아직 결정되지 않았다는 것을 간접적으로 전달했으므로 정답이다.

어휘 retirement[ritáiərmənt] 은퇴

영국식 발음 → 호주식 발음

We could add one more salesperson to the team.

(A) We do need some extra help.
(B) Bonuses were given to all employees.
(C) At the team meeting.

우리는 팀에 판매원을 한 명 더 추가할 수 있을 거예요.

(A) 우리는 약간의 추가적인 도움이 필요해요.
(B) 보너스는 모든 직원들에게 지급되었어요.
(C) 팀 회의에서요.

■ 평서문

정답 (A)

팀에 판매원을 한 명 더 추가할 수 있을 것이라는 의견을 제시하는 평서문이다.
(A) [○] 약간의 추가적인 도움이 필요하다는 말로 판매원을 한 명 더 추가할 수 있을 것임에 대한 의견을 언급했으므로 정답이다.
(B) [×] 질문의 salesperson(판매원), team(팀)과 관련 있는 employees(직원들)를 사용하여 혼동을 준 오답이다.
(C) [×] 질문의 team을 반복 사용하여 혼동을 준 오답이다.

어휘 salesperson[미 séilzpə:rsn, 영 séilzpə:sn] 판매원   extra[ékstrə] 추가의, 여분의

캐나다식 발음 → 영국식 발음

Where can I find Cathy's office?

(A) With a large fine.
(B) Right down the hallway.
(C) We should get more office space.

제가 Cathy의 사무실을 어디에서 찾을 수 있나요?

(A) 많은 벌금과 함께요.
(B) 복도 바로 아래쪽이요.
(C) 우리는 더 많은 사무실 공간을 얻어야 해요.

■ Where 의문문

정답 (B)

Cathy의 사무실을 어디에서 찾을 수 있는지를 묻는 Where 의문문이다.
(A) [×] find – fine의 유사 발음 어휘를 사용하여 혼동을 준 오답이다.
(B) [○] 복도 바로 아래쪽이라며 Cathy의 사무실이 있는 위치를 언급했으므로 정답이다.
(C) [×] 질문의 office를 반복 사용하여 혼동을 준 오답이다.

어휘 fine[fain] 벌금   hallway[hɔ́:lwei] 복도

호주식 발음 → 미국식 발음

Why hasn't Mr. Marx given us our work schedule for next week?

(A) I marked the date on my calendar.
(B) It's posted on the company intranet board.
(C) You should get it done quickly.

Mr. Marx는 왜 우리의 다음 주 작업 일정을 우리에게 주지 않았나요?

(A) 저는 그 날짜를 제 달력에 표시했어요.
(B) 그것은 회사 인트라넷 게시판에 게시되어 있어요.
(C) 당신은 그것을 신속하게 완료해야 해요.

■ Why 의문문

정답 (B)

Mr. Marx가 왜 다음 주 작업 일정을 자신들에게 주지 않았는지를 묻는 Why 의문문이다.
(A) [×] Mr. Marx가 왜 다음 주 작업 일정을 주지 않았는지를 물었는데, 이와 관련이 없는 그 날짜를 자신의 달력에 표시했다는 내용으로 응답했으므로 오답이다. 질문의 schedule(일정)과 관련 있는 calendar(달력)를 사용하여 혼동을 주었다.
(B) [○] 그것이 회사 인트라넷 게시판에 게시되어 있다는 말로 이미 Mr. Marx가 다음 주 작업 일정을 주었음을 간접적으로 전달했으므로 정답이다.
(C) [×] work schedule(작업 일정)에서 연상할 수 있는 작업 기한과 관련된 get ~ done quickly(신속하게 완료하다)를 사용하여 혼동을 준 오답이다.

어휘 mark[mɑ:rk] (표·기호 등으로) 표시하다   post[poust] 게시하다

22

🎧 캐나다식 발음 → 영국식 발음

The room you reserved has just been cleaned.

(A) Great, I can't wait to put my bags down.
(B) Near the swimming pool.
(C) We will buy more cleaning supplies.

당신이 예약한 방이 방금 청소되었어요.

(A) 잘됐네요, 저는 빨리 제 가방들을 내려놓고 싶어요.
(B) 수영장 근처요.
(C) 우리는 청소용품을 더 구입할 거예요.

■ 평서문   정답 (A)

예약한 방이 방금 청소되었다는 객관적인 사실을 전달하는 평서문이다.
(A) [○] 잘됐다며 빨리 자신의 가방을 내려놓고 싶다는 말로 사실에 대한 의견을 제시했으므로 정답이다.
(B) [×] room ~ reserved(예약한 방)에서 연상할 수 있는 숙박 시설과 관련된 swimming pool(수영장)을 사용하여 혼동을 준 오답이다.
(C) [×] cleaned – cleaning의 유사 발음 어휘를 사용하여 혼동을 준 오답이다.

어휘   reserve[rizə́:rv] 예약하다

23

🎧 미국식 발음 → 영국식 발음

The exhibition only runs until next month, right?

(A) A monthly exercise.
(B) I'm sorry, I was running late.
(C) It ends this week.

그 전시는 다음 달까지만 진행되죠, 그렇죠?

(A) 매달 하는 운동이요.
(B) 죄송해요, 제가 늦어졌어요.
(C) 그것은 이번 주에 끝나요.

■ 부가 의문문   정답 (C)

전시가 다음 달까지만 진행되는지를 확인하는 부가 의문문이다.
(A) [×] 질문의 runs(진행되다)의 다른 의미인 '달리기'와 관련된 exercise(운동)를 사용하고, month – monthly의 유사 발음 어휘를 사용하여
        혼동을 준 오답이다.
(B) [×] 질문의 runs를 running으로 반복 사용하여 혼동을 준 오답이다.
(C) [○] 그것이 이번 주에 끝난다는 말로 전시가 다음 달까지 진행되지 않는다는 것을 간접적으로 전달했으므로 정답이다.

어휘   exhibition[èksibíʃən] 전시, 박람회   run[rʌn] 진행되다, 운영하다

24

🎧 호주식 발음 → 미국식 발음

Are you looking at our latest financial figures?

(A) Yes. They're incredible.
(B) That's what I figured.
(C) I'm still looking for freelance work.

당신은 우리의 최근 재정적인 수치를 보고 있나요?

(A) 네. 그것들은 엄청나요.
(B) 그게 제가 생각했던 것이에요.
(C) 저는 아직 프리랜서로 일하는 업무를 알아보고 있어요.

■ Be 동사 의문문   정답 (A)

자신들의 최근 재정적인 수치를 보고 있는지를 확인하는 Be 동사 의문문이다.
(A) [○] Yes로 최근 재정적인 수치를 보고 있음을 전달한 후, 그것들이 엄청나다는 의견을 제시했으므로 정답이다.
(B) [×] 질문의 figures(수치)를 '생각하다, 판단하다'라는 의미의 동사 figured로 반복 사용하여 혼동을 준 오답이다.
(C) [×] 질문의 looking을 반복 사용하여 혼동을 준 오답이다.

어휘   latest[léitist] 최근의, 최신의   financial[fainǽnʃəl] 재정적인   figure[미 fígjər, 영 fígə] 수치, 숫자; 생각하다, 판단하다
        incredible[inkrédəbl] 엄청난, 대단한   freelance[frí:læns] 프리랜서(자유 계약자)로 일하는

🔊 캐나다식 발음 → 호주식 발음

Which phone application do you use the most?

(A) Use it with care.
(B) The file-sharing one.
(C) Ms. Nixon usually makes the call.

당신은 어느 휴대폰 애플리케이션을 가장 많이 사용하나요?

(A) 그것을 신중히 사용하세요.
(B) 파일 공유하는 것이요.
(C) Ms. Nixon이 주로 결정을 해요.

■ Which 의문문

정답 (B)

어느 휴대폰 애플리케이션을 가장 많이 사용하는지를 묻는 Which 의문문이다. Which phone application을 반드시 들어야 한다.
(A) [×] 질문의 phone application(휴대폰 애플리케이션)을 나타낼 수 있는 it을 사용하고, use(사용하다)를 반복 사용하여 혼동을 준 오답이다.
(B) [○] 파일 공유하는 것이라며 가장 많이 사용하는 휴대폰 애플리케이션을 언급했으므로 정답이다.
(C) [×] 어느 휴대폰 애플리케이션을 가장 많이 사용하는지를 물었는데, 이와 관련 없는 Ms. Nixon이 주로 결정을 한다는 내용으로 응답했으므로 오답이다. 질문의 phone(휴대폰)과 관련 있는 call(전화)의 다른 의미인 '결정'과 관련된 makes the call(결정을 하다)을 사용하여 혼동을 주었다.

어휘   with care 신중히, 주의 깊게   make the call 결정을 하다

🔊 영국식 발음 → 캐나다식 발음

Where should I take the clients after the conference?

(A) Why don't you ask them directly?
(B) As soon as they arrive.
(C) Yes, I think that would be perfect.

회담 후에 제가 고객들을 어디로 데려가야 할까요?

(A) 당신이 그들에게 직접 물어보는 게 어때요?
(B) 그들이 도착하자마자요.
(C) 네, 저는 그게 완벽할 거라고 생각해요.

■ Where 의문문

정답 (A)

회담 후에 고객들을 어디로 데려가야 할지를 묻는 Where 의문문이다.
(A) [○] 그들에게 직접 물어보는 게 어떤지를 되물어 모른다는 것을 간접적으로 전달했으므로 정답이다.
(B) [×] 회담 후에 고객들을 어디로 데려가야 할지를 물었는데, 시점으로 응답했으므로 오답이다. 질문의 Where를 When으로 혼동하여 When should I take the clients after the conference(회담 후에 제가 고객들을 언제 데려가야 할까요)로 생각해 정답으로 선택하지 않도록 주의한다. 질문의 clients(고객들)를 나타낼 수 있는 they를 사용하여 혼동을 주었다.
(C) [×] 의문사 의문문에 Yes로 응답했으므로 오답이다. take the clients after the conference(회담 후에 고객들을 데려가다)에서 연상할 수 있는 계획과 관련된 perfect(완벽한)를 사용하여 혼동을 주었다.

어휘   conference[미 kánfərəns, 영 kɔ́nfərəns] 회담, 회의   directly[dəréktli] 직접, 바로

🔊 캐나다식 발음 → 미국식 발음

Aren't you going to the design meeting that's about to start?

(A) Yes, I was there on Friday.
(B) The founder has resigned from the board.
(C) Finishing this file will only take a few minutes.

당신은 곧 시작할 디자인 회의에 가지 않나요?

(A) 네, 저는 금요일에 그곳에 있었어요.
(B) 창업자는 이사회에서 사임했어요.
(C) 이 파일을 끝내는 것은 몇 분만 걸릴 거예요.

■ 부정 의문문

정답 (C)

곧 시작할 디자인 회의에 가지 않는지를 묻는 부정 의문문이다.
(A) [×] 곧 시작할 디자인 회의에 가지 않는지를 물었는데, 금요일에 그곳에 있었다는 과거 시점으로 응답했으므로 오답이다. 질문의 design meeting(디자인 회의)을 나타낼 수 있는 there를 사용하여 혼동을 주었다. Yes만 듣고 정답으로 고르지 않도록 주의한다.
(B) [×] design – resigned의 유사 발음 어휘를 사용하여 혼동을 준 오답이다.
(C) [○] 이 파일을 끝내는 것은 몇 분만 걸릴 거라는 말로 곧 시작할 디자인 회의에 갈 것임을 간접적으로 전달했으므로 정답이다.

어휘   founder[fáundər] 창업자, 설립자   resign[rizáin] 사임하다

28
○○○○
중

[3⑪] 호주식 발음 → 미국식 발음

How much will the next order cost approximately?

(A) Should be the same as last time.
(B) We can go to the next store now.
(C) It'll take approximately a week.

다음 주문은 대략 얼마가 들까요?

(A) 지난번과 동일할 거예요.
(B) 우리는 지금 다음 상점에 갈 수 있어요.
(C) 그것은 대략 일주일이 걸릴 거예요.

■ How 의문문

정답 (A)

다음 주문이 대략 얼마가 들지를 묻는 How 의문문이다. How much가 가격을 묻는 것임을 이해할 수 있어야 한다.
(A) [ㅇ] 지난번과 동일할 거라는 말로 다음 주문에 드는 비용을 간접적으로 전달했으므로 정답이다.
(B) [×] 질문의 next를 반복 사용하여 혼동을 준 오답이다.
(C) [×] 다음 주문이 대략 얼마가 들지를 물었는데, 기간으로 응답했으므로 오답이다. 질문의 approximately를 반복 사용하여 혼동을 주었다.

어휘 approximately [미 əpráksəmətli, 영 əprɔ́ksəmətli] 대략, 약

29
○○○○
상

[3⑪] 캐나다식 발음 → 영국식 발음

Can we renovate the staff break room?

(A) It took three months to finish.
(B) How about ordering some coffee?
(C) We don't have enough funds in our budget.

우리가 직원 휴게실을 개조할 수 있을까요?

(A) 완료하기까지 3개월이 걸렸어요.
(B) 커피를 좀 주문하는 건 어때요?
(C) 우리는 예산에 충분한 자금을 가지고 있지 않아요.

■ 조동사 의문문

정답 (C)

직원 휴게실을 개조할 수 있을지를 확인하는 조동사(Can) 의문문이다.
(A) [×] 직원 휴게실을 개조할 수 있을지를 물었는데 완료하기까지 3개월이 걸렸다는 과거 시점으로 응답했으므로 오답이다. 질문의 renovate (개조하다)에서 연상할 수 있는 기간과 관련된 three months(3개월)를 사용하여 혼동을 주었다.
(B) [×] 질문의 break room(휴게실)과 관련 있는 coffee(커피)를 사용하여 혼동을 준 오답이다.
(C) [ㅇ] 예산에 충분한 자금을 가지고 있지 않다는 말로 직원 휴게실을 개조할 수 없음을 간접적으로 전달했으므로 정답이다.

어휘 renovate [rénəvèit] 개조하다, 보수하다 break room 휴게실 fund [fʌnd] 자금, 기금 budget [bʌ́dʒit] 예산, 예산안

30
○○○○
중

[3⑪] 미국식 발음 → 호주식 발음

The waiting area in the Clark Gallery looks bigger than it did before.

(A) Before you come in.
(B) They removed one wall.
(C) Please wait five minutes.

Clark 미술관에 있는 대기실은 이전에 그랬던 것보다 더 넓어 보여요.

(A) 당신이 들어오기 전에요.
(B) 그들은 한쪽 벽을 제거했어요.
(C) 5분 정도 기다려주세요.

■ 평서문

정답 (B)

Clark 미술관에 있는 대기실이 이전에 그랬던 것보다 더 넓어 보인다는 의견을 전달하는 평서문이다.
(A) [×] 질문의 waiting area(대기실)에서 연상할 수 있는 행동과 관련된 come in(들어오다)을 사용하고, before를 반복 사용하여 혼동을 준 오답이다.
(B) [ㅇ] 그들이 한쪽 벽을 제거했다는 말로 의견에 대한 추가 정보를 제공했으므로 정답이다.
(C) [×] waiting – wait의 유사 발음 어휘를 사용하여 혼동을 준 오답이다.

어휘 waiting area 대기실

🔊 영국식 발음 → 호주식 발음

Can we have Veramo's spring collection in our stores within two months?

(A) Store the boxes downstairs.
(B) I'll collect information on the software.
(C) We're not going to order it.

우리는 두 달 안에 Veramo의 봄 컬렉션을 우리의 상점에 들여 놓을 수 있을까요?

(A) 상자들을 아래층에 보관하세요.
(B) 저는 그 소프트웨어에 관한 정보를 수집할 거예요.
(C) 우리는 그것을 주문하지 않을 거예요.

■ 조동사 의문문

정답 (C)

두 달 안에 Veramo의 봄 컬렉션을 상점에 들여놓을 수 있을지를 확인하는 조동사(Can) 의문문이다.

(A) [×] 질문의 stores(상점)를 '보관하다'라는 의미의 동사 Store로 반복 사용하여 혼동을 준 오답이다.

(B) [×] collection – collect의 유사 발음 어휘를 사용하여 혼동을 준 오답이다.

(C) [○] 그것을 주문하지 않을 것이라는 말로 두 달 안에 Veramo의 봄 컬렉션을 상점에 들여놓을 수 없음을 간접적으로 전달했으므로 정답이다.

어휘   store[미 stɔːr, 영 stɔː] 상점, 가게; 보관하다

PART 3

난이도 ○○●● / ○○●● / ○●●● / ●●●●
하 / 중 / 상 / 최상

32
33
34

Questions 32-34 refer to the following conversation.

[3)) 영국식 발음 → 캐나다식 발음

W: 32/33We have to prepare the rooftop so we have a place for the new solar panels.

M: But don't we already have enough empty space for them on the north side of the roof? 33I'm worried because there are air conditioning units and fans on the rooftop.

W: Yes. But the panels must be on the south side rather than the north side so they receive direct sunlight. 34Maybe we should consider moving the air conditioner units to the north side of the rooftop.

32 What is the conversation mainly about?
(A) Lowering an expense
(B) Selecting a location
(C) Repairing a machine
(D) Moving to a new office

33 What is the man concerned about?
(A) Employees take breaks too often.
(B) The solar panels are not efficient.
(C) A site is unsuitable for an installation.
(D) Air conditioners may not work properly.

34 What does the woman suggest doing?
(A) Installing fans in all of the offices
(B) Upgrading the air conditioning system
(C) Moving existing equipment to an empty space
(D) Replacing the building's roof

32-34번은 다음 대화에 관한 문제입니다.

W: 32/33새로운 태양 전지판들을 위한 공간이 있도록 우리는 옥상을 준비해야 해요.

M: 하지만 우리는 이미 지붕의 북쪽에 그것들을 위한 충분한 빈 공간을 가지고 있지 않나요? 33옥상에 냉방 장치들과 환풍기들이 있어서 걱정이네요.

W: 네. 하지만 전지판들이 직사광선을 받도록 북쪽보다 남쪽에 있어야 해요. 34아마도 우리는 냉방 장치들을 옥상의 북쪽으로 옮기는 것을 고려해야겠어요.

32. 대화는 주로 무엇에 관한 것인가?
(A) 비용을 낮추는 것
(B) 장소를 선정하는 것
(C) 기계를 수리하는 것
(D) 새로운 사무실로 옮기는 것

33. 남자는 무엇에 관해 걱정하는가?
(A) 직원들이 너무 자주 휴식을 취한다.
(B) 태양 전지판들이 효과가 없다.
(C) 장소가 설치에 적합하지 않다.
(D) 에어컨들이 제대로 작동하지 않을 수 있다.

34. 여자는 무엇을 하라고 제안하는가?
(A) 모든 사무실에 환풍기를 설치하는 것
(B) 에어컨 시스템을 업그레이드하는 것
(C) 현재 사용되는 기기를 빈 공간으로 옮기는 것
(D) 건물의 지붕을 교체하는 것

지문 **prepare**[미 pripέər, 영 pripéə] 준비하다, 마련하다 **rooftop**[미 rú:ftɑːp, 영 rú:ftɔp] 옥상 **solar panel** 태양 전지판
consider[미 kənsídər, 영 kənsídə] 고려하다, 생각하다

32 **lower**[lóuər] 낮추다 **expense**[ikspéns] 비용 **repair**[ripέər] 수리하다

33 **efficient**[ifíʃənt] 효과가 있는, 효율적인 **site**[sait] 장소, 현장 **unsuitable**[ʌnsúːtəbl] 적합하지 않은

34 **existing**[igzístiŋ] 현재 사용되는, 기존의 **equipment**[ikwípmənt] 기기, 장비 **replace**[ripléis] 교체하다, 대체하다

---

32 ■ 전체 대화 관련 문제 주제   정답 (B)

○○○○
● 하

대화의 주제를 묻는 문제이므로, 대화의 초반을 반드시 듣는다. 여자가 남자에게 "We have to prepare the rooftop so we have a place for the new solar panels."라며 새로운 태양 전지판들을 위한 공간이 있도록 옥상을 준비해야 한다고 한 뒤, 태양 전지판을 설치할 장소를 선정하는 것에 관한 내용으로 대화가 이어지고 있다. 따라서 정답은 (B) Selecting a location이다.

33 ■ 세부 사항 관련 문제 문제점   정답 (C)

○○○
● 중

남자가 걱정하는 것을 묻는 문제이므로, 남자의 말에서 부정적인 표현이 언급된 다음을 주의 깊게 듣는다. 여자가 "We have to prepare the rooftop so we have a place for the new solar panels."라며 새로운 태양 전지판들을 위한 공간이 있도록 옥상을 준비해야 한다고 하자, 남자가 "I'm worried because there are air conditioning units and fans on the rooftop."이라며 옥상에 냉방 장치들과 환풍기들이 있어서 걱정이라고 하였다. 따라서 정답은 (C) A site is unsuitable for an installation이다.

34 ■ 세부 사항 관련 문제 제안   정답 (C)

○○○
● 중

여자가 제안하는 것을 묻는 문제이므로, 여자의 말에서 제안과 관련된 표현이 언급된 다음을 주의 깊게 듣는다. 여자가 "Maybe we should consider moving the air conditioner units to the north side of the rooftop."이라며 아마도 냉방 장치들을 옥상의 북쪽, 즉 비어 있는 공간으로 옮기는 것을 고려해야겠다고 하였다. 따라서 정답은 (C) Moving existing equipment to an empty space이다.

바꾸어 표현하기
air conditioner units 냉방 장치들 → equipment 기기

Questions 35-37 refer to the following conversation.

🔊 호주식 발음 → 영국식 발음

M: Ace Cable Television. How can I help you?

W: Hi. This is Jessica Pendleton. I'm moving out of my house next month, and ³⁵/³⁶I was wondering if I could transfer my cable account to my roommate. ³⁶There's still another year on the contract, and I'd like to avoid the fee for early termination.

M: Yes, we do allow that. First, we'll need your address and account number. Then please tell us when you would like the transfer to take place.

W: OK, sounds good. ³⁷I don't have my account number on hand, but I know it's included on the electronic bill I received. Let me check my e-mail.

35 Why is the woman calling?
   (A) To pay her bill at a later date
   (B) To change ownership of an account
   (C) To upgrade her cable subscription
   (D) To add another address to a cable plan

36 What does the woman say about her cable plan?
   (A) It includes a penalty for breaking the contract.
   (B) It has been operating for a year.
   (C) It has become too expensive.
   (D) It can be used on multiple devices.

37 What does the woman say she will do next?
   (A) Speak to her roommate
   (B) Cancel her transfer
   (C) E-mail some information
   (D) Look up a number

35-37번은 다음 대화에 관한 문제입니다.

M: Ace 유선 방송사입니다. 어떻게 도와드릴까요?

W: 안녕하세요. 저는 Jessica Pendleton입니다. 저는 다음 달에 제 집에서 이사를 나가는데, ³⁵/³⁶제 유선 방송 계정을 룸메이트에게 양도할 수 있을지 궁금해서요. ³⁶계약이 아직 1년 남아서, 저는 이른 해지로 인한 수수료를 피하고 싶습니다.

M: 네, 저희는 그것을 허용합니다. 먼저, 저희는 당신의 주소와 계정 번호가 필요할 것입니다. 그러고 나서 양도가 언제 이뤄지길 원하시는지 저희에게 말씀해 주세요.

W: 네, 좋아요. ³⁷제 계정 번호를 가까이에 가지고 있지 않지만, 그것이 제가 받은 전자 청구서에 포함되어 있다는 것을 알고 있습니다. 제 이메일을 확인해 보겠습니다.

35. 여자는 왜 전화를 하고 있는가?
   (A) 그녀의 요금을 추후에 지불하기 위해
   (B) 계정의 소유권을 변경하기 위해
   (C) 그녀의 유선 방송 구독을 업그레이드하기 위해
   (D) 유선 방송 요금제에 다른 주소를 추가하기 위해

36. 여자는 그녀의 유선 방송 요금제에 관해 무엇을 말하는가?
   (A) 계약을 파기하는 것에 대한 벌금을 포함한다.
   (B) 일 년 동안 사용되어 왔다.
   (C) 너무 비싸졌다.
   (D) 다수의 기기에서 사용될 수 있다.

37. 여자는 다음에 무엇을 할 거라고 말하는가?
   (A) 그녀의 룸메이트에게 이야기한다.
   (B) 그녀의 양도를 취소한다.
   (C) 일부 정보를 이메일로 보낸다.
   (D) 번호를 찾아본다.

지문 wonder[미 wʌ́ndər, 영 wʌ́ndə] 궁금해하다 transfer[미 trænsfə́:r, 영 trænsfə́:] 양도하다, 옮기다; 양도, 이전 termination[미 tə̀:rmənéiʃən, 영 tə̀:mənéiʃən] 해지, 종료 account[əkáunt] 계정 on hand 가까이에 bill[bil] 청구서, 고지서
35 ownership[óunərʃîp] 소유(권) subscription[səbskrípʃən] 구독
36 plan[plæn] 요금제, 제도 penalty[pénəlti] 벌금, 불이익 break a contract 계약을 파기하다 operate[ápərèit] (기계 등을) 사용하다, 운영하다

35 ■ 전체 대화 관련 문제 목적   정답 (B)

여자가 전화를 건 목적을 묻는 문제이므로, 대화의 초반을 반드시 듣는다. 여자가 "I was wondering if I could transfer my cable account to my roommate"라며 자신의 유선 방송 계정을 룸메이트에게 양도할 수 있을지 궁금하다고 하였다. 따라서 정답은 (B) To change ownership of an account이다.

36 ■ 세부 사항 관련 문제 언급   정답 (A)

여자가 자신의 유선 방송 요금제에 관해 언급하는 것을 묻는 문제이므로, 여자의 말에서 질문의 핵심어구(her cable plan)와 관련된 내용을 주의 깊게 듣는다. 여자가 "I was wondering if I could transfer my cable account ~. There's still another year on the contract, and I'd like to avoid the fee for early termination."이라며 자신의 유선 방송 계정을 양도할 수 있을지 궁금하다며 계약이 아직 1년 남아서 이른 해지로 인한 수수료를 피하고 싶다고 하였다. 따라서 정답은 (A) It includes a penalty for breaking the contract이다.

37 ■ 세부 사항 관련 문제 다음에 할 일   정답 (D)

여자가 다음에 할 일을 묻는 문제이므로, 대화의 마지막 부분을 주의 깊게 듣는다. 여자가 "I don't have my account number on hand ~. Let me check my e-mail."이라며 자신의 계정 번호를 가까이에 가지고 있지 않다고 한 뒤, 자신의 이메일을 확인해 보겠다고 하였다. 따라서 정답은 (D) Look up a number이다.

바꾸어 표현하기
check 확인하다 → Look up 찾아보다

38
39
40

Questions 38-40 refer to the following conversation with three speakers.

🔊 미국식 발음 → 캐나다식 발음 → 호주식 발음

W: Everyone, ³⁸I'm coordinating with the caterer for our annual awards dinner on January 3, and I want to make sure that we get food everyone can eat. ³⁹Have you returned the form with your team members' dietary restrictions, Harold?

M1: ³⁹I'm sorry. It's not complete. I think a few may be vegetarians. What about on yours, Lamar?

M2: I'll have to ask if anyone has any special needs. If you can wait until this afternoon, I can get the form to you.

W: No problem. ⁴⁰Since I have you both here now, can you quickly review this seating chart? I want to be sure everyone is in the best possible place.

M2: Yeah, of course.

38 What will take place on January 3?
(A) A shareholder meeting
(B) An annual dinner
(C) A training seminar
(D) A retirement celebration

39 Why does Harold apologize?
(A) He has a dietary restriction.
(B) He cannot accept an offer.
(C) He forgot to make a reservation.
(D) He has not submitted a document.

40 What does the woman ask the men to do?
(A) Contact a nutritionist
(B) Look over a plan
(C) Make some copies
(D) Place an order

38-40번은 다음 세 명의 대화에 관한 문제입니다.

W: 여러분, ³⁸제가 음식 공급업자와 1월 3일에 있을 저희의 연례 시상 만찬에 관해 조정하고 있는데, 저희가 모든 사람이 먹을 수 있는 음식을 받는 것을 확실히 하고 싶어요. ³⁹당신의 팀원들의 식사 제한이 있는 양식을 다시 보내주셨나요, Harold?

M1: ³⁹죄송해요. 그것은 완료되지 않았어요. 저는 몇 명이 채식주의자일 수도 있다고 생각해요. 당신 팀은 어때요, Lamar?

M2: 저는 특별한 요구가 있는 사람이 있는지 물어봐야 할 거예요. 만약 당신이 오늘 오후까지 기다릴 수 있다면, 저는 당신에게 양식을 보내드릴 수 있어요.

W: 문제없어요. ⁴⁰두 분 다 지금 여기에 계시니까, 이 좌석 배치도를 빠르게 검토하실 수 있을까요? 모든 사람이 가능한 한 좋은 자리에 있는지 확실히 하고 싶어요.

M2: 네, 물론이죠.

38. 1월 3일에 무슨 일이 일어날 것인가?
(A) 주주 총회
(B) 연례 만찬
(C) 교육 세미나
(D) 은퇴 기념행사

39. Harold는 왜 사과하는가?
(A) 그는 식사 제한이 있다.
(B) 그는 제안을 받아들일 수 없다.
(C) 그는 예약하는 것을 잊었다.
(D) 그는 문서를 제출하지 않았다.

40. 여자는 남자들에게 무엇을 하라고 요청하는가?
(A) 영양사에게 연락한다.
(B) 배치도를 살펴본다.
(C) 복사본을 만든다.
(D) 주문을 한다.

지문 coordinate[kouɔ́ːrdənèit] 조정하다, 협력하다 caterer[kéitərər] 음식 공급업자 dietary[dáiətèri] 식사의, 음식의 restriction[ristríkʃən] 제한
38 shareholder[ʃɛ́ərhòuldər] 주주 retirement[ritáiərmənt] 은퇴
39 make a reservation 예약하다 submit[səbmít] 제출하다
40 nutritionist[njuːtríʃənist] 영양사, 영양학자 look over 살펴보다, 검토하다 place an order 주문하다

---

38 ■ 세부 사항 관련 문제 다음에 할 일   정답 (B)

1월 3일에 일어날 일을 묻는 문제이므로, 질문의 핵심어구(January 3)가 언급된 주변을 주의 깊게 듣는다. 여자가 "I'm coordinating ~ for our annual awards dinner on January 3"라며 1월 3일에 있을 연례 시상 만찬에 관해 조정하고 있다고 하였다. 따라서 정답은 (B) An annual dinner이다.

39 ■ 세부 사항 관련 문제 이유   정답 (D)

Harold 즉, 남자 1이 사과하는 이유를 묻는 문제이므로, 남자 1의 말에서 질문의 핵심어구(apologize)와 관련된 내용을 주의 깊게 듣는다. 여자가 "Have you returned the form with your team members' dietary restrictions, Harold?"라며 Harold에게 팀원들의 식사 제한이 있는 양식을 다시 보내줬는지 묻자, 남자 1[Harold]이 "I'm sorry. It's not complete."라며 죄송하다며 그것이 완료되지 않았다고 하였다. 따라서 정답은 (D) He has not submitted a document이다.

40 ■ 세부 사항 관련 문제 요청   정답 (B)

여자가 남자들에게 요청하는 것을 묻는 문제이므로, 여자의 말에서 요청과 관련된 표현이 언급된 다음을 주의 깊게 듣는다. 여자가 "Since I have you both here now, can you quickly review this seating chart?"라며 남자들에게 두 사람 다 지금 여기에 있으니까 좌석 배치도를 빠르게 검토해줄 것을 요청하였다. 따라서 정답은 (B) Look over a plan이다.

바꾸어 표현하기
review ~ seating chart 좌석 배치도를 검토하다 → Look over a plan 배치도를 살펴보다

Questions 41-43 refer to the following conversation.

🔊 캐나다식 발음 → 미국식 발음

M: Hey, Stacey. As you know, ⁴¹the marketing campaign that we're creating for Dawson Foods is due next Tuesday. ⁴²I'm wondering if we can spend the next hour talking about how to best utilize our budget.

W: Right now, I'm going to fill out and submit my quarterly employee survey. It needs to be handed in today.

M: I understand. ⁴³Do you have time tomorrow morning?

W: ⁴³I do. I'll stop by your office at 9 A.M., and we can spend an hour or two on the task.

M: OK. I'll see you then. Good luck with the questionnaire.

41   Where do the speakers most likely work?
(A) At an accounting firm
(B) At an advertising agency
(C) At a food manufacturer
(D) At a print shop

42   What does the woman mean when she says, "I'm going to fill out and submit my quarterly employee survey"?
(A) She does not need help with a task at the moment.
(B) She would like to ask a question later.
(C) She is headed to another meeting in a few minutes.
(D) She cannot discuss a project now.

43   What does the woman say she will do tomorrow?
(A) Visit the man's office
(B) Write a reference letter
(C) Explain some guidelines
(D) Turn in a form

41~43번은 다음 대화에 관한 문제입니다.

M: 안녕하세요, Stacey. 아시다시피, ⁴¹우리가 Dawson Foods사를 위해 제작하고 있는 광고 캠페인이 다음 주 화요일에 마감이에요. ⁴²저는 우리의 예산을 어떻게 잘 활용할 수 있을지에 대해 이야기하면서 이후의 시간을 보낼 수 있을지 궁금합니다.

W: 바로 지금, 저는 저의 분기별 직원 설문 조사를 작성해서 제출하려고 해요. 그것은 오늘 제출되어야 해요.

M: 알겠어요. ⁴³당신은 내일 아침에 시간이 있나요?

W: ⁴³있어요. 제가 오전 9시에 당신의 사무실을 들러서, 우리가 그 업무에 대해 한두 시간 정도 시간을 보낼 수 있어요.

M: 알겠습니다. 그때 봴게요. 설문지가 잘되면 좋겠네요.

41. 화자들은 어디에서 일하는 것 같은가?
(A) 회계 사무소에서
(B) 광고 대행사에서
(C) 식품 제조 업체에서
(D) 인쇄소에서

42. 여자는 "저는 저의 분기별 직원 설문 조사를 작성해서 제출하려고 해요"라고 말할 때 무엇을 의도하는가?
(A) 그녀는 지금 업무에 도움이 필요하지 않다.
(B) 그녀는 나중에 질문을 하고자 한다.
(C) 그녀는 잠시 후에 다른 회의에 간다.
(D) 그녀는 지금 프로젝트에 대해 논의할 수 없다.

43. 여자는 그녀가 내일 무엇을 할 것이라고 말하는가?
(A) 남자의 사무실을 방문한다.
(B) 추천서를 작성한다.
(C) 지침을 설명한다.
(D) 양식을 제출한다.

지문   utilize[júːtəlàiz] 활용하다   budget[bʌ́dʒit] 예산, 예산안   submit[səbmít] 제출하다   quarterly[kwɔ́ːrtərli] 분기별의, 1년 4회의   hand in 제출하다   questionnaire[kwèstʃənér] 설문지

41   accounting[əkáuntiŋ] 회계   manufacturer[mæ̀njufǽktʃərər] 제조 업체

41 ■ 전체 대화 관련 문제 화자   정답 (B)

화자들이 일하는 장소를 묻는 문제이므로, 신분 및 직업과 관련된 표현을 놓치지 않고 듣는다. 남자가 "the marketing campaign that we're creating for Dawson Foods is due next Tuesday"라며 Dawson Foods사를 위해 제작하고 있는 광고 캠페인이 다음 주 화요일에 마감이라고 한 말을 통해 화자들이 광고 대행사에서 일한다는 것을 알 수 있다. 따라서 정답은 (B) At an advertising agency이다.

42 ■ 세부 사항 관련 문제 의도 파악   정답 (D)

여자가 하는 말의 의도를 묻는 문제이므로, 질문의 인용어구(I'm going to fill out and submit my quarterly employee survey)가 언급된 주변을 주의 깊게 듣는다. 남자가 "I'm wondering if we can spend the next hour talking about how to best utilize our budget."이라며 예산을 어떻게 잘 활용할 수 있을지에 대해 이야기하면서 이후의 시간을 보낼 수 있을지 궁금하다고 하자, 여자가 "I'm going to fill out and submit my quarterly employee survey."라며 분기별 직원 설문 조사를 작성해서 제출하려고 한다는 것을 통해 여자가 지금 프로젝트에 대해 논의할 수 없다는 것을 알 수 있다. 따라서 정답은 (D) She cannot discuss a project now이다.

43 ■ 세부 사항 관련 문제 다음에 할 일   정답 (A)

여자가 내일 할 일을 묻는 문제이므로, 질문의 핵심어구(tomorrow)가 언급된 주변을 주의 깊게 듣는다. 남자가 "Do you have time tomorrow morning?"이라며 내일 아침에 시간이 있는지 묻자, 여자가 "I do."라며 시간이 있다고 대답한 뒤, "I'll stop by your office at 9 A.M."이라며 오전 9시에 남자의 사무실을 들르겠다고 하였다. 따라서 정답은 (A) Visit the man's office이다.

바꾸어 표현하기
stop by 들르다 → Visit 방문하다

Questions 44-46 refer to the following conversation.

🔊 영국식 발음 → 호주식 발음

W: ⁴⁴Our fast food chain is going to open a new branch downtown. While we already have one location there, the market has enough demand for two branches.

M: That's a great idea. Customers at the current branch have been complaining about long lines. When do we hope to open?

W: The goal is sometime in late March.

M: If that's the case, ⁴⁵we should start looking for a property to buy.

W: Yes, I agree. Plus, ⁴⁶our CEO will be visiting us here at the regional headquarters next month. She'll probably want to discuss the costs of potential properties, so we should have some estimates by then.

M: That's true. I'll start researching properties today.

44 What are the speakers mainly discussing?
   (A) A seasonal discount
   (B) A new food menu
   (C) A potential promotion
   (D) A business expansion

45 What does the man suggest?
   (A) Announcing some plans
   (B) Searching for real estate
   (C) Expanding a delivery area
   (D) Promoting an opportunity

46 According to the woman, what will happen next month?
   (A) An executive will visit.
   (B) Some staff will be trained.
   (C) A headquarters will be relocated.
   (D) Some merchandise will arrive.

44-46번은 다음 대화에 관한 문제입니다.

W: ⁴⁴우리의 패스트푸드 체인점이 시내에 새로운 분점을 열 예정입니다. 우리는 이미 그곳에 한 지점을 가지고 있지만, 시장은 두 분점들을 위한 충분한 수요가 있습니다.

M: 그건 좋은 아이디어네요. 현재 분점의 고객들이 긴 줄에 대해 불평해왔어요. 우리는 언제 개점하기를 바라나요?

W: 목표는 3월 말 중입니다.

M: 그렇다면, ⁴⁵우리는 매입할 건물을 찾기 시작해야 해요.

W: 네, 저도 동의해요. 게다가, ⁴⁶우리의 최고 경영자가 다음 달에 이곳 지역 본부에 우리를 방문할 것입니다. 그녀는 아마 가능한 건물들의 비용에 대해 논의하고 싶어 할 것이라서, 우리는 그때까지 몇 개의 견적을 가지고 있어야 해요.

M: 맞아요. 제가 오늘 건물들을 조사하기 시작할게요.

44. 화자들은 주로 무엇에 관해 이야기하고 있는가?
   (A) 계절 할인
   (B) 새로운 음식 메뉴
   (C) 가능한 판촉
   (D) 사업 확장

45. 남자는 무엇을 제안하는가?
   (A) 계획들을 발표하는 것
   (B) 부동산을 찾아보는 것
   (C) 배달 지역을 확장하는 것
   (D) 기회를 홍보하는 것

46. 여자에 따르면, 다음 달에 무슨 일이 일어날 것인가?
   (A) 임원이 방문할 것이다.
   (B) 일부 직원이 교육을 받을 것이다.
   (C) 본사가 이전될 것이다.
   (D) 몇몇 상품이 도착할 것이다.

지문 branch[미 bræntʃ, 영 brɑ:ntʃ] 분점, 지사 market[미 mɑ́:rkit, 영 mɑ́:kit] 시장 demand[미 dimǽnd, 영 dimɑ́:nd] 수요; 요구하다 property[미 prɑ́pərti, 영 prɔ́pəti] 건물, 부동산 regional[ríːdʒənl] 지역의 headquarters[미 hédkwːrtərz, 영 hèdkwɔ́:təz] 본부, 본사 potential[pəténʃəl] 가능한, 잠재적인 estimate[미 éstəmeit, 영 éstimeit] 견적, 추정(액)
44 promotion[prəmóuʃən] 판촉, 홍보 expansion[ikspǽnʃən] 확장
45 announce[ənáuns] 발표하다, 알리다 real estate 부동산 expand[ikspǽnd] 확장하다
46 executive[igzékjutiv] 임원 relocate[rìːloukéit] 이전하다, 옮기다 merchandise[mɔ́:rtʃəndàiz] 상품

44 ■ 전체 대화 관련 문제 주제　　　　　　　　　　　　　　　　　　　　　　　　　　정답 (D)
대화의 주제를 묻는 문제이므로, 대화의 초반을 반드시 듣는다. 여자가 "Our fast food chain is going to open a new branch downtown."이라며 자신들의 패스트푸드 체인점이 시내에 새로운 분점을 열 예정이라고 한 뒤, 사업 확장에 관한 내용으로 대화가 이어지고 있다. 따라서 정답은 (D) A business expansion이다.

45 ■ 세부 사항 관련 문제 제안　　　　　　　　　　　　　　　　　　　　　　　　　　정답 (B)
남자가 제안하는 것을 묻는 문제이므로, 남자의 말에서 제안과 관련된 표현이 언급된 다음을 주의 깊게 듣는다. 남자가 "we should start looking for a property to buy"라며 매입할 건물을 찾기 시작해야 한다고 하였다. 따라서 정답은 (B) Searching for real estate이다.

46 ■ 세부 사항 관련 문제 다음에 할 일　　　　　　　　　　　　　　　　　　　　　　정답 (A)
다음 달에 일어날 일을 묻는 문제이므로, 여자의 말에서 질문의 핵심어구(next month)가 언급된 주변을 주의 깊게 듣는다. 여자가 "our CEO will be visiting us here at the regional headquarters next month"라며 최고 경영자가 다음 달에 이곳 지역 본부에 자신들을 방문할 것이라고 하였다. 따라서 정답은 (A) An executive will visit이다.

바꾸어 표현하기
CEO 최고 경영자 → executive 임원

Questions 47-49 refer to the following conversation with three speakers.

47-49번은 다음 세 명의 대화에 관한 문제입니다.

🔊 캐나다식 발음 → 호주식 발음 → 미국식 발음

M1: Since we started allowing remote work, the office has been nearly empty. I think ⁴⁷we should consider moving to a more appropriately sized place.

M2: ⁴⁷I agree. It seems unnecessary to rent such a large office. We probably only need about one-fifth of the space we currently have.

M1: We could even look at a shared office space . . . Hey, Angie. ⁴⁸What's that shared office place by the Denver Tower called?

W: ⁴⁸It's called Our Room. I heard the rates there are pretty reasonable.

M1: It could be a good option then. ⁴⁹I'll make a reservation to visit the facility after lunch.

M2: Great idea. ⁴⁹I'm free this afternoon, so I'll join you.

M1: 우리가 원격 근무를 허용하기 시작한 이후로, 사무실은 거의 비어 있어요. 저는 ⁴⁷우리가 더 적당한 크기의 장소로 옮기는 것을 고려해야 한다고 생각해요.

M2: ⁴⁷저도 동의해요. 그렇게 큰 사무실을 빌리는 것은 불필요한 것 같아요. 우리는 아마 우리가 현재 가지고 있는 공간의 5분의 1 정도만 필요할 거예요.

M1: 우리는 심지어 공유 사무 공간에 대해 고려할 수도 있어요… 안녕하세요, Angie. ⁴⁸Denver 타워 옆에 있는 그 공유 사무 공간은 뭐라고 불리나요?

W: ⁴⁸Our Room이라고 해요. 저는 그곳의 요금이 꽤 합리적이라고 들었어요.

M1: 그럼 그것은 좋은 선택지가 될 수 있겠네요. ⁴⁹제가 점심 이후에 그 시설을 방문하도록 예약할게요.

M2: 좋은 생각이에요. ⁴⁹저는 오늘 오후에 한가해서, 당신과 함께 할게요.

47 What do the men agree to do?
(A) Discontinue remote work
(B) Adjust business hours
(C) Hire part-time staff
(D) Move to a smaller office

47. 남자들은 무엇을 하기로 동의하는가?
(A) 원격 근무를 중단한다.
(B) 업무 시간을 조정한다.
(C) 시간제 직원을 고용한다.
(D) 더 작은 사무실로 옮긴다.

48 What information does the woman provide?
(A) A monthly cost of a property
(B) The size of an office
(C) The name of a business
(D) A facility's hours of operation

48. 여자는 무슨 정보를 제공하는가?
(A) 월별 건물 비용
(B) 사무실의 크기
(C) 사업체의 이름
(D) 시설의 영업시간

49 What will the men most likely do later today?
(A) Take a tour of a facility
(B) Contact a real estate agent
(C) Print a rental contract
(D) Change a company policy

49. 남자들은 오늘 늦게 무엇을 할 것 같은가?
(A) 시설 투어를 한다.
(B) 부동산 중개인에게 연락한다.
(C) 임대 계약서를 출력한다.
(D) 회사 정책을 변경한다.

지문 allow[əláu] 허용하다, 허락하다 remote[rimóut] 원격의 unnecessary[미 ʌnnésəseri, 영 ʌnnésəsəri] 불필요한
reasonable[ríːzənəbl] 합리적인 47 discontinue[dìskəntínjuː] 중단하다 48 operation[àpəréiʃən] 영업, 운영

47 ■ **세부 사항 관련 문제** 특정 세부 사항 정답 (D)

남자들이 하기로 동의한 것을 묻는 문제이므로, 질문의 핵심어구(men agree to do)와 관련된 내용을 주의 깊게 듣는다. 남자 1이 "we should consider moving to a more appropriately sized place"라며 더 적당한 크기의 장소로 옮기는 것을 고려해야 한다고 하자, 남자 2가 "I agree. It seems unnecessary to rent such a large office. We probably only need about one-fifth of the space we currently have."라며 동의한다고 한 뒤, 그렇게 큰 사무실을 빌리는 것이 불필요한 것 같다고 하며 아마 현재 가지고 있는 공간의 5분의 1 정도만 필요할 거라고 하였다. 따라서 정답은 (D) Move to a smaller office이다.

48 ■ **세부 사항 관련 문제** 특정 세부 사항 정답 (C)

여자가 제공하는 정보를 묻는 문제이므로, 여자의 말을 주의 깊게 듣는다. 남자 1이 여자에게 "What's that shared office place by the Denver Tower called?"라며 Denver 타워 옆에 있는 그 공유 사무 공간이 뭐라고 불리는지 묻자, 여자가 "It's called Our Room."이라며 Our Room이라고 한다고 하였다. 따라서 정답은 (C) The name of a business이다.

49 ■ **세부 사항 관련 문제** 다음에 할 일 정답 (A)

남자들이 오늘 늦게 할 일을 묻는 문제이므로, 질문의 핵심어구(do later today)와 관련된 내용을 주의 깊게 듣는다. 남자 1이 "I'll make a reservation to visit the facility[Our Room] after lunch."라며 점심 이후에 그 시설, 즉 Our Room을 방문하도록 예약하겠다고 하자, 남자 2가 "I'm free this afternoon, so I'll join you."라며 오늘 오후에 한가해서 남자 1과 함께 하겠다고 하였다. 따라서 정답은 (A) Take a tour of a facility이다.

Questions 50-52 refer to the following conversation.

[3] 캐나다식 발음 → 미국식 발음

M: Excuse me. When I was running earlier today, ⁵⁰I dropped my key somewhere. Now I don't have any way to access my apartment. Do you have one I can make a copy of?

W: Of course. ⁵¹Follow me to the security office. We have copies of all the keys in the safe there. Do you know where you are going to make a copy?

M: I figured I'd go to a shop somewhere along 19th street. I've seen some key makers around there.

W: ⁵²I like to use Nick's Hardware Store. They get it done in less than a minute. They provide the fastest service in town.

50 What problem does the man mention?
(A) He needs to fix a lock.
(B) He damaged his keys.
(C) He broke his leg.
(D) He misplaced an item.

51 Who most likely is the woman?
(A) A building manager
(B) A locksmith
(C) A shop owner
(D) A neighbor

52 What does the woman like about Nick's Hardware Store?
(A) It is open seven days a week.
(B) It is quicker than other stores.
(C) It is located on 19th Street.
(D) It is the oldest in town.

50-52번은 다음 대화에 관한 문제입니다.

M: 실례합니다. 제가 오늘 일찍 달릴 때, ⁵⁰제 열쇠를 어딘가에 떨어뜨렸습니다. 이제 저는 제 아파트에 들어갈 방법이 없어요. 제가 복사본을 만들 수 있는 것을 가지고 있으신가요?

W: 물론이죠. ⁵¹경비실로 저를 따라오세요. 우리는 그곳 금고에 모든 열쇠의 복사본을 가지고 있어요. 당신은 어디에서 복사본을 만들지 아시나요?

M: 저는 제가 19번가 어딘가에 있는 상점에 갈 것으로 생각했어요. 저는 그곳 주변에서 열쇠 만드는 곳을 봤어요.

W: ⁵²저는 Nick's 철물점을 이용하는 것을 좋아해요. 그들은 그것을 1분도 안 되어서 완료해요. 그들은 도시에서 가장 빠른 서비스를 제공해요.

50. 남자는 무슨 문제를 언급하는가?
(A) 그는 자물쇠를 고쳐야 한다.
(B) 그는 그의 열쇠를 훼손했다.
(C) 그는 다리가 부러졌다.
(D) 그는 물건을 분실했다.

51. 여자는 누구인 것 같은가?
(A) 건물 관리인
(B) 자물쇠 수리공
(C) 상점 주인
(D) 이웃

52. 여자는 Nick's 철물점에 대해 무엇을 좋아하는가?
(A) 일주일 내내 영업한다.
(B) 다른 상점들보다 빠르다.
(C) 19번가에 위치해 있다.
(D) 도시에서 가장 오래되었다.

지문 drop[drɑːp] 떨어뜨리다; 하락 access[ǽkses] 들어가다, 접속하다 security office 경비실 safe[seif] 금고; 안전한 hardware store 철물점
50 damage[dǽmidʒ] 훼손하다, 손해를 입히다 misplace[mispléis] 분실하다, 둔 곳을 잊다
51 locksmith[lάːksmiθ] 자물쇠 수리공 neighbor[néibər] 이웃

50 ■ 세부 사항 관련 문제 문제점 정답 (D)

남자가 언급하는 문제점을 묻는 문제이므로, 남자의 말에서 부정적인 표현이 언급된 주변을 주의 깊게 듣는다. 남자가 "I dropped my key somewhere"라며 자신의 열쇠를 어딘가에 떨어뜨렸다고 하였다. 따라서 정답은 (D) He misplaced an item이다.

바꾸어 표현하기
dropped ~ key 열쇠를 떨어뜨렸다 → misplaced an item 물건을 분실했다

51 ■ 전체 대화 관련 문제 화자 정답 (A)

여자의 신분을 묻는 문제이므로, 신분 및 직업과 관련된 표현을 놓치지 않고 듣는다. 여자가 "Follow me to the security office. We have copies of all the keys in the safe there."라며 경비실로 따라오라고 한 뒤, 그곳 금고에 모든 열쇠의 복사본을 가지고 있다고 하였다. 이를 통해 여자가 건물 관리인임을 알 수 있다. 따라서 정답은 (A) A building manager이다.

52 ■ 세부 사항 관련 문제 특정 세부 사항 정답 (B)

여자가 Nick's 철물점에 대해 좋아하는 것을 묻는 문제이므로, 질문의 핵심어구(Nick's Hardware Store)가 언급된 주변을 주의 깊게 듣는다. 여자가 "I like to use Nick's Hardware Store. They get it[make a copy] done in less than a minute. They provide the fastest service in town."이라며 Nick's 철물점을 이용하는 것을 좋아한다고 한 뒤, 그들은 복사본을 만드는 것을 1분도 안 되어 완료한다며 도시에서 가장 빠른 서비스를 제공한다고 하였다. 따라서 정답은 (B) It is quicker than other stores이다.

바꾸어 표현하기
provide the fastest service in town 도시에서 가장 빠른 서비스를 제공하다 → is quicker than other stores 다른 상점들보다 빠르다

Questions 53-55 refer to the following conversation.

🎧 호주식 발음 → 영국식 발음

M: Did you hear that Joo-hee is sick, and James and Nekima are stuck in traffic? ⁵³They texted me just before the store opened to customers.

W: Yes, I did. ⁵⁴I read some posts on the employee management system from them all a few minutes ago. ⁵⁵We usually require 12 people to run the store, but I think we'll be able to manage.

M: There are only nine here. Also, ⁵³/⁵⁵we're supposed to get a large shipment of shoes from our main distributor this morning.

W: OK, that could be a problem. I'll call some of our workers who are off today to see if anyone can come in on short notice.

53 Where do the speakers work?
(A) At a dining establishment
(B) At a construction site
(C) At a retail outlet
(D) At a manufacturing plant

54 What did the woman do a few minutes ago?
(A) Posted a notice
(B) Assisted a customer
(C) Moved a product display
(D) Read some messages

55 Why does the man say, "There are only nine here"?
(A) To express concern
(B) To confirm some details
(C) To explain a decision
(D) To offer some help

53-55번은 다음 대화에 관한 문제입니다.

M: 당신은 Joo-hee가 아프고, James와 Nekima가 교통 체증에 갇혀 있다는 연락을 받았나요? ⁵³그들은 상점이 고객들에게 열리기 바로 전에 저에게 문자를 보냈어요.

W: 네, 받았어요. ⁵⁴저는 몇 분 전에 직원 관리 시스템에서 그들 모두로부터의 몇몇 게시글들을 읽었어요. ⁵⁵우리는 보통 상점을 운영하기 위해 12명의 사람들을 필요로 하지만, 저는 우리가 어떻게든 해낼 수 있을 거라고 생각해요.

M: 여기에 9명밖에 없어요. 또한, ⁵³/⁵⁵우리는 오늘 아침에 우리의 주요 판매자로부터 대량의 신발 배송을 받기로 되어 있어요.

W: 그렇군요. 그것은 문제가 될 수 있겠네요. 제가 바로 올 수 있는 사람이 있는지 알아보기 위해 오늘 쉬는 우리 직원들 몇 명에게 전화를 해볼게요.

53. 화자들은 어디에서 일하는가?
(A) 식당에서
(B) 건설 현장에서
(C) 소매점에서
(D) 제조 공장에서

54. 여자는 몇 분 전에 무엇을 했는가?
(A) 공지를 게시했다.
(B) 고객을 도왔다.
(C) 제품 전시를 옮겼다.
(D) 몇몇 메시지들을 읽었다.

55. 남자는 왜 "여기에 9명밖에 없어요"라고 말하는가?
(A) 우려를 표하기 위해
(B) 세부 사항들을 확정하기 위해
(C) 결정을 설명하기 위해
(D) 도움을 제공하기 위해

지문 **manage**[mǽnidʒ] (어떻게든) 해내다 **distributor**[미 distríbjətər, 영 distríbjətə] 판매자, 유통 업자 **on short notice** 바로, 갑자기
53 **dining establishment** 식당 **retail outlet** 소매점 **manufacturing**[mæ̀njufǽktʃəriŋ] 제조, 가공 **plant**[plænt] 공장
54 **post**[poust] 게시하다 **assist**[əsíst] 돕다 55 **confirm**[kənfə́:rm] 확정하다

---

53 ■ **전체 대화 관련 문제** 화자 정답 (C)

화자들이 일하는 장소를 묻는 문제이므로, 신분 및 직업과 관련된 표현을 놓치지 않고 듣는다. 남자가 "They[Joo-hee, James, Nekima] texted me just before the store opened to customers."라며 Joo-hee, James, Nekima가 상점이 고객들에게 열리기 바로 전에 문자를 보냈다고 한 뒤, "we're supposed to get a large shipment of shoes from our main distributor this morning"이라며 오늘 아침에 주요 판매자로부터 대량의 신발 배송을 받기로 되어 있다고 하였다. 이를 통해 화자들이 일하는 장소가 신발을 판매하는 소매점임을 알 수 있다. 따라서 정답은 (C) At a retail outlet이다.

54 ■ **세부 사항 관련 문제** 특정 세부 사항 정답 (D)

여자가 몇 분 전에 한 일을 묻는 문제이므로, 질문의 핵심어구(a few minutes ago)가 언급된 주변을 주의 깊게 듣는다. 여자가 "I read some posts on the employee management system ~ a few minutes ago."라며 몇 분 전에 직원 관리 시스템에서 몇몇 게시글들을 읽었다고 하였다. 따라서 정답은 (D) Read some messages이다.

55 ■ **세부 사항 관련 문제** 의도 파악 정답 (A)

남자가 하는 말의 의도를 묻는 문제이므로, 질문의 인용어구(There are only nine here)가 언급된 주변을 주의 깊게 듣는다. 여자가 "We usually require 12 people to run the store, but I think we'll be able to manage."라며 보통 상점을 운영하기 위해 12명의 사람들을 필요로 하지만 어떻게든 해낼 수 있을 거라고 생각한다고 하자, 남자가 "There are only nine here."라며 여기에 9명밖에 없다고 한 뒤, "we're supposed to get a large shipment of shoes from our main distributor this morning"이라며 오늘 아침에 주요 판매자로부터 대량의 신발 배송을 받기로 되어 있다고 하였다. 이를 통해 평소보다 적은 근무 인원에 대해 우려를 표하려는 의도임을 알 수 있다. 따라서 정답은 (A) To express concern이다.

Questions 56-58 refer to the following conversation.

🎧 미국식 발음 → 캐나다식 발음

W: Daniel, do you know how we're supposed to arrange the flowers for tonight's banquet? 56A courier just dropped off all 50 of our bouquets.

M: Honestly, I'm not sure. I don't usually handle the flower arrangements. However, 57I know that our manager distributed a handout with instructions. Why don't you refer to that?

W: Oh, right. I forgot about that. I'll look it over.

M: Great. I'll be back later to check on your progress, but 58I need to talk to Janet Nelson, the photographer we hired for the event. There were some last-minute changes made to the list of shots we need.

W: Yes, of course. That's more important.

56 What was dropped off at a venue?
(A) Some dishware
(B) Some outfits
(C) Some decorations
(D) Some equipment

57 What does the man suggest the woman do?
(A) Show guests to tables
(B) Refer to a printout
(C) Choose a song
(D) Hang some signs

58 What does the man say he needs to do?
(A) Arrange some flowers
(B) Revise a menu
(C) Review sample photographs
(D) Share some information

56-58번은 다음 대화에 관한 문제입니다.

W: Daniel, 오늘 밤 연회를 위해 우리가 꽃들을 어떻게 배치하기로 했는지 아나요? 56배달원이 방금 우리의 꽃다발 50개 전부를 배달해줬어요.

M: 솔직하게, 저는 잘 몰라요. 저는 보통 꽃꽂이를 처리하지 않아요. 하지만, 57저는 우리 관리자가 설명이 포함된 인쇄물을 나누어 줬던 것으로 알고 있어요. 그것을 참고하는 게 어때요?

W: 아, 맞아요. 제가 그것에 대해 잊어버렸네요. 제가 그것을 살펴볼게요.

M: 좋아요. 제가 나중에 당신의 진행 상황을 확인하기 위해 돌아올 것이지만, 58저는 우리가 행사를 위해 고용한 사진작가인 Janet Nelson과 이야기를 해야 해요. 우리가 필요한 사진 목록에 일부 막바지 변경들이 있었어요.

W: 네, 물론이죠. 그게 더 중요해요.

56. 장소에 무엇이 배달되었는가?
(A) 식기류
(B) 의상
(C) 장식품
(D) 장비

57. 남자는 여자에게 무엇을 하라고 제안하는가?
(A) 손님들을 테이블로 안내한다.
(B) 인쇄물을 참고한다.
(C) 노래를 선정한다.
(D) 표지판을 건다.

58. 남자는 무엇을 해야 한다고 말하는가?
(A) 꽃꽂이를 한다.
(B) 메뉴를 변경한다.
(C) 샘플 사진들을 검토한다.
(D) 정보를 공유한다.

지문 arrange[əréindʒ] 배치하다, 마련하다 banquet[bǽŋkwit] 연회 courier[kúriər] 배달원, 택배업자 drop off 배달하다, 내려주다 distribute[distríbju:t] 나누어 주다 handout[hǽndaut] 인쇄물, 유인물 refer[rifə́:r] 참고하다 last-minute[lǽst-mínit] 막바지의, 마지막 순간의
56 venue[vénju:] 장소 dishware[díʃwɛ̀ər] 식기류, 접시류 outfit[áutfit] 의상, 복장 equipment[ikwípmənt] 장비, 기구
57 printout[príntàut] 인쇄물   58 revise[riváiz] 변경하다, 수정하다 review[rivjú:] 검토하다, 살피다

---

56 ■ 세부 사항 관련 문제 특정 세부 사항   정답 (C)

장소에 배달된 것을 묻는 문제이므로, 질문의 핵심어구(dropped off)가 언급된 주변을 주의 깊게 듣는다. 여자가 "A courier just dropped off all 50 of our bouquets."라며 배달원이 방금 꽃다발 50개 전부를 배달해줬다고 하였다. 따라서 정답은 (C) Some decorations이다.

바꾸어 표현하기
bouquets 꽃다발 → decorations 장식품

57 ■ 세부 사항 관련 문제 제안   정답 (B)

남자가 여자에게 제안하는 것을 묻는 문제이므로, 남자의 말에서 제안과 관련된 표현이 언급된 다음을 주의 깊게 듣는다. 남자가 "I know that our manager distributed a handout with instructions. Why don't you refer to that?"이라며 관리자가 설명이 포함된 인쇄물을 나누어 줬던 것으로 알고 있다며 그것을 참고하는 게 어떤지 제안하였다. 따라서 정답은 (B) Refer to a printout이다.

바꾸어 표현하기
handout 인쇄물 → printout 인쇄물

58 ■ 세부 사항 관련 문제 특정 세부 사항   정답 (D)

남자가 해야 한다고 말하는 것을 묻는 문제이므로, 질문의 핵심어구(he needs to do)와 관련된 내용을 주의 깊게 듣는다. 남자가 "I need to talk to ~ the photographer we hired for the event"라며 행사를 위해 고용한 사진작가와 이야기를 해야 한다고 한 뒤, "There were some last-minute changes made to the list of shots we need."라며 필요한 사진 목록에 일부 막바지 변경들이 있었다고 하였다. 따라서 정답은 (D) Share some information이다.

Questions 59-61 refer to the following conversation.

🔊 영국식 발음 → 호주식 발음

W: Hayato, can we talk quickly? I'd like to pay a professional accountant to manage our gift shop's tax filing this year. How do you feel about that?

M: It would save us a lot of time and trouble, [59]but it will probably cost a lot. I'm afraid it may not be worth the investment.

W: In my opinion, hiring a specialist would definitely be helpful. Doing it ourselves takes too much time and is inefficient. [60]If you're worried about the cost, I've heard there are online accounting companies that cost much less than traditional ones.

M: Doing it online seems like a great option. [61]Could you get some estimates?

W: [61]Sure. I'll get some quotes now.

59 What problem does the man mention?
(A) A gift shop has closed.
(B) Some files are inaccurate.
(C) A service might be too expensive.
(D) Some taxes have gone up.

60 Why does the woman recommend hiring an online firm?
(A) To reduce a tax payment
(B) To increase returns on investments
(C) To produce professional reports
(D) To limit a cost

61 What will the woman probably do next?
(A) Cancel an appointment
(B) Collect some estimates
(C) Create a job listing
(D) Contact some coworkers

59-61번은 다음 대화에 관한 문제입니다.

W: Hayato, 급히 이야기할 수 있을까요? 저는 올해 우리 기념품 가게의 세금 신고를 처리하기 위해 전문 회계사를 고용하고자 합니다. 당신은 그것에 대해 어떻게 생각해요?
M: 그것은 우리에게 많은 시간과 노력을 아끼게 할 거예요, [59]그런데 아마 비용이 많이 들 거예요. 유감스럽지만 투자할 가치가 없을 수도 있어요.
W: 제 생각에는, 전문가를 고용하는 것은 분명히 도움이 될 거예요. 우리가 직접 하는 것은 너무 많은 시간이 걸리고 비효율적이에요. [60]만약 당신이 비용에 대해 걱정한다면, 저는 기존의 것들보다 비용이 훨씬 적게 드는 온라인 회계 회사들이 있다고 들었어요.
M: 온라인으로 하는 것은 좋은 선택지인 것 같아요. [61]견적을 좀 받아주시겠어요?
W: [61]물론이죠. 지금 견적을 좀 받아볼게요.

59. 남자는 무슨 문제를 언급하는가?
(A) 기념품 가게가 폐점했다.
(B) 일부 파일들이 부정확하다.
(C) 서비스가 너무 비쌀 수도 있다.
(D) 일부 세금이 올랐다.

60. 여자는 왜 온라인 회사를 고용하는 것을 추천하는가?
(A) 세금 납입금을 줄이기 위해
(B) 투자 수익을 늘리기 위해
(C) 전문적인 보고서를 만들기 위해
(D) 비용을 삭감하기 위해

61. 여자는 다음에 무엇을 할 것 같은가?
(A) 약속을 취소한다.
(B) 몇몇 견적을 모은다.
(C) 구인 목록을 만든다.
(D) 몇몇 동료들에게 연락한다.

지문 accountant[əkáuntənt] 회계사 tax filing 세금 신고 trouble[trʌbl] 노력, 수고 worth[미 wəːrθ, 영 wəːθ] ~의 가치가 있는
investment[invéstmənt] 투자 specialist[spéʃəlist] 전문가, 전문의 definitely[défənətli] 분명히 inefficient[inifíʃənt] 비효율적인
traditional[trədíʃənl] 기존의, 전통적인 estimate[미 éstəmèit, 영 éstimeit] 견적, 견적서 quote[미 kwout, 영 kwəut] 견적
59 inaccurate[inǽkjərət] 부정확한
60 return[ritə́ːrn] 수익; (이익·소득 등을) 낳다 produce[prədjúːs] 만들다, 제작하다
61 listing[lístiŋ] 목록, 명단 coworker[kóuwə̀ːrkər] 동료

59 ■ 세부 사항 관련 문제 문제점

정답 (C)

남자가 언급하는 문제점을 묻는 문제이므로, 남자의 말에서 부정적인 표현이 언급된 주변을 주의 깊게 듣는다. 남자가 "but it[pay a professional accountant] will probably cost a lot. I'm afraid it may not be worth the investment."라며 그런데 전문 회계사를 고용하는 것은 아마 비용이 많이 들 거라며 유감스럽지만 투자할 가치가 없을 수도 있다고 하였다. 따라서 정답은 (C) A service might be too expensive이다.

바꾸어 표현하기

cost a lot 비용이 많이 들다 → might be too expensive 너무 비쌀 수도 있다

60 ■ 세부 사항 관련 문제 이유

정답 (D)

여자가 온라인 회사를 고용하는 것을 추천하는 이유를 묻는 문제이므로, 질문의 핵심어구(recommend hiring an online firm)와 관련된 내용을 주의 깊게 듣는다. 여자가 "If you're worried about the cost, I've heard there are online accounting companies that cost much less than traditional ones."라며 만약 비용에 대해 걱정한다면 기존의 것들보다 비용이 훨씬 적게 드는 온라인 회계 회사들이 있다고 들었다고 하였다. 따라서 정답은 (D) To limit a cost이다.

바꾸어 표현하기

cost much less than traditional ones 기존의 것들보다 비용이 훨씬 적게 들다 → limit a cost 비용을 삭감하다

61 ■ 세부 사항 관련 문제 다음에 할 일

정답 (B)

여자가 다음에 할 일을 묻는 문제이므로, 대화의 마지막 부분을 주의 깊게 듣는다. 남자가 "Could you get some estimates?"라며 견적을 좀 받아줄 수 있는지 묻자, 여자가 "Sure. I'll get some quotes now."라며 물론이라며 지금 견적을 좀 받아보겠다고 하였다. 따라서 정답은 (B) Collect some estimates이다.

Questions 62-64 refer to the following conversation and product catalog.

62-64번은 다음 대화와 제품 카탈로그에 관한 문제입니다.

🔊 캐나다식 발음 → 미국식 발음

M: Excuse me. ⁶²I'm interested in buying a sofa for a dental office that I recently opened. But I can't make up my mind which model to get.

W: I'm happy to help you. Personally, I'm a fan of our Ridgeport and New Hampton models. Both are very stylish.

M: Yes, they're nice. Do you think they'd fit comfortably in a small waiting room?

W: If space is a concern, then ⁶³the Wellington model is the best choice. It's also extremely comfortable and comes in six colors.

M: ⁶³I think you're right. I'll go with that.

W: Great. And ⁶⁴since the item costs over $500, you qualify to have it dropped off at no additional charge.

M: 실례합니다. ⁶²제가 최근에 개업한 치과를 위해 소파를 사는 것에 관심이 있어요. 하지만 저는 어떤 모델을 사야 할지 결정을 못 하겠어요.

W: 제가 기꺼이 도와드릴게요. 개인적으로, 저는 저희의 Ridgeport와 New Hampton 모델들을 좋아합니다. 둘 다 매우 멋져요.

M: 네, 그것들은 멋지네요. 그것들이 작은 대기실에 아무 문제 없이 맞을 거라고 생각하시나요?

W: 만약 공간이 걱정이시라면, 그럼 ⁶³Wellington 모델이 가장 좋은 선택입니다. 그것은 또한 매우 편안하고 여섯 가지 색상으로 나옵니다.

M: ⁶³당신 말이 맞는 것 같아요. 그걸로 결정할게요.

W: 좋아요. 그리고 ⁶⁴물품의 가격이 500달러 이상이기 때문에, 당신은 추가 비용 없이 그것을 배달받을 자격이 있습니다.

	Kenwood - $589
	Ridgeport - $649
	Wellington - ⁶³$699
	New Hampton - $759

	Kenwood – 589달러
	Ridgeport – 649달러
	Wellington – ⁶³699달러
	New Hampton – 759달러

62 Why does the man want to buy some furniture?
(A) He moved to a larger home.
(B) He opened a new business.
(C) He heard about a sale.
(D) He damaged his current sofa.

63 Look at the graphic. How much will the man pay?
(A) $589
(B) $649
(C) $699
(D) $759

64 What does the man qualify for?
(A) Complimentary shipping
(B) A size upgrade
(C) Free cushions
(D) A trial membership

62. 남자는 왜 가구를 사고 싶어 하는가?
(A) 그는 더 넓은 집으로 이사했다.
(B) 그는 새로운 사업체를 열었다.
(C) 그는 할인에 관해 들었다.
(D) 그는 그의 지금의 소파를 손상시켰다.

63. 시각 자료를 보시오. 남자는 얼마를 지불할 것인가?
(A) 589달러
(B) 649달러
(C) 699달러
(D) 759달러

64. 남자는 무엇의 자격을 얻는가?
(A) 무료 배송
(B) 크기 업그레이드
(C) 무료 쿠션
(D) 체험 회원권

지문 stylish[stáiliʃ] 멋진, 유행에 맞는 fit[fit] (어느 장소에 들어가기에) 맞다, 적합하다 comfortably[kámfərtəbli] 아무 문제없이, 편안하게
       concern[kənsə́:rn] 걱정, 우려 extremely[ikstrí:mli] 매우, 아주 qualify[kwáləfài] 자격이 있다 additional[ədíʃənl] 추가의, 다른
       charge[tʃɑːrdʒ] 비용, 요금
   64 complimentary[kàːmpliméntri] 무료의, 칭찬의 shipping[ʃípiŋ] 배송, 선적 trial[tráiəl] 체험, 시험

62 ■ 세부 사항 관련 문제 이유 정답 (B)

남자가 가구를 사고 싶어 하는 이유를 묻는 문제이므로, 질문의 핵심어구(want to buy some furniture)와 관련된 내용을 주의 깊게 듣는다. 남자가 "I'm interested in buying a sofa for a dental office that I recently opened."라며 자신이 최근에 개업한 치과를 위해 소파를 사는 것에 관심이 있다고 하였다. 따라서 정답은 (B) He opened a new business이다.

바꾸어 표현하기
want to buy some furniture 가구를 사고 싶어 하다 → interested in buying a sofa 소파를 사는 것에 관심이 있는
dental office 치과 → business 사업체

63 ■ 세부 사항 관련 문제 시각 자료 정답 (C)

남자가 지불할 금액을 묻는 문제이므로, 제시된 제품 카탈로그의 정보를 확인한 뒤 질문의 핵심어구(How much ~ man pay)와 관련된 내용을 주의 깊게 듣는다. 여자가 "the Wellington model is the best choice"라며 Wellington 모델이 가장 좋은 선택이라고 하자, 남자가 "I think you're right. I'll go with that."이라며 여자의 말이 맞는 것 같다며 그걸로 결정하겠다고 하였으므로, 남자가 지불할 금액은 Wellington 모델의 가격인 699달러임을 제품 카탈로그에서 알 수 있다. 따라서 정답은 (C) $699이다.

64 ■ 세부 사항 관련 문제 특정 세부 사항 정답 (A)

남자가 얻는 자격을 묻는 문제이므로, 질문의 핵심어구(qualify for)와 관련된 내용을 주의 깊게 듣는다. 여자가 남자에게 "since the item costs over $500, you qualify to have it dropped off at no additional charge"라며 물품의 가격이 500달러 이상이기 때문에 추가 비용 없이 배달받을 자격이 있다고 하였다. 따라서 정답은 (A) Complimentary shipping이다.

바꾸어 표현하기
have ~ dropped off at no additional charge 추가 비용 없이 배달받다 → Complimentary shipping 무료 배송

Questions 65-67 refer to the following conversation and flight ticket.

🔊 영국식 발음 → 호주식 발음

W: Good morning. Is there anything I can do for you today?

M: Hi. Yes. ⁶⁵I'm traveling to Barcelona for a work conference, but I'd like to change something with my flight ticket.

W: Oh, what seems to be the matter?

M: Well, ⁶⁶I'd like a different seat, if possible. I want to stay in an aisle seat, but I'd prefer one that is closer to the front of the plane. The online flight information suggests that there's an opening in Row 15.

W: Ah, yes. ⁶⁶I can take care of that for you.

M: Thanks a lot. Also, ⁶⁷I'd like to check this suitcase while I still have time.

W: Sure. I can handle that.

Jet Airways ✈

Boston ➡ Barcelona

Flight:	DF465
Date:	April 12
Row:	⁶⁶23
Seat:	B
Gate:	10

65 Why is the man traveling to Barcelona?

(A) To visit family
(B) To meet clients
(C) To conduct an interview
(D) To attend a conference

66 Look at the graphic. Which number will be changed?

(A) 465
(B) 12
(C) 23
(D) 10

67 What will the man probably do next?

(A) Wait in a different line
(B) Review a display board
(C) Check some luggage
(D) Find some identification

65-67번은 다음 대화와 비행기 표에 관한 문제입니다.

W: 좋은 아침입니다. 제가 오늘 당신에게 해드릴 수 있는 것이 있을까요?

M: 안녕하세요. 네. ⁶⁵제가 업무 콘퍼런스를 위해 바르셀로나로 가는데, 제 비행기 표에 무언가를 바꾸고 싶어요.

W: 아, 무엇이 문제인 것 같나요?

M: 음, ⁶⁶가능하다면, 저는 다른 좌석을 원해요. 저는 통로 자리에 있고 싶지만, 비행기 앞쪽과 더 가까운 곳을 선호해요. 온라인 항공편 정보는 15열에 빈자리가 있다는 걸 제시해요.

W: 아, 네. ⁶⁶제가 당신을 위해 그것을 처리해 드릴게요.

M: 정말 감사합니다. 또한, ⁶⁷제가 아직 시간이 있는 동안 이 여행 가방을 부치고 싶어요.

W: 물론이죠. 제가 그걸 처리할 수 있습니다.

Jet 항공 ✈

보스턴 ➡ 바르셀로나

항공편:	DF465
날짜:	4월 12일
열:	⁶⁶23
좌석:	B
탑승구:	10

65. 남자는 왜 바르셀로나로 가는가?

(A) 가족을 방문하기 위해
(B) 고객들을 만나기 위해
(C) 인터뷰를 실시하기 위해
(D) 콘퍼런스에 참석하기 위해

66. 시각 자료를 보시오. 어떤 숫자가 변경될 것인가?

(A) 465
(B) 12
(C) 23
(D) 10

67. 남자는 다음에 무엇을 할 것 같은가?

(A) 다른 줄에서 대기한다.
(B) 게시판을 확인한다.
(C) 수하물을 부친다.
(D) 신분증을 찾는다.

지문 matter[미 mǽtər, 영 mǽtə] 문제, 사안 aisle[ail] 통로, 복도 prefer[미 prifə́:r, 영 prifə́:] 선호하다, 좋아하다
check[tʃek] (비행기 등을 탈 때 수하물을) 부치다 suitcase[súːtkeis] 여행 가방 handle[hǽndl] 처리하다

65 conduct[kəndʌ́kt] 실시하다, 수행하다

67 display board 게시판 luggage[lʌ́gidʒ] 수하물, 짐 identification[aidèntəfikéiʃən] 신분증

65 ■ 세부 사항 관련 문제 이유

남자가 바르셀로나로 가는 이유를 묻는 문제이므로, 질문의 핵심어구(traveling to Barcelona)가 언급된 내용을 주의 깊게 듣는다. 남자가 "I'm traveling to Barcelona for a work conference"라며 업무 콘퍼런스를 위해 바르셀로나로 간다고 하였다. 따라서 정답은 (D) To attend a conference이다.

66 ■ 세부 사항 관련 문제 시각 자료

정답 (C)

변경될 숫자를 묻는 문제이므로, 제시된 비행기 표의 정보를 확인한 뒤 질문의 핵심어구(number ~ changed)와 관련된 내용을 주의 깊게 듣는다. 남자가 "I'd like a different seat, if possible. I want to stay in an aisle seat, but I'd prefer one that is closer to the front of the plane."이라며 가능하다면 다른 좌석을 원한다며 통로 자리에 있고 싶지만 비행기 앞쪽과 더 가까운 곳을 선호한다고 한 뒤, "The online flight information suggests that there's an opening in Row 15."이라며 온라인 항공편 정보는 15열에 빈자리가 있다는 걸 제시한다고 하자, 여자가 "I can take care of that for you."라며 남자를 위해 그것을 처리해 주겠다고 하였다. 이를 통해 남자가 앉을 좌석의 열을 나타내는 숫자인 23이 변경될 것임을 비행기 표에서 알 수 있다. 따라서 정답은 (C) 23이다.

67 ■ 세부 사항 관련 문제 다음에 할 일

정답 (C)

남자가 다음에 할 일을 묻는 문제이므로, 대화의 마지막 부분을 주의 깊게 듣는다. 남자가 "I'd like to check this suitcase while I still have time"이라며 아직 시간이 있는 동안 이 여행 가방을 부치고 싶다고 하였다. 따라서 정답은 (C) Check some luggage이다.

바꾸어 표현하기

suitcase 여행 가방 → luggage 수하물

Questions 68-70 refer to the following conversation and bar graph.

68-70번은 다음 대화와 막대 그래프에 관한 문제입니다.

🎧 캐나다식 발음 → 미국식 발음

M: Leslie, ⁶⁸did you hear that Kenrick Jackson is stepping down as branch supervisor? He took a job at another electronics retailer.

W: Yes, I heard. ⁶⁹You should apply for his position when it becomes available. His branch has the largest number of workers, so it'd be an excellent career opportunity.

M: Do you think so? I'd welcome the promotion, but I'm not sure my experience is adequate.

W: I disagree. You're more than qualified. If you're interested and decide to submit one, ⁷⁰I'd be happy to help you prepare your application form.

M: Thanks for the offer. I'll think about it and let you know.

M: Leslie, ⁶⁸Kenrick Jackson이 지점 관리자직에서 사임한다는 것을 들었어요? 그는 다른 전자 소매업에 취직했어요.

W: 네, 들었어요. ⁶⁹만약 자리가 난다면 당신은 그의 자리에 지원해야 해요. 그의 지점은 가장 많은 직원 수를 갖고 있어서, 훌륭한 경력 기회가 될 거예요.

M: 그렇게 생각해요? 저는 승진은 환영하지만, 제 경력이 충분한지는 모르겠어요.

W: 저는 동의하지 않아요. 당신은 자격이 충분해요. 만약 당신이 관심이 있고 제출하기로 결정한다면, ⁷⁰저는 당신이 지원서를 준비하는 것을 기꺼이 도와줄게요.

M: 제안에 감사해요. 제가 그것에 대해 생각해 보고 당신에게 알려줄게요.

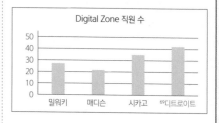

68 Who is Kenrick Jackson?
(A) A store manager
(B) A personal assistant
(C) A company president
(D) A human resources director

69 Look at the graphic. Where will a position become available?
(A) Milwaukee
(B) Madison
(C) Chicago
(D) Detroit

70 What does the woman offer to do?
(A) Talk to an employee
(B) Print out a form
(C) Assist with a document
(D) Write a recommendation

68. Kenrick Jackson은 누구인가?
(A) 상점 관리자
(B) 개인 비서
(C) 회사 대표
(D) 인사 담당자

69. 시각 자료를 보시오. 어디에 자리가 날 것인가?
(A) 밀워키
(B) 매디슨
(C) 시카고
(D) 디트로이트

70. 여자는 무엇을 해주겠다고 제안하는가?
(A) 직원과 이야기한다.
(B) 양식을 출력한다.
(C) 문서를 돕는다.
(D) 추천서를 작성한다.

지문 **step down** 사임하다 **supervisor**[súːpərvaizər] 관리자, 감독 **retailer**[ríːteilər] 소매업 **career**[kəríər] 경력, 직장 생활 **promotion**[prəmóuʃən] 승진 **adequate**[ǽdikwət] 충분한, 적절한 **disagree**[dìsəgríː] 동의하지 않다, 이의가 있다 **qualify**[kwáləfài] 자격이 있다 **submit**[səbmít] 제출하다 **offer**[ɔ́ːfər] 제안, 제공
70 **assist with** ~을 돕다

68 ■ 세부 사항 관련 문제 특정 세부 사항 정답 (A)

Kenrick Jackson의 신분을 묻는 문제이므로, 질문 대상(Kenrick Jackson)의 신분 및 직업과 관련된 표현을 놓치지 않고 듣는다. 남자가 "did you hear that Kenrick Jackson is stepping down as branch supervisor? He took a job at another electronics retailer."라며 Kenrick Jackson이 지점 관리자직에서 사임한다는 것을 들었는지 물으며 그가 다른 전자 소매업에 취직했다고 하였다. 따라서 정답은 (A) A store manager이다.

바꾸어 표현하기
supervisor 관리자 → manager 관리자

69 ■ 세부 사항 관련 문제 시각 자료 정답 (D)

자리가 날 곳을 묻는 문제이므로, 제시된 막대 그래프의 정보를 확인한 뒤 질문의 핵심어구(a position become available)가 언급된 주변을 주의 깊게 듣는다. 여자가 "You should apply for his[Kenrick Jackson] position when it becomes available. His branch has the largest number of workers"라며 만약 자리가 난다면 남자가 Kenrick Jackson의 자리에 지원해야 한다며 그의 지점은 가장 많은 직원 수를 갖고 있다고 하였다. 이를 통해 자리가 날 곳은 가장 많은 직원 수를 갖고 있는 디트로이트 지점임을 막대 그래프에서 알 수 있다. 따라서 정답은 (D) Detroit이다.

70 ■ 세부 사항 관련 문제 제안 정답 (C)

여자가 해주겠다고 제안하는 것을 묻는 문제이므로. 여자의 말에서 남자를 위해 해주겠다고 언급한 내용을 주의 깊게 듣는다. 여자가 남자에게 "I'd be happy to help you prepare your application form"이라며 지원서를 준비하는 것을 기꺼이 도와주겠다고 하였다. 따라서 정답은 (C) Assist with a document이다.

바꾸어 표현하기
help ~ prepare ~ application form 지원서를 준비하는 것을 돕다 → Assist with a document 문서를 돕다

PART 4

71
72
73

Questions 71-73 refer to the following tour information.

🔊 호주식 발음

Welcome to the virtual tour of the ⁷¹Wilson Home, architect Neil Grady's last, unfinished project. Though most of the rooms on the first floor are completed, some areas, including the second floor and the basement, are only partially constructed. Thus, we'll be mainly viewing rooms on this floor. As we navigate through this house, you may notice question mark icons on some items. ⁷²Feel free to click on these to get more information about the objects. ⁷³I'll be telling you all about the history of the building's construction, and the people who have attempted to complete it over the years. Let's start.

71 Who is Neil Grady?
   (A) A home owner
   (B) An institute director
   (C) An architect
   (D) A tour guide

72 What does the speaker encourage the listeners to do?
   (A) Click an icon to get more information
   (B) Wait until the end to ask questions
   (C) View the plans for the house
   (D) Read the history of a family

73 What is mentioned about the Wilson Home?
   (A) It will finish construction soon.
   (B) It has a library on the second floor.
   (C) It is open only part of the year.
   (D) It has been worked on by many people.

71-73번은 다음 관광 안내에 관한 문제입니다.

⁷¹건축가 Neil Grady의 마지막이자 미완성 프로젝트인 Wilson 주택의 가상 투어에 오신 것을 환영합니다. 1층에 있는 대부분의 방들은 완성되었지만, 2층과 지하층을 포함한 몇몇 공간들은 오직 일부만 건축되었습니다. 따라서, 우리는 주로 이 층에 있는 방들을 볼 것입니다. 우리가 이 집을 통과할 때, 여러분은 몇몇 물건들에 물음표 아이콘들을 발견하실 겁니다. ⁷²물건에 대해 더 많은 정보를 얻기 위해 이것들을 마음대로 클릭해 보세요. ⁷³저는 여러분에게 건물의 건축 역사와 수년간 그것을 완성하려고 시도해온 사람들에 대해 모두 이야기해 드릴 것입니다. 시작하죠.

71. Neil Grady는 누구인가?
   (A) 집 주인
   (B) 기관 책임자
   (C) 건축가
   (D) 관광 가이드

72. 화자는 청자들에게 무엇을 하라고 권하는가?
   (A) 더 많은 정보를 얻기 위해 아이콘을 클릭한다.
   (B) 질문을 하기 위해 마지막까지 기다린다.
   (C) 집의 지도를 살핀다.
   (D) 가족의 역사를 읽는다.

73. Wilson 주택에 관해 무엇이 언급되는가?
   (A) 곧 건축을 완료할 것이다.
   (B) 2층에 도서관이 있다.
   (C) 한 해의 일부 동안만 열린다.
   (D) 여러 사람들에 의해 작업되었다.

지문 virtual[미 vá:rtʃuəl, 영 vá:tʃuəl] 가상의 architect[미 á:rkətèkt, 영 á:kitekt] 건축가, 설계자 basement[béismənt] 지하층, 지하실 partially[미 pá:rʃəli, 영 pá:ʃəli] 일부 navigate[nǽvigeit] 통과하다, 길을 찾다 object[미 á:bdʒikt, 영 ɔ́bdʒikt] 물건, 대상 attempt[ətémpt] 시도하다
71 institute[ínstətjù:t] 기관, 협회
72 encourage[inkə́:ridʒ] 권하다, 장려하다 view[vju:] 살피다, 검토하다 plan[plæn] 지도, 설계도

71 ■ 세부 사항 관련 문제 특정 세부 사항   정답 (C)

Neil Grady의 신분을 묻는 문제이므로, 질문 대상(Neil Grady)의 신분 및 직업과 관련된 표현을 놓치지 않고 듣는다. "Wilson Home, architect Neil Grady's last, unfinished project"라며 건축가 Neil Grady의 마지막이자 미완성 프로젝트인 Wilson 주택이라고 하였다. 따라서 정답은 (C) An architect이다.

72 ■ 세부 사항 관련 문제 제안   정답 (A)

화자가 청자들에게 권하는 것을 묻는 문제이므로, 지문의 중후반에서 제안과 관련된 표현이 포함된 문장을 주의 깊게 듣는다. "Feel free to click on these[question mark icons] to get more information about the objects."라며 물건에 대해 더 많은 정보를 얻기 위해 물음표 아이콘들을 마음대로 클릭해보라고 하였다. 따라서 정답은 (A) Click an icon to get more information이다.

73 ■ 세부 사항 관련 문제 언급   정답 (D)

Wilson 주택에 관해 언급되는 것을 묻는 문제이므로, 질문의 핵심어구(Wilson Home)와 관련된 내용을 주의 깊게 듣는다. "I'll be telling you all about ~ the people who have attempted to complete it[Wilson Home] over the years."라며 수년간 Wilson 주택을 완성하려고 시도해온 사람들에 대해 모두 이야기할 것이라고 하였다. 따라서 정답은 (D) It has been worked on by many people이다.

74
75
76

Questions 74-76 refer to the following talk.

🎧 미국식 발음

Hello, everyone. ⁷⁴I'm the leader of today's training session for new workers. We're running a little behind schedule, so let's begin. If you turn to the first page in your informational packet, you'll see the program for today's training. ⁷⁵This morning, we'll discuss what to do in the event of a fire, earthquake, or other natural disaster. We'll break for lunch around noon. Then, at 1 P.M., we'll resume the training. We'll perform some activities designed to help you learn what to do if someone becomes seriously injured or ill in the workplace. ⁷⁶At the end of the day, you'll each receive proof of completion of your workplace safety training for this year.

74 Who are the listeners?
(A) Training managers
(B) Recently hired staff
(C) Emergency medical technicians
(D) Security guards

75 What will the listeners most likely do this morning?
(A) Review safety procedures
(B) Practice first-aid techniques
(C) Take a brief break
(D) Receive a pamphlet

76 What will be given at the end of the day?
(A) A ticket
(B) A coupon
(C) A certificate
(D) A prescription

74-76번은 다음 담화에 관한 문제입니다.

안녕하세요, 여러분. ⁷⁴저는 오늘 신입 사원을 위한 교육 시간의 지도자입니다. 일정보다 약간 늦어져서, 시작합시다. 정보를 제공하는 꾸러미의 첫 장을 넘기시면, 오늘의 교육 프로그램을 보실 수 있습니다. ⁷⁵오늘 아침, 우리는 만약 화재, 지진 또는 다른 자연재해의 경우에는 무엇을 해야 하는지에 대해 논할 것입니다. 정오쯤에는 점심시간을 가질 겁니다. 그러고 나서, 오후 1시에, 우리는 교육을 다시 시작할 것입니다. 우리는 직장에서 누군가가 심하게 다치거나 아플 경우에 무엇을 해야 하는지에 대해 배우는 것을 돕도록 설계된 몇몇 활동들을 수행할 것입니다. ⁷⁶오늘 하루 일과의 마지막에, 여러분 각자는 올해의 직장 안전 교육 이수 증명서를 받을 것입니다.

74. 청자들은 누구인가?
(A) 교육 관리자들
(B) 최근에 고용된 직원들
(C) 응급 구조 대원들
(D) 경비원들

75. 청자들은 오늘 아침에 무엇을 할 것 같은가?
(A) 안전 수칙들을 확인한다.
(B) 응급 처치 기법들을 연습한다.
(C) 짧은 휴식을 갖는다.
(D) 소책자를 받는다.

76. 오늘 하루 일과의 마지막에 무엇이 제공될 것인가?
(A) 표
(B) 쿠폰
(C) 증서
(D) 처방전

지문 behind schedule 일정보다 늦은 informational[ìnfərméiʃənl] 정보를 제공하는 in the event of 만약 ~의 경우에는
earthquake[ə́ːrθkweik] 지진 natural disaster 자연재해 resume[rizúːm] 다시 시작하다 proof[pruːf] 증명(서), 증거
74 emergency medical technician 응급 구조 대원
75 practice[prǽktis] 연습하다 technique[tekníːk] 기법
76 certificate[sərtífikət] 증서, 자격증 prescription[priskrípʃən] 처방전

74 ■ 전체 지문 관련 문제 청자   정답 (B)
청자들의 신분을 묻는 문제이므로, 신분 및 직업과 관련된 표현을 놓치지 않고 듣는다. "I'm the leader of today's training session for new workers."라며 자신이 오늘 신입 사원을 위한 교육 시간의 지도자라고 한 말을 통해 청자들이 최근에 고용된 직원들임을 알 수 있다. 따라서 정답은 (B) Recently hired staff이다.

바꾸어 표현하기
new workers 신입 사원 → Recently hired staff 최근에 고용된 직원들

75 ■ 세부 사항 관련 문제 다음에 할 일   정답 (A)
청자들이 오늘 아침에 할 일을 묻는 문제이므로, 질문의 핵심어구(this morning)가 언급된 주변을 주의 깊게 듣는다. "This morning, we'll discuss what to do in the event of a fire, earthquake, or other natural disaster."라며 오늘 아침에 만약 화재, 지진 또는 다른 자연재해의 경우에는 무엇을 해야 하는지에 대해 논할 것이라고 하였다. 따라서 정답은 (A) Review safety procedures이다.

76 ■ 세부 사항 관련 문제 특정 세부 사항   정답 (C)
오늘 하루 일과의 마지막에 제공될 것을 묻는 문제이므로, 질문의 핵심어구(at the end of the day)가 언급된 주변을 주의 깊게 듣는다. "At the end of the day, you'll each receive proof of completion of your workplace safety training for this year."라며 오늘 하루 일과의 마지막에 청자들 각자는 올해의 직장 안전 교육 이수 증명서를 받을 것이라고 하였다. 따라서 정답은 (C) A certificate이다.

바꾸어 표현하기
proof of completion 이수 증명서 → certificate 증서

Questions 77-79 refer to the following talk.

🎧 캐나다식 발음

[77]I'd like to thank our employees who volunteered at the job fair at the Anderson Community Center last week. For a small marketing company like ours, these events are essential for finding potential applicants. Thanks to your efforts, I have lined up several interviews in the coming week. [78]My goal is to have at least two new copywriters on staff by November 27. That is when we will start working on the print advertisements for Green Gardens Florists, which is our biggest and most important client yet. [79]With any luck, this project will lead to us having more clients on our list to work with next year.

77 Who most likely are the listeners?
(A) Job applicants
(B) Staff members
(C) Event organizers
(D) Store managers

78 What does the speaker want to do by November 27?
(A) Hold a meeting
(B) Attend a job fair
(C) Hire some new employees
(D) Write a proposal

79 What does the speaker want to happen in the company?
(A) The extension of a deadline
(B) The creation of a department
(C) The expansion of the client list
(D) The opening of a new branch

77-79번은 다음 담화에 관한 문제입니다.

[77]지난주에 Anderson 시민 문화 회관에서 열린 취업 박람회에 지원해 준 우리 직원들에게 감사를 전하고 싶습니다. 우리처럼 작은 마케팅 회사에게, 이런 행사들은 잠재적인 지원자들을 찾는 데 필수적입니다. 여러분의 노력 덕분에, 저는 다가오는 주에 여러 인터뷰를 준비했습니다. [78]제 목표는 11월 27일까지 적어도 두 명의 새로운 광고 문안 작성자들을 직원으로 있도록 하는 것입니다. 그때가 현재까지로는 우리의 가장 크고 가장 중요한 고객인 Green Gardens 꽃집을 위한 인쇄 광고 작업을 시작할 때입니다. [79]운이 좋다면, 이 프로젝트가 내년에 함께 일할 수 있는 더 많은 고객들을 우리의 목록에 확보할 수 있게 해줄 것입니다.

77. 청자들은 누구인 것 같은가?
(A) 일자리 지원자들
(B) 직원들
(C) 행사 주최자들
(D) 상점 관리자들

78. 화자는 11월 27일까지 무엇을 하고 싶어 하는가?
(A) 회의를 연다.
(B) 취업 박람회에 참석한다.
(C) 몇몇 새로운 직원들을 고용한다.
(D) 제안서를 작성한다.

79. 화자는 회사에 무슨 일이 일어나길 원하는가?
(A) 마감기한의 연장
(B) 부서의 창설
(C) 고객 목록의 확장
(D) 새로운 지점의 개점

지문 volunteer[vὰːləntíər] 지원하다 job fair 취업 박람회 essential[isénʃəl] 필수적인, 극히 중요한 potential[pəténʃəl] 잠재적인, 가능성 있는 line up 준비하다 copywriter[káːpiraitər] 광고 문안 작성자
77 applicant[ǽplikənt] 지원자 organizer[ɔ́ːrgənàizər] 주최자 78 proposal[prəpóuzəl] 제안서, 제안
79 creation[kriéiʃən] 창설, 창시 expansion[ikspǽnʃən] 확장, 발전

77 ■ 전체 지문 관련 문제 청자
정답 (B)

청자들의 신분을 묻는 문제이므로, 신분 및 직업과 관련된 표현을 놓치지 않고 듣는다. "I'd like to thank our employees who volunteered at the job fair at the Anderson Community Center last week."라며 지난주에 Anderson 시민 문화 회관에서 열린 취업 박람회에 지원해 준 직원들에게 감사를 전하고 싶다고 하였다. 이를 통해 청자들이 직원들임을 알 수 있다. 따라서 정답은 (B) Staff members이다.

78 ■ 세부 사항 관련 문제 특정 세부 사항
정답 (C)

화자가 11월 27일까지 하고 싶어 하는 것을 묻는 문제이므로, 질문의 핵심어구(by November 27)가 언급된 주변을 주의 깊게 듣는다. "My goal is to have at least two new copywriters on staff by November 27."라며 자신의 목표는 11월 27일까지 적어도 두 명의 새로운 광고 문안 작성자들을 직원으로 있도록 하는 것이라고 하였다. 따라서 정답은 (C) Hire some new employees이다.

79 ■ 세부 사항 관련 문제 특정 세부 사항
정답 (C)

화자가 회사에 일어나길 원하는 일을 묻는 문제이므로, 질문의 핵심어구(happen in the company)와 관련된 내용을 주의 깊게 듣는다. "With any luck, this project will lead to us having more clients on our list to work with next year."라며 운이 좋다면 이 프로젝트가 내년에 함께 일할 수 있는 더 많은 고객들을 자신들의 목록에 확보할 수 있게 해줄 것이라고 하였다. 따라서 정답은 (C) The expansion of the client list이다.

바꾸어 표현하기
having more clients on ~ list 더 많은 고객들을 목록에 확보하다 → The expansion of the client list 고객 목록의 확장

Questions 80-82 refer to the following announcement.

🎧 영국식 발음

Attention, passengers. ⁸⁰Due to severe weather conditions at our destination airport in Sydney, this flight has been delayed. We were scheduled to depart at 12:00 P.M., but we are now looking at an approximate takeoff time of 3:30 P.M. ⁸¹I apologize on behalf of the airline. I know you have taken your seats already. ⁸¹Now, everyone should return to the terminal. We will start boarding again at 2:30 P.M. To make the wait more comfortable, ⁸²we will provide all passengers with a voucher for a free drink at any airport establishment. Please enjoy your drink and wait for further updates.

80 What is being announced?
(A) A flight postponement
(B) A terminal change
(C) A seating update
(D) A route modification

81 What does the speaker mean when she says, "I know you have taken your seats already"?
(A) The trip will take longer than planned.
(B) The listeners should fasten their seatbelts.
(C) The aircraft has malfunctioned.
(D) The listeners will be disrupted.

82 What does the speaker suggest the listeners do?
(A) Contact a travel agency
(B) Redeem a coupon
(C) Move to another gate
(D) Book another flight

80-82번은 다음 공지에 관한 문제입니다.

탑승객 여러분, 주목해 주십시오. ⁸⁰시드니에 있는 저희 목적지 공항의 심각한 기상 상태로 인해, 이 항공편은 지연되었습니다. 저희는 오후 12시에 출발할 예정이었으나, 지금 출발 시간을 대략 오후 3시 30분으로 생각하고 있습니다. ⁸¹항공사를 대표하여 사과드립니다. 여러분이 이미 자리에 앉으신 걸 알고 있습니다. ⁸¹이제, 모든 분들은 터미널로 돌아가셔야 합니다. 저희는 오후 2시 30분에 다시 탑승을 시작할 것입니다. 대기를 보다 편안하게 하기 위해, ⁸²저희는 모든 승객들에게 어느 공항 상점에서나 가능한 무료 음료 교환권을 제공할 것입니다. 음료를 즐기시면서 추가적인 업데이트를 기다려주십시오.

80. 무엇이 공지되고 있는가?
(A) 항공편 연기
(B) 터미널 변경
(C) 좌석 업데이트
(D) 경로 변경

81. 화자는 "여러분이 이미 자리에 앉으신 걸 알고 있습니다" 라고 말할 때 무엇을 의도하는가?
(A) 여행이 계획했던 것보다 오래 걸릴 것이다.
(B) 청자들이 그들의 안전벨트를 매야 한다.
(C) 항공기가 고장 났다.
(D) 청자들이 방해받을 것이다.

82. 화자는 청자들에게 무엇을 하라고 제안하는가?
(A) 여행사에 연락한다.
(B) 쿠폰을 상품으로 교환한다.
(C) 다른 탑승구로 이동한다.
(D) 다른 항공편을 예약한다.

지문 **severe**[미 sivír, 영 sivíə] 심각한, 극심한 **approximate**[미 əprá:ksəmət, 영 əpráksəmèit] 대략의, 가까운 **takeoff**[미 téikɔ̀:f, 영 ttéikɔ̀f] 출발
on behalf of ~을 대표하여 **voucher**[미 váutʃər, 영 váutʃə] 교환권, 상품권 **establishment**[istǽbliʃmənt] 상점, 시설
80 **postponement**[poustpóunmənt] 연기 **route**[ru:t] 경로, 길 **modification**[mɑ̀:difikéiʃən] 변경, 수정
81 **fasten**[fǽsən] 매다, 채우다 **aircraft**[érkræft] 항공기 **malfunction**[mæ̀lfʌ́ŋkʃən] 고장 나다 **disrupt**[disrʌ́pt] 방해하다, 지장을 주다
82 **redeem**[ridí:m] 상품으로 교환하다, 보완하다

80 ■ **전체 지문 관련 문제** 주제 　　　　　　　　　　　　　　　　　　　　　　　　　　　　　　　　　　　　　　 정답 (A)

공지의 주제를 묻는 문제이므로, 지문의 초반을 반드시 듣는다. "Due to severe weather conditions at our destination airport in Sydney, this flight has been delayed."라며 시드니에 있는 목적지 공항의 심각한 기상 상태로 인해 항공편이 지연되었다고 한 뒤, 항공편 연기와 관련된 내용을 언급하였다. 따라서 정답은 (A) A flight postponement이다.

81 ■ **세부 사항 관련 문제** 의도 파악 　　　　　　　　　　　　　　　　　　　　　　　　　　　　　　　　　　　 정답 (D)

화자가 하는 말의 의도를 묻는 문제이므로, 질문의 인용어구(I know you have taken your seats already)가 언급된 주변을 주의 깊게 듣는다. "I apologize on behalf of the airline."이라며 항공사를 대표하여 사과한다고 한 뒤, "I know you have taken your seats already. Now, everyone should return to the terminal."이라며 청자들이 이미 자리에 앉은 걸 알고 있다며 이제 모든 사람들이 터미널로 돌아가야 한다고 하였다. 이를 통해 청자들이 방해받을 것임을 알 수 있다. 따라서 정답은 (D) The listeners will be disrupted이다.

82 ■ **세부 사항 관련 문제** 제안 　　　　　　　　　　　　　　　　　　　　　　　　　　　　　　　　　　　　　　 정답 (B)

화자가 청자들에게 제안하는 것을 묻는 문제이므로, 지문의 중후반에서 제안과 관련된 표현이 포함된 문장을 주의 깊게 듣는다. "we will provide all passengers with a voucher for a free drink at any airport establishment"라며 모든 승객들에게 어느 공항 상점에서나 가능한 무료 음료 교환권을 제공할 것이라고 한 뒤, "Please enjoy your drink"라며 음료를 즐기라고 하였다. 따라서 정답은 (B) Redeem a coupon이다.

바꾸어 표현하기
voucher 교환권 → coupon 쿠폰

Questions 83-85 refer to the following introduction.

🎧 호주식 발음

Thank you everyone for attending today's product launch. ⁸³I'd also like to welcome viewers from around the world as we are streaming this live on our Web site. Before you get a first glimpse at the new Moyo phone, ⁸⁴CEO Margret Tucker will talk about her vision for the company's future. After taking this position last month, she now has the chance to talk to the world directly. After our presentation, I will guide all of the attendees to our lounge where they can actually use the phone. And here is the best part, ⁸⁵one lucky raffle winner will walk away with one of the new phones. But now, let's welcome Margret Tucker.

83 What does the speaker say about an event?
(A) It will feature a musical performance.
(B) It will be repeated in international locations.
(C) It will take less time than expected.
(D) It will include online viewers.

84 According to the speaker, what did Ms. Tucker recently do?
(A) Appeared in a commercial
(B) Earned a degree in engineering
(C) Transferred to another country
(D) Became a chief executive officer

85 What will one of the listeners receive?
(A) An event invitation
(B) A visitor's pass
(C) A free mobile device
(D) A monthly subscription

83-85번은 다음 소개에 관한 문제입니다.

오늘 제품 출시 행사에 참석해 주셔서 모든 분들께 감사드립니다. ⁸³저희의 웹사이트에서 이것을 실시간으로 스트리밍하고 있기 때문에 전 세계의 시청자들도 환영하고 싶습니다. 여러분이 새로운 Moyo 휴대폰을 처음 잠깐 보기 전에, ⁸⁴최고 경영자 Margret Tucker가 회사의 미래에 대한 그녀의 비전에 대해 이야기할 것입니다. 지난달에 이 자리를 맡은 후, 그녀는 이제 세계에 직접 말할 기회를 갖게 되었습니다. 저희의 발표 후, 저는 실제로 휴대폰을 사용해볼 수 있는 저희의 라운지로 모든 참석자들을 안내할 것입니다. 그리고 여기 가장 좋은 부분이 있는데, ⁸⁵행운의 추첨 당첨자 한 명은 새로운 휴대폰 중 한 대를 가지고 떠날 것입니다. 그렇지만 이제, Margret Tucker를 환영합니다.

83. 화자는 행사에 관해 무엇을 말하는가?
(A) 음악 공연을 포함할 것이다.
(B) 국제적인 장소들에서 되풀이될 것이다.
(C) 예상했던 것보다 시간이 적게 걸릴 것이다.
(D) 온라인 시청자들을 포함할 것이다.

84. 화자에 따르면, Ms. Tucker는 최근에 무엇을 했는가?
(A) 광고에 출연했다.
(B) 엔지니어링 학위를 받았다.
(C) 다른 나라로 전근을 갔다.
(D) 최고 경영자가 되었다.

85. 청자들 중 한 명은 무엇을 받을 것인가?
(A) 행사 초대장
(B) 출입증
(C) 무료 모바일 기기
(D) 월간 구독

지문 glimpse[glimps] 잠깐 봄 attendee[ӕtendíː] 참석자, 출석자 raffle[rӕfl] 추첨
83 feature[fíːtʃər] 포함하다, 특징으로 하다 expect[ikspékt] 예상하다, 기다리다
84 appear[əpíər] 출연하다, 나오다 earn[əːrn] 받다, 얻다 degree[digríː] 학위 transfer[trænsfɔ́ːr] 전근을 가다

83 ■ 세부 사항 관련 문제 언급   정답 (D)
○
●
●
●
상
화자가 행사에 관해 언급하는 것을 묻는 문제이므로, 질문의 핵심어구(event)와 관련된 내용을 주의 깊게 듣는다. "I'd also like to welcome viewers from around the world as we are streaming this live on our Web site."라며 웹사이트에서 이것을 실시간으로 스트리밍하고 있기 때문에 전 세계의 시청자들도 환영하고 싶다고 하였다. 따라서 정답은 (D) It will include online viewers이다.

84 ■ 세부 사항 관련 문제 특정 세부 사항   정답 (D)
○
○
●
●
중
Ms. Tucker가 최근에 한 것을 묻는 문제이므로, 질문의 핵심어구(Ms. Tucker)가 언급된 주변을 주의 깊게 듣는다. "CEO Margret Tucker will talk about her vision for the company's future. After taking this position last month, she now has the chance to talk"라며 최고 경영자 Margret Tucker가 회사의 미래에 대한 그녀의 비전에 대해 이야기할 것이고 지난달에 이 자리를 맡은 후 그녀는 이제 말할 기회를 갖게 되었다고 하였다. 따라서 정답은 (D) Became a chief executive officer이다.

바꾸어 표현하기
CEO 최고 경영자 → a chief executive officer 최고 경영자

85 ■ 세부 사항 관련 문제 특정 세부 사항   정답 (C)
○
○
●
●
중
청자들 중 한 명이 받을 것을 묻는 문제이므로, 질문의 핵심어구(one of the listeners receive)와 관련된 내용을 주의 깊게 듣는다. "one lucky raffle winner will walk away with one of the new phones"라며 행운의 추첨 당첨자 한 명이 새로운 휴대폰 중 한 대를 가지고 떠날 것이라고 하였다. 따라서 정답은 (C) A free mobile device이다.

Questions 86-88 refer to the following advertisement.

🔊 캐나다식 발음

Our mission at Fren Beauty Incorporated is to provide you with the most effective chemical-free products on the market. However, ⁸⁶our commitment to making better products doesn't stop with our ingredients. Even our packaging has become eco-friendly. It's created from biodegradable and recycled materials. This applies to ⁸⁷all the products we sell, from face wash and shampoo to foot scrubs. After years of direct sales, ⁸⁸we are now happy to announce that you can find our product line at www.shopbeautysmart.com starting this April. If you would like to see our products on shelves, ask your local store to carry our brand today.

86 Why does the speaker say, "It's created from biodegradable and recycled materials"?
(A) To emphasize a commitment to the environment
(B) To recognize the efforts of product designers
(C) To explain why a manufacturing process takes time
(D) To clarify the information on a label

87 What does the company sell?
(A) Medical equipment
(B) Beauty products
(C) Clothing
(D) Agricultural supplies

88 What is supposed to happen in April?
(A) Some free samples will be distributed.
(B) A marketing campaign will commence.
(C) An online store will sell some items.
(D) A new package design will be revealed.

86-88번은 다음 광고에 관한 문제입니다.

저희 Fren 미용 회사의 사명은 시장에서 가장 효과적인 화학 성분이 없는 제품을 여러분에게 제공하는 것입니다. 하지만, ⁸⁶더 나은 제품을 만들기 위한 저희의 전념은 성분에 그치지 않습니다. 심지어 저희의 용기도 친환경적이 되었습니다. 이것은 생분해성이고 재활용된 재료들로 만들어집니다. 이것은 ⁸⁷세안제와 샴푸부터 발 스크럽까지 저희가 판매하는 모든 제품들에 적용됩니다. 수년간의 직판 끝에, ⁸⁸이번 4월부터 www.shopbeautysmart.com에서 저희의 제품군을 찾으실 수 있게 되었다는 것을 이제 알려드리게 되어 기쁩니다. 선반에 진열된 저희 제품을 보고 싶으시다면, 오늘 여러분의 지역 상점에 저희 브랜드를 취급하라고 요청하세요.

86. 화자는 왜 "이것은 생분해성이고 재활용된 재료들로 만들어집니다"라고 말하는가?
(A) 환경에 대한 전념을 강조하기 위해
(B) 제품 디자이너들의 노력을 인정하기 위해
(C) 제조 과정이 왜 시간이 걸리는지 설명하기 위해
(D) 라벨의 정보를 명확하게 하기 위해

87. 회사는 무엇을 판매하는가?
(A) 의료 기구
(B) 미용 제품
(C) 의류
(D) 농업용품

88. 4월에 무슨 일이 일어나기로 되어 있는가?
(A) 몇몇 무료 샘플들이 배부될 것이다.
(B) 광고 캠페인이 시작될 것이다.
(C) 온라인 상점이 몇몇 물품들을 판매할 것이다.
(D) 새로운 용기 디자인이 공개될 것이다.

지문 mission[míʃən] 사명, 임무 chemical-free 화학 성분이 없는 commitment[kəmítmənt] 전념, 헌신 eco-friendly 친환경적인 biodegradable[bàioudigréidəbl] 생분해성의 recycle[ri:sáikl] 재활용하다 carry[kǽri] 취급하다
86 emphasize[émfəsaiz] 강조하다 environment[inváirənmənt] 환경 clarify[klǽrəfai] 명확하게 하다, 분명히 말하다
88 distribute[distríbju:t] 배부하다, 나누어주다 commence[kəméns] 시작되다 reveal[rivíːl] 공개하다

86 ■ 세부 사항 관련 문제 의도 파악
정답 (A)
화자가 하는 말의 의도를 묻는 문제이므로, 질문의 인용어구(It's created from biodegradable and recycled materials)가 언급된 주변을 주의 깊게 듣는다. "our[Fren Beauty Incorporated] commitment to making better products doesn't stop with our ingredients. Even our packaging has become eco-friendly."라며 더 나은 제품을 만들기 위한 Fren 미용 회사의 전념은 성분에 그치지 않으며 심지어 용기도 친환경적이 되었다고 한 뒤, "It's created from biodegradable and recycled materials."라며 이것은 생분해성이고 재활용된 재료들로 만들어진다고 하였다. 이를 통해 환경에 대한 회사의 전념을 강조하려는 의도임을 알 수 있다. 따라서 정답은 (A) To emphasize a commitment to the environment이다.

87 ■ 세부 사항 관련 문제 특정 세부 사항
정답 (B)
회사가 판매하는 것을 묻는 문제이므로, 질문의 핵심어구(company sell)와 관련된 내용을 주의 깊게 듣는다. "all the products we[Fren Beauty Incorporated] sell, from face wash and shampoo to foot scrubs"라며 세안제와 샴푸부터 발 스크럽까지 Fren 미용 회사가 판매하는 모든 제품들이라고 하였다. 따라서 정답은 (B) Beauty products이다.

88 ■ 세부 사항 관련 문제 특정 세부 사항
정답 (C)
4월에 일어나기로 되어 있는 일을 묻는 문제이므로, 질문의 핵심어구(April)가 언급된 주변을 주의 깊게 듣는다. "we are now happy to announce that you can find our product line at www.shopbeautysmart.com starting this April"이라며 이번 4월부터 www.shopbeautysmart.com에서 회사의 제품군을 찾을 수 있게 되었다는 것을 이제 알리게 되어 기쁘다고 하였다. 따라서 정답은 (C) An online store will sell some items이다.

Questions 89-91 refer to the following report.

🔊 미국식 발음

This is Amanda Peters with the latest local news. Many residents do not know that [89]the park is full of free activities. For example, [90]The Friartown Park Association is hosting yoga classes on weekdays in Friartown Park from 7 A.M. to 8 A.M. On the weekends, you can enjoy aerobics classes at the same time. Both activities will last until the end of September. There are also monthly classical concerts on the first Friday of each month. [91]Visit the association's Web site for daily updates and information about the artists playing at the concerts.

89 According to the speaker, what is available for free?
(A) Some park activities
(B) Public transportation
(C) Museum admissions
(D) Some streaming content

90 What is scheduled until September?
(A) Some farmer's markets
(B) Some city fairs
(C) Some morning workouts
(D) Some landscaping upgrades

91 What can be found online?
(A) Tips on improving fitness
(B) The location of a yoga studio
(C) A park's opening schedule
(D) Information about performances

89-91번은 다음 보도에 관한 문제입니다.

최신 지역 뉴스를 전해드리는 Amanda Peters입니다. 많은 주민들은 [89]공원이 무료 행사들로 가득하다는 것을 알지 못합니다. 예를 들어, [90]Friartown 공원 협회는 오전 7시부터 오전 8시까지 Friartown 공원에서 평일에 요가 수업들을 주최합니다. 주말에는, 동일한 시간에 에어로빅 수업들을 들으실 수 있습니다. 두 활동 모두 9월 말까지 계속될 것입니다. 매월 첫째 주 금요일에는 월간 클래식 공연들도 있습니다. [91]협회의 웹사이트를 방문해서 일간 업데이트와 공연에서 연주하는 예술가들에 대한 정보를 얻으세요.

89. 화자에 따르면, 무엇을 무료로 이용할 수 있는가?
(A) 공원 행사들
(B) 대중교통
(C) 박물관 입장
(D) 스트리밍 콘텐츠

90. 9월까지 무엇이 예정되어 있는가?
(A) 생산자 직거래 장터
(B) 도시 박람회
(C) 아침 운동
(D) 조경 업그레이드

91. 온라인에서 무엇을 찾을 수 있는가?
(A) 건강을 향상시키는 것에 대한 조언
(B) 요가 스튜디오의 위치
(C) 공원의 개방 일정
(D) 공연에 대한 정보

지문 resident[rézidənt] 주민 full of ~으로 가득한 association[əsòuʃiéiʃən] 협회 host[houst] 주최하다
89 admission[ədmíʃən] 입장
90 farmer's market 생산자 직거래 장터, 농산물 직판장 fair[fεər] 박람회 workout[wɔ́:rkaut] 운동 landscaping[lǽndskèipiŋ] 조경
91 improve[imprú:v] 향상시키다, 개선시키다 fitness[fítnəs] 건강, 운동, 신체 단련 performance[pərfɔ́:rməns] 공연

89 ■ 세부 사항 관련 문제 특정 세부 사항
정답 (A)
무료로 이용할 수 있는 것을 묻는 문제이므로, 질문의 핵심어구(available for free)와 관련된 내용을 주의 깊게 듣는다. "the park is full of free activities"라며 공원이 무료 행사들로 가득하다고 하였다. 따라서 정답은 (A) Some park activities이다.

90 ■ 세부 사항 관련 문제 특정 세부 사항
정답 (C)
9월까지 예정되어 있는 것을 묻는 문제이므로, 질문의 핵심어구(until September)가 언급된 주변을 주의 깊게 듣는다. "The Friartown Park Association is hosting yoga classes on weekdays in Friartown Park from 7 A.M. to 8 A.M. On the weekends, you can enjoy aerobics classes at the same time. Both activities will last until the end of September."라며 Friartown 공원 협회가 오전 7시부터 오전 8시까지 Friartown 공원에서 평일에 요가 수업들을 주최하고 주말에는 동일한 시간에 에어로빅 수업을 들을 수 있다고 한 뒤, 두 활동 모두 9월 말까지 계속될 것이라고 하였다. 따라서 정답은 (C) Some morning workouts이다.

91 ■ 세부 사항 관련 문제 특정 세부 사항
정답 (D)
온라인에서 찾을 수 있는 것을 묻는 문제이므로, 질문의 핵심어구(online)와 관련된 내용을 주의 깊게 듣는다. "Visit the association's Web site for daily updates and information about the artists playing at the concerts."라며 협회의 웹사이트를 방문해서 일간 업데이트와 공연에서 연주하는 예술가들에 대한 정보를 얻으라고 하였다. 따라서 정답은 (D) Information about performances이다.

Questions 92-94 refer to the following telephone message.

🔊 영국식 발음

Hello, Jennifer. This is Celia Swanson calling from Swanson Bakery. I received your message from Friday about the cake you are thinking of ordering for your party. As you requested, [92]I've set up a cake tasting for you on Saturday, March 2, at 12:30 P.M. There is no obligation to purchase anything at that time. But [93]if you do decide to place a cake order, please be informed that it generally takes us two days to fulfill an order for a basic sheet cake, but the cake you asked about has multiple layers. In addition, [94]you mentioned wanting some lettering and special decorations. You can talk about those at Saturday's activity with our assistant, Genevieve. She'll be able to tell you if they're possible and how much extra they would cost.

92 What will take place on Saturday?
(A) A tasting event
(B) A baking class
(C) A monthly sale
(D) A fundraising gala

93 What does the speaker imply when she says, "the cake you asked about has multiple layers"?
(A) The product needs special packaging.
(B) Some preparations will take more time.
(C) Some design revisions will have to be made.
(D) The selected option is expensive.

94 Why should the listener talk to Genevieve?
(A) To ask for a sample
(B) To file a complaint
(C) To request a discount
(D) To inquire about personalization

92-94번은 다음 전화 메시지에 관한 문제입니다.

안녕하세요, Jennifer. Swanson 제과점에서 전화드리는 Celia Swanson입니다. 당신이 파티를 위해 주문하고자 하는 케이크에 대한 당신의 메시지를 금요일에 받았습니다. 요청하신 대로, [92]3월 2일 토요일 오후 12시 30분에 당신을 위한 케이크 시식회를 준비했습니다. 그때에 어떤 것을 구매하셔야 할 의무는 없습니다. 하지만 [93]만약 당신이 케이크 주문을 하기로 결정하신다면, 저희는 보통 기본 시트 케이크 주문을 완료하는 데 이틀이 걸리는데, 당신이 문의하신 케이크는 여러 겹으로 되어 있다는 것을 알아두시기 바랍니다. 게다가, [94]당신은 약간의 레터링과 특별한 장식들을 원한다고 말씀하셨습니다. 토요일의 활동에서 저희의 조수인 Genevieve에게 그것들에 대해 이야기하실 수 있습니다. 그녀는 그것들이 가능한지와 추가 비용이 얼마일지 당신에게 말씀드릴 수 있을 것입니다.

92. 토요일에 무엇이 열릴 것인가?
(A) 시식 행사
(B) 제빵 수업
(C) 월간 판매
(D) 모금 행사

93. 화자는 "당신이 문의하신 케이크는 여러 겹으로 되어 있다"라고 말할 때 무엇을 의도하는가?
(A) 제품이 특별한 포장을 필요로 한다.
(B) 준비가 더 많은 시간이 걸릴 것이다.
(C) 디자인 수정이 이뤄져야 할 것이다.
(D) 선택된 옵션이 비싸다.

94. 청자는 왜 Genevieve에게 이야기해야 하는가?
(A) 샘플을 요청하기 위해
(B) 불만을 제기하기 위해
(C) 할인을 요청하기 위해
(D) 개인화에 대해 문의하기 위해

지문 request[rikwést] 요청하다, 요구하다 tasting[téistiŋ] 시식회 obligation[미 à:bləɡéiʃən, 영 ɔ̀bləɡéiʃən] 의무, 책무
fulfill[fulfíl] 완료하다, 이행하다 layer[미 léiər, 영 léiə] (겹겹이 쌓여 있는) 겹, 층 lettering[létəriŋ] 레터링, 글자 새기기
92 fundraising[fʌ́ndrèiziŋ] 모금 gala[géilə] 행사 93 preparation[prèpəréiʃən] 준비 revision[rivíʒən] 수정
94 inquire[inkwáiər] 문의하다, 알아보다 personalization[pə̀:rsənəlɪzéiʃən] 개인화

92 ■ 세부 사항 관련 문제 특정 세부 사항   정답 (A)
○○○●○ 토요일에 열릴 것을 묻는 문제이므로, 질문의 핵심어구(Saturday)가 언급된 주변을 주의 깊게 듣는다. "I've set up a cake tasting for
중 you on Saturday, March 2, at 12:30 P.M."이라며 3월 2일 토요일 오후 12시 30분에 청자를 위한 케이크 시식회를 준비했다고
하였다. 따라서 정답은 (A) A tasting event다.

93 ■ 세부 사항 관련 문제 의도 파악   정답 (B)
○○○○● 화자가 하는 말의 의도를 묻는 문제이므로, 질문의 인용어구(the cake you asked about has multiple layers)가 언급된 주변을 주의
상 깊게 듣는다. "if you do decide to place a cake order, please be informed that it generally takes us two days to fulfill an
order for a basic sheet cake, but the cake you asked about has multiple layers"라며 만약 케이크 주문을 하기로 결정한다면
보통 기본 시트 케이크 주문을 완료하는 데 이틀이 걸리는데 청자가 문의한 케이크는 여러 겹으로 되어 있다는 것을 알아두라고 한 것을
통해, 준비가 더 많은 시간이 걸릴 것임을 알 수 있다. 따라서 정답은 (B) Some preparations will take more time이다.

94 ■ 세부 사항 관련 문제 이유   정답 (D)
○○○●○ 청자가 Genevieve에게 이야기해야 하는 이유를 묻는 문제이므로, 질문의 핵심어구(talk ~ Genevieve)가 언급된 주변을 주의 깊게
중 듣는다. "you mentioned wanting some lettering and special decorations. You can talk about those at Saturday's
activity with our assistant, Genevieve."라며 청자가 약간의 레터링과 특별한 장식들을 원한다고 말했다며 토요일의 활동에서 조수인
Genevieve에게 그것들에 대해 이야기할 수 있다고 하였다. 따라서 정답은 (D) To inquire about personalization이다.

Questions 95-97 refer to the following talk and table.

🔊 호주식 발음

Good morning, everyone. ⁹⁵I hope you've enjoyed your first night at Carson Island Resort. Today, we have a number of complimentary activities for you to enjoy. If you refer to your welcome packet, you'll find a table with all of them listed. As you can see, ⁹⁶most involve getting wet, so I recommend putting on a bathing suit and non-slip shoes. ⁹⁷If you want to take the scuba diving course, please let me know. I'm the instructor and I'll have to get you some special equipment. Now, I'll let you enjoy your breakfast and decide what you want to do for the day.

Activity	Guide
Kayaking Tour	Kyle Hill
Parasailing	Jerome Weber
Scuba Diving	⁹⁷Dennis Maron
Jetboat Adventure	Billy Garcia

95 What does the speaker say about Carson Island Resort?
(A) It offers some activities for free.
(B) It is fully booked for the weekend.
(C) It ordered some new equipment.
(D) It is only accessible by boat.

96 What does the speaker recommend that the listeners do?
(A) Do some warmup exercises
(B) Wear appropriate clothing
(C) Bring some snacks on a trip
(D) Follow safety procedures

97 Look at the graphic. Who most likely is the speaker?
(A) Kyle Hill
(B) Jerome Weber
(C) Dennis Maron
(D) Billy Garcia

95-97번은 다음 담화와 표에 관한 문제입니다.

안녕하세요, 여러분. ⁹⁵Carson섬 리조트에서 여러분의 첫날밤이 즐거웠기를 바랍니다. 오늘, 여러분이 즐길 수 있는 많은 무료 활동들이 있습니다. 여러분의 환영 꾸러미를 참고하시면, 모든 것들이 목록에 포함된 표를 찾으실 것입니다. 보시다시피, ⁹⁶대부분이 물에 젖는 것을 포함하므로, 저는 수영복과 미끄러지지 않는 신발을 착용하시는 걸 추천합니다. ⁹⁷만약 스쿠버 다이빙 수업을 듣고 싶으시다면, 저에게 알려주세요. 제가 강사이고 제가 몇몇 특별한 장비를 가져드려야 할 것입니다. 이제, 아침을 맛있게 드시고 여러분이 하루 동안 무엇을 하고 싶으신지 결정할 수 있도록 하겠습니다.

활동	지도자
카약 투어	Kyle Hill
패러세일링	Jerome Weber
스쿠버 다이빙	⁹⁷Dennis Maron
제트보트 모험	Billy Garcia

95. 화자는 Carson섬 리조트에 관해 무엇을 말하는가?
(A) 몇몇 활동들을 무료로 제공한다.
(B) 주말 동안 예약이 꽉 차 있다.
(C) 몇몇 새로운 장비를 주문했다.
(D) 배로만 접근할 수 있다.

96. 화자는 청자들에게 무엇을 하라고 제안하는가?
(A) 준비 운동을 한다.
(B) 적절한 옷을 입는다.
(C) 여행에 간식을 가져온다.
(D) 안전 수칙을 따른다.

97. 시각 자료를 보시오. 화자는 누구인 것 같은가?
(A) Kyle Hill
(B) Jerome Weber
(C) Dennis Maron
(D) Billy Garcia

지문 complimentary[미 kàːmpliméntəri, 영 kɔ̀mpliméntəri] 무료의 refer[rifə́ːr] 참고하다 packet[pǽkit] 꾸러미, 묶음 bathing suit 수영복 non-slip 미끄러지지 않는 equipment[ikwípmənt] 장비
95 accessible[əksésəbl] 접근할 수 있는
96 appropriate[əpróupriət] 적절한 clothing[klóuðiŋ] 옷, 의류

95 ■ 세부 사항 관련 문제 언급

화자가 Carson섬 리조트에 관해 언급하는 것을 묻는 문제이므로, 질문의 핵심어구(Carson Island Resort)가 언급된 주변을 주의 깊게 듣는다. "I hope you've enjoyed your first night at Carson Island Resort. Today, we have a number of complimentary activities for you to enjoy."라며 Carson섬 리조트에서 청자들의 첫날밤이 즐거웠기를 바란다며 오늘 청자들이 즐길 수 있는 많은 무료 활동들이 있다고 하였다. 따라서 정답은 (A) It offers some activities for free이다.

바꾸어 표현하기

complimentary 무료의 → for free 무료로

96 ■ 세부 사항 관련 문제 제안

화자가 청자들에게 제안하는 것을 묻는 문제이므로, 지문의 중후반에서 제안과 관련된 표현이 포함된 문장을 주의 깊게 듣는다. "most involve getting wet, so I recommend putting on a bathing suit and non-slip shoes"라며 대부분이 물에 젖는 것을 포함하므로 수영복과 미끄러지지 않는 신발을 착용하는 걸 추천한다고 하였다. 따라서 정답은 (B) Wear appropriate clothing이다.

바꾸어 표현하기

putting on 착용하는 것 → Wear 입다

97 ■ 세부 사항 관련 문제 시각 자료

화자가 누구인지를 묻는 문제이므로, 제시된 표의 정보를 확인한 뒤 질문의 핵심어구(speaker)와 관련된 내용을 주의 깊게 듣는다. "If you want to take the scuba diving course, please let me know. I'm the instructor"라며 만약 스쿠버 다이빙 수업을 듣고 싶다면 자신에게 알려달라며 자신이 강사라고 한 말을 통해 화자는 스쿠버 다이빙 활동 지도자인 Dennis Maron임을 표에서 알 수 있다. 따라서 정답은 (C) Dennis Maron이다.

바꾸어 표현하기

Guide 지도자 → the instructor 강사

Questions 98-100 refer to the following telephone message and map.

[음] 미국식 발음

Hello, ⁹⁸this is Marcy Williams from Central Valley Electric. I have received your inquiry about your power being out. In fact, ⁹⁹power is out all across Thomas County due to the severe weather we experienced last night. ⁹⁹Central Valley Electric crews from the station there are working hard to restore service. At the moment, I advise you to stay calm and use emergency candles. However, ¹⁰⁰if you still do not have electricity by 2 P.M. tomorrow, please call back to let me know. ⁹⁸I can dispatch a technician to your property. You can reach me at 555-1920.

98-100번은 다음 전화 메시지와 지도에 관한 문제입니다.

안녕하세요, ⁹⁸저는 Central Valley Electric사의 Marcy Williams입니다. 정전되었다는 당신의 문의를 받았습니다. 사실, 지난밤에 저희가 겪은 극심한 날씨로 인해 ⁹⁹Thomas 자치주 전역의 전기가 나갔습니다. ⁹⁹그곳 사업소의 Central Valley Electric사 작업반들이 서비스를 복구하기 위해 열심히 작업하고 있습니다. 지금으로서는, 침착함을 유지하시고 비상용 촛불을 사용하시기를 권해드립니다. 하지만, ¹⁰⁰만약 내일 오후 2시까지도 전기가 여전히 들어오지 않는다면, 다시 전화해서 저에게 알려주세요. ⁹⁸제가 당신의 건물로 기술자를 파견할 수 있습니다. 당신은 555-1920으로 저에게 연락하실 수 있습니다.

Central Valley Electric Stations

Station 1 •
Decatur
Thomas
Lasso
Rawlins
⁹⁹Station 2 •
Station 4 •
• Station 3

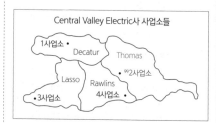

Central Valley Electric사 사업소들

1사업소
Decatur
Thomas
Lasso
⁹⁹2사업소
Rawlins
4사업소
• 3사업소

98 Who most likely is the speaker?
(A) A customer service representative
(B) A factory supervisor
(C) A county official
(D) A certified electrician

99 Look at the graphic. Which branch is restoring the service?
(A) Station 1
(B) Station 2
(C) Station 3
(D) Station 4

100 According to the speaker, why should the listener call back?
(A) To complain about noise
(B) To provide some contact information
(C) To pay an overdue utility fee
(D) To report an unresolved problem

98. 화자는 누구인 것 같은가?
(A) 고객 서비스 담당자
(B) 공장 관리자
(C) 자치주 공무원
(D) 공인된 전기 기술자

99. 시각 자료를 보시오. 어느 지점이 서비스를 복구하고 있는가?
(A) 1사업소
(B) 2사업소
(C) 3사업소
(D) 4사업소

100. 화자에 따르면, 청자는 왜 다시 전화를 해야 하는가?
(A) 소음에 대해 불평하기 위해
(B) 연락처를 제공하기 위해
(C) 연체된 공과금을 납부하기 위해
(D) 미해결 문제를 보고하기 위해

지문 inquiry[ínkwəri] 문의, 질문 county[káunti] 자치주, 군 severe[sivír] 극심한, 심각한 crew[kruː] 작업반, 작업팀 station[stéiʃən] 사업소 restore[ristɔ́ːr] 복구하다, 회복하다 advise[ədváiz] 권하다, 알리다 dispatch[dispǽtʃ] 파견하다, 보내다
98 official[əfíʃəl] 공무원 certified[sə́ːrtəfàid] 공인된, 보증된 electrician[ilèktríʃən] 전기 기술자
100 overdue[òuvərdúː] 연체된, 기한이 지난 utility fee 공과금 unresolved[ʌ̀nrizáːlvd] 미해결의, 미결정의

98 ■ 전체 지문 관련 문제 화자   정답 (A)

화자의 신분을 묻는 문제이므로, 신분 및 직업과 관련된 표현을 놓치지 않고 듣는다. "this is Marcy Williams from Central Valley Electric. I have received your inquiry about your power being out."이라며 Central Valley Electric사의 Marcy Williams 라며 정전되었다는 청자의 문의를 받았다고 한 뒤, "I can dispatch a technician to your property."라며 자신이 청자의 건물로 기술자를 파견할 수 있다고 하였다. 따라서 정답은 (A) A customer service representative이다.

99 ■ 세부 사항 관련 문제 시각 자료   정답 (B)

서비스를 복구하고 있는 지점을 묻는 문제이므로, 제시된 지도의 정보를 확인한 뒤 질문의 핵심어구(branch ~ restoring the service)와 관련된 내용을 주의 깊게 듣는다. "power is out all across Thomas County"라며 Thomas 자치주 전역의 전기가 나갔다고 한 뒤, "Central Valley Electric crews from the station there are working hard to restore service."라며 그곳 사업소의 Central Valley Electric사 작업반들이 서비스를 복구하기 위해 열심히 작업하고 있다고 하였으므로 서비스를 복구하고 있는 지점은 Thomas 자치주에 있는 2사업소임을 지도에서 알 수 있다. 따라서 정답은 (B) Station 2이다.

100 ■ 세부 사항 관련 문제 이유   정답 (D)

청자가 다시 전화해야 하는 이유를 묻는 문제이므로, 질문의 핵심어구(call back)가 언급된 주변을 주의 깊게 듣는다. "if you still do not have electricity by 2 P.M. tomorrow, please call back to let me know"라며 만약 내일 오후 2시까지도 전기가 여전히 들어오지 않는다면 다시 전화해서 자신에게 알려달라고 하였다. 따라서 정답은 (D) To report an unresolved problem이다.

▎TEST 02

PART 1   스크립트·해석·해설

PART 2   스크립트·해석·해설

PART 3   스크립트·해석·해설

PART 4   스크립트·해석·해설

🎧 TEST 02.mp3

실전용·복습용 문제풀이 MP3 무료 다운로드 및 스트리밍 바로듣기 (HackersIngang.com)

* 실제 시험장의 소음까지 재현해 낸 고사장 소음/매미 버전 MP3, 영국식·호주식 발음 집중 MP3, 고속 버전 MP3까지
  구매하면 실전에 더욱 완벽히 대비할 수 있습니다.

무료MP3 바로듣기

1
○○○● 중

🔊 캐나다식 발음

(A) The woman is carrying a shovel.
(B) The woman is hiking in a field.
(C) The woman is filling a watering can.
(D) The woman is kneeling on the grass.

(A) 여자가 삽을 들고 있다.
(B) 여자가 들판을 걷고 있다.
(C) 여자가 물뿌리개를 채우고 있다.
(D) 여자가 잔디에 무릎을 꿇고 있다.

■ 1인 사진
정답 (D)

야외에서 여자가 무릎을 꿇고 식물에 물을 주고 있는 모습과 주변 환경의 상태를 주의 깊게 살핀다.
(A) [×] 사진에 삽(shovel)이 없으므로 오답이다. The woman is carrying(여자가 들고 있다)까지만 듣고 정답으로 고르지 않도록 주의한다.
(B) [×] 여자가 무릎을 꿇고 있는데 걷고 있다고 잘못 묘사했으므로 오답이다. 사진의 장소인 들판(field)을 사용하여 혼동을 주었다.
(C) [×] filling a watering can(물뿌리개를 채우고 있다)은 여자의 동작과 무관하므로 오답이다. 사진에 있는 물뿌리개(watering can)를 사용하여 혼동을 주었다.
(D) [○] 여자가 잔디에 무릎을 꿇고 있는 모습을 정확히 묘사한 정답이다.

어휘   shovel[ʃʌ́vl] 삽 hike[haik] 걷다 field[fiːld] 들판 watering can 물뿌리개 kneel[niːl] 무릎을 꿇다

2
○○○● 중

🔊 영국식 발음

(A) Some people are walking along a road.
(B) One of the men is brushing off his shirt.
(C) Construction work is being done.
(D) A hose has been set on the ground.

(A) 몇몇 사람들이 길을 따라 걷고 있다.
(B) 남자들 중 한 명이 그의 셔츠를 털고 있다.
(C) 공사 작업이 진행되고 있다.
(D) 호스가 땅에 놓여 있다.

■ 2인 이상 사진
정답 (C)

야외에서 두 남자가 작업을 하고 있는 모습과 주변 사물의 상태를 주의 깊게 살핀다.
(A) [×] walking(걷고 있다)은 사진 속 남자들의 동작과 무관하므로 오답이다. 사진에 있는 길(road)을 사용하여 혼동을 주었다.
(B) [×] 사진에 셔츠를 털고 있는(brushing off his shirt) 남자가 없으므로 오답이다. brush off가 무언가를 털어내는 모습을 나타냄을 알아둔다.
(C) [○] 공사 작업이 진행되고 있는 모습을 정확히 묘사한 정답이다.
(D) [×] 남자가 호스를 들고 있는데 호스가 땅에 놓여 있다고 잘못 묘사했으므로 오답이다. 사진에 있는 호스(hose)를 사용하여 혼동을 주었다.

어휘   brush off (옷 등을) 털다 construction[kənstrʌ́kʃən] 공사

3
○○○● 상

🔊 호주식 발음

(A) A guitar is being played.
(B) A room is unoccupied.
(C) An instrument is being repaired.
(D) A box is propping a door open.

(A) 기타가 연주되고 있다.
(B) 방에 사람이 없다.
(C) 악기가 수리되고 있다.
(D) 상자가 문을 받쳐 열어 놓고 있다.

■ 사물 및 풍경 사진
정답 (B)

사진에 사람이 없다는 것과 주변 사물의 상태를 주의 깊게 살핀다.
(A) [×] 사진에서 기타는 보이지만 연주되고 있는(is being played) 모습은 아니므로 오답이다. 사진에 있는 기타(guitar)를 사용하여 혼동을 주었다.
(B) [○] 방에 사람이 없는 모습을 정확히 묘사한 정답이다. unoccupied가 사람이 없거나 이용되지 않고 비어있는 모습을 나타냄을 알아둔다.
(C) [×] 사진에서 악기는 보이지만 수리되고 있는(is being repaired) 모습은 아니므로 오답이다.
(D) [×] 문이 닫혀 있는데 상자가 문을 받쳐 열어 놓고 있다고 잘못 묘사했으므로 오답이다. 사진에 있는 문(door)을 사용하여 혼동을 주었다.

어휘   instrument[ínstrəmənt] 악기 prop[미 prɑːp, 영 prɔp] 받치다

4
○●●● 상

🔊 영국식 발음

(A) The woman is hanging up a blanket.
(B) The woman is sorting some towels.
(C) The woman is making a bed.
(D) The woman is turning off a light.

(A) 여자가 담요를 걸고 있다.
(B) 여자가 수건을 분류하고 있다.
(C) 여자가 이불을 정돈하고 있다.
(D) 여자가 불을 끄고 있다.

■ 1인 사진   정답 (C)

한 여자가 이불을 정돈하고 있는 모습을 확인한다.
(A) [×] hanging up(걸고 있다)은 여자의 동작과 무관하므로 오답이다. 사진에 있는 담요(blanket)를 사용하여 혼동을 주었다.
(B) [×] sorting(분류하고 있다)은 여자의 동작과 무관하므로 오답이다. 사진에 있는 수건(towels)을 사용하여 혼동을 주었다.
(C) [○] 여자가 이불을 정돈하고 있는 모습을 가장 잘 묘사한 정답이다. make a bed가 이불을 정돈하는 모습을 나타냄을 알아둔다.
(D) [×] turning off(끄다)는 여자의 동작과 무관하므로 오답이다.

어휘   blanket[blǽŋkit] 담요   sort[미 sɔːrt, 영 sɔːt] 분류하다   make a bed 이불을 정돈하다

5
○○●● 중

🔊 캐나다식 발음

(A) Some items are on display.
(B) A woman is standing by a cash register.
(C) Produce is being handed to a shopper.
(D) Some people are pushing a shopping cart.

(A) 물품들이 진열되어 있다.
(B) 한 여자가 계산대 옆에 서 있다.
(C) 농산물이 쇼핑객에게 건네지고 있다.
(D) 사람들이 쇼핑용 카트를 밀고 있다.

■ 2인 이상 사진   정답 (A)

한 남자와 한 여자가 진열대 앞에서 물품을 고르고 있는 모습을 확인한다.
(A) [○] 진열대에 물품들이 진열되어 있는 모습을 정확히 묘사한 정답이다.
(B) [×] 사진에서 계산대(cash register)를 확인할 수 없으므로 오답이다. A woman is standing(여자가 서 있다)까지만 듣고 정답으로 고르지 않도록 주의한다.
(C) [×] 농산물이 쇼핑객에게 건네지고 있는 상태가 아니므로 오답이다. 사진에 있는 농산물(Produce)을 사용하여 혼동을 주었다.
(D) [×] pushing(밀고 있다)은 사람들의 동작과 무관하므로 오답이다. 사진의 장소인 상점과 관련된 shopping cart(쇼핑용 카트)를 사용하여 혼동을 주었다.

어휘   cash register 계산대   produce[prədúːs] 농산물   hand[hænd] 건네주다   cart[kɑːrt] 카트, 손수레

6
○●●● 상

🔊 미국식 발음

(A) Curtains separate the work areas.
(B) A monitor has been turned on.
(C) A remote control is lying on a chair.
(D) A desk is illuminated by a lamp.

(A) 커튼이 작업 구역들을 분리하고 있다.
(B) 모니터가 켜져 있다.
(C) 리모컨이 의자 위에 놓여 있다.
(D) 책상이 전등으로 밝혀지고 있다.

■ 사물 및 풍경 사진   정답 (D)

사진에 사람이 없다는 것과 두 개의 탁자 위에 리모컨과 텔레비전, 전등이 각각 놓여 있는 모습을 확인한다.
(A) [×] 사진에서 커튼이 작업 구역들을 분리하고 있는지 확인할 수 없으므로 오답이다. 사진에 있는 커튼(Curtains)을 사용하여 혼동을 주었다.
(B) [×] 모니터가 꺼져 있는데 켜져 있다(has been turned on)고 잘못 묘사했으므로 오답이다. 사진에 있는 모니터(monitor)를 사용하여 혼동을 주었다.
(C) [×] 리모컨이 의자 위에 놓여 있는 것이 아니라 탁자 위에 있으므로 오답이다. A remote control is lying(리모컨이 놓여 있다)까지만 듣고 정답으로 선택하지 않도록 주의한다.
(D) [○] 책상이 전등으로 밝혀지고 있는 모습을 정확히 묘사한 정답이다.

어휘   separate[sépəreit] 분리하다   remote control 리모컨   illuminate[ilúːmineit] 밝히다

PART 2

7

○○○○●
하

🔊 영국식 발음 → 호주식 발음

Who is in charge of the budget report?

(A) It's standard procedure.
(B) She is an excellent reporter.
(C) I think Maria is.

예산 보고서를 누가 담당하나요?

(A) 그것은 표준 절차예요.
(B) 그녀는 훌륭한 기자예요.
(C) 제 생각엔 Maria예요.

■ Who 의문문
정답 (C)

예산 보고서를 누가 담당하는지를 묻는 Who 의문문이다.
(A) [×] 질문의 budget report(예산 보고서)를 나타낼 수 있는 It을 사용하여 혼동을 준 오답이다.
(B) [×] She가 나타내는 대상이 질문에 없으므로 오답이다. 질문의 report – reporter의 유사 발음 어휘를 사용하여 혼동을 주었다.
(C) [○] 자신의 생각엔 Maria라는 말로 예산 보고서를 담당하는 인물을 언급했으므로 정답이다.

어휘 be in charge of ~을 담당하다 standard[미 stǽndərd, 영 stǽndəd] 표준, 기준; 일반적인, 보통의 procedure[미 prəsíːdʒər, 영 prəsíːdʒə] 절차, 방법

8

○○○○●
하

🔊 캐나다식 발음 → 영국식 발음

Where is the nearest post office located?

(A) It's a nearby store.
(B) About three blocks south.
(C) I bought some stamps.

가장 가까운 우체국이 어디에 위치해 있나요?

(A) 인근의 가게예요.
(B) 남쪽으로 세 블록 정도요.
(C) 저는 우표 몇 개를 구입했어요.

■ Where 의문문
정답 (B)

가장 가까운 우체국이 어디에 위치해 있는지를 묻는 Where 의문문이다.
(A) [×] 가장 가까운 우체국이 어디에 위치해 있는지를 물었는데, 이와 관련이 없는 인근의 가게라는 내용으로 응답했으므로 오답이다.
      nearest – nearby의 유사 발음 어휘를 사용하여 혼동을 주었다.
(B) [○] 남쪽으로 세 블록 정도라며 가장 가까운 우체국의 위치를 언급했으므로 정답이다.
(C) [×] post office(우체국)와 관련 있는 stamps(우표)를 사용하여 혼동을 준 오답이다.

어휘 nearby[미 nìrbái, 영 nìəbái] 인근의 south[sauθ] 남쪽으로 stamp[stæmp] 우표

9

○○○●○
중

🔊 영국식 발음 → 호주식 발음

Why wasn't the recycling taken out?

(A) The garbage can.
(B) Scott forgot to do it.
(C) Oh, a collection agency.

왜 재활용품이 밖에 내놓아지지 않았나요?

(A) 쓰레기통이요.
(B) Scott이 그걸 하는 것을 잊었어요.
(C) 아, 수거 대행 회사요.

■ Why 의문문
정답 (B)

왜 재활용품이 밖에 내놓아지지 않았는지를 묻는 Why 의문문이다.
(A) [×] recycling(재활용품)과 관련 있는 garbage can(쓰레기통)을 사용하여 혼동을 준 오답이다.
(B) [○] Scott이 그걸 하는 것을 잊었다며 재활용품이 밖에 내놓아지지 않은 이유를 언급했으므로 정답이다.
(C) [×] recycling(재활용품)과 관련 있는 collection(수거)을 사용하여 혼동을 준 오답이다.

어휘 recycling[rìːsáikliŋ] 재활용품, 재활용할 수 있는 것 take out 밖에 내놓다

10

🎧 미국식 발음 → 캐나다식 발음

How much is this office's rental fee?

(A) $3,000 monthly.
(B) For government officials only.
(C) Both items were free.

이 사무실의 대여 비용은 얼마인가요?

(A) 한 달에 3천 달러입니다.
(B) 공무원들만을 위한 거예요.
(C) 두 물품 모두 무료였어요.

■ How 의문문   정답 (A)

사무실의 대여 비용이 얼마인지를 묻는 How 의문문이다. How much가 가격을 묻는 것임을 이해할 수 있어야 한다.

(A) [○] 한 달에 3천 달러라며 사무실 대여 비용을 언급했으므로 정답이다.
(B) [×] 사무실의 대여 비용이 얼마인지를 물었는데, 이와 관련이 없는 공무원들만을 위한 거라는 내용으로 응답했으므로 오답이다.
   office's – officials의 유사 발음 어휘를 사용하여 혼동을 주었다.
(C) [×] fee(비용)와 관련 있는 free(무료)를 사용하여 혼동을 준 오답이다.

어휘 rental[réntl] 대여 government official 공무원

11

🎧 영국식 발음 → 미국식 발음

Would you mind opening the window?

(A) The account has been closed.
(B) Isn't it too cold outside?
(C) No, not until last spring.

창문을 열어도 괜찮으신가요?

(A) 그 계좌는 해지되었어요.
(B) 밖이 너무 춥지 않나요?
(C) 아니요, 지난봄이나 되어서요.

■ 요청 의문문   정답 (B)

창문을 열어달라는 요청 의문문이다. Would you mind가 요청하는 표현임을 이해할 수 있어야 한다.

(A) [×] 질문의 opening(열다)과 반대 의미인 closed(닫혔다)를 '해지하다'라는 의미로 사용하여 혼동을 준 오답이다.
(B) [○] 밖이 너무 춥지 않냐는 말로 되물어 요청을 간접적으로 거절한 정답이다.
(C) [×] 창문을 열어달라고 했는데, 이와 관련이 없는 지난봄이나 되어서라는 내용으로 응답했으므로 오답이다. No만 듣고 정답으로 고르지 않
   도록 주의한다.

어휘 close[klouz] (계좌를) 해지하다, 폐지하다

12

🎧 캐나다식 발음 → 호주식 발음

The projector in the conference room isn't working.

(A) If there's enough room.
(B) Yes, a presentation.
(C) Holly also reported that problem.

회의실의 프로젝터가 작동하지 않아요.

(A) 만약 충분한 공간이 있다면요.
(B) 네, 발표요.
(C) Holly도 그 문제를 보고했어요.

■ 평서문   정답 (C)

회의실의 프로젝터가 작동하지 않는다는 문제점을 언급하는 평서문이다.

(A) [×] 회의실의 프로젝터가 작동하지 않는다고 했는데, 이와 관련이 없는 만약 충분한 공간이 있다면이라는 내용으로 응답했으므로 오답이다.
   질문의 room을 반복 사용하여 혼동을 주었다.
(B) [×] conference room(회의실)과 관련 있는 presentation(발표)을 사용하여 혼동을 준 오답이다.
(C) [○] Holly도 그 문제를 보고했다는 말로 회의실의 프로젝터가 작동하지 않는다는 문제점을 알고 있음을 간접적으로 전달했으므로 정답이다.

어휘 work[wəːrk] (기계 등이) 작동하다

○ ● ● ● ○

③» 미국식 발음 → 캐나다식 발음

When will we update the dessert options on our menu?

(A) Two types of cake were just added.
(B) The screening is next Friday.
(C) Those are very good suggestions.

언제 우리 메뉴의 디저트 선택권을 업데이트 할까요?

(A) 두 종류의 케이크가 막 추가되었어요.
(B) 상영은 다음 주 금요일이에요.
(C) 그것들은 매우 좋은 제안들이에요.

■ When 의문문

정답 (A)

메뉴의 디저트 선택권을 언제 업데이트 할지를 묻는 When 의문문이다.

(A) [o] 두 종류의 케이크가 막 추가되었다는 말로 이미 메뉴의 디저트 선택권이 업데이트 되었음을 간접적으로 전달했으므로 정답이다.
(B) [×] 메뉴의 디저트 선택권을 언제 업데이트 할지를 물었는데, 이와 관련이 없는 상영은 다음 주 금요일이라는 내용으로 응답했으므로 오답이다. next Friday만 듣고 정답으로 고르지 않도록 주의한다.
(C) [×] 질문의 options(선택권들)를 나타낼 수 있는 Those를 사용하여 혼동을 준 오답이다.

어휘 option[áːpʃən] 선택권 add[æd] 추가하다 screening[skríːniŋ] 상영

○ ○ ○ ● ○

14

③» 호주식 발음 → 미국식 발음

How are you going to finish your speech by the deadline?

(A) A list of speakers.
(B) I completely agree.
(C) I'm concerned about that too.

당신의 연설을 어떻게 마감일까지 끝낼 건가요?

(A) 연설자들 목록이요.
(B) 저는 전적으로 동의해요.
(C) 저도 그게 걱정돼요.

■ How 의문문

정답 (C)

연설을 어떻게 마감일까지 끝낼 건지를 묻는 How 의문문이다. How가 방법을 묻는 것임을 이해할 수 있어야 한다.

(A) [×] speech(연설)와 관련 있는 speakers(연설자들)를 사용하여 혼동을 준 오답이다.
(B) [×] 연설을 어떻게 마감일까지 끝낼 건지를 물었는데, 이와 관련이 없는 전적으로 동의한다는 내용으로 응답했으므로 오답이다. I completely까지만 듣고 정답으로 고르지 않도록 주의한다.
(C) [o] 자신도 그게 걱정된다는 말로 모르겠다는 간접적인 응답을 했으므로 정답이다.

어휘 deadline[dédlain] 마감일 be concerned about ~을 걱정하다

○ ○ ○ ● ○

③» 미국식 발음 → 캐나다식 발음

You're scheduled for the night shift, correct?

(A) The goods shifted during transit.
(B) Last night's videoconference.
(C) Not this evening.

당신은 야간 근무 일정이 잡혀 있죠, 맞나요?

(A) 그 상품은 운송 중에 움직였어요.
(B) 지난밤의 영상 회의요.
(C) 오늘 저녁은 아니에요.

■ 부가 의문문

정답 (C)

야간 근무 일정이 잡혀 있는지를 확인하는 부가 의문문이다.

(A) [×] 야간 근무 일정이 잡혀 있는지를 물었는데, 이와 관련이 없는 그 상품은 운송 중에 움직였다는 내용으로 응답했으므로 오답이다. 질문의 shift(근무)를 '움직이다'라는 의미의 동사 shifted로 반복 사용하여 혼동을 주었다.
(B) [×] 질문의 night을 반복 사용하여 혼동을 준 오답이다.
(C) [o] 오늘 저녁은 아니라는 말로 야간 근무 일정이 잡혀 있지 않음을 전달했으므로 정답이다.

어휘 night shift 야간 근무 transit[trænzit] 운송

🎧 캐나다식 발음 → 미국식 발음

Were enough gift bags purchased for banquet attendees?

(A) I think you'll like your present.
(B) We were a few short.
(C) Programs for the event.

연회 참석자들을 위한 선물 가방이 충분히 구입되었나요?

(A) 저는 당신이 선물을 좋아할 거라고 생각해요.
(B) 조금 모자랐어요.
(C) 행사를 위한 프로그램들이요.

■ Be 동사 의문문   정답 (B)

연회 참석자들을 위한 선물 가방이 충분히 구입되었는지를 확인하는 Be 동사 의문문이다.
(A) [×] 질문의 gift(선물)와 같은 의미인 present(선물)를 사용하여 혼동을 준 오답이다.
(B) [O] 조금 모자랐다는 말로 연회 참석자들을 위한 선물 가방이 충분히 구입되지 않았음을 간접적으로 전달했으므로 정답이다.
(C) [×] banquet(연회)과 관련 있는 event(행사)를 사용하여 혼동을 준 오답이다.

어휘 attendee[ətèndí:] 참석자 short[ʃɔːrt] 모자라는, 부족한

17

🎧 영국식 발음 → 호주식 발음

Would you be interested in a beverage?

(A) Thanks, but I'll pass.
(B) No, neither of the plates.
(C) What an interesting outfit!

음료를 드실 생각이 있으신가요?

(A) 감사하지만, 사양할게요.
(B) 아니요, 두 요리들 모두 아니에요.
(C) 정말 흥미로운 의상이네요!

■ 제공 의문문   정답 (A)

음료를 마실 생각이 있는지를 묻는 제공 의문문이다. Would you be interested in이 제공하는 표현임을 이해할 수 있어야 한다.
(A) [O] 감사하지만 사양하겠다는 말로 제공을 거절한 정답이다.
(B) [×] beverage(음료)에서 연상할 수 있는 주요리와 관련된 plates(요리들)를 사용하여 혼동을 준 오답이다. No만 듣고 정답으로 고르지 않
        도록 주의한다.
(C) [×] 음료를 마실 생각이 있는지를 물었는데, 이와 관련이 없는 정말 흥미로운 의상이라는 내용으로 응답했으므로 오답이다. 질문의 interested
        (생각이 있는)를 '흥미로운'이라는 의미의 형용사 interesting으로 반복 사용하여 혼동을 주었다.

어휘 beverage[bévəridʒ] 음료 plate[pleit] 요리, 접시 outfit[áutfit] 의상

🎧 미국식 발음 → 캐나다식 발음

Will it be a while until the train arrives?

(A) I haven't heard anything.
(B) I registered for a training session.
(C) Directly from Berlin.

기차가 도착할 때까지 좀 걸릴까요?

(A) 저는 아무것도 듣지 못했어요.
(B) 저는 교육 과정에 등록했어요.
(C) 베를린으로부터 곧장이요.

■ 조동사 의문문   정답 (A)

기차가 도착할 때까지 좀 걸릴지를 확인하는 조동사(Will) 의문문이다.
(A) [O] 아무것도 듣지 못했다는 말로 모른다는 간접적인 응답을 했으므로 정답이다.
(B) [×] 기차가 도착할 때까지 좀 걸릴지를 물었는데, 이와 관련이 없는 교육 과정에 등록했다는 내용으로 응답했으므로 오답이다. 질문의
        train(기차)을 '교육'이라는 의미의 명사 training으로 반복 사용하여 혼동을 주었다.
(C) [×] train(기차)에서 연상할 수 있는 출발지와 관련된 Berlin(베를린)을 사용하여 혼동을 준 오답이다.

어휘 arrive[əráiv] 도착하다 directly[dəréktli] 곧장

[3]] 호주식 발음 → 영국식 발음

Can you please listen to your music with earphones?

(A) I can't use my phone.
(B) Yes. Sorry to disturb you.
(C) Where's the musical being held?

이어폰으로 음악을 들어주시겠어요?

(A) 저는 제 휴대 전화를 사용할 수 없어요.
(B) 네. 당신을 방해해서 죄송해요.
(C) 뮤지컬은 어디에서 열리나요?

■ 요청 의문문   정답 (B)

이어폰으로 음악을 들어달라는 요청 의문문이다. Can you가 요청하는 표현임을 이해할 수 있어야 한다.
(A) [×] earphones – phone의 유사 발음 어휘를 사용하여 혼동을 준 오답이다. I can't까지만 듣고 정답으로 고르지 않도록 주의한다.
(B) [○] Yes로 요청을 수락한 뒤, 방해해서 미안하다는 의견을 제시했으므로 정답이다.
(C) [×] 이어폰으로 음악을 들어달라고 했는데, 이와 관련이 없는 뮤지컬은 어디에서 열리냐는 내용으로 되물었으므로 오답이다.
        music – musical의 유사 발음 어휘를 사용하여 혼동을 주었다.

어휘   disturb[미 distə́:rb, 영 distə́:b] 방해하다   hold[미 hould, 영 həuld] 열다, 개최하다

---

20

[3]] 캐나다식 발음 → 미국식 발음

What was the result of the promotional event this week?

(A) I've been away on a business trip.
(B) We're offering a trial period for new accounts.
(C) Turn in your sales report tomorrow.

이번 주 홍보 행사의 결과는 어땠나요?

(A) 저는 출장으로 부재했어요.
(B) 저희는 새로운 계정들을 위한 체험 기간을 제공하고 있습니다.
(C) 내일 당신의 매출 보고서를 제출하세요.

■ What 의문문   정답 (A)

이번 주 홍보 행사의 결과가 어땠는지를 묻는 What 의문문이다.
(A) [○] 자신이 출장으로 부재했다는 말로 이번 주 홍보 행사의 결과에 대해 모른다는 간접적인 응답을 했으므로 정답이다.
(B) [×] promotional event(홍보 행사)와 관련 있는 trial period(체험 기간)를 사용하여 혼동을 준 오답이다.
(C) [×] result of the promotional event(홍보 행사의 결과)와 관련 있는 sales(매출)를 사용하여 혼동을 준 오답이다.

어휘   promotional[prəmóuʃənl] 홍보의   trial period 체험 기간   account[əkáunt] 계정

---

21

[3]] 호주식 발음 → 영국식 발음

Where should these wooden boards be stacked?

(A) Beside the garage.
(B) It's high-quality wood.
(C) You should consider going as well.

이 나무로 된 판자들은 어디에 쌓아져야 하나요?

(A) 차고 옆에요.
(B) 이건 품질이 좋은 나무예요.
(C) 당신도 가는 것을 고려해야 해요.

■ Where 의문문   정답 (A)

나무로 된 판자들이 어디에 쌓아져야 하는지를 묻는 Where 의문문이다.
(A) [○] 차고 옆이라며 나무로 된 판자들이 쌓아져야 할 장소를 언급했으므로 정답이다.
(B) [×] 질문의 wooden(나무로 된)을 '나무'라는 의미의 명사 wood로 반복 사용하여 혼동을 준 오답이다.
(C) [×] 나무로 된 판자들이 어디에 쌓아져야 하는지를 물었는데, 이와 관련이 없는 당신도 가는 것을 고려해야 한다는 내용으로 응답했으므로
        오답이다. 질문의 should를 반복 사용하여 혼동을 주었다.

어휘   wooden[wúdn] 나무로 된, 나무의   stack[stæk] 쌓다   garage[미 gərá:dʒ, 영 gærá:ʒ] 차고   high-quality 품질이 좋은

22

ㅇㅇㅇ●ㅇ
중

[음성] 미국식 발음 → 캐나다식 발음

Who rearranged the layout of the lobby?

(A) Sure, I can arrange a taxi for you.
(B) Please lay the shirts on the shelves.
(C) The office manager.

누가 로비의 배치를 바꾸었나요?

(A) 물론이죠, 저는 당신을 위해 택시를 마련할 수 있어요.
(B) 선반 위에 셔츠를 놓아 주세요.
(C) 사무실 관리자요.

■ Who 의문문

정답 (C)

누가 로비의 배치를 바꾸었는지를 묻는 Who 의문문이다.

(A) [×] 의문사 의문문에 Yes와 같은 의미인 Sure로 응답했으므로 오답이다. rearranged – arrange의 유사 발음 어휘를 사용하여 혼동을 주었다.

(B) [×] 누가 로비의 배치를 바꾸었는지를 물었는데, 이와 관련이 없는 선반 위에 셔츠를 놓아 달라는 내용으로 응답했으므로 오답이다. layout – lay의 유사 발음 어휘를 사용하여 혼동을 주었다.

(C) [○] 사무실 관리자라며 로비의 배치를 바꾼 인물을 언급했으므로 정답이다.

어휘 rearrange[riːəréindʒ] 바꾸다, 다시 정리하다 layout[léiaut] 배치 arrange[əréindʒ] 마련하다 lay[lei] 놓다

23

ㅇㅇㅇㅇ●
상

[음성] 호주식 발음 → 영국식 발음

When will workers receive their annual bonuses?

(A) With their next paychecks.
(B) Yes, a generous amount.
(C) I have the receipt in my bag.

직원들이 언제 연례 보너스를 받을까요?

(A) 다음 급여와 함께요.
(B) 네, 넉넉한 액수예요.
(C) 저는 가방에 영수증을 갖고 있어요.

■ When 의문문

정답 (A)

직원들이 언제 연례 보너스를 받을지를 묻는 When 의문문이다.

(A) [○] 다음 급여와 함께라며 직원들이 연례 보너스를 받을 시점을 언급했으므로 정답이다.

(B) [×] 의문사 의문문에 Yes로 응답했으므로 오답이다. bonuses(보너스)에서 연상할 수 있는 금액과 관련된 generous amount(넉넉한 액수)를 사용하여 혼동을 주었다.

(C) [×] 직원들이 언제 연례 보너스를 받을지를 물었는데, 이와 관련이 없는 가방에 영수증을 갖고 있다는 내용으로 응답했으므로 오답이다. receive – receipt의 유사 발음 어휘를 사용하여 혼동을 주었다.

어휘 paycheck[péitʃèk] 급여 generous[dʒénərəs] 넉넉한, 관대한 amount[əmáunt] 액수, 양 receipt[risíːt] 영수증

24

ㅇㅇㅇㅇ●
중

[음성] 미국식 발음 → 호주식 발음

The battery in this wristwatch needs to be replaced.

(A) I watched that movie yesterday.
(B) Oh, I didn't realize it was dead.
(C) Thanks for coming to my place.

이 손목시계의 배터리가 교체되어야 해요.

(A) 저는 그 영화를 어제 봤어요.
(B) 아, 이게 다 닳았는지 깨닫지 못했어요.
(C) 저의 집에 와주셔서 감사합니다.

■ 평서문

정답 (B)

손목시계의 배터리가 교체되어야 한다는 문제점을 언급하는 평서문이다.

(A) [×] 손목시계의 배터리가 교체되어야 한다고 했는데, 이와 관련이 없는 그 영화를 어제 봤다는 내용으로 응답했으므로 오답이다. wristwatch – watched의 유사 발음 어휘를 사용하여 혼동을 주었다.

(B) [○] 이게 다 닳았는지 깨닫지 못했다는 말로 문제점에 대한 의견을 제시했으므로 정답이다.

(C) [×] replaced – place의 유사 발음 어휘를 사용하여 혼동을 준 오답이다.

어휘 wristwatch[rístwɑːtʃ] 손목시계 replace[ripléis] 교체하다 dead[ded] 다 닳은

25

🎧 영국식 발음 → 캐나다식 발음

상

A shipment of notepads arrived at the school this morning.

(A) I'd recommend taking a cruise ship.
(B) But I just ordered pens and pencils.
(C) Middleton High School.

오늘 아침 학교에 메모지 배송품이 도착했어요.

(A) 저는 유람선을 타는 것을 추천해요.
(B) 하지만 저는 펜과 연필만 주문했어요.
(C) Middleton 고등학교요.

■ 평서문
정답 (B)

오늘 아침 학교에 메모지 배송품이 도착했다는 객관적인 사실을 전달하는 평서문이다.

(A) [×] 오늘 아침 학교에 메모지 배송품이 도착했다고 했는데, 이와 관련이 없는 유람선을 타는 것을 추천한다는 내용으로 응답했으므로 오답이다. shipment – ship의 유사 발음 어휘를 사용하여 혼동을 주었다.
(B) [○] 하지만 자신은 펜과 연필만 주문했다는 말로 배송이 잘못되었음을 간접적으로 전달했으므로 정답이다.
(C) [×] 질문의 school을 반복 사용하여 혼동을 준 오답이다.

어휘 **shipment**[ʃípmənt] 배송품 **notepad**[미 nóutpæd, 영 nóutpæd] 메모지 **cruise ship** 유람선

26

🎧 호주식 발음 → 미국식 발음

중

Does Ms. Wallace have time to meet us this afternoon?

(A) I appreciate you getting together with me on short notice.
(B) I'll check her schedule.
(C) She reviewed the project timeline.

Ms. Wallace가 오늘 오후에 우리를 만날 시간이 있나요?

(A) 갑작스러운 통지에도 저와 만나주셔서 감사합니다.
(B) 제가 그녀의 일정을 확인할게요.
(C) 그녀는 프로젝트 일정을 검토했어요.

■ 조동사 의문문
정답 (B)

Ms. Wallace가 오늘 오후에 자신들을 만날 시간이 있는지를 확인하는 조동사(Do) 의문문이다.

(A) [×] 질문의 meet(만나다)과 같은 의미인 getting together(만나다)를 사용하여 혼동을 준 오답이다.
(B) [○] 그녀의 일정을 확인하겠다는 말로 모르겠다는 간접적인 응답을 했으므로 정답이다.
(C) [×] 질문의 Ms. Wallace를 나타낼 수 있는 She를 사용하고, time – timeline의 유사 발음 어휘를 사용하여 혼동을 준 오답이다.

어휘 **get together** 만나다 **short notice** 갑작스러운 통지

27

🎧 캐나다식 발음 → 미국식 발음

중

Why are the display cases near our store's entrance empty?

(A) To make room for new inventory.
(B) Next to the exit.
(C) Please empty them out.

우리 가게의 입구 근처에 있는 진열대가 왜 비어 있나요?

(A) 새 재고를 놓을 공간을 만들기 위해서요.
(B) 출구 옆이요.
(C) 그것들을 비워 주세요.

■ Why 의문문
정답 (A)

가게의 입구 근처에 있는 진열대가 왜 비어 있는지를 묻는 Why 의문문이다.

(A) [○] 새 재고를 놓을 공간을 만들기 위해서라는 말로 가게의 입구 근처에 있는 진열대가 비어 있는 이유를 언급했으므로 정답이다.
(B) [×] 가게의 입구 근처에 있는 진열대가 왜 비어 있는지를 물었는데 장소로 응답했으므로 오답이다. 질문의 entrance(입구)와 반대 의미인 exit(출구)을 사용하여 혼동을 주었다.
(C) [×] 질문의 display cases(진열대)를 나타낼 수 있는 them을 사용하고, 질문의 empty(비어 있는)를 '비우다'라는 의미의 동사로 반복 사용하여 혼동을 준 오답이다.

어휘 **inventory**[ínvəntɔːri] 재고 **empty out** 비워 내다

28

[영국식 발음 → 미국식 발음]

Don't these hats have to be returned to the manufacturer?

(A) A popular line of winter apparel.
(B) A factory supervisor.
(C) Yes, they have defects.

이 모자들이 제조사로 반납되어야 하지 않나요?

(A) 겨울 의류 중 인기 있는 종류요.
(B) 공장 관리자요.
(C) 네, 그것들은 결함이 있어요.

■ 부정 의문문
정답 (C)

모자들이 제조사로 반납되어야 하지 않는지를 확인하는 부정 의문문이다.
(A) [×] hats(모자들)와 관련 있는 apparel(의류)을 사용하여 혼동을 준 오답이다.
(B) [×] 모자들이 제조사로 반납되어야 하지 않는지를 물었는데 인물로 응답했으므로 오답이다. manufacturer(제조사)와 관련 있는 factory
(공장)를 사용하여 혼동을 주었다.
(C) [○] Yes로 모자들이 제조사로 반납되어야 함을 전달한 후, 그것들은 결함이 있다는 부연 설명을 했으므로 정답이다.

어휘 manufacturer[미 mӕnjufӕktʃərər, 영 mӕnjəfӕktʃərə] 제조사 line[lain] (상품의) 종류 apparel[əpӕrəl] 의류 defect[díːfekt] 결함

29

[영국식 발음 → 호주식 발음]

Are any of the seats on the flight to Rome still available?

(A) I've traveled to Rome twice.
(B) No, they are fully booked.
(C) I can help you find your seat in the theater.

로마행 비행편에 아직 이용할 수 있는 좌석이 있나요?

(A) 저는 로마를 두 번 여행해 봤어요.
(B) 아니요, 그것들은 모두 예약됐어요.
(C) 제가 당신이 극장에서 자리를 찾는 것을 도와드릴 수 있어요.

■ Be 동사 의문문
정답 (B)

로마행 비행편에 아직 이용할 수 있는 좌석이 있는지를 확인하는 Be 동사 의문문이다.
(A) [×] 로마행 비행편에 아직 이용할 수 있는 좌석이 있는지를 물었는데, 이와 관련이 없는 로마를 두 번 여행해 봤다는 내용으로 응답했으므로
오답이다. 질문의 Rome을 반복 사용하여 혼동을 주었다.
(B) [○] No로 로마행 비행편에 아직 이용할 수 있는 좌석이 없음을 전달한 후, 그것들이 모두 예약됐다는 추가 정보를 제공했으므로 정답이다.
(C) [×] 질문의 seats를 seat으로 반복 사용하여 혼동을 준 오답이다. I can help you find까지만 듣고 정답으로 고르지 않도록 주의한다.

어휘 available[əvéiləbl] 이용할 수 있는 book[buk] 예약하다

30

[캐나다식 발음 → 영국식 발음]

What did you want to talk to me about earlier today?

(A) That's correct. Today and tomorrow.
(B) As early as possible.
(C) My transfer to our overseas office.

당신은 오늘 일찍 제게 무엇에 대해 말하고 싶어 했나요?

(A) 맞아요. 오늘과 내일이요.
(B) 가능한 한 빨리요.
(C) 우리 해외 지사로 제가 전근 가는 것이요.

■ What 의문문
정답 (C)

상대방이 오늘 일찍 무엇에 대해 말하고 싶어 했는지를 묻는 What 의문문이다.
(A) [×] 의문사 의문문에 Yes와 같은 의미인 That's correct(맞아요)로 응답했으므로 오답이다. 질문의 today를 반복 사용하여 혼동을 주었다.
(B) [×] 상대방이 오늘 일찍 무엇에 대해 말하고 싶어 했는지를 물었는데, 이와 관련이 없는 가능한 한 빨리라는 내용으로 응답했으므로 오답이
다. 질문의 earlier를 early로 반복 사용하여 혼동을 주었다.
(C) [○] 해외 지사로 자신이 전근 가는 것이라는 말로 오늘 일찍 말하고 싶어 했던 것을 언급했으므로 정답이다.

어휘 transfer[미 trӕnsfəːr, 영 trӕnsfə] 전근, 이동 overseas[미 ðuvərsíːz, 영 óuvəsíːz] 해외의

31

🔊 호주식 발음 → 캐나다식 발음

The winner of the fiction prize will be announced sometime this week.

(A) How will we be notified?
(B) I was surprised that he won.
(C) This year's fiction book fair was a huge success.

소설 부문의 수상자가 이번 주 중으로 발표될 거예요.
(A) 우리가 어떻게 통지를 받을까요?
(B) 저는 그가 상을 받은 것에 놀랐어요.
(C) 올해의 소설책 박람회는 대성공이었어요.

■ 평서문

정답 (A)

소설 부문의 수상자가 이번 주 중으로 발표될 거라는 객관적인 사실을 전달하는 평서문이다.

(A) [○] 어떻게 통지를 받을지를 되물어 수상자 발표에 대한 추가 정보를 요구하고 있으므로 정답이다.
(B) [×] winner(수상자)와 관련 있는 won(상을 받다)을 사용하여 혼동을 준 오답이다.
(C) [×] 소설 부문의 수상자가 이번 주 중으로 발표될 거라고 했는데, 이와 관련이 없는 올해의 소설책 박람회는 대성공이었다는 내용으로 응답했으므로 오답이다. 질문의 fiction을 반복 사용하여 혼동을 주었다.

어휘   fiction[fíkʃən] 소설   notify[nóutifai] 통지하다

PART 3

32
33
34

Questions 32-34 refer to the following conversation.

🔊 영국식 발음 → 캐나다식 발음

W: Thank you for calling Index Shipping. My name is Valerie. How can I help you?

M: ³²I want to report a mistaken delivery. When I came home from work today, I noticed a large box outside my door. It has my address on it but someone else's name.

W: Oh, I see. These things sometimes happen due to typos. ³³Do you recognize the sender's information?

M: No, not at all.

W: Hmm . . . The sender probably wrote the wrong address on the parcel. ³⁴I'll have a courier stop by your place and pick it up tomorrow morning.

32 What problem does the man mention?
(A) A package was sent to the wrong place.
(B) A letter contains inaccurate details.
(C) A courier arrived at a destination late.
(D) An order is going to be changed.

33 What does the woman inquire about?
(A) Whether the man wants a quote
(B) When the man received an item
(C) Whether the man recognized some information
(D) Where the man currently works

34 What does the woman say she will do?
(A) Send out a worker
(B) Waive a fee
(C) Look up an address
(D) Inform a sender

32-34번은 다음 대화에 관한 문제입니다.

W: Index 운송 회사에 전화해주셔서 감사합니다. 제 이름은 Valerie입니다. 어떻게 도와드릴까요?

M: ³²저는 잘못된 배송에 대해 알려드리고 싶습니다. 제가 오늘 퇴근하고 집에 왔을 때, 문밖에서 큰 상자를 발견했어요. 그것에는 제 주소가 있지만 다른 누군가의 이름이 있어요.

W: 아, 알겠습니다. 오타 때문에 이런 일들이 가끔 발생해요. ³³발송인의 정보를 알아보시겠나요?

M: 아니요, 전혀요.

W: 흠… 발송인이 아마 소포에 잘못된 주소를 적은 것 같네요. ³⁴제가 배달원이 내일 아침에 당신의 집에 들러서 그것을 가져가게 하겠습니다.

32. 남자는 무슨 문제를 언급하는가?
(A) 소포가 잘못된 장소로 보내졌다.
(B) 편지가 부정확한 세부 사항을 포함하고 있다.
(C) 배달원이 목적지에 늦게 도착했다.
(D) 주문이 변경될 것이다.

33. 여자는 무엇에 관해 문의하는가?
(A) 남자가 견적가를 원하는지
(B) 남자가 언제 제품을 받았는지
(C) 남자가 일부 정보를 알아봤는지
(D) 남자가 현재 어디에서 일하는지

34. 여자는 무엇을 할 것이라고 말하는가?
(A) 직원을 보낸다.
(B) 수수료를 면제한다.
(C) 주소를 찾아본다.
(D) 발송자에게 알린다.

지문 delivery[dilívəri] 배송 typo[미 táipou, 영 táipəu] 오타 recognize[rékəgnaiz] 알아보다 sender[미 séndər, 영 séndə] 발송인
parcel[미 páːrsl, 영 páːsl] 소포 courier[미 kúriər, 영 kúriə] 배달원, 택배업자 place[pleis] (개인의) 집, 주택
32 inaccurate[inǽkjərət] 부정확한 destination[dèstinéiʃən] 목적지, 도착지
33 quote[kwout] 견적가 currently[káːrəntli] 현재, 지금
34 waive[weiv] 면제하다, (권리 등을) 버리다

32 ■ 세부 사항 관련 문제 문제점   정답 (A)
남자가 언급한 문제점을 묻는 문제이므로, 남자의 말에서 부정적인 표현이 언급된 다음을 주의 깊게 듣는다. 남자가 "I want to report a mistaken delivery. When I came home from work today, I noticed a large box outside my door. It has my address on it but someone else's name."이라며 잘못된 배송에 대해 알려주고 싶다고 한 뒤, 자신이 오늘 퇴근하고 집에 왔을 때 문밖에서 큰 상자를 발견했는데 그것에는 자신의 주소가 있지만 다른 누군가의 이름이 있다고 하였다. 따라서 정답은 (A) A package was sent to the wrong place이다.

33 ■ 세부 사항 관련 문제 특정 세부 사항   정답 (C)
여자가 문의하는 것을 묻는 문제이므로, 여자의 말을 주의 깊게 듣는다. 여자가 남자에게 "Do you recognize the sender's information?"이라며 발송인의 정보를 알아보겠는지 물었다. 따라서 정답은 (C) Whether the man recognized some information 이다.

34 ■ 세부 사항 관련 문제 다음에 할 일   정답 (A)
여자가 다음에 할 일을 묻는 문제이므로, 대화의 마지막 부분을 주의 깊게 듣는다. 여자가 "I'll have a courier stop by your place and pick it[parcel] up tomorrow morning."이라며 배달원이 내일 아침에 남자의 집에 들러서 소포를 가져가게 하겠다고 한 말을 통해 여자가 직원을 보낼 것임을 알 수 있다. 따라서 정답은 (A) Send out a worker이다.

바꾸어 표현하기
courier 배달원 → worker 직원

Questions 35-37 refer to the following conversation with three speakers.

🎧 미국식 발음 → 캐나다식 발음 → 호주식 발음

W: Steve, this is our newly hired laboratory technician, Edward Germaine. Edward, this is Steve Meyers, our senior researcher.

M1: ³⁵Welcome to Milton Research Firm. Will you be working on the upcoming allergy medicine study?

M2: I don't know yet. My orientation is today, so I haven't been assigned to a project yet.

W: Ms. Adams will tell him which team he'll be on tomorrow. By the way, ³⁶Steve, would you be able to show Edward around the laboratory at some point today?

M1: ³⁶Of course. When is a good time for you, Edward?

M2: ³⁷I should be free at 1 P.M. Is that OK?

M1: ³⁷Certainly. Let's meet in the break room.

35 Where is the conversation most likely taking place?
(A) In a hotel
(B) In a staffing agency
(C) In a pharmacy
(D) In a research center

36 What task will Steve carry out?
(A) Leading an orientation session
(B) Giving a facility tour
(C) Assembling a research team
(D) Retrieving medicine samples

37 What do the men agree to do?
(A) Share some study results
(B) Meet in the afternoon
(C) Introduce new employees
(D) Work overtime hours

35-37번은 다음 세 명의 대화에 관한 문제입니다.

W: Steve, 이 분은 새로 고용된 실험실 기술자인 Edward Germaine이에요. Edward, 이 분은 우리 수석 연구원인 Steve Meyers예요.

M1: ³⁵Milton 연구 회사에 오신 것을 환영해요. 곧 있을 알레르기약 연구를 진행하실 건가요?

M2: 아직 모르겠어요. 제 오리엔테이션이 오늘이라서 아직 프로젝트에 배정되지 않았어요.

W: Ms. Adams가 내일 그에게 어떤 팀이 될지 알려줄 거예요. 그건 그렇고, ³⁶Steve, 오늘 중에 Edward에게 실험실을 안내해주실 수 있나요?

M1: ³⁶물론이죠. 언제가 좋으세요, Edward?

M2: ³⁷저는 오후 1시에 한가할 거예요. 괜찮으신가요?

M1: ³⁷그럼요. 휴게실에서 만나도록 하죠.

35. 대화는 어디에서 일어나고 있는 것 같은가?
(A) 호텔에서
(B) 채용 업체에서
(C) 약국에서
(D) 연구 센터에서

36. Steve가 수행할 업무는 무엇인가?
(A) 오리엔테이션을 이끄는 것
(B) 시설 견학을 시켜주는 것
(C) 연구팀을 소집하는 것
(D) 약 샘플을 회수하는 것

37. 남자들은 무엇을 하는 것에 동의하는가?
(A) 연구 결과를 공유한다.
(B) 오후에 만난다.
(C) 새로운 직원들을 소개한다.
(D) 야근을 한다.

지문 laboratory[lǽbərətɔːri] 실험실 senior[síːniər] 수석의, 선임의 researcher[risə́ːrtʃər] 연구원 assign[əsáin] 배정하다
35 staffing agency 채용 업체 pharmacy[fáːrməsi] 약국 36 assemble[əsémbl] 소집하다, 모으다 retrieve[ritríːv] 회수하다

35 ■ 전체 대화 관련 문제 장소
정답 (D)
대화가 일어나는 장소를 묻는 문제이므로, 장소와 관련된 표현을 놓치지 않고 듣는다. 남자 1이 남자 2에게 "Welcome to Milton Research Firm."이라며 Milton 연구 회사에 온 것을 환영한다고 하였다. 이를 통해 연구 센터에서 대화가 일어나고 있음을 알 수 있다. 따라서 정답은 (D) In a research center이다.

36 ■ 세부 사항 관련 문제 특정 세부 사항
정답 (B)
Steve 즉, 남자 1이 수행할 업무를 묻는 문제이므로, 질문의 핵심어구(task ~ Steve carry out)와 관련된 내용을 주의 깊게 듣는다. 여자가 Steve에게 "Steve, would you be able to show Edward around the laboratory at some point today?"라며 오늘 중에 Edward에게 실험실을 안내해줄 수 있는지 묻자, 남자 1[Steve]이 "Of course."라며 물론이라고 하였다. 따라서 정답은 (B) Giving a facility tour이다.

바꾸어 표현하기
show ~ around the laboratory 실험실을 안내하다 → Giving a facility tour 시설 견학을 시켜주는 것

37 ■ 세부 사항 관련 문제 특정 세부 사항
정답 (B)
남자들이 하기로 동의하는 것을 묻는 문제이므로, 질문의 핵심어구(men agree to do)와 관련된 내용을 주의 깊게 듣는다. 남자 2가 "I should be free at 1 P.M. Is that OK?"라며 자신이 오후 1시에 한가할 거라고 하며 괜찮은지 묻자, 남자 1이 "Certainly. Let's meet in the break room."이라며 그렇다고 한 뒤 휴게실에서 만나자고 하였다. 따라서 정답은 (B) Meet in the afternoon이다.

Questions 38-40 refer to the following conversation.

🎧 호주식 발음 → 영국식 발음

M: Hi. ^{38/39}I'm calling to see if your library has the book *Distant Stars* available to check out.

W: Just a minute . . . Yes, we have it, sir. But, well . . . that publication is part of our rare book collection. ³⁹Books in that section cannot be taken out of our facility.

M: I see. In that case, I guess I'll have to look over the book there. ⁴⁰Would it be possible to reserve a private reading room from 4 P.M. to 7 P.M. today?

W: ⁴⁰For that, I'll have to transfer you to our facilities department. Please stay on the line while I connect you.

38 Why is the man calling?
(A) To request an extension
(B) To confirm a facility's hours
(C) To check an item's availability
(D) To cancel an appointment

39 Why does the woman say, "that publication is part of our rare book collection"?
(A) To recommend another publication
(B) To ask for extra caution
(C) To justify a product's high cost
(D) To point out a problem

40 What will the woman probably do next?
(A) Locate some reading material
(B) Verify a book title
(C) Change a reservation
(D) Transfer a call

38-40번은 다음 대화에 관한 문제입니다.

M: 안녕하세요. ^{38/39}저는 도서관에 대출 가능한 *Distant Stars*라는 책이 있는지 확인하기 위해 전화드립니다.

W: 잠시만요… 네, 있습니다, 손님. 하지만, 음… 그 출판물은 저희 희귀본 소장품의 일부입니다. ³⁹그 구역에 있는 책들은 저희 시설 밖으로 반출될 수 없습니다.

M: 알겠습니다. 그런 경우라면, 거기서 책을 살펴봐야 하겠네요. ⁴⁰오늘 오후 4시부터 7시까지 개인 열람실을 예약할 수 있을까요?

W: ⁴⁰그 점에 대해서는, 저희 시설 부서로 전화를 돌려드려야 할 것 같습니다. 제가 연결해드릴 동안 전화를 끊지 말고 기다려주세요.

38. 남자는 왜 전화를 하고 있는가?
(A) 연장을 요청하기 위해
(B) 시설 운영 시간을 확인하기 위해
(C) 제품의 이용 가능성을 확인하기 위해
(D) 예약을 취소하기 위해

39. 여자는 왜 "그 출판물은 저희 희귀본 소장품의 일부입니다"라고 말하는가?
(A) 다른 출판물을 추천하기 위해
(B) 특별한 주의를 요청하기 위해
(C) 제품의 높은 가격을 정당화하기 위해
(D) 문제를 지적하기 위해

40. 여자는 다음에 무엇을 할 것 같은가?
(A) 몇몇 읽을거리를 찾아낸다.
(B) 책 제목을 확인한다.
(C) 예약을 변경한다.
(D) 전화를 돌려준다.

지문 **publication**[pÀblikéiʃən] 출판물 **rare book** 희귀본, 진귀한 책 **reserve**[미 rizə́:rv, 영 rizə́:v] 예약하다 **private**[práivət] 개인의, 사적인 **reading room** 열람실 **department**[미 dipá:rtmənt, 영 dipá:tmənt] 부서 **stay on the line** (전화를) 끊지 않고 기다리다
38 **extension**[iksténʃən] (기간의) 연장 **availability**[əvèiləbíləti] 이용 가능성, 유용성 **appointment**[əpɔ́intmənt] 예약, 약속
39 **justify**[dʒʌ́stəfai] 정당화하다
40 **locate**[lóukeit] 찾아내다 **verify**[vérifai] 확인하다 **transfer a call** 전화를 (다른 사람 번호로) 돌려주다

38 ■ **전체 대화 관련 문제** 목적   정답 (C)

남자가 전화를 건 목적을 묻는 문제이므로, 대화의 초반을 반드시 듣는다. 남자가 "I'm calling to see if your library has the book *Distant Stars* available to check out."이라며 도서관에 대출 가능한 *Distant Stars*라는 책이 있는지 확인하기 위해 전화한다고 하였다. 따라서 정답은 (C) To check an item's availability이다.

39 ■ **세부 사항 관련 문제** 의도 파악   정답 (D)

여자가 하는 말의 의도를 묻는 문제이므로, 질문의 인용어구(that publication is part of our rare book collection)가 언급된 주변을 주의 깊게 듣는다. 남자가 "I'm calling to see if your library has the book *Distant Stars* available to check out."이라며 도서관에 대출 가능한 *Distant Stars*라는 책이 있는지 확인하기 위해 전화한다고 하자, 여자가 "that publication is part of our rare book collection"이라며 그 출판물은 희귀본 소장품의 일부라고 한 뒤, "Books in that section cannot be taken out of our facility."라며 그 구역에 있는 책들은 자신들의 시설 밖으로 반출될 수 없다고 한 말을 통해 여자가 문제를 지적하려는 의도임을 알 수 있다. 따라서 정답은 (D) To point out a problem이다.

40 ■ **세부 사항 관련 문제** 다음에 할 일   정답 (D)

여자가 다음에 할 일을 묻는 문제이므로, 대화의 마지막 부분을 주의 깊게 듣는다. 남자가 "Would it be possible to reserve a private reading room ~ today?"라며 오늘 개인 열람실을 예약할 수 있을지 묻자, 여자가 "For that, I'll have to transfer you to our facilities department. Please stay on the line while I connect you."라며 그 점에 대해서는 시설 부서로 전화를 돌려줘야 할 것 같다며 자신이 연결해줄 동안 전화를 끊지 말고 기다려달라고 하였다. 이를 통해 여자가 전화를 다른 번호로 돌려줄 것임을 알 수 있다. 따라서 정답은 (D) Transfer a call이다.

41
42
43

Questions 41-43 refer to the following conversation.

🔊 캐나다식 발음 → 미국식 발음

M: Hi. ⁴¹I'm repainting my house, and I was wondering if you sold paint and brushes.

W: Absolutely. ⁴¹The painting section is just between the aisles for plumbing and electrical supplies. Do you have any idea what color you want to use?

M: ⁴²I have a picture of a house from a magazine that's a really nice color. Here, let me show you. Do you have this color?

W: Oh, yes. I think we do. And ⁴³that paint is on sale for members of our loyalty club. If you're not a member, you can fill out some forms to join now.

M: I'm not a member. I will fill out the paperwork.

41 What type of business does the woman probably work for?
(A) An art supply shop
(B) A photography studio
(C) A hardware store
(D) An interior design firm

42 What does the man show the woman?
(A) A picture of a home
(B) A membership card
(C) A blueprint
(D) A list of purchased items

43 According to the woman, how can the man obtain a discount?
(A) By using a special coupon
(B) By completing a survey
(C) By presenting a receipt
(D) By joining a store program

41–43번은 다음 대화에 관한 문제입니다.

M: 안녕하세요. ⁴¹저는 제 집을 새로 칠하고 있는데, 페인트와 붓들을 판매하는지 궁금해서요.

W: 물론이죠. ⁴¹페인트 구역은 바로 배관과 전기용품 통로 사이에 있어요. 당신이 사용하시고 싶은 색에 대한 아이디어가 있으신가요?

M: ⁴²저는 잡지에 실린 정말 멋진 색의 집 사진을 가지고 있어요. 여기요, 제가 보여줄게요. 이 색상을 가지고 있나요?

W: 아, 네. 저희가 가지고 있는 것 같아요. 그리고 ⁴³그 페인트는 저희의 고객 클럽의 회원들에게 할인 중이에요. 만약 회원이 아니라면, 지금 가입하기 위한 몇몇 양식들을 작성하실 수 있어요.

M: 저는 회원이 아니에요. 서류를 작성할게요.

41. 여자는 어떤 종류의 업체에서 일하는 것 같은가?
(A) 미술용품 상점
(B) 사진 스튜디오
(C) 철물점
(D) 인테리어 디자인 회사

42. 남자는 여자에게 무엇을 보여주는가?
(A) 집의 사진
(B) 회원 카드
(C) 설계도
(D) 구매된 물건들의 목록

43. 여자에 따르면, 남자는 어떻게 할인을 받을 수 있는가?
(A) 특별 쿠폰을 사용함으로써
(B) 설문조사를 완료함으로써
(C) 영수증을 보여줌으로써
(D) 상점 프로그램에 가입함으로써

지문 absolutely [æbsəluːtli] 물론(강한 동의·허락을 나타냄) plumbing [plʌ́mɪŋ] 배관 fill out 작성하다, 기입하다 paperwork [péipərwəːrk] 서류
41 hardware [háːrdwer] 철물, 장비 42 blueprint [blúːprint] 설계도, 청사진 43 obtain [əbtéin] 받다, 얻다

41 ■ 전체 대화 관련 문제 화자 정답 (C)

여자가 일하는 업체를 묻는 문제이므로, 신분 및 직업과 관련된 표현을 놓치지 않고 듣는다. 남자가 "I'm repainting my house, and I was wondering if you sold paint and brushes."라며 자신의 집을 새로 칠하고 있는데 페인트와 붓들을 판매하는지 궁금하다고 하자, 여자가 "The painting section is just between the aisles for plumbing and electrical supplies."라며 페인트 구역은 바로 배관과 전기용품 통로 사이에 있다고 한 말을 통해 여자가 철물점에서 일한다는 것을 알 수 있다. 따라서 정답은 (C) A hardware store 이다.

42 ■ 세부 사항 관련 문제 특정 세부 사항 정답 (A)

남자가 여자에게 보여주는 것을 묻는 문제이므로, 질문의 핵심어구(show)가 언급된 주변을 주의 깊게 듣는다. 남자가 여자에게 "I have a picture of a house from a magazine that's a really nice color. Here, let me show you."라며 잡지에 실린 정말 멋진 색의 집 사진을 가지고 있다며 보여주겠다고 하였다. 따라서 정답은 (A) A picture of a home이다.

43 ■ 세부 사항 관련 문제 방법 정답 (D)

남자가 할인받을 수 있는 방법을 묻는 문제이므로, 질문의 핵심어구(obtain a discount)와 관련된 내용을 주의 깊게 듣는다. 여자가 "that paint is on sale for members of our loyalty club. If you're not a member, you can fill out some forms to join now."라며 그 페인트는 고객 클럽의 회원들에게 할인 중이라며 만약 회원이 아니라면 지금 가입하기 위한 몇몇 양식들을 작성할 수 있다고 하였다. 따라서 정답은 (D) By joining a store program이다.

바꾸어 표현하기
discount 할인 → on sale 할인 중인
loyalty club 고객 클럽 → store program 상점 프로그램

Questions 44-46 refer to the following conversation with three speakers.

🔊 영국식 발음 → 미국식 발음 → 호주식 발음

W1: ⁴⁴I think customers would appreciate it if our company produced limited edition blends. With the holidays coming up, special holiday edition tea sets would make great gifts.

W2: I completely agree. That would really boost our sales.

M: ⁴⁵We should bring it up to management. I could do it myself, but I'd need some guidance. I've never done anything like that before.

W1: The best option would be to make a proposal about it that we could present at our upcoming regional meeting.

W2: Yes. ⁴⁶The company's regional director, Mr. Martin, will be there.

M: We could all work together on a presentation about it. What do you think, Olivia?

W1: Sure, let's start right now.

44 What are the speakers mainly discussing?
(A) A seasonal sale
(B) A business launch
(C) A company inventory
(D) A temporary product

45 What does the man imply when he says, "I've never done anything like that before"?
(A) He is unsure about a proposed service.
(B) He wants to change the person in charge.
(C) He needs assistance with a task.
(D) He is unqualified for a job.

46 What is mentioned about Mr. Martin?
(A) He is the department manager.
(B) He will attend a meeting.
(C) He was recently promoted.
(D) He will be delivering a presentation.

44-46번은 다음 세 명의 대화에 관한 문제입니다.

W1: ⁴⁴저는 우리 회사가 한정판 블렌드를 생산한다면 고객들이 환영할 거라고 생각해요. 연휴가 다가옴에 따라, 특별한 연휴 에디션 차 세트는 멋진 선물이 될 거예요.

W2: 저는 전적으로 동의해요. 그건 우리의 매출을 정말 끌어올릴 거예요.

M: ⁴⁵우리는 그것을 경영진에게 얘기해야 해요. 제가 직접 할 수 있지만, 저는 지도가 좀 필요해요. 저는 이전에 그런 일을 해본 적이 없어요.

W1: 가장 좋은 선택은 우리가 곧 있을 지역 회의에서 발표할 수 있도록 그것에 관한 제안서를 작성하는 것이에요.

W2: 네. ⁴⁶회사의 지사장인 Mr. Martin이 그곳에 올 거예요.

M: 우리 모두 함께 그것에 관한 발표를 준비할 수 있어요. 어떻게 생각해요, Olivia?

W1: 물론이죠, 지금 바로 시작합시다.

44. 화자들은 주로 무엇에 관해 이야기하고 있는가?
(A) 계절 할인 판매
(B) 사업 개시 행사
(C) 회사 재고
(D) 일시적인 제품

45. 남자는 "저는 이전에 그런 일을 해본 적이 없어요"라고 말할 때 무엇을 의도하는가?
(A) 그는 제안된 서비스에 관해 확신이 없다.
(B) 그는 담당자를 바꾸고 싶어 한다.
(C) 그는 업무에 도움이 필요하다.
(D) 그는 업무에 자격이 없다.

46. Mr. Martin에 관해 무엇이 언급되는가?
(A) 그는 부서장이다.
(B) 그는 회의에 참석할 것이다.
(C) 그는 최근에 승진했다.
(D) 그는 발표를 할 것이다.

지문 **boost**[buːst] 끌어올리다, 증가하다 **bring up** 얘기하다, (화제를) 꺼내다 **proposal**[미 prəpóuzəl, 영 prəpáuzəl] 제안서, 계획
44 **seasonal**[síːzənl] 계절의, 시즌의 **launch**[lɔːntʃ] 개시 행사 **inventory**[ínvəntɔːri] 재고 **temporary**[témpəreri] 일시적인
45 **unsure**[ʌnʃúr] 확신이 없는 **assistance**[əsístəns] 도움 **unqualified**[ʌnkwáːlifaid] 자격이 없는

44 ■ 전체 대화 관련 문제 주제 　　　　　　　　　　　　　　　　　　　　　　　　　　　　　　　　　　정답 (D)

대화의 주제를 묻는 문제이므로, 대화의 초반을 주의 깊게 들은 후 전체 맥락을 파악한다. 여자 1이 "I think customers would appreciate it if our company produced limited edition blends."라며 회사가 한정판 블렌드를 생산한다면 고객들이 환영할 거라고 생각한다고 한 뒤, 한정판 제품 생산 제안에 관한 내용으로 대화가 이어지고 있다. 따라서 정답은 (D) A temporary product이다.

45 ■ 세부 사항 관련 문제 의도 파악 　　　　　　　　　　　　　　　　　　　　　　　　　　　　　　　　　정답 (C)

남자가 하는 말의 의도를 묻는 문제이므로, 질문의 인용어구(I've never done anything like that before)가 언급된 주변을 주의 깊게 듣는다. 남자가 "We should bring it up to management. I could do it myself, but I'd need some guidance."라며 경영진에게 얘기해야 한다며 자신이 직접 할 수 있지만 지도가 좀 필요하다고 한 뒤, "I've never done anything like that before."라며 이전에 그런 일을 해본 적이 없다고 하였다. 이를 통해 남자가 업무에 도움이 필요하다는 것을 알 수 있다. 따라서 정답은 (C) He needs assistance with a task이다.

46 ■ 세부 사항 관련 문제 언급 　　　　　　　　　　　　　　　　　　　　　　　　　　　　　　　　　　정답 (B)

Mr. Martin에 관해 언급되는 것을 묻는 문제이므로, 질문의 핵심어구(Mr. Martin)가 언급된 주변을 주의 깊게 듣는다. 여자 2가 "The company's regional director, Mr. Martin, will be there[upcoming regional meeting]."라며 회사의 지사장인 Mr. Martin이 곧 있을 지역 회의에 올 거라고 하였다. 따라서 정답은 (B) He will attend a meeting이다.

해커스 토익 실전 1000제 1 Listening

Questions 47-49 refer to the following conversation.

🔊 캐나다식 발음 → 영국식 발음

M: ⁴⁷Young-mi, is anyone interested in the house you're trying to sell?

W: Actually, the real estate agent I hired called me about that an hour ago. He said that there's a woman who's interested. ⁴⁸She contacted him this morning to set up a time to view my home. I guess she saw some pictures of it and was very impressed.

M: Well, I hope she decides to put an offer on the place.

W: I'm feeling optimistic. Apparently, the potential buyer was very happy when ⁴⁹my agent told her that there is a grocery store and a fitness center nearby.

47 What does the woman want to do?
(A) Find additional roommates
(B) Rent a house
(C) Sell some property
(D) View some real estate

48 What happened this morning?
(A) An offer was rejected.
(B) An appointment was made.
(C) An agent was hired.
(D) A document was printed.

49 What did the agent provide information about?
(A) Insurance rates
(B) Local businesses
(C) Monthly fees
(D) Employment opportunities

47-49번은 다음 대화에 관한 문제입니다.

M: ⁴⁷Young-mi, 당신이 팔려고 하는 집에 관심 있어 하는 사람이 있나요?

W: 사실, 제가 고용한 부동산 중개인이 한 시간 전에 그것에 대해 제게 전화했어요. 그는 관심 있어 하는 여자가 있다고 말했어요. ⁴⁸그녀는 오늘 아침에 제 집을 둘러볼 시간을 정하기 위해 그에게 연락했어요. 제 생각엔 그녀가 집의 사진을 몇 장 보고 매우 감명을 받은 것 같아요.

M: 음, 나는 그녀가 그 집에 대한 가격을 제시하기로 결정하기를 바라요.

W: 저는 낙관적이에요. 듣자 하니, ⁴⁹제 중개인이 근처에 식료품점과 헬스장이 있다고 잠재적 구매자에게 말했을 때, 그녀가 매우 기뻐했대요.

47. 여자는 무엇을 하고 싶어 하는가?
(A) 추가 룸메이트를 찾는다.
(B) 집을 임대한다.
(C) 건물을 판다.
(D) 부동산을 보러 다닌다.

48. 오늘 아침에 무슨 일이 일어났는가?
(A) 제안이 거절되었다.
(B) 약속이 잡혔다.
(C) 중개인이 고용되었다.
(D) 서류가 인쇄되었다.

49. 중개인은 무엇에 관한 정보를 제공했는가?
(A) 보험료
(B) 근거리의 업체들
(C) 월간 이용료
(D) 채용 기회들

지문   real estate agent 부동산 중개인   impressed[imprést] 감명을 받은, 인상 깊은   optimistic[미 à:ptimístik, 영 ɔ̀ptimístik] 낙관적인   potential[pəténʃəl] 잠재적인   grocery store 식료품점

47   property[prá:pərti] 건물, 부동산   real estate 부동산

48   reject[ridʒékt] 거절하다   appointment[əpɔ́intmənt] 약속

49   insurance rate 보험료   local[lóukl] 근거리의, 지역의   monthly fee 월간 이용료   employment[implɔ́imənt] 채용

---

47 ■ **세부 사항 관련 문제** 특정 세부 사항   정답 (C)

여자가 하고 싶어 하는 것을 묻는 문제이므로, 질문의 핵심어구(woman want to do)와 관련된 내용을 주의 깊게 듣는다. 남자가 "Young-mi, is anyone interested in the house you're trying to sell?"이라며 여자가 팔려고 하는 집에 관심 있어 하는 사람이 있는지 물었다. 따라서 정답은 (C) Sell some property이다.

48 ■ **세부 사항 관련 문제** 특정 세부 사항   정답 (B)

오늘 아침에 일어난 일을 묻는 문제이므로, 질문의 핵심어구(this morning)가 언급된 주변을 주의 깊게 듣는다. 여자가 "She[a woman who's interested] contacted him[real estate agent] this morning to set up a time to view my home."이라며 집에 관심 있어 하는 사람이 오늘 아침에 집을 둘러볼 시간을 정하기 위해 부동산 중개인에게 연락했다고 하였다. 따라서 정답은 (B) An appointment was made이다.

49 ■ **세부 사항 관련 문제** 특정 세부 사항   정답 (B)

중개인이 제공한 정보를 묻는 문제이므로, 질문의 핵심어구(agent provide information about)와 관련된 내용을 주의 깊게 듣는다. 여자가 "my agent told her that there is a grocery store and a fitness center nearby"라며 중개인이 근처에 식료품점과 헬스장이 있다고 말했다고 하였다. 따라서 정답은 (B) Local businesses이다.

바꾸어 표현하기
a grocery store and a fitness center nearby 근처의 식료품점과 헬스장 → Local businesses 근거리의 업체들

Questions 50-52 refer to the following conversation.

🎧 미국식 발음 → 호주식 발음

W: Good morning. ⁵⁰I'm here to pick up my clothes that I dropped off yesterday. I requested the express cleaning service.

M: I'm very sorry, ma'am, but your items are not quite ready yet. ⁵¹One of our machines unexpectedly broke down last night. It is currently being fixed.

W: I really needed everything this morning. That's why I chose to pay a premium.

M: I understand. We will refund you the extra amount, of course. ⁵²And if you give us your address, we'll deliver the clothes to your residence at no extra charge this evening.

W: ⁵²OK. Do you have a pen I can use?

50 Where is the conversation taking place?
(A) At a tailoring shop
(B) At a dry-cleaning business
(C) At a postal office
(D) At a clothing store

51 What problem does the man identify?
(A) An item has been damaged.
(B) Some personnel took a sick day.
(C) Some equipment is malfunctioning.
(D) A bill is incorrect.

52 What will the woman probably do next?
(A) Request a refund
(B) Provide an address
(C) Examine a receipt
(D) Make a payment

50-52번은 다음 대화에 관한 문제입니다.

W: 안녕하세요. ⁵⁰어제 맡긴 제 옷을 가지러 왔어요. 저는 신속 세탁 서비스를 요청했어요.

M: 정말 죄송합니다, 손님, 하지만 손님의 물품이 아직 준비되지 않았습니다. ⁵¹저희 기계들 중 하나가 어젯밤에 갑자기 고장 났거든요. 그것은 지금 수리되고 있습니다.

W: 저는 오늘 아침에 모든 게 정말 필요했어요. 그게 제가 추가 금을 내기로 했던 이유예요.

M: 알겠습니다. 물론 저희가 추가 금액을 환불해드리겠습니다. ⁵²그리고 손님의 주소를 알려 주시면, 저희가 오늘 저녁에 추가 요금 없이 옷을 댁으로 배달해드리겠습니다.

W: ⁵²좋아요. 제가 쓸 수 있는 펜이 있나요?

50. 대화는 어디에서 일어나고 있는가?
(A) 양복점
(B) 드라이클리닝 업체
(C) 우체국
(D) 옷 가게

51. 남자는 어떤 문제를 밝히는가?
(A) 상품이 손상되었다.
(B) 몇몇 직원들이 병가를 냈다.
(C) 장비가 제대로 작동하지 않는다.
(D) 청구서가 부정확하다.

52. 여자는 다음에 무엇을 할 것 같은가?
(A) 환불을 요청한다.
(B) 주소를 제공한다.
(C) 영수증을 검토한다.
(D) 대금을 지불한다.

지문 drop off 맡기다, 갖다 주다 express[iksprés] 신속한, 속달의 unexpectedly[ʌ̀nikspéktidli] 갑자기
currently[미 kə́:rəntli, 영 kʌ́rəntli] 지금, 현재 premium[prí:miəm] 추가금 refund[rifʌ́nd] 환불하다
50 tailoring shop 양복점
51 identify[aidéntifai] 밝히다, 발견하다 personnel[pə̀:rsənél] 직원 sick day 병가 malfunction[mælfʌ́ŋkʃən] 제대로 작동하지 않다
bill[bil] 청구서
52 examine[igzǽmin] 검토하다

50 ■ 전체 대화 관련 문제 장소   정답 (B)
대화가 일어나는 장소를 묻는 문제이므로, 장소와 관련된 표현을 놓치지 않고 듣는다. 여자가 "I'm here to pick up my clothes that I dropped off yesterday. I requested the express cleaning service."라며 어제 맡긴 자신의 옷을 가지러 왔으며, 신속 세탁 서비스를 요청했다고 하였다. 이를 통해 드라이클리닝 업체에서 대화가 일어나고 있음을 알 수 있다. 따라서 정답은 (B) At a dry-cleaning business이다.

51 ■ 세부 사항 관련 문제 문제점   정답 (C)
남자의 문제점을 묻는 문제이므로, 남자의 말에서 부정적인 표현이 언급된 다음을 주의 깊게 듣는다. 남자가 "One of our machines unexpectedly broke down last night."이라며 기계들 중 하나가 어젯밤에 갑자기 고장 났다고 하였다. 따라서 정답은 (C) Some equipment is malfunctioning이다.

52 ■ 세부 사항 관련 문제 다음에 할 일   정답 (B)
여자가 다음에 할 일을 묻는 문제이므로, 대화의 마지막 부분을 주의 깊게 듣는다. 남자가 "And if you give us your address, we'll deliver the clothes to your residence"라며 주소를 알려 주면 옷을 집으로 배달해주겠다고 하자, 여자가 "OK. Do you have a pen I can use?"라며 쓸 수 있는 펜이 있는지 물었으므로 여자가 주소를 제공할 것임을 알 수 있다. 따라서 정답은 (B) Provide an address 이다.

Questions 53-55 refer to the following conversation.

🎧 영국식 발음 → 캐나다식 발음

W: Hi. ⁵³I'm wondering if you can assist me. There's an issue with the smartphone I bought here recently. It turns on fine, but I noticed a small crack on the display.

M: Yes, I see what you mean. ⁵⁴When did you buy the device?

W: Just last Tuesday, when a special discount on the product was being offered.

M: Well, you're still within our 90-day store warranty period.

W: So, does that mean the display can be fixed for free?

M: Even better. ⁵⁵We'll give you another unit at no cost.

W: Oh, wonderful! Thank you.

53 Why does the woman need assistance?
(A) A phone isn't turning on.
(B) A product manual is missing.
(C) A screen is broken.
(D) A button is stuck.

54 What does the man ask about?
(A) Which product was selected
(B) When a purchase was made
(C) How a fee was paid
(D) Why an item was returned

55 According to the man, what will the woman receive?
(A) A full refund
(B) A free accessory
(C) A software upgrade
(D) A new device

53-55번은 다음 대화에 관한 문제입니다.

W: 안녕하세요. ⁵³저를 도와주실 수 있는지 궁금해요. 제가 최근에 여기서 산 스마트폰에 문제가 있어서요. 잘 켜지긴 하는데, 화면에 있는 작은 금을 발견했어요.

M: 네, 무슨 말씀이신지 알겠습니다. ⁵⁴언제 기기를 구입하셨나요?

W: 바로 지난 화요일에요, 이 제품에 대해 특별 할인이 제공되고 있을 때요.

M: 음, 아직 90일짜리 상점 품질 보증 기간 중이시네요.

W: 그럼 화면을 무료로 수리할 수 있다는 말씀이신가요?

M: 훨씬 더 좋은 거죠. ⁵⁵저희가 다른 상품 한 개를 무료로 드리겠습니다.

W: 아, 정말 좋네요! 감사합니다.

53. 여자는 왜 도움이 필요한가?
(A) 휴대 전화가 켜지지 않는다.
(B) 제품 설명서가 분실되었다.
(C) 화면이 깨졌다.
(D) 버튼이 박혔다.

54. 남자는 무엇에 관해 문의하는가?
(A) 어떤 제품이 선택되었는지
(B) 언제 구입되었는지
(C) 어떻게 요금이 지불되었는지
(D) 왜 제품이 반납되었는지

55. 남자에 따르면, 여자는 무엇을 받을 것인가?
(A) 전액 환불
(B) 무료 부속품
(C) 소프트웨어 업그레이드
(D) 새로운 기기

지문 assist[əsíst] 돕다 issue[íʃuː] 문제 turn on 켜다 crack[kræk] (무엇이 갈라져 생긴) 금 warranty[wɔ́ːrənti] 품질 보증 unit[júːnit] 한 개
53 assistance[əsístəns] 도움 manual[mǽnjuəl] 설명서 missing[mísiŋ] 분실된, 빠진 broken[bróukən] 깨진, 고장 난
55 refund[ríːfʌnd] 환불

●

53 ■ 세부 사항 관련 문제 이유   정답 (C)

여자가 도움이 필요한 이유를 묻는 문제이므로, 여자의 말에서 질문의 핵심어구(need assistance)와 관련된 내용을 주의 깊게 듣는다. 여자가 남자에게 "I'm wondering if you can assist me. There's an issue with the smartphone I bought here recently. It turns on fine, but I noticed a small crack on the display."라며 자신을 도와줄 수 있는지 궁금하다고 한 뒤, 최근에 여기서 산 스마트폰에 문제가 있는데 잘 켜지긴 하지만 화면에 있는 작은 금을 발견했다고 하였다. 따라서 정답은 (C) A screen is broken이다.

바꾸어 표현하기
a small crack on the display 화면에 있는 작은 금 → A screen is broken 화면이 깨지다

54 ■ 세부 사항 관련 문제 특정 세부 사항   정답 (B)

남자가 문의하는 것을 묻는 문제이므로, 남자의 말을 주의 깊게 듣는다. 남자가 "When did you buy the device?"라며 언제 기기를 구입하였는지 물었다. 따라서 정답은 (B) When a purchase was made이다.

55 ■ 세부 사항 관련 문제 특정 세부 사항   정답 (D)

여자가 받게 될 것을 묻는 문제이므로, 질문의 핵심어구(woman receive)와 관련된 내용을 주의 깊게 듣는다. 남자가 "We'll give you another unit at no cost."라며 다른 상품 한 개를 무료로 주겠다고 하였다. 따라서 정답은 (D) A new device이다.

Questions 56-58 refer to the following conversation.

🎧 호주식 발음 → 미국식 발음

M: Excuse me. I have an appointment with Gina Patel on the 18th floor. How can I access the elevators?

W: ⁵⁶First, visitors must check in here. If you show me a piece of identification, I'll provide an electronic pass. Your ID will be kept here until you return.

M: Will my passport be suitable? ⁵⁷I left my driver's license at my apartment.

W: That's fine. ⁵⁸And now you just need to complete this form. It asks you for some personal details—your phone number, the purpose of your visit, and so on.

M: OK . . . ⁵⁸I'll do that now.

56 Where most likely is the conversation taking place?
   (A) At a ticket counter
   (B) In a storage facility
   (C) In an elevator
   (D) At a security desk

57 What does the man say about his driver's license?
   (A) It is a temporary replacement.
   (B) It was left at home.
   (C) It is going to expire soon.
   (D) It was issued last year.

58 What will the man probably do next?
   (A) Exchange a purchase
   (B) Reschedule an appointment
   (C) Show an access pass
   (D) Fill out a document

56-58번은 다음 대화에 관한 문제입니다.

M: 실례합니다. 저는 18층에서 Gina Patel과 약속이 있어요. 엘리베이터를 어떻게 이용할 수 있나요?

W: ⁵⁶우선, 방문객들은 여기에서 등록하셔야 합니다. 저에게 신분증을 보여주시면, 제가 전자 출입증을 드리겠습니다. 신분증은 돌아오실 때까지 여기에 보관될 겁니다.

M: 제 여권이 적합할까요? ⁵⁷제가 운전면허증을 제 아파트에 두고 왔거든요.

W: 괜찮습니다. ⁵⁸그리고 이제 이 양식만 작성해주시면 됩니다. 그것은 당신의 전화 번호, 방문 목적 등 몇 가지 개인 세부 사항들을 묻습니다.

M: 네… ⁵⁸지금 할게요.

56. 대화는 어디에서 일어나고 있는 것 같은가?
   (A) 매표소에서
   (B) 저장 시설에서
   (C) 엘리베이터에서
   (D) 보안 데스크에서

57. 남자는 그의 운전면허증에 관해 무엇을 말하는가?
   (A) 임시 대용품이다.
   (B) 집에 두고 왔다.
   (C) 곧 만료될 것이다.
   (D) 작년에 발급되었다.

58. 남자는 다음에 무엇을 할 것 같은가?
   (A) 구매품을 교환한다.
   (B) 약속 일정을 변경한다.
   (C) 출입증을 보여준다.
   (D) 서류를 작성한다.

지문 appointment[əpɔ́intmənt] 약속 access[ǽkses] 이용하다, 접근하다 identification[aidèntifikéiʃn] 신분증 pass[pæs] 출입증
passport[미 pǽspɔːrt, 영 pɑ́ːspɔːt] 여권 suitable[미 súːtəbl, 영 sjúːtəbl] 적합한, 적당한 driver's license 운전면허증
complete[kəmplíːt] 작성하다, 완료하다
57 temporary[témpəreri] 임시의, 일시적인 replacement[ripléismənt] 대용품, 대체물 expire[ikspáiər] 만료되다, 만기가 되다
58 exchange[ikstʃéindʒ] 교환하다

56 ■ 전체 대화 관련 문제 장소   정답 (D)

대화가 일어나는 장소를 묻는 문제이므로, 장소와 관련된 표현을 놓치지 않고 듣는다. 여자가 "First, visitors must check in here. If you show me a piece of identification, I'll provide an electronic pass. Your ID will be kept here until you return."이라며 우선 방문객들은 여기에서 등록해야 한다고 한 뒤, 신분증을 보여주면 전자 출입증을 줄 것이고, 신분증은 남자가 돌아올 때까지 여기에 보관될 거라고 하였다. 이를 통해 보안 데스크에서 대화가 일어나고 있음을 알 수 있다. 따라서 정답은 (D) At a security desk이다.

57 ■ 세부 사항 관련 문제 언급   정답 (B)

남자가 그의 운전면허증에 관해 언급하는 것을 묻는 문제이므로, 남자의 말에서 질문의 핵심어구(his driver's license)와 관련된 내용을 주의 깊게 듣는다. 남자가 "I left my driver's license at my apartment."라며 운전면허증을 자신의 아파트에 두고 왔다고 하였다. 따라서 정답은 (B) It was left at home이다.

58 ■ 세부 사항 관련 문제 다음에 할 일   정답 (D)

남자가 다음에 할 일을 묻는 문제이므로, 대화의 마지막 부분을 주의 깊게 듣는다. 여자가 "And now you just need to complete this form."이라며 이제 양식만 작성해주면 된다고 하자, 남자가 "I'll do that now."라며 지금 하겠다고 하였다. 따라서 정답은 (D) Fill out a document이다.

바꾸어 표현하기
complete ~ form 양식을 작성하다 → Fill out a document 서류를 작성하다

Questions 59-61 refer to the following conversation.

🔊 영국식 발음 → 캐나다식 발음

W: How does everyone on your team feel about the newly implemented filing system, Trent?

M: Well, ⁶⁰they definitely like that sharing files online is much easier now. ⁵⁹That's really helpful when we're considering designs to use for advertising campaigns. ⁶⁰However, it was running a bit slow yesterday, so that caused some delays.

W: OK. I'll call the IT department and ask them to check on that. ⁵⁹By the way, Mr. Nolan just asked me about the status of the Glowfresh Cosmetics commercial.

M: ⁶¹Janice Miller just uploaded some storyboard files to the system. If you log in and click on Designs, you can see what she has done so far.

59 Where do the speakers most likely work?
(A) At a department store
(B) At a marketing firm
(C) At a cosmetics company
(D) At a technology firm

60 What problem does the man mention?
(A) An online system was slow.
(B) A flight will be delayed.
(C) An offer has been refused.
(D) A document is outdated.

61 According to the man, what did Janice Miller do?
(A) Requested a status report
(B) Uploaded some files
(C) Altered some designs
(D) E-mailed a department head

59-61번은 다음 대화에 관한 문제입니다.

W: 당신의 팀에서는 모두가 새로 시행된 서류 정리 시스템에 대해 어떻게 생각하나요, Trent?

M: 음, ⁶⁰그들은 확실히 온라인에서 파일을 공유하는 것이 이제 훨씬 쉽다고 좋아해요. ⁵⁹그것은 저희가 광고 캠페인에 사용할 디자인을 검토할 때 정말 도움이 돼요. ⁶⁰하지만, 어제 좀 느리게 작동해서, 일부 지연을 야기했어요.

W: 알겠어요. 제가 IT 부서에 전화해서 그것에 대해 확인해달라고 그들에게 요청할게요. ⁵⁹그건 그렇고, Mr. Nolan이 방금 저에게 Glowfresh 화장품 회사의 광고 진행 상황에 대해 물어봤어요.

M: ⁶¹Janice Miller가 방금 시스템에 몇몇 스토리 보드 파일들을 업로드했어요. 로그인해서 Designs를 클릭하면, 그녀가 지금까지 한 것을 보실 수 있어요.

59. 화자들은 어디에서 일하는 것 같은가?
(A) 백화점에서
(B) 마케팅 회사에서
(C) 화장품 회사에서
(D) 기술 회사에서

60. 남자는 어떤 문제를 언급하는가?
(A) 온라인 시스템이 느렸다.
(B) 항공편이 지연될 것이다.
(C) 제안이 거절되었다.
(D) 서류가 구식이다.

61. 남자에 따르면, Janice Miller는 무엇을 했는가?
(A) 현황 보고서를 요청했다.
(B) 파일들을 업로드했다.
(C) 디자인들을 바꾸었다.
(D) 부서장에게 이메일을 보냈다.

지문 implement[ímpliment] 시행하다 delay[diléi] 지연, 지체 status[stéitəs] (진행 과정상의) 상황
cosmetics[미 kɑːzmétiks, 영 kɔzmétiks] 화장품 commercial[미 kəmə́ːrʃəl, 영 kəmə́ːʃəl] 광고 so far 지금까지
60 department store 백화점 refuse[rifjúːz] 거절하다 outdated[àutdéitid] 구식인, 시대에 뒤진
61 alter[ɔ́ːltər] 바꾸다, 고치다

59 ■ 전체 대화 관련 문제 화자

화자들이 일하는 장소를 묻는 문제이므로, 신분 및 직업과 관련된 표현을 놓치지 않고 듣는다. 남자가 "That[filing system]'s really helpful when we're considering designs to use for advertising campaigns."라며 서류 정리 시스템은 광고 캠페인에 사용할 디자인을 검토할 때 정말 도움이 된다고 하였고, 여자가 "By the way, Mr. Nolan just asked me about the status of the Glowfresh Cosmetics commercial."이라며 Mr. Nolan이 방금 자신에게 Glowfresh 화장품 회사의 광고 진행 상황에 대해 물어봤다고 하였다. 이를 통해 화자들이 마케팅 회사에서 일한다는 것을 알 수 있다. 따라서 정답은 (B) At a marketing firm이다.

60 ■ 세부 사항 관련 문제 문제점

정답 (A)

남자가 언급하는 문제점을 묻는 문제이므로, 남자의 말에서 부정적인 표현이 언급된 다음을 주의 깊게 듣는다. 남자가 "they definitely like that sharing files online is much easier now"라며 확실히 온라인에서 파일을 공유하는 것이 이제 훨씬 쉽다고 다들 좋아한다고 한 뒤, "However, it[filing system] was running a bit slow yesterday, so that caused some delays."라며 서류 정리 시스템이 어제 좀 느리게 작동해서 일부 지연을 야기했다고 하였다. 따라서 정답은 (A) An online system was slow이다.

61 ■ 세부 사항 관련 문제 특정 세부 사항

정답 (B)

Janice Miller가 한 일을 묻는 문제이므로, 질문의 핵심어구(Janice Miller do)와 관련된 내용을 주의 깊게 듣는다. 남자가 "Janice Miller just uploaded some storyboard files to the system."이라며 Janice Miller가 방금 시스템에 몇몇 스토리 보드 파일들을 업로드했다고 하였다. 따라서 정답은 (B) Uploaded some files이다.

62 **63** **64**

Questions 62-64 refer to the following conversation and floor plan.

③ 캐나다식 발음 → 영국식 발음

M: Marcy, ⁶²I'm finalizing the floor plan for the office move that is scheduled for tomorrow afternoon. ⁶³Do you have a room preference?

W: ⁶³I would love an office with lots of light. Is there anything like that available?

M: Yes. ⁶³The one next to the break room is available. It's a corner office with large windows on two sides. There will be a lot of traffic there, though.

W: ⁶³That's fine. I don't mind a little noise as long as the office is bright.

M: OK, but ⁶⁴I recommend you install shades to keep out some of the sunlight.

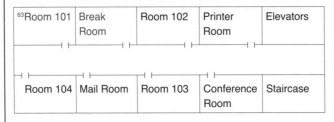

⁶³Room 101	Break Room	Room 102	Printer Room	Elevators
Room 104	Mail Room	Room 103	Conference Room	Staircase

62 What is scheduled to take place tomorrow afternoon?
(A) The submission of a layout
(B) The distribution of a notice
(C) The inspection of an elevator
(D) The relocation of an office

63 Look at the graphic. Which room does the woman choose?
(A) Room 101
(B) Room 102
(C) Room 103
(D) Room 104

64 What does the man recommend?
(A) Rearranging a desk
(B) Replacing some shades
(C) Turning off some lights
(D) Installing window coverings

62-64번은 다음 대화와 평면도에 관한 문제입니다.

M: Marcy, ⁶²저는 내일 오후에 예정되어 있는 사무실 이전을 위해 평면도를 마무리 짓고 있어요. ⁶³방 선호 사항이 있나요?

W: ⁶³저는 빛이 많이 들어오는 사무실을 원해요. 사용할 수 있는 그런 것이 있나요?

M: 네, ⁶³휴게실 옆에 있는 것이 사용 가능해요. 그것은 두 면에 큰 창문들이 있는 구석 사무실이에요. 그런데, 그곳에 많은 왕래가 있을 거예요.

W: ⁶³그건 괜찮아요. 저는 사무실이 밝기만 하면 약간의 소음은 개의치 않아요.

M: 알겠어요, 그래도 ⁶⁴일부 햇빛이 들어가지 않도록 블라인드를 설치하는 것을 추천해요.

⁶³101호	휴게실	102호	인쇄실	엘리베이터
104호	우편물실	103호	회의실	계단

62. 내일 오후에 무엇이 일어나기로 예정되어 있는가?
(A) 배치도 제출
(B) 공지 배포
(C) 엘리베이터 점검
(D) 사무실 이전

63. 시각 자료를 보시오. 여자는 어느 방을 고르는가?
(A) 101호
(B) 102호
(C) 103호
(D) 104호

64. 남자는 무엇을 제안하는가?
(A) 책상을 재배치하는 것
(B) 몇몇 블라인드를 교체하는 것
(C) 몇몇 전등을 끄는 것
(D) 창문 덮개를 설치하는 것

지문 finalize[fáinəlaiz] 마무리 짓다 preference[préfərəns] 선호 사항 traffic[trǽfik] 왕래, 교통 shade[ʃeid] 블라인드, 가리개
keep out ~이 들어가지 않게 하다
62 submission[səbmíʃən] 제출 layout[leiaut] 배치도 distribution[dìstrəbjúːʃən] 배포, 배부 inspection[inspékʃən] 점검
relocation[rìːloukéiʃən] 이전
64 rearrange[rìːəréindʒ] 재배치하다, 다시 정리하다

62 ■ **세부 사항 관련 문제** 다음에 할 일 　　　　　　　　　　　　　　　　　　　　　　　　　　　　정답 (D)

○○○
●○ 중

내일 오후에 일어나기로 예정되어 있는 것을 묻는 문제이므로, 질문의 핵심어구(tomorrow afternoon)가 언급된 주변을 주의 깊게 듣는다. 남자가 "I'm finalizing the floor plan for the office move that is scheduled for tomorrow afternoon"이라며 내일 오후로 예정되어 있는 사무실 이전을 위해 평면도를 마무리 짓고 있다고 하였다. 따라서 정답은 (D) The relocation of an office이다.

바꾸어 표현하기
the office move 사무실 이전 → The relocation of an office 사무실 이전

63 ■ **세부 사항 관련 문제** 시각 자료 　　　　　　　　　　　　　　　　　　　　　　　　　　　정답 (A)

○○○
●● 상

여자가 고르는 방을 묻는 문제이므로, 제시된 평면도의 정보를 확인한 뒤 질문의 핵심어구(woman choose)와 관련된 내용을 주의 깊게 듣는다. 남자가 여자에게 "Do you have a room preference?"라며 방 선호 사항이 있는지 묻자, 여자가 "I would love an office with lots of light."라며 빛이 많이 들어오는 사무실을 원한다고 하였다. 그러자 남자가 "The one next to the break room is available. It's a corner office with large windows on two sides. There will be a lot of traffic there, though."라며 휴게실 옆에 있는 것이 사용 가능하다며 그것은 두 면에 큰 창문들이 있는 구석 사무실인데 그곳에 많은 왕래가 있을 거라고 하자, 여자가 "That's fine."이라며 그건 괜찮다고 하였으므로, 여자가 휴게실 옆에 있는 구석 사무실인 101호를 선택할 것임을 평면도에서 알 수 있다. 따라서 정답은 (A) Room 101이다.

64 ■ **세부 사항 관련 문제** 제안 　　　　　　　　　　　　　　　　　　　　　　　　　　　　　정답 (D)

○○○
●○ 중

남자가 제안하는 것을 묻는 문제이므로, 남자의 말에서 제안과 관련된 표현이 언급된 다음을 주의 깊게 듣는다. 남자가 "I recommend you install shades to keep out some of the sunlight."라며 일부 햇빛이 들어가지 않도록 블라인드를 설치하는 것을 추천한다고 하였다. 따라서 정답은 (D) Installing window coverings이다.

바꾸어 표현하기
shades 블라인드 → window coverings 창문 덮개

Questions 65-67 refer to the following conversation and concert poster.

65-67번은 다음 대화와 콘서트 포스터에 관한 문제입니다.

🎵 영국식 발음 → 캐나다식 발음

W: Carl, ⁶⁵I want to let you know that I've confirmed the venue for the charity concert that we're organizing. I spoke with the park manager yesterday, and everything is set.

M: Oh, ⁶⁶we got Helmsley Park. That's great. It already has a stage, so we won't have to build one. But wasn't there a conflict with the date that we selected?

W: No. The date we requested works after all.

M: Good. There's still one issue we must deal with, though.

W: Really? What's the problem? I hope it's not too serious.

M: ⁶⁷The second band scheduled to play can't participate. They have another obligation. So, we'll have to find another option.

W: Carl, ⁶⁵우리가 준비하고 있는 자선 콘서트의 장소를 확정했다는 것을 알려주고 싶어요. 제가 어제 공원 관리자와 이야기했고, 모든 것이 준비되었어요.

M: 아, ⁶⁶우리가 Helmsley 공원을 구했군요. 잘됐네요. 그곳에 이미 무대가 있기 때문에, 우리는 그걸 지을 필요가 없을 거예요. 하지만 우리가 선택한 날짜와 충돌이 있지 않았나요?

W: 아니요. 우리가 요청한 날짜가 결국 가능해요.

M: 좋네요. 하지만 우리가 처리해야 하는 한 가지 문제가 아직 있어요.

W: 정말요? 문제가 무엇인가요? 너무 심각하지 않으면 좋겠네요.

M: ⁶⁷연주 예정이었던 두 번째 밴드가 참여할 수 없어요. 그들은 다른 일이 있어요. 그래서, 우리는 다른 선택지를 찾아야 할 거예요.

Save Maldon Nature Preserve
Charity Concert
Saturday, June 13

7 P.M. – Transpire
8 P.M. – ⁶⁷Blue Diamonds
9 P.M. – North Pines
10 P.M. – Watershed

Maldon 자연보호구역 지키기
자선 콘서트
토요일, 6월 13일

오후 7시 – Transpire
오후 8시 – ⁶⁷Blue Diamonds
오후 9시 – North Pines
오후 10시 – Watershed

---

65 What did the woman do yesterday?
(A) Contacted some guests
(B) Attended a rehearsal
(C) Canceled some plans
(D) Finalized a booking

65. 여자는 어제 무엇을 했는가?
(A) 몇몇 고객들에게 연락했다.
(B) 리허설에 참석했다.
(C) 몇몇 계획들을 취소했다.
(D) 예약을 마무리 지었다.

66 What does the man say about Helmsley Park?
(A) It has a limited parking.
(B) It has a performance platform.
(C) It is temporarily closed.
(D) It requires a deposit.

66. 남자는 Helmsley 공원에 관해 무엇을 말하는가?
(A) 주차 공간이 제한되어 있다.
(B) 공연 무대가 있다.
(C) 일시적으로 문을 닫는다.
(D) 보증금을 요구한다.

67 Look at the graphic. Which band will not perform at the charity concert?
(A) Transpire
(B) Blue Diamonds
(C) North Pines
(D) Watershed

67. 시각 자료를 보시오. 자선 콘서트에서 어느 밴드가 공연하지 않을 것인가?
(A) Transpire
(B) Blue Diamonds
(C) North Pines
(D) Watershed

지문 **confirm** [미 kənfɔ́:rm, 영 kənfɔ́:m] 확정하다, 확인하다 **venue** [vénju:] 장소 **charity** [tʃǽrəti] 자선, 기부
organize [미 ɔ́:rgənàiz, 영 ɔ́:gənaiz] 준비하다, 개최하다 **conflict** [kánflikt] 충돌, 마찰 **deal with** ~을 처리하다
obligation [àbləɡéiʃən] (마땅히 해야 할) 일, 의무

65 **finalize** [fáinəlàiz] 마무리 짓다 **booking** [búkiŋ] 예약

66 **platform** [plǽtfɔːrm] 무대, 단 **deposit** [dipázit] 보증금, 예금

65 ■ 세부 사항 관련 문제 특정 세부 사항

정답 (D)

여자가 어제 한 것을 묻는 문제이므로, 질문의 핵심어구(yesterday)가 언급된 주변을 주의 깊게 듣는다. 여자가 "I want to let you know that I've confirmed the venue for the charity concert that we're organizing. I spoke with the park manager yesterday, and everything is set."이라며 준비하고 있는 자선 콘서트의 장소를 확정했다는 것을 알려주고 싶다며 자신이 어제 공원 관리자와 이야기했고 모든 것이 준비되었다고 하였다. 따라서 정답은 (D) Finalized a booking이다.

66 ■ 세부 사항 관련 문제 언급

정답 (B)

남자가 Helmsley 공원에 관해 언급하는 것을 묻는 문제이므로, 남자의 말에서 질문의 핵심어구(Helmsley Park)가 언급된 주변을 주의 깊게 듣는다. 남자가 "we got Helmsley Park. That's great. It already has a stage, so we won't have to build one."이라며 Helmsley 공원을 구한 것에 대해 잘됐다고 한 뒤, 그곳에 이미 무대가 있기 때문에 그걸 지을 필요가 없을 것이라고 하였다. 따라서 정답은 (B) It has a performance platform이다.

바꾸어 표현하기
stage 무대 → platform 무대

67 ■ 세부 사항 관련 문제 시각 자료

정답 (B)

자선 콘서트에서 공연하지 않을 밴드를 묻는 문제이므로, 제시된 콘서트 포스터의 정보를 확인한 뒤 질문의 핵심어구(band will not perform at the charity concert)와 관련된 내용을 주의 깊게 듣는다. 남자가 "The second band scheduled to play can't participate."라며 연주 예정이었던 두 번째 밴드가 참여할 수 없다고 하였으므로 두 번째로 공연하기로 한 Blue Diamonds 밴드가 자선 콘서트에서 공연하지 않을 것임을 콘서트 포스터에서 알 수 있다. 따라서 정답은 (B) Blue Diamonds이다.

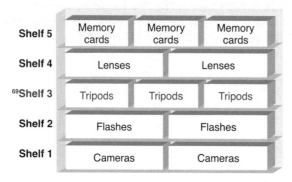

68
69
70

Questions 68-70 refer to the following conversation and shelving unit.

🔊 호주식 발음 → 미국식 발음

M: ⁶⁸Camilla, we will be selling our digital cameras and accessories at a discount next week. So, I'd like to reorganize that section of the store.

W: OK. What would you like me to do?

M: Please make sure that the cameras are prominently displayed. ⁶⁹Um, why don't you move them to the shelf that currently holds the tripods?

W: Sure. It would be better to have the tripods on the bottom shelf anyway as they are much larger than the flashes and lenses.

M: Right. Uh, one more thing . . . ⁷⁰We should also hand out some fliers to customers to publicize this event. I'll give you them to distribute once the shelves have been rearranged.

68-70번은 다음 대화와 선반에 관한 문제입니다.

M: ⁶⁸Camilla, 우리는 다음 주에 디지털 카메라와 부속품들을 할인해서 판매할 거예요. 그래서, 저는 상점의 그 구획을 재편성하고자 해요.
W: 알겠습니다. 제가 뭘 하면 될까요?
M: 반드시 카메라가 눈에 띄게 전시되도록 해주세요. ⁶⁹음, 그것들을 현재 삼각대가 있는 칸으로 옮기는 게 어때요?
W: 그럼요. 어차피 삼각대가 플래시와 렌즈보다 훨씬 더 크니까 맨 아래 칸에 있는 게 나을 것 같아요.
M: 맞아요. 어, 한 가지 더⋯ ⁷⁰우리는 또한 고객들에게 이 행사를 홍보하기 위해 전단지들을 나누어 줘야 해요. 선반이 재배치되고 나면 당신이 그것들을 배부하시도록 드릴게요.

68 Why do the speakers need to reorganize a section of the store?
(A) A shipment will be delivered.
(B) An inspection will be conducted.
(C) A display will be removed.
(D) A sale will be held.

68. 화자들은 왜 상점의 한 구획을 재편성해야 하는가?
(A) 배송품이 배달될 것이다.
(B) 점검이 실시될 것이다.
(C) 진열품이 치워질 것이다.
(D) 할인 행사가 열릴 것이다.

69 Look at the graphic. Where does the man want to put the cameras?
(A) On Shelf 2
(B) On Shelf 3
(C) On Shelf 4
(D) On Shelf 5

69. 시각 자료를 보시오. 남자는 카메라를 어디에 놓고 싶어 하는가?
(A) 2번 칸에
(B) 3번 칸에
(C) 4번 칸에
(D) 5번 칸에

70 What does the man say he will give the woman?
(A) Order forms
(B) Customer information
(C) Camera accessories
(D) Promotional materials

70. 남자는 여자에게 무엇을 줄 것이라고 말하는가?
(A) 주문 양식
(B) 고객 정보
(C) 카메라 부속품
(D) 홍보 자료

지문 accessory [əksésəri] 부속품, 액세서리 at a discount 할인하여 reorganize [미 riːɔ́ːrgənaiz, 영 riːɔ́ːgənaiz] 재편성하다
section [sékʃən] 구획 prominently [미 prάmənəntli, 영 prɔ́minəntli] 눈에 띄게 tripod [미 tráipaːd, 영 tráipɔd] 삼각대 hand out 나누어 주다
flyer [미 fláiər, 영 fláiə] 전단지 publicize [pʌ́blisaiz] 홍보하다, 광고하다 rearrange [rìːəréindʒ] 재배치하다
68 shipment [ʃípmənt] 배송품, 수송품 inspection [inspékʃən] 점검, 조사 conduct [kəndʌ́kt] 실시하다

■ 세부 사항 관련 문제 이유　　　　　　　　　　　　　　　　　　　　　　　　　　　정답 (D)

○○○
●○ 화자들이 상점의 한 구획을 재편성해야 하는 이유를 묻는 문제이므로, 질문의 핵심어구(reorganize a section of the store)와 관련된
상 내용을 주의 깊게 듣는다. 남자가 "Camilla, we will be selling our digital cameras and accessories at a discount next week.
So, I'd like to reorganize that section of the store."라며 다음 주에 디지털 카메라와 부속품들을 할인해서 판매할 거라서 상점의
해당 구획을 재편성하고자 한다고 하였다. 따라서 정답은 (D) A sale will be held이다.

바꾸어 표현하기
will be selling ~ at a discount 할인해서 판매할 것이다 → A sale will be held 할인 행사가 열릴 것이다

69 ■ 세부 사항 관련 문제 시각 자료　　　　　　　　　　　　　　　　　　　　　　　　정답 (B)

○○○
●○ 남자가 카메라를 놓고 싶어 하는 곳을 묻는 문제이므로, 제시된 선반의 정보를 확인한 뒤 질문의 핵심어구(put the cameras)와 관련된
상 내용을 주의 깊게 듣는다. 남자가 "Um, why don't you move them[cameras] to the shelf that currently holds the tripods?"
라며 카메라를 현재 삼각대가 있는 칸으로 옮기는 게 어떤지 물었으므로, 남자가 현재 삼각대가 있는 3번 칸에 카메라를 놓고 싶어 하는
것을 선반에서 알 수 있다. 따라서 정답은 (B) On Shelf 3이다.

70 ■ 세부 사항 관련 문제 특정 세부 사항　　　　　　　　　　　　　　　　　　　　　　정답 (D)

○○○
●○ 남자가 여자에게 주겠다고 말한 것을 묻는 문제이므로, 남자의 말에서 질문의 핵심어구(give the woman)와 관련된 내용을 주의 깊게
하 듣는다. 남자가 "We should also hand out some fliers to customers ~. I'll give you them to distribute"이라며 고객들에게 이
행사를 홍보하기 위해 전단지들도 나누어 줘야 하는데 그것들을 배부하도록 주겠다고 하였다. 따라서 정답은 (D) Promotional
materials이다.

바꾸어 표현하기
fliers 전단지 → Promotional materials 홍보 자료

PART 4

71
72
73

Questions 71-73 refer to the following announcement.

미국식 발음

This announcement is for all passengers of Jet Winds Flight 391 from Brisbane, Australia to Busan, South Korea. Today's flight is fully booked. Therefore, all overhead compartments are expected to be filled. 71Please remember that suitcases should be placed in the bins with their top handles facing the aisle so as to allow for more items to fit. Also, if anyone is willing to check their bag prior to boarding, please see airline agents at the ticketing desk. 72All such volunteers will receive a voucher for one free in-flight snack or beverage. 73Passengers from economy class may now begin boarding. Thank you for listening.

71 What are the listeners asked to do?
(A) Pick up their boarding passes
(B) Arrange bags in a specific way
(C) Tell attendants about meal preferences
(D) Go to another gate

72 According to the speaker, what will volunteers receive?
(A) Loyalty program points
(B) Free Internet access
(C) A coupon for food
(D) A seat upgrade

73 What does the speaker mention about passengers from economy class?
(A) They can get onto an aircraft.
(B) They have to check in their baggage.
(C) They must confirm their seat before boarding.
(D) They will have to pay for special amenities.

71-73번은 다음 공지에 관한 문제입니다.

호주 브리즈번에서 한국 부산으로 가는 Jet Winds 391편 승객 여러분께 안내 말씀 드립니다. 오늘 항공편은 예약이 다 찼습니다. 따라서, 머리 위의 모든 짐칸들이 다 찰 것으로 예상됩니다. 더 많은 물건들이 들어갈 수 있도록, 71여행 가방은 맨 위의 손잡이가 통로 쪽을 향한 채로 짐칸에 보관되어야 한다는 것을 기억해 주십시오. 또한, 만약 탑승 이전에 가방을 부칠 의향이 있으신 분은 발권 데스크에서 항공사 승무원을 찾아주시기 바랍니다. 72이렇게 해주시는 모든 지원자 분들께서는 무료 기내 간식 또는 음료 쿠폰을 받으실 것입니다. 73일반석 승객 분들께서는 지금 탑승을 시작하실 수 있습니다. 들어주셔서 감사합니다.

71. 청자들은 무엇을 하도록 요청받는가?
(A) 탑승권을 찾는다.
(B) 지정된 방법으로 가방을 정리한다.
(C) 선호 식단을 승무원에게 말한다.
(D) 다른 탑승구로 간다.

72. 화자에 따르면, 지원자들은 무엇을 받을 것인가?
(A) 회원 프로그램 포인트
(B) 무료 인터넷 접속권
(C) 음식 쿠폰
(D) 좌석 업그레이드

73. 화자는 일반석 승객들에 관해 무엇을 언급하는가?
(A) 비행기에 탑승할 수 있다.
(B) 그들의 수하물을 부쳐야 한다.
(C) 탑승 전 그들의 좌석을 확인해야 한다.
(D) 특별한 편의 시설에 대한 비용을 지불해야 한다.

지문 passenger[pǽsindʒər] 승객 book[buk] 예약하다 overhead compartment 머리 위 짐칸 suitcase[súːtkeis] 여행 가방 aisle[ail] 통로, 복도 prior to ~ 이전에 volunteer[vàːləntíər] 지원자, 자원봉사자 voucher[váutʃər] 쿠폰, 상품권 beverage[bévəridʒ] 음료 board[bɔːrd] 탑승하다, 승차하다 economy class (여객기의) 일반석, 보통석
71 boarding pass 탑승권 arrange[əréindʒ] 정리하다 gate[geit] 탑승구
73 aircraft[érkræft] 비행기 baggage[bǽgidʒ] 수하물, 짐 confirm[kənfɔ́ːrm] 확인하다, 확정하다 amenity[əménəti] 편의 시설

71 ■ 세부 사항 관련 문제 요청   정답 (B)
청자들이 하도록 요청받는 것을 묻는 문제이므로, 지문의 중후반에서 요청과 관련된 표현이 포함된 문장을 주의 깊게 듣는다. "Please remember that suitcases should be placed in the bins with their top handles facing the aisle"이라며 여행 가방은 맨 위의 손잡이가 통로 쪽을 향한 채로 짐칸에 보관되어야 한다고 하였다. 따라서 정답은 (B) Arrange bags in a specific way이다.

72 ■ 세부 사항 관련 문제 특정 세부 사항   정답 (C)
지원자들이 받을 것을 묻는 문제이므로, 질문의 핵심어구(volunteers receive)가 언급된 주변을 주의 깊게 듣는다. "All such volunteers will receive a voucher for one free in-flight snack or beverage."라며 모든 지원자들은 무료 기내 간식 또는 음료 쿠폰을 받을 것이라고 하였다. 따라서 정답은 (C) A coupon for food이다.

바꾸어 표현하기
voucher for one free ~ snack or beverage 무료 간식 또는 음료 쿠폰 → A coupon for food 음식 쿠폰

73 ■ 세부 사항 관련 문제 언급   정답 (A)
화자가 일반석 승객들에 관해 언급하는 것을 묻는 문제이므로, 질문의 핵심어구(passengers from economy class)가 언급된 주변을 주의 깊게 듣는다. "Passengers from economy class may now begin boarding."이라며 일반석 승객들은 지금 탑승을 시작할 수 있다고 하였다. 따라서 정답은 (A) They can get onto an aircraft이다.

Questions 74-76 refer to the following broadcast.

🔊 호주식 발음

Good afternoon, and welcome to *Getting Fit* on WQZP. Today I will be interviewing Mitchell Rothman. ⁷⁴He is a nutritionist who is well-known for creating a popular one-month weight loss program, which focuses on eliminating junk food and introducing apple cider vinegar. ⁷⁵Did you know that this type of vinegar can play a key role in helping to burn extra fat in our bodies? Mr. Rothman will explain how this works in a few minutes. But first, ⁷⁶I'd like to play an audio recording of his opening address at the Pacific Health Conference. The ideas he presents are quite fascinating.

74 According to the speaker, what is Mr. Rothman famous for?
(A) Producing a fitness video
(B) Giving advice to celebrities
(C) Developing a health plan
(D) Writing a book about diets

75 What will Mr. Rothman probably discuss?
(A) A way to get more vitamins
(B) A method for eliminating fat
(C) Some workout tips
(D) Some exercise benefits

76 What will the listeners probably hear next?
(A) A song
(B) A speech
(C) A traffic report
(D) An advertisement

74-76번은 다음 방송에 관한 문제입니다.

안녕하세요, WQZP의 *Getting Fit*입니다. 오늘 저는 Mitchell Rothman을 인터뷰할 것입니다. ⁷⁴그는 인스턴트 음식을 없애고 사과 식초를 접하는 것에 중점을 두는, 인기 있는 한 달짜리 체중 감량 프로그램을 만든 것으로 잘 알려진 영양학자입니다. ⁷⁵여러분은 이 종류의 식초가 우리 몸에 있는 여분의 지방을 태우는 데 핵심적인 역할을 한다는 것을 알고 계셨나요? 몇 분 후에 Mr. Rothman이 어떻게 이것이 작용하는지 설명할 것입니다. 하지만 우선, ⁷⁶태평양 보건 회의에서 한 그의 개회사 음성 녹음을 들려드리고 싶습니다. 그가 제시하는 방안들은 아주 흥미롭습니다.

74. 화자에 따르면, Mr. Rothman은 무엇으로 유명한가?
(A) 운동 비디오를 제작하는 것
(B) 유명인들에게 조언하는 것
(C) 건강 계획을 만드는 것
(D) 식단에 관한 책을 쓰는 것

75. Mr. Rothman은 무엇을 논의할 것 같은가?
(A) 더 많은 비타민을 섭취하는 방법
(B) 지방을 제거하는 방법
(C) 운동에 관한 몇 가지 조언
(D) 운동의 몇 가지 혜택

76. 청자들은 다음에 무엇을 들을 것 같은가?
(A) 노래
(B) 연설
(C) 교통 정보
(D) 광고

지문 nutritionist [미 nutríʃənist, 영 njutríʃənist] 영양학자 eliminate [ilímineit] 없애다, 제거하다 junk food 인스턴트 음식
vinegar [미 vínigər, 영 vínigə] 식초 burn [미 bəːrn, 영 bəːn] 태우다 fat [fæt] 지방
74 produce [prədjúːs] 제작하다 celebrity [səlébrəti] 유명인 diet [dáiət] 식단
75 benefit [bénifit] 혜택, 이득

74 ■ 세부 사항 관련 문제 특정 세부 사항   정답 (C)
○○○
●●● Mr. Rothman이 무엇으로 유명한지를 묻는 문제이므로, 질문의 핵심어구(Mr. Rothman famous for)와 관련된 내용을 주의 깊게
중 듣는다. "He[Mitchell Rothman] is a nutritionist who is well-known for creating a popular one-month weight loss program, which focuses on eliminating junk food and introducing apple cider vinegar."라며 Mr. Rothman이 인스턴트 음식을 없애고 사과 식초를 접하는 것에 중점을 두는 인기 있는 한 달짜리 체중 감량 프로그램을 만든 것으로 잘 알려진 영양학자라고 하였다. 따라서 정답은 (C) Developing a health plan이다.

75 ■ 세부 사항 관련 문제 특정 세부 사항   정답 (B)
○
●●● Mr. Rothman이 논의할 것을 묻는 문제이므로, 질문의 핵심어구(Mr. Rothman ~ discuss)와 관련된 내용을 주의 깊게 듣는다. "Did
상 you know that this type of vinegar can play a key role in helping to burn extra fat in our bodies? Mr. Rothman will explain how this works in a few minutes."라며 이 종류의 식초가 몸에 있는 여분의 지방을 태우는 데 핵심적인 역할을 한다는 것을 알고 있었는지 물으며 몇 분 후에 Mr. Rothman이 어떻게 이것이 작용하는지 설명할 것이라고 하였다. 따라서 정답은 (B) A method for eliminating fat이다.

76 ■ 세부 사항 관련 문제 특정 세부 사항   정답 (B)
○
●●● 청자들이 다음에 들을 것을 묻는 문제이므로, 지문의 마지막 부분을 주의 깊게 듣는다. "I'd like to play an audio recording of his
상 [Mr. Rothman] opening address at the Pacific Health Conference"라며 태평양 보건 회의에서 한 Mr. Rothman의 개회사 음성 녹음을 들려주고 싶다고 하였다. 따라서 정답은 (B) A speech이다.

Questions 77-79 refer to the following telephone message.

77-79번은 다음 전화 메시지에 관한 문제입니다.

🎧 영국식 발음

⁷⁷Hi, this is Melissa Walton from BRX Publishing for Liam Roberts. I'm calling because I reviewed the children's storybook you submitted with the other members of the editing committee. It was very well received! We hope to have a final manuscript prepared by the end of the month. Since we may need to make a few minor changes, ⁷⁸/⁷⁹I'd like you to come into our office next week to discuss details about the characters and plot with our team. ⁷⁹Tuesday at 9 A.M. would be ideal, but we are flexible.

⁷⁷안녕하세요, 저는 Liam Roberts와 통화하려고 하는 BRX 출판사의 Melissa Walton입니다. 저는 귀하께서 제출하신 어린이 이야기책을 편집 위원회의 다른 위원들과 검토하여 전화 드립니다. 그것은 매우 좋은 평가를 받았습니다! 저희는 이번 달 말까지 최종 원고가 준비되기를 바랍니다. 약간의 사소한 수정을 해야 할 필요가 있을 수 있으므로, ⁷⁸/⁷⁹등장인물 및 구성에 대한 세부 사항을 저희 팀과 논의하기 위해 다음 주에 저희 사무실로 와주시면 좋겠습니다. ⁷⁹화요일 오전 9시가 이상적이지만, 저희는 유동적입니다.

77 Where does the speaker most likely work?
(A) At a library
(B) At an education center
(C) At a bookstore
(D) At a publishing company

77. 화자는 어디에서 일하는 것 같은가?
(A) 도서관에서
(B) 교육 센터에서
(C) 서점에서
(D) 출판사에서

78 What does the speaker ask the listener to do?
(A) Submit a document
(B) Visit an office
(C) Respond to an e-mail
(D) Postpone a meeting

78. 화자는 청자에게 무엇을 하라고 요청하는가?
(A) 서류를 제출한다.
(B) 사무실을 방문한다.
(C) 이메일에 답장을 보낸다.
(D) 회의를 연기한다.

79 What does the speaker imply when she says, "we are flexible"?
(A) A meeting time can be changed.
(B) A staff is ready to offer help.
(C) A problem has many solutions.
(D) A document delivery may be delayed.

79. 화자는 "저희는 유동적입니다"라고 말할 때 무엇을 의도하는가?
(A) 회의 시간은 변경될 수 있다.
(B) 직원은 도움을 제공할 준비가 되어 있다.
(C) 문제는 많은 해결책을 가지고 있다.
(D) 서류 배달은 지연될 수 있다.

지문 **review**[rivjú:] 검토하다, 확인하다 **submit**[səbmít] 제출하다 **committee**[kəmíti] 위원회 **manuscript**[mǽnjuskript] 원고
minor[미 máinər, 영 máinə] 사소한, 작은 **character**[미 kǽrəktər, 영 kǽrəktə] 등장인물 **plot**[미 plɑ:t, 영 plɔt] 구성, 줄거리
flexible[fléksəbl] 유동적인, 탄력적인
78 **respond**[rispá:nd] 답장을 보내다, 대답하다 **postpone**[poustpóun] 연기하다, 지연시키다
79 **solution**[səlú:ʃən] 해결책 **delay**[diléi] 지연시키다

77 ■ **전체 지문 관련 문제** 화자 　　　　　　　　　　　　　　　　　　　　　　　　　　　　　　　　　　　정답 (D)
화자가 일하는 장소를 묻는 문제이므로, 신분 및 직업과 관련된 표현을 놓치지 않고 듣는다. "Hi, this is Melissa Walton from BRX Publishing ~. I'm calling because I reviewed the children's storybook you submitted with the other members of the editing committee."라며 자신은 BRX 출판사의 Melissa Walton이며 청자가 제출한 어린이 이야기책을 편집 위원회의 다른 위원들과 검토하여 전화한다고 한 말을 통해 화자가 출판사에서 일하고 있음을 알 수 있다. 따라서 정답은 (D) At a publishing company이다.

78 ■ **세부 사항 관련 문제** 요청 　　　　　　　　　　　　　　　　　　　　　　　　　　　　　　　　　　　정답 (B)
화자가 청자에게 요청하는 것을 묻는 문제이므로, 지문의 중후반에서 요청과 관련된 표현이 포함된 문장을 주의 깊게 듣는다. "I'd like you to come into our office next week ~."이라며 다음 주에 사무실로 와달라고 하였다. 따라서 정답은 (B) Visit an office이다.

바꾸어 표현하기
come into ~ office 사무실로 오다 → Visit an office 사무실을 방문하다

79 ■ **세부 사항 관련 문제** 의도 파악 　　　　　　　　　　　　　　　　　　　　　　　　　　　　　　　　　　정답 (A)
화자가 하는 말의 의도를 묻는 문제이므로, 질문의 인용어구(we are flexible)가 언급된 주변을 주의 깊게 듣는다. "I'd like you to come into our office next week ~. Tuesday at 9 A.M. would be ideal, but we are flexible."이라며 다음 주에 사무실로 와달라고 한 뒤, 화요일 오전 9시가 이상적이지만 자신들은 유동적이라고 하였다. 이를 통해 회의 시간이 변경될 수 있음을 알 수 있다. 따라서 정답은 (A) A meeting time can be changed이다.

Questions 80-82 refer to the following excerpt from a meeting.

③₁ 캐나다식 발음

As you know, ⁸⁰this is the busiest time of the year for our hotel. We are fully booked until the end of August. In addition, ⁸¹the number of people joining our membership program is increasing. I'd like you all to continue concentrating on boosting those numbers. Also, ⁸²I understand that many of you are confused about the overtime policy. Let me explain. ⁸²You'll receive 150 percent of your hourly wage for any additional hours worked. And, if you work extra hours on holidays, then you'll receive double your normal rate. I hope this is clear.

80 Where does the speaker most likely work?
(A) At a travel agency
(B) At a catering company
(C) At an accommodation facility
(D) At a sport arena

81 What does the speaker ask the listeners to do?
(A) Promote a special offer
(B) Join an employee program
(C) Continue recruiting members
(D) Submit leave requests

82 What are the listeners uncertain about?
(A) A vacation policy
(B) Overtime compensation
(C) A schedule change
(D) Salary increases

80-82번은 다음 회의 발췌록에 관한 문제입니다.

아시다시피, ⁸⁰지금이 우리 호텔의 1년 중 가장 바쁜 시기입니다. 우리는 8월 말까지 예약이 꽉 차 있습니다. 게다가, ⁸¹우리의 회원 프로그램에 가입하는 사람의 수가 증가하고 있습니다. 저는 여러분 모두가 계속해서 그 수를 늘리는 데 집중해 주셨으면 합니다. 또한, ⁸²저는 여러분 중 많은 분들이 초과 근무 정책에 대해 혼란스러워하는 것을 알고 있습니다. 제가 설명해 드릴게요. ⁸²여러분은 근무한 모든 추가 시간에 대해 시간당 임금의 150퍼센트를 받을 것입니다. 그리고, 휴일에 초과 근무한다면, 평균 임금의 두 배를 받게 될 것입니다. 이것이 명확하길 바랍니다.

80. 화자는 어디에서 일하는 것 같은가?
(A) 여행사에서
(B) 음식 공급 회사에서
(C) 숙박 시설에서
(D) 스포츠 경기장에서

81. 화자는 청자들에게 무엇을 하라고 요청하는가?
(A) 특별 할인을 홍보한다.
(B) 직원 프로그램에 참여한다.
(C) 회원 모집을 계속한다.
(D) 휴가 신청서를 제출한다.

82. 청자들은 무엇에 관해 확신이 없는가?
(A) 휴가 정책
(B) 초과 근무 보상
(C) 일정 변경
(D) 임금 인상

TEST | 01 | 02 | 03 | 04 | 05 | 06 | 07 | 08 | 09 | 10 | 해커스 토익 실전 1000제 1 Listening

지문 book[buk] 예약하다 concentrate[káːnsəntreit] 집중하다, 전념하다 boost[buːst] 늘리다, 신장시키다 policy[pɑ́ːləsi] 정책
wage[weidʒ] 임금, 급여 rate[reit] 임금, 급료
80 catering[kéitəriŋ] 음식 공급 accommodation[əkàːmədéiʃən] 숙박 arena[əríːnə] 경기장
81 recruit[rikrúːt] 모집하다
82 uncertain[ʌnsə́ːrtn] 확신이 없는 compensation[kàːmpənséiʃən] 보상

80 ■ 전체 지문 관련 문제 화자   정답 (C)
화자가 일하는 장소를 묻는 문제이므로, 신분 및 직업과 관련된 표현을 놓치지 않고 듣는다. "this is the busiest time of the year for our hotel"이라며 지금이 자신들의 호텔의 1년 중 가장 바쁜 시기라고 한 것을 통해 화자가 호텔, 즉 숙박 시설에서 일한다는 것을 알 수 있다. 따라서 정답은 (C) At an accommodation facility이다.

바꾸어 표현하기
hotel 호텔 → an accommodation facility 숙박 시설

81 ■ 세부 사항 관련 문제 요청   정답 (C)
화자가 청자들에게 요청하는 것을 묻는 문제이므로, 요청과 관련된 표현이 포함된 문장을 주의 깊게 듣는다. "the number of people joining our membership program is increasing. I'd like you all to continue concentrating on boosting those numbers." 라며 회원 프로그램에 가입하는 사람의 수가 증가하고 있는데 청자들 모두가 계속해서 그 수를 늘리는 데 집중해 주길 바란다고 하였다. 따라서 정답은 (C) Continue recruiting members이다.

82 ■ 세부 사항 관련 문제 특정 세부 사항   정답 (B)
청자들이 확신이 없는 것을 묻는 문제이므로, 질문의 핵심어구(uncertain about)와 관련된 내용을 주의 깊게 듣는다. "I understand that many of you are confused about the overtime policy"라며 청자들 중 많은 사람들이 초과 근무 정책에 대해 혼란스러워하는 것을 알고 있다고 한 뒤, "You'll receive 150 percent of your hourly wage for any additional hours worked. And, if you work extra hours on holidays, then you'll receive double your normal rate."라며 근무한 모든 추가 시간에 대해 시간당 임금의 150퍼센트를 받을 것이고 휴일에 초과 근무한다면 평균 임금의 두 배를 받게 될 것이라고 하였다. 따라서 정답은 (B) Overtime compensation이다.

Questions 83-85 refer to the following telephone message.

🔊 미국식 발음

Mr. Kunchai, this is Polly Jenkins calling. ⁸³I'm sorry to bother you, but I've run into a small problem. It turns out that the paint I bought to use in your living room is the wrong color. ⁸⁴Although the can says that it contains tan paint, the paint is actually a light green color. Anyway, I plan to head out after I get off the phone. ⁸⁴I expect to lose at least an hour of work today by going to the store, which means ⁸⁵I'll most likely need to return tomorrow to complete the project.

83 Who most likely is the speaker?
(A) A realtor
(B) A painter
(C) A customer service representative
(D) A product designer

84 What does the speaker mean when she says, "I plan to head out after I get off the phone"?
(A) A customer wants to view samples.
(B) Additional measurements must be taken.
(C) Another product will be purchased.
(D) A project was completed early.

85 What will the speaker probably do tomorrow?
(A) Come back to a job site
(B) Contact her supervisor
(C) Visit a nearby store
(D) Hire a painting crew

83-85번은 다음 전화 메시지에 관한 문제입니다.

Mr. Kunchai, 저는 Polly Jenkins입니다. ⁸³신경 쓰이게 해드려 죄송하지만, 작은 문제에 부딪혔습니다. 귀하의 거실을 칠하는 데 사용하기 위해 구매한 페인트가 잘못된 색깔인 것으로 드러났습니다. ⁸⁴용기에는 황갈색 페인트가 들어 있다고 쓰여 있지만, 그 페인트는 사실 밝은 초록색입니다. 어쨌든, 제가 전화를 끊은 후에 출발할 계획입니다. ⁸⁴가게에 감으로써 오늘 근무 시간 중 최소한 한 시간을 허비하게 될 것으로 예상하는데, 이는 ⁸⁵프로젝트를 완료하기 위해 제가 아마 내일 다시 돌아올 필요가 있을 것 같다는 것을 의미합니다.

83. 화자는 누구인 것 같은가?
(A) 부동산 중개인
(B) 페인트공
(C) 고객 서비스 직원
(D) 제품 디자이너

84. 화자는 "제가 전화를 끊은 후에 출발할 계획입니다"라고 말할 때 무엇을 의도하는가?
(A) 고객이 샘플을 보길 원한다.
(B) 추가적인 치수가 측정되어야 한다.
(C) 다른 제품이 구입될 것이다.
(D) 프로젝트가 일찍 완료되었다.

85. 화자는 내일 무엇을 할 것 같은가?
(A) 작업 장소로 다시 돌아온다.
(B) 그녀의 상사에게 연락한다.
(C) 근처의 가게를 방문한다.
(D) 페인트 칠 할 직원들을 고용한다.

지문 bother[báːðər] 신경 쓰이게 하다 run into (곤란 등에) 부딪히다, (곤경 등을) 겪다 can[kæn] 용기, 캔 contain[kəntéin] 들어 있다, 보유하다
     head out 출발하다, 향하다 complete[kəmplíːt] 완료하다
   84 measurement[méʒərmənt] 치수
   85 hire[háiər] 고용하다 crew[kruː] 직원

83 ■ 전체 지문 관련 문제 화자   정답 (B)
화자의 신분을 묻는 문제이므로, 신분 및 직업과 관련된 표현을 놓치지 않고 듣는다. "I'm sorry to bother you, but I've run into a small problem. It turns out that the paint I bought to use in your living room is the wrong color."라며 신경 쓰이게 죄송하지만 작은 문제에 부딪혔다며, 거실을 칠하는 데 사용하기 위해 구매한 페인트가 잘못된 색깔로 드러났다고 한 것을 통해 화자가 페인트칠을 하는 페인트공임을 알 수 있다. 따라서 정답은 (B) A painter이다.

84 ■ 세부 사항 관련 문제 의도 파악   정답 (C)
화자가 하는 말의 의도를 묻는 문제이므로, 질문의 인용어구(I plan to head out after I get off the phone)가 언급된 주변을 주의 깊게 듣는다. "Although the can says that it contains tan paint, the paint is actually a light green color. Anyway, I plan to head out after I get off the phone. I expect to lose at least an hour of work today by going to the store"라며 용기에는 황갈색 페인트가 들어 있다고 쓰여 있지만 그 페인트는 사실 밝은 초록색이라고 한 뒤, 전화를 끊은 후에 출발할 계획인데 가게에 감으로써 오늘 근무 시간 중 최소한 한 시간을 허비하게 될 것으로 예상한다고 하였다. 이를 통해 화자가 다른 제품을 구입하러 가게에 갈 것임을 알 수 있다. 따라서 정답은 (C) Another product will be purchased이다.

85 ■ 세부 사항 관련 문제 다음에 할 일   정답 (A)
화자가 내일 할 일을 묻는 문제이므로, 질문의 핵심어구(tomorrow)가 언급된 주변을 주의 깊게 듣는다. "I'll most likely need to return tomorrow to complete the project"라며 프로젝트를 완료하기 위해 아마 내일 다시 돌아올 필요가 있을 것 같다고 하였다. 따라서 정답은 (A) Come back to a job site이다.

Questions 86-88 refer to the following excerpt from a meeting.

🎧 호주식 발음

[86]I'd like to tell you about a new type of fabric that has lots of potential. Direct exposure to light breaks down any organic matter on it. It's the closest thing available right now to a textile that can clean itself. Making clothing from this would be very beneficial for the environment. For instance, [87]consumers would be able to cut down on the energy they use for their washing machines and dryers. [88]Now, take a look at this shirt. It's obviously dirt stained, but check out what happens when I put it under this special lamp.

86-88번은 다음 회의 발췌록에 관한 문제입니다.

[86]저는 많은 잠재력을 가지고 있는 새로운 종류의 직물에 관해 이야기하고 싶습니다. 빛에 직접적인 노출은 그것에 있는 모든 유기물을 분해합니다. 지금 당장 이용할 수 있는 것 중에 스스로 깨끗해질 수 있는 직물에 가장 가까운 것입니다. 이것으로 옷을 만드는 것은 환경에 매우 이로울 것입니다. 예를 들어, [87]소비자들은 세탁기와 건조기에 그들이 사용하는 에너지를 줄일 수 있을 것입니다. [88]이제, 이 셔츠를 보세요. 분명히 때가 묻었지만, 제가 이것을 이 특별한 램프 아래에 두면 무슨 일이 일어나는지 확인해 보세요.

86 What is the speaker mainly discussing?
(A) A clothing trend
(B) A textile firm
(C) A new procedure
(D) A new material

87 What does the speaker say about consumers?
(A) They could reduce their energy consumption.
(B) They look for natural ingredients.
(C) They are too busy to wash their clothes.
(D) They prefer environmentally friendly products.

88 What will the speaker probably do next?
(A) Distribute garment samples
(B) Install a lighting fixture
(C) Demonstrate a technology
(D) Show a video

86. 화자는 주로 무엇에 관해 이야기하고 있는가?
(A) 의류 트렌드
(B) 직물 회사
(C) 새로운 절차
(D) 새로운 직물

87. 화자는 소비자들에 관해 무엇을 말하는가?
(A) 그들의 에너지 소비를 줄일 수 있다.
(B) 천연 재료를 찾는다.
(C) 너무 바빠서 그들의 옷을 세탁할 수 없다.
(D) 환경친화적인 제품들을 선호한다.

88. 화자는 다음에 무엇을 할 것인가?
(A) 의류 샘플들을 나누어 준다.
(B) 조명 기구를 설치한다.
(C) 기술을 시연한다.
(D) 비디오를 보여준다.

지문 **potential**[pəténʃəl] 잠재력 **exposure**[미 ikspóuʒər, 영 ikspóuʒə] 노출 **organic**[미 ɔːrɡǽnik, 영 ɔːɡǽnik] 유기의, 유기농의 **matter**[미 mǽtər, 영 mǽtə] 물질 **textile**[tékstail] 직물, 섬유 **beneficial**[bènəfíʃəl] 이로운, 유익한 **consumer**[미 kənsúːmər, 영 kənsjúːmə] 소비자 **cut down** 줄이다, 절감하다
86 **procedure**[prəsíːdʒər] 절차, 방법 **material**[mətíriəl] 직물, 천
87 **consumption**[kənsʌ́mpʃən] 소비 **environmentally friendly** 환경친화적인
88 **distribute**[distríbjuːt] 나누어 주다 **garment**[ɡáːrmənt] 의류, 옷

86 ■ 전체 지문 관련 문제 주제 　　　　　　　　　　　　　　　　　　　　　　　　　　　　　　　　　　정답 (D)
회의 발췌록의 주제를 묻는 문제이므로, 지문의 초반을 반드시 듣는다. "I'd like to tell you about a new type of fabric that has lots of potential."이라며 많은 잠재력을 가지고 있는 새로운 종류의 직물에 관해 이야기하고 싶다고 하였다. 따라서 정답은 (D) A new material이다.

바꾸어 표현하기
fabric 직물 → material 직물

87 ■ 세부 사항 관련 문제 언급 　　　　　　　　　　　　　　　　　　　　　　　　　　　　　　　　　　　정답 (A)
화자가 소비자들에 관해 언급하는 것을 묻는 문제이므로, 질문의 핵심어구(consumers)가 언급된 주변을 주의 깊게 듣는다. "consumers would be able to cut down on the energy they use for their washing machines and dryers"라며 소비자들이 세탁기와 건조기에 그들이 사용하는 에너지를 줄일 수 있을 것이라고 하였다. 따라서 정답은 (A) They could reduce their energy consumption이다.

바꾸어 표현하기
cut down on the energy they use 그들이 사용하는 에너지를 줄이다 → reduce their energy consumption 그들의 에너지 소비를 줄이다

88 ■ 세부 사항 관련 문제 다음에 할 일 　　　　　　　　　　　　　　　　　　　　　　　　　　　　　　정답 (C)
화자가 다음에 할 일을 묻는 문제이므로, 지문의 마지막 부분을 주의 깊게 듣는다. "Now, take a look at this shirt. It's obviously dirt stained, but check out what happens when I put it under this special lamp."라며 이제 이 셔츠를 보라고 한 뒤, 분명히 때가 묻었지만 이것을 이 특별한 램프 아래에 두면 무슨 일이 일어나는지 확인해 보라고 하였다. 따라서 정답은 (C) Demonstrate a technology이다.

Questions 89-91 refer to the following telephone message.

🔊 미국식 발음

This is Wendy Barr calling for Curtis Dunlap. [89]I work for Benton Athletics, a sustainable sportswear manufacturer. [89/90]I was wondering if you would be interested in endorsing our company. You won a gold medal at the Olympics last month. [90]I think people would be really excited to see you representing our company, and it would help increase their awareness of our brand. [91]I am attending a trade show next week, so I'll have some samples with me. If you are interested, I could stop by your gym and show you our merchandise.

89 What does the speaker want the listener to do?
(A) Train some employees
(B) Participate in a competition
(C) Promote a company
(D) Join a sports team

90 Why does the speaker say, "You won a gold medal at the Olympics last month"?
(A) To explain a change in a schedule
(B) To introduce an upcoming match
(C) To honor an accomplishment
(D) To give a reason for a request

91 What will happen next week?
(A) A new store will open.
(B) A spokesperson will be hired.
(C) A celebrity will receive an award.
(D) A business event will be held.

89-91번은 다음 전화 메시지에 관한 문제입니다.

저는 Curtis Dunlap에게 전화드리는 Wendy Barr입니다. [89]저는 지속 가능한 스포츠 의류 제조사인 Benton Athletics에서 일합니다. [89/90]혹시 당신이 저희 회사를 홍보하는 것에 관심이 있으신지 궁금해서요. 당신은 지난달 올림픽에서 금메달을 땄습니다. [90]사람들은 당신이 저희 회사를 대표하는 것을 보는 것에 큰 기대를 할 것이고, 이것은 저희 브랜드에 대한 그들의 관심을 증대시키는 데 도움이 될 것으로 생각합니다. [91]저는 다음 주에 무역 박람회에 참석할 거라서, 몇몇 샘플들을 가지고 있을 것입니다. 만약 당신이 관심이 있으시다면, 당신의 체육관에 들러서 저희 상품을 보여드릴 수 있습니다.

89. 화자는 청자가 무엇을 하기를 원하는가?
(A) 몇몇 직원들을 훈련한다.
(B) 대회에 참가한다.
(C) 회사를 홍보한다.
(D) 스포츠팀에 합류한다.

90. 화자는 왜 "당신은 지난달 올림픽에서 금메달을 땄습니다"라고 말하는가?
(A) 일정 변경을 설명하기 위해
(B) 곧 있을 경기를 소개하기 위해
(C) 업적을 기리기 위해
(D) 요청에 대한 이유를 제시하기 위해

91. 다음 주에 무슨 일이 일어날 것인가?
(A) 새로운 가게가 개업할 것이다.
(B) 대변인이 고용될 것이다.
(C) 유명인이 상을 받을 것이다.
(D) 비즈니스 행사가 열릴 것이다.

지문 sustainable[səstéinəbl] 지속 가능한 manufacturer[mæ̀njufǽktʃərər] 제조사 endorse[indɔ́:rs] 홍보하다 represent[rèprizént] 대표하다 awareness[əwéərnəs] 관심, 주의 merchandise[mə́:rtʃəndaiz] 상품
90 upcoming[ʌ́pkʌmiŋ] 곧 있을, 다가오는 accomplishment[əká:mpliʃmənt] 업적, 성취
91 spokesperson[spóukspə:rsn] 대변인 celebrity[səlébrəti] 유명인

89 ■ 세부 사항 관련 문제 특정 세부 사항　　　　　　　　　　　　　　　　　　　　　　　　　　　정답 (C)

화자가 청자가 하기를 원하는 것을 묻는 문제이므로, 질문의 핵심어구(want the listener to do)와 관련된 내용을 주의 깊게 듣는다. "I work for Benton Athletics, a sustainable sportswear manufacturer. I was wondering if you would be interested in endorsing our company."라며 자신이 지속 가능한 스포츠 의류 제조사인 Benton Athletics에서 일한다며 청자가 자신들의 회사를 홍보하는 것에 관심이 있는지 궁금하다고 하였다. 따라서 정답은 (C) Promote a company이다.

바꾸어 표현하기
endorsing 홍보하는 것 → Promote 홍보하다

90 ■ 세부 사항 관련 문제 의도 파악　　　　　　　　　　　　　　　　　　　　　　　　　　　정답 (D)

화자가 하는 말의 의도를 묻는 문제이므로, 질문의 인용어구(You won a gold medal at the Olympics last month)가 언급된 주변을 주의 깊게 듣는다. "I was wondering if you would be interested in endorsing our company."라며 청자가 자신들의 회사를 홍보하는 것에 관심이 있는지 궁금하다고 한 뒤, "You won a gold medal at the Olympics last month. I think people would be really excited to see you representing our company, and it would help increase their awareness of our brand."라며 청자가 지난달 올림픽에서 금메달을 땄다며 사람들이 청자가 회사를 대표하는 것을 보는 것에 큰 기대를 할 것이고, 이것이 브랜드에 대한 그들의 관심을 증대시키는 데 도움이 될 것으로 생각한다고 한 것을 통해 회사 홍보 요청에 대한 이유를 제시하려는 의도임을 알 수 있다. 따라서 정답은 (D) To give a reason for a request이다.

91 ■ 세부 사항 관련 문제 다음에 할 일　　　　　　　　　　　　　　　　　　　　　　　　　　　정답 (D)

다음 주에 일어날 일을 묻는 문제이므로, 질문의 핵심어구(next week)가 언급된 주변을 주의 깊게 듣는다. "I am attending a trade show next week"이라며 다음 주에 무역 박람회에 참석할 거라고 하였다. 따라서 정답은 (D) A business event will be held이다.

Questions 92-94 refer to the following news report.

[영국식 발음]

In local news, ⁹²the renowned Derby Botanical Society plans to invite expert gardener Lorenzo Granada to its biannual meeting at 7 P.M. on Wednesday. Ms. Granada, who will be traveling all the way from Barcelona, is scheduled to give a lecture on growing orchids. Usually, the association gathers at Lakeside Community Center for such events, but this time ⁹³the meeting will take place at Selby Auditorium. The change is due to the fact that a large turnout is anticipated. You can pay $10 to enter or ⁹⁴present a Derby Botanical Society member card for complimentary admission.

92 What will take place on Wednesday?
(A) A career fair
(B) An educational talk
(C) A book signing
(D) A charity fund-raiser

93 Why will an event be held at the Selby Auditorium?
(A) It offers an affordable rate.
(B) It has an excellent sound system.
(C) It can accommodate a big audience.
(D) It is close to an association's headquarters.

94 How can an event be attended for free?
(A) By completing a survey
(B) By doing volunteer work
(C) By arriving at a venue early
(D) By verifying a membership

92-94번은 다음 뉴스 보도에 관한 문제입니다.

지역 뉴스로, ⁹²명성 있는 Derby 식물 협회가 전문 원예사인 Lorenzo Granada를 수요일 오후 7시에 연 2회 열리는 회의에 초청할 계획입니다. 바르셀로나에서 먼 길을 오게 될 Ms. Granada는 난초를 재배하는 것에 관한 강의를 하기로 되어 있습니다. 보통, 협회는 이러한 행사를 위해 Lakeside 시민 문화 회관에서 모이지만, 이번에는 ⁹³모임이 Selby 강당에서 열릴 것입니다. 이 변동은 많은 수의 참가자들이 예상된다는 사실 때문입니다. 입장하기 위해서는 10달러를 지불하시거나 ⁹⁴무료 입장을 위해 Derby 식물 협회 회원 카드를 제시하시면 됩니다.

92. 수요일에 무엇이 열릴 것인가?
(A) 취업 박람회
(B) 교육 강연
(C) 책 사인회
(D) 자선 기금 모금 행사

93. 행사는 왜 Selby 강당에서 열릴 것인가?
(A) 저렴한 요금을 제공한다.
(B) 훌륭한 음성 시스템을 가지고 있다.
(C) 많은 청중들을 수용할 수 있다.
(D) 협회의 본사와 가깝다.

94. 어떻게 행사에 무료로 참석할 수 있는가?
(A) 설문지를 작성함으로써
(B) 자원봉사를 함으로써
(C) 장소에 일찍 도착함으로써
(D) 회원임을 입증함으로써

지문 renowned[rináund] 명성 있는, 유명한 expert[미 ékspəːrt, 영 ékspəːt] 전문의, 전문적인 biannual[baiǽnjuəl] 연 2회의
orchid[미 ɔ́ːrkid, 영 ɔ́ːkid] 난초 association[미 əsòuʃiéiʃən, 영 əsəuʃiéiʃən] 협회 turnout[미 tə́ːrnaut, 영 tə́ːnaut] 참가자들의 수
anticipate[æntísipeit] 예상하다 present[prizént] 제시하다, 보여주다 complimentary[미 kà:mpliméntəri, 영 kɔ̀mpliméntəri] 무료의
93 affordable[əfɔ́ːrdəbl] 저렴한 rate[reit] 요금, 가격 accommodate[əká:mədeit] 수용하다 audience[ɔ́ːdiəns] 청중, 관객
headquarters[hédkwɔːrtərz] 본사
94 complete[kəmplíːt] (빠짐없이) 작성하다, 완료하다 volunteer work 자원봉사 verify[vérifai] 입증하다, 검증하다

92 ■ 세부 사항 관련 문제 다음에 할 일   정답 (B)
○○○○
●●●
88
수요일에 열릴 것을 묻는 문제이므로, 질문의 핵심어구(Wednesday)와 관련된 내용을 주의 깊게 듣는다. "the renowned Derby Botanical Society plans to invite expert gardener Lorenzo Granada to its biannual meeting at 7 P.M. on Wednesday."라며 명성 있는 Derby 식물 협회가 전문 원예사인 Lorenzo Granada를 수요일 오후 7시에 연 2회 열리는 회의에 초청할 계획이라고 한 뒤, "Ms. Granada ~ is scheduled to give a lecture on growing orchids."라며 Mr. Granada는 난초를 재배하는 것에 관한 강의를 하기로 되어 있다고 한 말을 통해 수요일에 교육 강연이 열릴 것임을 알 수 있다. 따라서 정답은 (B) An educational talk이다.

93 ■ 세부 사항 관련 문제 이유   정답 (C)
○○○○
●●●
88
행사가 Selby 강당에서 열리는 이유를 묻는 문제이므로, 질문의 핵심어구(Selby Auditorium)가 언급된 주변을 주의 깊게 듣는다. "the meeting will take place at Selby Auditorium. The change is due to the fact that a large turnout is anticipated."라며 많은 수의 참가자들이 예상되기 때문에 이번에는 모임이 Selby 강당에서 열릴 것이라고 하였다. 따라서 정답은 (C) It can accommodate a big audience이다.

94 ■ 세부 사항 관련 문제 방법   정답 (D)
○○○○
●●●
88
행사에 무료로 참석할 수 있는 방법을 묻는 문제이므로, 질문의 핵심어구(for free)와 관련된 내용을 주의 깊게 듣는다. "present a Derby Botanical Society member card for complimentary admission"이라며 무료 입장을 위해 Derby 식물 협회 회원 카드를 제시하라고 하였다. 따라서 정답은 (D) By verifying a membership이다.

95
96
97

Questions 95-97 refer to the following talk and ratings site.

[호주식 발음]

[95]Our next speaker here at the Cape Town Finance Forum is Lisa Duval, an economist who works for the Department of Budget and Planning. Dr. Duval has also written a number of best-selling books, including one about the growth of technology companies—the first one she ever published. In fact, [96]her most recent book, which was released a week ago, quickly topped sales charts and has been awarded four stars by PageFlipper.com. Anyway, [97]today she'll be discussing the current direction of the solar panel industry here in South Africa. Please welcome her with a big round of applause.

95-97번은 다음 연설과 평가 사이트에 관한 문제입니다.

[95]이곳 케이프타운 금융 포럼의 다음 연사는 예산 기획처에서 근무하는 경제학자 Lisa Duval입니다. Dr. Duval은 또한 처음으로 출판한 도서인 기술 회사들의 성장에 관한 도서를 포함하여, 많은 베스트셀러 도서들을 집필했습니다. 사실, [96]그녀의 최신 도서는 일주일 전에 출간되었는데, 판매 차트에서 재빨리 1위를 차지하였고 PageFlipper.com에서 별점 4개를 받았습니다. 어쨌든, [97]오늘 그녀는 이곳 남아프리카의 태양 전지판 산업의 현재 동향에 대해 논의할 것입니다. 큰 박수로 그녀를 환영해 주시기 바랍니다.

Books by Lisa Duval Available on PageFlipper.com	
Tomorrow's Export Market	★★★☆☆
[96]Where the Jobs Have Gone	★★★★☆
Evaluating Globalization	★★☆☆☆
The Biggest Tech Boom	★★★★★

PageFlipper.com에서 이용 가능한 Lisa Duval의 도서들	
미래의 수출 시장	★★★☆☆
[96]일자리는 어디로 사라졌는가	★★★★☆
세계화 평가하기	★★☆☆☆
가장 큰 기술 호황	★★★★★

95 What type of event is most likely taking place?
(A) A training session
(B) A book launch
(C) A financial convention
(D) A job fair

95. 어떤 종류의 행사가 열리고 있는 것 같은가?
(A) 교육 강습회
(B) 도서 출시
(C) 금융 컨벤션
(D) 취업 박람회

96 Look at the graphic. Which of Lisa Duval's books was released most recently?
(A) Tomorrow's Export Market
(B) Where the Jobs Have Gone
(C) Evaluating Globalization
(D) The Biggest Tech Boom

96. 시각 자료를 보시오. Lisa Duval의 도서들 중에서 어느 것이 가장 최근에 출간되었는가?
(A) 미래의 수출 시장
(B) 일자리는 어디로 사라졌는가
(C) 세계화 평가하기
(D) 가장 큰 기술 호황

97 According to the speaker, what topic will be discussed?
(A) Recycling programs
(B) Urban design
(C) Organically grown food
(D) Renewable energy

97. 화자에 따르면, 어떤 주제가 논의될 것인가?
(A) 재활용 프로그램
(B) 도시 디자인
(C) 유기농으로 재배된 음식
(D) 재생 가능한 에너지

지문 economist[ikάːnəmist, 영 ikɔ́nəmist] 경제학자 publish[pʌ́bliʃ] 출판하다 release[rilíːs] 출간하다, 발표하다, 공개하다
top[미 tɑːp, 영 tɔp] 1위를 차지하다 award[미 əwɔ́ːrd, 영 əwɔ́ːd] 주다, 수상하다 direction[미 dirékʃən, 영 dairékʃən] 동향, 방향
solar panel 태양 전지판 industry[índəstri] 산업 applause[əplɔ́ːz] 박수
97 recycling[riːsáikliŋ] 재활용 urban[ə́ːrbən] 도시의 organically[ɔːrgǽnikəli] 유기농으로 renewable[rinúːəbl] 재생 가능한

95 ■ 세부 사항 관련 문제 특정 세부 사항

정답 (C)

○○○○● 중

열리고 있는 행사의 종류를 묻는 문제이므로, 질문의 핵심어구(type of event ~ taking place)와 관련된 내용을 주의 깊게 듣는다. "Our next speaker here at the Cape Town Finance Forum is Lisa Duval"이라며 이곳 케이프타운 금융 포럼의 다음 연사는 Lisa Duval이라고 한 것을 통해 금융 컨벤션이 열리고 있음을 알 수 있다. 따라서 정답은 (C) A financial convention이다.

바꾸어 표현하기

Finance Forum 금융 포럼 → A financial convention 금융 컨벤션

96 ■ 세부 사항 관련 문제 시각 자료

정답 (B)

○○○○● 중

Lisa Duval의 도서들 중에서 가장 최근에 출간된 것을 묻는 문제이므로, 제시된 평가 사이트의 정보를 확인한 뒤 질문의 핵심어구(Lisa Duval's books ~ released most recently)와 관련된 내용을 주의 깊게 듣는다. "her[Lisa Duval] most recent book, which was released a week ago, quickly topped sales charts and has been awarded four stars by PageFlipper.com."이라며 Lisa Duval의 최신 도서는 일주일 전에 출간되었는데, 판매 차트에서 재빨리 1위를 차지하였고 PageFlipper.com에서 별점 4개를 받았다고 하였으므로 별점이 4개인 *일자리는 어디로 사라졌는가*가 가장 최근에 출간된 도서임을 평가 사이트에서 알 수 있다. 따라서 정답은 (B) *Where the Jobs Have Gone*이다.

97 ■ 세부 사항 관련 문제 특정 세부 사항

정답 (D)

●●●●● 최상

논의될 주제를 묻는 문제이므로, 질문의 핵심어구(topic will be disussed)와 관련된 내용을 주의 깊게 듣는다. "today she[Lisa Duval]'ll be discussing the current direction of the solar panel industry here in South Africa"라며 오늘 Lisa Duval이 이곳 남아프리카의 태양 전지판 산업의 현재 동향에 대해 논의할 것이라고 한 말을 통해 태양 전지판 산업 즉, 재생 가능한 에너지에 대해 논의될 것임을 알 수 있다. 따라서 정답은 (D) Renewable energy이다.

바꾸어 표현하기

the solar panel industry 태양 전지판 산업 → Renewable energy 재생 가능한 에너지

Questions 98-100 refer to the following telephone message and schedule.

98-100번은 다음 전화 메시지와 일정표에 관한 문제입니다.

⅜⃫ 캐나다식 발음

I'm not sure if you remember me, but my name is Hector Fuentes. ⁹⁸We met last Thursday at the AIDQUEST Conference. After your talk on how to use social media to promote organizations, we chatted a bit regarding my own foundation, Education Now. I was very impressed with what you had to say, and ⁹⁹I'd like to hire you as a consultant. If you're interested, we should meet to discuss the position. ¹⁰⁰Next week would be ideal. Monday won't work for me because I've got to attend an event at a local university, but I'll be free on Tuesday.

저를 기억하시는지 모르겠지만, 제 이름은 Hector Fuentes입니다. ⁹⁸우리는 지난 목요일에 AIDQUEST 학회에서 만났습니다. 단체를 홍보하기 위해 소셜미디어를 사용하는 방법에 관한 당신의 강연 후에 우리는 저의 재단인 Education Now에 대해 이야기를 약간 나누었습니다. 저는 당신이 말한 것에 대해 매우 좋은 인상을 받았고, ⁹⁹당신을 자문 위원으로 고용하고 싶습니다. 만약 당신이 관심이 있으시다면, 이 자리에 대해 논의하기 위해 저희가 만나면 좋겠습니다. ¹⁰⁰다음 주가 이상적일 것 같습니다. 월요일은 제가 지역 대학교에서 열리는 행사에 참석해야 하므로 가능하지 않지만 화요일에는 한가할 것입니다.

AIDQUEST Non-Profit Conference		
Topic	Speaker	Time
Fundraising	Carl Hendrickson	9 A.M.
Utilizing social media	⁹⁸Melody Ray	11 A.M.
Volunteer organizing	Miyuki Watanabe	1 P.M.
Government assistance	Evan Silverton	2 P.M.

AIDQUEST 비영리 학회		
주제	연사	시간
기금 모금	Carl Hendrickson	오전 9시
소셜미디어 활용하기	⁹⁸Melody Ray	오전 11시
자원봉사 조직하기	Miyuki Watanabe	오후 1시
정부 지원	Evan Silverton	오후 2시

98 Look at the graphic. Who is the message for?
(A) Carl Hendrickson
(B) Melody Ray
(C) Miyuki Watanabe
(D) Evan Silverton

98. 시각 자료를 보시오. 메시지는 누구를 위한 것인가?
(A) Carl Hendrickson
(B) Melody Ray
(C) Miyuki Watanabe
(D) Evan Silverton

99 Why does the speaker want to meet with the listener?
(A) To prepare a presentation
(B) To talk about a convention
(C) To discuss a job offer
(D) To congratulate a colleague

99. 화자는 왜 청자를 만나고 싶어 하는가?
(A) 발표를 준비하기 위해
(B) 컨벤션에 대해 이야기하기 위해
(C) 일자리 제안에 대해 논의하기 위해
(D) 동료를 축하하기 위해

100 What does the speaker say he must do next Monday?
(A) Attend a company picnic
(B) Respond to an advisor
(C) Meet with a potential client
(D) Stop by a college campus

100. 화자는 다음 주 월요일에 무엇을 해야 한다고 말하는가?
(A) 회사 야유회에 참석한다.
(B) 자문가에게 답장을 보낸다.
(C) 잠재적인 고객과 만난다.
(D) 대학 캠퍼스에 들른다.

지문 organization[ɔ̀ːrgənəzéiʃən] 단체, 조직 chat[tʃæt] 이야기를 나누다 foundation[faundéiʃən] 재단 impressed[imprést] 좋은 인상을 받은 hire[háiər] 고용하다 consultant[kənsʌ́ltənt] 자문 위원 ideal[aidíːəl] 이상적인
99 prepare[pripéər] 준비하다 congratulate[kəngrǽtʃuleit] 축하하다 colleague[káːliːg] 동료
100 respond[rispáːnd] 답장을 보내다 advisor[ædváizər] 자문가 potential[pəténʃəl] 잠재적인

98 ■ 세부 사항 관련 문제 시각 자료

메시지를 받을 사람을 묻는 문제이므로, 제시된 일정표의 정보를 확인한 뒤 질문의 핵심어구(Who ~ message for)와 관련된 내용을 주의 깊게 듣는다. "We met last Thursday at the AIDQUEST Conference. After your talk on how to use social media to promote organizations, we chatted a bit"이라며 지난 목요일에 AIDQUEST 학회에서 만났다고 한 뒤, 단체를 홍보하기 위해 소셜미디어를 사용하는 방법에 관한 청자의 강연 후에 이야기를 약간 나누었다고 하였으므로, 메시지는 AIDQUEST 학회에서 소셜미디어 활용하기를 주제로 강연한 Melody Ray를 위한 것임을 일정표에서 알 수 있다. 따라서 정답은 (B) Melody Ray이다.

99 ■ 세부 사항 관련 문제 이유

정답 (C)

화자가 청자를 만나고 싶어 하는 이유를 묻는 문제이므로, 질문의 핵심어구(meet with the listener)와 관련된 내용을 주의 깊게 듣는다. "I'd like to hire you as a consultant. If you're interested, we should meet to discuss the position."이라며 청자를 자문 위원으로 고용하고 싶은데, 만약 청자가 관심이 있다면 이 자리에 대해 논의하기 위해 만나면 좋을 것 같다고 하였다. 따라서 정답은 (C) To discuss a job offer이다.

100 ■ 세부 사항 관련 문제 특정 세부 사항

정답 (D)

화자가 다음 주 월요일에 해야 한다고 말하는 것을 묻는 문제이므로, 질문의 핵심어구(next Monday)와 관련된 내용을 주의 깊게 듣는다. "Next week would be ideal. Monday won't work for me because I've got to attend an event at a local university"라며 다음 주가 이상적일 것 같은데 월요일은 지역 대학교에서 열리는 행사에 참석해야 하므로 가능하지 않다고 하였다. 따라서 정답은 (D) Stop by a college campus이다.

바꾸어 표현하기
attend an event at a local university 지역 대학교에서 열리는 행사에 참석하다 → Stop by a college campus 대학 캠퍼스에 들르다

TEST | 01 | 02 | 03 | 04 | 05 | 06 | 07 | 08 | 09 | 10 | 해커스 토익 실전 1000제 1 Listening

TEST 02 PART 4 **103**

▮TEST 03

🎧 TEST 03.mp3

실전용·복습용 문제풀이 MP3 무료 다운로드 및 스트리밍 바로듣기 (HackersIngang.com)
* 실제 시험장의 소음까지 재현해 낸 고사장 소음/매미 버전 MP3, 영국식·호주식 발음 집중 MP3, 고속 버전 MP3까지
　구매하면 실전에 더욱 완벽히 대비할 수 있습니다.

무료MP3 바로듣기

1
○ ○ ○ ●
하

🔊 캐나다식 발음

(A) A man is pouring a beverage.
(B) A man is grasping a spoon.
(C) A man is placing an order at a café.
(D) A man is stacking some cups.

(A) 한 남자가 음료를 따르고 있다.
(B) 한 남자가 숟가락을 움켜잡고 있다.
(C) 한 남자가 카페에서 주문을 하고 있다.
(D) 한 남자가 몇몇의 컵들을 쌓고 있다.

■ 1인 사진
정답 (A)

한 남자가 음료를 따르고 있는 모습과 주변 사물의 상태를 확인한다.
(A) [○] 남자가 음료를 컵에 따르고 있는 모습을 정확히 묘사한 정답이다.
(B) [×] 사진에서 숟가락(spoon)을 확인할 수 없으므로 오답이다. A man is grasping(남자가 움켜잡고 있다)까지만 듣고 정답으로 선택하지 않도록 주의한다.
(C) [×] placing an order(주문을 하고 있다)는 남자의 동작과 무관하므로 오답이다. 사진의 장소인 카페(café)를 사용하여 혼동을 주었다.
(D) [×] stacking(쌓고 있다)은 남자의 동작과 무관하므로 오답이다. 사진에 있는 컵들(cups)을 사용하여 혼동을 주었다.

어휘　pour[pɔ:r] 따르다　grasp[græsp] 움켜잡다, 쥐다　stack[stæk] 쌓다

2
○ ○ ○ ●
하

🔊 영국식 발음

(A) The man is removing headphones.
(B) The man is using a piece of equipment.
(C) A path is lined with large stones.
(D) A tree is being chopped down.

(A) 남자가 헤드폰을 벗고 있다.
(B) 남자가 하나의 장비를 사용하고 있다.
(C) 큰 돌들이 길을 따라 늘어서 있다.
(D) 나무가 베어지고 있다.

■ 1인 사진
정답 (B)

한 남자가 장비를 사용하여 잔디를 다듬고 있는 모습을 주의 깊게 살핀다.
(A) [×] 남자는 헤드폰을 착용하고 있는데 벗고 있다고 잘못 묘사했으므로 오답이다. 사진에 있는 헤드폰(headphones)을 사용하여 혼동을 주었다.
(B) [○] 잔디 자르는 기기를 사용하고 있는 남자의 모습을 정확히 묘사한 정답이다.
(C) [×] 사진에 큰 돌들(large stones)이 없으므로 오답이다. 사진에 있는 길(A path)을 사용하여 혼동을 주었다.
(D) [×] 사진에서 나무들은 보이지만 베어지고 있는(is being chopped down) 모습은 아니므로 오답이다.

어휘　line[lain] ~을 따라 늘어서다　chop down (나무를) 베다

3
○ ○ ● ○
중

🔊 미국식 발음

(A) People are fishing in a stream.
(B) Some boots have been taken off.
(C) A dam has been built in a river.
(D) Some hikers are crossing a stream.

(A) 사람들이 하천에서 낚시를 하고 있다.
(B) 몇몇 부츠들이 벗어져 있다.
(C) 강에 댐이 지어져 있다.
(D) 등산객들 몇 명이 하천을 건너고 있다.

■ 2인 이상 사진
정답 (D)

사람들이 하천을 건너고 있는 모습과 주변 환경의 상태를 주의 깊게 살핀다.
(A) [×] fishing(낚시를 하고 있다)은 사람들의 동작과 무관하므로 오답이다. 사진의 장소인 하천(stream)을 사용하여 혼동을 주었다.
(B) [×] 사진에 벗어진 부츠가 없으므로 오답이다. Some boots(몇몇 부츠들)만 듣고 정답으로 선택하지 않도록 주의한다.
(C) [×] 사진에 댐(dam)이 없으므로 오답이다. 사진의 하천과 관련된 강(river)을 사용하여 혼동을 주었다.
(D) [○] 등산객들 몇 명이 하천을 건너고 있는 모습을 가장 잘 묘사한 정답이다.

어휘　fish[fiʃ] 낚시하다　stream[stri:m] 하천

4

○○○○● 하

🔊 호주식 발음

(A) They are collecting some rocks.
(B) They are walking down a path.
(C) They are strolling across a bridge.
(D) They are going in opposite directions.

(A) 그들은 돌을 모으고 있다.
(B) 그들은 길을 따라 걷고 있다.
(C) 그들은 다리를 가로질러 산책하고 있다.
(D) 그들은 반대 방향으로 가고 있다.

■ 2인 이상 사진

정답 (B)

두 사람이 길을 걸어가고 있는 모습과 주변 환경의 상태를 주의 깊게 살핀다.
(A) [×] collecting(모으고 있다)은 사람들의 동작과 무관하므로 오답이다. 사진에 있는 돌(rocks)을 사용하여 혼동을 주었다.
(B) [○] 길을 따라 걷고 있는 두 사람의 모습을 정확히 묘사한 정답이다.
(C) [×] 사진에 다리(bridge)가 없으므로 오답이다. They are strolling(그들은 산책하고 있다)까지만 듣고 정답으로 선택하지 않도록 주의한다.
(D) [×] 두 사람이 같은 방향으로 가고 있는데 반대 방향으로 가고 있다고 잘못 묘사했으므로 오답이다.

어휘 stroll[미 stroul, 영 strəul] 산책하다 opposite[미 á:pəzət, 영 ɔ́pəzit] 반대의 direction[미 dirékʃən, 영 dairékʃən] 방향

5

○○○● 중

🔊 캐나다식 발음

(A) Passengers are reviewing a digital board.
(B) A book has been stored in a pocket.
(C) The woman is taking a nap.
(D) A bag has been placed next to the woman.

(A) 탑승객들은 디지털 게시판을 확인하고 있다.
(B) 책이 주머니에 보관되어 있다.
(C) 여자가 낮잠을 자고 있다.
(D) 가방이 여자 옆에 놓여 있다.

■ 2인 이상 사진

정답 (D)

한 여자가 앉아서 책을 보고 있는 모습과 주변 환경의 상태를 주의 깊게 살핀다.
(A) [×] 사진에서 디지털 게시판을 확인하고 있는(reviewing a digital board) 탑승객들이 없으므로 오답이다. Passengers(탑승객들)만 듣고 정답으로 선택하지 않도록 주의한다.
(B) [×] 책이 여자의 손에 들려 있는데 주머니에 보관되어 있다고(been stored in a pocket) 잘못 묘사했으므로 오답이다.
(C) [×] taking a nap(낮잠을 자고 있다)은 여자의 동작과 무관하므로 오답이다.
(D) [○] 가방이 여자 옆에 놓여 있는 모습을 정확히 묘사한 정답이다.

어휘 nap[næp] 낮잠

6

○○○● 상

🔊 미국식 발음

(A) A bike rack is mounted on the side of a wall.
(B) A flag is flying from a pole.
(C) A sign is posted near the road.
(D) A road passes between some houses.

(A) 자전거 고정대가 벽 한 쪽에 설치되어 있다.
(B) 깃발이 장대에서 휘날리고 있다.
(C) 표지판이 도로 근처에 게시되어 있다.
(D) 도로가 몇몇 집들 사이를 지나간다.

■ 사물 및 풍경 사진

정답 (C)

사진에 사람이 없다는 것과 도로 주변의 전반적인 풍경을 확인한다.
(A) [×] 자전거 고정대가 벽 한 쪽이 아닌 잔디 위에 설치되어 있으므로 오답이다. A bike rack is mounted(자전거 고정대가 설치되어 있다)까지만 듣고 정답으로 선택하지 않도록 주의한다.
(B) [×] 사진에 깃발(flag)이 없으므로 오답이다. 사진에 있는 장대(pole)를 사용하여 혼동을 주었다.
(C) [○] 표지판이 도로 근처에 게시되어 있는 모습을 가장 잘 묘사한 정답이다.
(D) [×] 도로가 몇몇 집들 사이를 지나가는 것이 아니라 나무들 사이에 있으므로 오답이다. A road passes(도로가 지나간다)까지만 듣고 정답으로 선택하지 않도록 주의한다.

어휘 mount[maunt] 설치하다 flag[flæg] 깃발 pole[poul] 장대 post[poust] 게시하다

PART 2

7 ○○○●○ 하

🔊 호주식 발음 → 미국식 발음

When were these windows installed?

(A) About five years ago.
(B) I just installed a new operating system.
(C) At the back of the workroom.

이 창문들은 언제 설치되었나요?

(A) 약 5년 전에요.
(B) 저는 방금 새 운영 체제를 설치했어요.
(C) 작업실 뒤에요.

■ When 의문문

정답 (A)

창문들이 언제 설치되었는지를 묻는 When 의문문이다.
(A) [○] 약 5년 전이라며 창문들이 설치된 시점을 언급했으므로 정답이다.
(B) [×] 창문들이 언제 설치되었는지를 물었는데, 이와 관련이 없는 방금 새 운영 체제를 설치했다는 내용으로 응답했으므로 오답이다. 질문의 installed를 반복 사용하여 혼동을 주었다.
(C) [×] 창문들이 언제 설치되었는지를 물었는데 장소로 응답했으므로 오답이다. 질문의 When을 Where로 혼동하여 Where were these windows installed(이 창문들은 어디에 설치되었나요)로 생각해 정답으로 선택하지 않도록 주의한다.

어휘 install[instɔ́:l] 설치하다

---

8 ○○○●○ 중

🔊 영국식 발음 → 캐나다식 발음

Where should we set up our fruit stand?

(A) Any time before 9 A.M.
(B) Right by the market entrance.
(C) Feel free to have a seat.

우리의 과일 판매대를 어디에 설치해야 하나요?

(A) 오전 9시 전에 아무 때나요.
(B) 시장 입구 바로 옆에요.
(C) 자유롭게 앉으세요.

■ Where 의문문

정답 (B)

과일 판매대를 어디에 설치해야 하는지를 묻는 Where 의문문이다.
(A) [×] 과일 판매대를 어디에 설치해야 하는지를 물었는데 시점으로 응답했으므로 오답이다. 질문의 Where를 When으로 혼동하여 When should we set up our fruit stand(우리의 과일 판매대를 언제 설치해야 하나요)로 생각해 정답으로 선택하지 않도록 주의한다.
(B) [○] 시장 입구 바로 옆이라는 과일 판매대를 설치해야 하는 장소를 언급했으므로 정답이다.
(C) [×] set – seat의 유사 발음 어휘를 사용하여 혼동을 준 오답이다. Feel free(자유롭게 ~하다)까지만 듣고 정답으로 고르지 않도록 주의한다.

어휘 set up ~을 설치하다, 놓다 stand[stænd] 판매대 entrance[éntrəns] 입구

---

9 ○○○●○ 상

🔊 호주식 발음 → 영국식 발음

Has the elevator been fixed yet?

(A) On the second floor.
(B) Next to the stairs.
(C) I used it this morning.

엘리베이터가 이제 수리되었나요?

(A) 2층에요.
(B) 계단 옆에서요.
(C) 저는 오늘 아침에 그것을 사용했어요.

■ 조동사 의문문

정답 (C)

엘리베이터가 이제 수리되었는지를 확인하는 조동사(Have) 의문문이다.
(A) [×] 엘리베이터가 이제 수리되었는지를 물었는데 장소로 응답했으므로 오답이다. elevator(엘리베이터)와 관련 있는 second floor(2층)를 사용하여 혼동을 주었다.
(B) [×] elevator(엘리베이터)에서 연상할 수 있는 이동 수단과 관련된 stairs(계단)를 사용하여 혼동을 준 오답이다.
(C) [○] 오늘 아침에 그것을 사용했다는 말로 엘리베이터가 이제 수리되었음을 간접적으로 전달했으므로 정답이다.

어휘 fix[fiks] 수리하다

10

🔊 미국식 발음 → 캐나다식 발음

Is the board meeting scheduled for Wednesday?

(A) Some financial concerns.
(B) No, Tuesday.
(C) We'll meet with him too.

이사회 회의가 수요일로 예정되어 있나요?

(A) 재정적인 우려 사항이요.
(B) 아니요, 화요일이요.
(C) 우리는 그와도 만날 거예요.

■ Be 동사 의문문 　　　　　　　　　　　　　　　　　　　　　　　　　　　　　　　　　정답 (B)

이사회 회의가 수요일로 예정되어 있는지를 확인하는 Be 동사 의문문이다.
(A) [×] board meeting(이사회 회의)에서 연상할 수 있는 회의 주제와 관련된 financial concerns(재정적인 우려 사항)를 사용하여 혼동을 준 오답이다.
(B) [○] No로 이사회 회의가 수요일로 예정되어 있지 않음을 전달한 후, 화요일이라는 추가 정보를 제공했으므로 정답이다.
(C) [×] 이사회 회의가 수요일로 예정되어 있는지를 물었는데, 이와 관련이 없는 그와도 만날 거라는 내용으로 응답했으므로 오답이다. 질문의 meeting(회의)을 '만나다'라는 의미의 동사 meet으로 반복 사용하여 혼동을 주었다.

어휘　schedule[skédʒuːl] ~을 예정하다

11

🔊 영국식 발음 → 호주식 발음

What time should I make the reservation for?

(A) Whenever we can get a table.
(B) With the restaurant manager.
(C) Through an online booking site.

제가 몇 시로 예약을 해야 하나요?

(A) 우리가 자리를 예약할 수 있을 때 언제든지요.
(B) 식당 관리자와 함께요.
(C) 온라인 예약 사이트를 통해서요.

■ What 의문문 　　　　　　　　　　　　　　　　　　　　　　　　　　　　　　　　　정답 (A)

몇 시로 예약을 해야 하는지를 묻는 What 의문문이다. What time이 시간을 묻는 것임을 이해할 수 있어야 한다.
(A) [○] 자신들이 자리를 예약할 수 있을 때 언제든지라며 예약을 해야 하는 특정한 시간이 없음을 간접적으로 전달했으므로 정답이다.
(B) [×] reservation(예약)에서 연상할 수 있는 장소와 관련된 restaurant(식당)을 사용하여 혼동을 준 오답이다.
(C) [×] 질문의 make the reservation(예약하다)과 같은 의미인 booking(예약)을 사용하여 혼동을 준 오답이다. 질문의 What time을 How로 혼동하여 How should I make the reservation(제가 어떻게 예약을 해야 하나요)으로 생각해 정답으로 선택하지 않도록 주의한다.

어휘　make a reservation 예약하다

12

🔊 영국식 발음 → 캐나다식 발음

Has the architectural firm hired by Mayor Li started the project?

(A) My company is based in Florida.
(B) Yes, some upcoming elections.
(C) Work got underway on May 1.

Li 시장에 의해 고용된 건축 회사는 프로젝트를 시작했나요?

(A) 제 회사는 플로리다에 기반을 두고 있어요.
(B) 네, 다가오는 선거들이요.
(C) 작업은 5월 1일에 시작했어요.

■ 조동사 의문문 　　　　　　　　　　　　　　　　　　　　　　　　　　　　　　　　　정답 (C)

Li 시장에 의해 고용된 건축 회사가 프로젝트를 시작했는지를 확인하는 조동사(Have) 의문문이다.
(A) [×] firm(회사)과 같은 의미인 company(회사)를 사용하여 혼동을 준 오답이다.
(B) [×] Mayor(시장)와 관련 있는 elections(선거들)를 사용하여 혼동을 준 오답이다. Yes만 듣고 정답으로 고르지 않도록 주의한다.
(C) [○] 작업은 5월 1일에 시작했다는 말로 Li 시장에 의해 고용된 건축 회사가 프로젝트를 시작했음을 간접적으로 전달했으므로 정답이다.

어휘　get underway ~을 시작하다

13

🔊 호주식 발음 → 미국식 발음

Who still needs to submit a reimbursement form?

(A) All the documents.
(B) Patrick will drop you off.
(C) No one that I know of.

누가 아직 상환 양식을 제출해야 하나요?
(A) 모든 서류들이요.
(B) Patrick이 당신을 데려다 줄 거예요.
(C) 제가 알기로는 아무도 없어요.

■ Who 의문문

정답 (C)

누가 아직 상환 양식을 제출해야 하는지를 묻는 Who 의문문이다.
(A) [×] form(양식)과 관련 있는 documents(서류들)를 사용하여 혼동을 준 오답이다.
(B) [×] 누가 아직 상환 양식을 제출해야 하는지를 물었는데, 이와 관련이 없는 Patrick이 데려다 줄 거라는 내용으로 응답했으므로 오답이다. 사람 이름인 Patrick을 사용하여 혼동을 주었다.
(C) [○] 자신이 알기로는 아무도 없다는 말로 상환 양식을 제출해야 하는 사람이 없음을 간접적으로 전달했으므로 정답이다.

어휘 reimbursement[미 rìːimbə́ːrsmənt, 영 rìːimbə́ːsmənt] 상환

14

🔊 캐나다식 발음 → 영국식 발음

Which article will be printed on the front page?

(A) I printed a new pattern.
(B) One of the longer ones.
(C) In Friday's issue.

어떤 기사가 앞면에 인쇄될까요?
(A) 저는 새로운 무늬를 인쇄했어요.
(B) 더 긴 것들 중 하나요.
(C) 금요일 발간호에요.

■ Which 의문문

정답 (B)

어떤 기사가 앞면에 인쇄될지를 묻는 Which 의문문이다. Which article을 반드시 들어야 한다.
(A) [×] 질문의 printed를 반복 사용하여 혼동을 준 오답이다.
(B) [○] 더 긴 것들 중 하나라는 말로 앞면에 인쇄될 기사를 간접적으로 전달했으므로 정답이다.
(C) [×] article(기사)과 관련 있는 Friday's issue(금요일 발간호)를 사용하여 혼동을 준 오답이다.

어휘 article[áːrtikl] 기사 pattern[미 pǽtərn, 영 pǽtən] 무늬

15

🔊 미국식 발음 → 캐나다식 발음

Are many customers making use of our video streaming services?

(A) Far more than we expected.
(B) Personalized customer profiles.
(C) A link on the Web site.

많은 고객들이 우리의 실시간 비디오 재생 서비스를 이용하고 있나요?
(A) 우리가 예상했던 것보다 훨씬 많이요.
(B) 맞춤 고객 프로필이요.
(C) 웹사이트의 링크요.

■ Be 동사 의문문

정답 (A)

많은 고객들이 실시간 비디오 재생 서비스를 이용하고 있는지를 확인하는 Be 동사 의문문이다.
(A) [○] 자신들이 예상했던 것보다 훨씬 많이라는 말로 많은 고객들이 실시간 비디오 재생 서비스를 이용하고 있음을 간접적으로 전달했으므로 정답이다.
(B) [×] customers를 customer로 반복 사용하여 혼동을 준 오답이다.
(C) [×] 많은 고객들이 실시간 비디오 재생 서비스를 이용하고 있는지를 물었는데, 이와 관련이 없는 웹사이트의 링크라는 내용으로 응답했으므로 오답이다. streaming(실시간 재생)과 관련 있는 Web site(웹사이트)를 사용하여 혼동을 주었다.

어휘 make use of ~을 이용하다 streaming[stríːmiŋ] 실시간 재생

16

○○○○
상

[3᰿] 호주식 발음 → 영국식 발음

The sleeves of this coat are a bit too long for me.

(A) Probably for an hour.
(B) A popular fabric.
(C) Our tailor can fix that.

이 코트의 소매는 제게 너무 길어요.
(A) 아마 1시간 동안이요.
(B) 인기 있는 직물이요.
(C) 우리 재단사가 수선할 수 있어요.

■ 평서문
정답 (C)

이 코트의 소매가 너무 길다는 문제점을 언급하는 평서문이다.
(A) [×] 이 코트의 소매가 너무 길다고 했는데 기간으로 응답했으므로 오답이다. long(길다)에서 연상할 수 있는 시간과 관련된 an hour(1시간)를 사용하여 혼동을 주었다.
(B) [×] coat(코트)와 관련 있는 fabric(직물)을 사용하여 혼동을 준 오답이다.
(C) [○] 자신들의 재단사가 수선할 수 있다는 말로 코트의 소매가 너무 길다는 문제점에 대한 해결책을 제시했으므로 정답이다.

어휘 sleeve[sliːv] 소매 tailor[미 téilər, 영 téilə] 재단사

17

○○○○
상

[3᰿] 호주식 발음 → 미국식 발음

When is the most convenient afternoon for you to lead the software demonstrations?

(A) On our latest computer applications.
(B) It's important for us to talk to them.
(C) My schedule is actually fairly flexible.

당신이 소프트웨어 시연을 이끌기에 가장 편한 오후는 언제인 가요?
(A) 우리의 최신 컴퓨터 애플리케이션에 대해서요.
(B) 우리가 그들에게 말하는 것이 중요해요.
(C) 제 일정은 사실 꽤 유연해요.

■ When 의문문
정답 (C)

상대방이 소프트웨어 시연을 이끌기에 가장 편한 오후는 언제인지를 묻는 When 의문문이다.
(A) [×] software(소프트웨어)와 관련 있는 computer applications(컴퓨터 애플리케이션)를 사용하여 혼동을 준 오답이다.
(B) [×] 소프트웨어 시연을 이끌기 위해 가장 편한 오후 시간은 언제인지를 물었는데, 이와 관련이 없는 그들에게 말하는 것이 중요하다는 내용으로 응답했으므로 오답이다. 질문의 to lead the software demonstrations를 나타낼 수 있는 It을 사용하여 혼동을 주었다.
(C) [○] 자신의 일정은 꽤 유연하다는 말로 소프트웨어 시연을 이끌기 위한 시간을 조정할 수 있음을 간접적으로 전달했으므로 정답이다.

어휘 demonstration[dèmənstréiʃən] 시연 flexible[fléksəbl] 유연한

18

○○○○
상

[3᰿] 캐나다식 발음 → 미국식 발음

Who's going to present the flowers to Ms. Ellis at the retirement party?

(A) When is the gathering being held?
(B) A dozen, please.
(C) The first part of the movie.

은퇴 파티에서 누가 Ms. Ellis에게 꽃을 줄 건가요?
(A) 모임이 언제 열리나요?
(B) 12송이 주세요.
(C) 영화의 전반부요.

■ Who 의문문
정답 (A)

은퇴 파티에서 누가 Ms. Ellis에게 꽃을 줄 건지를 묻는 Who 의문문이다.
(A) [○] 모임이 언제 열리는지를 되물어 은퇴 파티에 대한 추가 정보를 요구하는 정답이다.
(B) [×] 은퇴 파티에서 누가 Ms. Ellis에게 꽃을 줄 건지를 물었는데, 이와 관련이 없는 12송이를 달라는 내용으로 응답했으므로 오답이다. flowers(꽃)에서 연상할 수 있는 개수와 관련된 A dozen(12송이)을 사용하여 혼동을 주었다.
(C) [×] party – part의 유사 발음 어휘를 사용하여 혼동을 준 오답이다.

어휘 present[prizént] 주다, 수여하다 dozen[dʌ́zn] 12개

19

🔊 영국식 발음 → 호주식 발음

Shouldn't the instructions for logging in to the system be written out?

(A) One of our system engineers.
(B) That won't be necessary.
(C) Yes, guidelines for the gym.

시스템에 로그인하는 것에 대한 설명서가 작성되어야 하지 않나요?

(A) 우리의 시스템 기술자들 중 한 명이요.
(B) 그럴 필요 없을 거예요.
(C) 네, 체육관에 대한 지침이요.

■ 부정 의문문

정답 (B)

시스템에 로그인하는 것에 대한 설명서가 작성되어야 하지 않는지를 확인하는 부정 의문문이다.
(A) [×] 시스템에 로그인하는 것에 대한 설명서가 작성되어야 하지 않는지를 물었는데 인물로 응답했으므로 오답이다. 질문의 system을 반복 사용하여 혼동을 주었다.
(B) [○] 그럴 필요 없을 거라는 말로 시스템에 로그인하는 것에 대한 설명서를 작성하지 않아도 됨을 전달했으므로 정답이다.
(C) [×] 질문의 instructions(설명서)와 같은 의미인 guidelines(지침)를 사용하여 혼동을 준 오답이다. Yes만 듣고 정답으로 고르지 않도록 주의한다.

어휘 instruction[instrΛ́kʃən] 설명서 write out 작성하다, 쓰다

20

🔊 미국식 발음 → 캐나다식 발음

Should we hire a band for the banquet or use recorded music?

(A) We're enjoying the buffet.
(B) A live show would be more entertaining.
(C) I used to play the piano.

연회를 위해 밴드를 고용해야 하나요, 아니면 녹음된 음악을 사용해야 하나요?

(A) 우리는 뷔페를 즐기고 있어요.
(B) 라이브 공연이 더 흥겨울 것 같아요.
(C) 저는 피아노를 연주했었어요.

■ 선택 의문문

정답 (B)

연회를 위해 밴드를 고용해야 하는지 아니면 녹음된 음악을 사용해야 하는지를 묻는 선택 의문문이다.
(A) [×] banquet(연회)에서 연상할 수 있는 음식과 관련된 buffet(뷔페)를 사용하여 혼동을 준 오답이다.
(B) [○] 라이브 공연이 더 흥겨울 것 같다는 말로 밴드를 고용하는 것을 선택했으므로 정답이다.
(C) [×] music(음악)과 관련 있는 piano(피아노)를 사용하여 혼동을 준 오답이다.

어휘 banquet[bǽŋkwit] 연회 entertaining[èntərtéiniŋ] 흥겨운

21

🔊 미국식 발음 → 호주식 발음

Betsy Glenn has been asked to return to our headquarters for a follow-up interview.

(A) She seems like the most qualified applicant.
(B) Oh, come back whenever you'd like!
(C) I can't answer that question now.

Betsy Glenn이 후속 인터뷰를 위해 본사로 돌아오도록 요청받았어요.

(A) 그녀는 가장 적합한 지원자인 것 같아요.
(B) 아, 당신이 돌아오고 싶을 때 언제든지 돌아오세요!
(C) 저는 지금 그 질문에 대답할 수 없어요.

■ 평서문

정답 (A)

Betsy Glenn이 후속 인터뷰를 위해 본사로 돌아오도록 요청을 받았다는 객관적인 사실을 전달하는 평서문이다.
(A) [○] 그녀는 가장 적합한 지원자인 것 같다는 말로 사실에 대한 의견을 제시했으므로 정답이다.
(B) [×] 질문의 return(돌아오다)과 같은 의미인 come back(돌아오다)을 사용하여 혼동을 준 오답이다.
(C) [×] interview(인터뷰)와 관련 있는 answer(대답하다)와 question(질문)을 사용하여 혼동을 준 오답이다. 질문의 Betsy Glenn has been asked를 Has Betsy Glenn been asked로 혼동하여 Has Betsy Glenn been asked to return to our headquarters for a follow-up interview(Betsy Glenn이 후속 인터뷰를 위해 본사로 돌아오도록 요청받았나요)로 생각해 정답으로 선택하지 않도록 주의한다.

어휘 follow-up[fɑ́:louʌp] 후속 qualified[미 kwɑ́:lifaid, 영 kwɔ́lifaid] 적합한

22
○○○●중

[3ME] 캐나다식 발음 → 미국식 발음

Where are the stage props for tonight's play?

(A) From a theater in Lima.
(B) Have you met the lead actress?
(C) Check behind the curtain.

오늘 밤의 연극을 위한 무대 도구들은 어디에 있나요?

(A) 리마에 있는 극장으로부터요.
(B) 당신은 주연 여배우를 만나보았나요?
(C) 커튼 뒤를 확인해 보세요.

■ Where 의문문 　　　　　　　　　　　　　　　　　　　　　　　　　정답 (C)

오늘 밤의 연극을 위한 무대 도구들이 어디에 있는지를 묻는 Where 의문문이다.
(A) [×] play(연극)와 관련 있는 theater(극장)를 사용하여 혼동을 준 오답이다. a theater in Lima만 듣고 정답으로 고르지 않도록 주의한다.
(B) [×] play(연극)와 관련 있는 lead actress(주연 여배우)를 사용하여 혼동을 준 오답이다.
(C) [○] 커튼 뒤를 확인해 보라는 말로 오늘 밤의 연극을 위한 무대 도구들이 있는 장소를 언급했으므로 정답이다.

어휘　stage prop 무대 도구　play[plei] 연극

23
○○○●상

[3ME] 영국식 발음 → 호주식 발음

What floor is Robby Bluth's office located on?

(A) He works overtime most days.
(B) The floors were carpeted in June.
(C) There's a building directory on that wall.

Robby Bluth의 사무실은 몇 층에 위치해 있나요?

(A) 그는 거의 매일 야근해요.
(B) 그 층들은 6월에 카펫이 깔렸어요.
(C) 저쪽의 벽에 건물 안내판이 있어요.

■ What 의문문 　　　　　　　　　　　　　　　　　　　　　　　　　정답 (C)

Robby Bluth의 사무실이 몇 층에 위치해 있는지를 묻는 What 의문문이다. What floor를 반드시 들어야 한다.
(A) [×] 질문의 Robby Bluth를 나타낼 수 있는 He를 사용하고, office(사무실)와 관련 있는 works(일하다)를 사용하여 혼동을 준 오답이다.
(B) [×] 질문의 floor를 floors로 반복 사용하여 혼동을 준 오답이다.
(C) [○] 저쪽의 벽에 건물 안내판이 있다는 말로 모르겠다는 간접적인 응답을 했으므로 정답이다.

어휘　work overtime 야근하다, 시간 외로 일하다　most days 거의 매일　carpet[미 kά:rpit, 영 kά:pit] 카펫을 깔다
　　　directory[미 diréktəri, 영 dairéktəri] 안내판

24
○○○●상

[3ME] 캐나다식 발음 → 영국식 발음

A freelance illustrator drew the pictures for your children's book, right?

(A) No, I'm not a talented artist.
(B) Yes, for my most recent publication.
(C) Let me recommend a photographer.

프리랜서 삽화가가 당신의 아동용 도서의 그림을 그렸어요. 그렇죠?

(A) 아니요, 저는 재능 있는 예술가가 아니에요.
(B) 네, 저의 가장 최근 출판물에 대해서요.
(C) 제가 사진가를 추천해 드릴게요.

■ 부가 의문문 　　　　　　　　　　　　　　　　　　　　　　　　　정답 (B)

프리랜서 삽화가가 상대방의 아동용 도서의 그림을 그렸는지를 확인하는 부가 의문문이다.
(A) [×] illustrator(삽화가)와 관련 있는 artist(예술가)를 사용하여 혼동을 준 오답이다. No만 듣고 정답으로 고르지 않도록 주의한다.
(B) [○] Yes로 프리랜서 삽화가가 자신의 아동용 도서의 그림을 그렸음을 전달한 후, 가장 최근 출판물에 대해서라는 추가 정보를 제공했으므로 정답이다.
(C) [×] illustrator(삽화가)에서 연상할 수 있는 유사 직업인 photographer(사진가)를 사용하여 혼동을 준 오답이다.

어휘　illustrator[íləstreitər] 삽화가　publication[pʌ̀blikéiʃən] 출판물

25

3))) 미국식 발음 → 캐나다식 발음

Would you like a ticket for the 9 o'clock screening?

(A) That would be great.
(B) Passes to the local zoo.
(C) OK, I can show it to you.

9시 상영 티켓을 드릴까요?

(A) 그게 좋겠어요.
(B) 지역 동물원의 입장권이요.
(C) 좋아요, 제가 당신에게 그것을 보여드릴게요.

■ 제공 의문문 　　　　　　　　　　　　　　　　　　　　　　　　　　　　　　　　　　　　정답 (A)

9시 상영 티켓을 주겠다는 제공 의문문이다. Would you like이 제공하는 표현임을 이해할 수 있어야 한다.
(A) [○] 그게 좋겠다는 말로 제공을 수락했으므로 정답이다.
(B) [×] ticket(티켓)과 같은 의미인 Passes(입장권)를 사용하여 혼동을 준 오답이다.
(C) [×] screening(상영)과 관련 있는 show(보여주다)를 사용하고, 질문의 ticket(티켓)을 나타낼 수 있는 it을 사용하여 혼동을 준 오답이다.
　　　OK만 듣고 정답으로 고르지 않도록 주의한다.

어휘　screening[skríːniŋ] (영화) 상영　pass[pæs] 입장권

26

3))) 미국식 발음 → 호주식 발음

How many people will attend the presentation today?

(A) Sign the attendance sheet.
(B) Six in total.
(C) Tomorrow will be better.

오늘 발표에 몇 명의 사람들이 참석할 것인가요?

(A) 출석부에 서명하세요.
(B) 총 여섯 명이요.
(C) 내일이 더 나을 거예요.

■ How 의문문 　　　　　　　　　　　　　　　　　　　　　　　　　　　　　　　　　　　　정답 (B)

오늘 발표에 몇 명의 사람들이 참석할지를 묻는 How 의문문이다. How many가 수량을 묻는 것임을 이해할 수 있어야 한다.
(A) [×] 오늘 발표에 몇 명이 참석할지를 물었는데, 이와 관련이 없는 출석부에 서명하라는 내용으로 응답했으므로 오답이다.
　　　attend—attendance의 유사 발음 어휘를 사용하여 혼동을 주었다.
(B) [○] 총 여섯 명이라는 말로 발표에 참석할 사람들의 수를 언급했으므로 정답이다.
(C) [×] 질문의 today(오늘)와 관련 있는 Tomorrow(내일)를 사용하여 혼동을 준 오답이다.

어휘　attend[əténd] 참석하다　sign[sain] 서명하다　attendance sheet 출석부

27

3))) 호주식 발음 → 영국식 발음

Will the product developers require another deadline extension?

(A) Most of the merchandise.
(B) The other side is in good condition.
(C) I hope they won't.

제품 개발자들이 또 마감일 연장을 요구할까요?

(A) 상품의 대부분이요.
(B) 다른 쪽은 상태가 좋아요.
(C) 그들이 그러지 않았으면 좋겠네요.

■ 조동사 의문문 　　　　　　　　　　　　　　　　　　　　　　　　　　　　　　　　　　　정답 (C)

제품 개발자들이 또 마감일 연장을 요구할지를 묻는 조동사(Will) 의문문이다.
(A) [×] 질문의 product(제품)와 같은 의미인 merchandise(상품)를 사용하여 혼동을 준 오답이다.
(B) [×] 제품 개발자들이 또 마감일 연장을 요구할지를 물었는데, 이와 관련이 없는 다른 쪽은 상태가 좋다는 내용으로 응답했으므로 오답이다.
　　　another – other의 유사 발음 어휘를 사용하여 혼동을 주었다.
(C) [○] 그들이 그러지 않았으면 좋겠다는 말로 제품 개발자들이 또 마감일 연장을 요구할지에 대한 의견을 언급했으므로 정답이다.

어휘　deadline[dédlain] 마감일　extension[iksténʃən] 연장

28

○○○●상

[🔊] 영국식 발음 → 캐나다식 발음

When is tomorrow's train to Bern supposed to depart?

(A) Emma has the itinerary.
(B) Yesterday at 2 o'clock.
(C) In the overhead compartment.

내일 베른행 기차는 언제 출발하기로 되어 있나요?

(A) Emma가 일정표를 갖고 있어요.
(B) 어제 2시에요.
(C) 머리 위의 짐칸에요.

■ When 의문문

정답 (A)

내일 베른행 기차가 언제 출발하기로 되어 있는지를 묻는 When 의문문이다.

(A) [○] Emma가 일정표를 갖고 있다는 말로 모르겠다는 간접적인 응답을 했으므로 정답이다.
(B) [×] 내일 베른행 기차가 언제 출발하기로 되어 있는지를 물었는데 과거 시간으로 응답했으므로 오답이다. 의문사 When만 듣고 정답으로 고르지 않도록 주의한다.
(C) [×] train(기차)과 관련 있는 overhead compartment(머리 위의 짐칸)를 사용하여 혼동을 준 오답이다.

어휘 be supposed to ~하기로 되어 있다 itinerary[aitínərèri] 일정표

29

○○○●상

[🔊] 미국식 발음 → 호주식 발음

Are staff expected to take part in the session on workplace communication?

(A) No, the machines weren't taken apart.
(B) Thanks again for leading the discussion on wages.
(C) Yes, the event is mandatory for all personnel.

직원들은 직장 내 의사소통에 관한 교육에 참가하도록 요구되나요?

(A) 아니요, 기계들은 분해되지 않았어요.
(B) 임금에 관한 토론을 이끌어 주셔서 다시 한번 감사해요.
(C) 네, 그 행사는 모든 직원에게 의무적이에요.

■ Be 동사 의문문

정답 (C)

직원들이 직장 내 의사소통에 관한 교육에 참가하도록 요구되는지를 확인하는 Be 동사 의문문이다.

(A) [×] take part – taken apart의 유사 발음 어휘를 사용하여 혼동을 준 오답이다. No만 듣고 정답으로 고르지 않도록 주의한다.
(B) [×] session(교육)에서 연상할 수 있는 교육 방식과 관련된 discussion(토론)을 사용하고, workplace(직장)와 관련 있는 wages(임금)를 사용하여 혼동을 준 오답이다.
(C) [○] Yes로 직원들이 직장 내 의사소통에 관한 교육에 참가하도록 요구됨을 전달한 후, 모든 직원에게 의무적이라는 부연 설명을 했으므로 정답이다.

어휘 expect[ikspékt] 요구하다, 기대하다 take part in 참가하다 take apart 분해하다 mandatory[미 mǽndətɔːri, 영 mǽndətəri] 의무적인

30

○○○●중

[🔊] 캐나다식 발음 → 미국식 발음

Why do you want to avoid crossing Lower Town Bridge?

(A) A radio broadcaster said it's congested.
(B) Because she wants to bring a suitcase.
(C) I agree. We'll do that.

당신은 왜 Lower Town 다리를 건너는 것을 피하고 싶어 하나요?

(A) 라디오 방송 진행자가 그곳이 혼잡하다고 했어요.
(B) 그녀가 여행 가방을 가져가고 싶어 하기 때문이에요.
(C) 저도 동의해요. 그렇게 해요.

■ Why 의문문

정답 (A)

상대방이 왜 Lower Town 다리를 건너는 것을 피하고 싶어 하는지를 묻는 Why 의문문이다.

(A) [○] 라디오 방송 진행자가 그곳이 혼잡하다고 했다며 Lower Town 다리를 건너는 것을 피하고 싶어 하는 이유를 언급했으므로 정답이다.
(B) [×] she가 나타내는 대상이 질문에 없으므로 오답이다. Because만 듣고 정답으로 고르지 않도록 주의한다.
(C) [×] 의문사 의문문에 Yes와 같은 의미인 I agree로 응답했으므로 오답이다. 질문의 you를 나타낼 수 있는 I를 사용하여 혼동을 주었다.

어휘 broadcaster[brɔ́ːdkæstər] 방송 진행자 congested[kəndʒéstid] 혼잡한

○
●
●
●
●
상

🔊 영국식 발음 → 호주식 발음

Ben Graber can mount this television to the wall, can't he?

(A) Any amount you donate would be appreciated.
(B) You'll have to ask him directly.
(C) Isn't this the remote control for the device?

Ben Graber는 벽에 이 텔레비전을 설치할 수 있죠, 그렇지 않나요?

(A) 당신이 얼마를 기부하시든 감사하겠습니다.
(B) 당신은 그에게 직접 물어봐야 할 거예요.
(C) 이것이 그 장치를 위한 리모컨 아닌가요?

■ 부가 의문문

정답 (B)

Ben Graber가 벽에 텔레비전을 설치할 수 있는지를 확인하는 부가 의문문이다.

(A) [×] Ben Graber가 벽에 텔레비전을 설치할 수 있는지를 물었는데, 이와 관련이 없는 상대방이 얼마를 기부하든 감사하겠다는 내용으로 응답했으므로 오답이다. mount – amount 의 유사 발음 어휘를 사용하여 혼동을 주었다.

(B) [○] 그에게 직접 물어봐야 할 거라는 말로 모르겠다는 간접적인 응답을 했으므로 정답이다.

(C) [×] 질문의 television(텔레비전)을 나타낼 수 있는 device(장치)를 사용하여 혼동을 준 오답이다.

어휘   mount[maunt] 설치하다   donate[미 dóuneit, 영 dəunéit] 기부하다

32
33
34

Questions 32-34 refer to the following conversation.

🎧 캐나다식 발음 → 미국식 발음

M: Louisa, ³²I heard you're taking a vacation in Mexico this summer.

W: I'm really looking forward to it, but I could use your advice about something related to my trip.

M: Sure. How can I help?

W: Well, ³³the mobile company I use charges high fees for data usage outside of Canada. You mentioned a while back that your phone bill was reasonable after you traveled to France. Who is your service provider?

M: Pacific Mobile. They have several packages with very reasonable rates if you sign a one-year contract.

W: Great. ³⁴I'll stop by a Pacific Mobile branch this evening and look into that.

32 Why will the woman go to Mexico?
(A) For a job interview
(B) For a vacation
(C) For a business trip
(D) For a ceremony

33 What problem does the woman mention?
(A) Her reimbursement request was denied.
(B) A product needs to be repaired.
(C) Her trip has been postponed.
(D) A service is expensive.

34 What will the woman most likely do this evening?
(A) Visit a business
(B) Cancel a contract
(C) Update an itinerary
(D) Pay a bill

32-34번은 다음 대화에 관한 문제입니다.

M: Louisa, ³²저는 당신이 이번 여름에 멕시코에서 휴가를 보낼 거라고 들었어요.

W: 저는 정말 기대하고 있는데, 제 여행과 관련한 어떤 부분에 대해 당신의 조언을 활용할 수 있을 것 같아요.

M: 물론이죠. 어떻게 도와드릴까요?

W: 음, ³³제가 이용하는 통신 회사는 캐나다 밖에서 발생하는 데이터 사용에 대해 높은 요금을 부과해요. 당신은 얼마 전에 프랑스에 여행 다녀온 후에 휴대 전화 청구서가 적정하다고 말했었잖아요. 당신의 서비스 제공업체는 어디인가요?

M: Pacific Mobile이요. 만약 당신이 1년 계약을 맺으면 매우 합리적인 요금의 패키지가 여러 개 있어요.

W: 아주 좋네요. ³⁴오늘 저녁에 Pacific Mobile 지점에 들러서 그걸 알아봐야겠어요.

32. 여자는 왜 멕시코에 갈 것인가?
(A) 일자리 면접을 위해
(B) 휴가를 위해
(C) 출장을 위해
(D) 행사를 위해

33. 여자는 무슨 문제를 언급하는가?
(A) 그녀의 상환 요청이 거절되었다.
(B) 제품이 수리되어야 한다.
(C) 그녀의 여행은 연기되었다.
(D) 서비스가 비싸다.

34. 여자는 오늘 저녁에 무엇을 할 것 같은가?
(A) 업체를 방문한다.
(B) 계약을 취소한다.
(C) 여행 일정표를 업데이트한다.
(D) 청구서를 지불한다.

지문 charge[tʃɑːrdʒ] 부과하다; 요금 fee[fiː] 요금 reasonable[ríːznəbl] 적정한, 합리적인 sign a contract 계약을 맺다

33 reimbursement[rìːimbə́ːrsmənt] 상환 deny[dináɪ] 거절하다 34 itinerary[aɪtínərəri] 여행 일정표 bill[bil] 청구서

---

32 ■ 세부 사항 관련 문제 이유   정답 (B)

○○○○● 여자가 멕시코에 가는 이유를 묻는 문제이므로, 질문의 핵심어구(Mexico)가 언급된 주변을 주의 깊게 듣는다. 남자가 여자에게 "I heard
하   you're taking a vacation in Mexico this summer"라며 이번 여름에 멕시코에서 휴가를 보낼 거라고 들었다고 하였다. 따라서 정답은
       (B) For a vacation이다.

33 ■ 세부 사항 관련 문제 문제점   정답 (D)

○○○●○ 여자가 언급하는 문제점을 묻는 문제이므로, 여자의 말에서 부정적인 표현이 언급된 다음을 주의 깊게 듣는다. 여자가 "the mobile
중   company I use charges high fees for data usage outside of Canada"라며 자신이 이용하는 통신 회사가 캐나다 밖에서
       발생하는 데이터 사용에 대해 높은 요금을 부과한다고 하였다. 따라서 정답은 (D) A service is expensive이다.

바꾸어 표현하기

company ~ charges high fees 회사가 높은 요금을 부과하다 → A service is expensive 서비스가 비싸다

34 ■ 세부 사항 관련 문제 다음에 할 일   정답 (A)

○○○○● 여자가 오늘 저녁에 할 일을 묻는 문제이므로, 여자의 말에서 질문의 핵심어구(this evening)가 언급된 주변을 주의 깊게 듣는다. 여자가
하   "I'll stop by a Pacific Mobile branch this evening"이라며 오늘 저녁에 Pacific Mobile 지점에 들러야겠다고 한 말을 통해 여자가
       업체를 방문할 것임을 알 수 있다. 따라서 정답은 (A) Visit a business이다.

바꾸어 표현하기

stop by a ~ branch 지점에 들르다 → Visit a business 업체를 방문하다

Questions 35-37 refer to the following conversation.

🔊 호주식 발음 → 영국식 발음

M: ³⁵I need to request an employee parking permit. My new apartment isn't near a subway station, so I will have to drive to work from now on.

W: ³⁶You should contact the human resources manager, Mr. Hong. Just note that when I asked him about getting one last month, I was told that there is a waiting list.

M: Really? The lot in front of our building is never full, though.

W: I guess the company needs to ensure that our clients can find a place to park. So, ³⁷staff aren't allowed to park in the front two rows.

M: Hmm . . . Do you know Mr. Hong's extension? I'll speak to him about this situation now.

35 Why does the man need a permit?
(A) He bought a car last month.
(B) He was informed about a policy change.
(C) He lives near a subway station.
(D) He moved into a new residence.

36 Who is Mr. Hong?
(A) A building manager
(B) A department head
(C) A corporate shareholder
(D) A company president

37 According to the woman, what are staff prohibited from doing?
(A) Taking unauthorized breaks
(B) Parking in certain spots
(C) Using a pass for multiple cars
(D) Contacting clients directly

35-37번은 다음 대화에 관한 문제입니다.

M: ³⁵저는 직원 주차 허가증을 요청해야 해요. 저의 새 아파트는 지하철역 근처가 아니라서 이제부터 회사까지 운전을 해야만 할 거예요.

W: ³⁶당신은 인사 부장인 Mr. Hong에게 연락해야 해요. 다만 제가 지난달에 그것을 받는 것에 대해 그에게 문의했을 때, 대기자 목록이 있다고 들었다는 것만 알아두세요.

M: 정말요? 하지만 저희 건물 앞의 주차장은 가득 찬 적이 없잖아요.

W: 회사는 우리의 고객들이 주차할 공간을 찾을 수 있도록 확실히 해야 하는 것 같아요. 그래서 ³⁷직원들은 앞의 두 열에 주차하도록 허용되지 않아요.

M: 흠… Mr. Hong의 내선 번호를 아시나요? 이 상황에 대해 지금 그와 이야기해 볼게요.

35. 남자는 왜 허가증이 필요한가?
(A) 그는 지난달에 자동차를 구입했다.
(B) 그는 정책 변경에 대해 통지를 받았다.
(C) 그는 지하철역 근처에 산다.
(D) 그는 새로운 거주지로 이사했다.

36. Mr. Hong은 누구인가?
(A) 건물 관리인
(B) 부서장
(C) 기업의 주주
(D) 회사 사장

37. 여자에 따르면, 직원들은 무엇을 하는 것이 금지되는가?
(A) 승인되지 않은 휴식을 취하는 것
(B) 특정한 장소에 주차하는 것
(C) 승차권을 여러 대의 자동차에 사용하는 것
(D) 고객에게 직접 연락하는 것

지문 permit[미 pə́:rmit, 영 pə́:mit] 허가증 full[ful] 가득 찬 ensure[미 inʃúər, 영 inʃɔ́:] 확실히 하다 allow[əláu] 허용하다, 허락하다
row[미 rou, 영 rəu] 열 extension[iksténʃən] 내선 번호 situation[sìtʃuéiʃən] 상황
35 inform[infɔ́:rm] 통지하다, 알리다 residence[rézidəns] 거주지
36 corporate[kɔ́:rpərət] 기업의 shareholder[ʃéərhouldər] 주주
37 prohibit[prəhíbit] 금지하다 unauthorized[ʌnɔ́:θəraizd] 승인되지 않은 spot[spɑːt] 장소

---

35 ■ 세부 사항 관련 문제 이유   정답 (D)
○●●●● 남자가 허가증이 필요한 이유를 묻는 문제이므로, 질문의 핵심어구(a permit)가 언급된 주변을 주의 깊게 듣는다. 남자가 "I need to
상 request an employee parking permit. My new apartment isn't near a subway station, so I will have to drive to work
from now on."이라며 직원 주차 허가증을 요청해야 한다고 한 뒤, 새 아파트는 지하철역 근처가 아니라서 이제부터 회사까지 운전을
해야만 할 거라고 하였다. 따라서 정답은 (D) He moved into a new residence이다.

36 ■ 세부 사항 관련 문제 특정 세부 사항   정답 (B)
○○○○● Mr. Hong의 신분을 묻는 문제이므로, 질문 대상(Mr. Hong)의 신분 및 직업과 관련된 표현을 놓치지 않고 듣는다. 여자가 "You should
하 contact the human resources manager, Mr. Hong."이라며 인사 부장인 Mr. Hong에게 연락해야 한다고 하였다. 따라서 정답은
(B) A department head이다.

37 ■ 세부 사항 관련 문제 특정 세부 사항   정답 (B)
○○○●● 직원들에게 금지되어 있는 것을 묻는 문제이므로, 질문의 핵심어구(staff prohibited from doing)와 관련된 내용을 주의 깊게 듣는다.
중 여자가 "staff aren't allowed to park in the front two rows"라며 직원들은 앞의 두 열에 주차하도록 허용되지 않는다고 하였다.
따라서 정답은 (B) Parking in certain spots이다.

Questions 38-40 refer to the following conversation.

[음성] 호주식 발음 → 미국식 발음

M: Lindsay, ³⁸how are the contract negotiations with Sutton Technical Consulting going?

W: ³⁸Shannon is in charge of that, actually. She mentioned that it hasn't been a smooth process.

M: That's unfortunate. Maybe we should check if she needs our assistance. ³⁹I heard that our manager wants to review the contract on June 2. That's just four days away.

W: ³⁹No need to worry. Three other employees were just added to her team.

M: ³⁹She'll have plenty of time to finalize the contract, then.

W: Also, ⁴⁰you'll be glad to know the deadline has been pushed back to June 8.

M: ⁴⁰That's a relief.

38 What is Shannon in charge of?
(A) Negotiating a contract
(B) Scheduling a repair
(C) Filling an order
(D) Reviewing a process

39 What does the woman mean when she says, "Three other employees were just added to her team"?
(A) A project will get started soon.
(B) A manager has approved a request.
(C) A company decided to hire more staff.
(D) A task will be completed on time.

40 Why is the man relieved?
(A) Some work has been reassigned.
(B) A document has been finished.
(C) Some negotiations have ended.
(D) A project schedule has been changed.

38-40번은 다음 대화에 관한 문제입니다.

M: Lindsay, ³⁸Sutton 기술 컨설팅사와의 계약 협상은 어떻게 되어가나요?

W: ³⁸사실, Shannon이 그걸 담당하고 있어요. 그녀는 그것이 순조로운 과정은 아니라고 말했어요.

M: 안타깝네요. 혹시 그녀가 우리의 도움이 필요한지 우리가 확인해 봐야겠어요. ³⁹우리의 관리자가 6월 2일에 계약을 검토하길 원한다고 들었어요. 그건 바로 4일 뒤잖아요.

W: ³⁹걱정할 필요 없어요. 세 명의 다른 직원들이 막 그녀의 팀에 투입되었어요.

M: ³⁹그럼 그녀가 계약을 마무리 지을 충분한 시간이 있겠네요.

W: 또한, ⁴⁰마감일이 6월 8일로 미뤄졌다는 걸 알면 당신은 기쁠 거예요.

M: ⁴⁰다행이네요.

38. Shannon은 무엇을 담당하는가?
(A) 계약을 협상하는 것
(B) 수리 일정을 잡는 것
(C) 주문에 응하는 것
(D) 과정을 검토하는 것

39. 여자는 "세 명의 다른 직원들이 막 그녀의 팀에 투입되었어요"라고 말할 때 무엇을 의도하는가?
(A) 프로젝트가 곧 시작할 것이다.
(B) 관리자가 요청을 승인하였다.
(C) 회사가 직원을 더 고용하기로 결정하였다.
(D) 업무가 제시간에 완료될 것이다.

40. 남자는 왜 안심하는가?
(A) 몇몇 업무가 다시 맡겨졌다.
(B) 문서가 완료되었다.
(C) 몇몇 협상들이 끝났다.
(D) 프로젝트 일정이 변경되었다.

지문 negotiation[미 nigòuʃiéiʃən, 영 nigəʊʃiéiʃən] 협상 assistance[əsístəns] 도움 finalize[fáinəlaiz] 마무리 짓다

38 ■ **세부 사항 관련 문제** 특정 세부 사항　　　　　　　　　　　　　　　　　정답 (A)

Shannon이 담당하는 것을 묻는 문제이므로, 질문의 핵심어구(Shannon in charge of)가 언급된 주변을 주의 깊게 듣는다. 남자가 "how are the contract negotiations ~ going?"이라며 계약 협상이 어떻게 되어가는지 묻자, 여자가 "Shannon is in charge of that, actually."라며 사실 Shannon이 그걸 담당하고 있다고 하였다. 따라서 정답은 (A) Negotiating a contract이다.

39 ■ **세부 사항 관련 문제** 의도 파악　　　　　　　　　　　　　　　　　　정답 (D)

여자가 하는 말의 의도를 묻는 문제이므로, 질문의 인용어구(Three other employees were just added to her team)가 언급된 주변을 주의 깊게 듣는다. 남자가 "I heard that our manager wants to review the contract on June 2. That's just four days away."라며 관리자가 6월 2일에 계약을 검토하길 원한다고 들었다며 그건 바로 4일 뒤라고 했고, 여자가 "No need to worry. Three other employees were just added to her team."이라며 걱정할 필요 없다며 세 명의 다른 직원들이 막 그녀의 팀에 투입되었다고 하자, 남자가 "She'll have plenty of time to finalize the contract, then."이라며 그럼 그녀가 계약을 마무리 지을 충분한 시간이 있겠다고 한 말을 통해 업무가 제시간에 완료될 것임을 알 수 있다. 따라서 정답은 (D) A task will be completed on time이다.

40 ■ **세부 사항 관련 문제** 이유　　　　　　　　　　　　　　　　　　　　정답 (D)

남자가 안심하는 이유를 묻는 문제이므로, 질문의 핵심어구(relieved)와 관련된 내용을 주의 깊게 듣는다. 여자가 "you'll be glad to know the deadline has been pushed back to June 8"라며 마감일이 6월 8일로 미뤄졌다는 걸 알면 남자가 기쁠 것이라고 하자, 남자가 "That's a relief."라며 다행이라고 하였다. 따라서 정답은 (D) A project schedule has been changed이다.

바꾸어 표현하기

the deadline has been pushed back 마감일이 미뤄졌다 → A project schedule has been changed 프로젝트 일정이 변경되었다

Questions 41-43 refer to the following conversation with three speakers.

🔊 캐나다식 발음 → 영국식 발음 → 미국식 발음

M: Excuse me. ⁴¹I'm interested in the property on State Road that's featured on your agency's Web site.

W1: I should let you know that, by law, the land can only be used for agriculture. You cannot open another business there.

M: ⁴²I'm planning to grow apples, actually. But I'd like to check the condition of the soil.

W1: ⁴¹Melinda, can you take a customer on a tour of the Hillwood Farm?

W2: Sure. I just need to make a quick phone call to a client. It'll only take 15 minutes.

W1: ⁴³I can show you a site map in the meantime.

M: ⁴³That'll be great.

41 Where do the women work?
(A) At a grocery store
(B) At a city government office
(C) At a real estate agency
(D) At a construction company

42 What is the man planning to do?
(A) Open a store
(B) Sell a farm
(C) Grow fruit
(D) Purchase a business

43 What will the man most likely do next?
(A) Look at a map
(B) Redesign a property
(C) Meet a client
(D) Make a phone call

41-43번은 다음 세 명의 대화에 관한 문제입니다.

M: 실례합니다. ⁴¹저는 당신의 중개업체 웹사이트에 나와 있는 국도에 있는 토지에 관심이 있어요.

W1: 저는 법에 따라, 그 땅은 오직 농업만을 위해 사용될 수 있다는 점을 알려드려야 해요. 당신은 그곳에 다른 사업체를 열 수 없어요.

M: 사실, ⁴²저는 사과를 재배할 계획이에요. 하지만 저는 토양의 상태를 확인하고 싶어요.

W1: ⁴¹Melinda, 고객을 모시고 Hillwood 농장 투어를 해줄 수 있나요?

W2: 물론이죠. 저는 고객에게 잠깐 전화만 하면 돼요. 15분밖에 안 걸릴 거예요.

W1: ⁴³그동안에 제가 부지 지도를 보여드릴 수 있어요.

M: ⁴³그거 좋을 것 같네요.

41. 여자들은 어디에서 일하는가?
(A) 식료품점에서
(B) 시 정부 사무실에서
(C) 부동산 중개업체에서
(D) 건설 회사에서

42. 남자는 무엇을 하려고 계획하고 있는가?
(A) 가게를 연다.
(B) 농장을 판다.
(C) 과일을 재배한다.
(D) 사업체를 매입한다.

43. 남자는 다음에 무엇을 할 것 같은가?
(A) 지도를 본다.
(B) 건물을 재설계한다.
(C) 고객을 만난다.
(D) 전화를 한다.

지문 property[prá:pərti] 토지, 건물 agriculture[ǽgrikʌltʃər] 농업 soil[sɔil] 토양, 흙 in the meantime 그동안에
41 grocery store 식료품점

41 ■ 전체 대화 관련 문제 화자   정답 (C)
여자들이 일하는 장소를 묻는 문제이므로, 신분 및 직업과 관련된 표현을 놓치지 않고 듣는다. 남자가 여자 1에게 "I'm interested in the property on State Road that's featured on your agency's Web site."라며 여자 1의 중개업체 웹사이트에 나와 있는 국도에 있는 토지에 관심이 있다고 하였고, 여자 1이 여자 2에게 "Melinda, can you take a customer on a tour of the Hillwood Farm?" 이라며 고객을 데리고 Hillwood 농장 투어를 해줄 수 있는지 물었다. 이를 통해 여자들이 일하는 장소가 부동산 중개업체임을 알 수 있다. 따라서 정답은 (C) At a real estate agency이다.

42 ■ 세부 사항 관련 문제 특정 세부 사항   정답 (C)
남자가 하려고 계획하고 있는 것을 묻는 문제이므로, 질문의 핵심어구(planning to do)가 언급된 주변을 주의 깊게 듣는다. 남자가 "I'm planning to grow apples"라며 사과를 재배할 계획이라고 하였다. 따라서 정답은 (C) Grow fruit이다.

43 ■ 세부 사항 관련 문제 다음에 할 일   정답 (A)
남자가 다음에 할 일을 묻는 문제이므로, 대화의 마지막 부분을 주의 깊게 듣는다. 여자 1이 남자에게 "I can show you a site map in the meantime."이라며 그동안에 부지 지도를 보여줄 수 있다고 하자, 남자가 "That'll be great."이라며 그거 좋을 것 같다고 하였다. 따라서 정답은 (A) Look at a map이다.

Questions 44-46 refer to the following conversation.

🎧 호주식 발음 → 영국식 발음

M: I was just in the break room, and ⁴⁴there's a sign on the refrigerator saying that it still isn't working.

W: I know. Several staff members have complained about it already.

M: ⁴⁵I thought a technician was supposed to repair it last night after the office closed.

W: That technician was here to inspect our fire sprinkler system. ⁴⁵We still need to schedule the refrigerator repair.

M: We need to have it fixed as soon as possible. ⁴⁶Why don't you call the repairperson now? See if you can arrange for him to visit our office this afternoon.

44 What problem does the man mention?
(A) A sign has been taken down.
(B) A delivery has been delayed.
(C) An appliance is malfunctioning.
(D) A staff member is absent.

45 Why does the woman say, "That technician was here to inspect our fire sprinkler system"?
(A) To explain the need for overtime work
(B) To agree with a colleague
(C) To explain additional costs
(D) To correct a misunderstanding

46 What does the man ask the woman to do?
(A) Set up an appointment
(B) Empty out a refrigerator
(C) Check a schedule online
(D) Test a sprinkler system

44-46번은 다음 대화에 관한 문제입니다.

M: 제가 방금 휴게실에 있었는데, ⁴⁴냉장고에 여전히 작동하지 않는다는 표시가 있어요.

W: 알아요. 여러 직원들이 이미 그것에 대해 불평했어요.

M: ⁴⁵저는 어젯밤에 사무실 문이 닫힌 후 기술자가 이걸 수리하기로 한 줄 알았어요.

W: 그 기술자는 화재 스프링클러 시스템을 점검하기 위해 여기에 왔어요. ⁴⁵우리는 아직 냉장고 수리 일정을 잡아야 해요.

M: 이걸 가능한 한 빨리 수리해야 해요. ⁴⁶당신이 지금 수리공에게 전화하는 게 어떨까요? 당신이 오늘 오후에 그가 우리 사무실을 방문하도록 주선해줄 수 있는지 확인해주세요.

44. 남자는 무슨 문제를 언급하는가?
(A) 표지판이 치워졌다.
(B) 배송이 지연되었다.
(C) 기기가 제대로 작동하지 않는다.
(D) 직원이 부재중이다.

45. 여자는 왜 "그 기술자는 화재 스프링클러 시스템을 점검하기 위해 여기에 왔어요"라고 말하는가?
(A) 초과 근무의 필요성을 설명하기 위해
(B) 동료에게 동의하기 위해
(C) 추가 비용을 설명하기 위해
(D) 오해를 바로잡기 위해

46. 남자는 여자에게 무엇을 하라고 요청하는가?
(A) 약속을 잡는다.
(B) 냉장고를 비운다.
(C) 온라인에서 일정을 확인한다.
(D) 스프링클러 시스템을 시험해 본다.

지문 refrigerator[미 rifrídʒəreitər, 영 rifrídʒəreitə] 냉장고 complain[kəmpléin] 불평하다, 항의하다 inspect[inspékt] 점검하다 fix[fiks] 수리하다 repairperson[ripέərpəːrsn] 수리공

44 take down 치우다 appliance[əpláiəns] 기기 malfunctioning[mælfʌ́ŋkʃəniŋ] 제대로 작동하지 않는 absent[ǽbsənt] 부재한

45 misunderstanding[mìsʌndərstǽndiŋ] 오해

46 empty out 비우다

44 ■ 세부 사항 관련 문제 문제점   정답 (C)

남자가 언급하는 문제점을 묻는 문제이므로, 남자의 말에서 부정적인 표현이 언급된 다음을 주의 깊게 듣는다. 남자가 "there's a sign on the refrigerator saying that it still isn't working"이라며 냉장고에 여전히 작동하지 않는다는 표시가 있다고 하였다. 따라서 정답은 (C) An appliance is malfunctioning이다.

45 ■ 세부 사항 관련 문제 의도 파악   정답 (D)

여자가 하는 말의 의도를 묻는 문제이므로, 질문의 인용어구(That technician was here to inspect our fire sprinkler system)가 언급된 주변을 주의 깊게 듣는다. 남자가 "I thought a technician was supposed to repair it[refrigerator] last night after the office closed."라며 어젯밤에 사무실 문이 닫힌 후 기술자가 냉장고를 수리하기로 한 줄 알았다고 하자, 여자가 "That technician was here to inspect our fire sprinkler system. We still need to schedule the refrigerator repair."라며 그 기술자가 화재 스프링클러 시스템을 점검하기 위해 여기에 왔다며 아직 냉장고 수리 일정을 잡아야 한다고 한 것을 통해 오해를 바로잡기 위한 의도임을 알 수 있다. 따라서 정답은 (D) To correct a misunderstanding이다.

46 ■ 세부 사항 관련 문제 요청   정답 (A)

남자가 여자에게 요청하는 것을 묻는 문제이므로, 남자의 말에서 요청과 관련된 표현이 언급된 다음을 주의 깊게 듣는다. 남자가 여자에게 "Why don't you call the repairperson now? See if you can arrange for him to visit our office this afternoon."이라며 지금 수리공에게 전화하는 게 어떨지 물은 뒤, 오늘 오후에 그가 사무실을 방문하도록 주선해줄 것을 요청하였다. 따라서 정답은 (A) Set up an appointment이다.

Questions 47-49 refer to the following conversation.

🎧 미국식 발음 → 캐나다식 발음

W: Hello. Thank you for visiting Westford Post Office. How can I help you?

M: About a week ago, ⁴⁷my friend mailed me a package with some books. But I just realized that I gave him my old address. Now I'm worried I won't receive the package.

W: ⁴⁸Well, do you have the item's tracking number? I can use it to look the package up in our system and see whether it's been delivered yet. If not, I can halt the shipment.

M: No, I don't have that.

W: In that case, ⁴⁹you'll have to wait for the package to be returned to the sender. Your friend will have to mail it out again to the proper address. Sorry.

47 What problem does the man mention?
(A) He was charged the wrong amount.
(B) He did not select the right product.
(C) He did not provide the correct information.
(D) He was given inaccurate instructions.

48 What does the woman ask for?
(A) An identification card
(B) An application form
(C) A business address
(D) A tracking number

49 What does the woman say the man must do?
(A) Have a package properly weighed
(B) Send a message to a friend
(C) Visit a post office Web site
(D) Wait for a parcel to be sent back

47-49번은 다음 대화에 관한 문제입니다.

W: 안녕하세요. Westford 우체국을 방문해 주셔서 감사합니다. 어떻게 도와드릴까요?

M: 일주일 정도 전에, ⁴⁷제 친구가 저에게 책이 들어 있는 소포를 보냈어요. 하지만 제가 그에게 저의 예전 주소를 주었다는 걸 막 깨달았어요. 이제 그 소포를 받지 못할 것 같아 걱정되네요.

W: ⁴⁸음, 그 물품의 추적 번호를 갖고 계신가요? 제가 그걸 이용해서 저희 시스템 내에서 소포를 찾아보고 이미 발송되었는지 확인할 수 있어요. 안 되었으면, 배송을 중단해드릴게요.

M: 아니요, 저는 그걸 갖고 있지 않아요.

W: 그렇다면, ⁴⁹당신은 발송인에게 소포가 되돌아가도록 기다리셔야 할 거예요. 친구 분이 알맞은 주소로 그것을 다시 보내셔야 할 거고요. 죄송합니다.

47. 남자는 무슨 문제를 언급하는가?
(A) 그는 잘못된 금액을 청구받았다.
(B) 그는 올바른 제품을 선택하지 않았다.
(C) 그는 정확한 정보를 제공하지 않았다.
(D) 그는 부정확한 안내를 받았다.

48. 여자는 무엇을 요청하는가?
(A) 신분증
(B) 신청서
(C) 사무실 주소
(D) 추적 번호

49. 여자는 남자가 무엇을 해야 한다고 말하는가?
(A) 소포를 제대로 계량한다.
(B) 친구에게 메시지를 보낸다.
(C) 우체국 웹사이트를 방문한다.
(D) 소포가 되돌려 보내지기를 기다린다.

지문 address[ǽdres] 주소 halt[hɔːlt] 중단하다 shipment[ʃípmənt] 배송 proper[prάːpər] 알맞은, 적절한
47 charge[tʃάːrdʒ] 청구하다 select[silékt] 선택하다 inaccurate[inǽkjərit] 부정확한, 틀린
48 identification[aidèntifikéiʃən] 신분증
49 weigh[wei] 계량하다 parcel[pάːrsl] 소포

47 ■ 세부 사항 관련 문제 문제점 정답 (C)
남자가 언급하는 문제점을 묻는 문제이므로, 남자의 말에서 부정적인 표현이 언급된 다음을 주의 깊게 듣는다. 남자가 "my friend mailed me a package with some books. But I just realized that I gave him my old address."라며 친구가 자신에게 책이 들어 있는 소포를 보냈는데 친구에게 예전 주소를 주었다고 한 말을 통해 남자가 정확한 정보를 제공하지 않았다는 것을 알 수 있다. 따라서 정답은 (C) He did not provide the correct information이다.

48 ■ 세부 사항 관련 문제 요청 정답 (D)
여자가 요청하는 것을 묻는 문제이므로, 여자의 말에서 요청과 관련된 표현이 언급된 다음을 주의 깊게 듣는다. 여자가 "Well, do you have the item's tracking number?"라며 물품의 추적 번호를 요청하였다. 따라서 정답은 (D) A tracking number이다.

49 ■ 세부 사항 관련 문제 특정 세부 사항 정답 (D)
여자가 남자가 해야 한다고 말하는 것을 묻는 문제이므로, 질문의 핵심어구(must do)와 관련된 내용을 주의 깊게 듣는다. 여자가 "you'll have to wait for the package to be returned to the sender"라며 발송인에게 소포가 되돌아가도록 기다려야 할 거라고 하였다. 따라서 정답은 (D) Wait for a parcel to be sent back이다.

바꾸어 표현하기
be returned 되돌아가다 → be sent back 되돌려 보내지다

Questions 50-52 refer to the following conversation with three speakers.

🎧 호주식 발음 → 미국식 발음 → 영국식 발음

M: ⁵⁰Welcome to Home Land Retail. How can I help you?

W1: We need shelves to store some extra equipment at our gym.

M: ⁵⁰/⁵¹I'd recommend the EZ Keep storage system. It's a rack that can be lowered to the floor, loaded, and then raised up to seven feet high. It's operated with a remote control.

W2: Sounds perfect. What's the price?

M: $800. Plus, we can ship it directly to your address.

W1: Could the item be delivered within the next two weeks?

W2: Yeah, we want to organize the equipment before a promotional event we're running.

M: All of our products are shipped in less than a week. ⁵²Why don't we head over to the aisle with the storage racks now so that you can look at the EZ Keep?

50 What most likely is the man's job?
(A) Fitness instructor
(B) Delivery person
(C) Interior decorator
(D) Sales associate

51 What does the man say about the EZ Keep?
(A) It is recommended by an expert.
(B) It works using a remote control.
(C) It is exclusively available online.
(D) It comes with free accessories.

52 What will the man probably do next?
(A) Contact another branch
(B) Compare some items
(C) Show a product
(D) Look up a price

50-52번은 다음 세 명의 대화에 관한 문제입니다.

M: ⁵⁰Home Land 소매점에 오신 것을 환영합니다. 어떻게 도와드릴까요?

W1: 저희는 체육관에서 여분의 장비를 보관할 선반들이 필요해요.

M: ⁵⁰/⁵¹저는 EZ Keep 보관 장치를 추천해 드려요. 이것은 바닥까지 낮출 수 있고, 짐을 적재한 후 7피트 높이까지 올릴 수 있는 선반입니다. 리모컨으로 작동이 돼요.

W2: 완벽한 것 같군요. 가격은 어떻게 되나요?

M: 800달러입니다. 게다가, 저희는 고객님의 주소로 곧장 이걸 배송해 드릴 수 있어요.

W1: 앞으로 2주 이내에 물품이 배송될 수 있나요?

W2: 네, 저희는 저희가 진행하는 판촉 행사 전에 장비를 준비하기를 원해요.

M: 저희의 모든 제품은 1주 이내에 배송됩니다. ⁵²고객님들께서 EZ Keep을 살펴보실 수 있도록 지금 저장 선반들이 있는 통로로 가는 게 어떨까요?

50. 남자의 직업은 무엇인 것 같은가?
(A) 체력 단련 강사
(B) 배달원
(C) 실내 장식가
(D) 영업사원

51. 남자는 EZ Keep에 관해 무엇을 말하는가?
(A) 전문가에 의해 추천된다.
(B) 리모컨을 사용하여 작동된다.
(C) 오직 온라인에서만 구할 수 있다.
(D) 무료 부속품들이 딸려 있다.

52. 남자는 다음에 무엇을 할 것 같은가?
(A) 다른 지점에 연락한다.
(B) 몇몇 물품들을 비교한다.
(C) 제품을 보여준다.
(D) 가격을 찾아본다.

지문 shelf [ʃelf] 선반 store [미 stɔːr, 영 stɔː] 보관하다 equipment [ikwípmənt] 장비, 기구 recommend [rèkəménd] 추천하다 rack [ræk] 선반
operate [미 ɑ́ːpəreit, 영 ɔ́pəreit] 작동하다 remote control 리모컨, 원격조정기 organize [ɔ́ːrgənaiz] 준비하다 aisle [ail] 통로
50 instructor [instrʌ́ktər] 강사
51 expert [ékspəːrt] 전문가 exclusively [iksklúːsivli] 오직

---

50 ■ 전체 대화 관련 문제 화자 정답 (D)
○○○○○ 남자의 신분을 묻는 문제이므로, 신분 및 직업과 관련된 표현을 놓치지 않고 듣는다. 남자가 "Welcome to Home Land Retail. How
●●●하 can I help you?"라며 Home Land 소매점에 온 것을 환영한다고 하며 어떻게 도와줄지 물은 뒤, "I'd recommend the EZ Keep
storage system."이라며 상품을 추천해 주었다. 이를 통해 남자가 영업사원임을 알 수 있다. 따라서 정답은 (D) Sales associate이다.

51 ■ 세부 사항 관련 문제 언급 정답 (B)
○○○○○ 남자가 EZ Keep에 관해 언급하는 것을 묻는 문제이므로, 남자의 말에서 질문의 핵심어구(EZ Keep)가 언급된 주변을 주의 깊게 듣는다.
●●●중 남자가 "I'd recommend the EZ Keep storage system. ~ It's operated with a remote control."이라며 EZ Keep 보관 장치를
추천한다고 한 뒤, 이것은 리모컨으로 작동이 된다고 하였다. 따라서 정답은 (B) It works using a remote control이다.

52 ■ 세부 사항 관련 문제 다음에 할 일 정답 (C)
○○○○○ 남자가 다음에 할 일을 묻는 문제이므로, 대화의 마지막 부분을 주의 깊게 듣는다. 남자가 "Why don't we head over to the aisle with
●●●중 the storage racks now so that you can look at the EZ Keep?"이라며 청자들이 EZ Keep을 살펴볼 수 있도록 저장 선반들이
있는 통로로 가자고 하였다. 따라서 정답은 (C) Show a product이다.

53
54
55

Questions 53-55 refer to the following conversation.

🎧 호주식 발음 → 미국식 발음

M: ⁵³/⁵⁴I'm taking an afternoon flight to San Jose on Tuesday to attend the seminar on facility safety that we signed up for. When will you be traveling?

W: I'm scheduled to complete an inspection at our Tucson factory that day, so I'll be leaving later in the evening. I plan on staying at the Surfside Inn near the downtown area.

M: Oh, that's my hotel too! Let's have an early breakfast on Wednesday morning and drive to the workshop together . . . umm . . . if that's OK with you.

W: I was just going to say that. ⁵⁵Let's meet in the lobby at 6:15 A.M.

53 What does the man say about his flight?
(A) It includes a stopover.
(B) It is going to be delayed by an hour.
(C) It is fully booked.
(D) It will depart in the afternoon.

54 Why are the speakers going to San Jose?
(A) To review a hotel
(B) To take part in a session
(C) To inspect an office
(D) To do some sightseeing

55 What does the woman suggest?
(A) Arranging a wake-up call
(B) Speaking to a front desk clerk
(C) Meeting in the lobby
(D) Moving to another hotel

53-55번은 다음 대화에 관한 문제입니다.

M: ⁵³/⁵⁴저는 우리가 신청한 시설 안전에 관한 세미나에 참석하기 위해 화요일에 산호세행 오후 비행기를 타요. 당신은 언제 가시나요?

W: 저는 그날 우리의 투손 공장에서 점검을 완료하기로 일정이 잡혀 있어서, 저녁 늦게 떠날 거예요. 저는 시내 가까이에 있는 Surfside 호텔에 묵을 계획이고요.

M: 아, 그건 제가 묵는 호텔이기도 해요! 수요일 아침에 이른 아침 식사를 하고 워크숍에 같이 차를 타고 가요… 음… 당신이 그래도 괜찮다면요.

W: 제가 막 그 얘기를 하려고 했어요. ⁵⁵오전 6시 15분에 로비에서 만나요.

53. 남자는 그의 비행편에 관해 무엇을 말하는가?
(A) 도중하차를 포함한다.
(B) 한 시간 지연될 것이다.
(C) 예약이 꽉 찼다.
(D) 오후에 출발할 것이다.

54. 화자들은 왜 산호세에 가는가?
(A) 호텔을 살펴보기 위해
(B) 교육에 참석하기 위해
(C) 사무실을 점검하기 위해
(D) 관광을 하기 위해

55. 여자는 무엇을 제안하는가?
(A) 모닝콜을 준비하는 것
(B) 안내 데스크 직원에게 말하는 것
(C) 로비에서 만나는 것
(D) 다른 호텔로 옮기는 것

지문 sign up for ~에 신청하다 travel[trǽvl] 가다
53 stopover[stá:pouvər] 도중하차, 잠깐 들르는 곳 delay[diléi] 지연시키다
54 inspect[inspékt] 점검하다 sightseeing[sáitsi:iŋ] 관광
55 wake-up call 모닝콜 clerk[klə:rk] 직원

53 ■ 세부 사항 관련 문제 언급   정답 (D)
남자가 자신의 비행편에 관해 언급하는 것을 묻는 문제이므로, 남자의 말에서 질문의 핵심어구(flight)가 언급된 주변을 주의 깊게 듣는다. 남자가 "I'm taking an afternoon flight to San Jose"라며 산호세행 오후 비행기를 탄다고 하였다. 따라서 정답은 (D) It will depart in the afternoon이다.

54 ■ 세부 사항 관련 문제 이유   정답 (B)
화자들이 산호세에 가는 이유를 묻는 문제이므로, 질문의 핵심어구(San Jose)가 언급된 주변을 주의 깊게 듣는다. 남자가 "I'm taking an afternoon flight to San Jose on Tuesday to attend the seminar on facility safety that we signed up for."라며 시설 안전에 관한 세미나에 참석하기 위해 산호세행 오후 비행기를 탄다고 하였다. 따라서 정답은 (B) To take part in a session이다.

바꾸어 표현하기
attend the seminar 세미나에 참석하다 → take part in a session 교육에 참석하다

55 ■ 세부 사항 관련 문제 제안   정답 (C)
여자가 남자에게 제안하는 것을 묻는 문제이므로, 여자의 말에서 제안과 관련된 표현이 언급된 다음을 주의 깊게 듣는다. 여자가 "Let's meet in the lobby at 6:15 A.M."이라며 오전 6시 15분에 로비에서 만나자고 제안하였다. 따라서 정답은 (C) Meeting in the lobby 이다.

Questions 56-58 refer to the following conversation.

🎧 미국식 발음 → 캐나다식 발음

W: Rick, 56/57I got a request from the human resources department to set up computers for two new accountants that will be joining the firm on Friday. They'll be sharing the empty office on the second floor. I'd like you and Donna to take care of this today, please.

M: Sure. Should I use the spare computers that are currently in the storage area?

W: No. We just received a shipment of new devices this morning. The boxes are in the main hallway.

M: OK. 58I'll stop by Donna's workspace first to tell her about this task. Then, we'll take care of everything.

56 What does the woman ask the man to do?
(A) Clean out an office
(B) Install some devices
(C) Read some instructions
(D) Train a coworker

57 What department will the new employees most likely work in?
(A) Accounting
(B) Marketing
(C) Human resources
(D) Information technology

58 What will the man probably do next?
(A) Visit a colleague
(B) Unload a package
(C) Return a shipment
(D) Assist an intern

56-58번은 다음 대화에 관한 문제입니다.

W: Rick, 56/57저는 인사부로부터 금요일에 입사하는 두 명의 새로운 회계사를 위해 컴퓨터들을 설치해달라는 요청을 받았어요. 그들은 2층에 있는 빈 사무실을 공유할 거예요. 당신과 Donna가 오늘 이걸 처리해 주었으면 좋겠어요.

M: 물론이죠. 현재 창고에 있는 여분의 컴퓨터들을 사용해야 하나요?

W: 아니요. 우리는 오늘 아침에 막 새 기기들을 배송받았어요. 상자들은 본관 복도에 있어요.

M: 알겠습니다. 58먼저 Donna의 자리에 들러서 이 업무에 대해 그녀에게 말할게요. 그 다음에 저희가 모든 걸 처리할게요.

56. 여자는 남자에게 무엇을 하라고 요청하는가?
(A) 사무실을 청소한다.
(B) 기기를 설치한다.
(C) 설명서를 읽는다.
(D) 동료를 교육한다.

57. 새로운 직원들은 어떤 부서에서 일할 것 같은가?
(A) 회계
(B) 마케팅
(C) 인사
(D) 정보 기술

58. 남자는 다음에 무엇을 할 것 같은가?
(A) 동료를 찾아간다.
(B) 물품을 내린다.
(C) 배송품을 돌려보낸다.
(D) 인턴을 돕는다.

지문 accountant[əkáuntənt] 회계사 spare[speər] 여분의 stop by 들르다
56 install[instɔ́:l] 설치하다 instruction[instrʌ́kʃən] 설명서 coworker[kóuwə̀:rkər] 동료
58 unload[ʌ̀nlóud] (짐을) 내리다 assist[əsíst] 돕다

56 ■ 세부 사항 관련 문제 요청　　　　　　　　　　　　　　　　　　　　　정답 (B)
여자가 남자에게 요청하는 것을 묻는 문제이므로, 여자의 말에서 요청과 관련된 표현이 언급된 다음을 주의 깊게 듣는다. 여자가 "I got a request from the human resources department to set up computers for two new accountants that will be joining the firm on Friday. ~ I'd like you and Donna to take care of this today, please."라며 인사부로부터 금요일에 입사하는 두 명의 새로운 회계사를 위해 컴퓨터들을 설치해달라는 요청을 받았는데, 남자와 Donna가 오늘 이걸 처리해 주면 좋겠다고 요청하였다. 따라서 정답은 (B) Install some devices이다.

바꾸어 표현하기
set up computers 컴퓨터를 설치하다 → Install ~ devices 기기를 설치하다

57 ■ 세부 사항 관련 문제 특정 세부 사항　　　　　　　　　　　　　　　　　정답 (A)
새로운 직원들이 일할 부서를 묻는 문제이므로, 질문의 핵심어구(new employees)와 관련된 내용을 주의 깊게 듣는다. 여자가 "I got a request from the human resources department to set up computers for two new accountants that will be joining the firm on Friday."라며 인사부로부터 금요일에 입사하는 새로운 회계사 두 명을 위해 컴퓨터를 설치해달라고 요청을 받았다고 한 것을 통해 새로운 직원들이 회계 부서에서 일할 것임을 알 수 있다. 따라서 정답은 (A) Accounting이다.

58 ■ 세부 사항 관련 문제 다음에 할 일　　　　　　　　　　　　　　　　　　정답 (A)
남자가 다음에 할 일을 묻는 문제이므로, 대화의 마지막 부분을 주의 깊게 듣는다. 남자가 "I'll stop by Donna's workspace first to tell her about this task."라며 먼저 Donna의 자리에 들러서 이 업무에 대해 그녀에게 말하겠다고 하였다. 따라서 정답은 (A) Visit a colleague이다.

Questions 59-61 refer to the following conversation.

🎧 캐나다식 발음 → 영국식 발음

M: Excuse me. ⁵⁹Can you see if I still have any books checked out? I don't think I do, but I'm not certain. My account is under the name David Harris.

W: Just a minute . . . ⁵⁹/⁶⁰Well, it looks like you still have a novel by Brad Thompson called, uh, *Forgotten Time*. ⁶⁰It was released just last month.

M: Oh, right. I forgot about that one. I'll be visiting my family in Tacoma for a few days, so I'll drop it off next week.

W: ⁶¹OK, but it's due tomorrow, which means you'll have to pay a late fee if you bring it back then. I can renew it now, if you'd like.

M: I'd appreciate that.

59 Where most likely are the speakers?
(A) In a classroom
(B) In a bookstore
(C) In a library
(D) In an auditorium

60 What is mentioned about *Forgotten Time*?
(A) It is currently unavailable.
(B) It was sold at discount.
(C) It was recently published.
(D) It is set in Seattle.

61 What does the woman offer to do?
(A) Process a return
(B) Extend a loan
(C) Cancel a payment
(D) Reprint a receipt

59-61번은 다음 대화에 관한 문제입니다.

M: 실례합니다. ⁵⁹제가 아직 대출 중인 책이 있는지 확인해 주실 수 있나요? 저는 있다고 생각하지 않는데, 확실하지 않아서요. 제 계정은 David Harris라는 이름으로 있어요.

W: 잠시만요… ⁵⁹/⁶⁰음, 당신은 아직 Brad Thompson의, 어, *Forgotten Time*이라고 불리는 소설책을 갖고 있는 것 같네요. ⁶⁰이건 지난달에 막 출간되었어요.

M: 아, 맞아요. 제가 그것에 대해 잊었군요. 저는 며칠 동안 타코마에 있는 가족을 방문할 거라서 그것을 다음 주에 반납할게요.

W: ⁶¹네, 하지만 이건 내일 만기가 되고, 이것은 당신이 그때 책을 가져오면 연체료를 내야 할 거라는 것을 의미해요. 당신이 원하신다면, 제가 지금 기한을 연장해 드릴 수 있어요.

M: 감사합니다.

59. 화자들은 어디에 있는 것 같은가?
(A) 교실에
(B) 서점에
(C) 도서관에
(D) 강당에

60. *Forgotten Time*에 관해 무엇이 언급되는가?
(A) 현재 이용할 수 없다.
(B) 할인된 가격으로 팔렸다.
(C) 최근에 출간되었다.
(D) 시애틀을 배경으로 한다.

61. 여자는 무엇을 해주겠다고 제안하는가?
(A) 반납을 처리한다.
(B) 대출을 연장한다.
(C) 지불을 취소한다.
(D) 영수증을 다시 출력한다.

지문 late fee 연체료 renew[미 rinú:, 영 rinjú:] 기한을 연장하다, 갱신하다
59 auditorium[ɔ̀:ditɔ́:riəm] 강당
60 unavailable[ʌ̀nəvéiləbl] 이용할 수 없는 be set in ~를 배경으로 하다
61 extend[iksténd] 연장하다 loan[loun] 대출

59 ■ 전체 대화 관련 문제 장소 정답 (C)

화자들이 있는 장소를 묻는 문제이므로, 신분 및 직업과 관련된 표현을 놓치지 않고 듣는다. 남자가 "Can you see if I still have any books checked out?"이라며 자신이 아직 대출 중인 책이 있는지 확인해 줄 수 있는지 묻자, 여자가 "Well, it looks like you still have a novel"이라며 아직 소설책 한 권을 갖고 있는 것 같다고 한 말을 통해 화자들이 도서관에 있음을 알 수 있다. 따라서 정답은 (C) In a library이다.

60 ■ 세부 사항 관련 문제 언급 정답 (C)

*Forgotten Time*에 관해 언급되는 것을 묻는 문제이므로, 질문의 핵심어구(*Forgotten Time*)가 언급된 내용을 주의 깊게 듣는다. 여자가 "Well, it looks like you still have a novel ~ called ~ *Forgotten Time*. It was released just last month."라며 남자가 아직 *Forgotten Time*이라는 소설책을 갖고 있는 것 같다고 한 뒤, 이 책이 지난달에 출간되었다고 하였다. 따라서 정답은 (C) It was recently published이다.

바꾸어 표현하기

It was released ~ last month 지난달에 출간되었다 → It was recently published 최근에 출간되었다

61 ■ 세부 사항 관련 문제 제안 정답 (B)

여자가 해주겠다고 제안하는 것을 묻는 문제이므로, 여자의 말에서 제안과 관련된 표현이 언급된 다음을 주의 깊게 듣는다. 여자가 "OK, but it[a novel]'s due tomorrow ~ . I can renew it now, if you'd like."이라며 소설책이 내일 만기가 된다고 한 뒤, 남자가 원한다면 기한을 연장해 줄 수 있다고 하였다. 따라서 정답은 (B) Extend a loan이다.

바꾸어 표현하기

renew 기한을 연장하다 → Extend a loan 대출을 연장하다

Questions 62-64 refer to the following conversation and list.

🎧 캐나다식 발음 → 영국식 발음

M: Ms. Williams, you wanted to talk to me?

W: Yes, Ryan. [62]Have you been sharing copies of the inventory lists with all the stock room staff like I asked?

M: No, I thought you wanted me to give the lists to the store manager only. [63]Sorry if I misunderstood your instructions.

W: That's all right. But, please do that for future deliveries.

M: Certainly. Is there anything else?

W: Yeah. [64]I need you to order more inventory for our shop. Anything with fewer than 10 items in stock, aside from extra small sizes. They don't sell as quickly, so we only need to keep five of those products on hand at a time.

M: Right away, Ms. Williams.

Inventory List	
Item #3851	
Red Pullover Sweater	
Size	**Units in Stock**
Extra Small	6
Small	11
[64]Medium	9
Large	15

62 According to the woman, what should be shared with staff?
(A) A password to an account
(B) Samples of merchandise
(C) A key to a storage room
(D) Copies of a document

63 Why does the man apologize?
(A) He failed to respond to a message.
(B) He misplaced some lists.
(C) He misunderstood directions.
(D) He forgot about an appointment.

64 Look at the graphic. Which size should the man reorder?
(A) Extra small
(B) Small
(C) Medium
(D) Large

62-64번은 다음 대화와 목록에 관한 문제입니다.

M: Ms. Williams, 제게 하실 말씀이 있으시다고요?

W: 네, Ryan. [62]제가 요청한 것과 같이 모든 재고실 직원들과 재고 목록 사본을 공유하셨나요?

M: 아니요, 저는 당신이 점포 관리자에게만 목록을 주길 원하신다고 생각했어요. [63]제가 당신의 지시를 잘못 이해했다면 죄송합니다.

W: 괜찮습니다. 하지만, 앞으로의 배송들에 대해서는 꼭 그렇게 해 주세요.

M: 물론입니다. 이외에 다른 것이 또 있으신가요?

W: 네. [64]우리 상점에 재고를 더 주문해 주셨으면 좋겠어요. 매우 작은 사이즈를 제외한 재고가 10개 이하인 품목은 어떤 것이든지요. 그것들은 빨리 팔리지 않으니까, 한 번에 다섯 개 제품들만 수중에 갖고 있으면 돼요.

M: 바로 할게요, Ms. Williams.

재고 목록	
제품 번호 3851	
빨간색 스웨터	
사이즈	재고 개수
매우 작은 사이즈	6
작은 사이즈	11
[64]중간 사이즈	9
큰 사이즈	15

62. 여자에 따르면, 직원들과 무엇이 공유되어야 하는가?
(A) 계정 비밀번호
(B) 상품 견본
(C) 창고 열쇠
(D) 서류 사본

63. 남자는 왜 사과하는가?
(A) 그는 메시지에 응답하지 않았다.
(B) 그는 목록들을 제자리에 두지 않았다.
(C) 그는 지시를 잘못 이해했다.
(D) 그는 약속을 잊었다.

64. 시각 자료를 보시오. 남자는 어떤 사이즈를 추가 주문해야 하는가?
(A) 매우 작은 사이즈
(B) 작은 사이즈
(C) 중간 사이즈
(D) 큰 사이즈

지문 share[미 ʃeər, 영 ʃeə] 공유하다 misunderstand[mìsʌndərstǽnd] 잘못 이해하다 instruction[instrʌ́kʃən] 지시, 설명
aside from ~을 제외하고, ~외에
62 sample[sǽmpl] 견본 merchandise[mə́:rtʃəndaiz] 상품
63 respond[rispáːnd] 응답하다, 답장하다 misplace[mìspléis] 제자리에 두지 않다 appointment[əpɔ́intmənt] 약속
64 reorder[rì:ɔ́:rdər] 추가 주문하다

62 ■ 세부 사항 관련 문제 특정 세부 사항

정답 (D)

직원들과 공유되어야 하는 것을 묻는 문제이므로, 여자의 말에서 질문의 핵심어구(shared with staff)와 관련된 내용을 주의 깊게 듣는다. 여자가 "Have you been sharing copies of the inventory lists with all the stock room staff like I asked?"라며 자신이 요청한 것과 같이 모든 재고실 직원들과 재고 목록 사본을 공유했는지 물었다. 따라서 정답은 (D) Copies of a document이다.

바꾸어 표현하기

copies of the inventory lists 재고 목록 사본 → Copies of a document 서류 사본

63 ■ 세부 사항 관련 문제 이유

정답 (C)

남자가 사과하는 이유를 묻는 문제이므로, 질문의 핵심어구(apologize)와 관련된 내용을 주의 깊게 듣는다. 남자가 "Sorry if I misunderstood your instructions."라며 지시를 잘못 이해했다면 죄송하다고 하였다. 따라서 정답은 (C) He misunderstood directions이다.

바꾸어 표현하기

instructions 지시 → directions 지시

64 ■ 세부 사항 관련 문제 시각 자료

정답 (C)

남자가 추가 주문해야 하는 사이즈를 묻는 문제이므로, 제시된 목록의 정보를 확인한 뒤 질문의 핵심어구(reorder)와 관련된 내용을 주의 깊게 듣는다. 여자가 "I need you to order more inventory ~. Anything with fewer than 10 items in stock, aside from extra small sizes."라며 상점에 재고를 더 주문해 주었으면 좋겠다고 한 뒤, 매우 작은 사이즈를 제외한 재고가 10개 이하인 품목은 어떤 것이든 더 주문해 달라고 하였다. 이를 통해 남자는 재고가 10개 이하인 매우 작은 사이즈와 중간 사이즈 중에서 매우 작은 사이즈를 제외한 중간 사이즈를 추가 주문할 것임을 목록에서 알 수 있다. 따라서 정답은 (C) Medium이다.

Questions 65-67 refer to the following conversation and map.

🔊 캐나다식 발음 → 미국식 발음

M: Sabrina, ⁶⁵our hotel will be hosting a VIP guest for the next week. His name is Mr. Graystone, and he's going to arrive at the airport at 3 P.M. today. ⁶⁵I'd like you to go pick him up, since you're a veteran driver.

W: Not a problem. ⁶⁶Do you know the terminal he's coming into?

M: Terminal 2. ⁶⁷By the way, Lily Street will be shut down this afternoon, so you won't be able to go that way.

W: Yeah, I heard. But that's fine. ⁶⁷There's another route that will also take less than 30 minutes. I'll take that one.

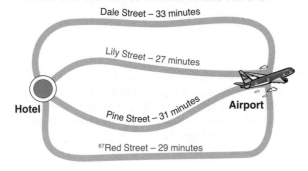

65-67번은 다음 대화와 지도에 관한 문제입니다.

M: Sabrina, ⁶⁵우리 호텔은 다음 주에 VIP 손님을 접대할 거예요. 그의 이름은 Mr. Graystone이고, 그가 오늘 오후 3시에 공항에 도착할 예정이에요. ⁶⁵당신이 경험이 많은 기사이기 때문에, 저는 당신이 그를 모시러 가주었으면 좋겠어요.

W: 문제 없어요. ⁶⁶그가 들어오는 터미널 번호를 아세요?

M: 2번 터미널이에요. ⁶⁷그런데, 오늘 오후에 Lily가가 폐쇄될 예정이라 그 길로 갈 수 없을 거예요.

W: 네, 들었어요. 하지만 괜찮아요. ⁶⁷30분이 채 걸리지 않는 다른 경로가 있어요. 그 길로 갈게요.

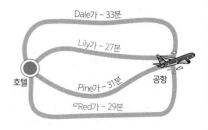

65 What is mentioned about the woman?
(A) She is an experienced employee.
(B) She must travel tomorrow.
(C) She works at an airport.
(D) She plans to stay at a hotel.

66 What information does the woman ask about?
(A) A flight time
(B) An airline name
(C) A terminal number
(D) A departure gate

67 Look at the graphic. Which route is the woman going to take?
(A) Dale Street
(B) Lily Street
(C) Pine Street
(D) Red Street

65. 여자에 관해 무엇이 언급되는가?
(A) 그녀는 경험이 풍부한 직원이다.
(B) 그녀는 내일 이동해야 한다.
(C) 그녀는 공항에서 근무한다.
(D) 그녀는 호텔에 머무를 계획이다.

66. 여자는 무슨 정보에 관해 문의하는가?
(A) 비행 시간
(B) 항공사 이름
(C) 터미널 번호
(D) 출발 탑승구

67. 시각 자료를 보시오. 여자는 어떤 경로를 이용할 것인가?
(A) Dale가
(B) Lily가
(C) Pine가
(D) Red가

지문 host[houst] 접대하다 veteran[vétərən] 경험이 많은, 노련한 shut down 폐쇄하다 route[ruːt] 경로
65 experienced[ikspíəriənst] 경험이 풍부한
66 airline[érlain] 항공사 departure[dipá:rtʃər] 출발

65 ■ 세부 사항 관련 문제 언급

정답 (A)

여자에 관해 언급되는 것을 묻는 문제이므로, 여자와 관련된 내용을 주의 깊게 듣는다. 남자가 여자에게 "our hotel will be hosting a VIP guest for the next week. His name is Mr. Graystone"이라며 호텔은 다음 주에 VIP 손님을 접대할 것이며, 그의 이름은 Mr. Graystone이라고 한 뒤, "I'd like you to go pick him up, since you're a veteran driver."라며 여자가 경험이 많은 기사이기 때문에, 그를 태우러 가주었으면 좋겠다고 하였다. 따라서 정답은 (A) She is an experienced employee이다.

바꾸어 표현하기

a veteran driver 경험이 많은 기사 → an experienced employee 경험이 풍부한 직원

66 ■ 세부 사항 관련 문제 특정 세부 사항

정답 (C)

여자가 문의하는 정보를 묻는 문제이므로, 여자의 말을 주의 깊게 듣는다. 여자가 "Do you know the terminal he[VIP guest]'s coming into?"라며 VIP 손님이 들어오는 터미널 번호를 아는지 물었다. 따라서 정답은 (C) A terminal number이다.

67 ■ 세부 사항 관련 문제 시각 자료

정답 (D)

여자가 이용할 경로를 묻는 문제이므로, 제시된 지도의 정보를 확인한 뒤 질문의 핵심어구(route)가 언급된 주변을 주의 깊게 듣는다. 남자가 "By the way, Lily Street will be shut down this afternoon, so you won't be able to go that way."라며 오늘 오후에 Lily가가 폐쇄될 예정이라 그 길로 갈 수 없을 것이라고 하자, 여자가 "There's another route that will also take less than 30 minutes. I'll take that one."이라며 30분이 채 걸리지 않는 다른 경로가 있는데 그 길을 이용할 거라고 하였으므로, 여자가 소요 시간이 30분이 되지 않는 길들 중 Lily가를 제외한 Red가를 이용할 것임을 지도에서 알 수 있다. 따라서 정답은 (D) Red Street이다.

Questions 68-70 refer to the following conversation and graph.

🔊 영국식 발음 → 호주식 발음

W: ⁶⁸I just spoke with the CEO of Delver Group. She wants to hold a meeting with some representatives from our consultancy on Monday. She says it's urgent.

M: Is something wrong?

W: Sort of. ⁶⁹Her company is trying to boost sales in Europe since the firm's profits hit a low for the year during the month when the company expanded overseas.

M: I see. Well, I'm free that afternoon. So, let's try to get together with her then.

W: All right. ⁷⁰Beforehand, however, we need to brainstorm business ideas to present to her. I'll send you an e-mail today with what I come up with, and you can respond with your input.

68-70번은 다음 대화와 그래프에 관한 문제입니다.

W: ⁶⁸저는 방금 Delver 그룹의 최고 경영자와 이야기했어요. 그녀는 월요일에 우리 컨설팅 회사의 몇몇 대표들과 회의를 하고 싶어 해요. 그녀는 이것이 긴급하다고 말했어요.
M: 뭔가 잘못되었나요?
W: 그런 셈이에요. ⁶⁹그녀의 회사가 해외로 확장했던 달 동안 기업의 수익이 올해의 최저점에 이르렀기 때문에 유럽에서의 판매량을 끌어올리려고 하고 있어요.
M: 알겠어요. 음, 저는 그날 오후에 한가해요. 그러니 그때 그녀와 만나보도록 해요.
W: 좋아요. ⁷⁰하지만 그 전에, 우리는 그녀에게 제시할 사업 방안을 생각해야 해요. 제가 구상하는 것을 오늘 이메일로 당신께 보내드릴 테니, 당신의 의견을 답장으로 보내면 돼요.

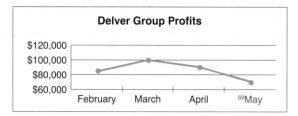

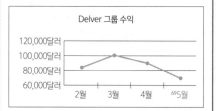

68 What is the conversation mainly about?
(A) A consulting fee
(B) An upcoming meeting
(C) An urgent report
(D) A promotional event

68. 대화는 주로 무엇에 관한 것인가?
(A) 컨설팅 요금
(B) 다가오는 회의
(C) 긴급한 보고서
(D) 판촉 행사

69 Look at the graphic. When did Delver Group expand overseas?
(A) In February
(B) In March
(C) In April
(D) In May

69. 시각 자료를 보시오. Delver 그룹은 언제 해외로 확장했는가?
(A) 2월에
(B) 3월에
(C) 4월에
(D) 5월에

70 What does the woman want to discuss in an e-mail?
(A) Customer feedback
(B) Business advice
(C) Expansion locations
(D) Company policies

70. 여자는 이메일에서 무엇을 논의하길 원하는가?
(A) 고객 의견
(B) 사업 조언
(C) 확장 위치
(D) 회사 정책

지문 representative[rèprizéntativ] 대표 urgent[미 ə́ːrdʒənt, 영 ə́ːdʒənt] 긴급한 boost[buːst] 끌어올리다, 증가하다 hit a low 최저점에 이르다
       expand[ikspǽnd] 확장하다 free[friː] 한가한 get together with ~와 만나다 come up with 구상하다, 생각해내다
   70 feedback[fíːdbæk] 의견 advice[ədváis] 조언 location[loukéiʃən] 위치 policy[pɑ́ːləsi] 정책

68 ■ 전체 대화 관련 문제 주제 정답 (B)

대화의 주제를 묻는 문제이므로, 대화의 초반을 반드시 듣는다. 여자가 "I just spoke with the CEO of Delver Group. She wants to hold a meeting with some representatives from our consultancy on Monday."라며 Delver 그룹의 최고 경영자와 이야기했는데 그녀가 자신들의 컨설팅 회사의 몇몇 대표들과 회의를 하고 싶어 한다고 한 뒤, 다가오는 회의에 대한 내용으로 대화가 이어지고 있다. 따라서 정답은 (B) An upcoming meeting이다.

69 ■ 세부 사항 관련 문제 시각 자료 정답 (D)

Delver 그룹이 해외로 확장한 시기를 묻는 문제이므로, 제시된 그래프의 정보를 확인한 뒤 질문의 핵심어구(expand overseas)가 언급된 내용을 주의 깊게 듣는다. 여자가 "Her company[Delver Group] is trying to boost sales in Europe since the firm's profits hit a low for the year during the month when the company expanded overseas."라며 그녀의 회사 즉, Delver 그룹이 해외로 확장했던 달 동안 기업의 수익이 올해의 최저점에 이르렀다고 하였으므로, 수익이 가장 낮은 5월에 해외로 확장했음을 그래프에서 알 수 있다. 따라서 정답은 (D) In May이다.

70 ■ 세부 사항 관련 문제 특정 세부 사항 정답 (B)

여자가 이메일에서 논의하길 원하는 것을 묻는 문제이므로, 여자의 말에서 질문의 핵심어구(discuss in an e-mail)와 관련된 내용을 주의 깊게 듣는다. 여자가 "Beforehand, however, we need to brainstorm business ideas ~ . I'll send you an e-mail today with what I come up with, and you can respond with your input."이라며 그 전에 사업 방안을 생각해야 한다고 한 뒤, 자신이 구상하는 것을 오늘 이메일로 보낼 테니 남자도 의견을 답장으로 보내라고 하였다. 따라서 정답은 (B) Business advice이다.

바꾸어 표현하기

business ideas 사업 방안 → business advice 사업 조언

TEST | 01 | 02 | 03 | 04 | 05 | 06 | 07 | 08 | 09 | 10 | 해커스 토익 실전 1000제 1 Listening

PART 4

71
72
73

Questions 71-73 refer to the following talk.

🔊 영국식 발음

My name is Gloria Bloom, and ⁷¹I'm a financial consultant. I'll be leading this seminar, which is being hosted by my firm, Stanley Financial. Our plan for this morning is to discuss ways to improve your personal wealth portfolios. ⁷²To start, I'm going to give a short talk about the potential risks of putting money into stocks, government bonds, and real estate. ⁷³Following that, I'll show you a series of charts and graphs that explain which financial products are best suited for short-term gains and why establishing a retirement plan is crucial. All right, let's begin.

71 What is the speaker's occupation?
(A) Government official
(B) Professional writer
(C) Real estate agent
(D) Financial consultant

72 What will the speaker discuss first?
(A) The risks of some investments
(B) The goals of a company
(C) The price of a service
(D) The benefits of savings accounts

73 What does the speaker say she will show the listeners?
(A) A brochure
(B) Some photographs
(C) A schedule
(D) Some diagrams

71-73번은 다음 담화에 관한 문제입니다.

제 이름은 Gloria Bloom이고, ⁷¹저는 재정 상담가입니다. 저는 저희 회사인 Stanley Financial사에 의해 주최되는 이 세미나를 이끌 것입니다. 오늘 아침 저희의 계획은 여러분의 개인 재산 포트폴리오를 개선하는 방법을 논의하는 것입니다. ⁷²우선, 저는 주식, 국채, 그리고 부동산에 돈을 투자하는 것의 잠재적인 위험성에 관해 간단히 설명할 것입니다. ⁷³그다음에, 저는 어떤 금융 상품이 단기 수익에 가장 잘 맞는지와 퇴직자 연금 제도를 설정해 놓는 것이 왜 중요한지 설명하는 일련의 도표들과 그래프들을 보여드릴 것입니다. 좋아요, 이제 시작해보죠.

71. 화자의 직업은 무엇인가?
(A) 공무원
(B) 전문 작가
(C) 부동산 중개인
(D) 재정 상담가

72. 화자는 처음에 무엇을 논의할 것인가?
(A) 투자의 위험
(B) 회사의 목표
(C) 서비스의 가격
(D) 예금 계좌의 혜택

73. 화자는 청자들에게 무엇을 보여줄 것이라고 말하는가?
(A) 소책자
(B) 사진
(C) 일정표
(D) 도표들

지문 consultant[kənsʌ́ltənt] 상담가, 자문 위원 personal[미 pə́:rsənl, 영 pə́:sənl] 개인의, 개인적인
wealth[welθ] 재산, 부 potential[pəténʃəl] 잠재적인 risk[risk] 위험성 put money into ~에 돈을 투자하다 stock[미 staːk, 영 stɔk] 주식
government bonds 국채 real estate 부동산 short-term[미 ʃɔ́ːrttə́:rm, 영 ʃɔ́ːttə́:təm] 단기의 establish[istǽbliʃ] 설정하다
retirement plan 퇴직자 연금 제도 crucial[krúːʃəl] 중요한, 중대한
71 government official 공무원 real estate agent 부동산 중개인 financial[fainǽnʃəl] 재정의
72 investment[invéstmənt] 투자 benefit[bénifit] 혜택, 이득 savings account 예금 계좌

---

71 ■ 전체 지문 관련 문제 화자   정답 (D)

화자의 직업을 묻는 문제이므로, 신분 및 직업과 관련된 표현을 놓치지 않고 듣는다. "I'm a financial consultant. I'll be leading this seminar, which is being hosted by my firm, Stanley Financial."이라며 자신이 재정 상담가라고 한 뒤, 자신의 회사인 Stanley Financial사에 의해 주최되는 이 세미나를 이끌 것이라고 하였다. 따라서 정답은 (D) Financial consultant이다.

72 ■ 세부 사항 관련 문제 특정 세부 사항   정답 (A)

화자가 처음에 논의할 것을 묻는 문제이므로, 질문의 핵심어구(discuss first)와 관련된 내용을 주의 깊게 듣는다. "To start, I'm going to give a short talk about the potential risks of putting money into stock, goverment bonds, and real estate."라며 우선 주식, 국채, 그리고 부동산에 돈을 투자하는 것의 잠재적인 위험성에 관해 간단히 설명할 것이라고 하였다. 따라서 정답은 (A) The risks of some investments이다.

73 ■ 세부 사항 관련 문제 특정 세부 사항   정답 (D)

화자가 청자들에게 보여줄 것을 묻는 문제이므로, 질문의 핵심어구(show the listeners)와 관련된 내용을 주의 깊게 듣는다. "Following that, I'll show you a series of charts and graphs"라며 일련의 도표들과 그래프들을 보여줄 것이라고 하였다. 따라서 정답은 (D) Some diagrams이다.

바꾸어 표현하기
a series of charts and graphs 일련의 도표들과 그래프들 → Some diagrams 도표들

74
75
76

Questions 74-76 refer to the following telephone message.

🔊 호주식 발음

My name is Ernesto Agusta. [74/75]A flat-screen television I ordered was sent to my home by your delivery firm. However, the item's box seems to have been torn during transit, [75]leaving a long scratch across the screen. [76]I plan to give the item away as a prize during a company event, and **it is being held this Saturday.** [76]Please call me back to let me know your plan for dealing with the matter.

74 Where does the listener work?
(A) At a shipping company
(B) At a manufacturing plant
(C) At a television station
(D) At a repair shop

75 What does the speaker say about a television?
(A) It is the incorrect size.
(B) It was sent to an office.
(C) It can be customized.
(D) It has been damaged.

76 What does the speaker mean when he says, "it is being held this Saturday"?
(A) A refund does not need to be issued.
(B) A complaint must be resolved soon.
(C) A warranty should be extended.
(D) An event date has been changed.

74-76번은 다음 전화 메시지에 관한 문제입니다.

제 이름은 Ernesto Agusta입니다. [74/75]제가 주문한 평면 스크린 텔레비전이 당신의 배달 회사에 의해 저희 집으로 배송되었습니다. 그러나, 물품의 상자가 운송 중에 찢어진 것처럼 보이고, [75]스크린 전체에 걸쳐 긴 긁힌 자국을 남겼습니다. [76]저는 회사 행사 동안에 이 제품을 경품으로 나누어 주려고 계획하고 있고, 그것은 이번 주 토요일에 열립니다. [76]이 문제를 처리하는 것에 대한 당신의 계획을 저에게 알려주기 위해 다시 전화 주세요.

74. 청자는 어디에서 일하는가?
(A) 운송 회사에서
(B) 제조 공장에서
(C) 텔레비전 방송국에서
(D) 수리점에서

75. 화자는 텔레비전에 관해 무엇을 말하는가?
(A) 그것은 맞지 않는 크기이다.
(B) 그것은 사무실로 배송되었다.
(C) 그것은 주문 제작될 수 있다.
(D) 그것은 파손되었다.

76. 화자는 "그것은 이번 주 토요일에 열립니다"라고 말할 때 무엇을 의도하는가?
(A) 환불금이 지급될 필요가 없다.
(B) 불만 사항이 빨리 해결되어야 한다.
(C) 품질 보증 기간이 연장되어야 한다.
(D) 행사 날짜가 변경되었다.

지문　 flat-screen[flǽtskrìːn] 평면 스크린　 delivery[dilívəri] 배달, 인도　 transit[trǽnzit] 운송, 수송　 scratch[skrætʃ] 긁힌 자국
　　　 give away 경품으로 나누어 주다　 deal with ~을 처리하다　 matter[미 mǽtər, 영 mǽtə] 문제
74　 shipping company 운송 회사, 택배 회사　 manufacturing[mὲnjufǽktʃəriŋ] 제조　 station[stéiʃən] 방송국　 repair shop 수리점
75　 incorrect[ìnkərékt] 맞지 않는, 부정확한　 customize[kʌ́stəmaiz] 주문 제작하다
76　 refund[ríːfʌnd] 환불금, 환불; 환불하다　 issue[íʃuː] 지급하다, 발행하다　 complaint[kəmpléint] 불만 사항, 항의　 warranty[wɔ́ːrənti] 품질 보증
　　　 extend[iksténd] 연장하다

74 ■ 전체 지문 관련 문제　청자　　　　　　　　　　　　　　　　　　　　　　　　　　　　　　　　　　　　　　정답 (A)

청자가 일하는 장소를 묻는 문제이므로, 신분 및 직업과 관련된 표현을 놓치지 않고 듣는다. "A flat-screen television I ordered was sent to my home by your delivery firm."이라며 화자가 주문한 평면 스크린 텔레비전이 청자의 배달 회사에 의해 자신의 집으로 배송되었다고 하였다. 이를 통해 청자가 일하는 회사가 운송 회사임을 알 수 있다. 따라서 정답은 (A) At a shipping company이다.

바꾸어 표현하기
delivery firm 배달 회사 → a shipping company 운송 회사

75 ■ 세부 사항 관련 문제　언급　　　　　　　　　　　　　　　　　　　　　　　　　　　　　　　　　　　　　　정답 (D)

화자가 텔레비전에 관해 언급하는 것을 묻는 문제이므로, 질문의 핵심어구(television)가 언급된 주변을 주의 깊게 듣는다. "A flat-screen television I ordered was sent to my home ~."이라며 자신이 주문한 평면 스크린 텔레비전이 집으로 배송되었다고 한 뒤, "leaving a long scratch across the screen"이라며 스크린 전체에 걸쳐 긴 긁힌 자국을 남겼다고 한 말을 통해 텔레비전이 파손되었음을 알 수 있다. 따라서 정답은 (D) It has been damaged이다.

76 ■ 세부 사항 관련 문제　의도 파악　　　　　　　　　　　　　　　　　　　　　　　　　　　　　　　　　　　　정답 (B)

화자가 하는 말의 의도를 묻는 문제이므로, 질문의 인용어구(it is being held this Saturday)가 언급된 주변을 주의 깊게 듣는다. "I plan to give the item[television] away as a prize during a company event, and it is being held this Saturday. Please call me back to let me know your plan for dealing with the matter."라며 회사 행사 동안에 텔레비전을 경품으로 나누어 주려고 계획하고 있으며 그것이 이번 주 토요일에 열린다고 한 뒤, 이 문제, 즉 텔레비전에 긁힌 자국이 있는 것을 처리하는 것에 대한 계획을 알려주기 위해 다시 전화 달라고 하였으므로, 불만 사항이 빨리 해결되어야 함을 알 수 있다. 따라서 정답은 (B) A complaint must be resolved soon 이다.

Questions 77-79 refer to the following talk.

🎧 미국식 발음

Working at a restaurant isn't easy. ⁷⁷There are plenty of challenges that you'll face as newly hired staff, from dissatisfied customers to delayed orders to missing ingredients. Such difficulties will be the focus of today's orientation. ⁷⁸I would like to start by having everyone write down a challenging situation that you've confronted at a previous job as well as how you managed it. ⁷⁹In about 15 minutes, we'll all talk about the experiences as a group and then consider alternative ways that the situations could have been dealt with. OK, let's get started.

77 Who are the listeners?
(A) Restaurant investors
(B) Business owners
(C) New employees
(D) Workshop leaders

78 What does the speaker ask the listeners to do?
(A) Offer assistance to incoming workers
(B) Arrange appointments with a supervisor
(C) Read through a training manual
(D) Write about a past work experience

79 What will probably take place in 15 minutes?
(A) A video screening
(B) A group discussion
(C) A registration period
(D) A lunch break

77-79번은 다음 담화에 관한 문제입니다.

식당에서 일하는 것은 쉽지 않습니다. 불만스러워하는 고객부터 지연된 주문들과 분실된 재료까지 ⁷⁷여러분이 새로 고용된 직원으로서 직면하게 될 많은 도전들이 있습니다. 이러한 어려움들이 오늘 오리엔테이션의 초점이 될 것입니다. ⁷⁸저는 여러분이 이전 직장에서 직면했던 도전적인 상황과 이를 어떻게 처리했는지에 대해 써보게 함으로써 시작하고 싶습니다. ⁷⁹약 15분 후에, 저희는 모두 그룹으로 모여 경험들에 대해 이야기할 것이고, 그 다음에는 상황을 처리할 수 있었을 대안들을 고려할 것입니다. 자, 그럼 시작합시다.

77. 청자들은 누구인가?
(A) 식당 투자자들
(B) 사업체 소유주들
(C) 신입 직원들
(D) 워크숍 지도자들

78. 화자는 청자들에게 무엇을 하라고 요청하는가?
(A) 신입 직원들에게 도움을 준다.
(B) 상사와 약속을 잡는다.
(C) 교육 설명서를 끝까지 읽는다.
(D) 이전 근무 경력에 대해 쓴다.

79. 15분 후에 무슨 일이 일어날 것 같은가?
(A) 비디오 상영
(B) 집단 토론
(C) 등록 기간
(D) 점심 시간

지문 **plenty of** 많은 **challenge**[tʃǽləndʒ] 도전, 문제 **dissatisfied**[dissǽtisfaid] 불만스러운 **ingredient**[ingríːdiənt] 재료
difficulty[dífikəlti] 어려움 **situation**[sìtʃuéiʃən] 상황 **confront**[kənfrʌ́nt] 직면하다 **alternative**[ɔːltǝ́ːrnətiv] 대안
77 **investor**[invéstər] 투자자 **owner**[óunər] 소유주 **leader**[líːdər] 지도자, 대표
78 **assistance**[əsístəns] 도움 **incoming**[ínkʌmiŋ] 신입의, 후임의 **training**[tréiniŋ] 교육 **manual**[mǽnjuəl] 설명서
work experience (근무) 경력
79 **screening**[skríːniŋ] 상영 **discussion**[diskʌ́ʃən] 토론 **registration**[rèdʒistréiʃən] 등록 **period**[píəriəd] 기간, 시간

---

77 ■ **전체 지문 관련 문제** 청자　　　　　　　　　　　　　　　　　　　　　　　　　　　　　　　　　　　　　　　정답 (C)

청자들의 신분을 묻는 문제이므로, 신분 및 직업과 관련된 표현을 놓치지 않고 듣는다. "There are plenty of challenges that you'll face as newly hired staff"라며 여러분이 새로 고용된 직원으로서 직면하게 될 많은 도전들이 있다고 하였다. 이를 통해 청자들이 신입 직원임을 알 수 있다. 따라서 정답은 (C) New employees이다.

바꾸어 표현하기
newly hired staff 새로 고용된 직원 → New employees 신입 직원들

78 ■ **세부 사항 관련 문제** 요청　　　　　　　　　　　　　　　　　　　　　　　　　　　　　　　　　　　　　　　정답 (D)

화자가 청자들에게 요청하는 것을 묻는 문제이므로, 지문의 중후반에서 요청과 관련된 표현이 포함된 문장을 주의 깊게 듣는다. "I would like to start by having everyone write down a challenging situation that you've confronted at a previous job as well as how you managed it."이라며 청자들이 이전 직장에서 직면했던 도전적인 상황들과 이를 어떻게 처리했는지에 대해 써보게 함으로써 시작하고 싶다고 하였다. 따라서 정답은 (D) Write about a past work experience이다.

79 ■ **세부 사항 관련 문제** 다음에 할 일　　　　　　　　　　　　　　　　　　　　　　　　　　　　　　　　　　　정답 (B)

15분 후에 일어날 일을 묻는 문제이므로, 질문의 핵심어구(in 15 minutes)가 언급된 주변을 주의 깊게 듣는다. "In about 15 minutes, we'll all talk about the experiences as a group"이라며 약 15분 후에 모두 그룹으로 모여 경험들에 대해 이야기할 것이라고 하였다. 따라서 정답은 (B) A group discussion이다.

Questions 80-82 refer to the following telephone message.

[3회] 캐나다식 발음

Jamie, it's Phillip. I have a favor to ask of you. ⁸⁰/⁸²I'm wondering whether I can borrow your car for a trip to Portland next weekend. ⁸¹I'm gonna visit my old college friend, and I'd prefer not to spend money on a rental. If I remember correctly, you'll be in San Diego meeting with a client anyway, so I figure it won't be a major inconvenience for you. I'd need the car from Saturday morning until Sunday afternoon and could return it early that evening. ⁸²Either way, let me know sometime today in case I need to make other arrangements. I look forward to hearing from you.

80 What is the speaker inquiring about?
(A) Whether a client is in town
(B) How much an upgrade will cost
(C) If he can use a vehicle
(D) When a trip will end

81 Why is the speaker traveling to Portland?
(A) To arrange an event
(B) To visit a friend
(C) To attend a conference
(D) To tour a college campus

82 What does the speaker ask the listener to do?
(A) Make a decision known
(B) Contact a rental company
(C) Return a car before Sunday
(D) Drive to Portland

80-82번은 다음 전화 메시지에 관한 문제입니다.

Jamie, 저 Phillip이에요. 한 가지 부탁할 게 있어요. ⁸⁰/⁸²제가 다음 주 주말에 포틀랜드에 여행하는 데 당신의 차를 빌릴 수 있는지 궁금해요. ⁸¹저는 오랜 대학 친구를 방문할 것인데, 차를 대여하는 데 돈을 쓰고 싶지 않아서요. 제 기억이 맞다면, 당신은 어차피 샌디에이고에서 고객을 만날 것이니, 이것이 당신에게 크게 불편한 일은 아닐 것이라고 생각해요. 저는 토요일 아침부터 일요일 오후까지 차가 필요하고 그날 이른 저녁에 돌려드릴 수 있어요. ⁸²어느 쪽이든, 제가 다른 준비를 해야 할 경우를 대비해서 오늘 중으로 저에게 알려주세요. 연락 기다릴게요.

80. 화자는 무엇에 관해 문의하는가?
(A) 고객이 시내에 있는지
(B) 업그레이드하는 비용이 얼마인지
(C) 자신이 차량을 이용할 수 있는지
(D) 여행이 언제 끝날 것인지

81. 화자는 왜 포틀랜드로 여행하는가?
(A) 행사를 준비하기 위해
(B) 친구를 방문하기 위해
(C) 학회에 참석하기 위해
(D) 대학 캠퍼스를 돌아다니기 위해

82. 화자는 청자에게 무엇을 하라고 요청하는가?
(A) 결정을 알려준다.
(B) 대여 회사에 연락한다.
(C) 일요일 전에 차를 반납한다.
(D) 차를 몰고 포틀랜드로 간다.

지문 favor[féivər] 부탁, 호의 rental[réntl] 대여 figure[fígjər] 생각하다, 판단하다
return[ritɔ́:rn] 돌려주다, 반납하다
80 vehicle[ví:əkl] 차량
81 conference[kɑ́:nfərəns] 학회
82 make ~ known ~을 알리다, 발표하다

80 ■ 세부 사항 관련 문제 특정 세부 사항   정답 (C)
○○○● 화자가 문의하는 것을 묻는 문제이므로, 질문의 핵심어구(inquiring about)와 관련된 내용을 주의 깊게 듣는다. "I'm wondering
● whether I can borrow your car for a trip to Portland next weekend."라며 자신이 다음 주 주말에 포틀랜드로 여행하는 데 청자의
중 차를 빌릴 수 있는지 궁금하다고 하였다. 따라서 정답은 (C) If he can use a vehicle이다.

81 ■ 세부 사항 관련 문제 이유   정답 (B)
○○○○ 화자가 포틀랜드로 여행하는 이유를 묻는 문제이므로, 질문의 핵심어구(traveling to Portland)와 관련된 내용을 주의 깊게 듣는다. "I'm
● gonna visit my old college friend"라며 자신의 오랜 대학 친구를 방문할 것이라고 하였다. 따라서 정답은 (B) To visit a friend이다.
하

82 ■ 세부 사항 관련 문제 요청   정답 (A)
○○○● 화자가 청자에게 요청하는 것을 묻는 문제이므로, 요청과 관련된 표현이 포함된 문장을 주의 깊게 듣는다. "I'm wondering whether
● I can borrow your car for a trip to Portland next weekend."라며 포틀랜드로 여행하는 데 청자의 차를 빌릴 수 있는지 궁금하다고
상 한 뒤, "Either way, let me know sometime today in case I need to make other arrangements."라며 어느 쪽이든 자신이 다른
준비를 해야 할 경우를 대비해서 오늘 중으로 알려달라고 요청하였다. 따라서 정답은 (A) Make a decision known이다.

Questions 83-85 refer to the following announcement.

🎧 영국식 발음

Attention all Alison Apparel customers. In preparation for our soon-to-be-released winter line, [83]we have decided to mark down everything in the store beginning tomorrow. This includes all remaining shoes, shirts, pants, and dresses from our summer and fall collections. Plus, [84]become a member of our store's rewards program today to receive a complimentary piece of jewelry. [85]These specials will also be offered on our Web site. But you must act quickly! Product availability is limited to what we have in stock.

83 What is the announcement mainly about?
(A) A grand opening
(B) A branch expansion
(C) A product launch
(D) A sales event

84 What does the speaker suggest customers do?
(A) Become a member
(B) Purchase a gift card
(C) Download a flyer
(D) Check out reviews

85 What does the speaker say the listeners can do online?
(A) Review recent purchases
(B) Take advantage of deals
(C) Read about an upcoming line
(D) Request product exchanges

83-85번은 다음 공지에 관한 문제입니다.

Alison 의류점 고객 분들은 모두 주목해주십시오. 곧 출시될 겨울 제품의 준비로, [83]저희는 내일부터 상점에 있는 모든 것의 가격을 인하하기로 결정했습니다. 이것은 여름과 가을 컬렉션 중 남아 있는 모든 신발, 셔츠, 바지와 원피스를 포함합니다. 또한, 무료 장신구를 받기 위해 [84]오늘 저희 상점의 보상 프로그램 회원이 되십시오. [85]이러한 특별 할인가는 저희 웹사이트에서도 제공될 것입니다. 하지만 서두르셔야 합니다! 구매 가능한 제품은 저희가 재고로 보유하고 있는 것에 제한됩니다.

83. 공지는 주로 무엇에 관한 것인가?
(A) 개점
(B) 지점 확장
(C) 제품 출시
(D) 할인 판매 행사

84. 화자는 고객들에게 무엇을 하라고 제안하는가?
(A) 회원이 된다.
(B) 상품권을 구입한다.
(C) 전단을 다운로드한다.
(D) 후기들을 확인한다.

85. 화자는 청자들이 온라인에서 무엇을 할 수 있다고 말하는가?
(A) 최근 구매를 확인한다.
(B) 거래를 이용한다.
(C) 곧 공개될 제품에 대해 읽는다.
(D) 제품 교환을 요청한다.

지문 in preparation for ~의 준비로 soon-to-be-released 곧 출시될 mark down ~의 가격을 인하하다 collection[kəlékʃən] 컬렉션, 신작품 access[ǽkses] 이용하다, 접근하다 special[spéʃəl] 특별 할인가, 특별 상품
83 grand opening 개점 branch[bræntʃ] 지점, 분점 expansion[ikspǽnʃən] 확장 launch[lɔ:ntʃ] 출시
84 flyer[fláiər] 전단
85 take advantage of ~을 이용하다 deal[di:l] 거래 upcoming[ʌ́pkʌmiŋ] 곧 공개될 exchange[ikstʃéindʒ] 교환

---

83 ■ 전체 지문 관련 문제 주제   정답 (D)
공지의 주제를 묻는 문제이므로, 지문의 초반을 반드시 듣는다. "we have decided to mark down everything in the store beginning tomorrow"라며 내일부터 상점에 있는 모든 것의 가격을 인하하기로 결정했다고 하였다. 따라서 정답은 (D) A sales event 이다.

84 ■ 세부 사항 관련 문제 제안   정답 (A)
화자가 고객들에게 제안하는 것을 묻는 문제이므로, 지문에서 제안과 관련된 표현이 포함된 문장을 주의 깊게 듣는다. "become a mémber of our store's rewards program today"라며 오늘 상점의 보상 프로그램 회원이 되라고 하였다. 따라서 정답은 (A) Become a member이다.

85 ■ 세부 사항 관련 문제 특정 세부 사항   정답 (B)
청자들이 온라인에서 할 수 있는 것을 묻는 문제이므로, 질문의 핵심어구(listeners can do online)와 관련된 내용을 주의 깊게 듣는다. "These specials will also be offered on our Web site."라며 이러한 특별 할인가는 웹사이트에서도 제공될 것이라고 하였다. 따라서 정답은 (B) Take advantage of deals이다.

Questions 86-88 refer to the following talk.

🎧 미국식 발음

⁸⁶Welcome, everyone, to today's tour of our private school for young, talented artists. There are a lot of things for us to see and discuss, but prior to exploring the facility, we'll first listen to a special lecture from ⁸⁷our director, Ronald Marks. Mr. Marks spent nearly 25 years as a director at the nearby Laurel Museum. Over the course of the museum's history, that stands as a record. ⁸⁸Now, please follow me down the main hallway to the auditorium, where Mr. Marks is waiting for us. It's a short walk.

86 Where most likely are the listeners?
(A) At a tourist information office
(B) At a local museum
(C) At a private residence
(D) At an art school

87 Why does the speaker say, "that stands as a record"?
(A) To praise an administrator's career
(B) To explain a business strategy
(C) To describe a piece of artwork
(D) To draw attention to a donation

88 What will the listeners probably do next?
(A) Talk with some students
(B) Head to an auditorium
(C) Look at an exhibition
(D) Pay for facility passes

86-88번은 다음 담화에 관한 문제입니다.

⁸⁶오늘, 젊고 재능 있는 예술가들을 위한 저희 사립 학교 견학에 오신 여러분을 환영합니다. 저희가 보고 논의할 것들이 많이 있지만, 시설을 답사하기 전에 먼저 ⁸⁷저희의 이사장이신 Ronald Marks의 특별 강연을 들을 것입니다. Mr. Marks는 인근의 Laurel 박물관에서 거의 25년을 이사로 보내셨습니다. 박물관의 역사 동안, 그것은 기록으로 남아 있습니다. ⁸⁸이제, Mr. Marks가 기다리고 있는 강당으로 가는 중앙 복도로 저를 따라오시기 바랍니다. 잠깐만 걸으시면 됩니다.

86. 청자들은 어디에 있는 것 같은가?
(A) 관광안내소에
(B) 지역 박물관에
(C) 개인 주택에
(D) 예술 학교에

87. 화자는 왜 "그것은 기록으로 남아 있습니다"라고 말하는가?
(A) 이사의 경력을 칭찬하기 위해
(B) 사업 전략을 설명하기 위해
(C) 미술품을 묘사하기 위해
(D) 기부에 대해 관심을 끌기 위해

88. 청자들은 다음에 무엇을 할 것 같은가?
(A) 몇몇 학생들과 이야기한다.
(B) 강당으로 향한다.
(C) 전시를 본다.
(D) 시설 입장료를 지불한다.

지문 tour[tuər] 견학 talented[tǽləntid] 재능이 있는 explore[iksplɔ́ːr] 답사하다, 탐험하다 nearly[níərli] 거의 nearby[nìərbái] 인근의
over the course of ~ 동안 hallway[hɔ́ːlwei] 복도 auditorium[ɔ̀ːditɔ́riəm] 강당
86 tourist information office 관광안내소 private[práivət] 개인의 residence[rézidəns] 주택, 거주지
87 praise[preiz] 칭찬하다 administrator[ədmínistreitər] 이사, 행정인 strategy[strǽtədʒi] 전략 artwork[áːrtwəːrk] 미술품
draw attention 관심을 끌다 donation[dounéiʃən] 기부
88 exhibition[èksibíʃən] 전시

86 ■ 전체 지문 관련 문제 장소

정답 (D)

청자들이 있는 장소를 묻는 문제이므로, 장소와 관련된 표현을 놓치지 않고 듣는다. "Welcome, everyone, to today's tour of our private school for young, talented artists."라며 오늘, 젊고 재능 있는 예술가들을 위한 사립 학교 견학에 온 여러분을 환영한다는 말을 통해 청자들이 있는 장소가 예술 학교임을 알 수 있다. 따라서 정답은 (D) At an art school이다.

87 ■ 세부 사항 관련 문제 의도 파악

정답 (A)

화자가 하는 말의 의도를 묻는 문제이므로, 질문의 인용어구(that stands as a record)가 언급된 주변을 주의 깊게 듣는다. "our director, Ronald Marks ~ spent nearly 25 years as a director at the nearby ~ Museum."이라며 이사장인 Ronald Marks가 인근의 박물관에서 거의 25년을 이사로 보냈다고 한 뒤, "Over the course of the museum's history, that stands as a record."라며 박물관의 역사 동안 그것은 기록으로 남아 있다고 하였다. 이를 통해 화자가 이사의 경력을 칭찬하려는 의도임을 알 수 있다. 따라서 정답은 (A) To praise an administrator's career이다.

88 ■ 세부 사항 관련 문제 다음에 할 일

정답 (B)

청자들이 다음에 할 일을 묻는 문제이므로, 지문의 마지막 부분을 주의 깊게 듣는다. "Now, please follow me down the main hallway to the auditorium"이라며 이제 강당으로 가는 중앙 복도로 자신을 따라오라고 하였다. 따라서 정답은 (B) Head to an auditorium이다.

Questions 89-91 refer to the following talk.

🔊 호주식 발음

In about half an hour, the Rockton Hospital Charity Day is going to start. If you haven't done so already, [89]you should visit the registration booth, where you can sign up for different races and events. Remember, for every person who takes part in each competition, our sponsors will be donating $75. [90]Seeing as how the turnout this afternoon is much higher than it was last year, I'm hopeful that we'll raise a lot of money. Oh, one more thing. [91]Race participants will be given one of these Rockton Hospital Charity Day sweatshirts at no cost.

89 What does the speaker suggest the listeners do?
(A) Try out some running gear
(B) Raise funds for a registration fee
(C) Cheer on coworkers
(D) Stop by a booth

90 Why does the speaker feel optimistic?
(A) A lot of people have shown up.
(B) An additional product was donated.
(C) A weather forecast is favorable.
(D) An event was well publicized.

91 How can the listeners receive a sweatshirt?
(A) By buying an admission ticket
(B) By talking to an event organizer
(C) By sponsoring a colleague
(D) By taking part in a race

89-91번은 다음 담화에 관한 문제입니다.

30분 후에, Rockton 병원 자선의 날이 시작됩니다. 아직 그렇게 하지 않으셨다면, [89]여러 가지 경기와 행사에 등록하실 수 있는 접수 부스에 방문하셔야 합니다. 각 대회에 참여하는 각각의 사람들에 대해, 저희 후원 업체가 75달러를 기부할 것임을 기억하십시오. [90]오늘 오후 참가자의 수가 작년보다 얼마나 더 많은지 보니, 저는 우리가 많은 돈을 모을 것이라고 기대합니다. 아, 한 가지 더 있습니다. [91]경주 참가자들은 Rockton 병원 자선의 날 운동복 상의들 중 하나를 무료로 받게 될 것입니다.

89. 화자는 청자들에게 무엇을 하라고 제안하는가?
(A) 달리기 장비를 시험해 본다.
(B) 등록비를 위해 기금을 모은다.
(C) 동료들을 응원한다.
(D) 부스에 들른다.

90. 화자는 왜 낙관적인가?
(A) 많은 사람들이 나타났다.
(B) 추가 제품이 기부되었다.
(C) 일기예보가 좋다.
(D) 행사가 잘 홍보되었다.

91. 청자들은 어떻게 운동복 상의를 받을 수 있는가?
(A) 입장권을 구입함으로써
(B) 행사 주최자에게 이야기함으로써
(C) 동료를 후원함으로써
(D) 경주에 참가함으로써

지문 charity[tʃǽrəti] 자선 registration[rèdʒistréiʃən] 접수, 등록 take part in ~에 참여하다 competition[미 kàːmpətíʃən, 영 kɔ̀mpətíʃən] 대회 sponsor[미 spάːnsər, 영 spɔ́nsə] 후원 업체; 후원하다 donate[미 dóuneit, 영 dəunéit] 기부하다 turnout[미 tə́ːrnaut, 영 tə́ːnaut] 참가자 수 sweatshirt[미 swétʃəːrt, 영 swétʃəːt] 운동복 상의 at no cost 무료로
89 gear[giər] 장비 raise funds 기금을 모으다 coworker[kóuwə̀ːrkər] 동료
90 show up 나타나다 forecast[fɔ́ːrkæst] (날씨) 예보 favorable[féivərəbl] 좋은, 우호적인 publicize[pʌ́blisaiz] 홍보하다
91 admission[ədmíʃən] 입장 organizer[ɔ́ːrgənàizər] 주최자 colleague[kάːliːg] 동료

89 ■ 세부 사항 관련 문제 제안   정답 (D)

○○○●○
●하

화자가 청자들에게 제안하는 것을 묻는 문제이므로, 지문에서 제안과 관련된 표현이 포함된 문장을 주의 깊게 듣는다. "you should visit the registration booth, where you can sign up for different races and events"라며 여러 가지 경기와 행사에 등록할 수 있는 접수 부스에 방문해야 한다고 하였다. 따라서 정답은 (D) Stop by a booth이다.

바꾸어 표현하기
visit the registration booth 접수 부스에 방문하다 → Stop by a booth 부스에 들르다

90 ■ 세부 사항 관련 문제 이유   정답 (A)

○○○○●
●상

화자가 낙관적인 이유를 묻는 문제이므로, 질문의 핵심어구(feel optimistic)와 관련된 내용을 주의 깊게 듣는다. "Seeing as how the turnout this afternoon is much higher than it was last year, I'm hopeful that we'll raise a lot of money."라며 오늘 오후 참가자의 수가 작년보다 얼마나 더 많은지 보니 많은 돈을 모을 것이라고 기대한다고 하였다. 따라서 정답은 (A) A lot of people have shown up이다.

바꾸어 표현하기
hopeful 기대하는 → optimistic 낙관적인

91 ■ 세부 사항 관련 문제 방법   정답 (D)

○○○○●
●상

청자들이 운동복 상의를 받을 수 있는 방법을 묻는 문제이므로, 질문의 핵심어구(sweatshirt)가 언급된 주변을 주의 깊게 듣는다. "Race participants will be given one of these ~ sweatshirts at no cost."라며 경주 참가자들이 운동복 상의들 중 하나를 무료로 받게 될 것이라고 하였다. 따라서 정답은 (D) By taking part in a race이다.

Questions 92-94 refer to the following talk.

[호주식 발음]

Our public library plans to modernize its catalog. Specifically, ⁹²/⁹³we'll be using some government funding we received in May to expand our online database of audiobooks. ⁹³More members are interested than ever before in listening to audiobooks during their work commutes. Many people report using them two or three times weekly. In addition, beginning in June, we will place less of an emphasis on acquiring printed books and spend more money on digital versions. ⁹⁴What I need you all to do is carry out some research to determine which books are most popular among members, so we can make sure to get copies of them.

92 What does the speaker say happened in May?
(A) Some funding was awarded.
(B) Some focus groups were held.
(C) A library branch was closed.
(D) An online database was deleted.

93 Why does the speaker say, "Many people report using them two or three times weekly"?
(A) To give some usage directions
(B) To change some information
(C) To justify a decision
(D) To explain a schedule

94 What are the listeners asked to do?
(A) Sign up for a service
(B) Conduct some research
(C) Create a budget proposal
(D) Test out a new system

92-94번은 다음 담화에 관한 문제입니다.

저희 공립 도서관은 도서 목록을 현대화하려고 계획하고 있습니다. 특히, ⁹²/⁹³저희는 오디오북의 온라인 데이터베이스를 확장하는 데에 5월에 받은 정부 지원금의 일부를 사용할 것입니다. ⁹³그 어느 때보다도 많은 회원들이 통근하는 동안 오디오북을 듣는 것에 관심이 있습니다. 많은 사람들이 일주일에 두세 번씩 그것을 사용한다고 말합니다. 게다가, 6월부터, 저희는 종이 책을 갖추는 것에는 더 적게 중점을 두고 디지털판에 더 많은 돈을 쓸 것입니다. ⁹⁴저는 가장 인기 있는 책의 사본을 마련하는 것을 확실히 하기 위해 여러분 모두가 해야 하는 것은 회원들 사이에서 어떤 책들이 가장 인기 있는지 알아내기 위한 조사를 수행하는 것입니다.

92. 화자는 5월에 무슨 일이 일어났다고 말하는가?
(A) 지원금이 수여되었다.
(B) 포커스 그룹이 열렸다.
(C) 도서관 지점이 문을 닫았다.
(D) 온라인 데이터베이스가 삭제되었다.

93. 화자는 왜 "많은 사람들이 일주일에 두세 번씩 그것을 사용한다고 말합니다"라고 말하는가?
(A) 사용법을 제공하기 위해
(B) 정보를 변경하기 위해
(C) 결정을 정당화하기 위해
(D) 일정을 설명하기 위해

94. 청자들은 무엇을 하도록 요청받는가?
(A) 서비스에 등록한다.
(B) 조사를 한다.
(C) 예산 제안서를 작성한다.
(D) 새로운 시스템을 시험해 본다.

지문 modernize[미 mάːdərnaiz, 영 mɔ́dənaiz] 현대화하다 catalog[kǽtəlɔ̀ɡ] 도서 목록 expand[ikspǽnd] 확장하다 commute[kəmjúːt] 통근
carry out 수행하다 determine[미 ditə́ːrmin, 영 ditə́ːmin] 알아내다
92 focus group 포커스 그룹(상품 시장이나 선거 동향의 조사를 위해 뽑힌 소수의 샘플 그룹)
93 usage direction 사용법 justify[dʒʌ́stifai] 정당화하다
94 conduct[kəndʌ́kt] (특정한 활동을) 하다 budget[bʌ́dʒit] 예산

92 ■ 세부 사항 관련 문제 특정 세부 사항 정답 (A)
5월에 일어난 일을 묻는 문제이므로, 질문의 핵심어구(May)가 언급된 주변을 주의 깊게 듣는다. "we'll be using some government funding we received in May ~."라며 5월에 받은 정부 지원금의 일부를 사용할 것이라고 하였다. 따라서 정답은 (A) Some funding was awarded이다.

93 ■ 세부 사항 관련 문제 의도 파악 정답 (C)
화자가 하는 말의 의도를 묻는 문제이므로, 질문의 인용어구(Many people report using them two or three times weekly)가 언급된 주변을 주의 깊게 듣는다. "we'll be using some government funding ~ to expand our online database of audiobooks"라며 오디오북의 온라인 데이터베이스를 확장하는 데에 정부 지원금의 일부를 사용할 것이라고 한 뒤, "More members are interested than ever before in listening to audiobooks during their work commutes. Many people report using them two or three times weekly."라며 그 어느 때보다도 많은 회원들이 통근하는 동안 오디오북을 듣는 것에 관심이 있다며 많은 사람들이 일주일에 두세 번씩 그것을 사용한다고 말한다고 한 말을 통해, 오디오북의 온라인 데이터베이스를 확장한다는 결정을 정당화하려는 의도임을 알 수 있다. 따라서 정답은 (C) To justify a decision이다.

94 ■ 세부 사항 관련 문제 요청 정답 (B)
청자들이 요청받는 것을 묻는 문제이므로, 지문의 중후반에서 요청과 관련된 표현이 포함된 문장을 주의 깊게 듣는다. "What I need you all to do is carry out some research to determine which books are most popular among members"라며 청자 모두가 해야 하는 것은 회원들 사이에서 어떤 책들이 가장 인기 있는지 알아내기 위한 조사를 수행하는 것이라고 하였다. 따라서 정답은 (B) Conduct some research이다.

Questions 95-97 refer to the following podcast and subscription options.

🎧 영국식 발음

Welcome to another episode of Flix Games, a weekly podcast where we talk about the latest online games and strategies for playing them. [95]I'm proud to announce that this episode is sponsored by Increda. If you haven't heard of them, they offer a meal kit delivery service featuring tons of delicious, easy-to-follow recipes. Also, [96]they generously offer discounts to new users of their service all the time. In fact, I signed up for a three-month subscription last week and was pleasantly surprised. All right, let's get into the episode. Today we'll be talking with Harrison Rivers, who's here to discuss [97]the upcoming release of the highly anticipated sequel to the racing game *Fireflies*.

Length of Subscription	Discount
One month	$50
Three months	[96]$100
Six months	$200
One Year	$400

95 What kind of business is Increda?

(A) A courier business
(B) A game developer
(C) A food service
(D) A publishing company

96 Look at the graphic. How much of a discount did the speaker receive?

(A) $50
(B) $100
(C) $200
(D) $400

97 What is mentioned about the sequel to *Fireflies*?

(A) It is not highly rated.
(B) It is not available yet.
(C) It is free to play.
(D) It is a puzzle game.

95~97번은 다음 팟캐스트와 가입 옵션에 관한 문제입니다.

최신 온라인 게임들과 그것들을 하기 위한 전략에 관해 이야기하는 주간 팟캐스트인 Flix Games의 다른 에피소드에 오신 것을 환영합니다. [95]저는 이 에피소드가 Increda에 의해 후원된다는 것을 발표하게 되어 자랑스럽습니다. 만약 여러분이 그들에 대해 들어본 적이 없다면, 그들은 맛있고 따라 하기 쉬운 수많은 요리법을 포함하는 밀키트 배달 서비스를 제공합니다. 또한, [96]그들은 항상 그들 서비스의 새로운 사용자들에게 아낌없이 할인을 제공합니다. 사실, 저는 지난주에 3개월 구독을 신청했는데 기분 좋게 놀랐습니다. 좋아요, 에피소드로 들어갑시다. 오늘 우리는 [97]레이싱 게임 *Fireflies*의 매우 기대되는 속편의 곧 있을 출시를 논의하기 위해 이곳에 온 Harrison Rivers와 이야기를 나눌 것입니다.

가입 기간	할인
1개월	50달러
3개월	[96]100달러
6개월	200달러
1년	400달러

95. Increda는 어떤 종류의 업체인가?

(A) 택배 회사
(B) 게임 개발 회사
(C) 음식 서비스
(D) 출판 회사

96. 시각 자료를 보시오. 화자는 얼마를 할인받았는가?

(A) 50달러
(B) 100달러
(C) 200달러
(D) 400달러

97. *Fireflies*의 속편에 관해 무엇이 언급되는가?

(A) 높이 평가되지 않는다.
(B) 아직 이용할 수 없다.
(C) 무료로 게임을 할 수 있다.
(D) 퍼즐 게임이다.

지문 podcast[미 pɑ́:dkæst, 영 pɔ́dkɑ:st] 팟캐스트(인터넷망을 통해 다양한 콘텐츠를 제공하는 서비스) strategy[strǽtədʒi] 전략
generously[dʒénərəsli] 아낌없이, 관대하게 sign up for ~을 신청하다 subscription[səbskrípʃən] 구독, 가입
upcoming[ʌ́pkʌmiŋ] 곧 있을, 다가오는 release[rilíːs] 출시, 발간 sequel[síːkwəl] 속편

95 courier[kúriər] 택배, 배달원 developer[divéləpər] 개발 회사, 개발자

95 ■ 세부 사항 관련 문제 특정 세부 사항

정답 (C)

Increda가 어떤 종류의 업체인지를 묻는 문제이므로, 질문의 핵심어구(Increda)가 언급된 주변을 주의 깊게 듣는다. "I'm proud to announce that this episode is sponsored by Increda. ~ they offer a meal kit delivery service featuring tons of delicious, easy-to-follow recipes."라며 이 에피소드가 Increda에 의해 후원된다는 것을 발표하게 되어 자랑스럽다고 한 뒤, 그들은 맛있고 따라 하기 쉬운 수많은 요리법을 포함하는 밀키트 배달 서비스를 제공한다고 하였다. 따라서 정답은 (C) A food service이다.

바꾸어 표현하기

meal kit delivery service 밀키트 배달 서비스 → A food service 음식 서비스

96 ■ 세부 사항 관련 문제 시각 자료

정답 (B)

화자가 할인받은 금액을 묻는 문제이므로, 제시된 가입 옵션의 정보를 확인한 뒤 질문의 핵심어구(a discount ~ speaker receive)와 관련된 내용을 주의 깊게 듣는다. "they generously offer discounts to new users of their service all the time. In fact, I signed up for a three-month subscription last week"이라며 그들은 항상 그들 서비스의 새로운 사용자들에게 아낌없이 할인을 제공한다고 한 뒤, 사실 자신이 지난주에 3개월 구독을 신청했다고 하였으므로, 화자가 3개월 가입 기간에 따른 할인 금액인 100달러를 할인받았음을 가입 옵션에서 알 수 있다. 따라서 정답은 (B) $100이다.

97 ■ 세부 사항 관련 문제 언급

정답 (B)

*Fireflies*의 속편에 관해 언급되는 것을 묻는 문제이므로, 질문의 핵심어구(sequel to *Fireflies*)가 언급된 주변을 주의 깊게 듣는다. "the upcoming release of the highly anticipated sequel to the racing game *Fireflies*"라며 레이싱 게임 *Fireflies*의 매우 기대되는 속편의 곧 있을 출시라고 하였다. 따라서 정답은 (B) It is not available yet이다.

바꾸어 표현하기

upcoming release 곧 있을 출시 → It is not available yet 아직 이용할 수 없다

Questions 98-100 refer to the following advertisement and coupon.

[3ᵢ] 캐나다식 발음

⁹⁸Do you have a headache that just won't go away? Then try Quick Refresh, a pain relief medication **manufactured by SilverEdge Pharmaceuticals**. Quick Refresh is scientifically proven to act faster on stubborn headaches than any other medicine on the market. Moreover, ⁹⁹Quick Refresh is sold in various bottle sizes, including a recently launched economy-sized bottle for consumers looking to buy in bulk. ¹⁰⁰Our product can be found in CityMart stores across the nation. So, why rely on less effective options? Use fast-acting Quick Refresh!

98-100번은 다음 광고와 쿠폰에 관한 문제입니다.

⁹⁸그냥 없어질 것 같지 않은 두통이 있으신가요? 그렇다면 SilverEdge 제약 회사에서 제조한 진통제인 Quick Refresh 를 드셔 보세요. Quick Refresh가 시중에 나와 있는 다른 어떤 약보다도 고질적인 두통에 더 빠르게 작용한다는 것이 과학적으로 증명되었습니다. 더욱이, ⁹⁹Quick Refresh는 대량으로 구매하기를 원하는 소비자들을 위해 최근에 출시된 절약형 사이즈 병을 포함하여 다양한 병 사이즈로 판매됩니다. ¹⁰⁰저희 제품은 전국의 CityMart 상점에서 찾으실 수 있습니다. 그러니 왜 덜 효과적인 선택권에 의존하겠습니까? 신속히 효능을 발휘하는 Quick Refresh를 사용하세요!

SAVE BIG on Quick Refresh!

10% off travel-sized bottles
15% off regular-sized bottles
20% off deluxe-sized bottles
⁹⁹25% off economy-sized bottles

Valid at all CityMart stores
Expires January 10

Quick Refresh를 크게 절약하세요!

여행용 사이즈 병 10퍼센트 할인
보통 사이즈 병 15퍼센트 할인
큰 사이즈 병 20퍼센트 할인
⁹⁹절약형 사이즈 병 25퍼센트 할인

모든 CityMart 상점에서 유효함
1월 10일에 만료됨

---

98 What is being advertised?
(A) A soft drink
(B) A diet pill
(C) A pain medicine
(D) A cleaning liquid

99 Look at the graphic. Which deal is offered for a recently launched bottle?
(A) 10% off
(B) 15% off
(C) 20% off
(D) 25% off

100 What does the speaker say about CityMart?
(A) It offers free shipping.
(B) It sells products through a Web site.
(C) It operates branches nationwide.
(D) It opened stores in another country.

98. 무엇이 광고되고 있는가?
(A) 청량음료
(B) 살 빼는 약
(C) 진통제
(D) 세정액

99. 시각 자료를 보시오. 최근에 출시된 병에 관해 어떤 거래가 제공되는가?
(A) 10퍼센트 할인
(B) 15퍼센트 할인
(C) 20퍼센트 할인
(D) 25퍼센트 할인

100. 화자는 CityMart에 관해 무엇을 말하는가?
(A) 무료 배송을 제공한다.
(B) 웹사이트를 통해 제품을 판매한다.
(C) 전국적으로 지점을 운영한다.
(D) 다른 나라에 상점들을 열었다.

지문 headache[hédeik] 두통 go away 없어지다 scientifically[sàiəntífikli] 과학적으로 act[ækt] 작용하다
stubborn[stʌ́bərn] 고질적인, 없애기 힘든 various[véəriəs] 다양한 in bulk 대량으로 across the nation 전국의 rely on ~에 의존하다
effective[iféktiv] 효과적인 fast-acting[fæstǽktiŋ] 신속히 효능을 발휘하는
98 soft drink 청량음료 diet pill 살 빼는 약
100 operate[ɑ́:pəreit] 운영하다 nationwide[nèiʃənwáid] 전국적으로

98 ■ 전체 지문 관련 문제 주제

정답 (C)

광고의 주제를 묻는 문제이므로, 지문의 초반을 반드시 듣는다. "Do you have a headache that just won't go away? Then try Quick Refresh, a pain relief medication"이라며 그냥 없어질 것 같지 않은 두통이 있다면 진통제인 Quick Refresh를 먹어 보라고 하였다. 따라서 정답은 (C) A pain medicine이다.

바꾸어 표현하기

a pain relief medication 진통제 → A pain medicine 진통제

99 ■ 세부 사항 관련 문제 시각 자료

정답 (D)

최근에 출시된 병에 관해 제공되는 거래를 묻는 문제이므로, 제시된 쿠폰의 정보를 확인한 뒤 질문의 핵심어구(deal ~ offered for a recently launched bottle)와 관련된 내용을 주의 깊게 듣는다. "Quick Refresh is sold in various bottle sizes, including a recently launched economy-sized bottle"이라며 Quick Refresh는 최근에 출시된 절약형 사이즈 병을 포함하여 다양한 병 사이즈로 판매된다고 하였으므로, 최근 출시된 병인 절약형 사이즈 병에 대해서는 25퍼센트 할인이 제공됨을 쿠폰에서 알 수 있다. 따라서 정답은 (D) 25% off이다.

100 ■ 세부 사항 관련 문제 언급

정답 (C)

화자가 CityMart에 관해 언급하는 것을 묻는 문제이므로, 질문의 핵심어구(CityMart)가 언급된 주변을 주의 깊게 듣는다. "Our product can be found in CityMart stores across the nation."이라며 제품은 전국의 CityMart 상점에서 찾을 수 있다고 한 말을 통해 CityMart가 전국적으로 지점을 운영한다는 것을 알 수 있다. 따라서 정답은 (C) It operates branches nationwide이다.

바꾸어 표현하기

across the nation 전국의 → nationwide 전국적으로

TEST 04

🎧 TEST 04.mp3

실전용·복습용 문제풀이 MP3 무료 다운로드 및 스트리밍 바로듣기 (HackersIngang.com)

* 실제 시험장의 소음까지 재현해 낸 고사장 소음/매미 버전 MP3, 영국식·호주식 발음 집중 MP3, 고속 버전 MP3까지
  구매하면 실전에 더욱 완벽히 대비할 수 있습니다.

무료MP3 바로듣기

1
○○○○●하

🔊 영국식 발음
(A) The woman is touching a monitor.
(B) The woman is counting some money.
(C) The woman is zipping up a jacket.
(D) The woman is wearing a backpack.

(A) 여자가 모니터를 만지고 있다.
(B) 여자가 돈을 세고 있다.
(C) 여자가 재킷을 지퍼로 잠그고 있다.
(D) 여자가 배낭을 메고 있다.

■ 1인 사진   정답 (D)

한 여자가 현금 입출금기 앞에 서 있는 모습을 주의 깊게 살핀다.
(A) [×] touching a monitor(모니터를 만지고 있다)는 여자의 동작과 무관하므로 오답이다. 사진에 있는 모니터(monitor)를 사용하여 혼동을 주었다.
(B) [×] counting some money(돈을 세고 있다)는 여자의 동작과 무관하므로 오답이다. 사진에 있는 현금 입출금기와 관련 있는 돈(money)을 사용하여 혼동을 주었다.
(C) [×] zipping up(지퍼로 잠그고 있다)은 여자의 동작과 무관하므로 오답이다. 사진에 있는 재킷(jacket)을 사용하여 혼동을 주었다.
(D) [○] 여자가 배낭을 메고 있는 모습을 정확히 묘사한 정답이다.

어휘   zip up 지퍼로 잠그다

2
○○○●○중

🔊 캐나다식 발음
(A) They are installing some glass partitions.
(B) Some helmets have been put on.
(C) Some plans are posted on a pillar.
(D) They are shoveling some dirt.

(A) 그들은 유리 칸막이들을 설치하고 있다.
(B) 헬멧들이 쓰여 있다.
(C) 설계도들이 기둥에 게시되어 있다.
(D) 그들은 흙을 삽으로 옮기고 있다.

■ 2인 이상 사진   정답 (B)

두 남자가 헬멧을 착용하고 있는 모습과 주변의 전반적인 풍경을 확인한다.
(A) [×] installing(설치하고 있다)은 사진 속 사람들의 동작과 무관하므로 오답이다. 사진에 있는 유리(glass)를 사용하여 혼동을 주었다.
(B) [○] 헬멧들이 사람들 머리 위에 쓰여 있는 모습을 정확히 묘사한 정답이다.
(C) [×] 기둥에 설계도들이 게시되어 있지 않으므로 오답이다. 사진에 있는 설계도(plan)와 기둥(pillar)을 사용하여 혼동을 주었다.
(D) [×] shoveling(삽으로 옮기고 있다)은 사진 속 사람들의 동작과 무관하므로 오답이다. 사진 속 장소인 공사장과 관련된 dirt(흙)를 사용하여 혼동을 주었다.

어휘   partition [pɑːrtíʃən] 칸막이   pillar [pílər] 기둥   shovel [ʃʌ́vəl] 삽으로 옮기다

3
○○○●○중

🔊 미국식 발음
(A) A man is mixing salad in a bowl.
(B) An umbrella is covering a grill.
(C) A man is cooking near a metal fence.
(D) A napkin has dropped from a table.

(A) 한 남자가 그릇에 샐러드를 섞고 있다.
(B) 파라솔이 석쇠를 가리고 있다.
(C) 한 남자가 철제 울타리 근처에서 요리하고 있다.
(D) 냅킨이 탁자에서 떨어져 있다.

■ 1인 사진   정답 (C)

한 남자가 야외에서 요리하고 있는 모습과 주변의 전반적인 풍경을 확인한다.
(A) [×] mixing salad(샐러드를 섞고 있다)는 남자의 동작과 무관하므로 오답이다. 사진에 있는 그릇(bowl)을 사용하여 혼동을 주었다.
(B) [×] 파라솔이 석쇠를 가리고 있지(covering a grill) 않으므로 오답이다. 파라솔을 나타내는 표현 umbrella를 알아둔다.
(C) [○] 철제 울타리 근처에서 요리하고 있는 남자의 모습을 가장 잘 묘사한 정답이다.
(D) [×] 사진에서 떨어져 있는 냅킨(napkin)을 확인할 수 없으므로 오답이다. 사진에 있는 탁자(table)를 사용하여 혼동을 주었다.

어휘   umbrella [ʌmbrélə] 파라솔, 우산   cover [kʌ́vər] 가리다   grill [gril] 석쇠, 그릴   fence [fens] 울타리

4

🔊 호주식 발음

(A) Tripods have been set up near the water.
(B) A man is taking photographs in a gallery.
(C) A man is stepping over a small log.
(D) Some boats are floating on a lake.

(A) 삼각대들이 강 근처에 설치되어 있다.
(B) 한 남자가 미술관에서 사진을 찍고 있다.
(C) 한 남자가 작은 통나무 위를 밟고 올라서 있다.
(D) 몇몇 배들이 호수 위에 떠 있다.

■ 1인 사진

정답 (A)

한 남자가 강 근처에서 사진을 찍고 있는 모습과 주변의 전반적인 풍경을 확인한다.
(A) [○] 삼각대들이 강 근처에 설치되어 있는 모습을 정확히 묘사한 정답이다. water가 강이나 호수 등을 나타낼 수 있음을 알아둔다.
(B) [×] 사진의 장소가 미술관(gallery)이 아니므로 오답이다. A man is taking photographs(한 남자가 사진을 찍고 있다)까지만 듣고 정답으로 선택하지 않도록 주의한다.
(C) [×] 사진에 작은 통나무(small log)가 없고, stepping over(밟고 올라서 있다)는 남자의 동작과 무관하므로 오답이다.
(D) [×] 사진에 배들(boats)이 없으므로 오답이다. 사진의 장소인 호수(lake)를 사용하여 혼동을 주었다.

어휘 tripod[미 tráipɑːd, 영 tráipɔd] 삼각대 water[미 wɔ́ːtər, 영 wɔ́ːtə] 강, 호수 step over 밟고 올라서다 log[lɔːg] 통나무

5

🔊 미국식 발음

(A) Some people are sitting at tables.
(B) Some people are carrying meals across a room.
(C) Some people are placing chairs at the bar.
(D) Some people are waving at each other.

(A) 몇몇 사람들이 테이블에 앉아 있다.
(B) 몇몇 사람들이 방을 가로질러 식사를 나르고 있다.
(C) 몇몇 사람들이 바에 의자들을 놓고 있다.
(D) 몇몇 사람들이 서로에게 손을 흔들고 있다.

■ 2인 이상 사진

정답 (A)

사람들이 테이블에 앉아 있는 모습과 주변 사물의 상태를 주의 깊게 살핀다.
(A) [○] 몇몇 사람들이 테이블에 앉아 있는 모습을 가장 잘 묘사한 정답이다.
(B) [×] 사진에 식사를 나르고 있는(carrying meals) 사람들이 없으므로 오답이다.
(C) [×] 사진에 의자를 놓고 있는(placing chairs) 사람들이 없으므로 오답이다. 사진에 있는 바(bar)를 사용하여 혼동을 주었다.
(D) [×] 사진에 서로에게 손을 흔들고 있는(waving at each other) 사람들이 없으므로 오답이다.

어휘 wave[weiv] 손을 흔들다

6

🔊 영국식 발음

(A) Treadmills are being used in a gym.
(B) Wood floor panels have been removed.
(C) Marks are being wiped off a mirror.
(D) Fitness equipment has been lined up.

(A) 러닝머신들이 체육관에서 사용되고 있다.
(B) 나무 바닥판이 제거되었다.
(C) 자국이 거울에서 닦아지고 있다.
(D) 운동 기구가 일렬로 세워져 있다.

■ 사물 및 풍경 사진

정답 (D)

사진에 사람이 없다는 것과 운동 기구가 배열되어 있는 모습을 확인한다.
(A) [×] 사진에서 러닝머신들은 보이지만 사용되고 있는(are being used) 모습은 아니므로 오답이다. 사진의 장소인 체육관(gym)을 사용하여 혼동을 주었다.
(B) [×] 나무 바닥판이 깔려 있는 상태인데, 제거되었다고 잘못 묘사했으므로 오답이다. Wood floor panels(나무 바닥판)만 듣고 정답으로 선택하지 않도록 주의한다.
(C) [×] 사진에서 자국(Marks)을 확인할 수 없으므로 오답이다. 사진에 있는 거울(mirror)을 사용하여 혼동을 주었다.
(D) [○] 운동 기구가 일렬로 세워져 있는 모습을 정확히 묘사한 정답이다.

어휘 treadmill[trédmil] 러닝머신 wipe off ~에서 ~을 닦다, 없애다 equipment[ikwípmənt] 기구, 장비 line up 일렬로 세우다

PART 2

7

○○○○●
중

🔊 영국식 발음 → 캐나다식 발음

Who did you end up going to a movie with on Saturday night?

(A) Yes, but on Sunday evening.
(B) I think you'd really appreciate the film.
(C) A group of friends from college.

토요일 밤에 결국 누구와 영화를 보러 가게 되었나요?

(A) 네, 하지만 일요일 저녁에요.
(B) 저는 당신이 그 영화를 매우 높이 평가할 거라고 생각해요.
(C) 제 대학 친구들이요.

■ Who 의문문   정답 (C)

토요일 밤에 결국 누구와 영화를 보러 가게 되었는지를 묻는 Who 의문문이다.
(A) [×] 의문사 의문문에 Yes로 응답했으므로 오답이다. Saturday night(토요일 밤)과 관련 있는 Sunday evening(일요일 저녁)을 사용하여 혼동을 주었다.
(B) [×] 질문의 you를 나타낼 수 있는 I를 사용하고, movie(영화)와 같은 의미인 film(영화)을 사용하여 혼동을 준 오답이다.
(C) [○] 자신의 대학 친구들이라며 토요일 밤에 함께 영화를 보러 간 인물을 언급했으므로 정답이다.

어휘   end up ~ing 결국 ~하게 되다   appreciate[əprí:ʃièit] ~을 높이 평가하다

8

○○○○○
하

🔊 호주식 발음 → 미국식 발음

When will you finish fixing my printer?

(A) By tomorrow afternoon.
(B) At a print shop.
(C) I asked for a receipt.

당신은 제 프린터 수리하는 것을 언제 완료할 것인가요?

(A) 내일 오후까지요.
(B) 인쇄소에서요.
(C) 저는 영수증을 요청했어요.

■ When 의문문   정답 (A)

프린터 수리를 언제 완료할 것인지를 묻는 When 의문문이다.
(A) [○] 내일 오후까지라는 말로 프린터 수리하는 것을 완료할 시점을 언급했으므로 정답이다.
(B) [×] 프린터 수리하는 것을 언제 완료할 것인지를 물었는데 장소로 응답했으므로 오답이다. 질문의 When을 Where로 혼동하여 Where will you finish fixing my printer(당신은 제 프린터 수리하는 것을 어디에서 완료할 것인가요)로 생각해 정답으로 선택하지 않도록 주의한다.
(C) [×] fixing(수리하는 것)에서 연상할 수 있는 서비스 비용 지급과 관련된 receipt(영수증)를 사용하여 혼동을 준 오답이다.

9

○○○○○
하

🔊 캐나다식 발음 → 미국식 발음

Faulty merchandise can be returned for a refund, can't it?

(A) The price tag says $20.
(B) Yes, but a receipt is required.
(C) Check the fall collection.

흠이 있는 상품은 환불을 위해 반품될 수 있죠, 그렇지 않나요?

(A) 가격표에 20달러라고 써 있네요.
(B) 네, 하지만 영수증이 필요해요.
(C) 가을 컬렉션을 확인해 보세요.

■ 부가 의문문   정답 (B)

흠이 있는 상품은 환불을 위해 반품될 수 있는지를 확인하는 부가 의문문이다.
(A) [×] merchandise(상품)와 관련 있는 price tag(가격표)을 사용하여 혼동을 준 오답이다.
(B) [○] Yes로 흠이 있는 상품은 환불을 위해 반품될 수 있음을 전달한 후, 영수증이 필요하다는 추가 정보를 제공했으므로 정답이다.
(C) [×] merchandise(상품)와 관련 있는 collection(컬렉션)을 사용하고, Faulty – fall의 유사 발음 어휘를 사용하여 혼동을 준 오답이다.

어휘   faulty[fɔ́:lti] 흠이 있는   merchandise[mə́:rtʃəndaiz] 상품   price tag 가격표

10 🔊 캐나다식 발음 → 미국식 발음

How did the invitations to the company picnic turn out?

(A) It'll be at Mooreland Park.
(B) I prefer e-mail.
(C) Let me show you.

회사 야유회 초대장은 어떻게 됐나요?

(A) 그것은 Mooreland 공원에서 할 거예요.
(B) 저는 이메일을 선호해요.
(C) 제가 당신에게 보여줄게요.

■ How 의문문   정답 (C)

회사 야유회 초대장이 어떻게 됐는지를 묻는 How 의문문이다.
(A) [×] 질문의 company picnic(회사 야유회)을 나타낼 수 있는 It을 사용하고, company picnic(회사 야유회)에서 연상할 수 있는 장소와 관련된 Park(공원)를 사용하여 혼동을 준 오답이다.
(B) [×] invitations(초대장)에서 연상할 수 있는 발송 수단과 관련된 e-mail(이메일)을 사용하여 혼동을 준 오답이다.
(C) [○] 자신이 상대방에게 보여주겠다는 말로 회사 야유회 초대장이 어떻게 됐는지 직접 확인하라는 간접적인 응답을 했으므로 정답이다.

어휘 invitation[ìnvitéiʃən] 초대장, 초대 turn out 되다, 나타나다 prefer[prifə́:r] 선호하다, 좋아하다

11 🔊 캐나다식 발음 → 호주식 발음

We'd like you to write the next quarterly report.

(A) It may have been erased.
(B) Sorry. I won't be able to do it.
(C) Yes, a contract with Blake Jewelry.

저희는 당신이 다음 분기 보고서를 작성해 주었으면 좋겠어요.

(A) 그건 지워졌을 수도 있어요.
(B) 죄송해요. 저는 그걸 할 수 없을 거예요.
(C) 네, Blake 보석사와의 계약이요.

■ 평서문   정답 (B)

상대방에게 다음 분기 보고서를 작성해 달라고 요청하는 평서문이다.
(A) [×] 상대방에게 다음 분기 보고서를 작성해 달라고 했는데, 이와 관련이 없는 그건 지워졌을 수도 있다는 내용으로 응답했으므로 오답이다. 질문의 the next quarterly report(다음 분기 보고서)를 나타낼 수 있는 It을 사용하여 혼동을 주었다.
(B) [○] 죄송하다고 한 후 그걸 할 수 없을 거라는 말로 요청을 거절한 정답이다.
(C) [×] quarterly – Jewelry의 유사 발음 어휘를 사용하여 혼동을 준 오답이다.

어휘 quarterly[kwɔ́:rtərli] 분기의, 1년 4회의 erase[미 iréis, 영 iréiz] 지우다

12 🔊 캐나다식 발음 → 미국식 발음

Why don't we visit the amusement park?

(A) The parking lot across the street.
(B) Let's wait until the new rides open in May.
(C) Everyone thought the concert was entertaining.

놀이공원에 가는 게 어때요?

(A) 길 건너편의 주차장이요.
(B) 5월에 새 놀이 기구들이 개시될 때까지 기다리도록 해요.
(C) 모든 사람이 콘서트가 재미있었다고 생각했어요.

■ 제안 의문문   정답 (B)

놀이공원에 가자는 제안 의문문이다. Why don't we가 제안하는 표현임을 이해할 수 있어야 한다.
(A) [×] 질문의 park(공원)를 parking lot(주차장)에서 '주차'라는 의미의 명사 parking으로 반복 사용하여 혼동을 준 오답이다.
(B) [○] 5월에 새 놀이 기구들이 개시될 때까지 기다리자는 말로 제안을 간접적으로 거절한 정답이다.
(C) [×] amusement park(놀이공원)에서 연상할 수 있는 감정과 관련된 entertaining(재미있는)을 사용하여 혼동을 준 오답이다.

어휘 amusement park 놀이공원 ride[raid] 놀이 기구 entertaining[èntərtéiniŋ] 재미있는

13

○○○●상

🔊 호주식 발음 → 영국식 발음

I'll mail this agreement to our lawyer if you'd like me to.

(A) With a legal representative.
(B) Sure, if you don't mind.
(C) Underneath those forms.

만약 당신이 제가 하길 원한다면 우리 변호사에게 이 계약서를 보낼게요.

(A) 법정 대리인과요.
(B) 물론이죠, 당신이 괜찮으시다면요.
(C) 그 양식들 아래에요.

■ 평서문

정답 (B)

만약 상대방이 원한다면 자신이 변호사에게 계약서를 보내겠다고 제안하는 평서문이다.
(A) [x] 질문의 lawyer(변호사)와 같은 의미인 legal representative(법정 대리인)를 사용하여 혼동을 준 오답이다.
(B) [o] Sure로 상대방이 변호사에게 계약서를 보내길 원함을 전달한 후, 상대방이 괜찮다면이라는 말로 제안을 수락한 정답이다.
(C) [x] agreement(계약서)와 관련 있는 forms(양식들)를 사용하여 혼동을 준 오답이다.

어휘 mail[meil] (우편으로) 보내다 agreement[əgríːmənt] 계약서 underneath[미 ʌ̀ndərníːθ, 영 ʌ̀ndəníːθ] 아래에

14

○○○○●하

🔊 미국식 발음 → 호주식 발음

How can I help you apply for the position?

(A) I'll apply that approach.
(B) No, it's a factory job.
(C) By proofreading my résumé.

그 직책에 지원하는 것을 제가 어떻게 도와드릴까요?

(A) 제가 접근법을 적용해 볼게요.
(B) 아니요, 이건 공장 일자리예요.
(C) 제 이력서를 교정해 줌으로써요.

■ How 의문문

정답 (C)

직책에 지원하는 것을 자신이 어떻게 도와줄지를 묻는 How 의문문이다. How가 방법을 묻는 것임을 이해할 수 있어야 한다.
(A) [x] 직책에 지원하는 것을 자신이 어떻게 도와줄지를 물었는데, 이와 관련이 없는 자신이 그 접근법을 적용해 보겠다는 내용으로 응답했으므로 오답이다. 질문의 apply(지원하다)를 '적용하다'라는 의미로 반복 사용하여 혼동을 주었다.
(B) [x] 의문사 의문문에 No로 응답했으므로 오답이다. position(직책)과 관련 있는 job(일자리)을 사용하여 혼동을 주었다.
(C) [o] 자신의 이력서를 교정해 줌으로써라며 그 직책에 지원하는 것을 도와주는 방법을 전달했으므로 정답이다.

어휘 apply[əplái] 지원하다, 적용하다 approach[미 əpróutʃ, 영 əpróutʃ] 접근법, 접근 proofread[prúːfriːd] 교정하다

15

○○○●●상

🔊 캐나다식 발음 → 영국식 발음

What project is Oakley Construction planning at the moment?

(A) A commercial building near the river.
(B) Yes, just a moment ago.
(C) Either of the projectors.

Oakley 건설사가 지금 계획하고 있는 프로젝트는 무엇인가요?

(A) 강 근처의 상업 빌딩이요.
(B) 네, 방금 전에요.
(C) 두 프로젝터들 중 하나요.

■ What 의문문

정답 (A)

Oakley 건설사가 지금 계획하고 있는 프로젝트는 무엇인지를 묻는 What 의문문이다. What project를 반드시 들어야 한다.
(A) [o] 강 근처의 상업 빌딩이라는 말로 Oakley 건설사가 지금 계획하고 있는 프로젝트를 전달했으므로 정답이다.
(B) [x] 의문사 의문문에 Yes로 응답했으므로 오답이다. 질문의 moment를 반복 사용하여 혼동을 주었다.
(C) [x] Oakley 건설사가 지금 계획하고 있는 프로젝트는 무엇인지를 물었는데, 이와 관련이 없는 두 프로젝터들 중 하나라는 내용으로 응답했으므로 오답이다. project – projectors의 유사 발음 어휘를 사용하여 혼동을 주었다.

어휘 at the moment 지금 commercial[미 kəmə́ːrʃəl, 영 kəmə́ːʃəl] 상업의, 상업적인

16

○○○●
상

🎧 미국식 발음 → 캐나다식 발음

Has Mr. Donovan mentioned anything about the training session?

(A) Because it's still raining.
(B) Yesterday afternoon.
(C) There have been no messages.

Mr. Donovan이 교육 과정에 대해 언급한 것이 있나요?

(A) 아직 비가 오고 있기 때문이에요.
(B) 어제 오후요.
(C) 메시지가 없었어요.

■ 조동사 의문문

정답 (C)

Mr. Donovan이 교육 과정에 대해 언급한 것이 있는지를 확인하는 조동사(Have) 의문문이다.
(A) [×] Mr. Donovan이 교육 과정에 대해 언급한 것이 있는지를 물었는데 이유로 응답했으므로 오답이다. training – raining의 유사 발음 어휘를 사용하여 혼동을 주었다.
(B) [×] Mr. Donovan이 교육 과정에 대해 언급한 것이 있는지를 물었는데 시간으로 응답했으므로 오답이다.
(C) [○] 메시지가 없었다는 말로 Mr. Donovan이 교육 과정에 대해 언급한 것이 없었음을 간접적으로 전달했으므로 정답이다.

어휘 mention[ménʃən] 언급하다 training[tréiniŋ] 교육 still[stil] 아직

17

○○○●
상

🎧 호주식 발음 → 미국식 발음

Where did Ms. Sato transfer from?

(A) Almost two years ago.
(B) She was in our Tokyo office.
(C) I applied for a transfer.

Ms. Sato가 어디에서 전근을 왔나요?

(A) 거의 2년 전이요.
(B) 그녀는 우리 도쿄 지점에 있었어요.
(C) 저는 전근을 신청했어요.

■ Where 의문문

정답 (B)

Ms. Sato가 어디에서 전근을 왔는지를 묻는 Where 의문문이다.
(A) [×] Ms. Sato가 어디에서 전근을 왔는지를 물었는데 시점으로 응답했으므로 오답이다.
(B) [○] 그녀는 자신들의 도쿄 지점에 있었다는 말로 Ms. Sato가 전근을 오기 전에 근무한 장소를 언급했으므로 정답이다.
(C) [×] 질문의 transfer(전근하다)를 '전근'이라는 의미의 명사로 반복 사용하여 혼동을 준 오답이다.

어휘 transfer[미 trænsfá:r, 영 trænsfэ́:] 전근하다; 전근 almost[ɔ́:lmoust] 거의 apply[əplái] 신청하다

18

○○○●
상

🎧 영국식 발음 → 호주식 발음

Will the office stay like this or will you redecorate it?

(A) Yes, I'll stay for the performance.
(B) At a graphic design agency.
(C) Barbara is handling it.

사무실을 이렇게 유지할까요, 아니면 당신이 새로 장식하실 건가요?

(A) 네, 저는 공연을 위해 머무를 거예요.
(B) 그래픽 디자인 업체에서요.
(C) Barbara가 그걸 처리하고 있어요.

■ 선택 의문문

정답 (C)

사무실을 이렇게 유지할지 아니면 상대방이 새로 장식할 것인지를 묻는 선택 의문문이다.
(A) [×] 사무실을 이렇게 유지할 것인지 아니면 상대방이 새로 장식할 것인지를 물었는데, 이와 관련이 없는 공연을 위해 머무를 거라는 내용으로 응답했으므로 오답이다. 질문의 stay를 반복 사용하여 혼동을 주었다.
(B) [×] 사무실을 이렇게 유지할 것인지 아니면 상대방이 새로 장식할 것인지를 물었는데 장소로 응답했으므로 오답이다. redecorate(새로 장식하다)과 관련 있는 design(디자인)을 사용하여 혼동을 주었다.
(C) [○] Barbara가 그걸 처리하고 있다는 말로 둘 다 선택하지 않았으므로 정답이다.

어휘 stay[stei] 유지하다 redecorate[rì:dékəreit] 새로 장식하다 handle[hǽndl] 처리하다, 다루다

19

○ ○ ○
● ○ ○
중

What do you think of the new advertising campaign?

(A) In newspapers and magazines.
(B) We finished it last week.
(C) It's going to be effective.

새 광고 캠페인에 대해 어떻게 생각하세요?

(A) 신문과 잡지예요.
(B) 우리는 지난주에 그것을 끝냈어요.
(C) 그것은 효과적일 거예요.

■ What 의문문   정답 (C)

새 광고 캠페인에 대해 어떻게 생각하는지를 묻는 What 의문문이다.

(A) [×] advertising campaign(광고 캠페인)에서 연상할 수 있는 광고 수단과 관련된 newspapers and magazines(신문과 잡지)를 사용하여 혼동을 준 오답이다.
(B) [×] 질문의 new advertising campaign(새 광고 캠페인)을 나타낼 수 있는 it을 사용하여 혼동을 준 오답이다.
(C) [○] 그것은 효과적일 거라는 말로 새 광고 캠페인에 대한 의견을 제시했으므로 정답이다.

어휘 advertising[ǽdvərtàiziŋ] 광고 magazine[미 mǽgəzi:n, 영 mæ̀gəzí:n] 잡지 effective[iféktiv] 효과적인

20

○ ○ ○
● ○ ○
중

When will the representative from Ferdinand Appliance Center be here?

(A) Around 20 percent.
(B) It's hard to say.
(C) Yes, she could be.

Ferdinand 가전제품 센터의 대표가 언제 여기에 올까요?

(A) 약 20퍼센트요.
(B) 말하기가 어렵네요.
(C) 네, 그녀는 그럴 수 있을 거예요.

■ When 의문문   정답 (B)

Ferdinand 가전제품 센터의 대표가 언제 여기에 올지를 묻는 When 의문문이다.

(A) [×] Ferdinand 가전제품 센터의 대표가 언제 여기에 올지를 물었는데, 이와 관련이 없는 약 20퍼센트라는 내용으로 응답했으므로 오답이다. Around만 듣고 정답으로 고르지 않도록 주의한다.
(B) [○] 말하기가 어렵다는 말로 모르겠다는 간접적인 응답을 했으므로 정답이다.
(C) [×] 의문사 의문문에 Yes로 응답했으므로 오답이다. 질문의 representative를 나타낼 수 있는 she를 사용하고, 질문의 be를 반복 사용하여 혼동을 주었다.

어휘 representative[rèprizéntətiv] 대표 around[əráund] 약, 대략 hard[hɑ:rd] 어려운

21

○ ○ ○
● ○ ○
상

Did Robert explain why the guest departed early?

(A) Or I could submit it in advance.
(B) Who guessed it correctly?
(C) I thought he told you.

Robert가 손님이 왜 일찍 떠났는지 설명했나요?

(A) 아니면 제가 미리 이것을 제출할 수 있어요.
(B) 누가 이것을 정확하게 추측했나요?
(C) 저는 그가 당신에게 말한 줄 알았어요.

■ 조동사 의문문   정답 (C)

Robert가 손님이 왜 일찍 떠났는지 설명했는지를 확인하는 조동사(Do) 의문문이다.

(A) [×] 질문의 early(일찍)와 관련 있는 in advance(미리)를 사용하여 혼동을 준 오답이다.
(B) [×] Robert가 손님이 왜 일찍 떠났는지 설명했는지를 물었는데, 이와 관련이 없는 누가 이것을 정확하게 추측했냐는 내용으로 되물었으므로 오답이다. guest – guessed의 유사 발음 어휘를 사용하여 혼동을 주었다.
(C) [○] 자신은 그가 상대방에게 말한 줄 알았다는 말로 Robert가 손님이 왜 일찍 떠났는지 설명하지 않았다는 간접적인 응답을 했으므로 정답이다.

어휘 depart[미 dipá:rt, 영 dipá:t] 떠나다 guess[ges] 추측하다 correctly[kəréktli] 정확하게

22

🔊 호주식 발음 → 영국식 발음

Why do we have to rearrange the order of the convention talks?

(A) It was on a very interesting topic.
(B) One of the speakers is running late.
(C) A full range of models.

왜 컨벤션 연설의 순서를 재조정해야 하나요?

(A) 그건 매우 흥미로운 주제에 대한 것이었어요.
(B) 연설자들 중 한 명이 늦어지고 있어요.
(C) 모든 종류의 모델이요.

■ Why 의문문

정답 (B)

왜 컨벤션 연설의 순서를 재조정해야 하는지를 묻는 Why 의문문이다.
(A) [×] talks(연설)와 관련 있는 topic(주제)을 사용하여 혼동을 준 오답이다.
(B) [○] 연설자들 중 한 명이 늦어지고 있다는 말로 컨벤션 연설의 순서를 재조정해야 하는 이유를 언급했으므로 정답이다.
(C) [×] 왜 컨벤션 연설의 순서를 재조정해야 하는지를 물었는데, 이와 관련이 없는 모든 종류의 모델이라는 내용으로 응답했으므로 오답이다. rearrange – range의 유사 발음 어휘를 사용하여 혼동을 주었다.

어휘 rearrange[rìːəréindʒ] 재조정하다 topic[미 táːpik, 영 tɔ́pik] 주제

23

🔊 캐나다식 발음 → 미국식 발음

Our supervisor scheduled an inspection for Thursday.

(A) Check at the reception desk.
(B) I won't be here.
(C) No, I didn't expect it.

우리 관리자가 목요일에 점검 일정을 잡았어요.

(A) 안내 데스크에서 확인하세요.
(B) 저는 여기 없을 거예요.
(C) 아니요, 저는 그걸 예상하지 못했어요.

■ 평서문

정답 (B)

관리자가 목요일에 점검 일정을 잡았다는 객관적인 사실을 전달하는 평서문이다.
(A) [×] 관리자가 목요일에 점검 일정을 잡았다고 했는데, 이와 관련이 없는 안내 데스크에서 확인하라는 내용으로 응답했으므로 오답이다. inspection – reception의 유사 발음 어휘를 사용하여 혼동을 주었다.
(B) [○] 자신은 여기 없을 거라는 말로 점검 일정에 참석하지 않음을 간접적으로 전달했으므로 정답이다.
(C) [×] inspection – expect의 유사 발음 어휘를 사용하여 혼동을 준 오답이다. I didn't expect it만 듣고 정답으로 고르지 않도록 주의한다.

어휘 schedule[skédʒuːl] 일정을 잡다 inspection[inspékʃən] 점검

🔊 캐나다식 발음 → 호주식 발음

Everyone will be receiving a small raise this year, right?

(A) Yes, the entire team.
(B) An annual company picnic.
(C) Every one of those signs.

올해에는 모두가 소량의 임금 인상을 받을 거예요, 그렇죠?

(A) 네, 팀 전체요.
(B) 연례 회사 야유회요.
(C) 그 간판들 전부 다요.

■ 부가 의문문

정답 (A)

올해에는 모두가 소량의 임금 인상을 받을지를 확인하는 부가 의문문이다.
(A) [○] Yes로 올해에는 모두가 소량의 임금 인상을 받을 것임을 전달한 후, 팀 전체가 받을 거라는 추가 정보를 제공했으므로 정답이다.
(B) [×] year(해)와 관련 있는 annual(연례)을 사용하여 혼동을 준 오답이다.
(C) [×] 올해에는 모두가 소량의 임금 인상을 받을지를 물었는데, 이와 관련이 없는 그 간판들 전부 다라는 내용으로 응답했으므로 오답이다. 질문의 Everyone(모두)을 '전부 다'라는 의미의 Every one으로 반복 사용하여 혼동을 주었다.

어휘 raise[reiz] 임금 인상 entire[intáiər] 전체의 annual[ǽnjuəl] 연례의

🔊 호주식 발음 → 미국식 발음

Guests get a complimentary breakfast in the hotel's dining area.

(A) The lunch was delicious.
(B) Yes, I read that online.
(C) Thanks for the compliment.

손님들은 호텔의 식사 공간에서 무료 아침 식사를 합니다.

(A) 점심 식사는 맛있었어요.
(B) 네, 저도 온라인에서 그렇다고 읽었어요.
(C) 칭찬해 주셔서 감사해요.

■ 평서문 　　　　　　　　　　　　　　　　　　　　　　　　　　　　　　　　　　　　　　　정답 (B)

손님들은 호텔의 식사 공간에서 무료 아침 식사를 한다는 객관적인 사실을 전달하는 평서문이다.
(A) [×] breakfast(아침 식사)와 관련 있는 lunch(점심 식사)를 사용하여 혼동을 준 오답이다.
(B) [○] 자신도 온라인에서 그렇다고 읽었다는 말로 사실에 대한 의견을 전달했으므로 정답이다.
(C) [×] 손님들은 호텔의 식사 공간에서 무료 아침 식사를 한다고 했는데, 이와 관련이 없는 칭찬해 줘서 감사하다는 내용으로 응답했으므로 오답이다. complimentary – compliment의 유사 발음 어휘를 사용하여 혼동을 주었다.

어휘　complimentary[미 kàmpləméntəri, 영 kɔ̀mpləméntəri] 무료의　compliment[kámpləmənt] 칭찬

26

🔊 미국식 발음 → 호주식 발음

Didn't you write for the *Dallas Times* when you started out?

(A) At any newsstand.
(B) That was my first job.
(C) I enjoy being a writer.

당신은 일을 시작했을 때 *Dallas Times*지에 글을 쓰지 않았었나요?

(A) 어느 신문 가판대에서든지요.
(B) 그건 제 첫 직업이었어요.
(C) 저는 작가인 것이 좋아요.

■ 부정 의문문 　　　　　　　　　　　　　　　　　　　　　　　　　　　　　　　　　　　　정답 (B)

일을 시작했을 때 *Dallas Times*지에 글을 쓰지 않았는지를 묻는 부정 의문문이다.
(A) [×] *Dallas Times*지와 관련 있는 newsstand(신문 가판대)를 사용하여 혼동을 준 오답이다.
(B) [○] 그건 자신의 첫 직업이었다는 말로 일을 시작했을 때 *Dallas Times*지에 글을 썼음을 간접적으로 전달했으므로 정답이다.
(C) [×] 일을 시작했을 때 *Dallas Times*지에 글을 쓰지 않았는지를 물었는데, 이와 관련이 없는 자신은 작가인 것이 좋다는 내용으로 응답했으므로 오답이다. write—writer의 유사 발음 어휘를 사용하여 혼동을 주었다.

어휘　start out (일을) 시작하다　newsstand[미 njú:zstænd, 영 njú:zstænd] 신문 가판대　writer[미 ráitər, 영 ráitə] 작가

27

🔊 영국식 발음 → 캐나다식 발음

How often is the trash collected in this neighborhood?

(A) At least another three hours.
(B) Cardboard and glass bottles.
(C) Crews come through twice a week.

이 지역에서는 쓰레기가 얼마나 자주 수거되나요?

(A) 최소한 3시간 더요.
(B) 판지와 유리병들이요.
(C) 작업반들이 일주일에 두 번 와요.

■ How 의문문 　　　　　　　　　　　　　　　　　　　　　　　　　　　　　　　　　　　　정답 (C)

이 지역에서는 쓰레기가 얼마나 자주 수거되는지를 확인하는 How 의문문이다. How often이 빈도를 묻는 것임을 이해할 수 있어야 한다.
(A) [×] 이 지역에서는 쓰레기가 얼마나 자주 수거되는지를 물었는데 기간으로 응답했으므로 오답이다.
(B) [×] trash(쓰레기)와 관련 있는 Cardboard and glass bottles(판지와 유리병들)를 사용하여 혼동을 준 오답이다.
(C) [○] 작업반들이 일주일에 두 번 온다는 말로 쓰레기가 얼마나 자주 수거되는지를 전달했으므로 정답이다.

어휘　trash[træʃ] 쓰레기　cardboard[ká:rdbɔ:rd] 판지　crew[kru:] 작업반

28

○○○○ 중

🔊 캐나다식 발음 → 영국식 발음

Do the interns require an orientation, or is that unnecessary?

(A) Let's ask Ms. Smith.
(B) A three-month internship.
(C) While watching the instructional video.

인턴들은 오리엔테이션을 필요로 하나요, 아니면 그건 불필요한가요?

(A) Ms. Smith에게 물어봅시다.
(B) 세 달짜리 인턴십이요.
(C) 교육 영상을 보는 동안에요.

■ 선택 의문문　　　　　　　　　　　　　　　　　　　　　　　　　　　정답 (A)

인턴들이 오리엔테이션을 필요로 하는지 아니면 불필요한지를 묻는 선택 의문문이다.
(A) [○] Ms. Smith에게 물어보자는 말로 제3의 것을 선택했으므로 정답이다.
(B) [×] interns – internship의 유사 발음 어휘를 사용하여 혼동을 준 오답이다.
(C) [×] orientation(오리엔테이션)에서 연상할 수 있는 교육 자료와 관련된 instructional video(교육 영상)를 사용하여 혼동을 준 오답이다.

어휘　unnecessary[미 ʌnnésəseri, 영 ʌnnésəsəri] 불필요한　instructional[instrʌ́kʃənəl] 교육의

29

○●●● 상

🔊 미국식 발음 → 호주식 발음

Did you see the new mural painted in the library?

(A) I need to renew my card.
(B) Impressive, isn't it?
(C) Some art supplies.

당신은 도서관에 그려진 새 벽화를 봤나요?

(A) 저는 제 카드를 갱신해야 해요.
(B) 인상적이죠, 그렇지 않나요?
(C) 미술 용품들이요.

■ 조동사 의문문　　　　　　　　　　　　　　　　　　　　　　　　　　정답 (B)

도서관에 그려진 새 벽화를 봤는지를 확인하는 조동사(Do) 의문문이다.
(A) [×] 도서관에 그려진 새 벽화를 봤는지를 물었는데, 이와 관련이 없는 자신의 카드를 갱신해야 한다는 내용으로 응답했으므로 오답이다.
　　　new – renew의 유사 발음 어휘를 사용하여 혼동을 주었다.
(B) [○] 인상적이라는 말로 도서관에 그려진 새 벽화를 봤음을 간접적으로 전달했으므로 정답이다.
(C) [×] painted(그려지다)와 관련 있는 art supplies(미술 용품들)를 사용하여 혼동을 준 오답이다.

어휘　mural[mjúrəl] 벽화　renew[미 rinú:, 영 rinjú:] 갱신하다　impressive[imprésiv] 인상적인　art supplies 미술 용품

30

○●●● 상

🔊 영국식 발음 → 호주식 발음

Aren't we supposed to get an invoice from the landscaper?

(A) A large section of the lawn.
(B) My voicemail is working again.
(C) It arrived yesterday.

우리는 정원사로부터 청구서를 받기로 되어 있지 않나요?

(A) 잔디의 광범위한 부분이요.
(B) 제 음성메시지가 다시 작동해요.
(C) 그것은 어제 도착했어요.

■ 부정 의문문　　　　　　　　　　　　　　　　　　　　　　　　　　　정답 (C)

정원사로부터 청구서를 받기로 되어 있는지를 묻는 부정 의문문이다.
(A) [×] landscaper(정원사)와 관련 있는 lawn(잔디)을 사용하여 혼동을 준 오답이다.
(B) [×] 정원사로부터 청구서를 받기로 되어 있는지를 물었는데, 이와 관련이 없는 자신의 음성메시지가 다시 작동한다는 내용으로 응답했으므로 오답이다. invoice – voicemail의 유사 발음 어휘를 사용하여 혼동을 주었다.
(C) [○] 그것은 어제 도착했다는 말로 정원사로부터 청구서를 받았음을 간접적으로 전달했으므로 정답이다.

어휘　invoice[ínvɔis] 청구서　landscaper[lǽndskèipər] 정원사　lawn[lɔːn] 잔디

31

영국식 발음 → 캐나다식 발음

Is there any way we could finish the market analysis a day ahead of schedule?

(A) No, that ceremony already ended.
(B) A few days each week.
(C) If we work really hard.

일정보다 하루 빨리 시장 분석을 끝낼 수 있는 방법이 있을까요?

(A) 아니요, 그 기념식은 벌써 끝났어요.
(B) 매주 며칠이요.
(C) 만약 우리가 정말 열심히 일한다면요.

■ Be 동사 의문문

정답 (C)

일정보다 하루 빨리 시장 분석을 끝낼 수 있는 방법이 있을지를 확인하는 Be 동사 의문문이다.

(A) [x] finish(끝내다)와 같은 의미인 ended(끝났다)를 사용하여 혼동을 준 오답이다. No만 듣고 정답으로 고르지 않도록 주의한다.

(B) [x] 질문의 a day를 A few days로 반복 사용하여 혼동을 준 오답이다.

(C) [o] 만약 자신들이 정말 열심히 일한다면이라는 말로 일정보다 하루 빨리 시장 분석을 끝낼 수 있는 방법이 있음을 간접적으로 전달했으므로 정답이다.

어휘 ahead of ~보다 빨리 ceremony[sérəmòuni] 기념식 hard[hɑːrd] 열심히

32
33
34

Questions 32-34 refer to the following conversation.

[3]] 호주식 발음 → 영국식 발음

M: We need to discuss start-up funding for our healthcare device company. ³²I just got off the phone with a bank representative. Although we qualify for a loan, the amount will only cover about half of our estimated costs.

W: Hmm. That's definitely an issue. I guess we'll have to try to attract some initial investors, then.

M: Right. ³³I think we should reach out to my former colleague, Rebecca Holt. She works at an investment firm, and she may be able to introduce us to people interested in supporting us.

W: Good idea. ³⁴Please contact with Ms. Holt and set up a time to have lunch with her at her earliest convenience.

32 What did the man recently do?
(A) Accepted a funding offer
(B) Spoke with a bank employee
(C) Met with a potential customer
(D) Revised an operational budget

33 What is mentioned about Rebecca Holt?
(A) She is currently seeking employment.
(B) She has made a proposal.
(C) She used to work with the man.
(D) She agreed to a request.

34 What task is given to the man?
(A) Calculating some expenses
(B) Giving a presentation
(C) Arranging a meeting
(D) Reviewing some paperwork

32-34번은 다음 대화에 관한 문제입니다.

M: 우리 의료기기 회사를 위한 신생 기업 자금에 대해 논의해야 해요. ³²저는 방금 은행 대표와 전화 통화를 마쳤어요. 저희가 대출받을 자격은 되지만, 금액이 저희 추산 비용의 반정도밖에 안 되네요.

W: 흠. 그건 정말 문제네요. 그렇다면 우리가 초기 투자자들을 유치하기 위해 노력해야 할 것 같아요.

M: 맞아요. ³³저는 우리가 제 이전 동료인 Rebecca Holt에게 연락을 해야 한다고 생각해요. 그녀는 투자 회사에서 일하고 있어서, 아마 우리를 지원하는 데 관심이 있는 사람들에게 우리를 소개해 줄 수 있을 거예요.

W: 좋은 생각이네요. ³⁴Ms. Holt에게 연락해 주시고, 가급적 빨리 그녀와 점심 식사 시간을 마련해 주세요.

32. 남자는 최근에 무엇을 했는가?
(A) 자금 제안을 받아들였다.
(B) 은행 직원과 이야기했다.
(C) 잠재적인 고객과 만났다.
(D) 운영 예산을 수정했다.

33. Rebecca Holt에 관해 무엇이 언급되는가?
(A) 그녀는 현재 직장을 구하고 있다.
(B) 그녀는 제안을 했다.
(C) 그녀는 남자와 함께 일을 했었다.
(D) 그녀는 요청에 동의했다.

34. 어떤 업무가 남자에게 주어졌는가?
(A) 비용을 계산하기
(B) 발표하기
(C) 만남을 주선하기
(D) 서류 작업을 검토하기

지문 start-up 신생 기업 funding [fʌndiŋ] 자금, 자금 제공 get off 마치다 loan [loun] 대출 cover [kʌ́vər] (무엇을 하기에 돈이) 되다
     reach out 연락하다 at one's earliest convenience 가급적 빨리
32   potential [pəténʃəl] 잠재적인 operational budget 운영 예산
33   seek employment 직장을 구하다 proposal [prəpóuzəl] 제안
34   calculate [kǽlkjulèit] 계산하다 paperwork [미 péipərwə̀rk, 영 péipəwə̀ːk] 서류 작업

---

32 ■ **세부 사항 관련 문제** 특정 세부 사항   정답 (B)

○○○
●●●   남자가 최근에 한 것을 묻는 문제이므로, 질문의 핵심어구(man recently do)와 관련된 내용을 주의 깊게 듣는다. 남자가 "I just got off
●   the phone with a bank representative."라며 방금 은행 대표와 전화 통화를 마쳤다고 하였다. 따라서 정답은 (B) Spoke with a
중   bank employee이다.

바꾸어 표현하기
bank representative 은행 대표 → bank employee 은행 직원

33 ■ **세부 사항 관련 문제** 언급   정답 (C)

○○○
●●●   Rebecca Holt에 관해 언급되는 것을 묻는 문제이므로, 질문의 핵심어구(Rebecca Holt)가 언급된 내용을 주의 깊게 듣는다. 남자가
●   "I think we should reach out to my former colleague, Rebecca Holt."라며 자신의 이전 동료인 Rebecca Holt에게 연락을 해야
중   한다고 하였다. 따라서 정답은 (C) She used to work with the man이다.

34 ■ **세부 사항 관련 문제** 특정 세부 사항   정답 (C)

○
●●●   남자에게 주어진 업무를 묻는 문제이므로, 질문의 핵심어구(task ~ given to the man)와 관련된 내용을 주의 깊게 듣는다. 여자가
●   남자에게 "Please contact with Ms. Holt and set up a time to have lunch with her at her earliest convenience."라며
상   Ms. Holt에게 연락하여 가급적 빨리 그녀와 점심 식사 시간을 마련해 달라고 하였다. 따라서 정답은 (C) Arranging a meeting이다.

Questions 35-37 refer to the following conversation with three speakers.

🔊 미국식 발음 → 캐나다식 발음 → 호주식 발음

W: ³⁵Is everything ready for today's software training seminar for human resources staff?

M1: Um . . . There's a problem, actually. ³⁶Several computers in the training room won't turn on.

W: We only have 30 minutes left until the training starts. Can the technical support team help repair the machines?

M2: I already texted them. Unfortunately, they're all busy addressing some e-mail system issues now. So, they won't be able to start fixing our problem until 2 P.M.

W: Hmm . . . ³⁷Let's conduct the training somewhere else, then. I think there are laptops already set up in Conference Room C. I'll go there now and see if the space is available.

35 What are the speakers preparing for?
(A) A software upgrade
(B) A training session
(C) A business expansion
(D) A recruiting effort

36 What is the problem?
(A) A team member is late.
(B) Some guests cannot attend a meeting.
(C) A deadline is not realistic.
(D) Some devices are malfunctioning.

37 What does the woman suggest?
(A) Changing a location
(B) Sharing an idea
(C) Posting a schedule
(D) Assisting a coworker

35-37번은 다음 세 명의 대화에 관한 문제입니다.

W: ³⁵인사부 직원들을 위한 오늘의 소프트웨어 교육 세미나에 대해 모든 것이 준비되었나요?
M1: 음… 사실 문제가 있어요. ³⁶교육장에 있는 몇몇의 컴퓨터가 켜지지 않아요.
W: 교육이 시작하기까지 30분밖에 남지 않았어요. 기술 지원 팀이 기계들을 수리하는 걸 도와줄 수 있을까요?
M2: 제가 이미 문자를 보냈어요. 안타깝게도, 그들이 지금 이 메일 시스템 문제를 다루느라 모두 바쁘다고 해요. 그래서, 그들은 오후 2시나 되어야 우리의 문제를 바로잡는 것을 시작할 수 있을 거예요.
W: 흠… ³⁷그럼 다른 곳에서 교육을 진행합시다. 회의실 C에 이미 노트북들이 마련되어 있는 것 같아요. 제가 지금 그 곳으로 가서 그 공간을 사용할 수 있는지 볼게요.

35. 화자들은 무엇을 준비하고 있는가?
(A) 소프트웨어 업그레이드
(B) 교육 강습회
(C) 사업 확장
(D) 구인 활동

36. 무엇이 문제인가?
(A) 팀원이 늦는다.
(B) 몇몇 손님이 회의에 참석할 수 없다.
(C) 마감일이 현실적이지 않다.
(D) 몇몇 기계가 제대로 작동하지 않는다.

37. 여자는 무엇을 제안하는가?
(A) 장소를 바꾸는 것
(B) 방안을 공유하는 것
(C) 일정을 게시하는 것
(D) 동료를 도와주는 것

지문 training[tréiniŋ] 교육 several[sévərəl] 몇몇의 repair[미 ripéər, 영 ripeə] 수리하다 address[ədrés] (문제에 대해) 다루다 fix[fiks] 바로잡다 set up 마련하다
35 upgrade[ʌ̀pgréid] 업그레이드, 개선 effort[éfərt] 활동
36 malfunction[mælfʌ́ŋkʃən] 제대로 작동하지 않다
37 location[loukéiʃən] 장소 assist[əsíst] 도와주다, 돕다

35 ■ 세부 사항 관련 문제 특정 세부 사항   정답 (B)
화자들이 준비하고 있는 것을 묻는 문제이므로, 질문의 핵심어구(preparing for)와 관련된 내용을 주의 깊게 듣는다. 여자가 "Is everything ready for today's software training seminar for human resources staff?"라며 인사부 직원들을 위한 오늘의 소프트웨어 교육 세미나에 대해 모든 것이 준비되었는지 물었다. 따라서 정답은 (B) A training session이다.

36 ■ 세부 사항 관련 문제 문제점   정답 (D)
문제점을 묻는 문제이므로, 대화에서 부정적인 표현이 언급된 다음을 주의 깊게 듣는다. 남자 1이 "Several computers in the training room won't turn on."이라며 교육장에 있는 몇몇의 컴퓨터가 켜지지 않는다고 하였다. 따라서 정답은 (D) Some devices are malfunctioning이다.

37 ■ 세부 사항 관련 문제 제안   정답 (A)
여자가 제안하는 것을 묻는 문제이므로, 여자의 말에서 제안과 관련된 표현이 언급된 다음을 주의 깊게 듣는다. 여자가 "Let's conduct the training somewhere else, then."이라며 그럼 다른 곳에서 교육을 진행하자고 제안하였다. 따라서 정답은 (A) Changing a location이다.

Questions 38-40 refer to the following conversation.

🔊 캐나다식 발음 → 영국식 발음

M: Ms. Ono, ³⁸I really appreciate you coming to our station and talking with me. As I mentioned over the phone yesterday, we'd love for you to be featured as a celebrity guest on our culinary show *Good Eats*. ³⁹A cooking demonstration from a chef like you would surely attract a lot of viewers.

W: It'd be my pleasure. Actually, I've already decided which dishes to prepare. Just keep in mind that they include a few unusual ingredients. ⁴⁰I'll send you the complete list later this afternoon.

M: OK. And don't worry about the ingredients. We'll be able to provide whatever you need.

38 Where most likely are the speakers?
(A) At a culinary school
(B) At a restaurant
(C) At a television studio
(D) At a convention center

39 What does the man want the woman to do?
(A) Give a demonstration
(B) Review a potential menu
(C) Pick up some ingredients
(D) Judge a cooking competition

40 What does the woman say she will do?
(A) Hire a chef
(B) Taste some dishes
(C) Visit a store
(D) Share some information

38-40번은 다음 대화에 관한 문제입니다.

M: Ms. Ono, ³⁸저희 방송국에 오셔서 저와 이야기해 주셔서 정말 감사합니다. 어제 전화상으로 말씀드렸듯이, 저희의 요리 프로 *Good Eats*에 유명 인사 손님으로 당신이 출연해 주셨으면 해요. ³⁹당신 같은 요리사의 요리 시연은 분명히 많은 시청자들을 끌어모을 거예요.

W: 저도 기쁠 거예요. 사실, 저는 이미 어떤 요리를 준비할지 결정했어요. 그것들은 몇 가지 특이한 재료들을 포함하고 있다는 것에 유념해 주세요. ⁴⁰오늘 오후 늦게 완전한 목록을 당신에게 보내 드릴게요.

M: 알았어요. 그리고 재료에 대해서는 걱정하지 마세요. 저희는 당신이 필요한 무엇이든 제공할 수 있을 거예요.

38. 화자들이 어디에 있는 것 같은가?
(A) 요리 학교에
(B) 식당에
(C) 텔레비전 스튜디오에
(D) 컨벤션 센터에

39. 남자는 여자가 무엇을 하기를 원하는가?
(A) 시연을 한다.
(B) 잠재적인 메뉴를 검토한다.
(C) 재료를 가져온다.
(D) 요리 대회의 심사위원을 한다.

40. 여자는 무엇을 할 것이라고 말하는가?
(A) 요리사를 고용한다.
(B) 요리를 맛본다.
(C) 가게를 방문한다.
(D) 정보를 공유한다.

지문 station[stéiʃən] 방송국 feature[fíːtʃər] 출연시키다, 주연으로 삼다 celebrity[səlébrəti] 유명 인사 culinary[kʌ́linəri] 요리의
attract[ətrǽkt] 끌어모으다 unusual[ʌnjúːʒuəl] 특이한 ingredient[ingríːdiənt] 재료
38 convention[kənvénʃən] 컨벤션, 총회
39 give a demonstration 시연하다 potential[pəténʃəl] 잠재적인 pick up ~을 가져오다 judge[dʒʌdʒ] 심사위원을 하다, 판단하다
40 hire[háiər] 고용하다 dish[diʃ] 요리

38 ■ 전체 대화 관련 문제 장소   정답 (C)
대화가 일어나는 장소를 묻는 문제이므로, 장소와 관련된 표현을 놓치지 않고 듣는다. 남자가 "I really appreciate you coming to our station and talking with me. As I mentioned over the phone yesterday, we'd love for you to be featured as a celebrity guest on our culinary show *Good Eats*."라며 방송국에 와서 자신과 이야기해 주어서 정말 감사하며, 어제 전화상으로 말했듯이 요리 프로에 유명 인사 손님으로 출연해 주었으면 한다고 하였다. 이를 통해 화자들이 텔레비전 스튜디오에 있음을 알 수 있다. 따라서 정답은 (C) At a television studio이다.

39 ■ 세부 사항 관련 문제 특정 세부 사항   정답 (A)
남자가 여자가 하기를 원하는 것을 묻는 문제이므로, 질문의 핵심어구(want the woman to do)와 관련된 내용을 주의 깊게 듣는다. 남자가 "A cooking demonstration from a chef like you would surely attract a lot of viewers."라며 여자와 같은 요리사의 요리 시연은 분명히 많은 시청자들을 끌어모을 거라고 하였다. 따라서 정답은 (A) Give a demonstration이다.

40 ■ 세부 사항 관련 문제 다음에 할 일   정답 (D)
여자가 하겠다고 말한 것을 묻는 문제이므로, 질문의 핵심어구(will do)와 관련된 내용을 주의 깊게 듣는다. 여자가 "I'll send you the complete list later this afternoon."이라며 오늘 오후 늦게 완전한 목록을 남자에게 보내 주겠다고 하였다. 따라서 정답은 (D) Share some information이다.

41
42
43

Questions 41-43 refer to the following conversation.

🎧 호주식 발음 → 미국식 발음

M: Hi, Joanna. This morning, ⁴¹I finished writing the press release explaining our company's merger with Grey Stone Partners. Do you have time to look at it?

W: Sorry, I'm leaving for a meeting now. However, Clarissa is a great writer. She'll review your work very thoroughly.

M: Thanks for letting me know. ⁴²I plan to e-mail the release to several popular news bloggers. ⁴³So, I'd appreciate any tips she has for improvement.

W: ⁴³Well, you can ask for her help now. Clarissa went into her office a few minutes ago.

41 What does the man want the woman to help with?
(A) Scheduling a negotiation
(B) Checking an announcement
(C) Sending some e-mails
(D) Cleaning up a workspace

42 Who does the man plan to e-mail?
(A) A magazine owner
(B) Some office managers
(C) An event organizer
(D) Some online writers

43 What does the woman imply when she says, "Clarissa went into her office a few minutes ago"?
(A) Clarissa was not informed about a meeting.
(B) Clarissa is not going on a trip.
(C) Clarissa can give some feedback.
(D) Clarissa is busy with some work.

41~43번은 다음 대화에 관한 문제입니다.

M: 안녕하세요, Joanna. 오늘 아침, ⁴¹저는 Grey Stone Partners사와 우리 회사의 합병을 설명하는 보도 자료 작성을 마쳤어요. 이걸 보실 시간이 있으신가요?
W: 미안해요, 저는 지금 회의가 있어 가봐야 해요. 하지만, Clarissa는 뛰어난 작가예요. 그녀가 당신의 작업을 매우 철저하게 검토해줄 거예요.
M: 알려주셔서 감사해요. ⁴²저는 인기 있는 뉴스 블로거들 몇 명에게 발표 기사를 이메일로 보낼 계획이에요. ⁴³그래서, 저는 개선을 위해 그녀가 갖고 있는 어떤 조언이라도 감사할 거예요.
W: ⁴³음, 당신은 지금 그녀의 도움을 요청해도 돼요. Clarissa는 몇 분 전에 그녀의 사무실로 들어갔어요.

41. 남자는 여자가 무엇을 도와주기를 원하는가?
(A) 협상 일정을 잡기
(B) 발표 내용을 확인하기
(C) 이메일을 보내기
(D) 작업 공간을 청소하기

42. 남자는 누구에게 이메일을 보낼 계획인가?
(A) 잡지 소유자
(B) 사무실 관리자들
(C) 행사 주최자
(D) 온라인 작가들

43. 여자는 "Clarissa는 몇 분 전에 그녀의 사무실로 들어 갔어요"라고 말할 때 무엇을 의도하는가?
(A) Clarissa는 회의에 대해 통지 받지 못했다.
(B) Clarissa는 여행을 가지 않을 것이다.
(C) Clarissa는 의견을 줄 수 있다.
(D) Clarissa는 업무로 바쁘다.

지문 **press release** 보도 자료 **merger**[미 mə́:rdʒər, 영 má:dʒə] 합병 **thoroughly**[미 θə́:rəli, 영 θʌ́rəli] 철저히 **release**[rilí:s] 발표 기사 **go into** 들어가다
41 **schedule**[skédʒu:l] 일정을 잡다
42 **owner**[óunər] 소유자 **organizer**[ɔ́:rgənàizər] 주최자
43 **inform**[infɔ́:rm] 통지하다, 알리다 **feedback**[fí:dbæk] 의견

41 ■ 세부 사항 관련 문제 특정 세부 사항　　　　정답 (B)
남자가 여자가 도와주기를 원하는 것을 묻는 문제이므로, 질문의 핵심어구(help with)와 관련된 내용을 주의 깊게 듣는다. 남자가 "I finished writing the press release explaining our company's merger with Grey Stone Partners. Do you have time to look at it?"이라며 Grey Stone Partners사와 자신들의 회사의 합병을 설명하는 보도 자료 작성을 마쳤는데, 여자가 이걸 볼 시간이 있는지 물었다. 따라서 정답은 (B) Checking an announcement이다.

42 ■ 세부 사항 관련 문제 특정 세부 사항　　　　정답 (D)
남자가 이메일을 보낼 사람을 묻는 문제이므로, 질문의 핵심어구(e-mail)가 언급된 주변을 주의 깊게 듣는다. 남자가 "I plan to e-mail the release to several popular news bloggers."라며 인기 있는 뉴스 블로거들 몇 명에게 발표 기사를 이메일로 보낼 계획이라고 하였다. 따라서 정답은 (D) Some online writers이다.

43 ■ 세부 사항 관련 문제 의도 파악　　　　정답 (C)
여자가 하는 말의 의도를 묻는 문제이므로, 질문의 인용어구(Clarissa went into her office a few minutes ago)가 언급된 주변을 주의 깊게 듣는다. 남자가 "So, I'd appreciate any tips she[Clarissa] has for improvement."라며 개선을 위해 Clarissa가 갖고 있는 어떤 조언이라도 감사할 거라고 하자, 여자가 "Well, you can ask for her help now. Clarissa went into her office a few minutes ago."라며 지금 그녀의 도움을 요청해도 된다며 Clarissa는 몇 분 전에 그녀의 사무실로 들어갔다고 한 것을 통해 Clarissa가 남자에게 의견을 줄 수 있음을 알 수 있다. 따라서 정답은 (C) Clarissa can give some feedback이다.

Questions 44-46 refer to the following conversation with three speakers.

🔊 캐나다식 발음 → 호주식 발음 → 영국식 발음

M1: Ms. Sawyer, ⁴⁴thank you for your interest in our architectural assistant position. I'm Irving Wright, the company's human resources manager. My colleague here has joined us today as well. Bradley, why don't you start things off?

M2: Certainly. First, why do you want to leave your current company?

W: ⁴⁵Well, Harding Development is a small firm with only eight employees. There aren't many opportunities for promotion.

M2: That certainly seems reasonable for a young professional like yourself.

M1: Now, just to confirm . . . You got a degree in architecture from Western University before beginning at Harding, right?

W: Yes. I finished my studies two years ago. And ⁴⁶I received a full academic scholarship through the school.

44 Why did the woman visit the office?
(A) For a facility tour
(B) For a job interview
(C) For a contract signing
(D) For a staff party

45 What does the woman say about Harding Development?
(A) It has hired a manager.
(B) It has few staff members.
(C) It has completed a project.
(D) It has several branches.

46 What does the woman say she received?
(A) A recommendation letter
(B) An international award
(C) An educational grant
(D) An annual bonus

44-46번은 다음 세 명의 대화에 관한 문제입니다.

M1: Ms. Sawyer, ⁴⁴저희 건축 보조 자리에 대한 당신의 관심에 감사드립니다. 저는 이 회사의 인사부장 Irving Wright입니다. 오늘 여기 제 동료도 합류했습니다. Bradley, 먼저 시작하시는 게 어떨까요?

M2: 물론이죠. 먼저, 왜 당신의 현재 회사를 떠나고 싶어 하시나요?

W: ⁴⁵음, Harding 개발사는 단지 여덟 명의 직원이 있는 작은 회사입니다. 승진할 수 있는 기회가 많이 없어요.

M2: 그건 당신과 같은 젊은 전문가에게는 확실히 합당해 보이는군요.

M1: 이제, 단지 확인하려고 하는데… Harding사에서 일을 시작하기 전에 Western 대학교에서 건축학위를 받았군요, 맞습니까?

W: 네. 저는 2년 전에 제 공부를 마쳤어요. 그리고 ⁴⁶저는 학교를 다니는 동안 전액 장학금을 받았어요.

44. 여자는 왜 사무실을 방문했는가?
(A) 시설 견학을 위해
(B) 구직 면접을 위해
(C) 계약 체결을 위해
(D) 회식을 위해

45. 여자는 Harding 개발사에 관해 무엇을 말하는가?
(A) 관리자를 고용했다.
(B) 직원이 많지 않다.
(C) 프로젝트를 완료하였다.
(D) 여러 지사를 갖고 있다.

46. 여자는 무엇을 받았다고 말하는가?
(A) 추천서
(B) 국제적인 상
(C) 교육 보조금
(D) 연간 보너스

지문 architectural[àːrkitéktʃərəl] 건축의 human resources 인사, 인적 자원 start off 시작하다 reasonable[ríːzənəbl] 합당한, 타당한 professional[prəféʃənl] 전문가 architecture[áːrkitektʃər] 건축학 full academic scholarship 전액 장학금
46 recommendation letter 추천서 grant[grænt] 보조금

44 ■ 전체 대화 관련 문제 목적   정답 (B)

여자가 사무실을 방문한 목적을 묻는 문제이므로, 대화의 초반을 반드시 듣는다. 남자 1이 여자에게 "thank you for your interest in our architectural assistant position"이라며 건축 보조 자리에 대한 여자의 관심에 감사하다고 한 뒤, 면접을 진행하는 내용으로 대화가 이어지고 있다. 따라서 정답은 (B) For a job interview이다.

45 ■ 세부 사항 관련 문제 언급   정답 (B)

여자가 Harding 개발사에 관해 언급하는 것을 묻는 문제이므로, 여자의 말에서 질문의 핵심어구(Harding Development)가 언급된 주변을 주의 깊게 듣는다. 여자가 "Well, Harding Development is a small firm with only eight employees."라며 Harding 개발사는 단지 여덟 명의 직원이 있는 작은 회사라고 하였다. 따라서 정답은 (B) It has few staff members이다.

46 ■ 세부 사항 관련 문제 특정 세부 사항   정답 (C)

여자가 받았다고 말하는 것을 묻는 문제이므로, 질문의 핵심어구(received)가 언급된 주변을 주의 깊게 듣는다. 여자가 "I received a full academic scholarship through the school"이라며 학교를 다니는 동안 전액 장학금을 받았다고 하였다. 따라서 정답은 (C) An educational grant이다.

Questions 47-49 refer to the following conversation.

🎧 미국식 발음 → 캐나다식 발음

W: Hello, Mr. Gordon. This is Stacy from Fullerton Electronics. I received your voice mail complaint yesterday. ⁴⁷We're very sorry for shipping you a faulty air conditioner.

M: Thanks for the apology. If possible, I'd like to have the air conditioner replaced with a brand-new one.

W: Certainly. We'll send you a new one and cover all the delivery costs. ⁴⁸I'll also e-mail you a coupon for $30 off your next purchase with us.

M: Thanks. ⁴⁹I'm actually thinking of getting a small refrigerator for my office.

W: I'll include a product catalog with the shipment.

47 Why does the woman apologize to the man?
(A) A defective product was sent.
(B) A refund policy was changed.
(C) A promotion has ended.
(D) A refrigerator is out of stock.

48 What will the man receive by e-mail?
(A) A set of pictures
(B) An instruction manual
(C) A discount coupon
(D) An application form

49 What is the man considering doing?
(A) Stopping by a product showroom
(B) Buying another appliance
(C) Going home earlier than usual
(D) Requesting a store catalog

47~49번은 다음 대화에 관한 문제입니다.

W: 안녕하세요, Mr. Gordon. 저는 Fullerton 전자의 Stacy입니다. 어제 귀하의 불만 사항에 대한 음성 메시지를 받았습니다. ⁴⁷흠이 있는 에어컨을 보내 드려 정말 죄송합니다.
M: 사과해 주셔서 감사해요. 가능하다면, 저는 신상품으로 에어컨을 교체하고 싶어요.
W: 물론이죠. 저희가 새로운 제품을 보내드리고 모든 배송 비용을 부담하겠습니다. ⁴⁸또한 다음에 저희에게 구매하실 때 30달러 할인을 받으실 수 있는 쿠폰을 이메일로 보내드리겠습니다.
M: 감사합니다. ⁴⁹사실 제 사무실에 놓을 작은 냉장고를 살까 생각 중이에요.
W: 배송품에 제품 카탈로그를 포함시키겠습니다.

47. 여자는 남자에게 왜 사과하는가?
(A) 결함이 있는 제품이 보내졌다.
(B) 환불 정책이 변경되었다.
(C) 판촉 행사가 끝났다.
(D) 냉장고의 재고가 없다.

48. 남자는 이메일로 무엇을 받을 것인가?
(A) 사진 한 세트
(B) 사용 안내서
(C) 할인 쿠폰
(D) 신청서

49. 남자는 무엇을 하는 것을 고려하는가?
(A) 상품 전시실에 들르기
(B) 다른 가전제품을 구입하기
(C) 평소보다 집에 일찍 가기
(D) 상점 카탈로그를 요청하기

지문 complaint[kəmpléint] 불만 faulty[fɔ́ːlti] 흠이 있는 brand-new 신상품의 refrigerator[rifrídʒərèitər] 냉장고
47 apologize[əpɑ́ːlədʒaiz] 사과하다 defective[diféktiv] 결함이 있는 promotion[prəmóuʃən] 판촉 행사 out of stock 재고가 없는
49 stop by ~에 들르다 showroom[ʃóuruːm] 전시실 appliance[əpláiəns] 가전제품

47 ■ 세부 사항 관련 문제 이유   정답 (A)
여자가 남자에게 사과하는 이유를 묻는 문제이므로, 질문의 핵심어구(apologize)와 관련된 내용을 주의 깊게 듣는다. 여자가 "We're very sorry for shipping you a faulty air conditioner."라며 흠이 있는 에어컨을 보내 정말 죄송하다고 하였다. 따라서 정답은 (A) A defective product was sent이다.

48 ■ 세부 사항 관련 문제 특정 세부 사항   정답 (C)
남자가 이메일로 받을 것을 묻는 문제이므로, 질문의 핵심어구(receive by e-mail)와 관련된 내용을 주의 깊게 듣는다. 여자가 "I'll also e-mail you a coupon for $30 off your next purchase with us."라며 다음에 자신들에게 구매할 때 30달러 할인을 받을 수 있는 쿠폰을 이메일로 보내주겠다고 하였다. 따라서 정답은 (C) A discount coupon이다.

49 ■ 세부 사항 관련 문제 특정 세부 사항   정답 (B)
남자가 고려하는 것을 묻는 문제이므로, 질문의 핵심어구(considering doing)와 관련된 내용을 주의 깊게 듣는다. 남자가 "I'm actually thinking of getting a small refrigerator for my office."라며 사실 자신의 사무실에 놓을 작은 냉장고를 살까 생각 중이라고 하였다. 따라서 정답은 (B) Buying another appliance이다.

바꾸어 표현하기
getting a ~ refrigerator 냉장고를 사다 → Buying ~ appliance 가전제품을 구입하기

Questions 50-52 refer to the following conversation.

🎧 호주식 발음 → 영국식 발음

M: Hey, Lisa. Welcome back. [50]Did you learn any useful techniques at the marketing conference?

W: Some. But, [50/51]for me, the main point of the conference was to network with other people in our industry. [51]And, actually, I met Michelle Morey, the host of *The Impact*.

M: Oh, wow! [51]I was just listening to that podcast during my lunch break!

W: Yeah, I spoke with her about our company for a long time. [52]She wants our CEO to appear on the show.

M: [52]When you mention it to him, make sure to point out the size of its audience. It gets 500,000 downloads a month.

50 What industry do the speakers most likely work in?
(A) Publishing
(B) Technology
(C) Marketing
(D) Entertainment

51 What did the man do during his lunch break?
(A) Read about a recent conference
(B) Listened to a business podcast
(C) Spoke with a company executive
(D) Went out to a local restaurant

52 Why does the man say, "It gets 500,000 downloads a month"?
(A) To highlight the popularity of a show
(B) To indicate a project's timeline
(C) To suggest upgrading a network system
(D) To recommend a change in content

50-52번은 다음 대화에 관한 문제입니다.

M: 안녕하세요, Lisa. 돌아온 걸 환영해요. [50]마케팅 학회에서 유용한 기술을 배웠나요?

W: 조금요. 하지만, [50/51]저에게는, 학회의 핵심이 우리 산업에 있는 다른 사람들과 네트워크를 형성하는 것이었어요. [51]그리고, 사실, 저는 *The Impact*의 진행자인 Michelle Morey를 만났어요.

M: 아, 우와! [51]저는 마침 점심시간에 그 팟캐스트를 듣고 있었어요!

W: 네, 저는 우리 회사에 관해 그녀와 긴 시간 동안 얘기했어요. [52]그녀는 우리 최고 경영자가 쇼에 출연하길 원해요.

M: [52]당신이 그것을 그에게 언급할 때, 청취자의 규모를 확실히 언급하세요. 그것은 한 달에 500,000번 다운로드돼요.

50. 화자들은 어떤 산업에서 일하는 것 같은가?
(A) 출판
(B) 기술
(C) 마케팅
(D) 연예

51. 남자는 그의 점심시간 동안 무엇을 했는가?
(A) 최근 학회에 관해 읽었다.
(B) 비즈니스 팟캐스트를 들었다.
(C) 회사 임원과 이야기했다.
(D) 지역 식당에 갔다.

52. 남자는 왜 "그것은 한 달에 500,000번 다운로드돼요"라고 말하는가?
(A) 쇼의 인기를 강조하기 위해
(B) 프로젝트의 일정을 보여주기 위해
(C) 네트워크 시스템 개선을 제안하기 위해
(D) 콘텐츠 변경을 추천하기 위해

지문 useful[júːsfəl] 유용한 host[미 houst, 영 həust] 진행자; 진행하다 appear[미 əpíər, 영 əpíə] 출연하다, 나오다 audience[ɔ́ːdiəns] 청취자, 청중
51 executive[igzékjətiv] 임원

---

50 ■ 전체 대화 관련 문제 화자　　　　　　　　　　　　　　　　　　　　　　　　　　　정답 (C)

화자들이 일하는 산업을 묻는 문제이므로, 신분 및 직업과 관련된 표현을 놓치지 않고 듣는다. 남자가 "Did you learn any useful techniques at the marketing conference?"라며 마케팅 학회에서 유용한 기술을 배웠는지 묻자, 여자가 "for me, the main point of the conference was to network with other people in our industry"라며 자신에게는 학회의 핵심이 자신들의 산업에 있는 다른 사람들과 네트워크를 형성하는 것이었다고 한 말을 통해 화자들이 마케팅 산업에서 일한다는 것을 알 수 있다. 따라서 정답은 (C) Marketing이다.

51 ■ 세부 사항 관련 문제 특정 세부 사항　　　　　　　　　　　　　　　　　　　　　　　정답 (B)

남자가 점심시간 동안 한 일을 묻는 문제이므로, 질문의 핵심어구(lunch break)가 언급된 주변을 주의 깊게 듣는다. 여자가 "for me, the main point of the conference was to network with other people in our industry. And, actually, I met Michelle Morey, the host of *The Impact*."라며 자신에게는 학회의 핵심이 자신들의 산업에 있는 다른 사람들과 네트워크를 형성하는 것이었고 사실 *The Impact*의 진행자인 Michelle Morey를 만났다고 하자, 남자가 "I was just listening to that podcast during my lunch break!"라며 마침 점심시간에 그 팟캐스트를 듣고 있었다고 하였다. 따라서 정답은 (B) Listened to a business podcast이다.

52 ■ 세부 사항 관련 문제 의도 파악　　　　　　　　　　　　　　　　　　　　　　　　　정답 (A)

남자가 하는 말의 의도를 묻는 문제이므로, 질문의 인용어구(It gets 500,000 downloads a month)가 언급된 주변을 주의 깊게 듣는다. 여자가 "She[Michelle Morey] wants our CEO to appear on the show."라며 Michelle Morey가 자신들의 최고 경영자가 쇼에 출연하길 원한다고 하자, 남자가 "When you mention it to him, make sure to point out the size of its audience. It gets 500,000 downloads a month."라며 여자에게 그것을 CEO에게 언급할 때 청취자의 규모를 확실히 언급하라고 한 뒤, 한 달에 500,000번 다운로드된다고 한 말을 통해 남자가 쇼의 인기를 강조하려는 의도임을 알 수 있다. 따라서 정답은 (A) To highlight the popularity of a show이다.

53
54
55

Questions 53-55 refer to the following conversation.

🎧 영국식 발음 → 캐나다식 발음

W: Fredrickson Electronics. This is Audrey from technical support. How can I help you?

M: 53Yesterday, my Robbins D70 printer ran out of black ink, so I went to an office supply store and bought another cartridge. However, the device still won't print.

W: 54And did you take off the plastic strip before inserting the cartridge? That's necessary.

M: I followed the instructions on the box.

W: OK. 55The Robbins D70 also has three other cartridges. Can you check whether any of those are running low?

M: Hold on . . . I guess the yellow one is empty. But I'm not printing in that color.

W: Yes, however, the D70 won't work if any of the four cartridges are empty.

53 Why did the man visit a store yesterday?
(A) To have a device repaired
(B) To buy a replacement part
(C) To seek out expert advice
(D) To compare some new models

54 According to the woman, what step is necessary?
(A) Removing a piece of plastic
(B) Unplugging a printer
(C) Downloading some software
(D) Inserting enough paper

55 What does the woman ask the man to do?
(A) Call another department
(B) Check some other cartridges
(C) Press a button on a printer
(D) Submit a formal complaint

53-55번은 다음 대화에 관한 문제입니다.

W: Fredrickson 전자입니다. 저는 기술 지원팀의 Audrey입니다. 어떻게 도와 드릴까요?

M: 53어제, 제 Robbins D70 프린터의 검정 잉크가 다 떨어져서 사무용품 가게에 가서 다른 카트리지를 구매했어요. 하지만, 기기가 여전히 인쇄되지 않아요.

W: 54그래서 카트리지를 넣기 전에 가느다란 플라스틱 조각을 떼어 내셨나요? 그것은 필수적이에요.

M: 저는 상자에 쓰인 설명을 따라 했어요.

W: 알겠습니다. 55Robbins D70은 또한 세 개의 다른 카트리지가 있어요. 그 중에 다 떨어져가는 게 있는지 확인해주시겠어요?

M: 잠시만요… 노란색이 비어 있는 것 같아요. 하지만 저는 이 색으로 인쇄하지는 않을 거예요.

W: 네, 하지만 D70은 네 개의 카트리지 중 비어 있는 게 있으면 작동하지 않을 거예요.

53. 남자는 왜 어제 가게를 방문했는가?
(A) 기기를 수리 받기 위해
(B) 교체품을 구입하기 위해
(C) 전문가의 조언을 구하기 위해
(D) 새로운 모델을 비교하기 위해

54. 여자에 따르면, 어떤 조치가 필요한가?
(A) 플라스틱 조각을 제거하기
(B) 프린터의 플러그를 뽑기
(C) 소프트웨어를 내려 받기
(D) 충분한 종이를 넣기

55. 여자는 남자에게 무엇을 하라고 요청하는가?
(A) 다른 부서에 전화한다.
(B) 다른 카트리지를 확인한다.
(C) 프린터의 버튼을 누른다.
(D) 공식적인 불편 사항을 제출한다.

지문 run out of ~이 다 떨어지다 take off 떼어 내다 strip[strip] 가느다란 조각 insert[insə́:rt] 넣다, 끼우다 empty[émpti] 비어 있는
53 replacement[ripléismənt] 교체 54 unplug[ʌ̀nplʌ́g] 플러그를 뽑다

53 ■ 세부 사항 관련 문제 이유 정답 (B)
남자가 어제 가게를 방문한 이유를 묻는 문제이므로, 질문의 핵심어구(visit a store yesterday)와 관련된 내용을 주의 깊게 듣는다. 남자가 "Yesterday, my ~ printer ran out of black ink, so I went to an office supply store and bought another cartridge." 라며 어제 프린터의 검정 잉크가 다 떨어져서 사무용품 가게에 가서 다른 카트리지를 구매했다고 하였다. 따라서 정답은 (B) To buy a replacement part이다.

54 ■ 세부 사항 관련 문제 특정 세부 사항 정답 (A)
필요한 조치를 묻는 문제이므로, 질문의 핵심어구(step ~ necessary)와 관련된 내용을 주의 깊게 듣는다. 여자가 "And did you take off the plastic strip before inserting the cartridge? That's necessary."라며 카트리지를 넣기 전에 가느다란 플라스틱 조각을 떼어 냈는지 물은 뒤, 그것이 필수적이라고 하였다. 따라서 정답은 (A) Removing a piece of plastic이다.

55 ■ 세부 사항 관련 문제 요청 정답 (B)
여자가 남자에게 요청하는 것을 묻는 문제이므로, 여자의 말에서 요청과 관련된 표현이 언급된 다음을 주의 깊게 듣는다. 여자가 "The Robbins D70 also has three other cartridges. Can you check whether any of those are running low?"라며 Robbins D70은 또한 세 개의 다른 카트리지가 있는데 그 중에 다 떨어져가는 게 있는지 확인해달라고 요청하였다. 따라서 정답은 (B) Check some other cartridges이다.

Questions 56-58 refer to the following conversation.

🎧 미국식 발음 → 캐나다식 발음

W: Hey, Vince, ⁵⁶did you hear that Greg Ewing, the famous basketball player, will be at Greyville Mall this weekend? He's signing autographs during a meet-and-greet event there on Saturday at 4 P.M. I'm planning to go, and I thought you might like to join.

M: Really? He's my favorite sports player! But . . . ah . . . my motorcycle is currently being repaired. ⁵⁷Could you possibly drive me there?

W: ⁵⁷Sorry, but I don't own a car. I plan on using a ridesharing service to get to the mall. ⁵⁸There's a great mobile application called Rapid Ride. You should give it a try.

M: Oh, thanks. Yeah, I'll definitely do that.

56 What will happen on Saturday?
(A) A team will make an announcement.
(B) An athlete will appear at an event.
(C) A basketball tournament will be held.
(D) A sports documentary will be screened.

57 Why does the woman apologize?
(A) She is unsure about a start time.
(B) She is unable to join the man.
(C) She cannot provide a ride.
(D) She did not purchase tickets.

58 What does the woman suggest?
(A) Using an application
(B) Renting a vehicle
(C) Taking public transportation
(D) Looking up a schedule

56-58번은 다음의 대화에 관한 문제입니다.

W: 안녕하세요, Vince, ⁵⁶유명한 농구 선수인 Greg Ewing이 이번 주말에 Greyville 쇼핑센터에 올 거라는 소식을 들었나요? 그는 토요일 오후 4시에 그곳에서 팬 미팅 행사 동안 사인을 할 거예요. 저는 갈 계획인데, 당신이 함께 가고 싶어 할지도 모른다고 생각했어요.

M: 정말이요? 그는 제가 가장 좋아하는 운동 선수예요! 그렇지만⋯ 아⋯ 제 오토바이가 지금 수리 중이에요. ⁵⁷혹시 당신이 저를 거기까지 태워주실 수 있나요?

W: ⁵⁷미안하지만, 저도 차가 없어요. 저는 쇼핑센터에 가기 위해 차를 같이 타는 서비스를 이용하려고 계획 중이에요. ⁵⁸Rapid Ride라는 좋은 휴대폰 애플리케이션이 있어요. 당신도 시도해 봐요.

M: 아, 고마워요. 네, 꼭 해볼게요.

56. 토요일에 무슨 일이 일어날 것인가?
(A) 팀이 발표를 할 것이다.
(B) 운동 선수가 행사에 나타날 것이다.
(C) 농구 경기가 열릴 것이다.
(D) 운동 다큐멘터리가 상영될 것이다.

57. 여자는 왜 사과하는가?
(A) 그녀는 시작 시간에 확신이 없다.
(B) 그녀는 남자와 함께 갈 수 없다.
(C) 그녀는 차를 태워줄 수 없다.
(D) 그녀는 티켓을 구입하지 않았다.

58. 그녀는 무엇을 제안하는가?
(A) 애플리케이션을 이용하기
(B) 자동차를 빌리기
(C) 대중 교통을 이용하기
(D) 일정을 찾아보기

지문 meet-and-greet 팬 미팅을 위한, (유명인을) 만나는 motorcycle[móutərsàikl] 오토바이 possibly[pάːsəbli] 혹시, 아마
　　　ridesharing[ráidʃ̀ɛriŋ] 차를 같이 타는
56 athlete[ǽθliːt] 운동 선수 tournament[túərnəmənt] 경기
57 unsure[ʌnʃúr] 확신이 없는
58 public transportation 대중 교통

56 ■ 세부 사항 관련 문제 다음에 할 일　　　　　　　　　　　　　　　　　　　　　　　　　　　　　　　　　　　　정답 (B)
토요일에 일어날 일을 묻는 문제이므로, 질문의 핵심어구(Saturday)가 언급된 주변을 주의 깊게 듣는다. 여자가 "did you hear that Greg Ewing, the famous basketball player, will be at Greyville Mall this weekend? He's signing autographs during a meet-and-greet event there on Saturday at 4 P.M."이라며 유명한 농구 선수인 Greg Ewing이 이번 주말에 Greyville 쇼핑센터에 올 거라는 소식을 들었는지 물은 뒤, 그는 토요일 오후 4시에 그곳에서 팬 미팅 행사 동안 사인을 할 거라고 한 말을 통해 운동 선수가 행사에 나타날 것임을 알 수 있다. 따라서 정답은 (B) An athlete will appear at an event이다.

57 ■ 세부 사항 관련 문제 이유　　　　　　　　　　　　　　　　　　　　　　　　　　　　　　　　　　　　　　　정답 (C)
여자가 사과하는 이유를 묻는 문제이므로, 질문의 핵심어구(apologize)와 관련된 내용을 주의 깊게 듣는다. 남자가 "Could you possibly drive me there?"라며 혹시 자신을 거기까지 태워줄 수 있는지 묻자, 여자가 "Sorry, but I don't own a car."라며 미안하지만 자신도 차가 없다고 하였다. 따라서 정답은 (C) She cannot provide a ride이다.

58 ■ 세부 사항 관련 문제 제안　　　　　　　　　　　　　　　　　　　　　　　　　　　　　　　　　　　　　　　정답 (A)
여자가 남자에게 제안하는 것을 묻는 문제이므로, 여자의 말에서 제안과 관련된 표현이 언급된 다음을 주의 깊게 듣는다. 여자가 "There's a great mobile application called Rapid Ride. You should give it a try."라며 Rapid Ride라는 좋은 휴대폰 애플리케이션이 있으니 남자도 시도해 보라고 제안하였다. 따라서 정답은 (A) Using an application이다.

Questions 59-61 refer to the following conversation.

🎧 미국식 발음 → 호주식 발음

W: Excuse me. ⁵⁹Is your shop able to dryclean silk?

M: ⁵⁹Yes. However, because silk is so delicate, we have to use a special cleaning process. So, there will be an extra charge.

W: Oh, that's not a problem as long as you can get this brown stain out. Also . . . ⁶⁰it'd be great if this dress could be ironed by tomorrow afternoon. I have a banquet to attend that evening, and I'm considering wearing it.

M: ⁶¹Normally, we could perform a rush service for you, but we don't have enough staff working right now. The best we can do for you is a two-day service.

W: I see. I think I'll try another dry cleaner.

59 What does the man say a business can do?
(A) Complete a job in one day
(B) Clean a specific fabric
(C) Negotiate prices
(D) Offer a customer a refund

60 What type of event does the woman intend to go to tomorrow?
(A) A wedding ceremony
(B) A corporate convention
(C) A job interview
(D) A formal dinner

61 What problem does the man mention?
(A) A company is short-staffed.
(B) An item is out of stock.
(C) A machine is not working.
(D) A voucher is not valid.

59~61번은 다음 대화에 관한 문제입니다.

W: 실례합니다. ⁵⁹당신의 가게에서 실크를 드라이클리닝할 수 있나요?

M: ⁵⁹네. 하지만 실크는 매우 섬세하기 때문에, 저희는 특별한 세탁 과정을 거쳐야 해요. 그래서 추가 비용이 있을 거예요.

W: 아, 당신이 이 갈색 얼룩을 제거하실 수 있다면 그건 문제되지 않아요. 또한… ⁶⁰이 원피스가 내일 오후까지 다려질 수 있다면 정말 좋겠어요. 그날 저녁에 참석할 연회가 있는데, 저는 이걸 입으려고 하거든요.

M: ⁶¹보통이라면, 저희는 당신에게 빠른 서비스를 진행해드릴 수 있겠지만, 지금 당장은 일하는 직원이 충분하지 않습니다. 저희가 당신께 해드릴 수 있는 최선은 이틀이 걸리는 서비스예요.

W: 알겠습니다. 저는 다른 세탁소를 이용해야 할 것 같네요.

59. 남자는 업체에서 무엇을 할 수 있다고 말하는가?
(A) 하루 안에 업무를 완료한다.
(B) 특정한 직물을 세탁한다.
(C) 가격을 협상한다.
(D) 고객에게 환불을 제공한다.

60. 여자는 내일 어떤 종류의 행사에 가려고 하는가?
(A) 결혼식
(B) 기업 총회
(C) 구직 면접
(D) 공식 만찬

61. 남자는 무슨 문제를 언급하는가?
(A) 회사에 직원이 부족하다.
(B) 물품의 재고가 없다.
(C) 기계가 작동하지 않는다.
(D) 할인권이 유효하지 않다.

지문 delicate[délikət] 섬세한 extra charage 추가 비용 stain[stein] 얼룩 iron[áiərn] 다리미질하다 banquet[bǽŋkwit] 연회
59 business[bíznəs] 업체, 사업장 fabric[fǽbrik] 직물, 천
60 corporate[kɔ́ːrpərət] 기업의 formal[fɔ́ːrməl] 공식의, 격식을 차린
61 short-staffed 직원이 부족한 work[wəːrk] 작동하다 voucher[váutʃər] 할인권

59 ■ 세부 사항 관련 문제 특정 세부 사항 정답 (B)

남자가 업체에서 할 수 있다고 말하는 것을 묻는 문제이므로, 질문의 핵심어구(business can do)와 관련된 내용을 주의 깊게 듣는다. 여자가 "Is your shop able to dryclean silk?"라며 남자의 가게에서 실크를 드라이클리닝할 수 있는지 묻자, 남자가 "Yes."라며 그렇다고 하였다. 따라서 정답은 (B) Clean a specific fabric이다.

60 ■ 세부 사항 관련 문제 특정 세부 사항 정답 (D)

여자가 내일 가려고 하는 행사의 종류를 묻는 문제이므로, 질문의 핵심어구(event ~ tomorrow)와 관련된 내용을 주의 깊게 듣는다. 여자가 "it'd be great if this dress could be ironed by tomorrow afternoon. I have a banquet to attend that evening" 이라며 이 원피스가 내일 오후까지 다려질 수 있다면 정말 좋겠다고 한 뒤, 그날 저녁에 참석할 연회가 있다고 하였다. 따라서 정답은 (D) A formal dinner이다.

바꾸어 표현하기
a banquet to attend that evening 저녁에 참석할 연회 → A formal dinner 공식 만찬

61 ■ 세부 사항 관련 문제 문제점 정답 (A)

남자가 언급하는 문제점을 묻는 문제이므로, 남자의 말에서 부정적인 표현이 언급된 다음을 주의 깊게 듣는다. 남자가 "Normally, we could perform a rush service for you, but we don't have enough staff working right now."라며 보통이라면 빠른 서비스를 진행해줄 수 있겠지만 지금 당장은 일하는 직원이 충분하지 않다고 하였다. 따라서 정답은 (A) A company is short-staffed이다.

바꾸어 표현하기
we don't have enough staff 직원이 충분하지 않다 → A company is short-staffed 회사에 직원이 부족하다

Questions 62-64 refer to the following conversation and chart.

🔊 미국식 발음 → 호주식 발음

W: ⁶²Tyler, could you e-mail me the budget summary for our company's mobile application development project? You know—the one you modified yesterday afternoon.

M: Of course. Would you also like me to forward you the résumés I received this morning?

W: Yes, I need to review those . . . ah . . . since ⁶³we'll be selecting candidates to join our team at tomorrow morning's meeting.

M: OK. By the way, all applicants meet our educational requirements. ⁶⁴So, we should analyze and prioritize their past experience in the technology sector when making a selection.

Project Management Process

Stage 1		Stage 2		⁶³Stage 3		Stage 4
Review budget	→	Submit proposal	→	Choose candidates	→	Assign tasks

62 What does the woman ask the man to send her?
(A) A financial report
(B) An employee evaluation
(C) A project proposal
(D) An application manual

63 Look at the graphic. Which stage will happen tomorrow?
(A) Stage 1
(B) Stage 2
(C) Stage 3
(D) Stage 4

64 What does the man suggest?
(A) Installing new software
(B) Assessing work experience
(C) Meeting with a candidate
(D) Removing a job posting

62-64번은 다음 대화와 차트에 관한 문제입니다.

W: ⁶²Tyler, 우리 회사의 모바일 애플리케이션 개발 프로젝트에 대한 예산 개요를 제게 이메일로 보내주실 수 있나요? 있잖아요, 어제 오후에 당신이 수정한 거요.

M: 물론이죠. 제가 오늘 아침에 받은 이력서도 보내 드릴까요?

W: 네, 저는 그것들을 검토해야 해요… 아… ⁶³우리가 내일 아침 회의에서 우리 팀에 합류할 후보자들을 고를 것이기 때문이에요.

M: 알겠어요. 그건 그렇고, 모든 지원자들은 저희 교육 요건을 충족해요. ⁶⁴그래서, 선택할 때 우리는 기술 분야에서 그들의 이전 경력을 검토하고 우선시해야 해요.

프로젝트 운영 절차

1단계 예산 검토		2단계 제안 제출		⁶³3단계 후보자들 선정		4단계 업무 배정

62. 여자는 남자에게 무엇을 보내달라고 요청하는가?
(A) 재무 보고서
(B) 직원 평가
(C) 프로젝트 제안서
(D) 애플리케이션 설명서

63. 시각 자료를 보시오. 내일 어떤 단계가 일어날 것인가?
(A) 1단계
(B) 2단계
(C) 3단계
(D) 4단계

64. 남자는 무엇을 제안하는가?
(A) 새로운 소프트웨어를 설치하는 것
(B) 업무 경력을 평가하는 것
(C) 후보자를 만나는 것
(D) 구인 공고를 삭제하는 것

지문 **modify**[mάːdifai] 수정하다 **résumé**[미 rézumèi, 영 rézjumèi] 이력서 **candidate**[kǽndidèit] 후보자, 지원자 **applicant**[ǽplikənt] 지원자 **requirement**[미 rikwáiərmənt, 영 rikwáiəmənt] 요건 **analyze**[ǽnəlàiz] 검토하다, 분석하다 **prioritize**[praió:rətaiz] 우선시하다 **make a selection** 선택하다

62 **financial**[fainǽnʃəl] 재무의, 재정의 **evaluation**[ivæljuéiʃən] 평가

64 **install**[instóːl] 설치하다 **assess**[əsés] 평가하다 **remove**[rimúːv] 삭제하다, 없애다

62 ■ 세부 사항 관련 문제 특정 세부 사항

정답 (A)

여자가 남자에게 보내달라고 요청하는 것을 묻는 문제이므로, 질문의 핵심어구(woman ask the man to send her)와 관련된 내용을 주의 깊게 듣는다. 여자가 남자에게 "Tyler, could you e-mail me the budget summary for our company's mobile application development project?"라며 회사의 모바일 애플리케이션 개발 프로젝트에 대한 예산 개요를 이메일로 보내달라고 요청하였다. 따라서 정답은 (A) A financial report이다.

바꾸어 표현하기

budget summary 예산 개요 → **A financial report** 재무 보고서

63 ■ 세부 사항 관련 문제 시가 자료

정답 (C)

내일 일어날 단계를 묻는 문제이므로, 제시된 차트의 정보를 확인한 뒤 질문의 핵심어구(stage ~ happen tomorrow)와 관련된 내용을 주의 깊게 듣는다. 여자가 "we'll be selecting candidates to join our team at tomorrow morning's meeting"이라며 내일 아침 회의에서 자신들의 팀에 합류할 후보자들을 고를 것이라고 했으므로, 내일 후보자들을 선정하는 3단계가 일어날 것임을 차트에서 알 수 있다. 따라서 정답은 (C) Stage 3이다.

64 ■ 세부 사항 관련 문제 제안

정답 (B)

남자가 제안하는 것을 묻는 문제이므로, 남자의 말에서 제안과 관련된 표현이 언급된 다음을 주의 깊게 듣는다. 남자가 "So, we should analyze and prioritize their[applicants] past experience in the technology sector when making a selection."이라며 선택할 때 기술 분야에서 지원자들의 이전 경력을 검토하고 우선시할 것을 제안하였다. 따라서 정답은 (B) Assessing work experience 이다.

Questions 65-67 refer to the following conversation and building directory.

🔊 미국식 발음 → 캐나다식 발음

W: Hello. My name is Cynthia Holmes. 65/66I have a 10:30 A.M. appointment for an interview with Mr. Rogers.

M: Welcome, Ms. Holmes. You're a few minutes early, but 66you can go up to the human resources department now. There's a waiting room you can use on their floor.

W: OK. Should I take the elevator to get there?

M: Yes, but 67an access card is required to use it. Here's a visitor's pass that is valid for one day. Just tap it on the sensor by the keypad and then click the floor you need.

W: Great. I'll do that. Thanks a lot for your help.

W: 안녕하세요. 제 이름은 Cynthia Holmes입니다. 65/66저는 Mr. Rogers와 오전 10시 30분 면접 약속이 있어요.

M: 환영합니다, Ms. Holmes. 당신은 몇 분 일찍 오셨지만, 66지금 인사과로 올라가시면 됩니다. 그들의 층에 당신이 이용하실 수 있는 대기실이 있습니다.

W: 알겠습니다. 거기로 가려면 저는 엘리베이터를 타야 하나요?

M: 네, 하지만 67그것을 사용하시려면 출입 카드가 필요합니다. 여기 하루 동안 유효한 방문객 통행증이 있습니다. 키패드 옆의 센서에 가볍게 갖다 댄 후에 당신이 필요한 층을 누르세요.

W: 좋아요. 그렇게 할게요. 도와주셔서 정말 감사합니다.

TechnoForce Directory	
Floor 4	Research and Development
Floor 3	Accounting
66Floor 2	Human Resources
Floor 1	Marketing

TechnoForce 안내판	
4층	연구 개발
3층	회계
662층	인사
1층	마케팅

65 What is mentioned about Mr. Rogers?
(A) He had to reschedule a meeting.
(B) He did not respond to a voice mail.
(C) He will conduct an interview.
(D) He is not currently in his office.

65. Mr. Rogers에 관해 무엇이 언급되는가?
(A) 그는 회의 일정을 변경해야 했다.
(B) 그는 음성 메시지에 대답하지 않았다.
(C) 그는 면접을 실시할 것이다.
(D) 그는 지금 그의 사무실에 없다.

66 Look at the graphic. Which floor will the woman visit?
(A) Floor 4
(B) Floor 3
(C) Floor 2
(D) Floor 1

66. 시각 자료를 보시오. 여자는 어느 층을 방문할 것인가?
(A) 4층
(B) 3층
(C) 2층
(D) 1층

67 What will the woman receive?
(A) A building floor plan
(B) A parking pass
(C) A registration form
(D) A temporary access card

67. 여자는 무엇을 받을 것인가?
(A) 건물 평면도
(B) 주차권
(C) 등록 양식
(D) 임시 출입 카드

지문 waiting room 대기실 access card 출입 카드 valid [vǽlid] 유효한, 타당한
65 reschedule [rìːskédʒuːl] 일정을 변경하다 respond [rispάːnd] 대답하다, 답장을 보내다 conduct [kəndʌ́kt] 실시하다, 시행하다
67 temporary [témpəreri] 임시의, 일시적인

65 ■ 세부 사항 관련 문제 언급

정답 (C)

Mr. Rogers에 관해 언급되는 것을 묻는 문제이므로, 질문의 핵심어구(Mr. Rogers)가 언급된 주변을 주의 깊게 듣는다. 여자가 "I have a 10:30 A.M. appointment for an interview with Mr. Rogers."라며 Mr. Rogers와 오전 10시 30분 면접 약속이 있다고 하였다. 따라서 정답은 (C) He will conduct an interview이다.

66 ■ 세부 사항 관련 문제 시각 자료

정답 (C)

여자가 방문할 층을 묻는 문제이므로, 제시된 건물 안내판의 정보를 확인한 뒤 질문의 핵심어구(floor ~ woman visit)와 관련된 내용을 주의 깊게 듣는다. 여자가 "I have a 10:30 A.M. appointment for an interview with Mr. Rogers."라며 Mr. Rogers와 오전 10시 30분 면접 약속이 있다고 하자, 남자가 "you can go up to the human resources department now"라며 지금 인사과로 올라가면 된다고 하였으므로, 여자는 인사과가 있는 2층을 방문할 것임을 건물 안내판에서 알 수 있다. 따라서 정답은 (C) Floor 2이다.

67 ■ 세부 사항 관련 문제 특정 세부 사항

정답 (D)

여자가 받을 것을 묻는 문제이므로, 질문의 핵심어구(woman receive)와 관련된 내용을 주의 깊게 듣는다. 남자가 "an access card is required to use it[the elevator]. Here's a visitor's pass that is valid for one day."라며 엘리베이터를 사용하려면 출입 카드가 필요하다며 여기 하루 동안 유효한 방문객 통행증이 있다고 하였다. 따라서 정답은 (D) A temporary access card이다.

바꾸어 표현하기

a visitor's pass that is valid for one day 하루 동안 유효한 방문객 통행증 → A temporary access card 임시 출입 카드

Questions 68-70 refer to the following conversation and map.

🔊 호주식 발음 → 영국식 발음

M: Hi, Mandy. ⁶⁸I hear you're planning to participate in a race this Sunday afternoon that our company has organized.

W: ⁶⁸That's right. It's a fund-raiser for an association that provides free tutoring to underprivileged students.

M: What a great cause! And, where is the event being held?

W: In Lansdowne State Park. ⁶⁹Runners were originally supposed to follow the trail from the entrance to the waterfall, but some people complained it was too steep. So, we will be racing to the picnic area instead.

M: It sounds fun. Maybe I'll sign up as well.

W: ⁷⁰You'd better contact Ms. Harris soon. Today is the final day that staff members can sign up.

M: Oh, really? I'll call now, then.

68-70번은 다음 대화와 지도에 관한 문제입니다.

M: 안녕하세요, Mandy. ⁶⁸당신이 이번 주 일요일 오후에 우리 회사가 주최하는 경주에 참여할 계획이라고 들었어요.

W: ⁶⁸맞아요. 이것은 혜택을 받지 못하는 학생들에게 무료 개인 지도를 제공하는 협회를 위한 기금 모금 행사예요.

M: 정말 좋은 목적이네요! 그래서 그 행사는 어디에서 열리나요?

W: Lansdowne 주립 공원에서요. ⁶⁹주자들은 원래 입구에서 폭포까지의 코스를 따라가는 것으로 예정되어 있었지만, 몇 몇 사람들이 그곳은 너무 가파르다고 항의했어요. 그래서, 우리는 대신 피크닉 지역으로 달릴 거예요.

M: 재미있을 것 같네요. 아마 저도 신청해야겠어요.

W: ⁷⁰얼른 Ms. Harris에게 연락을 하는 게 좋을 거예요. 오늘이 직원들이 신청할 수 있는 마지막 날이거든요.

M: 아, 정말이요? 그럼 지금 전화할게요.

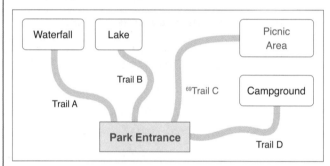

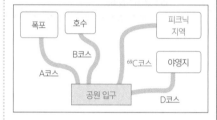

68 What is mentioned about the race?
   (A) It will involve many students.
   (B) It will raise money for an organization.
   (C) It will take place in the morning.
   (D) It will include several companies.

69 Look at the graphic. Which trail will runners most likely follow?
   (A) Trail A
   (B) Trail B
   (C) Trail C
   (D) Trail D

70 Why must the man contact Ms. Harris soon?
   (A) A donation has not been received.
   (B) A park trail was unexpectedly closed.
   (C) A firm will not be able to sponsor an event.
   (D) A registration period is about to end.

68. 경주에 관해 무엇이 언급되는가?
   (A) 많은 학생들을 참여시킬 것이다.
   (B) 단체를 위해 돈을 모금할 것이다.
   (C) 아침에 개최될 것이다.
   (D) 여러 회사를 포함할 것이다.

69. 시각 자료를 보시오. 주자들은 어떤 코스를 따라갈 것 같은가?
   (A) A코스
   (B) B코스
   (C) C코스
   (D) D코스

70. 남자는 왜 곧 Ms. Harris에게 연락해야 하는가?
   (A) 기부금이 수령되지 않았다.
   (B) 공원 코스가 갑자기 폐쇄되었다.
   (C) 회사는 행사를 후원할 수 없을 것이다.
   (D) 등록 기간이 막 끝나려고 한다.

지문 tutoring[미 túːtəriŋ, 영 tjúːtəriŋ] 개인 지도 underprivileged[미 Àndərprívəlidʒd, 영 Àndəprívəlidʒd] 혜택을 받지 못하는 cause[kɔːz] 목적, 대의
    trail[treil] 코스, 길 waterfall[미 wɔ́ːtərfɔːl, 영 wɔ́ːtəfɔːl] 폭포 sign up 신청하다
68 involve[inváːlv] 참여시키다 raise money 돈을 모금하다 take place 개최되다 include[inklúːd] 포함하다
70 donation[dounéiʃən] 기부금 unexpectedly[Ànikspéktidli] 갑자기, 뜻밖에 be about to 막 ~하려 하다

68 ■ 세부 사항 관련 문제 언급   정답 (B)

경주에 관해 언급되는 것을 묻는 문제이므로, 질문의 핵심어구(race)가 언급된 주변을 주의 깊게 듣는다. 남자가 "I hear you're planning to participate in a race this Sunday afternoon that our company has organized."라며 여자가 이번 주 일요일 오후에 회사가 주최하는 경주에 참여할 계획이라고 들었다고 하자, 여자가 "That's right. It's a fund-raiser for an association that provides free tutoring to underprivileged students."라며 맞다고 한 뒤, 이것은 혜택을 받지 못하는 학생들에게 무료 개인 지도를 제공하는 협회를 위한 기금 모금 행사라고 하였다. 따라서 정답은 (B) It will raise money for an organization이다.

69 ■ 세부 사항 관련 문제 시각 자료   정답 (C)

주자들이 따라갈 코스를 묻는 문제이므로, 제시된 지도의 정보를 확인한 뒤 질문의 핵심어구(trail ~ runners ~ follow)와 관련된 내용을 주의 깊게 듣는다. 여자가 "Runners were originally supposed to follow the trail from the entrance to the waterfall, but some people complained it was too steep. So, we will be racing to the picnic area instead."라며 주자들이 원래 입구에서 폭포까지의 코스를 따라가는 것으로 예정되어 있었지만, 몇몇 사람들이 그곳은 너무 가파르다고 항의하여 대신 피크닉 지역으로 달릴 거라고 하였다. 이를 통해 주자들이 따라갈 코스가 공원 입구에서 피크닉 지역으로 나있는 C코스임을 지도에서 알 수 있다. 따라서 정답은 (C) Trail C이다.

70 ■ 세부 사항 관련 문제 이유   정답 (D)

남자가 곧 Ms. Harris에게 연락해야 하는 이유를 묻는 문제이므로, 질문의 핵심어구(contact Ms. Harris soon)가 언급된 주변을 주의 깊게 듣는다. 여자가 "You'd better contact Ms. Harris soon. Today is the final day that staff members can sign up."이라며 얼른 Ms. Harris에게 연락을 하는 게 좋을 거라고 한 뒤, 오늘이 직원들이 신청할 수 있는 마지막 날이라고 하였다. 따라서 정답은 (D) A registration period is about to end이다.

바꾸어 표현하기

Today is the final day that staff members can sign up 오늘이 직원들이 신청할 수 있는 마지막 날이다 → A registration period is about to end 등록 기간이 막 끝나려고 하다

PART 4

71
72
73

Questions 71-73 refer to the following announcement.

[3] 캐나다식 발음

Employees, it's your last chance this year to order staff uniforms. If you need a new company shirt, sweater, or other clothing item, [71]please stop by our main conference room before 5:30 P.M. Branson Uniform representatives will be there to take your order. [72]If you are uncertain about the size you require, they will help you figure it out. Remember, [73]the company will pay for three new shirts along with one sweater or vest each year. However, you can purchase additional items if you choose to.

71 What are the listeners instructed to do?
(A) Go to a meeting area
(B) E-mail a coworker
(C) Join a videoconference
(D) Try on a clothing item

72 What does the speaker mention about Branson Uniform representatives?
(A) They can help determine a correct fit.
(B) They can look up a past purchase.
(C) They can apply a company discount.
(D) They can make a color choice.

73 What does the speaker say the company will do?
(A) Cancel an order
(B) Pay for some merchandise
(C) Change a uniform style
(D) Hire additional personnel

71-73번은 다음 공지에 관한 문제입니다.

직원 여러분, 이번이 직원 유니폼을 주문할 수 있는 올해의 마지막 기회입니다. 만약 새로운 회사 셔츠, 스웨터, 또는 다른 의류 제품이 필요하시다면, [71]대회의실에 오후 5시 30분 전까지 들러주십시오. Branson 유니폼사의 판매 대리인들이 여러분의 주문을 받기 위해 그곳에 계실 것입니다. [72]만약 여러분이 필요한 사이즈를 잘 모른다면 그분들이 그걸 알아내는 것을 도와드릴 것입니다. 기억하세요, [73]회사는 매년 하나의 스웨터 또는 조끼와 더불어 세 벌의 새로운 셔츠에 대한 비용을 지불할 겁니다. 하지만, 선택적으로 추가 품목들을 구매하실 수 있습니다.

71. 청자들은 무엇을 하도록 안내되는가?
(A) 회의 장소로 간다.
(B) 동료에게 이메일을 보낸다.
(C) 영상 회의에 참여한다.
(D) 의류 제품을 입어본다.

72. 화자는 Branson 유니폼사의 판매 대리인들에 관해 무엇을 언급하는가?
(A) 정확하게 맞는 옷을 알아내도록 도와줄 수 있다.
(B) 과거 구매를 찾아볼 수 있다.
(C) 회사 할인을 적용해줄 수 있다.
(D) 색상을 선택해줄 수 있다.

73. 화자는 회사가 무엇을 할 것이라고 말하는가?
(A) 주문을 취소한다.
(B) 상품의 비용을 지불한다.
(C) 유니폼의 스타일을 변경한다.
(D) 추가 직원을 고용한다.

지문 representative[règprizéntətiv] 판매 대리인 take an order 주문을 받다 vest[vest] 조끼
71 videoconference[vídioukànfərəns] 영상 회의 try on 입어보다
72 determine[ditə́:rmin] 알아내다, 밝히다 fit[fit] 맞는 옷, 맞는 것 look up 찾아보다
73 personnel[pə̀:rsənél] 직원

71 ■ 세부 사항 관련 문제 특정 세부 사항   정답 (A)
청자들이 하도록 안내되는 것을 묻는 문제이므로, 질문의 핵심어구(instructed to do)와 관련된 내용을 주의 깊게 듣는다. "please stop by our main conference room"이라며 대회의실에 들러달라고 하였다. 따라서 정답은 (A) Go to a meeting area이다.

바꾸어 표현하기
main conference room 대회의실 → a meeting area 회의 장소

72 ■ 세부 사항 관련 문제 언급   정답 (A)
화자가 Branson 유니폼사의 판매 대리인들에 관해 언급하는 것을 묻는 문제이므로, 질문의 핵심어구(Branson Uniform representatives)와 관련된 내용을 주의 깊게 듣는다. "If you are uncertain about the size you require, they[Branson Uniform representatives] will help you figure it out."이라며 만약 청자들이 필요한 사이즈를 잘 모른다면 Branson 유니폼사의 판매 대리인들이 그걸 알아내는 것을 도와줄 것이라고 하였다. 따라서 정답은 (A) They can help determine a correct fit이다.

73 ■ 세부 사항 관련 문제 특정 세부 사항   정답 (B)
회사가 할 것을 묻는 문제이므로, 질문의 핵심어구(company will do)와 관련된 내용을 주의 깊게 듣는다. "the company will pay for three new shirts along with one sweater or vest"라며 회사가 하나의 스웨터 또는 조끼와 더불어 세 벌의 새로운 셔츠에 대한 비용을 지불할 것이라고 하였다. 따라서 정답은 (B) Pay for some merchandise이다.

74
75
76

Questions 74-76 refer to the following speech.

🎧 미국식 발음

My name is Melanie Chen. [74]I am the longtime editor of renowned author Allen Short, and I have come here tonight to accept this award on his behalf. Unfortunately, [75]Mr. Short is unable to attend this evening as he now lives in Italy and was unable to return to Canada on short notice. However, I can say with confidence that [76]he is truly honored to be the 25th recipient of the Redmark Medal in honor of the exceptional literature for kids he has written. Although we met nearly 15 years ago, I continue to be amazed every day by his dedication to his work. I can think of no better person to receive this honor than Mr. Short.

74 Who is the speaker?
(A) A professor
(B) An author
(C) An editor
(D) A librarian

75 Why is Mr. Short unable to attend an event?
(A) His assistant made a scheduling error.
(B) His train has been delayed by an hour.
(C) He is attending to a personal matter.
(D) He resides in another country.

76 Why has Mr. Short received an award?
(A) For donating his time to a school
(B) For founding an organization
(C) For serving as a longtime employee
(D) For creating children's books

74-76번은 다음 연설에 관한 문제입니다.

제 이름은 Melanie Chen입니다. [74]저는 저명한 작가 Allen Short의 오랜 편집자이며, 그를 대신해 이 상을 받기 위해 오늘 밤 이곳에 왔습니다. 안타깝게도, [75]Mr. Short는 현재 이탈리아에 살고 있고 갑자기 캐나다로 돌아올 수 없었기 때문에 오늘 저녁에 참석할 수 없습니다. 하지만, [76]그가 자신이 쓴 우수한 아동 문학을 기념하여 Redmark 훈장의 25번째 수상자가 되는 것에 대해 진심으로 영광스럽게 생각한다는 것을 저는 자신 있게 말씀드릴 수 있습니다. 비록 저희가 거의 15년 전에 만났지만, 저는 그의 작품에 대한 전념에 매일 계속해서 놀랍니다. 저는 이 영예를 받을 사람으로 Mr. Short보다 더 적합한 사람을 생각할 수 없습니다.

74. 화자는 누구인가?
(A) 교수
(B) 작가
(C) 편집자
(D) 도서관 사서

75. Mr. Short는 왜 행사에 참석할 수 없는가?
(A) 그의 조수가 일정상의 오류를 만들었다.
(B) 그의 기차가 한 시간 연기되었다.
(C) 그는 개인 용무를 처리하고 있다.
(D) 그는 다른 나라에 거주한다.

76. Mr. Short는 왜 상을 받았는가?
(A) 그의 시간을 학교에 바친 것에 대해
(B) 단체를 설립한 것에 대해
(C) 장기 근속 직원으로 근무한 것에 대해
(D) 아동 도서들을 제작한 것에 대해

지문 longtime[lɔ́ŋtaim] 오랜, 오랫동안의 editor[éditər] 편집자 renowned[rináund] 저명한 on short notice 갑자기, 촉박한 통지에 recipient[risípiənt] 수상자, 수령인 in honor of ~을 기념하여, ~을 축하하여 exceptional[iksépʃənl] 우수한, 예외적인 dedication[dèdikéiʃən] 전념, 헌신
74 librarian[laibréəriən] 도서관 사서
76 donate[dóuneit] (시간·노력)을 바치다, 기부하다 found[faund] 설립하다

74 ■ 전체 지문 관련 문제 화자 정답 (C)
○○○○● 하
화자의 신분을 묻는 문제이므로, 신분 및 직업과 관련된 표현을 놓치지 않고 듣는다. "I am the longtime editor of renowned author Allen Short"라며 자신이 저명한 작가 Allen Short의 오랜 편집자라고 하였다. 따라서 정답은 (C) An editor이다.

75 ■ 세부 사항 관련 문제 이유 정답 (D)
○○○●○ 중
Mr. Short가 행사에 참석할 수 없는 이유를 묻는 문제이므로, 질문의 핵심어구(Mr. Short unable to attend an event)와 관련된 내용을 주의 깊게 듣는다. "Mr. Short is unable to attend this evening as he now lives in Italy and was unable to return to Canada on short notice"라며 Mr. Short가 현재 이탈리아에 살고 있고 갑자기 캐나다로 돌아올 수가 없었기 때문에 오늘 저녁에 참석할 수 없다고 하였다. 따라서 정답은 (D) He resides in another country이다.

76 ■ 세부 사항 관련 문제 이유 정답 (D)
○○○●○ 상
Mr. Short가 상을 받은 이유를 묻는 문제이므로, 질문의 핵심어구(received an award)와 관련된 내용을 주의 깊게 듣는다. "he[Mr. Short] is truly honored to be the 25th recipient of the Redmark Medal in honor of the exceptional literature for kids he has written"이라며 Mr. Short가 자신이 쓴 우수한 아동 문학을 기념하여 Redmark 훈장의 25번째 수상자가 되는 것에 대해 진심으로 영광스럽게 생각한다고 하였다. 따라서 정답은 (D) For creating children's books이다.

바꾸어 표현하기
received an award 상을 받다 → be the ~ recipient of the Redmark Medal Redmark 훈장의 수상자가 되다

Questions 77-79 refer to the following report.

🎧 호주식 발음

And now for the weather . . . ⁷⁷The city will continue to experience a serious thunderstorm tonight through tomorrow. Heavy rain will fall until Wednesday morning, and clouds will move out of the area later Wednesday afternoon. ⁷⁸Due to the risk of flooding, public schools will remain closed on Tuesday. A Department of Education official plans to make an announcement in the afternoon about whether the institutions will reopen on Wednesday. It's doubtful at this point, but ⁷⁹be sure to refer to the school's Web site tomorrow to find out the latest information on the issue.

77 What is the speaker mainly discussing?
(A) A school renovation
(B) Some road construction
(C) A community festival
(D) Some severe weather

78 What does the speaker mean when he says, "It's doubtful at this point"?
(A) Classes will not likely be held.
(B) City safety plans may not be revised.
(C) Repairs probably will not begin soon.
(D) A route might not reopen today.

79 Why should the listeners visit a Web site?
(A) To report some feedback
(B) To get additional updates
(C) To download a traffic map
(D) To sign up for alerts

77-79번은 다음 보도에 관한 문제입니다.

날씨입니다… ⁷⁷시에 오늘 밤부터 내일까지 심각한 폭풍우가 계속될 것입니다. 호우가 수요일 아침까지 쏟아질 것이며, 구름은 수요일 오후 늦게 이 지역에서 이동할 것입니다. ⁷⁸홍수의 위험 때문에 공립학교들은 화요일에도 여전히 휴교할 것입니다. 교육부 관계자들은 기관들이 수요일에 다시 문을 열지에 대해 오후에 발표하기로 계획 중입니다. 현재로서는 그럴 것 같지 않지만, ⁷⁹이 사안에 대한 최신 정보를 확인하기 위해 내일 학교 웹사이트를 꼭 조회하십시오.

77. 화자는 주로 무엇에 관해 이야기하고 있는가?
(A) 학교 보수
(B) 도로 공사
(C) 지역 사회 축제
(D) 가혹한 날씨

78. 화자는 "현재로서는 그럴 것 같지 않다"라고 말할 때 무엇을 의도하는가?
(A) 수업이 열릴 것 같지 않다.
(B) 시의 안전 계획이 변경되지 않을 것이다.
(C) 수리가 아마도 곧 시작되지 않을 것이다.
(D) 길이 오늘 재개통되지 않을 것이다.

79. 청자들은 왜 웹사이트를 방문해야 하는가?
(A) 의견을 알리기 위해
(B) 추가적인 최신 정보를 얻기 위해
(C) 교통 지도를 다운로드하기 위해
(D) 경보를 신청하기 위해

지문 thunderstorm[미 θʌ́ndərstɔːrm, 영 θʌ́ndəstɔːm] 폭풍우, 뇌우 flooding[flʌ́diŋ] 홍수 institution[미 ìnstitúːʃən, 영 ìnstitjúːʃən] 기관 reopen[미 rìːóupən, 영 rìːóupən] 다시 문을 열다, 재개하다 doubtful[dáutfəl] ~일 것 같지 않은 issue[íʃuː] 사안, 쟁점
77 severe[sivíər] 가혹한   78 route[ruːt] 길, 경로   79 sign up for ~을 신청하다 alert[əlɚ́ːrt] 경보, 경계

77 ■ 전체 지문 관련 문제 주제   정답 (D)
보도의 주제를 묻는 문제이므로, 지문의 초반을 반드시 듣는다. "The city will continue to experience a serious thunderstorm tonight through tomorrow."라며 시에 오늘 밤부터 내일까지 심각한 폭풍우가 계속될 것이라고 한 뒤, 가혹한 날씨와 관련된 내용을 언급하였다. 따라서 정답은 (D) Some severe weather이다.

78 ■ 세부 사항 관련 문제 의도 파악   정답 (A)
화자가 하는 말의 의도를 묻는 문제이므로, 질문의 인용어구(It's doubtful at this point)가 언급된 주변을 주의 깊게 듣는다. "Due to the risk of flooding, public schools will remain closed on Tuesday. A Department of Education official plans to make an announcement in the afternoon about whether the institutions will reopen on Wednesday. It's doubtful at this point"라며 홍수의 위험 때문에 공립학교들은 화요일에도 여전히 휴교할 것이며, 교육부 관계자들은 기관들이 수요일에 다시 문을 열지에 대해 오후에 발표하기로 계획 중이지만 현재로서는 그럴 것 같지 않다고 하였다. 이를 통해 수요일에 수업이 열릴 것 같지 않음을 알 수 있다. 따라서 정답은 (A) Classes will not likely be held이다.

79 ■ 세부 사항 관련 문제 이유   정답 (B)
청자들이 웹사이트를 방문해야 하는 이유를 묻는 문제이므로, 질문의 핵심어구(visit a Web site)와 관련된 내용을 주의 깊게 듣는다. "be sure to refer to the school's Web site tomorrow to find out the latest information on the issue"라며 이 사안에 대한 최신 정보를 확인하기 위해 내일 학교 웹사이트를 꼭 조회하라고 하였다. 따라서 정답은 (B) To get additional updates이다.

바꾸어 표현하기
find out the latest information 최신 정보를 확인하다 → get additional updates 추가적인 최신 정보를 얻다

Questions 80-82 refer to the following instructions.

🔊 영국식 발음

For those of you who are unfamiliar with how to operate the factory's new conveyor belt, let me explain it quickly. First, the machinery is controlled by this dial and switch. The switch is to turn the device on and off, whereas ⁸⁰the dial adjusts how quickly the belt moves. Be sure to set the dial on the second setting unless instructed otherwise. And ⁸¹if the conveyor belt ever experiences any mechanical issues, please let Jane Fowl, the floor manager, know. That way she can inform our technician . . . Oh, one more thing. ⁸²Always make sure the belt is turned off at the end of our shift. It's a necessary safety measure.

80 What aspect of the machine does the dial control?
(A) Its volume
(B) Its height
(C) Its temperature
(D) Its speed

81 Who should the listeners contact if an issue arises?
(A) A floor supervisor
(B) A mechanical engineer
(C) A front desk worker
(D) A human resources manager

82 What are the listeners instructed to do at the end of a shift?
(A) Switch off a piece of equipment
(B) Provide information to a technician
(C) Conduct a safety inspection of a site
(D) Replace any damaged parts

80-82번은 다음 설명에 관한 문제입니다.

공장의 새 컨베이어 벨트를 조작하는 방법에 대해 익숙하지 않으신 분들을 위해 제가 빠르게 설명드리겠습니다. 우선, 그 기계는 이 다이얼과 스위치로 조정됩니다. 스위치는 이 기기를 켜고 끄는 데 사용되는 반면, ⁸⁰다이얼은 벨트가 얼마나 빨리 움직이는지를 조절합니다. 다르게 지시되지 않는 한 다이얼을 반드시 두 번째 설정에 맞춰 놓으세요. 그리고 ⁸¹만약 컨베이어 벨트가 어떠한 기계적인 문제를 겪는다면 작업장 관리자인 Jane Fowl에게 알려주십시오. 그렇게 함으로써 그녀가 우리의 기술자에게 알릴 수 있을 것입니다… 아, 한 가지 더 있습니다. ⁸²근무 종료 시 항상 벨트가 꺼져 있는지 확실히 해주십시오. 이것은 필수적인 안전 조치입니다.

80. 다이얼은 기계의 어떤 부분을 조정하는가?
(A) 용량
(B) 높이
(C) 온도
(D) 속도

81. 문제가 발생하면 청자들은 누구에게 연락해야 하는가?
(A) 작업장 감독관
(B) 기계 공학자
(C) 안내 데스크 직원
(D) 인사 담당자

82. 청자들은 근무 종료 시 무엇을 하도록 안내되는가?
(A) 장비를 끈다.
(B) 기술자에게 정보를 제공한다.
(C) 현장의 안전 점검을 실시한다.
(D) 손상된 부품들을 교체한다.

지문 **operate**[미 á:pəreit, 영 ɔ́pəreit] 조작하다, 가동하다 **machinery**[məʃí:nəri] 기계 **adjust**[ədʒʌ́st] 조절하다 **setting**[sétiŋ] 설정 **mechanical**[məkǽnikl] 기계적인 **floor manager** 작업장 관리자, 매장 관리자 **shift**[ʃift] (교대) 근무 **measure**[méʒər] 조치, 정책
80 **volume**[vá:lju:m] 용량, 용적 **height**[hait] 높이 **temperature**[témpərətʃər] 온도
81 **arise**[əráiz] 발생하다
82 **switch off** 끄다

80 ■ **세부 사항 관련 문제** 특정 세부 사항   정답 (D)
⭘⭘⭘⭘⭙ 다이얼이 조정하는 기계의 부분을 묻는 문제이므로, 질문의 핵심어구(aspect of the machine ~ dial control)와 관련된 내용을 주의
중 깊게 듣는다. "the dial adjusts how quickly the belt moves"라며 다이얼은 벨트가 얼마나 빨리 움직이는지를 조절한다고 하였다. 따라서 정답은 (D) Its speed이다.

81 ■ **세부 사항 관련 문제** 특정 세부 사항   정답 (A)
⭘⭘⭘⭘⭙ 문제가 발생하면 청자들이 연락해야 하는 사람을 묻는 문제이므로, 질문의 핵심어구(contact if an issue arises)와 관련된 내용을 주의
하 깊게 듣는다. "if the conveyor belt ever experiences any mechanical issues, please let Jane Fowl, the floor manager, know"라며 만약 컨베이어 벨트가 어떠한 기계적인 문제를 겪는다면 작업장 관리자인 Jane Fowl에게 알려달라고 하였다. 따라서 정답은 (A) A floor supervisor이다.

82 ■ **세부 사항 관련 문제** 특정 세부 사항   정답 (A)
⭘⭘⭘⭘⭙ 근무 종료 시 청자들이 하도록 안내되는 것을 묻는 문제이므로, 질문의 핵심어구(instucted to do at the end of a shift)와 관련된
중 내용을 주의 깊게 듣는다. "Always make sure the belt is turned off at the end of our shift."라며 근무 종료 시 항상 벨트가 꺼져 있는지 확실히 해달라고 하였다. 따라서 정답은 (A) Switch off a piece of equipment이다.

Questions 83-85 refer to the following talk.

🎧 미국식 발음

[83]I want to stress the importance of tonight's banquet for our catering company. Celebrities, state legislators, and business owners will be among the guests. So, [84/85]please be attentive to the diners' requests and double-check all the orders. [85]This will not only ensure that our guests get everything they need but will also give them a positive first impression of our business. That is essential for a new company such as ours. OK, let's begin setting up for the evening.

83. What is the topic of the talk?
(A) The concerns of some clients
(B) The purpose of a charity fund-raiser
(C) The founding of an organization
(D) The significance of a gathering

84. Who most likely are the listeners?
(A) Serving staff
(B) Event planners
(C) Business advisors
(D) Elected officials

85. Why should the listeners pay attention to requests?
(A) To encourage more donations
(B) To finish a task early
(C) To make a good impression
(D) To promote a new venue

83-85번은 다음 담화에 관한 문제입니다.

[83]저는 오늘밤 연회가 우리 출장 연회 업체에 가지는 중요성에 대해 강조하고 싶습니다. 손님들 가운데 유명 인사들, 주 의회 의원들, 그리고 사업주들이 계실 것입니다. 그러므로 [84/85]식사하시는 분들의 요청 사항에 주의를 기울이고 모든 주문을 다시 한번 확인해주세요. [85]이는 우리 고객들이 필요한 모든 것을 얻도록 할 뿐만 아니라 그들에게 우리 업체에 대한 긍정적인 첫인상을 줄 것입니다. 그것은 우리 같은 신생 회사에게 필수적입니다. 자, 저녁 행사 준비를 시작합시다.

83. 담화의 주제는 무엇인가?
(A) 일부 고객들의 우려
(B) 자선 모금 행사의 목적
(C) 단체의 설립
(D) 모임의 중요성

84. 청자들은 누구인 것 같은가?
(A) 서빙 담당 직원들
(B) 행사 기획자들
(C) 사업 고문들
(D) 선출된 공무원들

85. 청자들은 왜 요청 사항에 주의를 기울여야 하는가?
(A) 더 많은 기부를 독려하기 위해
(B) 업무를 일찍 끝내기 위해
(C) 좋은 인상을 주기 위해
(D) 새로운 장소를 홍보하기 위해

지문 stress[stres] 강조하다 celebrity[səlébrəti] 유명 인사 legislator[lédʒislèitər] 의회 의원, 입법자 attentive[əténtiv] 주의를 기울이는 diner[dáinər] 식사하는 사람 double-check 다시 한번 확인하다 first impression 첫인상 essential[isénʃəl] 필수적인
83 founding[fáundiŋ] 설립
84 advisor[ədváizər] 고문, 자문 elected[iléktid] 선출된
85 venue[vénjuː] 장소

83 ■ 전체 지문 관련 문제 주제   정답 (D)
담화의 주제를 묻는 문제이므로, 지문의 초반을 반드시 듣는다. "I want to stress the importance of tonight's banquet for our catering company."라며 오늘밤 연회가 자신들의 출장 연회 업체에 가지는 중요성에 대해 강조하고 싶다고 하였다. 따라서 정답은 (D) The significance of a gathering이다.

바꾸어 표현하기
banquet 연회 → gathering 모임

84 ■ 전체 지문 관련 문제 청자   정답 (A)
청자들의 신분을 묻는 문제이므로, 신분 및 직업과 관련된 표현을 놓치지 않고 듣는다. "please be attentive to the diners' requests and double-check all the orders"라며 식사하는 사람들의 요청 사항에 주의를 기울이고 모든 주문을 다시 한번 확인해달라고 한 말을 통해 청자들이 서빙 담당 직원들임을 알 수 있다. 따라서 정답은 (A) Serving staff이다.

85 ■ 세부 사항 관련 문제 이유   정답 (C)
청자들이 요청 사항에 주의를 기울여야 하는 이유를 묻는 문제이므로, 질문의 핵심어구(pay attention to requests)와 관련된 내용을 주의 깊게 듣는다. "please be attentive to the diners' requests ~. This will ~ give them a positive first impression of our business."라며 식사하는 사람들의 요청 사항에 주의를 기울여달라고 하며 이는 고객들에게 자신들의 업체에 대한 긍정적인 첫인상을 줄 것이라고 하였다. 따라서 정답은 (C) To make a good impression이다.

Questions 86-88 refer to the following excerpt from a meeting.

🎧 호주식 발음

⁸⁶Welcome, everyone, to Pomerta Incorporated's annual regional managers meeting. **This is the first time this event has been conducted virtually.** ⁸⁷There's a time restriction on this platform. **We only have an hour.** ⁸⁷You have, therefore, all received the agenda and other relevant documents, and, hopefully, you read the materials in advance. **As you can see, we'll be voting on some proposals regarding the company's plans to open new stores in the coming year.** ⁸⁸But first, our corporate secretary Lewis Thompson will start the meeting by taking us through this year's sales and profits. **Now, let's begin.**

⁸⁶여러분, Pomerta사의 연례 지역 관리자 회의에 오신 것을 환영합니다. 이 행사가 컴퓨터상으로 진행되는 것은 이번이 처음입니다. ⁸⁷이 플랫폼에 시간제한이 있습니다. 우리는 한 시간만 있습니다. ⁸⁷따라서, 여러분은 모두 안건과 다른 관련된 문서들을 받았고, 여러분들이 그 자료들을 사전에 읽어보셨기를 바랍니다. 보시다시피, 우리는 곧 있을 해에 새로운 상점들을 열 회사의 계획에 관한 제안들에 투표할 것입니다. ⁸⁸하지만 우선, 우리의 기업 비서 Lewis Thompson이 올해의 매출과 이익을 우리에게 설명함으로써 회의를 시작할 것입니다. 지금, 시작합시다.

86 What does the speaker say about Pomerta Incorporated?
    (A) It is looking for new investors.
    (B) It runs an online shopping site.
    (C) It is experiencing technical problems.
    (D) It has a meeting every year.

87 Why does the speaker say, "We only have an hour"?
    (A) To encourage attendees to show up early
    (B) To explain why prior preparations were made
    (C) To show why an event is being held virtually
    (D) To indicate a schedule change

88 What will the listeners do next?
    (A) Move to a meeting location
    (B) Listen to some financial details
    (C) Select an award winner
    (D) Open a new store

86. 화자는 Pomerta사에 관해 무엇을 말하는가?
    (A) 새로운 투자자들을 찾고 있다.
    (B) 온라인 쇼핑 사이트를 운영한다.
    (C) 기술적인 문제를 겪고 있다.
    (D) 매년 회의가 있다.

87. 화자는 왜 "우리는 한 시간만 있습니다"라고 말하는가?
    (A) 참석자들이 일찍 나타나도록 권하기 위해
    (B) 사전 준비가 왜 필요했는지 설명하기 위해
    (C) 행사가 왜 컴퓨터상으로 열리는지 보여주기 위해
    (D) 일정 변경을 나타내기 위해

88. 청자들은 다음에 무엇을 할 것인가?
    (A) 회의 장소로 이동한다.
    (B) 몇몇 재무 세부 사항들을 듣는다.
    (C) 수상자를 선정한다.
    (D) 새로운 상점을 연다.

지문 regional[ríːdʒənl] 지역의, 지방의 virtually[미 və́ːrtʃuəli, 영 və́ːtʃuəli] 컴퓨터상으로, 가상으로 restriction[ristríkʃən] 제한, 제약
      agenda[ədʒéndə] 안건, 의제 relevant[réləvənt] 관련된 in advance 사전에, 미리
87 encourage[inkə́ːridʒ] 권장하다, 장려하다 preparation[prèpəréiʃən] 준비

---

86 ■ 세부 사항 관련 문제 언급   정답 (D)

화자가 Pomerta사에 관해 언급하는 것을 묻는 문제이므로, 질문의 핵심어구(Pomerta Incorporated)가 언급된 주변을 주의 깊게 듣는다. "Welcome, everyone, to Pomerta Incorporated's annual regional managers meeting."이라며 청자들에게 Pomerta 사의 연례 지역 관리자 회의에 온 것을 환영한다고 하였다. 따라서 정답은 (D) It has a meeting every year이다.

바꾸어 표현하기
annual 연례 → every year 매년

88 ■ 세부 사항 관련 문제 의도 파악   정답 (B)

화자가 하는 말의 의도를 묻는 문제이므로, 질문의 인용어구(We only have an hour)가 언급된 주변을 주의 깊게 듣는다. "There's a time restriction on this platform. We only have an hour."라며 이 플랫폼에 시간제한이 있고 자신들은 한 시간만 있다고 한 뒤, "You have, therefore, all received the agenda and other relevant documents, and, hopefully, you read the materials in advance."라며 따라서 청자들 모두 안건과 다른 관련된 문서들을 받았고 그 자료들을 사전에 읽어봤기를 바란다고 한 것을 통해 사전 준비가 왜 필요했는지 설명하려는 의도임을 알 수 있다. 따라서 정답은 (B) To explain why prior preparations were made이다.

88 ■ 세부 사항 관련 문제 다음에 할 일   정답 (B)

청자들이 다음에 할 일을 묻는 문제이므로, 지문의 마지막 부분을 주의 깊게 듣는다. "But first, our corporate secretary Lewis Thompson will start the meeting by taking us through this year's sales and profits."라며 하지만 우선 기업 비서 Lewis Thompson 이 올해의 매출과 이익을 설명함으로써 회의를 시작할 것이라고 하였다. 따라서 정답은 (B) Listen to some financial details이다.

바꾸어 표현하기
sales and profits 매출과 이익 → financial details 재무 세부 사항들

Questions 89-91 refer to the following announcement.

영국식 발음

89Welcome to the Outdoor Living Expo. We hope you enjoy the many vendor booths, where you'll find the finest products available for swimming pools, patios, yards, and gardens. And if you stop by the Bingham Fencing booth, 90you can enter a drawing for a free fence installation package worth up to $4,500. All you have to do is watch a 60-second video. This year, over 1,000 people are expected to take part. Finally, 91make sure to get a coupon for 20 percent off a patio set from Truman's Outdoor Furniture. For a full description of the event's highlights, just grab a program from the information desk.

89 What type of event is being held?
(A) A sports competition
(B) A shareholder meeting
(C) A community gathering
(D) A commercial exhibition

90 What does the speaker mean when she says, "over 1,000 people are expected to take part"?
(A) A larger space will be needed.
(B) A prize has attracted a lot of interest.
(C) A corporate project has been expanded.
(D) A lecture series was well publicized.

91 What does the speaker suggest the listeners do?
(A) Pick up a coupon
(B) Watch a demonstration
(C) Wear a name tag
(D) Find an available seat

89-91번은 다음 공지에 관한 문제입니다.

89아웃도어 리빙 박람회에 오신 것을 환영합니다. 수영장, 테라스, 마당, 정원에 이용할 수 있는 가장 좋은 제품들을 발견하실 수 있는 많은 판매 회사 부스들을 여러분께서 즐기시기를 바랍니다. 그리고 Bingham 울타리 부스에 들르시면 904,500달러 상당의 무료 울타리 설치 패키지를 위한 추첨에 응모하실 수 있습니다. 여러분께서는 60초짜리 영상을 시청하시기만 하면 됩니다. 올해 천 명이 넘는 분들이 참여하실 것으로 예상됩니다. 마지막으로, Truman's 아웃도어 가구사의 91테라스 세트 20퍼센트 할인 쿠폰을 꼭 받으십시오. 행사의 볼거리들에 대한 상세한 설명을 얻으시려면 안내소에서 책자를 가져가십시오.

89. 어떤 종류의 행사가 열리고 있는가?
(A) 스포츠 경기
(B) 주주총회
(C) 지역 사회 모임
(D) 상업 전시회

90. 화자는 "천 명이 넘는 분들이 참여하실 것으로 예상됩니다"라고 말할 때 무엇을 의도하는가?
(A) 더 넓은 장소가 필요할 것이다.
(B) 경품이 많은 관심을 끌어모았다.
(C) 회사 프로젝트가 확대되었다.
(D) 강연 시리즈가 제대로 홍보되었다.

91. 화자는 청자들에게 무엇을 하라고 제안하는가?
(A) 쿠폰을 가져간다.
(B) 시연을 본다.
(C) 이름표를 착용한다.
(D) 이용할 수 있는 자리를 찾는다.

지문 expo[ékspou] 박람회 vendor[véndər] 판매 회사, 행상인 patio[미 pǽtiou, 영 pǽtiəu] 테라스, 안뜰 yard[미 ja:rd, 영 ja:d] 마당
drawing[drɔ́:iŋ] 추첨, 제비 뽑기 installation[ìnstəléiʃən] 설치 highlight[háilait] 볼거리, 가장 중요한 부분
89 shareholder[ʃɛ́ərhouldər] 주주
90 prize[praiz] 경품, 상품 publicize[pʌ́blisaiz] 홍보하다, 알리다
91 demonstration[dèmənstréiʃən] 시연, 설명 name tag 이름표

89 ■ 전체 지문 관련 문제 주제   정답 (D)
행사의 종류를 묻는 문제이므로, 지문의 초반을 반드시 듣는다. "Welcome to the Outdoor Living Expo. We hope you enjoy the many vendor booths"라며 아웃도어 리빙 박람회에 온 것을 환영한다고 한 뒤, 많은 판매 회사 부스들을 즐기기를 바란다고 하였다. 따라서 정답은 (D) A commercial exhibition이다.

90 ■ 세부 사항 관련 문제 의도 파악   정답 (B)
화자가 하는 말의 의도를 묻는 문제이므로, 질문의 인용어구(over 1,000 people are expected to take part)가 언급된 주변을 주의 깊게 듣는다. "you can enter a drawing for a free fence installation package worth up to $4,500"라며 4,500달러 상당의 무료 울타리 설치 패키지를 위한 추첨에 응모할 수 있다고 한 뒤, "over 1,000 people are expected to take part"라며 천 명이 넘는 사람들이 참여할 것으로 예상된다고 했으므로, 이 경품이 많은 관심을 끌어모았음을 알 수 있다. 따라서 정답은 (B) A prize has attracted a lot of interest이다.

91 ■ 세부 사항 관련 문제 제안   정답 (A)
화자가 청자들에게 제안하는 것을 묻는 문제이므로, 지문의 중후반에서 제안과 관련된 표현이 포함된 문장을 주의 깊게 듣는다. "make sure to get a coupon for 20 percent off a patio set"이라며 테라스 세트 20퍼센트 할인 쿠폰을 꼭 받으라고 하였다. 따라서 정답은 (A) Pick up a coupon이다.

92
93
94

Questions 92-94 refer to the following excerpt from a meeting.

🔊 호주식 발음

Before we end this meeting, there's one more issue I'd like to discuss, which . . . um . . . ⁹²Martin Keillor brought to my attention yesterday in an e-mail. ⁹³Namely, at least a dozen boxes of old documents have been set in front of our floor's emergency exit, making it almost completely inaccessible. Since this poses a safety violation, **we need to deal with the situation as soon as possible. So, let's all go move the files now.** ⁹⁴We'll take them down to the main floor for recycling.

92 According to the speaker, what did Martin Keillor do yesterday?
(A) Led a group discussion
(B) Met with an inspector
(C) Copied some files
(D) Sent an e-mail

93 What is the speaker worried about?
(A) A facility cannot be renovated.
(B) A doorway has been blocked.
(C) A document has gone missing.
(D) A parking space is inaccessible.

94 Why will the listeners go to the main floor?
(A) To conduct a safety drill
(B) To retrieve some plastic bins
(C) To throw out some paper
(D) To pick up a shipment

92-94번은 다음 회의 발췌록에 관한 문제입니다.

회의를 끝내기 전에, 논의하고 싶은 한 가지 사안이 더 있는데… 음… ⁹²어제 Martin Keillor가 이메일에서 제 주의를 끈 것입니다. ⁹³즉, 우리 층의 비상구 앞에 적어도 열두 상자의 오래된 문서들이 놓여 있어 비상구에 거의 완전히 접근할 수 없게 만들고 있습니다. 이것은 안전 수칙 위반을 야기하기 때문에, 우리는 가능한 한 빨리 이 상황을 해결해야 합니다. 그러므로, 지금 다같이 가서 파일들을 옮깁시다. ⁹⁴우리는 재활용을 하기 위해 그것들을 1층으로 가지고 내려갈 것입니다.

92. 화자에 따르면, Martin Keillor는 어제 무엇을 했는가?
(A) 집단 토론을 이끌었다.
(B) 감독관과 만났다.
(C) 파일들을 복사했다.
(D) 이메일을 보냈다.

93. 화자는 무엇에 관해 걱정하는가?
(A) 시설이 보수될 수 없다.
(B) 출입구가 막혀 있다.
(C) 문서가 사라졌다.
(D) 주차 공간에 접근할 수 없다.

94. 청자들은 왜 1층으로 갈 것인가?
(A) 안전 훈련을 하기 위해
(B) 플라스틱으로 된 통을 회수하기 위해
(C) 문서를 버리기 위해
(D) 배송품을 찾아오기 위해

지문 emergency exit 비상구 inaccessible[ìnæksésəbl] 접근할 수 없는 pose[미 pouz, 영 pəuz] 야기하다, 제기하다 violation[vàiəléiʃən] 위반
recycling[rì:sáikəliŋ] 재활용
92 inspector[inspéktər] 감독관, 조사관
93 doorway[dɔ́:rwei] 출입구 block[미 bla:k, 영 blɔk] 막다
94 drill[dril] 훈련 retrieve[ritrí:v] 회수하다

92 ■ 세부 사항 관련 문제 특정 세부 사항
정답 (D)

○○○○● 상

Martin Keillor가 어제 한 것을 묻는 문제이므로, 질문의 핵심어구(Martin Keillor do yesterday)와 관련된 내용을 주의 깊게 듣는다. "Martin Keillor brought to my attention yesterday in an e-mail"이라며 어제 Martin Keillor가 이메일에서 화자의 주의를 끈 것이 있다고 한 것을 통해 Martin Keillor가 이메일을 보냈음을 알 수 있다. 따라서 정답은 (D) Sent an e-mail이다.

93 ■ 세부 사항 관련 문제 특정 세부 사항
정답 (B)

○○○○● 상

화자가 걱정하는 것을 묻는 문제이므로, 질문의 핵심어구(worried about)와 관련된 내용을 주의 깊게 듣는다. "Namely, at least a dozen boxes of old documents have been set in front of our floor's emergency exit, making it almost completely inaccessible. Since this poses a safety violation"이라며 비상구 앞에 적어도 열두 상자의 오래된 문서들이 놓여 있어 비상구에 거의 완전히 접근할 수 없게 만들고 있고, 이것은 안전 수칙 위반을 야기한다고 하였다. 따라서 정답은 (B) A doorway has been blocked이다.

바꾸어 표현하기
inaccessible 접근할 수 없는 → has been blocked 막혀 있다

94 ■ 세부 사항 관련 문제 이유
정답 (C)

○○○○● 중

청자들이 1층으로 갈 이유를 묻는 문제이므로, 질문의 핵심어구(main floor)가 언급된 주변을 주의 깊게 듣는다. "We'll take them[files] down to the main floor for recycling."이라며 재활용을 하기 위해 파일들을 1층으로 가지고 내려갈 것이라고 하였다. 따라서 정답은 (C) To throw out some paper이다.

Questions 95-97 refer to the following talk and map.

[3세] 캐나다식 발음

Good afternoon. My name is Jerry Horace, and I'll be leading you around the office of our newspaper, *The Nashville Gazette*, today. ⁹⁵I'll . . . ah . . . start by showing you the wall in the lobby where our various awards are displayed. ⁹⁶One was even given to our publication by the mayor of Nashville shortly after our founding two decades ago. ⁹⁷The second part of the tour will focus on our printing machine area, where you can see the equipment necessary to produce 50,000 copies of the newspaper daily. ⁹⁷That area is immediately next to our manager's office. OK. Please follow me through these doors.

95~97번은 다음 담화와 지도에 관한 문제입니다.

안녕하세요. 제 이름은 Jerry Horace이고, 저는 오늘 여러분께 저희 신문사 *The Nashville Gazette*의 사무실을 안내해 드릴 것입니다. ⁹⁵저는… 아… 저희의 로비에 다양한 상패가 전시되어 있는 벽을 보여드리면서 시작하겠습니다. ⁹⁶그중 하나는 심지어 20년 전에 저희 회사가 설립된 직후 Nashville의 시장이 저희 출판물에 수여한 것입니다. ⁹⁷견학의 두 번째 부분은 인쇄기 구역에 초점을 둘 것인데, 이곳에서 여러분은 매일 5만 부의 신문을 생산하는 데 필요한 장비를 보실 수 있습니다. ⁹⁷그 구역은 저희 관리자 사무실 바로 옆에 있습니다. 좋습니다. 이 문들을 통해 저를 따라오십시오.

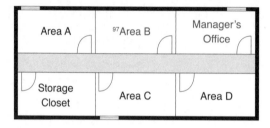

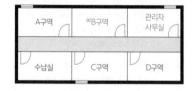

95 According to the speaker, what is set up in the lobby?
(A) Some photographs
(B) Some furniture
(C) Some awards
(D) Some refreshments

95. 화자에 따르면, 로비에 무엇이 놓여 있는가?
(A) 몇몇 사진들
(B) 몇몇 가구들
(C) 몇몇 상패들
(D) 몇몇 다과들

96 What does the speaker say about *The Nashville Gazette*?
(A) It was founded by a local resident.
(B) It has been in operation for 20 years.
(C) It recently updated its computer systems.
(D) It employs thousands of staff members.

96. 화자는 *The Nashville Gazette*에 관해 무엇을 말하는가?
(A) 지역 주민에 의해 설립되었다.
(B) 20년 동안 운영되고 있다.
(C) 최근에 컴퓨터 시스템을 업데이트했다.
(D) 수천 명의 직원들을 고용한다.

97 Look at the graphic. Where are the printers located?
(A) In Area A
(B) In Area B
(C) In Area C
(D) In Area D

97. 시각 자료를 보시오. 인쇄기들이 어디에 놓여 있는가?
(A) A구역에
(B) B구역에
(C) C구역에
(D) D구역에

지문 **award**[əwɔ́:rd] 상패, 상 **display**[displéi] 전시하다 **publication**[pʌ̀blikéiʃən] 출판물 **mayor**[méiər] 시장
immediately[imí:diətli] 바로, 즉시
95 **refreshment**[rifréʃmənt] 다과
96 **resident**[rézidənt] 주민 **employ**[implɔ́i] 고용하다

95 ■ 세부 사항 관련 문제 특정 세부 사항

정답 (C)

로비에 놓여 있는 것을 묻는 문제이므로, 질문의 핵심어구(set up in the lobby)가 언급된 주변을 주의 깊게 듣는다. "I'll ~ start by showing you the wall in the lobby where our various awards are displayed."라며 로비에 다양한 상패가 전시되어 있는 벽을 보여주면서 시작하겠다고 하였다. 따라서 정답은 (C) Some awards이다.

96 ■ 세부 사항 관련 문제 언급

정답 (B)

화자가 *The Nashville Gazette*에 관해 언급하는 것을 묻는 문제이므로, 질문의 핵심어구(*The Nashville Gazette*)와 관련된 내용을 주의 깊게 듣는다. "One[awards] was even given to our publication by the mayor of Nashville shortly after our founding two decades ago."라며 상들 중 하나는 심지어 20년 전에 회사가 설립된 직후 Nashville의 시장이 자신들의 출판물에 수여한 것이라고 한 것을 통해 회사가 20년 동안 운영되고 있음을 알 수 있다. 따라서 정답은 (B) It has been in operation for 20 years이다.

바꾸어 표현하기

founding two decades ago 20년 전의 설립 → has been in operation for 20 years 20년 동안 운영되다

97 ■ 세부 사항 관련 문제 시각 자료

정답 (B)

인쇄기들이 놓여 있는 곳을 묻는 문제이므로, 제시된 지도의 정보를 확인한 뒤 질문의 핵심어구(printers located)와 관련된 내용을 주의 깊게 듣는다. "The second part of the tour will focus on our printing machine area"라며 견학의 두 번째 부분은 인쇄기 구역에 초점을 둘 것이라고 한 뒤, "That area is immediately next to our manager's office."라며 그 구역은 관리자 사무실 바로 옆에 있다고 하였으므로, 인쇄기들은 관리자 사무실 바로 옆의 B구역에 있음을 지도에서 알 수 있다. 따라서 정답은 (B) In Area B이다.

Questions 98-100 refer to the following excerpt from a meeting and line graph.

98-100번은 다음 회의 발췌록과 선 그래프에 관한 문제입니다.

🔊 영국식 발음

Let's discuss our performance over the past few months. I was pleased to see that ⁹⁸the number of readers jumped in the month after our TV commercial aired. However, following that success, numbers have dropped steadily. Although ⁹⁹our firm intends to release new commercials in the near future, a deal will be offered to further encourage sales of issues to new readers. ¹⁰⁰All new subscribers throughout January will have their fee for the first year reduced by 10 percent. Now, I want to move on to the new magazine we'll be launching shortly.

지난 몇 개월 동안의 우리의 실적에 대해 논의해봅시다. ⁹⁸우리의 TV 광고가 방송되고 나서 한 달 후에 구독자 수가 증가했다는 것을 알게 되어 기쁩니다. 그러나 그 성공에 뒤이어, 수치는 꾸준히 하락했습니다. ⁹⁹우리 회사는 가까운 미래에 새로운 광고들을 발표하려고 생각하고 있지만, 새로운 구독자들에게 발행물의 판매를 더 권장하기 위한 할인이 제공될 것입니다. ¹⁰⁰1월 내내 모든 신규 구독자들은 첫 해 회비의 10퍼센트를 할인받을 것입니다. 이제, 우리가 곧 출시할 새로운 잡지로 넘어가고 싶습니다.

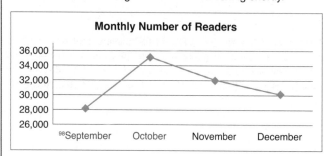

Monthly Number of Readers

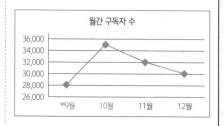

월간 구독자 수

98 Look at the graphic. When did the TV commercial air?
(A) In September
(B) In October
(C) In November
(D) In December

98. 시각 자료를 보시오. TV 광고는 언제 방송되었는가?
(A) 9월에
(B) 10월에
(C) 11월에
(D) 12월에

99 What does the company plan to do?
(A) Seek advice from specialists
(B) Unveil new advertisements
(C) Release a special issue
(D) Reconsider a pricing policy

99. 회사는 무엇을 할 계획인가?
(A) 전문가들에게 조언을 구한다.
(B) 새로운 광고들을 발표한다.
(C) 특별호를 출간한다.
(D) 가격 정책을 재고한다.

100 According to the speaker, what will be offered to some customers in January?
(A) A full refund
(B) A subscription renewal
(C) An issue of a magazine
(D) A price reduction

100. 화자에 따르면, 1월에 일부 고객들에게 무엇이 제공될 것인가?
(A) 전액 환불
(B) 구독 갱신
(C) 잡지 한 부
(D) 가격 인하

지문 performance [미 pərfɔ́:rməns, 영 pəfɔ́:məns] 실적, 성과 the number of ~의 수 reader [rí:dər] 구독자 jump [dʒʌmp] 증가하다 commercial [미 kəmə́:rʃəl, 영 kəmə́:ʃəl] 광고 air [미 eər, 영 eə] 방송되다 success [səksés] 성공 drop [drɑ:p] 하락하다, 떨어지다 steadily [stédili] 꾸준히, 끊임없이

99 seek advice 조언을 구하다 specialist [spéʃəlist] 전문가 unveil [ʌ̀nvéil] 발표하다 reconsider [rì:kənsídər] 재고하다 pricing policy 가격 정책

100 refund [rí:fʌnd] 환불 renewal [rinú:əl] 갱신

98 ■ 세부 사항 관련 문제 시각 자료

정답 (A)

TV 광고가 방송된 때를 묻는 문제이므로, 제시된 선 그래프의 정보를 확인한 뒤 질문의 핵심어구(TV commercial air)가 언급된 주변을 주의 깊게 듣는다. "the number of readers jumped in the month after our TV commercial aired"라며 TV 광고가 방송되고 나서 한 달 후에 구독자 수가 증가했다고 하였으므로, 구독자 수가 증가한 10월 한 달 전인 9월에 TV 광고가 방송되었음을 선 그래프에서 알 수 있다. 따라서 정답은 (A) In September이다.

99 ■ 세부 사항 관련 문제 특정 세부 사항

정답 (B)

회사가 하려고 계획하는 것을 묻는 문제이므로, 질문의 핵심어구(company plan to do)와 관련된 내용을 주의 깊게 듣는다. "our firm intends to release new commercials in the near future"라며 회사가 가까운 미래에 새로운 광고들을 발표하려고 생각하고 있다고 하였다. 따라서 정답은 (B) Unveil new advertisements이다.

바꾸어 표현하기

release new commercials 새로운 광고들을 발표하다 → Unveil new advertisements 새로운 광고들을 발표하다

100 ■ 세부 사항 관련 문제 특정 세부 사항

정답 (D)

1월에 일부 고객들에게 제공될 것을 묻는 문제이므로, 질문의 핵심어구(offered to some customers in January)와 관련된 내용을 주의 깊게 듣는다. "All new subscribers throughout January will have their fee for the first year reduced by 10 percent." 라며 1월 내내 모든 신규 구독자들은 첫 해 회비의 10퍼센트를 할인받을 것이라고 하였다. 따라서 정답은 (D) A price reduction이다.

바꾸어 표현하기

fee ~ reduced by 10 percent 10퍼센트 할인된 회비 → A price reduction 가격 인하

▌TEST 05

🎧 TEST 05.mp3

실전용·복습용 문제풀이 MP3 무료 다운로드 및 스트리밍 바로듣기 (HackersIngang.com)
* 실제 시험장의 소음까지 재현해 낸 고사장 소음/매미 버전 MP3, 영국식·호주식 발음 집중 MP3, 고속 버전 MP3까지
  구매하면 실전에 더욱 완벽히 대비할 수 있습니다.

무료MP3 바로듣기

1
○○○○●
하

🔊 캐나다식 발음

(A) A man is cutting a vegetable.
(B) A man is rinsing a knife in the sink.
(C) A man is taking a utensil from a drawer.
(D) A man is folding an apron.

(A) 한 남자가 채소를 자르고 있다.
(B) 한 남자가 싱크대에서 칼을 씻고 있다.
(C) 한 남자가 서랍에서 주방용품을 꺼내고 있다.
(D) 한 남자가 앞치마를 접고 있다.

■ 1인 사진
정답 (A)

한 남자가 채소를 자르고 있는 모습과 주변 사물의 상태를 주의 깊게 살핀다.
(A) [o] 남자가 채소를 자르고 있는 모습을 정확히 묘사한 정답이다.
(B) [×] rinsing a knife(칼을 씻고 있다)는 남자의 동작과 무관하므로 오답이다. 사진에 있는 싱크대(sink)를 사용하여 혼동을 주었다.
(C) [×] 사진에 있는 utensil(주방용품)을 사용하여 혼동을 준 오답이다. A man is taking a utensil(한 남자가 주방용품을 잡고 있다)까지만 듣고 정답으로 선택하지 않도록 주의한다.
(D) [×] 남자가 앞치마를 접고 있는 것이 아니라 앞치마를 입고 있으므로 오답이다. 사진에 있는 앞치마(apron)를 사용하여 혼동을 주었다.

어휘 **rinse**[rins] 씻다 **utensil**[juːténsl] 주방용품 **drawer**[drɔːr] 서랍 **fold**[fould] 접다 **apron**[éiprən] 앞치마

2
○○○●●
상

🔊 영국식 발음

(A) A woman is wiping some glasses.
(B) A woman is preparing a beverage.
(C) Some cabinet doors have been left open.
(D) A ladder is leaning against a wall.

(A) 한 여자가 유리잔들을 닦고 있다.
(B) 한 여자가 음료를 준비하고 있다.
(C) 몇몇 수납장 문들이 열려 있다.
(D) 사다리가 벽에 기대어 있다.

■ 1인 사진
정답 (D)

한 여자가 손에 든 무언가를 바라보고 있는 모습과 주변 사물의 상태를 주의 깊게 살핀다.
(A) [×] wiping(닦고 있다)은 여자의 동작과 무관하므로 오답이다. 사진에 있는 유리잔들(glasses)을 사용하여 혼동을 주었다.
(B) [×] preparing a beverage(음료를 준비하고 있다)는 여자의 동작과 무관하므로 오답이다. 사진에 있는 병과 관련된 beverage(음료)를 사용하여 혼동을 주었다.
(C) [×] 사진에서 수납장(cabinet)을 확인할 수 없으므로 오답이다.
(D) [o] 사다리가 벽에 기대어 있는 모습을 정확히 묘사한 정답이다.

어휘 **wipe**[waip] 닦다 **beverage**[bévəridʒ] 음료 **cabinet**[kǽbinət] 수납장 **ladder**[미 lǽdər, 영 lǽdə] 사다리 **lean against** ~에 기대다

3
○○○●●
중

🔊 미국식 발음

(A) One of the women is adjusting a microscope.
(B) The man is pouring liquid into a dish.
(C) They are wearing lab coats.
(D) They are seated across from each other.

(A) 여자들 중 한 명이 현미경을 조정하고 있다.
(B) 남자가 접시에 액체를 따르고 있다.
(C) 그들은 실험실 가운을 입고 있다.
(D) 그들은 서로의 맞은편에 앉아 있다.

■ 2인 이상 사진
정답 (C)

실험실에서 실험 도구를 보고 있는 사람들의 모습을 확인한다.
(A) [×] 사진에 현미경을 조정하고 있는(adjusting a microscope) 여자가 없으므로 오답이다. 사진에 있는 현미경(microscope)을 사용하여 혼동을 주었다.
(B) [×] 사진에서 남자가 접시에 액체를 따르고 있는지 확인할 수 없으므로 오답이다. 사진에 있는 접시(dish)를 사용하여 혼동을 주었다.
(C) [o] 실험실 가운을 입고 있는 사람들의 모습을 정확히 묘사한 정답이다. 현재 진행형(are wearing)으로 사람의 상태를 묘사할 수 있음을 알아둔다.
(D) [×] 사람들이 서로의 맞은편(across from each other)이 아니라 나란히 앉아 있으므로 오답이다. They are seated(그들은 앉아 있다)까지만 듣고 정답으로 선택하지 않도록 주의한다.

어휘 **microscope**[máikrəskoup] 현미경 **pour**[pɔːr] 따르다, 붓다 **lab coat** 실험실 가운 **across from** ~의 맞은편에

4

🔊 호주식 발음

(A) Some papers are being printed.
(B) The man is pushing up his sleeves.
(C) The shelf is behind the man.
(D) An apple is being cut.

(A) 문서가 인쇄되고 있다.
(B) 남자가 소매를 걷어 올리고 있다.
(C) 선반이 남자의 뒤에 있다.
(D) 사과가 잘라지고 있다.

■ 1인 사진

정답 (C)

한 남자가 선반을 뒤로 하고 앉아 책을 보고 있는 모습과 주변 사물의 상태를 주의 깊게 살핀다.
(A) [×] 사진에 인쇄되고 있는 문서가 없으므로 오답이다.
(B) [×] pushing up his sleeves(소매를 걷어 올리고 있다)는 남자의 동작과 무관하므로 오답이다. push up이 소매를 걷어 올리는 모습을 나타냄을 알아둔다.
(C) [○] 선반이 남자의 뒤에 있는 모습을 정확히 묘사한 정답이다.
(D) [×] 사진에서 사과는 보이지만 잘라지고 있는(is being cut) 모습은 아니므로 오답이다.

어휘 sleeve[sliːv] 소매 shelf[ʃelf] 선반

5

🔊 캐나다식 발음

(A) Some cabin roofs are being repaired.
(B) Camping gear has been loaded into a truck.
(C) Tents have been set up on a lawn.
(D) Some leaves have been raked into a pile.

(A) 오두막집 지붕들이 수리되고 있다.
(B) 캠핑 장비가 트럭에 실어져 있다.
(C) 텐트들이 잔디 위에 세워져 있다.
(D) 나뭇잎들이 갈퀴로 긁어모아 쌓여 있다.

■ 사물 및 풍경 사진

정답 (C)

사진에 사람이 없다는 것과 잔디 위에 텐트들이 세워져 있고 그 뒤에 집들이 있는 모습을 확인한다.
(A) [×] 사진에서 오두막집 지붕들은 보이지만 수리되고 있는(are being repaired) 모습은 아니므로 오답이다.
(B) [×] 사진에서 캠핑 장비가 트럭에 실어져 있는지 확인할 수 없으므로 오답이다. 사진에 있는 트럭(truck)을 사용하여 혼동을 주었다.
(C) [○] 텐트들이 잔디 위에 세워져 있는 모습을 정확히 묘사한 정답이다.
(D) [×] 사진에 갈퀴로 긁어모아 쌓여 있는 나뭇잎들이 없으므로 오답이다. Some leaves(나뭇잎들)만 듣고 정답으로 선택하지 않도록 주의한다.

어휘 cabin[kǽbin] (나무로 된) 오두막집 lawn[lɔːn] 잔디 rake[reik] 갈퀴로 모으다

6

🔊 영국식 발음

(A) The woman is filling up a gas tank.
(B) The woman has tied back her hair.
(C) The car tire is being removed.
(D) The hood of a car is being lifted.

(A) 여자가 연료 탱크를 채우고 있다.
(B) 여자가 머리를 뒤로 묶어 놓았다.
(C) 자동차의 타이어가 제거되고 있다.
(D) 자동차의 보닛이 들어 올려지고 있다.

■ 1인 사진

정답 (B)

한 여자가 머리를 묶은 채 자동차의 보닛을 열고 안을 들여다보고 있는 모습을 확인한다.
(A) [×] 사진에서 여자가 연료 탱크를 채우고 있는지 확인할 수 없으므로 오답이다. 사진의 차와 관련된 gas tank(연료 탱크)를 사용하여 혼동을 주었다.
(B) [○] 여자가 머리를 뒤로 묶어 놓은 모습을 정확히 묘사한 정답이다.
(C) [×] 사진에서 자동차 타이어(car tire)를 확인할 수 없으므로 오답이다. 사진에 있는 car(자동차)를 사용하여 혼동을 주었다.
(D) [×] 이미 자동차의 보닛이 들어 올려져 있는 상태인데, 진행 수동형(is being lifted)을 사용해 들어 올려지고 있다고 잘못 묘사했으므로 오답이다. The hood of a car(자동차의 보닛)만 듣고 정답으로 선택하지 않도록 주의한다.

어휘 fill up ~을 채우다 tie back (머리를) 뒤로 묶다 remove[rimúːv] 제거하다, 떼어내다 hood[hud] 보닛

PART 2

7

○○○○● 하

[3]) 캐나다식 발음 → 미국식 발음

When did you arrive at the airport?

(A) Yes, I sent it yesterday.
(B) An hour before my departure.
(C) At the international terminal.

당신은 언제 공항에 도착했나요?

(A) 네, 저는 어제 그것을 보냈어요.
(B) 출발 한 시간 전이요.
(C) 국제선 터미널에서요.

■ When 의문문   정답 (B)

공항에 언제 도착했는지를 묻는 When 의문문이다.
(A) [×] 의문사 의문문에 Yes로 응답했으므로 오답이다. 시간을 나타내는 yesterday(어제)를 사용하여 혼동을 주었다.
(B) [○] 출발 한 시간 전이라며 공항에 도착한 시점을 언급했으므로 정답이다.
(C) [×] 공항에 언제 도착했는지를 물었는데 장소로 응답했으므로 오답이다. airport(공항)와 관련 있는 international terminal(국제선 터미널)
을 사용하여 혼동을 주었다.

어휘 arrive[əráiv] 도착하다 departure[dipá:rtʃər] 출발

8

○○○○● 하

[3]) 호주식 발음 → 영국식 발음

Why don't you sign up for a tour of the stadium?

(A) I already did.
(B) A concert at the stadium.
(C) He works as a tour guide.

경기장 견학을 신청하는 게 어떤가요?

(A) 저는 이미 했어요.
(B) 경기장에서의 콘서트요.
(C) 그는 관광 가이드로 일해요.

■ 제안 의문문   정답 (A)

경기장 견학을 신청하라는 제안 의문문이다. Why don't you가 제안하는 표현임을 이해할 수 있어야 한다.
(A) [○] 자신이 이미 했다는 말로 제안에 대한 의견을 언급했으므로 정답이다.
(B) [×] 경기장 견학을 신청하라고 제안했는데, 이와 관련이 없는 경기장에서의 콘서트라는 내용으로 응답했으므로 오답이다. 질문의 stadium을
반복 사용하여 혼동을 주었다.
(C) [×] He가 나타내는 대상이 질문에 없으므로 오답이다. 질문의 tour를 반복 사용하여 혼동을 주었다.

어휘 sign up for ~을 신청하다, ~에 등록하다 stadium[stéidiəm] 경기장, 운동장

9

○○○●○ 중

[3]) 영국식 발음 → 캐나다식 발음

Who do you think deserves a bonus?

(A) I think so.
(B) There are incentives for participation.
(C) Every salesperson has done well so far.

누가 보너스를 받을 만하다고 생각하나요?

(A) 그런 것 같아요.
(B) 참가에 대한 장려금이 있어요.
(C) 지금까지 모든 판매원들이 잘 했어요.

■ Who 의문문   정답 (C)

누가 보너스를 받을 만하다고 생각하는지를 묻는 Who 의문문이다.
(A) [×] 의문사 의문문에 Yes와 같은 의미인 I think so(그런 것 같아요)로 응답했으므로 오답이다. 질문의 think를 반복 사용하여 혼동을 주었다.
(B) [×] 질문의 bonus(보너스)와 같은 의미인 incentives(장려금)를 사용하여 혼동을 준 오답이다.
(C) [○] 모든 판매원들이 잘 했다는 말로 누가 보너스를 받을 만한지 모르겠다는 간접적인 응답을 했으므로 정답이다.

어휘 deserve[미 dizə́:rv, 영 dizə́:v] 받을 만하다 incentive[inséntiv] 장려금, 보상

10

○○○●
중

🔊 미국식 발음 → 영국식 발음

How long has Kendrick been able to speak French?

(A) Is it a language test?
(B) For nearly a decade.
(C) We depart for France on June 3.

Kendrick이 프랑스어를 구사한 지 얼마나 되었나요?

(A) 그것은 언어 시험인가요?
(B) 거의 10년 동안이요.
(C) 저희는 6월 3일에 프랑스로 떠나요.

■ How 의문문

정답 (B)

Kendrick이 프랑스어를 구사한 지 얼마나 되었는지를 묻는 How 의문문이다. How long이 기간을 묻는 것임을 이해할 수 있어야 한다.
(A) [×] French(프랑스어)에서 연상할 수 있는 언어와 관련 있는 language test(언어 시험)를 사용하여 혼동을 준 오답이다.
(B) [○] 거의 10년 동안이라는 말로 프랑스어를 구사한 기간을 전달했으므로 정답이다.
(C) [×] French(프랑스어)와 관련 있는 France(프랑스)를 사용하여 혼동을 준 오답이다.

어휘   speak[spiːk] 구사하다, 말할 수 있다   language[læŋgwidʒ] 언어   depart[미 dipɑ́ːrt, 영 dipɑ́ːt] 떠나다, 출발하다

11

○○○●
중

🔊 호주식 발음 → 미국식 발음

Why didn't someone come to fix the sewing machine?

(A) Right, a warranty.
(B) I've already taken care of that.
(C) I don't know anyone either.

왜 누군가 재봉틀을 수리하러 오지 않았나요?

(A) 맞아요, 보증서요.
(B) 제가 이미 그것을 처리했어요.
(C) 저도 아무도 몰라요.

■ Why 의문문

정답 (B)

왜 누군가 재봉틀을 고치러 오지 않았는지를 묻는 Why 의문문이다.
(A) [×] fix(수리하다)와 관련 있는 warranty(보증서)를 사용하여 혼동을 준 오답이다.
(B) [○] 자신이 이미 그것을 처리했다는 말로 재봉틀을 수리하러 누군가 오지 않은 이유를 언급했으므로 정답이다.
(C) [×] 재봉틀을 고치러 누군가 오지 않은 이유를 물었는데, 이와 관련이 없는 자신도 아무도 모른다는 내용으로 응답했으므로 오답이다.
         I don't know까지만 듣고 정답으로 고르지 않도록 주의한다.

어휘   fix[fiks] 수리하다   sewing machine 재봉틀   warranty[wɔ́ːrənti] 보증서   take care of ~을 처리하다

12

○○○○●
하

🔊 미국식 발음 → 영국식 발음

Do guests who visit the hotel pool have to pay an entrance fee?

(A) I'm not sure.
(B) Yes, they came through the front entrance.
(C) Swimming classes are held on Sundays.

호텔 수영장을 방문하는 고객들이 입장료를 내야 하나요?

(A) 잘 모르겠어요.
(B) 네, 그들은 정문 출입구를 통해서 왔어요.
(C) 수영 수업은 일요일마다 열려요.

■ 조동사 의문문

정답 (A)

호텔 수영장을 방문하는 고객들이 입장료를 내야 하는지를 확인하는 조동사(Do) 의문문이다.
(A) [○] 잘 모르겠다는 말로 고객들이 입장료를 내야 하는지 모른다는 것을 전달했으므로 정답이다.
(B) [×] 질문의 entrance를 반복 사용하여 혼동을 준 오답이다. Yes만 듣고 정답으로 고르지 않도록 주의한다.
(C) [×] pool(수영장)과 관련 있는 Swimming classes(수영 수업)를 사용하여 혼동을 준 오답이다.

어휘   pool[puːl] 수영장   entrance fee 입장료

13

🔊 캐나다식 발음 → 영국식 발음

Which of our factories in Asia do you plan to visit?

(A) I'm delighted to see so many visitors.
(B) From Tuesday to Friday.
(C) Only the plants in Taiwan.

아시아에 있는 우리의 공장들 중 어느 것을 방문할 계획인가요?

(A) 이렇게 많은 방문객들을 보게 되어 기뻐요.
(B) 화요일부터 금요일까지요.
(C) 대만에 있는 공장들만요.

■ **Which 의문문** 　　　　　　　　　　　　　　　　　　　　　　　　　　　　　　　　정답 (C)

아시아에 있는 공장들 중 어느 것을 방문할 계획인지를 묻는 Which 의문문이다.
(A) [×] visit – visitors의 유사 발음 어휘를 사용하여 혼동을 준 오답이다.
(B) [×] 아시아에 있는 공장들 중 어느 것을 방문할 계획인지를 물었는데 기간으로 응답했으므로 오답이다.
(C) [○] 대만에 있는 공장들이라는 말로 방문할 공장을 전달했으므로 정답이다.

어휘　factory [fǽktəri] 공장　visit [vízit] 방문하다　plant [미 plænt, 영 plɑːnt] 공장

14

🔊 미국식 발음 → 호주식 발음

Do you want to catch a taxi or a bus to the expo center?

(A) I'd rather just walk.
(B) Yes, it's in the city center.
(C) I'll try renting a booth.

엑스포 센터까지 택시를 타고 싶은가요, 아니면 버스를 타고 싶은가요?

(A) 차라리 걷는 게 좋겠어요.
(B) 네, 그것은 시내에 있어요.
(C) 부스를 대여하도록 해볼게요.

■ **선택 의문문** 　　　　　　　　　　　　　　　　　　　　　　　　　　　　　　　　정답 (A)

택시를 타고 싶은지 아니면 버스를 타고 싶은지를 묻는 선택 의문문이다.
(A) [○] 차라리 걷는 게 좋겠다는 말로 둘 중 하나가 아닌 제3의 것을 선택했으므로 정답이다.
(B) [×] or 앞뒤로 단어가 제시된 선택 의문문에 Yes로 응답했으므로 오답이다. or 앞뒤로 단어 또는 구를 연결한 선택 의문문에서는 Yes/No로
　　　답할 수 없음을 알아둔다.
(C) [×] 택시를 타고 싶은지 아니면 버스를 타고 싶은지를 물었는데, 이와 관련이 없는 부스를 대여하도록 해보겠다는 내용으로 응답했으므로 오
　　　답이다. I'll try renting까지만 듣고 정답으로 고르지 않도록 주의한다.

어휘　catch [kætʃ] 타다　rather [미 rǽðər, 영 rɑ́ːðə] 차라리, 오히려　rent [rent] 대여하다, 빌리다

15

🔊 영국식 발음 → 호주식 발음

Where did you purchase the armchairs in the waiting room?

(A) No, it was inexpensive.
(B) For a few minutes.
(C) At the Furniture Finds outlet.

대기실에 있는 안락의자를 어디에서 구매했나요?

(A) 아니요, 그것은 비싸지 않았어요.
(B) 몇 분 동안이요.
(C) Furniture Finds 매장에서요.

■ **Where 의문문** 　　　　　　　　　　　　　　　　　　　　　　　　　　　　　　　　정답 (C)

대기실에 있는 안락의자를 어디에서 구매했는지를 묻는 Where 의문문이다.
(A) [×] 의문사 의문문에 No로 응답했으므로 오답이다. purchase(구매하다)에서 연상할 수 있는 가격과 관련된 inexpensive(비싸지 않은)을
　　　사용하여 혼동을 주었다.
(B) [×] 안락의자를 어디에서 구매했는지를 물었는데 기간으로 응답했으므로 오답이다. 질문의 waiting room(대기실)에서 '기다리다'라는 의미
　　　의 wait과 관련 있는 For a few minutes(몇 분 동안)를 사용하여 혼동을 주었다.
(C) [○] Furniture Finds 매장이라며 안락의자를 구매한 장소를 언급했으므로 정답이다.

어휘　purchase [미 pə́ːrtʃəs, 영 pə́ːtʃəs] 구매하다　armchair [미 ɑ́ːrmtʃer, 영 ɑ́ːmtʃeə] 안락의자　waiting room 대기실
　　　inexpensive [ìnikspénsiv] 비싸지 않은

16

영국식 발음 → 호주식 발음

We are planning to hire more clerks for the holiday season.

(A) She has worked here since Christmas.
(B) How many do you need?
(C) I applied for a higher position.

우리는 휴가철을 위해 더 많은 직원들을 고용할 계획이에요.

(A) 그녀는 크리스마스부터 여기서 일했어요.
(B) 몇 명이나 필요하세요?
(C) 저는 더 높은 자리에 지원했어요.

■ 평서문

정답 (B)

휴가철을 위해 더 많은 직원들을 고용할 계획이라는 객관적인 사실을 전달하는 평서문이다.

(A) [×] She가 나타내는 대상이 질문에 없으므로 오답이다. holiday season(휴가철)과 관련 있는 Christmas(크리스마스)를 사용하여 혼동을 주었다.
(B) [○] 몇 명이나 필요한지를 되물어 휴가철을 위해 고용할 계획인 직원들에 대한 추가 정보를 요구하는 정답이다.
(C) [×] hire – higher의 유사 발음 어휘를 사용하고, hire(고용하다)와 관련 있는 position(자리)을 사용하여 혼동을 준 오답이다.

어휘   clerk[미 kləːrk, 영 klɑːk] 직원   apply[əplái] 지원하다, 적용하다   position[pəzíʃən] (일)자리, 직위

17

호주식 발음 → 영국식 발음

A membership at the public library is free, right?

(A) No, I don't remember her.
(B) At a book signing event.
(C) If you live in town.

공립 도서관 회원권은 무료죠, 그렇죠?

(A) 아니요, 저는 그녀를 기억하지 못해요.
(B) 도서 사인회 행사에서요.
(C) 당신이 이 동네에 산다면요.

■ 부가 의문문

정답 (C)

공립 도서관 회원권이 무료인지를 확인하는 부가 의문문이다.

(A) [×] membership – remember의 유사 발음 어휘를 사용하여 혼동을 준 오답이다. No만 듣고 정답으로 고르지 않도록 주의한다.
(B) [×] 공립 도서관 회원권이 무료인지를 물었는데 장소로 응답했으므로 오답이다. library(도서관)와 관련 있는 book(도서)을 사용하여 혼동을 주었다.
(C) [○] 이 동네에 산다면이라는 말로 공립 도서관 회원권이 무료임을 간접적으로 전달했으므로 정답이다.

어휘   membership[미 mémbərʃip, 영 mémbəʃip] 회원권   free[friː] 무료의   remember[미 rimémbər, 영 rimémbə] 기억하다

18

호주식 발음 → 캐나다식 발음

When did you become an accountant?

(A) By using a calculator.
(B) A little over two years ago.
(C) They're coming to our headquarters.

당신은 언제 회계사가 되었나요?

(A) 계산기를 이용해서요.
(B) 2년 남짓 전에요.
(C) 그들은 우리의 본사로 올 거예요.

■ When 의문문

정답 (B)

상대방이 언제 회계사가 되었는지를 묻는 When 의문문이다.

(A) [×] 상대방이 언제 회계사가 되었는지를 물었는데, 이와 관련이 없는 계산기를 이용해서라는 내용으로 응답했으므로 오답이다.
　　　 accountant(회계사)에서 연상할 수 있는 회계 도구와 관련된 calculator(계산기)를 사용하여 혼동을 주었다.
(B) [○] 2년 남짓 전이라는 말로 회계사가 된 시점을 전달했으므로 정답이다.
(C) [×] become – coming의 유사 발음 어휘를 사용하여 혼동을 준 오답이다.

어휘   accountant[əkáuntənt] 회계사   calculator[kǽlkjuleitər] 계산기   headquarters[hédkwɔːrtərz] 본사

19

🔊 영국식 발음 → 미국식 발음

Where can I find a gas station?

(A) There are several on Clay Street.
(B) About $35.
(C) They were charged a parking fine.

주유소는 어디에서 찾을 수 있나요?

(A) Clay가에 몇 개가 있어요.
(B) 약 35달러요.
(C) 그들에게 주차 위반 벌금이 부과되었어요.

■ Where 의문문 　　　　　　　　　　　　　　　　　　　　　　　　　　　　　　　　　정답 (A)

주유소를 어디에서 찾을 수 있는지를 묻는 Where 의문문이다.
(A) [○] Clay가에 몇 개가 있다며 주유소를 찾을 수 있는 장소를 언급했으므로 정답이다.
(B) [×] 주유소를 어디에서 찾을 수 있는지를 물었는데, 이와 관련이 없는 약 35달러라는 내용으로 응답했으므로 오답이다. gas station(주유소)
　　　에서 연상할 수 있는 주유비와 관련된 $35(35달러)를 사용하여 혼동을 주었다.
(C) [×] find – fine의 유사 발음 어휘를 사용하여 혼동을 준 오답이다.

어휘　gas station 주유소　fine[fain] 벌금

20

🔊 호주식 발음 → 미국식 발음

How are you going to spend your time in Jamaica?

(A) I want to relax on the beach.
(B) For over a week.
(C) Enjoy your vacation.

당신은 자메이카에서 어떻게 시간을 보낼 것인가요?

(A) 저는 해변에서 휴식을 취하고 싶어요.
(B) 일주일이 넘는 동안이요.
(C) 즐거운 휴가 보내세요.

■ How 의문문 　　　　　　　　　　　　　　　　　　　　　　　　　　　　　　　　　정답 (A)

자메이카에서 어떻게 시간을 보낼 것인지를 묻는 How 의문문이다. How가 방법을 묻는 것임을 이해할 수 있어야 한다.
(A) [○] 해변에서 휴식을 취하고 싶다며 자메이카에서 시간을 보내고 싶은 방법을 언급했으므로 정답이다.
(B) [×] 자메이카에서 어떻게 시간을 보낼 것인지를 물었는데 기간으로 응답했으므로 오답이다. spend your time(시간을 보내다)에서 연상할
　　　수 있는 기간과 관련된 For over a week(일주일이 넘는 동안)을 사용하여 혼동을 주었다.
(C) [×] 자메이카에서 어떻게 시간을 보낼 것이냐는 질문에 답변할 수 있는 내용에 대한 응답이므로 오답이다.

어휘　relax[rilǽks] 휴식을 취하다　vacation[veikéiʃən] 휴가

21

🔊 캐나다식 발음 → 영국식 발음

Which bicycle store do you want to call?

(A) Whichever museum they want to go to.
(B) I know of a great trail.
(C) The one by my house.

당신은 어느 자전거 가게에 전화를 하고 싶나요?

(A) 어느 박물관이든 그들이 가고 싶어 하는 곳이요.
(B) 제가 멋진 길을 알고 있어요.
(C) 제 집 근처에 있는 곳이요.

■ Which 의문문 　　　　　　　　　　　　　　　　　　　　　　　　　　　　　　　　　정답 (C)

어느 자전거 가게에 전화를 하고 싶은지를 묻는 Which 의문문이다. Which bicycle store를 반드시 들어야 한다.
(A) [×] 어느 자전거 가게에 전화를 하고 싶은지를 물었는데, 이와 관련이 없는 어느 박물관이든 그들이 가고 싶어 하는 곳이라는 내용으로 응답
　　　했으므로 오답이다. Whichever만 듣고 정답으로 고르지 않도록 주의한다.
(B) [×] bicycle(자전거)과 관련 있는 trail(길)을 사용하여 혼동을 준 오답이다.
(C) [○] 자신의 집 근처에 있는 곳이라며 전화를 하고 싶은 자전거 가게를 언급했으므로 정답이다.

어휘　bicycle[báisikl] 자전거　trail[treil] 길

22

🔊 호주식 발음 → 미국식 발음

Have you adjusted the shop's design plans to include a storage closet?

(A) Here's the item you asked for.
(B) Mr. Finch designed our Web site.
(C) I'm working on them.

수납장을 포함하도록 상점의 디자인 도면을 조정했나요?

(A) 당신이 찾으신 물건이 여기 있어요.
(B) Mr. Finch가 우리 웹사이트를 디자인했어요.
(C) 제가 작업하는 중이에요.

■ 조동사 의문문

정답 (C)

수납장을 포함하도록 상점의 디자인 도면을 조정했는지를 묻는 조동사(Have) 의문문이다.

(A) [×] shop(상점)과 관련 있는 item(물건)을 사용하여 혼동을 준 오답이다.
(B) [×] 수납장을 포함하도록 상점의 디자인 도면을 조정했는지를 물었는데, 이와 관련이 없는 Mr. Finch가 웹사이트를 디자인했다는 내용으로 응답했으므로 오답이다. 질문의 design(도면)을 '디자인하다'라는 의미의 동사 designed로 반복 사용하여 혼동을 주었다.
(C) [○] 자신이 지금 작업하는 중이라는 말로 수납장을 포함하도록 상점의 디자인 도면을 조정하고 있음을 전달했으므로 정답이다.

어휘   adjust[ədʒʌ́st] 조정하다, 조절하다   include[inklúːd] 포함하다   storage closet 수납장   item[áitəm] 물건

23

🔊 호주식 발음 → 영국식 발음

Would you like me to order dinner if we have to work late?

(A) Yes, thank you.
(B) I like the roses as well.
(C) Is this table reserved?

우리가 늦게까지 일해야 한다면, 제가 저녁 식사를 주문할까요?

(A) 네, 고마워요.
(B) 저도 그 장미를 좋아해요.
(C) 이 자리는 예약되었나요?

■ 제공 의문문

정답 (A)

저녁 식사를 주문하겠다는 제공 의문문이다. Would you like me to가 제공하는 표현임을 이해할 수 있어야 한다.

(A) [○] Yes로 제공을 수락한 후, 고맙다고 했으므로 정답이다.
(B) [×] 늦게까지 일해야 한다면 자신이 저녁 식사를 주문할지를 물었는데, 이와 관련 없는 자신도 그 장미를 좋아한다는 내용으로 응답했으므로 오답이다. 질문의 like를 반복 사용하여 혼동을 주었다.
(C) [×] order dinner(저녁 식사를 주문하다)와 관련 있는 table reserved(자리가 예약되었다)를 사용하여 혼동을 준 오답이다.

어휘   order[미 ɔ́ːrdər, 영 ɔ́ːdə] 주문하다   reserve[미 rizə́ːrv, 영 rizə́ːv] 예약하다

24

🔊 미국식 발음 → 캐나다식 발음

Why hasn't Nicholas completed his review for the paper?

(A) He has more urgent tasks to take care of.
(B) Our branch sells paper products.
(C) Your piece is good.

Nicholas는 왜 서류 검토를 끝마치지 않았나요?

(A) 그는 처리해야 할 더 급한 업무가 있어요.
(B) 저희 지점은 종이 제품을 팔아요.
(C) 당신의 기사는 훌륭해요.

■ Why 의문문

정답 (A)

Nicholas가 왜 서류 검토를 끝마치지 않았는지를 묻는 Why 의문문이다.

(A) [○] 그는 처리해야 할 더 급한 업무가 있다며 서류 검토를 끝마치지 않은 이유를 언급했으므로 정답이다.
(B) [×] 질문의 paper(서류)를 '종이'라는 의미로 반복 사용하여 혼동을 준 오답이다.
(C) [×] Nicholas가 왜 서류 검토를 끝마치지 않았는지를 물었는데, 이와 관련 없는 당신의 글은 훌륭하다는 내용으로 응답했으므로 오답이다. 질문의 paper(서류)의 다른 의미인 '신문'과 관련된 piece(기사)를 사용하여 혼동을 주었다.

어휘   complete[kəmplíːt] 끝마치다, 완료하다   review[rivjúː] 검토   piece[piːs] 기사

25

25 영국식 발음 → 호주식 발음

Do you want to shop for more souvenirs, or can we go now?

(A) Gifts for some of my colleagues.
(B) I'm ready to go.
(C) The shop opened in August.

당신은 더 많은 기념품을 사고 싶나요, 아니면 이제 가도 되나요?

(A) 저의 동료들을 위한 선물이요.
(B) 저는 갈 준비가 됐어요.
(C) 상점은 8월에 문을 열었어요.

■ 선택 의문문 　　　　　　　　　　　　　　　　　　　　　　　　　　　　　정답 (B)

더 많은 기념품을 사고 싶은지 아니면 이제 가도 되는지를 묻는 선택 의문문이다.
(A) [×] souvenirs(기념품)와 관련 있는 Gifts(선물)를 사용하여 혼동을 준 오답이다.
(B) [○] 자신은 갈 준비가 됐다는 말로 이제 가도 된다는 것을 간접적으로 선택했으므로 정답이다.
(C) [×] 질문의 shop(사다)을 '상점'이라는 의미의 명사로 반복 사용하여 혼동을 준 오답이다.

어휘　shop[미 ʃɑ:p, 영 ʃɔp] 사다; 상점　souvenir[미 sùːvəníər, 영 sùːvəníə] 기념품　colleague[미 kɑ́:liːg, 영 kɔ́liːg] 동료

---

26 캐나다식 발음 → 미국식 발음

The blueprint was checked by the architect, wasn't it?

(A) It looks more red to me.
(B) Check the rules first.
(C) He'll go over it this afternoon.

청사진을 건축가에게 확인 받았죠, 안 그런가요?

(A) 저에게는 좀 더 빨간색으로 보여요.
(B) 규칙을 먼저 확인하세요.
(C) 그는 오늘 오후에 검토할 거예요.

■ 부가 의문문 　　　　　　　　　　　　　　　　　　　　　　　　　　　　　정답 (C)

청사진을 건축가에게 확인 받았는지를 확인하는 부가 의문문이다.
(A) [×] blueprint(청사진)에서 '파란색'이라는 의미의 blue와 관련된 red(빨간색)를 사용하여 혼동을 준 오답이다.
(B) [×] 질문의 checked를 Check로 반복 사용하여 혼동을 준 오답이다.
(C) [○] 그는 오늘 오후에 그것을 검토할 것이라는 말로 청사진을 건축가에게 아직 확인받지 않았다는 것을 간접적으로 전달했으므로 정답이다.

어휘　blueprint[blúːprint] 청사진　check[tʃek] 확인하다　rule[ruːl] 규칙

---

27 미국식 발음 → 호주식 발음

Delivery of your food will take more than an hour.

(A) I'll just pick it up.
(B) An update is available online.
(C) Put them in order.

당신의 음식 배달은 한 시간 넘게 걸릴 거예요.

(A) 제가 그냥 그것을 가지러 갈게요.
(B) 최신 정보는 온라인에서 이용 가능해요.
(C) 그것들을 순서대로 두세요.

■ 평서문 　　　　　　　　　　　　　　　　　　　　　　　　　　　　　　　정답 (A)

음식 배달이 한 시간 넘게 걸릴 거라는 문제점을 언급하는 평서문이다.
(A) [○] 자신이 그냥 그것을 가지러 가겠다는 말로 문제점에 대한 해결책을 제시했으므로 정답이다.
(B) [×] Delivery(배달)에서 연상할 수 있는 배달 상태와 관련된 update(최신 정보)를 사용하여 혼동을 준 오답이다.
(C) [×] Delivery(배달)와 관련 있는 order(주문)를 '순서'라는 의미의 명사로 반복 사용하여 혼동을 준 오답이다.

어휘　pick up ~을 가지러 가다

28

🔊 영국식 발음 → 캐나다식 발음

Who wrote the initial presentation for the microwave marketing campaign?

(A) I can find out for you.
(B) For our target market.
(C) Alan did most of the hiring.

누가 전자레인지 광고 캠페인의 첫 발표를 작성했나요?

(A) 제가 확인해드릴 수 있어요.
(B) 우리의 목표 시장을 위해서요.
(C) Alan이 채용 대부분을 진행했어요.

■ Who 의문문

정답 (A)

전자레인지 광고 캠페인의 첫 발표를 누가 작성했는지를 묻는 Who 의문문이다.
(A) [○] 자신이 확인해줄 수 있다는 말로 모른다는 간접적인 응답을 했으므로 정답이다.
(B) [×] 질문의 marketing(광고)에서 market을 '시장'이라는 의미로 반복 사용하여 혼동을 준 오답이다.
(C) [×] 전자레인지 광고 캠페인의 첫 발표를 누가 작성했는지를 물었는데, 이와 관련이 없는 Alan이 채용 대부분을 진행했다는 내용으로 응답했으므로 오답이다. Alan did까지만 듣고 정답으로 고르지 않도록 주의한다.

어휘 initial[iníʃəl] 첫, 초기의 presentation[미 prìːzentéiʃən, 영 prèzəntéiʃən] 발표, 설명 microwave[máikrəweiv] 전자레인지
target[táːrɡit] 목표, 대상 market[máːrkit] 시장 hiring[háiəriŋ] 채용

29

🔊 영국식 발음 → 캐나다식 발음

Isn't it time to head to the book signing?

(A) You're ahead in the competition.
(B) Actually, it starts after lunch.
(C) Yes, I attended it.

책 사인회 행사에 갈 시간 아닌가요?

(A) 당신은 경기에서 앞서고 있어요.
(B) 사실, 그것은 점심 후에 시작해요.
(C) 네, 저는 거기에 참석했었어요.

■ 부정 의문문

정답 (B)

책 사인회 행사에 갈 시간인지를 확인하는 부정 의문문이다.
(A) [×] head – ahead의 유사 발음 어휘를 사용하여 혼동을 준 오답이다.
(B) [○] 점심 후에 시작한다는 말로 책 사인회 행사에 갈 시간이 아님을 간접적으로 전달했으므로 정답이다.
(C) [×] 책 사인회 행사에 갈 시간인지를 물었는데 거기에 참석했다는 과거 시점으로 응답했으므로 오답이다. 질문의 book signing을 나타낼 수 있는 it을 사용하여 혼동을 주었다. Yes만 듣고 정답으로 고르지 않도록 주의한다.

어휘 head[hed] 가다, 향하다 ahead[əhéd] 앞선, 앞으로 competition[kὰːmpətíʃən] 경기 attend[əténd] 참석하다

30

🔊 미국식 발음 → 호주식 발음

Would you mind stopping by my desk in a bit?

(A) I've stopped buying those.
(B) Because none are mine.
(C) I think I'll be able to do that.

잠시 후에 제 자리에 들러주시겠어요?

(A) 저는 그것들을 사는 것을 그만두었어요.
(B) 아무 것도 제 것이 아니기 때문이에요.
(C) 그렇게 할 수 있을 것 같아요.

■ 요청 의문문

정답 (C)

잠시 후에 자리에 들러달라는 요청 의문문이다. Would you mind가 요청하는 표현임을 이해할 수 있어야 한다.
(A) [×] those가 나타내는 대상이 질문에 없으므로 오답이다. stopping by – stopped buying의 유사 발음 어휘를 사용하여 혼동을 주었다.
(B) [×] 잠시 후에 자리에 들러달라고 요청했는데 이유로 응답했으므로 오답이다. 질문의 my desk(제 자리)를 나타낼 수 있는 mine(제 것)을 사용하여 혼동을 주었다.
(C) [○] 그렇게 할 수 있을 것 같다는 말로 요청을 수락했으므로 정답이다.

어휘 stop by (잠시) 들르다

◯
●
●
●
상

🎧 캐나다식 발음 → 호주식 발음

The container in the refrigerator belongs to me.

(A) Did you mark it with your name?
(B) While I was cleaning it out.
(C) Ms. Valero owns the land.

냉장고에 있는 용기는 제 것이에요.

(A) 그것에 당신의 이름을 표시했나요?
(B) 제가 그것을 청소하는 동안에요.
(C) Ms. Valero가 그 땅을 소유하고 있어요.

■ 평서문

정답 (A)

냉장고에 있는 용기가 자신의 것이라는 사실을 전달하는 평서문이다.

(A) [○] 이름을 표시했는지를 되물어 냉장고에 있는 용기에 대한 추가 정보를 요구하는 정답이다.

(B) [×] 냉장고에 있는 용기는 자신의 것이라고 했는데, 이와 관련이 없는 그것을 청소하는 동안이라는 내용으로 응답했으므로 오답이다. 질문의 refrigerator(냉장고)를 나타낼 수 있는 it을 사용하여 혼동을 주었다.

(C) [×] 질문의 belongs to(~의 것이다)와 같은 의미인 owns(소유하다)를 사용하여 혼동을 준 오답이다.

어휘   container[kəntéinər] 용기, 그릇   refrigerator[rifrídʒərèitər] 냉장고   belong to ~의 것이다, ~에 속하다   mark[미 mɑːrk, 영 mɑːk] 표시하다   own[미 oun, 영 əun] 소유하다   land[lænd] 땅, 토지

32
33
34

Questions 32-34 refer to the following conversation.

🎵 캐나다식 발음 → 미국식 발음

M: Pardon me . . . Could you help me, please? ³²I was trying to use one of your bank's cash machines, but the touch screen isn't responding.

W: I'm sorry. That error has been coming up repeatedly this morning. A repairperson should be on the way. Meanwhile, ³³I recommend using the machine near the exit instead.

M: Ah . . . I also tried that one, and it's not working either. I'm in a rush, so I'll consult one of the tellers.

W: Of course. And ³⁴to apologize for the inconvenience, here's a free desk calendar.

32 What problem does the man mention?

(A) A password is incorrect.
(B) A business has been closed.
(C) A screen is malfunctioning.
(D) A receipt was lost.

33 What does the woman recommend doing?

(A) Trying another device
(B) Pressing a button
(C) Calling a technician
(D) Waiting in line

34 What does the woman offer the man?

(A) A flyer
(B) A voucher
(C) A calendar
(D) An invitation card

32-34번은 다음 대화에 관한 문제입니다.

M: 실례합니다… 저를 도와줄 수 있으신가요? ³²귀사의 은행 현금 인출기 중 하나를 이용하려고 했는데, 터치스크린이 반응하지 않아요.

W: 죄송합니다. 그 오류는 오늘 아침에 반복적으로 발생하고 있습니다. 수리공이 오고 있는 중이에요. 그동안, ³³출구 가까이에 있는 기계를 대신 이용하는 것을 권해드립니다.

M: 아… 그것도 써봤는데, 작동하지 않아요. 제가 서둘러야 해서 창구 직원 중 한 분과 상담할게요.

W: 물론이죠. 그리고 ³⁴불편에 대해 사과드리기 위해 여기 무료 탁상용 달력을 드리겠습니다.

32. 남자는 어떤 문제를 언급하는가?

(A) 비밀번호가 부정확하다.
(B) 업체가 문을 닫았다.
(C) 스크린이 제대로 작동하지 않는다.
(D) 영수증을 잃어버렸다.

33. 여자는 무엇을 하라고 제안하는가?

(A) 다른 기기를 이용해보는 것
(B) 버튼을 누르는 것
(C) 기술자를 부르는 것
(D) 줄을 서서 기다리는 것

34. 여자는 남자에게 무엇을 제공하는가?

(A) 전단지
(B) 상품권
(C) 달력
(D) 초대장

지문 **cash machine** 현금 인출기 **respond**[rispάːnd] 반응하다, 응답하다 **come up** 발생하다 **repeatedly**[ripíːtidli] 반복적으로 **repairperson**[ripέərpə̀ːrsn] 수리공 **exit**[éksit] 출구 **inconvenience**[ìnkənvíːniəns] 불편 **desk calendar** 탁상용 달력
32 **incorrect**[ìnkərékt] 부정확한, 틀린 **malfunction**[mælfʌ́ŋkʃən] 제대로 작동하지 않다 **receipt**[risíːt] 영수증
34 **flyer**[fláiər] 전단지 **voucher**[váutʃər] 상품권, 쿠폰

---

32 ■ **세부 사항 관련 문제** 문제점 　　　　　　　　　　　　　　　　　　　　　　　　　　　　　　　　　　　　　　　정답 (C)

○○○●○ 중
남자가 언급한 문제점을 묻는 문제이므로, 남자의 말에서 부정적인 표현이 언급된 다음을 주의 깊게 듣는다. 남자가 "I was trying to use one of your bank's cash machines, but the touch screen isn't responding."이라며 은행 현금 인출기 중 하나를 이용하려고 했는데, 터치스크린이 반응하지 않는다고 하였다. 따라서 정답은 (C) A screen is malfunctioning이다.

바꾸어 표현하기

the ~ screen isn't responding 스크린이 반응하지 않는다 → A screen is malfunctioning 스크린이 제대로 작동하지 않는다

33 ■ **세부 사항 관련 문제** 제안 　　　　　　　　　　　　　　　　　　　　　　　　　　　　　　　　　　　　　　　정답 (A)

○○●○○ 중
여자가 제안하는 것을 묻는 문제이므로, 여자의 말에서 제안과 관련된 표현이 언급된 다음을 주의 깊게 듣는다. 여자가 "I recommend using the machine near the exit instead"라며 출구 가까이에 있는 기계를 대신 이용하라고 제안하였다. 따라서 정답은 (A) Trying another device이다.

34 ■ **세부 사항 관련 문제** 특정 세부 사항 　　　　　　　　　　　　　　　　　　　　　　　　　　　　　　　　　　　　정답 (C)

○○●○○ 중
여자가 남자에게 제공하는 것을 묻는 문제이므로, 질문의 핵심어구(offer)와 관련된 내용을 주의 깊게 듣는다. 여자가 남자에게 "to apologize for the inconvenience, here's a free desk calendar"라며 불편에 대해 사과하기 위해 무료 탁상용 달력을 주겠다고 하였다. 따라서 정답은 (C) A calendar이다.

Questions 35-37 refer to the following conversation.

🎧 영국식 발음 → 호주식 발음

W: Hello. I oversee an apartment complex, and I'm interested in installing the home security cameras you sell. ³⁵Do you carry the brand . . . ah . . . PointAlert?

M: Unfortunately, ³⁵those products all sold out last week. We sell similar items, though, if you'd like to come by and check them out.

W: OK. Your chain has an outlet on Marigold Street, right?

M: Actually, ³⁶that branch moved to a different area last month. ³⁷If you download our free smartphone application, you can see the locations of all our current retail shops.

W: Thanks. ³⁷I'll do that now.

35 What does the man say about PointAlert products?
(A) They are very expensive.
(B) They are out of stock.
(C) They are advertised online.
(D) They are being discounted.

36 What changed last month?
(A) An application requirement
(B) A sales promotion
(C) A membership program
(D) A business location

37 What will the woman most likely do next?
(A) Make a purchase
(B) Replace a battery
(C) Download a program
(D) Call a branch

35-37번은 다음 대화에 관한 문제입니다.

W: 안녕하세요. 저는 아파트 단지를 감독하는데, 당신이 판매하는 주택 무인 카메라를 설치하는 데 관심이 있어요. ³⁵아… PointAlert라는 브랜드를 취급하시나요?

M: 안타깝게도, ³⁵그 제품들은 지난주에 모두 다 팔렸습니다. 하지만 잠깐 들러서 확인하고 싶으시다면 저희는 비슷한 물품들도 판매합니다.

W: 알겠습니다. 당신의 체인점은 Marigold가에 매장이 있죠, 그렇죠?

M: 사실, ³⁶그 지점은 지난달에 다른 지역으로 옮겼습니다. ³⁷저희의 무료 스마트폰 애플리케이션을 다운로드하시면, 현재 모든 소매점들의 위치를 보실 수 있습니다.

W: 고맙습니다. ³⁷지금 그것을 할게요.

35. 남자는 PointAlert 제품에 관해 무엇을 말하는가?
(A) 매우 비싸다.
(B) 재고가 없다.
(C) 온라인에서 광고된다.
(D) 할인 중이다.

36. 지난달에 무엇이 바뀌었는가?
(A) 지원 요건
(B) 판매 홍보 활동
(C) 회원 프로그램
(D) 사업체의 위치

37. 여자는 다음에 무엇을 할 것 같은가?
(A) 물건을 산다.
(B) 배터리를 교체한다.
(C) 프로그램을 다운로드한다.
(D) 지점에 전화한다.

지문 oversee[미 òuvərsí:, 영 əuvəsí:] 감독하다, 감시하다 apartment complex 아파트 단지 security camera 무인 카메라
carry[kǽri] (가게에서 품목을) 취급하다 sell out 다 팔리다 outlet[áutlet] 매장
35 out of stock 재고가 없는 advertise[ǽdvərtaiz] 광고하다
36 requirement[rikwáiərmənt] 요건, 필요조건 promotion[prəmóuʃən] 홍보 활동
37 make a purchase 물건을 사다 replace[ripléis] 교체하다

---

35 ■ 세부 사항 관련 문제 언급   정답 (B)
남자가 PointAlert 제품에 관해 언급하는 것을 묻는 문제이므로, 남자의 말에서 질문의 핵심어구(PointAlert products)가 언급된 주변을 주의 깊게 듣는다. 여자가 "Do you carry the brand ~ PointAlert?"라며 PointAlert라는 브랜드를 취급하는지 묻자, 남자가 "those products all sold out last week"이라며 그 제품들은 지난주에 모두 다 팔렸다고 하였다. 따라서 정답은 (B) They are out of stock 이다.

36 ■ 세부 사항 관련 문제 특정 세부 사항   정답 (D)
지난달에 바뀐 것을 묻는 문제이므로, 질문의 핵심어구(changed last month)와 관련된 내용을 주의 깊게 듣는다. 남자가 "that branch[an outlet on Marigold Street] moved to a different area last month"라며 Marigold가에 있던 매장은 지난달에 다른 지역으로 옮겼다고 한 것을 통해 지난달에 사업체의 위치가 바뀌었음을 알 수 있다. 따라서 정답은 (D) A business location 이다.

37 ■ 세부 사항 관련 문제 다음에 할 일   정답 (C)
여자가 다음에 할 일을 묻는 문제이므로, 대화의 마지막 부분을 주의 깊게 듣는다. 남자가 여자에게 "If you download our free smartphone application, you can see the locations of all our current retail shops."라며 무료 스마트폰 애플리케이션을 다운로드하면 현재 모든 소매점들의 위치를 볼 수 있다고 하자, 여자가 "I'll do that now."라며 지금 그것을 하겠다고 한 말을 통해 여자가 프로그램을 다운로드할 것임을 알 수 있다. 따라서 정답은 (C) Download a program 이다.

Questions 38-40 refer to the following conversation with three speakers.

🔊 캐나다식 발음 → 호주식 발음 → 미국식 발음

M1: Excuse me. ³⁸My friend and I are wondering why tonight's concert has yet to begin.
M2: According to our tickets, the show was scheduled to start at 7:00 P.M., but it's already 7:15.
W: Yes, ³⁸I'm sorry. Unfortunately, ³⁹a member of the band wasn't able to arrive on time. She just got here, so we expect everything to get underway no later than 7:30 P.M. ³⁸An announcement is about to be made now.
M1: I see. Well, ⁴⁰I guess we'll head back to our seats and wait for it to start, then.

38 Where does the woman most likely work?
(A) At a music store
(B) At a theater
(C) At a recording studio
(D) At a concert venue

39 What is causing the delay?
(A) The malfunctioning of some speakers
(B) The late arrival of a performer
(C) The long rehearsal of a band
(D) The repair of some lighting

40 What will the men probably do next?
(A) Request a refund
(B) Message an acquaintance
(C) Return to their seats
(D) Purchase their tickets

38-40번은 다음 세 명의 대화에 관한 문제입니다.

M1: 실례합니다. ³⁸제 친구와 저는 왜 오늘 밤 콘서트가 아직 시작하지 않았는지 궁금해서요.
M2: 저희 표에 따르면, 공연은 오후 7시에 시작하기로 예정되어 있었는데, 벌써 7시 15분이에요.
W: 네, ³⁸죄송합니다. 안타깝게도, ³⁹밴드의 한 멤버가 제시간에 도착할 수 없었습니다. 그녀가 방금 여기에 도착해서, 우리는 모든 것이 늦어도 오후 7시 30분에는 시작될 것으로 예상합니다. ³⁸공지가 지금 곧 있을 것입니다.
M1: 그렇군요. 음, ⁴⁰그럼 우리는 좌석으로 돌아가서 시작하기를 기다려야겠네요.

38. 여자는 어디에서 일하는 것 같은가?
(A) 음악 상점에서
(B) 극장에서
(C) 녹음 스튜디오에서
(D) 콘서트 장소에서

39. 무엇이 지연을 발생시키는가?
(A) 고장 난 스피커들
(B) 공연자의 늦은 도착
(C) 밴드의 긴 리허설
(D) 조명 수리

40. 남자들은 다음에 무엇을 할 것 같은가?
(A) 환불을 요청한다.
(B) 지인에게 메시지를 보낸다.
(C) 그들의 좌석으로 돌아간다.
(D) 그들의 표를 구입한다.

지문 unfortunately[ʌnfɔ́ːrtʃənətli] 안타깝게도 on time 제시간에 get underway 시작하다
38 venue[vénjuː] 장소 39 malfunction[mælfʌ́ŋkʃən] 고장 나다 lighting[láitiŋ] 조명 40 acquaintance[əkwéintəns] 지인

38 ■ 전체 대화 관련 문제 화자 정답 (D)
여자가 일하는 장소를 묻는 문제이므로, 신분 및 직업과 관련된 표현을 놓치지 않고 듣는다. 남자 1이 "My friend and I are wondering why tonight's concert has yet to begin."이라며 자신의 친구와 자신이 왜 오늘 밤 콘서트가 아직 시작하지 않았는지 궁금하다고 하자, 여자가 "I'm sorry"라며 죄송하다고 한 뒤, "An announcement is about to be made now."라며 공지가 지금 곧 있을 것이라고 한 말을 통해 여자가 콘서트 장소에서 일한다는 것을 알 수 있다. 따라서 정답은 (D) At a concert venue이다.

39 ■ 세부 사항 관련 문제 특정 세부 사항 정답 (B)
지연을 발생시키는 것을 묻는 문제이므로, 질문의 핵심어구(delay)와 관련된 내용을 주의 깊게 듣는다. 여자가 "a member of the band wasn't able to arrive on time."이라며 밴드의 한 멤버가 제시간에 도착할 수 없었다고 하였다. 따라서 정답은 (B) The late arrival of a performer이다.

바꾸어 표현하기
a member of the band wasn't able to arrive on time 밴드의 한 멤버가 제시간에 도착할 수 없었다 → The late arrival of a performer 공연자의 늦은 도착

40 ■ 세부 사항 관련 문제 다음에 할 일 정답 (C)
남자들이 다음에 할 일을 묻는 문제이므로, 대화의 마지막 부분을 주의 깊게 듣는다. 남자 1이 "I guess we'll head back to our seats and wait for it to start, then"이라며 그럼 자신들, 즉 남자 1과 남자 2는 좌석으로 돌아가서 시작하기를 기다려야겠다고 하였다. 따라서 정답은 (C) Return to their seats이다.

바꾸어 표현하기
head back 돌아가다 → Return 돌아가다

Questions 41-43 refer to the following conversation with three speakers.

🎧 미국식 발음 → 캐나다식 발음 → 영국식 발음

W1: Marty and Jen, ⁴¹are you ready to leave the guesthouse and do some sightseeing?

M: Sure! I'm excited to see the amazing mountain views at the state park nearby.

W2: We're going there today? I thought we'd shop at the outlet mall.

M: Well, ⁴²maybe we can split up. Renee and I want to spend the morning at the park. So, why don't we meet you at the outlet mall for lunch, Jen?

W2: OK, but ⁴³I'm not sure where the mall is. Maybe I'll ask the front desk clerk.

M: Good idea. I'm sure she can tell you how to get there.

41 What are the speakers mainly discussing?
(A) Parking options
(B) Room rates
(C) Payment methods
(D) Travel plans

42 What does the man suggest?
(A) Unpacking some bags
(B) Signing up for an activity
(C) Doing activities separately
(D) Posing for a photograph

43 What will Jen probably do next?
(A) Ask for directions
(B) Check in to a hotel
(C) Go to a park
(D) Provide recommendations

41-43번은 다음 세 명의 대화에 관한 문제입니다.

W1: Marty와 Jen, ⁴¹게스트 하우스에서 나가 관광을 할 준비가 됐나요?

M: 물론이죠! 근처의 주립 공원에서 멋진 산의 경치를 보게 되어 기쁘네요.

W2: 우리가 오늘 그곳에 가나요? 저는 쇼핑몰에서 쇼핑을 할 것이라고 생각했어요.

M: 음, ⁴²아마 우리가 갈라질 수 있을 거예요. Renee와 저는 공원에서 아침을 보내고 싶어요. 그러니, 점심 먹을 때 쇼핑몰에서 우리가 당신을 만나는 게 어때요, Jen?

W2: 알았어요, 하지만 ⁴³저는 쇼핑몰이 어디에 있는지 몰라요. 아마 안내 데스크 직원에게 물어봐야겠어요.

M: 좋은 생각이네요. 그녀가 어떻게 그곳에 가는지 알려줄 수 있을 거예요.

41. 화자들은 주로 무엇에 관해 이야기하고 있는가?
(A) 주차 선택권
(B) 객실 요금
(C) 지불 방법
(D) 여행 계획

42. 남자는 무엇을 제안하는가?
(A) 가방을 푸는 것
(B) 활동에 등록하는 것
(C) 따로 활동하는 것
(D) 사진을 위해 포즈를 취하는 것

43. Jen은 다음에 무엇을 할 것 같은가?
(A) 방향을 묻는다.
(B) 호텔에 체크인한다.
(C) 공원에 간다.
(D) 추천을 한다.

지문 sightseeing[sáitsi:iŋ] 관광 split up 갈라지다, 나뉘다 clerk[미 kləːrk, 영 klɑːk] 직원
41 rate[reit] 요금 payment[péimənt] 지불, 지급 method[méθəd] 방법
42 unpack[ʌ̀npǽk] (짐을) 풀다 sign up for ~에 등록하다 pose for ~을 위해 포즈를 취하다
43 direction[dirékʃən] 방향 recommendation[rèkəmendéiʃən] 추천

41 ■ 전체 대화 관련 문제 주제   정답 (D)
대화의 주제를 묻는 문제이므로, 대화의 초반을 반드시 듣는다. 여자 1이 남자와 여자 2에게 "are you ready to leave the guesthouse and do some sightseeing?"이라며 게스트 하우스에서 나가 관광을 할 준비가 됐는지 물은 뒤, 여행 계획에 관한 내용으로 대화가 이어지고 있다. 따라서 정답은 (D) Travel plans이다.

42 ■ 세부 사항 관련 문제 제안   정답 (C)
남자가 제안하는 것을 묻는 문제이므로, 남자의 말에서 제안과 관련된 표현이 언급된 다음을 주의 깊게 듣는다. 남자가 여자 2에게 "maybe we can split up. Renee and I want to spend the morning at the park."이라며 자신들이 아마 갈라질 수 있을 거라고 한 뒤, Renee와 자신은 공원에서 아침을 보내고 싶다고 하였다. 따라서 정답은 (C) Doing activities separately이다.

43 ■ 세부 사항 관련 문제 다음에 할 일   정답 (A)
Jen이 다음에 할 일을 묻는 문제이므로, 대화의 마지막 부분을 주의 깊게 듣는다. 여자 2 즉, Jen이 "I'm not sure where the mall is. Maybe I'll ask the front desk clerk."이라며 쇼핑몰이 어디에 있는지 모른다고 한 뒤, 아마 안내 데스크 직원에게 물어봐야겠다고 하였다. 따라서 정답은 (A) Ask for directions이다.

Questions 44-46 refer to the following conversation.

[듣기] 호주식 발음 → 미국식 발음

M: Hi, Claire. [44]How are the preparations for Maya's birthday party going?

W: Pretty well. I sent out the invitations yesterday. And [45]how about booking a table at the Korean restaurant she likes?

M: Sure. I have that place's phone number saved. [45]I'll call right now and see if there are any private rooms available.

W: Great. And [46]don't forget to make the reservation for 8 P.M. We're attending a budget meeting that day.

44 What are the speakers mainly discussing?
(A) Training some employees
(B) Booking a flight
(C) Planning an event
(D) Raising some funds

45 What is a feature of the restaurant?
(A) It is close to the office.
(B) It serves good food.
(C) It offers private spaces.
(D) It has been renovated.

46 Why does the woman say, "We're attending a budget meeting that day"?
(A) To make a complaint
(B) To explain a request
(C) To respond to an inquiry
(D) To decline an invitation

44-46번은 다음 대화에 관한 문제입니다.

M: 안녕하세요, Claire. [44]Maya의 생일 파티 준비는 어떻게 되어가고 있나요?

W: 아주 잘 되고 있어요. 저는 어제 초대장을 보냈어요. 그리고 그녀가 좋아하는 [45]한식당에 자리를 예약하는 게 어때요?

M: 좋아요. 저는 그곳 전화번호를 저장해놨어요. [45]지금 전화해서 이용 가능한 개인실이 있는지 알아볼게요.

W: 좋아요. 그리고 [46]오후 8시로 예약하는 것을 잊지 마세요. 저희는 그날 예산 회의에 참석하잖아요.

44. 화자들은 주로 무엇에 관해 이야기하고 있는가?
(A) 직원들을 교육하는 것
(B) 항공권을 예약하는 것
(C) 행사를 계획하는 것
(D) 기금을 모으는 것

45. 식당의 특징은 무엇인가?
(A) 그것은 사무실에서 가깝다.
(B) 그것은 좋은 음식을 제공한다.
(C) 그것은 개인적인 공간을 제공한다.
(D) 그것은 개조되었다.

46. 여자는 왜 "저희는 그날 예산 회의에 참석하잖아요"라고 말하는가?
(A) 항의를 하기 위해
(B) 요청 사항을 설명하기 위해
(C) 문의에 답변하기 위해
(D) 초대를 거절하기 위해

지문 preparation[prèpəréiʃən] 준비 book[buk] 예약하다 private[práivət] 개인의, 전용의 reservation[rèzərvéiʃən] 예약 budget[bʌ́dʒit] 예산

45 train[trein] 교육하다 raise fund 기금을 모으다 serve[səːrv] (식당 등에서 음식을) 제공하다 renovate[rénəveit] 개조하다, 보수하다

46 make a complaint 항의를 하다 decline[dikláin] 거절하다

---

44 ■ 전체 대화 관련 문제 주제   정답 (C)

대화의 주제를 묻는 문제이므로, 대화의 초반을 반드시 듣는다. 남자가 "How are the preparations for Maya's birthday party going?"이라며 Maya의 생일 파티 준비는 어떻게 되어가고 있는지 물은 뒤, 생일 파티 준비에 관한 내용으로 대화가 이어지고 있다. 따라서 정답은 (C) Planning an event이다.

45 ■ 세부 사항 관련 문제 특정 세부 사항   정답 (C)

식당의 특징을 묻는 문제이므로, 질문의 핵심어구(feature of the restaurant)와 관련된 내용을 주의 깊게 듣는다. 여자가 "how about booking a table at the Korean restaurant"이라며 한식당에 자리를 예약하는 게 어떠냐고 묻자, 남자가 "I'll call right now and see if there are any private rooms available."이라며 지금 전화해서 이용 가능한 개인실이 있는지 알아보겠다고 하였다. 따라서 정답은 (C) It offers private spaces이다.

46 ■ 세부 사항 관련 문제 의도 파악   정답 (B)

여자가 하는 말의 의도를 묻는 문제이므로, 질문의 인용어구(We're attending a budget meeting that day)가 언급된 주변을 주의 깊게 듣는다. 여자가 남자에게 "don't forget to make the reservation for 8 P.M. We're attending a budget meeting that day."라며 오후 8시로 예약하는 것을 잊지 말라고 한 뒤, 자신들이 그날 예산 회의에 참석한다고 한 말을 통해 여자가 남자에게 요청 사항을 설명하려는 의도임을 알 수 있다. 따라서 정답은 (B) To explain a request이다.

Questions 47-49 refer to the following conversation.

🔊 캐나다식 발음 → 영국식 발음

M: Hi. ⁴⁷I'd like to place an order for 50 printed T-shirts for a race my company will sponsor.
W: OK. Have you ordered with us before?
M: Oh, yes. Our corporate account number is 48827.
W: Great. And when do you need the items delivered by?
M: May 10, if possible. The event is being held on May 15.
W: Hmm . . . ⁴⁸To meet that date, we can provide an expedited service. But there will be an additional charge of $20, which brings the total amount to $170. Is that all right?
M: Yes, that's fine. ⁴⁹I'll e-mail you the design now.

47 What will the man's company do?
(A) Launch a product
(B) Open a branch
(C) Cancel an order
(D) Support a competition

48 What does the woman offer to do?
(A) Speed up a process
(B) Check a system
(C) Provide a refund
(D) Show a sample

49 What will most likely happen next?
(A) A package will be delivered.
(B) A payment will be made.
(C) A service will be canceled.
(D) An image will be sent.

47-49번은 다음 대화에 관한 문제입니다.

M: 안녕하세요. ⁴⁷저희 회사에서 후원할 경주를 위해 50벌의 프린트 티셔츠를 주문하고 싶습니다.
W: 네. 이전에 저희에게 주문하신 적이 있으신가요?
M: 아, 네. 저희 회사의 계정 번호는 48827입니다.
W: 좋습니다. 그럼 언제까지 물품을 배달받으셔야 하나요?
M: 가능하다면, 5월 10일이요. 행사는 5월 15일에 열립니다.
W: 흠… ⁴⁸날짜를 맞추기 위해 저희가 긴급 서비스를 제공할 수 있습니다. 하지만 20달러의 추가 비용이 있을 것이고, 이로 인해 총액은 170달러가 됩니다. 괜찮으신가요?
M: 네, 괜찮습니다. ⁴⁹제가 지금 디자인을 이메일로 보내드리겠습니다.

47. 남자의 회사는 무엇을 할 것인가?
(A) 제품을 출시한다.
(B) 지점을 개설한다.
(C) 주문을 취소한다.
(D) 경기를 후원한다.

48. 여자는 무엇을 해주겠다고 제안하는가?
(A) 절차를 빠르게 한다.
(B) 시스템을 확인한다.
(C) 환불해 준다.
(D) 샘플을 보여준다.

49. 다음에 무슨 일이 일어날 것 같은가?
(A) 소포가 배달될 것이다.
(B) 지불이 완료될 것이다.
(C) 서비스가 취소될 것이다.
(D) 이미지가 발송될 것이다.

지문 place an order 주문하다 sponsor[spɔ́:nsər] 후원하다 corporate[kɔ́:rpərət] 회사의, 기업의 account[əkáunt] 계정
additional[ədíʃənl] 추가의
47 launch[lɔ:ntʃ] 출시하다 open a branch 지점을 개설하다 competition[kà:mpətíʃən] 경기, 시합
49 package[pǽkidʒ] 소포, 포장물

47 ■ **세부 사항 관련 문제** 특정 세부 사항 　　　　　　　　　　　　　　　　　　　　　　　　　　　　　　　정답 (D)

중 남자의 회사가 할 일을 묻는 문제이므로, 질문의 핵심어구(man's company do)와 관련된 내용을 주의 깊게 듣는다. 남자가 "I'd like to place an order for 50 printed T-shirts for a race my company will sponsor."라며 자신의 회사에서 후원할 경주를 위해 50벌의 프린트 티셔츠를 주문하고 싶다고 하였다. 따라서 정답은 (D) Support a competition이다.

바꾸어 표현하기
sponsor 후원하다 → Support 후원하다

48 ■ **세부 사항 관련 문제** 제안 　　　　　　　　　　　　　　　　　　　　　　　　　　　　　　　　　　　정답 (A)

상 여자가 해주겠다고 제안하는 것을 묻는 문제이므로, 여자의 말에서 남자를 위해 해주겠다고 언급한 내용을 주의 깊게 듣는다. 여자가 "To meet that date, we can provide an expedited service."라며 날짜를 맞추기 위해 긴급 서비스를 제공할 수 있다고 하였다. 따라서 정답은 (A) Speed up a process이다.

바꾸어 표현하기
provide an expedited service 긴급 서비스를 제공하다 → Speed up a process 절차를 빠르게 하다

49 ■ **세부 사항 관련 문제** 다음에 할 일 　　　　　　　　　　　　　　　　　　　　　　　　　　　　　　　정답 (D)

하 다음에 일어날 일을 묻는 문제이므로, 대화의 마지막 부분을 주의 깊게 듣는다. 남자가 "I'll e-mail you the design now."라며 지금 디자인을 이메일로 보내주겠다고 하였다. 따라서 정답은 (D) An image will be sent이다.

Questions 50-52 refer to the following conversation.

[🎧] 호주식 발음 → 영국식 발음

M: ⁵⁰Before we start the interview, I want to point out that the personal trainer position needs to be filled for one month only.

W: Yes, I saw that in the job advertisement. I'm going to move overseas in six weeks, so I need a short-term job.

M: Good. ⁵⁰Our gym will be very busy in January. And the new employee will assist our director, Antoine Hart, during that time.

W: Are you expecting more customers because it's the new year?

M: Partly, but also because ⁵¹we're running a big promotion since we replaced some of our workout machines last month . . . Anyway, ⁵²now I'll ask you some questions about your past work experience.

50 What type of business does the man most likely work for?
(A) A fitness center
(B) A staffing agency
(C) A moving company
(D) An advertising firm

51 What does the man say about the gym?
(A) It will host an event.
(B) It has been inspected.
(C) It will reopen soon.
(D) It has some new machines.

52 What will the man probably do next?
(A) Make some inquiries
(B) Complete some paperwork
(C) Demonstrate a product
(D) Distribute a pamphlet

50-52번은 다음 대화에 관한 문제입니다.

M: ⁵⁰저희가 면접을 시작하기 전에, 개인 트레이너 자리는 단 한 달 동안임을 언급하고 싶습니다.

W: 네, 구인 광고에서 봤어요. 저는 6주 후에 해외로 이사할 거라서 단기적인 직업이 필요해요.

M: 좋아요. ⁵⁰저희 체육관은 1월에 매우 바쁠 거예요. 그리고 새로운 직원은 그 기간 동안 저희 관리자인 Antoine Hart를 도울 거예요.

W: 새해이기 때문에 더 많은 고객들이 올 거라고 예상하시나요?

M: 어느 정도는 그런데, ⁵¹지난달에 일부 운동 기구들을 교체한 이후로 큰 판촉 행사를 진행하고 있기 때문이기도 해요… 그건 그렇고, ⁵²이제 당신의 이전 경력에 대해 몇 가지 질문을 드릴게요.

50. 남자는 어떤 종류의 업체에서 일하는 것 같은가?
(A) 헬스장
(B) 채용 업체
(C) 이삿짐 운송 회사
(D) 광고 회사

51. 남자는 체육관에 관해 무엇이라고 말하는가?
(A) 행사를 주최할 것이다.
(B) 점검을 받았다.
(C) 곧 다시 문을 열 것이다.
(D) 새 기구들이 있다.

52. 남자는 다음에 무엇을 할 것 같은가?
(A) 몇 가지 질문을 한다.
(B) 서류 작업을 완료한다.
(C) 제품을 시연한다.
(D) 소책자를 나누어 준다.

지문 **position**[pəzíʃən] (일)자리, 직위 **short-term**[미 ʃɔ́ːrttə́ːrm, 영 ʃɔ́ːrttə́ːm] 단기적인, 단기의 **assist**[əsíst] 돕다
partly[미 páːrtli, 영 páːtli] 어느 정도, 부분적으로 **replace**[ripléis] 교체하다 **work experience** 경력
50 **staffing agency** 채용 업체 **moving company** 이삿짐 운송 회사
51 **host**[houst] 주최하다 **inspect**[inspékt] 점검하다 **reopen**[rìːóupən] 다시 문을 열다
52 **make inquiries** 질문하다 **paperwork**[péipərwə̀ːrk] 서류 작업 **demonstrate**[démənstreit] 시연하다, 설명하다

50 ■ 전체 대화 관련 문제 화자   정답 (A)
○
○
● 남자가 일하는 업체를 묻는 문제이므로, 신분 및 직업과 관련된 표현을 놓치지 않고 듣는다. 남자가 "Before we start the interview,
● I want to point out that the personal trainer position needs to be filled for one month only."라며 면접을 시작하기 전에 개인
하 트레이너 자리가 단 한 달 동안임을 언급하고 싶다고 한 뒤, "Our gym will be very busy in January."라며 자신들의 체육관은 1월에
매우 바쁠 거라고 한 말을 통해 남자가 헬스장에서 일한다는 것을 알 수 있다. 따라서 정답은 (A) A fitness center이다.

51 ■ 세부 사항 관련 문제 언급   정답 (D)
○
● 남자가 체육관에 관해 언급하는 것을 묻는 문제이므로, 남자의 말에서 질문의 핵심어구(gym)와 관련된 내용을 주의 깊게 듣는다. 남자가
● "we're running a big promotion since we replaced some of our workout machines last month"라며 지난달에 일부 운동
중 기구들을 교체한 이후로 큰 판촉 행사를 진행하고 있다고 하였다. 따라서 정답은 (D) It has some new machines이다.

52 ■ 세부 사항 관련 문제 다음에 할 일   정답 (A)
○
○
● 남자가 다음에 할 일을 묻는 문제이므로, 대화의 마지막 부분을 주의 깊게 듣는다. 남자가 "now I'll ask you some questions about your
● past work experience"라며 이제 이전 경력에 대해 몇 가지 질문을 하겠다고 하였다. 따라서 정답은 (A) Make some inquiries이다.
중

Questions 53-55 refer to the following conversation.

🎧 미국식 발음 → 캐나다식 발음

W: Guess what, Andrei? ⁵³Our pizza shop ordered some self-service kiosks.

M: Ah . . . Are they able to send text message notifications about orders to customers' phones?

W: That's right. ⁵⁴I expect they'll help us boost sales as many people find them very convenient.

M: Hmm . . . I'm not so sure. I know many customers who prefer dealing directly with staff here.

W: Well, let's see how patrons respond on the first day the machines are available. ⁵⁵An hour ago, I called the technician who will install them, and he said they'll be ready this Friday.

53 What are the speakers mainly discussing?
(A) Automated devices
(B) A Web site's design
(C) Training workshops
(D) A customer review

54 What does the woman expect to happen?
(A) Customers will complain.
(B) Staff will be replaced.
(C) Revenue will increase.
(D) Installations will be delayed.

55 What did the woman do an hour ago?
(A) Paid a delivery person
(B) Contacted a worker
(C) Checked a text message
(D) Conducted an interview

53-55번은 다음 대화에 관한 문제입니다.

W: 있잖아요, Andrei? ⁵³우리 피자 가게가 셀프서비스 주문 기계들을 주문했어요.

M: 아… 그것들은 고객들의 휴대 전화로 주문에 대한 문자 메시지 알림을 보낼 수 있나요?

W: 맞아요. 많은 사람들이 그것들을 매우 편리하다고 생각하니 ⁵⁴저는 그것들이 매출을 증가시키는 데 도움이 될 것이라고 예상해요.

M: 흠… 저는 잘 모르겠어요. 저는 이곳의 직원들을 직접 상대하는 것을 선호하는 많은 고객들을 알고 있어요.

W: 음, 기계를 이용할 수 있는 첫날에 고객들이 어떻게 반응하는지를 보도록 해요. ⁵⁵한 시간 전에 제가 그것들을 설치해줄 기술자에게 전화했는데, 이번 주 금요일에 그것들이 준비될 거라고 그가 말했어요.

53. 화자들은 주로 무엇에 관해 이야기하고 있는가?
(A) 자동화기기
(B) 웹사이트 디자인
(C) 교육 워크숍
(D) 고객 후기

54. 여자는 무엇이 일어날 것이라고 예상하는가?
(A) 고객들이 항의할 것이다.
(B) 직원들이 대체될 것이다.
(C) 수익이 증가할 것이다.
(D) 설치가 지연될 것이다.

55. 여자는 한 시간 전에 무엇을 했는가?
(A) 배달원에게 지불했다.
(B) 작업자에게 연락했다.
(C) 문자 메시지를 확인했다.
(D) 면접을 진행했다.

지문 self-service[sèlfsə́:rvis] 셀프서비스(의) notification[nòutifikéiʃən] 알림 boost sales 매출을 증가시키다 convenient[kənví:niənt] 편리한 deal with ~를 상대하다 patron[péitrən] 고객 technician[tekníʃən] 기술자

53 automated[ɔ́:təmèitid] 자동화된, 자동의 training[tréiniŋ] 교육, 훈련

54 replace[ripléis] 대체하다, 교체하다 revenue[révənu:] 수익, 수입 installation[ìnstəléiʃən] 설치

55 delivery person 배달원

---

53 ■ 전체 대화 관련 문제 주제　　　　　　　　　　　　　　　　　　　　　　　　　　　　　　　　정답 (A)

대화의 주제를 묻는 문제이므로, 대화의 초반을 반드시 듣는다. 여자가 "Our pizza shop ordered some self-service kiosks."라며 피자 가게에서 셀프서비스 주문 기계들을 주문했다고 한 뒤, 자동화기기에 관한 내용으로 대화가 이어지고 있다. 따라서 정답은 (A) Automated devices이다.

54 ■ 세부 사항 관련 문제 특정 세부 사항　　　　　　　　　　　　　　　　　　　　　　　　　　　정답 (C)

여자가 예상하는 일을 묻는 문제이므로, 질문의 핵심어구(expect to happen)와 관련된 내용을 주의 깊게 듣는다. 여자가 "I expect they[self-service kiosks]'ll help us boost sales"라며 셀프서비스 주문 기계들이 매출을 증가시키는 데 도움이 될 것으로 예상한다고 하였다. 따라서 정답은 (C) Revenue will increase이다.

55 ■ 세부 사항 관련 문제 특정 세부 사항　　　　　　　　　　　　　　　　　　　　　　　　　　　정답 (B)

여자가 한 시간 전에 한 일을 묻는 문제이므로, 질문의 핵심어구(do an hour ago)와 관련된 내용을 주의 깊게 듣는다. 여자가 "An hour ago, I called the technician who will install them"이라며 한 시간 전에 자신이 그것들을 설치해줄 기술자에게 전화했다고 하였다. 따라서 정답은 (B) Contacted a worker이다.

Questions 56-58 refer to the following conversation.

🎧 영국식 발음 → 호주식 발음

W: The lease for our salon is almost over, Francis. And, according to ⁵⁶our landlord, Brenda Frost, our monthly rent will be increased by $300 per month next year.

M: Wow! That's a big change. ⁵⁷But I don't think it would be wise to try to relocate.

W: ⁵⁷Not at all. We've established a large client base in the neighborhood. But I'm not sure if we can afford the new rental rate.

M: I think we can manage it. Our budget looks OK for this year.

W: You're right. ⁵⁸I'll call Ms. Frost this afternoon to tell her about our decision to stay here.

56 Who is Brenda Frost?
(A) A hair stylist
(B) A personal assistant
(C) An accountant
(D) A property owner

57 Why does the woman say, "We've established a large client base in the neighborhood"?
(A) To confirm that a decision was reached
(B) To explain why she agrees with an opinion
(C) To show how she achieved a goal
(D) To indicate that a plan is unacceptable

58 What does the woman say she will do this afternoon?
(A) Make a phone call
(B) Address a complaint
(C) Change a work schedule
(D) Adjust a budget

56-58번은 다음 대화에 관한 문제입니다.

W: 우리 상점의 임대차 계약이 거의 끝났어요, Francis. 그리고 ⁵⁶건물주 Brenda Frost에 따르면, 내년에 우리 월세가 한 달에 300달러가 오를 거예요.

M: 우와! 그것은 큰 변화네요. ⁵⁷하지만 저는 이전을 시도하는 게 현명한 것 같지 않아요.

W: ⁵⁷전혀 아니죠. 우리는 인근에서 다수의 고객층을 확립했잖아요. 하지만 우리가 새로운 임대료를 낼 수 있을지 모르겠어요.

M: 저는 우리가 감당할 수 있을 거라고 생각해요. 올해 우리 예산이 괜찮아 보이거든요.

W: 당신 말이 맞아요. ⁵⁸제가 오늘 오후에 Ms. Frost에게 전화해서 여기에 계속 있겠다는 우리의 결정을 알려줄게요.

56. Brenda Frost는 누구인가?
(A) 헤어 디자이너
(B) 개인 비서
(C) 회계사
(D) 건물 소유주

57. 여자는 왜 "우리는 인근에서 다수의 고객층을 확립했잖아요"라고 말하는가?
(A) 결정이 이루어졌음을 확인하기 위해
(B) 그녀가 의견에 동의하는 이유를 설명하기 위해
(C) 그녀가 목표를 어떻게 달성했는지를 보여주기 위해
(D) 계획을 받아들일 수 없음을 나타내기 위해

58. 여자는 오늘 오후에 무엇을 할 것이라고 말하는가?
(A) 전화를 건다.
(B) 불만을 처리한다.
(C) 업무 일정을 변경한다.
(D) 예산을 조정한다.

지문 lease[li:s] 임대차 계약 landlord[미 lǽndlɔːrd, 영 lǽndlɔːd] 건물주, 집 주인 wise[waiz] 현명한
relocate[미 riːlóukeit, 영 riːləukéit] 이전하다, 이동하다 establish[istǽbliʃ] 확립하다, 수립하다 manage[mǽnidʒ] 감당하다, 다루다
56 accountant[əkáuntənt] 회계사 property[prάːpərti] 건물, 부동산
57 confirm[kənfɔ́ːrm] 확인하다
58 make a phone call 전화를 걸다 address[ədrés] 처리하다, 다루다 adjust[ədʒʌ́st] 조정하다, 조절하다

56 ■ 세부 사항 관련 문제 특정 세부 사항   정답 (D)
Brenda Frost의 신분을 묻는 문제이므로, 질문 대상(Brenda Frost)의 신분 및 직업과 관련된 표현을 놓치지 않고 듣는다. 여자가 "our landlord, Brenda Frost"라며 건물주 Brenda Frost라고 하였다. 따라서 정답은 (D) A property owner이다.

57 ■ 세부 사항 관련 문제 의도 파악   정답 (B)
여자가 하는 말의 의도를 묻는 문제이므로, 질문의 인용어구(We've established a large client base in the neighborhood)가 언급된 주변을 주의 깊게 듣는다. 남자가 "But I don't think it would be wise to try to relocate."라며 이전을 시도하는 게 현명한 것 같지 않다고 하자, 여자가 "Not at all. We've established a large client base in the neighborhood."라며 전혀 아니라고 한 뒤, 자신들이 인근에서 다수의 고객층을 확립했다고 하였다. 이를 통해 여자가 남자의 의견에 동의하려는 의도임을 알 수 있다. 따라서 정답은 (B) To explain why she agrees with an opinion이다.

58 ■ 세부 사항 관련 문제 다음에 할 일   정답 (A)
여자가 오늘 오후에 할 일을 묻는 문제이므로, 질문의 핵심어구(this afternoon)가 언급된 주변을 주의 깊게 듣는다. 여자가 "I'll call Ms. Frost this afternoon"이라며 오늘 오후에 Ms. Frost에게 전화하겠다고 하였다. 따라서 정답은 (A) Make a phone call이다.

Questions 59-61 refer to the following conversation.

🔊 영국식 발음 → 호주식 발음

W: This is Candace Keller on *WGN Top Radio* in Austin. As advertised, I will now interview ⁵⁹Jason Carter, a successful financial consultant and host of the new TV show *Deal Me In*. So, Jason, can you tell us about this new show?

M: Certainly. The program is filmed like a talk show and focuses on people's financial concerns, like their investments.

W: Sounds interesting. And ⁶⁰what tips can you give our listeners now about managing their money?

M: The most important thing is to keep track of one's spending.

W: I see. Well, ⁶¹let's listen to some phone calls now from the people out there who've tuned in to this radio show.

59 What is the man's area of expertise?
(A) Real estate
(B) Advertising
(C) Radio broadcasting
(D) Finance

60 What does the woman ask the man to do?
(A) Interview a guest
(B) Share some advice
(C) Announce some commercials
(D) Sign a contract

61 What will most likely happen next?
(A) The next show will be introduced.
(B) A traffic report will be broadcast.
(C) Some calls will be taken.
(D) A prize will be given away.

59-61번은 다음 대화에 관한 문제입니다.

W: 오스틴에서 *WGN Top 라디오*의 Candace Keller입니다. 광고된 것처럼, 저는 이제 ⁵⁹성공한 재정 자문 위원이자 새로운 TV 쇼 *Deal Me In*의 진행자인 Jason Carter를 인터뷰할 것입니다. 자, Jason, 이 새로운 쇼에 대해 저희에게 알려주실 수 있나요?

M: 물론이죠. 그 프로그램은 토크 쇼처럼 촬영되며 투자와 같은 사람들의 재무 관심사에 초점을 맞춥니다.

W: 흥미롭게 들리네요. 그리고 ⁶⁰지금 저희 청취자들에게 그들의 재산을 관리하는 것에 대해 어떤 조언을 해주실 수 있나요?

M: 가장 중요한 것은 자신의 지출에 대해 계속 파악하는 것입니다.

W: 알겠습니다. 음, ⁶¹이제 이 라디오 쇼를 청취하고 계신 분들로부터 온 전화를 들어보죠.

59. 남자의 전문 분야는 무엇인가?
(A) 부동산
(B) 광고
(C) 라디오 방송
(D) 재정

60. 여자는 남자에게 무엇을 하라고 요청하는가?
(A) 게스트를 인터뷰한다.
(B) 조언을 공유한다.
(C) 광고를 방송한다.
(D) 계약서에 서명한다.

61. 다음에 무슨 일이 일어날 것 같은가?
(A) 다음 쇼가 소개될 것이다.
(B) 교통 정보가 방송될 것이다.
(C) 전화가 연결될 것이다.
(D) 상이 수여될 것이다.

지문 financial[fainǽnʃəl] 재정의, 금융의 consultant[kənsʌ́ltənt] 자문 위원, 상담가 host[미 houst, 영 həust] 진행자
concern[미 kənsə́:rn, 영 kənsə́:n] 관심사 investment[invéstmənt] 투자 keep track of ~에 대해 계속 파악하고 있다
spending[spéndiŋ] 지출 tune in 청취하다

59 area of expertise 전문 분야 real estate 부동산

60 share[ʃeər] 공유하다 announce[ənáuns] 방송하다, 알리다 commercial[kəmə́:rʃəl] 광고

61 introduce[ìntrədú:s] 소개하다 traffic report 교통 정보 broadcast[brɔ́:dkæst] 방송하다 give away (상을) 수여하다

59 ■ 세부 사항 관련 문제 특정 세부 사항 　　　　　　　　　　　　　　　　　　　　　　　　정답 (D)

남자의 전문 분야를 묻는 문제이므로, 신분 및 직업과 관련된 표현을 놓치지 않고 듣는다. 여자가 "Jason Carter, a successful financial consultant"라며 성공한 재정 자문 위원인 Jason Carter라고 하였다. 이를 통해 남자가 재정 전문가임을 알 수 있다. 따라서 정답은 (D) Finance이다.

60 ■ 세부 사항 관련 문제 요청 　　　　　　　　　　　　　　　　　　　　　　　　　　　정답 (B)

여자가 남자에게 요청하는 것을 묻는 문제이므로, 여자의 말에서 요청과 관련된 표현이 언급된 주변을 주의 깊게 듣는다. 여자가 남자에게 "what tips can you give our listeners now about managing their money?"라며 지금 청취자들에게 그들의 재산을 관리하는 것에 대해 어떤 조언을 해줄 수 있는지 물었다. 따라서 정답은 (B) Share some advice이다.

바꾸어 표현하기
tips 조언 → advice 조언

61 ■ 세부 사항 관련 문제 다음에 할 일 　　　　　　　　　　　　　　　　　　　　　　　정답 (C)

다음에 일어날 일을 묻는 문제이므로, 대화의 마지막 부분을 주의 깊게 듣는다. 여자가 "let's listen to some phone calls now from the people out there who've tuned in to this radio show"라며 이제 이 라디오 쇼를 청취하고 있는 사람들로부터 온 전화를 들어보자고 하였다. 따라서 정답은 (C) Some calls will be taken이다.

Questions 62-64 refer to the following conversation and sign.

🔊 미국식 발음 → 캐나다식 발음

W: Excuse me. ⁶²I've just recently moved to this city, and I don't know my way around well. ⁶³Could you tell me which bus travels to Windsor Station?

M: Hmm . . . You have a few options. But ⁶³the quickest is the express bus.

W: Thanks, ⁶³I'll take that one! And, um . . . ⁶⁴Do you think I'll be able to get to where I'm going by noon? I'm running late for a dental appointment.

M: Oh, certainly. The bus arrives every five minutes, and you'll only be traveling 10 blocks or so.

Bus Number	Information
180	Express to Grayfield Station
⁶³195	Express to Windsor Station
199	Local to Windsor Station
210	Local to Grayfield Station

62 What did the woman recently do?
(A) Renewed a bus pass
(B) Relocated to a new area
(C) Published a travel book
(D) Made a career change

63 Look at the graphic. Which bus will the woman most likely take?
(A) 180
(B) 195
(C) 199
(D) 210

64 Where will the woman go at noon?
(A) To a bus company
(B) To a pharmacy
(C) To a train station
(D) To a dental clinic

62-64번은 다음 대화와 표지판에 관한 문제입니다.

W: 실례합니다. ⁶²저는 최근에 이 도시로 이사를 왔는데, 지리를 잘 몰라서요. ⁶³어떤 버스가 Windsor역으로 가는지 알려주실 수 있나요?

M: 흠… 몇 가지 선택 사항들이 있어요. 하지만 ⁶³가장 빠른 것은 급행 버스예요.

W: 고마워요, ⁶³그것을 탈게요! 그리고, 음… ⁶⁴제가 가는 곳에 정오까지 도착할 수 있을까요? 치과 진료 예약에 늦었어요.

M: 아, 물론이죠. 버스는 5분마다 오고, 10블록 정도만 가시면 돼요.

버스 번호	정보
180번	Grayfield역으로 가는 급행
⁶³195번	Windsor역으로 가는 급행
199번	Windsor역으로 가는 완행
210번	Grayfield역으로 가는 완행

62. 여자는 최근에 무엇을 했는가?
(A) 버스 승차권을 갱신했다.
(B) 새로운 지역으로 이주했다.
(C) 여행 서적을 출간했다.
(D) 직업을 바꾸었다.

63. 시각 자료를 보시오. 여자는 어떤 버스를 탈 것 같은가?
(A) 180번
(B) 195번
(C) 199번
(D) 210번

64. 여자는 정오에 어디로 갈 것인가?
(A) 버스회사로
(B) 약국으로
(C) 기차역으로
(D) 치과로

지문 travel[trǽvl] 가다, 이동하다 option[á:pʃən] 선택 사항 or so ~ 정도, ~쯤 express[iksprés] 급행 local[lóukəl] 완행
62 renew[rinú:] 갱신하다 bus pass 버스 승차권 relocate[rì:lóukeit] 이주하다, 이동하다
64 pharmacy[fá:rməsi] 약국

62 ■ 세부 사항 관련 문제 특정 세부 사항

정답 (B)

여자가 최근에 한 일을 묻는 문제이므로, 질문의 핵심어구(recently)가 언급된 주변을 주의 깊게 듣는다. 여자가 "I've just recently moved to this city"라며 최근에 이 도시로 이사를 왔다고 하였다. 따라서 정답은 (B) Relocated to a new area이다.

바꾸어 표현하기

moved 이사 왔다 → Relocated 이주했다

63 ■ 세부 사항 관련 문제 시각 자료

정답 (B)

여자가 탈 버스를 묻는 문제이므로, 제시된 표지판의 정보를 확인한 뒤 질문의 핵심어구(bus ~ woman ~ take)와 관련된 내용을 주의 깊게 듣는다. 여자가 남자에게 "Could you tell me which bus travels to Windsor Station?"이라며 어떤 버스가 Windsor역으로 가는지 알려달라고 하자, 남자가 "the quickest is the express bus"라며 가장 빠른 것은 급행 버스라고 하였다. 그러자, 여자가 "I'll take that one!"이라며 그것을 타겠다고 하였으므로, 여자가 Windsor역으로 가는 급행 버스인 195번 버스를 탈 것임을 표지판에서 알수 있다. 따라서 정답은 (B) 195이다.

64 ■ 세부 사항 관련 문제 특정 세부 사항

정답 (D)

여자가 정오에 갈 장소를 묻는 문제이므로, 지문의 핵심어구(noon)가 언급된 주변을 주의 깊게 듣는다. 여자가 "Do you think I'll be able to get to where I'm going by noon? I'm running late for a dental appointment."라며 자신이 가는 곳에 정오까지 도착할수 있을지 물으며 치과 진료 예약에 늦었다고 하였다. 따라서 정답은 (D) To a dental clinic이다.

Questions 65-67 refer to the following conversation and manual.

🔊 미국식 발음 → 호주식 발음

W: [65]Thanks for attending the second session of our training workshop for Styx Photo Editing software. Before I start, does anyone have questions about yesterday's session?

M: Yeah, I do. Can you show us how to switch color ranges again, please?

W: Sure, I'll show you in a few minutes. And in the future, you can find that information in the user manual.

M: Yes, I glanced through it. But [66]I couldn't find anything in the Tools section about color ranges.

W: Oh, it's not in that section. [66]It's actually on page 7. So you should check there. At any rate, [67]you should review all the content to get ready for our exam tomorrow.

Styx Photo Editing Software
User Manual

Table of Contents

Installation ⋯⋯⋯⋯⋯⋯⋯⋯⋯⋯⋯⋯⋯	1
Tools ⋯⋯⋯⋯⋯⋯⋯⋯⋯⋯⋯⋯⋯⋯⋯	3
[66]Techniques ⋯⋯⋯⋯⋯⋯⋯⋯⋯⋯⋯⋯	6
Exporting ⋯⋯⋯⋯⋯⋯⋯⋯⋯⋯⋯⋯⋯	9

---

65 Who most likely is the woman?

(A) A repairperson
(B) A graphic designer
(C) A gallery owner
(D) A sales representative

66 Look at the graphic. Which section should the man refer to?

(A) Installation
(B) Tools
(C) Techniques
(D) Exporting

67 Why does the woman suggest reviewing some content?

(A) To find an image
(B) To prepare for a test
(C) To resolve a complaint
(D) To improve a presentation

65-67번은 다음 대화와 매뉴얼에 관한 문제입니다.

W: [65]Styx 사진 편집 소프트웨어에 대한 저희 교육 워크숍의 두 번째 수업에 참석해주셔서 감사합니다. 시작하기 전에, 어제 수업에 대해 질문 있으신 분 계신가요?

M: 네, 있어요. 색상 범위를 바꾸는 방법을 다시 보여주시겠어요?

W: 네, 제가 잠시 후에 보여드릴게요. 그리고 추후에는 사용자 매뉴얼에서 그 정보를 찾으실 수 있어요.

M: 네, 저는 그것을 쭉 훑어보았어요. 하지만 [66]저는 색상 범위에 대해 도구 부분에서 아무것도 찾지 못했어요.

W: 아, 그것은 그 부분에 있지 않아요. [66]그것은 사실 7쪽에 있어요. 그러니까 그곳을 확인해 보세요. 어쨌든, [67]내일 우리 시험에 대비하여 모든 내용을 복습하셔야 해요.

Styx 사진 편집 소프트웨어
사용자 매뉴얼

목차

설치 ⋯⋯⋯⋯⋯⋯⋯⋯⋯⋯⋯⋯⋯⋯⋯	1
도구 ⋯⋯⋯⋯⋯⋯⋯⋯⋯⋯⋯⋯⋯⋯⋯	3
[66]기술 ⋯⋯⋯⋯⋯⋯⋯⋯⋯⋯⋯⋯⋯⋯	6
내보내기 ⋯⋯⋯⋯⋯⋯⋯⋯⋯⋯⋯⋯⋯	9

---

65. 여자는 누구인 것 같은가?

(A) 수리공
(B) 그래픽 디자이너
(C) 미술관 소유주
(D) 영업 사원

66. 시각 자료를 보시오. 남자는 어떤 부분을 참조해야 하는가?

(A) 설치
(B) 도구
(C) 기술
(D) 내보내기

67. 여자는 왜 내용을 복습하는 것을 제안하는가?

(A) 이미지를 찾기 위해
(B) 시험을 준비하기 위해
(C) 불평을 해결하기 위해
(D) 발표를 개선하기 위해

지문   session [séʃən] 수업, 교육   switch [switʃ] 바꾸다   range [reindʒ] 범위   glance [미 glæns, 영 glɑːns] 훑어보다   section [sékʃən] 부분
        review [rivjúː] 복습하다, 검토하다
65   repairperson [ripɛ́ərpə̀ːrsn] 수리공   gallery [gǽləri] 미술관, 화랑
67   resolve [rizáːlv] (문제를) 해결하다   complaint [kəmpléint] 불평, 항의

65 ■ 전체 대화 관련 문제 화자

정답 (B)

여자의 신분을 묻는 문제이므로, 신분 및 직업과 관련된 표현을 놓치지 않고 듣는다. 여자가 "Thanks for attending the second session of our training workshop for Styx Photo Editing software."라며 Styx 사진 편집 소프트웨어에 대한 교육 워크숍의 두 번째 수업에 참석해줘서 감사하다고 하였다. 이를 통해 화자가 그래픽 디자이너임을 알 수 있다. 따라서 정답은 (B) A graphic designer 이다.

66 ■ 세부 사항 관련 문제 시각 자료

정답 (C)

남자가 참조해야 하는 부분을 묻는 문제이므로, 제시된 매뉴얼의 정보를 확인한 뒤 질문의 핵심어구(section ~ man refer to)와 관련된 내용을 주의 깊게 듣는다. 남자가 "I couldn't find anything in the Tools section about color ranges"라며 색상 범위에 대해 도구 부분에서 아무것도 찾지 못했다고 하자, 여자가 "It's actually on page 7."이라며 그것은 사실 7쪽에 있다고 하였으므로, 기술 부분에 있을 것임을 매뉴얼에서 알 수 있다. 따라서 정답은 (C) Techniques이다.

67 ■ 세부 사항 관련 문제 이유

정답 (B)

여자가 내용을 복습하는 것을 제안하는 이유를 묻는 문제이므로, 질문의 핵심어구(reviewing some content)와 관련된 내용을 주의 깊게 듣는다. 여자가 "you should review all the content to get ready for our exam tomorrow"라며 내일 시험에 대비하여 모든 내용을 복습해야 한다고 하였다. 따라서 정답은 (B) To prepare for a test이다.

바꾸어 표현하기

get ready for ~ exam 시험에 대비하다 → prepare for a test 시험을 준비하다

Questions 68-70 refer to the following conversation and survey.

🎧 영국식 발음 → 캐나다식 발음

W: How's the analysis of our customer survey going, Casey?

M: I just need to type up the report . . . ⁶⁸I'll submit it by the end of this week. But would you like to look at what I've got so far?

W: Sure. Hmm . . . ⁶⁹I can understand why most customers rated our choice of calling plans as very poor. However, I'm surprised to see another category is poorly rated.

M: I wasn't expecting that either. What do you think we should do to address this issue?

W: I propose hiring an expert in this area to consult with us. ⁷⁰Warren Jordan at Handler Consulting Agency might be a good choice since he helped us improve our call center.

68-70번은 다음 대화와 설문 조사에 관한 문제입니다.

W: 우리 고객 설문 조사에 대한 분석이 어떻게 되어가고 있나요, Casey?

M: 저는 이제 보고서를 입력하기만 하면 돼요… ⁶⁸제가 그것을 이번 주 후반까지 제출할게요. 하지만 제가 지금까지 끝낸 부분을 보시겠어요?

W: 네. 흠… ⁶⁹저는 왜 대부분의 고객들이 저희 요금제 선택권을 매우 좋지 않다고 평가했는지 알 것 같아요. 하지만, 저는 다른 항목도 좋지 않게 평가된 것을 보니 놀랍네요.

M: 저도 그건 예상하지 못했어요. 우리가 이 문제를 처리하기 위해 무엇을 해야 할까요?

W: 저는 저희와 함께 상의할 이 분야의 전문가를 한 분 고용하는 것을 제안해요. ⁷⁰Handler 컨설팅 회사의 Warren Jordan이 우리 콜센터가 나아지는 데 도움을 주었었기 때문에 그가 좋은 선택이 될 것 같아요.

Customer Survey on Mobile Telephone Plan
(Average ratings)

	Excellent	Good	Poor	Very Poor
Quality of calls		○		
Monthly rates	○			
Choice of calling plans				○
⁶⁹Customer service			○	

휴대 전화 요금제에 대한 고객 설문 조사
(평균 등급)

	훌륭함	좋음	좋지 않음	매우 좋지 않음
통화 품질		○		
월별 요금	○			
요금제 선택권				○
⁶⁹고객 서비스			○	

68 What does the man say he will do this week?

(A) Hand in a report
(B) Achieve a sales target
(C) Attend a gathering
(D) Purchase a new phone

69 Look at the graphic. Which category was the woman surprised about?

(A) Quality of calls
(B) Monthly rates
(C) Choice of calling plans
(D) Customer service

70 What does the woman say about Warren Jordan?

(A) He received a license recently.
(B) He provided some assistance previously.
(C) He plans to hire some new staff.
(D) He is concerned about a contract.

68. 남자는 이번 주에 무엇을 할 것이라고 말하는가?

(A) 보고서를 제출한다.
(B) 판매 목표를 달성한다.
(C) 모임에 참석한다.
(D) 새로운 전화기를 구입한다.

69. 시각 자료를 보시오. 여자는 어떤 항목에 놀랐는가?

(A) 통화 품질
(B) 월별 요금
(C) 요금제 선택권
(D) 고객 서비스

70. 여자는 Warren Jordan에 관해 무엇을 말하는가?

(A) 그는 최근에 면허를 받았다.
(B) 그는 이전에 도움을 주었다.
(C) 그는 새로운 직원을 고용할 계획이다.
(D) 그는 계약에 대해 걱정한다.

지문 **analysis**[ənǽləsis] 분석 **category**[미 kǽtəgɔːri, 영 kǽtəgəri] 항목, 범주 **address**[ədrés] 처리하다

68 **hand in** 제출하다 **sales target** 판매 목표 **gathering**[gǽðəriŋ] 모임

70 **license**[láisns] 면허, 인가 **contract**[kάːntrækt] 계약

68 ■ 세부 사항 관련 문제 특정 세부 사항   정답 (A)

○○○●● 중

남자가 이번 주에 할 일을 묻는 문제이므로, 남자의 말에서 질문의 핵심어구(will do this week)와 관련된 내용을 주의 깊게 듣는다. 남자가 여자에게 "I'll submit it[report] by the end of this week."이라며 이번 주 후반까지 보고서를 제출하겠다고 하였다. 따라서 정답은 (A) Hand in a report이다.

바꾸어 표현하기
submit 제출하다 → Hand in 제출하다

69 ■ 세부 사항 관련 문제 시각 자료   정답 (D)

○○○●● 중

여자가 놀란 항목을 묻는 문제이므로, 제시된 설문 조사의 정보를 확인한 뒤 질문의 핵심어구(category ~ woman surprised about)와 관련된 내용을 주의 깊게 듣는다. 여자가 "I can understand why most customers rated our choice of calling plans as very poor. However, I'm surprised to see another category is poorly rated."라며 왜 대부분의 고객들이 요금제 선택권을 매우 좋지 않다고 평가했는지 알 것 같다고 한 뒤, 다른 항목도 좋지 않게 평가된 것을 보고 놀랐다고 하였으므로, 요금제 선택권 외에 좋지 않게 평가된 고객 서비스 항목에 대해 놀랐음을 설문 조사에서 알 수 있다. 따라서 정답은 (D) Customer service이다.

70 ■ 세부 사항 관련 문제 언급   정답 (B)

○○○●● 상

여자가 Warren Jordan에 관해 언급하는 것을 묻는 문제이므로, 여자의 말에서 질문의 핵심어구(Warren Jordan)가 언급된 주변을 주의 깊게 듣는다. 여자가 "Warren Jordan ~ helped us improve our call center."라며 Warren Jordan이 콜센터가 나아지는 데 도움을 주었다고 하였다. 따라서 정답은 (B) He provided some assistance previously이다.

PART 4

71
72
73

Questions 71-73 refer to the following telephone message.

71-73번은 다음 전화 메시지에 관한 문제입니다.

🔊 캐나다식 발음

Hello, Ms. Vincent. ⁷¹This is Howard Rogan from Division Center Supplies. I'm calling about the white printer paper you ordered for your office. ⁷²Well, there's a problem. The manufacturer of the product you selected—Wellington Paper Products—just went out of business. You paid for 50 boxes, but we only have 20 in our warehouse. However, ⁷³we do carry other paper products of a similar quality, which we can send instead. But first, I'd like to review your choices with you. ⁷³Call me back at your earliest convenience, and I'll be happy to go over the options.

안녕하세요, Ms. Vincent. ⁷¹저는 Division Center Supplies사의 Howard Rogan입니다. 저는 귀하가 귀하의 사무실을 위해 주문하신 환색 프린터 용지에 관해 전화드립니다. ⁷²음, 문제가 하나 있습니다. 귀하께서 선택하신 제품의 제조사인 Wellington Paper Products사가 막 폐업했습니다. 귀하께서 50개의 상자에 대한 요금을 지불하셨는데, 저희 창고에는 20개만 있습니다. 하지만 ⁷³저희는 유사한 품질의 다른 용지 제품들을 취급하고 있으며, 그것들을 대신 보내드릴 수 있습니다. 하지만 먼저, 저는 함께 귀하의 선택을 검토하고 싶습니다. ⁷³가급적 빨리 저에게 다시 전화해주시면, 저는 기꺼이 선택 사항들을 검토하겠습니다.

71 What type of business does the speaker work for?
(A) A delivery service
(B) A printing company
(C) An office supply store
(D) A paper manufacturer

71. 화자는 어떤 종류의 업체에서 일하는가?
(A) 택배 회사
(B) 인쇄소
(C) 사무용품점
(D) 용지 제조사

72 What problem does the speaker mention?
(A) A warehouse is understaffed.
(B) A vendor is no longer in business.
(C) Some color options have changed.
(D) Some shipments have been delayed.

72. 화자는 어떤 문제를 언급하는가?
(A) 창고에 인원이 부족하다.
(B) 판매 회사가 더 이상 영업을 하지 않는다.
(C) 색상 선택권이 변경되었다.
(D) 배송품들이 지연되었다.

73 Why is the listener asked to return the call?
(A) To discuss available products
(B) To confirm an e-mail address
(C) To provide payment details
(D) To review a return policy

73. 청자는 왜 다시 전화를 하도록 요청받는가?
(A) 이용 가능한 제품들을 논의하기 위해
(B) 이메일 주소를 확인하기 위해
(C) 지불 정보를 제공하기 위해
(D) 환불 정책을 검토하기 위해

지문 manufacturer[mænjufゟktʃərər] 제조사 go out of business 폐업하다 warehouse[wérhaus] 창고 carry[kゟri] 취급하다
quality[kwゟːləti] 품질
72 understaffed[ʌ̀ndərstゟft] 인원이 부족한 vendor[véndər] 판매 회사, 행상인 shipment[ʃípmənt] 배송품
73 payment[péimənt] 지불, 납입 return policy 환불 정책

71 ■ **전체 지문 관련 문제** 화자   정답 (C)

화자가 일하는 업체를 묻는 문제이므로, 신분 및 직업과 관련된 표현을 놓치지 않고 듣는다. "This is Howard Rogan from Division Center Supplies. I'm calling about the white printer paper you ordered for your office."라며 자신은 Division Center Supplies사의 Howard Rogan이고, 청자가 주문한 환색 프린터 용지에 관해 전화했다고 하였다. 이를 통해 화자가 사무용품점에서 일하고 있음을 알 수 있다. 따라서 정답은 (C) An office supply store이다.

72 ■ **세부 사항 관련 문제** 특정 세부 사항   정답 (B)

화자가 언급한 문제점을 묻는 문제이므로, 질문의 핵심어구(problem)가 언급된 주변을 주의 깊게 듣는다. "Well, there's a problem. The manufacturer of the product you selected ~ just went out of business."라며 문제가 하나 있다고 한 뒤, 청자가 선택한 제품의 제조사가 막 폐업했다고 하였다. 이를 통해 판매 회사가 더 이상 영업을 하지 않음을 알 수 있다. 따라서 정답은 (B) A vendor is no longer in business이다.

바꾸어 표현하기
went out of business 폐업했다 → is no longer in business 더 이상 영업을 하지 않다

73 ■ **세부 사항 관련 문제** 이유   정답 (A)

청자가 다시 전화를 하도록 요청받은 이유를 묻는 문제이므로, 질문의 핵심어구(return the call)와 관련된 내용을 주의 깊게 듣는다. "we do carry other paper products of a similar quality, which we can send instead"라며 유사한 품질의 다른 용지 제품들을 취급하고 있으며 그것들을 대신 보내줄 수 있다고 한 뒤, "Call me back ~, and I'll be happy to go over the options."라며 다시 전화해주면 자신이 기꺼이 선택 사항들을 검토하겠다고 하였다. 따라서 정답은 (A) To discuss available products이다.

74
75
76

Questions 74-76 refer to the following talk.

🔊 영국식 발음

Good morning, and I apologize for rescheduling this tour at the last minute. As you know, [74]it was originally planned for yesterday, but electricity in the building had to be temporarily cut off. So it wasn't safe to walk around. Now, the first part of the new community center I want to show you all is the indoor pool. It'll be used for youth swimming classes. [75]We'll be posting fee information and schedules for those courses on our Web site next week. And . . . um . . . [76]we're hoping to offer other types of classes, too. Please share your suggestions now or after this tour.

74 Why does the speaker say, "So it wasn't safe to walk around"?
(A) To make a complaint
(B) To justify a detour
(C) To request a repair
(D) To explain a delay

75 What will happen next week?
(A) A construction project will be completed.
(B) Some community classes will be canceled.
(C) Some schedules will be posted online.
(D) A pool will be cleaned.

76 What does the speaker tell the listeners to do?
(A) Pass along some ideas
(B) Improve a Web site
(C) Show a membership card
(D) Sign up for a tour

74-76번은 다음 담화에 관한 문제입니다.

안녕하세요, 마지막 순간에 투어의 일정을 변경한 것에 대해 사과드립니다. 아시다시피, ⁷⁴이것은 원래 어제로 예정되어 있었지만, 건물의 전기가 일시적으로 차단되어야 했습니다. 그래서 돌아다니기에 안전하지 않았습니다. 지금부터, 제가 여러분 모두에게 보여드리고 싶은 새로운 지역 문화 센터의 첫 번째 부분은 실내 수영장입니다. 그것은 청소년 수영 수업에 사용될 것입니다. ⁷⁵저희는 다음 주에 수업들의 수업료 정보와 일정을 웹사이트에 게시할 것입니다. 그리고… 음… ⁷⁶저희는 다른 종류의 수업들도 제공하고자 합니다. 여러분의 제안을 지금이나 투어 후에 공유해주십시오.

74. 화자는 왜 "그래서 돌아다니기에 안전하지 않았습니다"라고 말하는가?
(A) 항의를 하기 위해
(B) 우회를 해명하기 위해
(C) 수리를 요청하기 위해
(D) 지연의 이유를 설명하기 위해

75. 다음 주에 무슨 일이 일어날 것인가?
(A) 건축이 완료될 것이다.
(B) 지역 사회 강좌가 취소될 것이다.
(C) 일정이 온라인에 게시될 것이다.
(D) 수영장이 청소될 것이다.

76. 화자는 청자들에게 무엇을 하라고 말하는가?
(A) 의견을 전달한다.
(B) 웹사이트를 개선한다.
(C) 회원 카드를 보여준다.
(D) 견학을 신청한다.

지문 apologize[미 əpáːlədʒaiz, 영 əpɔ́lədʒaiz] 사과하다 reschedule[미 rìːskédʒuːl, 영 rìːʃédʒuːl] 일정을 변경하다
temporarily[미 tèmpərérəli, 영 témpərərəli] 일시적으로, 임시로 cut off 차단하다 post[미 poust, 영 pəust] 게시하다
offer[미 ɔ́ːfər, 영 ɔ́fə] 제공하다 share[미 ʃeər, 영 ʃeə] 공유하다
74 justify[dʒʌ́stifai] 해명하다, 정당화시키다 detour[díːtur] 우회 repair[ripéər] 수리
75 construction[kənstrʌ́kʃən] 건축 76 pass along 전달하다 improve[imprúːv] 개선하다

74 ■ 세부 사항 관련 문제 의도 파악 정답 (D)
○○○○ ●● 중
화자가 하는 말의 의도를 묻는 문제이므로, 질문의 인용어구(So it wasn't safe to walk around)가 언급된 주변을 주의 깊게 듣는다. "it[this tour] was originally planned for yesterday, but electricity in the building had to be temporarily cut off. So it wasn't safe to walk around."라며 투어가 원래 어제로 예정되어 있었지만 건물의 전기가 일시적으로 차단되어야 했고 그래서 돌아다니기 안전하지 않았다고 하였다. 이를 통해 화자가 지연의 이유를 설명하려는 의도임을 알 수 있다. 따라서 정답은 (D) To explain a delay이다.

75 ■ 세부 사항 관련 문제 다음에 할 일 정답 (C)
○○○○ ●● 상
다음 주에 일어날 일을 묻는 문제이므로, 질문의 핵심어구(next week)가 언급된 주변을 주의 깊게 듣는다. "We'll be posting fee information and schedules for those courses[swimming classes] on our Web site next week."이라며 다음 주에 수업들의 수업료 정보와 일정을 웹사이트에 게시할 것이라고 하였다. 따라서 정답은 (C) Some schedules will be posted online이다.

76 ■ 세부 사항 관련 문제 요청 정답 (A)
○○○○ ●● 중
화자가 청자들에게 요청하는 것을 묻는 문제이므로, 요청과 관련된 표현이 언급된 다음을 주의 깊게 듣는다. "we're hoping to offer other types of classes, too. Please share your suggestions now or after this tour."라며 다른 종류의 수업들도 제공하고자 하는데, 청자들의 제안을 지금이나 투어 후에 공유해달라고 하였다. 따라서 정답은 (A) Pass along some ideas이다.

바꾸어 표현하기
share ~ suggestions 제안들을 공유하다 → Pass along some ideas 의견을 전달하다

Questions 77-79 refer to the following advertisement.

[🎧] 호주식 발음

[77]There's nothing more frustrating than needing to charge your smartphone when you don't have access to an outlet. Well, try the Renew charger! [78]Our device is different from those of our competitors because it includes a standard cord for charging as well as a built-in solar panel. What's more, we're certain you'll appreciate the Renew's high-quality components and charging efficiency. But don't take our word for it! [79]Visit www.renewcharger.com to read feedback from hundreds of satisfied customers.

77   What type of product is being advertised?
     (A) A digital camera
     (B) An energy-efficient laptop
     (C) A phone accessory
     (D) A portable speaker

78   What feature makes the product unique?
     (A) A carrying case
     (B) A removable battery
     (C) A touchscreen display
     (D) A solar panel

79   Why should the listeners visit a Web site?
     (A) To read some reviews
     (B) To order a special model
     (C) To request express delivery
     (D) To download a coupon

77-79번은 다음 광고에 관한 문제입니다.

[77]콘센트를 이용할 수 없을 때 당신의 스마트폰을 충전해야 하는 것보다 더 초조한 것은 없습니다. 자, Renew 충전기를 사용해보십시오! [78]저희 기기는 내장된 태양 전지판뿐만 아니라 충전을 위한 표준 규격의 코드도 포함하기 때문에 경쟁 업체들의 기기와 다릅니다. 게다가, Renew의 고급 부품들과 충전 효율성에 감탄하실 거라고 확신합니다. 하지만 저희의 말을 곧이곧대로 믿지는 마십시오! [79]www.renewcharger.com을 방문하셔서 만족하신 수백 명의 고객들의 의견을 읽어보세요.

77. 어떤 종류의 제품이 광고되고 있는가?
    (A) 디지털 카메라
    (B) 에너지 효율이 좋은 노트북 컴퓨터
    (C) 휴대 전화 부속품
    (D) 휴대용 스피커

78. 어떤 특징이 제품을 특별하게 만드는가?
    (A) 휴대용 케이스
    (B) 제거할 수 있는 배터리
    (C) 터치스크린 화면
    (D) 태양 전지판

79. 청자들은 왜 웹사이트를 방문해야 하는가?
    (A) 후기를 읽어보기 위해
    (B) 특별한 모델을 주문하기 위해
    (C) 빠른 배송을 요청하기 위해
    (D) 쿠폰을 다운로드하기 위해

지문   frustrating[미 frʌ́streitiŋ, 영 frʌstréitiŋ] 초조한, 불만스러운   charge[미 tʃɑːrdʒ, 영 tʃɑːdʒ] 충전하다   outlet[áutlet] 콘센트
      standard[미 stǽndərd, 영 stǽndəd] 표준 규격의   built-in[bìltín] 내장된   solar panel 태양 전지판   high-quality[haikwá:ləti] 고급의
      component[미 kəmpóunənt, 영 kəmpáunənt] 부품   efficiency[ifíʃənsi] 효율성   take one's word for it ~의 말을 곧이곧대로 믿다
77   energy-efficient[énərdʒiifíʃənt] 에너지 효율이 좋은   portable[pɔ́ːrtəbl] 휴대용의
78   removable[rimú:vəbl] 제거할 수 있는

77   ■ 전체 지문 관련 문제 주제   정답 (C)
상   광고의 주제를 묻는 문제이므로, 지문의 초반을 반드시 듣는다. "There's nothing more frustrating than needing to charge your smartphone when you don't have access to an outlet. Well, try the Renew charger!"라며 콘센트를 이용할 수 없을 때 스마트폰을 충전해야 하는 것보다 더 초조한 것은 없다고 한 뒤, Renew 충전기를 사용해보라고 하였다. 이를 통해 휴대 전화 부속품이 광고되고 있음을 알 수 있다. 따라서 정답은 (C) A phone accessory이다.

78   ■ 세부 사항 관련 문제 특정 세부 사항   정답 (D)
상   제품을 특별하게 만드는 특징을 묻는 문제이므로, 질문의 핵심어구(feature makes the product unique)와 관련된 내용을 주의 깊게 듣는다. "Our device is different from those of our competitors because it includes a standard cord for charging as well as a built-in solar panel."이라며 자신들의 기기는 내장된 태양 전지판뿐만 아니라 충전을 위한 표준 규격의 코드도 포함하기 때문에 경쟁 업체들의 기기와 다르다고 하였다. 따라서 정답은 (D) A solar panel이다.

79   ■ 세부 사항 관련 문제 이유   정답 (A)
중   청자들이 웹사이트를 방문해야 하는 이유를 묻는 문제이므로, 질문의 핵심어구(visit a Web site)와 관련된 내용을 주의 깊게 듣는다. "Visit www.renewcharger.com to read feedback from hundreds of satisfied customers."라며 www.renewcharger.com을 방문해서 만족한 수백 명의 고객들의 의견을 읽으라고 하였다. 따라서 정답은 (A) To read some reviews이다.

Questions 80-82 refer to the following excerpt from a meeting.

🔊 캐나다식 발음

I'd like us to turn our attention to next month's schedule. ⁸⁰In June, half of our customer service representatives will be attending a weeklong workshop. If no preparations are made, customers will be inconvenienced. ⁸¹It's okay if customers have to wait up to 10 minutes to speak to a representative, but anything longer than this is not acceptable. ⁸¹To help us avoid long service delays, our recruitment agency will provide us with a few temporary workers. Regarding that, I'm going to need one of you to conduct training for several hours on May 20. ⁸²I'll decide who will get this assignment later today.

80 What will some customer service representatives most likely do in June?
(A) Begin working at a different time
(B) Move to a new office
(C) Take part in a session
(D) Inform clients about a policy

81 What does the speaker mean when he says, "anything longer than this is not acceptable"?
(A) Online chat programs will be adopted.
(B) Additional staff will be hired.
(C) Employees must become more efficient.
(D) Shorter breaks must be introduced.

82 What does the speaker say he will do?
(A) Choose a worker for a duty
(B) Sign a legal document
(C) Evaluate some applicants
(D) Provide some training

80-82번은 다음 회의 발췌록에 관한 문제입니다.

저는 다음 달 일정으로 우리의 관심을 돌려보고자 합니다. ⁸⁰6월에 저희의 고객서비스 담당자들의 절반이 일주일에 걸친 워크숍에 참석할 것입니다. 준비를 하지 않으면, 고객들이 불편을 느낄 것입니다. ⁸¹고객들이 직원과 이야기하기 위해 10분까지 기다려야 하는 것은 괜찮지만, 그보다 더 긴 것은 허용할 수 없습니다. ⁸¹우리의 오랜 서비스 지연을 방지할 수 있도록, 채용 업체에서 몇몇의 임시 직원들을 제공해줄 것입니다. 이와 관련하여, 여러분 중 한 분이 5월 20일에 몇 시간 동안 교육을 실시해주셔야 합니다. ⁸²저는 누가 이 일을 맡게 될 것인지 오늘 늦게 결정할 것입니다.

80. 일부 고객서비스 담당자들은 6월에 무엇을 할 것 같은가?
(A) 다른 시간에 일하는 것을 시작한다.
(B) 새로운 사무실로 옮긴다.
(C) 교육에 참여한다.
(D) 고객들에게 정책을 알린다.

81. 화자는 "그보다 더 긴 것은 허용할 수 없습니다"라고 말할 때 무엇을 의도하는가?
(A) 온라인 채팅 프로그램이 채택될 것이다.
(B) 추가 직원이 고용될 것이다.
(C) 직원들이 더 효율적으로 되어야 한다.
(D) 더 짧은 휴식 시간이 도입되어야 한다.

82. 화자는 무엇을 할 것이라고 말하는가?
(A) 업무를 위한 작업자를 선택한다.
(B) 법률 서류에 서명한다.
(C) 지원자들을 평가한다.
(D) 교육을 제공한다.

지문 preparation[prèpəréiʃən] 준비 inconvenience[ìnkənví:niəns] 불편을 느끼게 하다 acceptable[əkséptəbl] 허용할 수 있는
avoid[əvɔ́id] 방지하다, 피하다
81 adopt[ədá:pt] 채택하다 efficient[ifíʃənt] 효율적인 break[breik] 휴식 (시간)
82 duty[dú:ti] 업무, 직무 legal[lí:gəl] 법률의 applicant[ǽplikənt] 지원자

80 ■ 세부 사항 관련 문제 특정 세부 사항 　　　　　　　　　　　　　　　　　　　　　　　　　　정답 (C)
일부 고객서비스 담당자들이 6월에 할 일을 묻는 문제이므로, 질문의 핵심어구(in June)가 언급된 주변을 주의 깊게 듣는다. "In June, half of our customer service representatives will be attending a weeklong workshop."이라며 6월에 고객서비스 담당자들의 절반이 워크숍에 참석할 것이라고 하였다. 따라서 정답은 (C) Take part in a session이다.

81 ■ 세부 사항 관련 문제 의도 파악 　　　　　　　　　　　　　　　　　　　　　　　　　　　　정답 (B)
화자가 하는 말의 의도를 묻는 문제이므로, 질문의 인용어구(anything longer than this is not acceptable)가 언급된 주변을 주의 깊게 듣는다. "It's okay if customers have to wait up to 10 minutes to speak to a representative, but anything longer than this is not acceptable."이라며 고객들이 직원과 이야기하기 위해 10분까지 기다리는 것은 괜찮지만 그보다 더 긴 것은 허용할 수 없다고 한 뒤, "To help us avoid long service delays, our recruitment agency will provide us with a few temporary workers."라며 자신들의 오랜 서비스 지연을 방지할 수 있도록, 채용 업체에서 몇몇의 임시 직원들을 제공해 줄 것이라고 하였다. 이를 통해 추가 직원이 고용될 것임을 알 수 있다. 따라서 정답은 (B) Additional staff will be hired이다.

82 ■ 세부 사항 관련 문제 다음에 할 일 　　　　　　　　　　　　　　　　　　　　　　　　　　정답 (A)
화자가 하겠다고 말한 것을 묻는 문제이므로, 질문의 핵심어구(will do)와 관련된 내용을 주의 깊게 듣는다. "I'll decide who will get this assignment[conduct training] later today."라며 화자가 누가 교육을 실시하는 일을 맡게 될 것인지를 오늘 늦게 결정할 것이라고 하였다. 따라서 정답은 (A) Choose a worker for a duty이다.

83
84
85

Questions 83-85 refer to the following announcement.

🎧 호주식 발음

Attention all tournament attendees. ⁸³A list of this afternoon's matches is posted at the information desk near the entrance of Lilly Park. Please note, however, that there is one change to today's program. ⁸⁴Famed tennis star Mary O'Reilly, who was supposed to play an exhibition match during the tournament, is unable to join us. She's apparently sick and not able to travel. It's quite unfortunate, as I know many of you were looking forward to meeting Ms. O'Reilly. And as a last reminder, ⁸⁵coverage of today's activities and matches will be aired on WXTC Radio, our media partner for the event. You can listen in on 99.7 FM.

83 According to the speaker, what can the listeners do at the information desk?
(A) Pick up a pamphlet
(B) View a match list
(C) Ask about some prizes
(D) Speak to some judges

84 Why is Mary O'Reilly unable to attend the tournament?
(A) She does not feel well.
(B) She missed a flight.
(C) She is hosting a fund-raiser.
(D) She is getting ready for a match.

85 What will be broadcast on WXTC Radio?
(A) Celebrity interviews
(B) Award recipient names
(C) Additional program changes
(D) Details about a competition

83-85번은 다음 공지에 관한 문제입니다.

모든 토너먼트 참가자들은 주목해 주시기 바랍니다. ⁸³오늘 오후 경기 목록이 Lilly 공원 입구 근처에 있는 안내 데스크에 게시되었습니다. 하지만 오늘 프로그램에 한 가지 변경 사항이 있다는 것을 유념해 주십시오. ⁸⁴토너먼트 동안 시범 경기를 하기로 되어 있었던 유명한 테니스 스타인 Mary O'Reilly가 저희와 함께하지 못합니다. 듣자 하니 그녀가 아파서 이동할 수 없다고 합니다. 저는 많은 분들께서 Ms. O'Reilly를 만나기를 고대하고 있었다는 것을 알고 있기에 꽤 유감스럽습니다. 그리고 마지막으로 상기시켜 드리는 것은 ⁸⁵오늘의 활동과 경기에 대한 보도가 행사의 미디어 협력업체인 WXTC 라디오에서 방송될 것입니다. 99.7 FM에서 청취하실 수 있습니다.

83. 화자에 따르면, 청자들은 안내 데스크에서 무엇을 할 수 있는가?
(A) 소책자를 얻는다.
(B) 경기 목록을 본다.
(C) 경품들에 대해 문의한다.
(D) 심판들과 이야기한다.

84. Mary O'Reilly는 왜 토너먼트에 참석할 수 없는가?
(A) 그녀는 건강 상태가 좋지 않다.
(B) 그녀는 비행기를 놓쳤다.
(C) 그녀는 모금 행사를 주최하고 있다.
(D) 그녀는 경기를 준비하고 있다.

85. WXTC 라디오에서는 무엇이 방송될 것인가?
(A) 유명 인사 인터뷰
(B) 수상자 이름
(C) 추가적인 프로그램 변경 사항
(D) 경기에 대한 세부 사항

지문 attendee[ətèndíː] 참가자 entrance[éntrəns] 입구 famed[feimd] 유명한, 저명한 exhibition match 시범 경기 unfortunate[미 ʌnfɔ́ːrtʃənət, 영 ʌnfɔ́ːtʃənət] 유감스러운 coverage[kʌ́vəridʒ] 보도
83 pick up 얻다 prize[praiz] 경품, 상품 judge[dʒʌdʒ] 심판
84 miss[mis] 놓치다 fund-raiser[fʌ́ndrèizər] 모금 행사
85 celebrity[səlébrəti] 유명 인사 award recipient 수상자 competition[kàːmpətíʃən] 경기, 시합

83 ■ 전체 지문 관련 문제 특정 세부 사항 　　　　정답 (B)
청자들이 안내 데스크에서 할 수 있는 일을 묻는 문제이므로, 질문의 핵심어구(information desk)가 언급된 주변을 주의 깊게 듣는다. "A list of this afternoon's matches is posted at the information desk near the entrance of Lilly Park."라며 오늘 오후 경기 목록이 Lilly 공원 입구 근처에 있는 안내 데스크에 게시되었다고 하였다. 따라서 정답은 (B) View a match list이다.

84 ■ 세부 사항 관련 문제 이유 　　　　정답 (A)
Mary O'Reilly가 토너먼트에 참석할 수 없는 이유를 묻는 문제이므로, 질문의 핵심어구(Mary O'Reilly unable to attend the tournament)와 관련된 내용을 주의 깊게 듣는다. "Famed tennis star Mary O'Reilly, ~ is unable to join us. She's apparently sick and not able to travel."이라며 유명한 테니스 스타인 Mary O'Reilly가 자신들과 함께하지 못한다고 한 뒤, 듣자 하니 그녀가 아파서 이동할 수 없다고 하였다. 따라서 정답은 (A) She does not feel well이다.

85 ■ 세부 사항 관련 문제 특정 세부 사항 　　　　정답 (D)
WXTC 라디오에서 방송될 것을 묻는 문제이므로, 질문의 핵심어구(WXTC Radio)가 언급된 주변을 주의 깊게 듣는다. "coverage of today's activities and matches will be aired on WXTC Radio"라며 오늘의 활동과 경기에 대한 보도가 WXTC 라디오에서 방송될 것이라고 하였다. 따라서 정답은 (D) Details about a competition이다.

Questions 86-88 refer to the following radio broadcast.

🎧 미국식 발음

Coming up next on *Book Talk*, [86]we'll be continuing yesterday's discussion on e-books and why some genres are better suited for this digital format than others. For example, mystery and science fiction releases tend to sell well as e-books. But when it comes to photo books and travel guidebooks, readers prefer printed copies. Why is this so? [87]Publishing industry expert Gail Boyd is on our show again and will go over all of this and more. [88]Now, Ms. Boyd, let's begin by having you give us a quick overview of your professional background in publishing.

86 What is the radio broadcast mainly about?
(A) The success of an author
(B) Different formats of publications
(C) Special events at a bookstore
(D) A newly developed device

87 What does the speaker mention about Gail Boyd?
(A) She made a past appearance on the show.
(B) She gives informational talks at schools.
(C) She will be arriving later than planned.
(D) She founded her own company.

88 What will happen next?
(A) A guest will describe her work experience.
(B) A book excerpt will be read.
(C) A writer will discuss her novel.
(D) A special report will be aired.

86-88번은 다음 라디오 방송에 관한 문제입니다.

다음 *Book Talk*에서는, [86]전자책에 대한 논의와 왜 몇몇 장르들이 다른 것들보다 디지털 형식에 더 잘 맞는지에 대한 어제의 논의를 계속할 것입니다. 예를 들어, 추리 소설과 공상 과학 소설 출간물들은 전자책으로 잘 팔리는 경향이 있습니다. 하지만 화보집과 여행 안내서에 관한 한, 독자들은 인쇄된 책을 선호합니다. 왜 이런 걸까요? [87]출판업계 전문가인 Gail Boyd는 저희 쇼에 다시 나와서 이 모든 것과 추가적인 것들을 살펴볼 것입니다. [88]자, Ms. Boyd, 저희에게 출판업계에서의 당신의 경력에 대한 간략한 개요를 알려주시면서 시작해 봅시다.

86. 라디오 방송은 주로 무엇에 관한 것인가?
(A) 저자의 성공
(B) 출판물의 다른 형태들
(C) 서점에서의 특별 행사
(D) 새로 개발된 기기

87. 화자는 Gail Boyd에 관해 무엇을 언급하는가?
(A) 그녀는 전에 쇼에 출연했었다.
(B) 그녀는 학교에서 정보를 제공하는 강연을 한다.
(C) 그녀는 예정했던 것보다 늦게 도착할 것이다.
(D) 그녀는 자신의 회사를 설립했다.

88. 다음에 무슨 일이 일어날 것인가?
(A) 게스트가 그녀의 경력을 설명할 것이다.
(B) 책 인용 부분을 읽어줄 것이다.
(C) 작가가 그녀의 소설에 대해 논의할 것이다.
(D) 특별 보도가 방송될 것이다.

지문 discussion[diskʌ́ʃən] 논의 suit[su:t] 맞다 mystery[místri] 추리 소설 science fiction 공상 과학 소설 when it comes to ~에 관한 한 guidebook[gáidbùk] 안내서 overview[óuvərvju:] 개요
87 informational[ìnfərméiʃnəl] 정보를 제공하는 found[faund] 설립하다
88 work experience 경력 excerpt[éksəːrpt] 인용, 발췌

86 ■ 전체 지문 관련 문제 주제   정답 (B)
라디오 방송의 주제를 묻는 문제이므로, 지문의 초반을 반드시 듣는다. "we'll be continuing yesterday's discussion on e-books and why some genres are better suited for this digital format than others"라며 전자책에 대한 논의와 왜 몇몇 장르들이 다른 것들보다 디지털 형식에 더 잘 맞는지에 대한 어제의 논의를 계속할 것이라고 한 뒤, 출판물의 다른 형태들과 관련된 내용을 언급하였다. 따라서 정답은 (B) Different formats of publications이다.

87 ■ 세부 사항 관련 문제 언급   정답 (A)
화자가 Gail Boyd에 관해 언급하는 것을 묻는 문제이므로, 질문의 핵심어구(Gail Boyd)가 언급된 주변을 주의 깊게 듣는다. "Publishing industry expert Gail Boyd is on our show again and will go over all of this and more."라며 출판업계 전문가인 Gail Boyd가 쇼에 다시 나와서 이 모든 것과 추가적인 것들을 살펴볼 것이라고 한 말을 통해, Gail Boyd가 전에 쇼에 출연했었음을 알 수 있다. 따라서 정답은 (A) She made a past appearance on the show이다.

88 ■ 세부 사항 관련 문제 다음에 할 일   정답 (A)
다음에 일어날 일을 묻는 문제이므로, 지문의 마지막 부분을 주의 깊게 듣는다. "Now, Ms. Boyd, let's begin by having you give us a quick overview of your professional background in publishing."이라며 출판업계에서의 Ms. Boyd의 경력에 대한 간략한 개요를 알려주면서 시작해 보자고 하였다. 따라서 정답은 (A) A guest will describe her work experience이다.

Questions 89-91 refer to the following telephone message.

🔊 영국식 발음

Mr. Richards, this is Chloe Friedman from Breckendale Catering. [89]I want to thank you for considering our company as you make arrangements for your upcoming music awards dinner. Regarding the message you left me, we're happy to accommodate people with dairy allergies. In fact, [90]I talked to our head chef about the matter this morning, and we came up with a number of great dishes. Finally, [91]you mentioned that you were uncertain about whether a company as small as ours could handle 250 guests. There were 300 people at an event we catered yesterday. If you'd like a specific estimate, I'm available to talk at your convenience.

89-91번은 다음 전화 메시지에 관한 문제입니다.

Mr. Richards, Breckendale 출장 요리업체의 Chloe Friedman입니다. [89]귀하가 다가오는 음악 시상식 만찬을 준비하시면서 저희 회사를 고려해주신 점에 대해 감사드리고 싶습니다. 귀하께서 남기신 메시지에 대하여, 저희는 유제품 알레르기가 있는 분들에게 기꺼이 맞춰드릴 수 있습니다. 사실, [90]저는 오늘 아침에 이 문제에 대해 저희 수석 요리사와 이야기했고, 저희는 굉장한 요리들을 많이 생각해냈습니다. 마지막으로, [91]귀하는 저희와 같은 작은 회사가 250명의 손님을 감당할 수 있는지 확신이 없다고 말씀하셨습니다. 어제 저희가 음식을 공급한 행사에 300명이 있었습니다. 구체적인 견적서를 원하시면, 편하실 때 이야기를 나눌 수 있습니다.

89 What type of gathering is the listener organizing?
(A) A retirement party
(B) An awards banquet
(C) A corporate picnic
(D) A wedding ceremony

89. 청자는 어떤 종류의 모임을 개최하는가?
(A) 은퇴 기념 파티
(B) 시상식 연회
(C) 회사 야유회
(D) 결혼식

90 What did the speaker do this morning?
(A) Sent out a revised cost estimate
(B) Contacted a venue manager
(C) Added people to a guest list
(D) Spoke with a chef about a menu

90. 화자는 오늘 아침에 무엇을 했는가?
(A) 수정된 비용 견적서를 보냈다.
(B) 장소 관리자에게 연락했다.
(C) 손님 명단에 사람들을 추가했다.
(D) 메뉴에 대해 요리사와 이야기했다.

91 Why does the speaker say, "There were 300 people at an event we catered yesterday"?
(A) To make a correction
(B) To provide a discount
(C) To explain a request
(D) To offer assurance

91. 화자는 왜 "어제 저희가 음식을 공급한 행사에 300명이 있었습니다"라고 말하는가?
(A) 잘못을 바로잡기 위해
(B) 할인을 제공하기 위해
(C) 요청에 대해 설명하기 위해
(D) 확신을 주기 위해

지문 **make arrangements for** ~을 준비하다 **upcoming**[ʌ́pkʌmiŋ] 다가오는 **accommodate**[미 əkáːmədeit, 영 əkɔ́mədeit] 맞추다, 수용하다 **dairy**[déəri] 유제품 **chef**[ʃef] 요리사 **come up with** ~을 생각해내다
89 **gathering**[gǽðəriŋ] 모임 **organize**[ɔ́ːrgənaiz] 개최하다, 구성하다 **retirement**[ritáiərmənt] 은퇴 **corporate**[kɔ́ːrpərət] 회사의, 기업의
90 **revised**[riváizd] 수정된, 변경된 **venue**[vénjuː] 장소
91 **make a correction** 잘못을 바로잡다 **assurance**[əʃúərəns] 확신

89 ■ **세부 사항 관련 문제** 특정 세부 사항   정답 (B)
청자가 개최하는 모임의 종류를 묻는 문제이므로, 질문의 핵심어구(type of gathering ~ organizing)와 관련된 내용을 주의 깊게 듣는다. "I want to thank you for considering our company as you make arrangements for your upcoming music awards dinner."라며 다가오는 음악 시상식 만찬을 준비하면서 자신의 회사를 고려해준 점에 대해 감사하다고 하였다. 따라서 정답은 (B) An awards banquet이다.

90 ■ **세부 사항 관련 문제** 특정 세부 사항   정답 (D)
화자가 오늘 아침에 한 일을 묻는 문제이므로, 질문의 핵심어구(this morning)가 언급된 주변을 주의 깊게 듣는다. "I talked to our head chef about the matter this morning, and we came up with a number of great dishes"라며 오늘 아침에 이 문제에 대해 수석 요리사와 이야기했고, 굉장한 요리들을 많이 생각해냈다고 하였다. 따라서 정답은 (D) Spoke with a chef about a menu이다.

91 ■ **세부 사항 관련 문제** 의도 파악   정답 (D)
화자가 하는 말의 의도를 묻는 문제이므로, 질문의 인용어구(There were 300 people at an event we catered yesterday)가 언급된 주변을 주의 깊게 듣는다. "you mentioned that you were uncertain about whether a company as small as ours could handle 250 guests"라며 청자가 자신들과 같은 작은 회사가 250명의 손님을 감당할 수 있는지 확신이 없다고 말했다고 한 뒤, "There were 300 people at an event we catered yesterday."라며 어제 자신들이 음식을 공급한 행사에 300명이 있었다고 한 말을 통해 250명의 손님을 감당할 수 있다는 확신을 주려는 의도임을 알 수 있다. 따라서 정답은 (D) To offer assurance이다.

Questions 92-94 refer to the following talk.

🎧 호주식 발음

⁹²Welcome to the Preston Coffee roasting factory. My name is Arnold, and I'll be leading you on our tour today. Our first stop will be our storeroom, where ⁹³I'll explain how we source our beans as well as what countries they come from. After that, we'll head to the main floor to watch the actual roasting process. ⁹⁴Finally, we'll return to the administrative office, at which point you'll get a chance to taste our world-famous coffee before going home today. All right, let's get started.

92 Where most likely are the listeners?
(A) At a farm
(B) At a food processing plant
(C) At a café
(D) At a research facility

93 What does the speaker say he will discuss?
(A) The origins of some ingredients
(B) The uses of some machinery
(C) The purpose of a project
(D) The size of an organization

94 What will the listeners be able to do at the end of the tour?
(A) View an instructional video
(B) Meet a business owner
(C) Make a purchase
(D) Try a sample

92-94번은 다음 담화에 관한 문제입니다.

⁹²Preston 커피 로스팅 공장에 오신 것을 환영합니다. 제 이름은 Arnold이고, 저는 오늘 저희의 견학을 인솔할 것입니다. 저희가 처음으로 둘러볼 곳은 저장실인데, 그곳에서 ⁹³저는 원두가 어떤 나라에서 생산되는지뿐만 아니라 저희가 어떻게 원두를 공급받는지를 설명할 것입니다. 그 후, 저희는 실제 로스팅 과정을 보기 위해 1층으로 향할 것입니다. ⁹⁴마지막으로, 저희는 행정실로 돌아올 것이고, 그곳에서 여러분들은 오늘 집으로 가시기 전에 세계적으로 유명한 저희의 커피를 맛보는 기회를 얻으실 것입니다. 자, 시작합시다.

92. 청자들은 어디에 있는 것 같은가?
(A) 농장에
(B) 식품 가공 공장에
(C) 카페에
(D) 연구 시설에

93. 화자는 그가 무엇을 논의할 것이라고 말하는가?
(A) 재료들의 원산지
(B) 기계의 사용
(C) 프로젝트의 목적
(D) 조직의 크기

94. 청자들은 견학 마지막에 무엇을 할 수 있을 것인가?
(A) 교육용 비디오를 본다.
(B) 사업주를 만난다.
(C) 구매를 한다.
(D) 샘플을 시식해 본다.

지문 lead[liːd] 인솔하다 storeroom[stɔ́ːruːm] 저장실 taste[teist] 맛보다 world-famous[미 wə̀ːrldféiməs, 영 wɔ̀ːldféiməs] 세계적으로 유명한
92 food processing 식품 가공
93 ingredient[ingríːdiənt] 재료 machinery[məʃíːnəri] 기계 organization[ɔ̀ːrgənəzéiʃən] 조직
94 instructional[instrʌ́kʃənl] 교육용의

92 ■ 전체 지문 관련 문제 장소   정답 (B)

청자들이 있는 장소를 묻는 문제이므로, 장소와 관련된 표현을 놓치지 않고 듣는다. "Welcome to the Preston Coffee roasting factory."라며 Preston 커피 로스팅 공장에 온 것을 환영한다고 한 말을 통해 청자들이 있는 장소가 식품 가공 공장임을 알 수 있다. 따라서 정답은 (B) At a food processing plant이다.

바꾸어 표현하기
Coffee roasting factory 커피 로스팅 공장 → food processing plant 식품 가공 공장

93 ■ 세부 사항 관련 문제 특정 세부 사항   정답 (A)

화자가 논의할 것을 묻는 문제이므로, 질문의 핵심어구(discuss)와 관련된 내용을 주의 깊게 듣는다. "I'll explain how we source our beans as well as what countries they come from"이라며 원두가 어떤 나라에서 생산되는지뿐만 아니라 어떻게 원두를 공급받는지를 설명할 것이라고 하였다. 따라서 정답은 (A) The origins of some ingredients이다.

94 ■ 세부 사항 관련 문제 특정 세부 사항   정답 (D)

청자들이 견학 마지막에 할 수 있는 것을 묻는 문제이므로, 질문의 핵심어구(do at the end of the tour)와 관련된 내용을 주의 깊게 듣는다. "Finally, we'll return to the administrative office, at which point you'll get a chance to taste our world-famous coffee"라며 마지막으로, 행정실로 돌아올 것이고, 그곳에서 청자들이 세계적으로 유명한 커피를 맛보는 기회를 얻을 거라고 하였다. 따라서 정답은 (D) Try a sample이다.

Questions 95-97 refer to the following excerpt from a meeting and floor plan.

🔊 미국식 발음

⁹⁵Amanda, thanks for giving us a summary of what's been done so far to get ready for the Buckley Pharmaceutical Conference. However, one detail still needs to be discussed. ⁹⁶Our company is sponsoring the conference once again, which means we're entitled to distribute our magazine to all participants. ⁹⁷Last year's event was also at the Astor Conference Center, and we . . . ah . . . set the magazine rack in Seminar Room 1—the room directly across from the stage. However, only 70 copies were taken. That's why ⁹⁷we'll be placing the rack in the space beside the stage this year.

95~97번은 다음 회의 발췌록과 평면도에 관한 문제입니다.

⁹⁵Amanda, 저희에게 Buckley 제약 학회를 준비하기 위해 지금까지 무엇이 완료되었는지에 대해 요약해 주셔서 감사합니다. 하지만, 한 가지 세부 사항이 여전히 논의되어야 합니다. ⁹⁶저희 회사는 이 학회를 다시 한번 후원하고 있으며, 이는 저희가 모든 참가자들에게 저희의 잡지를 나누어 줄 수 있는 자격이 있음을 의미합니다. ⁹⁷작년 행사 또한 Astor 회의장에서 열렸고, 우리는… 아… 무대의 바로 맞은편에 있는 세미나실 1에 잡지 선반을 설치했습니다. 하지만, 70부만 가져갔습니다. 그것이 ⁹⁷저희가 올해는 선반을 무대 옆 공간에 놓고자 하는 이유입니다.

Astor Conference Center

⁹⁷Space 1   Space 2   Space 3

Exhibition Area   Space 4

Seminar Room 1

Stage

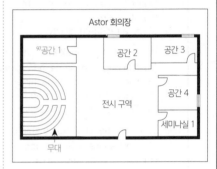

Astor 회의장

⁹⁷공간 1   공간 2   공간 3

전시 구역   공간 4

세미나실 1

무대

95 According to the speaker, what did Amanda do?
(A) Met with some customers
(B) Decorated some conference halls
(C) Summarized some preparations
(D) Confirmed a reservation

96 What is mentioned about the speaker's company?
(A) It operates internationally.
(B) It will partner with another firm.
(C) It launched a new Web site.
(D) It is sponsoring a conference.

97 Look at the graphic. Where will the magazine rack be placed this year?
(A) In Space 1
(B) In Space 2
(C) In Space 3
(D) In Space 4

95. 화자에 따르면, Amanda는 무엇을 했는가?
(A) 고객들과 만났다.
(B) 회의장을 장식했다.
(C) 준비 과정을 요약했다.
(D) 예약을 확인했다.

96. 화자의 회사에 관해 무엇이 언급되는가?
(A) 국제적으로 운영된다.
(B) 다른 회사와 협력할 것이다.
(C) 새로운 웹사이트를 출시했다.
(D) 학회를 후원하고 있다.

97. 시각 자료를 보시오. 올해는 잡지 선반이 어디에 놓일 것인가?
(A) 공간 1에
(B) 공간 2에
(C) 공간 3에
(D) 공간 4에

지문   summary[sʌ́məri] 요약, 개요 pharmaceutical[fɑ̀ːrməsúːtikəl] 제약의 sponsor[spáːnsər] 후원하다 be entitled to ~할 자격이 있다
distribute[distríbjuːt] 나누어 주다 participant[pɑːrtísipənt] 참가자 across from ~의 맞은편에 beside[bisáid] 옆에

95   decorate[dékəreit] 장식하다 summarize[sʌ́məraiz] 요약하다, 개괄하다 preparation[prèpəréiʃən] 준비 과정
reservation[rèzərvéiʃən] 예약

96   operate[áːpəreit] 운영하다, 작동하다 internationally[ìntərnǽʃənəli] 국제적으로 partner with ~와 협력하다
launch[lɔːntʃ] 출시하다, 시작하다

95 ■ 세부 사항 관련 문제 특정 세부 사항

정답 (C)

Amanda가 한 일을 묻는 문제이므로, 질문의 핵심어구(Amanda do)와 관련된 내용을 주의 깊게 듣는다. "Amanda, thanks for giving us a summary of what's been done so far to get ready for the Buckley Pharmaceutical Conference."라며 Amanda에게 Buckley 제약 학회를 준비하기 위해 지금까지 무엇이 완료되었는지 요약해 준 것에 대해 감사하다고 하였다. 따라서 정답은 (C) Summarized some preparations이다.

96 ■ 세부 사항 관련 문제 언급

정답 (D)

화자의 회사에 관해 언급되는 것을 묻는 문제이므로, 질문의 핵심어구(company)가 언급된 주변을 주의 깊게 듣는다. "Our company is sponsoring the conference once again"이라며 화자의 회사가 학회를 다시 한번 후원하고 있다고 하였다. 따라서 정답은 (D) It is sponsoring a conference이다.

97 ■ 세부 사항 관련 문제 시각 자료

정답 (A)

올해 잡지 선반이 놓일 곳을 묻는 문제이므로, 제시된 평면도의 정보를 확인한 뒤 질문의 핵심어구(magazine rack be placed this year)와 관련된 내용을 주의 깊게 듣는다. "Last year's event was also at the Astor Conference Center, and we ~ set the magazine rack in Seminar Room 1"이라며 작년 행사 또한 Astor 회의장에서 열렸고 잡지 선반을 세미나실 1에 설치했다고 한 뒤, "we'll be placing the rack in the space beside the stage this year"라며 올해는 선반을 무대 옆 공간에 놓고자 한다고 하였으므로, 올해 잡지 선반이 무대 옆인 공간 1에 놓일 것임을 평면도에서 알 수 있다. 따라서 정답은 (A) In Space 1이다.

Questions 98-100 refer to the following telephone message and bar graph.

🔊 캐나다식 발음

Good afternoon, Ms. Flores. ⁹⁸I looked into live chat programs as you asked and have sent you the user ratings for four programs that I think could help improve our customer engagement. They are all rated above 4.5 out of 5, so they're probably all good. However, I think the most highly rated one is too expensive. ⁹⁹The one with the third-highest rating is a bit cheaper, and it offers a 30-day free trial. I think we should go for it. ¹⁰⁰I've already downloaded it on the computer in my office. If you have a few minutes, I can show you how it works.

98-100번은 다음 전화 메시지와 막대 그래프에 관한 문제입니다.

안녕하세요, Ms. Flores. ⁹⁸저는 당신이 요청하신 대로 라이브 채팅 프로그램들을 살펴보았고 저희의 고객 참여를 증진시키는 것을 도울 수 있을 것으로 제가 생각하는 네 개의 프로그램들의 사용자 평점을 당신에게 보내드렸습니다. 그것들은 모두 5점 만점에 4.5점이 넘는 평점이 매겨져서, 아마 모두 괜찮을 것입니다. 하지만, 저는 가장 높게 평가된 것이 너무 비싸다고 생각합니다. ⁹⁹세 번째로 높은 평점의 것은 조금 더 저렴하고, 30일 무료 사용을 제공합니다. 저는 우리가 그것을 택해야 한다고 생각합니다. ¹⁰⁰저는 이미 제 사무실에 있는 컴퓨터에 그것을 다운로드했습니다. 만약 잠시 시간이 있으시다면, 그것이 어떻게 작동하는지 보여드릴 수 있습니다.

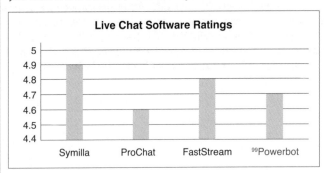

Live Chat Software Ratings

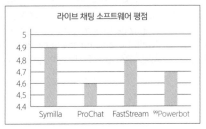

라이브 채팅 소프트웨어 평점

98 Why is the speaker calling?
(A) To report a technical problem
(B) To rearrange a meeting
(C) To follow up on a request
(D) To discuss a customer complaint

99 Look at the graphic. Which program does the speaker recommend?
(A) Symilla
(B) ProChat
(C) FastStream
(D) Powerbot

100 What does the speaker offer to do?
(A) Pay for a service
(B) Give a demonstration
(C) Instruct some staff
(D) Contact a manufacturer

98. 화자는 왜 전화하고 있는가?
(A) 기술적인 문제를 보고하기 위해
(B) 회의를 재조정하기 위해
(C) 요청에 후속 조치를 취하기 위해
(D) 고객 항의를 논의하기 위해

99. 시각 자료를 보시오. 화자는 어느 프로그램을 추천하는가?
(A) Symilla
(B) ProChat
(C) FastStream
(D) Powerbot

100. 화자는 무엇을 해주겠다고 제안하는가?
(A) 서비스 비용을 지불한다.
(B) 시연을 한다.
(C) 몇몇 직원을 가르친다.
(D) 제조 업체에 연락한다.

지문 rating[réitiŋ] 평점, 순위 improve[imprúːv] 증진시키다, 향상시키다 engagement[ingéidʒmənt] 참여 rate[reit] 평점을 매기다, 평가하다
trial[tráiəl] 사용, 시험
98 rearrange[rìːəréindʒ] (시간·장소 등을) 재조정하다 follow up on ~에 후속 조치를 취하다, ~을 끝까지 하다 complaint[kəmpléint] 항의, 불평
100 instruct[instrʌ́kt] 가르치다 manufacturer[mæ̀njufǽktʃərər] 제조 업체

98 ■ 전체 지문 관련 문제 목적

정답 (C)

전화의 목적을 묻는 문제이므로, 지문의 초반을 반드시 듣는다. "I looked into live chat programs as you asked and have sent you the user ratings for four programs"라며 상대방이 요청한 대로 라이브 채팅 프로그램들을 살펴보았고 네 개의 프로그램들의 사용자 평점을 상대방에게 보냈다고 하였다. 이를 통해 화자는 상대방의 요청에 후속 조치를 취하기 위해 전화한 것임을 알 수 있다. 따라서 정답은 (C) To follow up on a request이다.

99 ■ 세부 사항 관련 문제 시각 자료

정답 (D)

화자가 추천하는 프로그램을 묻는 문제이므로, 제시된 막대 그래프의 정보를 확인한 뒤 질문의 핵심어구(recommend)와 관련된 내용을 주의 깊게 듣는다. "The one with the third-highest rating is a bit cheaper, and it offers a 30-day free trial. I think we should go for it."이라며 세 번째로 높은 평점의 것이 조금 더 저렴하고 30일 무료 사용을 제공한다며 자신은 그것을 택해야 한다고 생각한다고 하였다. 이를 통해 화자가 평점이 세 번째로 높은 프로그램인 Powerbot을 추천하는 것임을 막대 그래프에서 알 수 있다. 따라서 정답은 (D) Powerbot이다.

100 ■ 세부 사항 관련 문제 제안

정답 (B)

화자가 해주겠다고 제안하는 것을 묻는 문제이므로, 지문의 중후반에서 제안과 관련된 표현이 포함된 문장을 주의 깊게 듣는다. "I've already downloaded it[The one with the third-highest raiting] on the computer in my office. If you have a few minutes, I can show you how it works."라며 이미 자신의 사무실에 있는 컴퓨터에 세 번째로 높은 평점의 것을 다운로드했다고 한 뒤, 만약 잠시 시간이 있다면 그것이 어떻게 작동하는지 보여줄 수 있다고 하였다. 따라서 정답은 (B) Give a demonstration이다.

바꾸어 표현하기

show ~ how it works 그것이 어떻게 작동하는지 보여주다 → Give a demonstration 시연을 하다

❙TEST 06

PART 1   스크립트·해석·해설

PART 2   스크립트·해석·해설

PART 3   스크립트·해석·해설

PART 4   스크립트·해석·해설

🎧 TEST 06.mp3

실전용·복습용 문제풀이 MP3 무료 다운로드 및 스트리밍 바로듣기 (HackersIngang.com)
* 실제 시험장의 소음까지 재현해 낸 고사장 소음/매미 버전 MP3, 영국식·호주식 발음 집중 MP3, 고속 버전 MP3까지
  구매하면 실전에 더욱 완벽히 대비할 수 있습니다.

무료MP3 바로듣기

1

🎧 캐나다식 발음

(A) He is rolling up a carpet.
(B) He is removing his hat.
(C) He is measuring an item on the floor.
(D) He is kneeling to put on his shoes.

(A) 그는 카펫을 말고 있다.
(B) 그는 모자를 벗고 있다.
(C) 그는 바닥에 있는 물건의 크기를 재고 있다.
(D) 그는 신발을 신기 위해 무릎을 꿇고 있다.

■ 1인 사진   정답 (C)

한 남자가 무릎을 꿇고 앉아서 물건의 크기를 재고 있는 모습과 주변 사물의 상태를 주의 깊게 살핀다.
(A) [×] rolling up(말고 있다)은 남자의 동작과 무관하므로 오답이다.
(B) [×] 남자가 모자를 착용하고 있는데 벗고 있다(removing)고 잘못 묘사했으므로 오답이다. 사진에 있는 모자(hat)를 사용하여 혼동을 주었다.
(C) [○] 바닥에 있는 물건의 크기를 재고 있는 남자의 모습을 가장 잘 묘사한 정답이다.
(D) [×] 사진에서 신발(shoes)을 확인할 수 없으므로 오답이다. He is kneeling(그는 무릎을 꿇고 있다)까지만 듣고 정답으로 선택하지 않도록 주의한다.

어휘   roll up ~을 말다   remove[rimúːv] 벗다, 제거하다   measure[méʒər] (크기·치수 등을) 재다, 측정하다   kneel[niːl] 무릎을 꿇다

2

🎧 영국식 발음

(A) One of the men is putting some groceries into a basket.
(B) One of the men is standing in front of the counter.
(C) The woman is selecting some merchandise.
(D) The woman is making a payment.

(A) 남자들 중 한 명이 식료품을 바구니에 넣고 있다.
(B) 남자들 중 한 명이 계산대 앞에 서 있다.
(C) 여자가 몇몇 상품을 고르고 있다.
(D) 여자가 지불하고 있다.

■ 2인 이상 사진   정답 (B)

두 남녀가 계산대에서 물건을 건네고 있는 모습과 주변의 전반적인 모습을 확인한다.
(A) [×] 사진에 식료품을 바구니에 넣고 있는(putting some groceries into a basket) 남자가 없으므로 오답이다. 사진에 있는 식료품(groceries)과 바구니(basket)를 사용하여 혼동을 주었다.
(B) [○] 남자들 중 한 명이 계산대 앞에 서 있는 모습을 가장 잘 묘사한 정답이다.
(C) [×] selecting(고르고 있다)은 여자의 동작과 무관하므로 오답이다. 사진의 장소인 상점과 관련된 merchandise(상품)를 사용하여 혼동을 주었다.
(D) [×] making a payment(지불하고 있다)는 여자의 동작과 무관하므로 오답이다. 사진에 있는 계산대에서 연상할 수 있는 행동과 관련된 making a payment(지불하고 있다)를 사용하여 혼동을 주었다.

어휘   grocery[미 gróusəri, 영 grɔ́usəri] 식료품   counter[미 káuntər, 영 káuntə] 계산대   make a payment 지불하다, 납부하다

3

🎧 미국식 발음

(A) A man is watering a plant.
(B) A man is using a photocopier.
(C) There is a bulletin board on the wall.
(D) A drawer has been pulled open.

(A) 한 남자가 식물에 물을 주고 있다.
(B) 한 남자가 복사기를 사용하고 있다.
(C) 벽에 게시판이 있다.
(D) 서랍이 당겨져 열려 있다.

■ 1인 사진   정답 (D)

한 남자가 서랍에서 문서를 꺼내 보고 있는 모습과 주변 사물의 상태를 주의 깊게 살핀다.
(A) [×] watering(물을 주고 있다)은 남자의 동작과 무관하므로 오답이다. 사진에 있는 식물(plant)을 사용하여 혼동을 주었다.
(B) [×] 사진에서 복사기(photocopier)를 확인할 수 없으므로 오답이다. 사진의 장소인 사무실에서 연상할 수 있는 photocopier(복사기)를 사용하여 혼동을 주었다.
(C) [×] 사진에서 게시판(bulletin board)을 확인할 수 없으므로 오답이다. 사진의 장소인 사무실에서 연상할 수 있는 bulletin board(게시판)를 사용하여 혼동을 주었다.
(D) [○] 서랍이 당겨져 열려 있는 모습을 정확히 묘사한 정답이다.

어휘   water[wɔ́ːtər] 물을 주다   photocopier[fóutoukɑːpiər] 복사기   bulletin board 게시판   drawer[drɔːr] 서랍

4 상

호주식 발음

(A) A man is pointing out a window.
(B) A man is taking notes on a computer.
(C) Some people are setting up a table.
(D) Some people are listening to a presentation.

(A) 한 남자가 창문을 가리키고 있다.
(B) 한 남자가 컴퓨터에 기록하고 있다.
(C) 몇몇 사람들이 탁자를 준비하고 있다.
(D) 몇몇 사람들이 발표를 듣고 있다.

■ 2인 이상 사진 정답 (D)

한 남자가 서서 발표하는 모습과 사람들이 앉아서 발표를 듣고 있는 모습을 확인한다.

(A) [×] 남자가 종이를 가리키고 있는데 창문을 가리키고 있다고 잘못 묘사했으므로 오답이다. A man is pointing out(한 남자가 가리키고 있다)까지만 듣고 정답으로 선택하지 않도록 주의한다.
(B) [×] 사진에 컴퓨터에 기록하고 있는(taking notes on a computer) 남자가 없으므로 오답이다. 사진에 있는 컴퓨터(computer)를 사용하여 혼동을 주었다.
(C) [×] 사진에 탁자를 준비하고 있는(setting up a table) 사람들이 없으므로 오답이다.
(D) [○] 몇몇 사람들이 발표를 듣고 있는 모습을 정확히 묘사한 정답이다.

어휘 point out 가리키다 take note 기록하다, 필기하다 set up 준비하다

5 상

영국식 발음

(A) Some outdoor furniture is covered in snow.
(B) A lamp post has fallen down.
(C) A car is parked on the street.
(D) Some houses are under construction.

(A) 몇몇 야외의 가구들이 눈으로 덮여 있다.
(B) 가로등 기둥이 쓰러져 있다.
(C) 차가 길에 주차되어 있다.
(D) 몇몇 집들이 건설 중이다.

■ 사물 및 풍경 사진 정답 (A)

사진에 사람이 없다는 것과 도로 주변의 전반적인 풍경을 확인한다.

(A) [○] 몇몇 야외의 가구들이 눈으로 덮여 있는 모습을 정확히 묘사한 정답이다.
(B) [×] 가로등 기둥이 세워져 있는데 쓰러져 있다(has fallen down)고 잘못 묘사했으므로 오답이다. 사진에 있는 가로등 기둥(A lamp post)을 사용하여 혼동을 주었다.
(C) [×] 사진에서 길에 주차된 차(car)를 확인할 수 없으므로 오답이다. 사진에 있는 길(street)을 사용하여 혼동을 주었다.
(D) [×] 사진에서 집들이 보이지만 건설 중인(under construction) 모습은 아니므로 오답이다.

어휘 outdoor [미 áutdɔ:r, 영 áutdɔ:] 야외의 furniture [미 fə́:rnitʃər, 영 fə́:nitʃə] 가구 lamp post 가로등 기둥 under construction 건설 중인

6 상

미국식 발음

(A) The men are painting a house.
(B) A part of the house is unfinished.
(C) A chimney is being repaired.
(D) The men are facing each other.

(A) 남자들이 집을 페인트칠하고 있다.
(B) 집의 일부가 미완성이다.
(C) 굴뚝이 수리되고 있다.
(D) 남자들이 서로 마주 보고 있다.

■ 2인 이상 사진 정답 (B)

지붕 위에 서 있는 남자들의 모습과 주변 환경의 상태를 주의 깊게 살핀다.

(A) [×] painting(페인트칠하고 있다)은 남자들의 동작과 무관하므로 오답이다. 사진에 있는 집(house)을 사용하여 혼동을 주었다.
(B) [○] 집의 일부가 미완성인 상태를 정확히 묘사한 정답이다.
(C) [×] 사진에서 굴뚝이 보이지만 수리되고 있는(is being repaired) 모습은 아니므로 오답이다. 사진에 있는 굴뚝(chimney)을 사용하여 혼동을 주었다.
(D) [×] 남자들이 나란히 있는데 서로 마주 보고 있다고 잘못 묘사했으므로 오답이다.

어휘 unfinished [ʌnfíniʃt] 미완성의, 완료되지 않은 chimney [tʃímni] 굴뚝

7

○○○●하

🔊 호주식 발음 → 미국식 발음

When is the flight scheduled to take off?

(A) I need to take this sweater off.
(B) At Terminal B.
(C) In about 10 minutes.

비행기는 언제 이륙할 예정인가요?

(A) 저는 이 스웨터를 벗어야 해요.
(B) 터미널 B에서요.
(C) 약 10분 후에요.

■ When 의문문

정답 (C)

비행기가 언제 이륙할 예정인지를 묻는 When 의문문이다.
(A) [×] 비행기가 언제 이륙할 예정인지를 물었는데, 이와 관련이 없는 자신이 이 스웨터를 벗어야 한다는 내용으로 응답했으므로 오답이다. 질문의 take off(이륙하다)를 '~을 벗다'라는 의미로 반복 사용하여 혼동을 주었다.
(B) [×] 비행기가 언제 이륙할 예정인지를 물었는데 장소로 응답했으므로 오답이다. 질문의 When을 Where로 혼동하여 Where is the flight scheduled to take off(비행기는 어디에서 이륙할 예정인가요)로 생각해 정답으로 선택하지 않도록 주의한다.
(C) [○] 약 10분 후라며 비행기가 이륙할 예정인 시점을 언급했으므로 정답이다.

어휘 schedule[미 skédʒuːl, 영 ʃédjuːl] 예정하다, 일정을 잡다 take off 이륙하다, ~을 벗다

8

○○○●중

🔊 영국식 발음 → 캐나다식 발음

Why don't we apply for a loan to open a second store?

(A) Apply the payment to the account.
(B) The bank on Second Avenue.
(C) I've never thought about it.

두 번째 상점을 열기 위해 대출을 신청하는 게 어때요?

(A) 그 계좌에 지급 금액을 적용하세요.
(B) 2번가에 있는 은행이요.
(C) 저는 그것에 대해 생각해 본 적이 없어요.

■ 제안 의문문

정답 (C)

두 번째 상점을 열기 위해 대출을 신청하자는 제안 의문문이다. Why don't we가 제안하는 표현임을 이해할 수 있어야 한다.
(A) [×] 질문의 apply(신청하다)를 '적용하다'라는 의미로 반복 사용하고, loan(대출)과 관련 있는 account(계좌)를 사용하여 혼동을 준 오답이다.
(B) [×] loan(대출)과 관련 있는 bank(은행)를 사용하고, 질문의 second를 반복 사용하여 혼동을 준 오답이다.
(C) [○] 그것에 대해 생각해 본 적이 없다는 말로 모르겠다는 간접적인 응답을 했으므로 정답이다.

어휘 apply[əplái] 신청하다, 적용하다 loan[미 loun, 영 ləun] 대출 account[əkáunt] 계좌, 계정

9

○○○●중

🔊 미국식 발음 → 캐나다식 발음

Who did you meet with after the conference yesterday?

(A) She should be there a bit after 11 A.M.
(B) One of the organizers.
(C) At a café close by.

당신은 어제 회의 이후에 누구와 만났나요?

(A) 그녀는 오전 11시 조금 넘어서 그곳에 도착할 거예요.
(B) 주최자들 중 한 명이요.
(C) 가까이에 있는 카페에서요.

■ Who 의문문

정답 (B)

어제 회의 이후에 누구와 만났는지를 묻는 Who 의문문이다.
(A) [×] She가 나타내는 대상이 질문에 없으므로 오답이다. 질문의 the conference를 나타낼 수 있는 there를 사용하여 혼동을 주었다.
(B) [○] 주최자들 중 한 명이라며 어제 회의 이후에 만난 인물을 언급했으므로 정답이다.
(C) [×] 어제 회의 이후에 누구와 만났는지를 물었는데 장소로 응답했으므로 오답이다. meet(만나다)에서 연상할 수 있는 장소와 관련된 café(카페)를 사용하여 혼동을 주었다.

어휘 organizer[ɔ́ːrgənàizər] 주최자 close by 가까이에, 인근에

10

🔊 캐나다식 발음 → 미국식 발음

All positions have already been filled, haven't they?

(A) No. Some are open.
(B) Fill it up to the top, please.
(C) A job applicant.

모든 자리들은 이미 다 채워졌죠, 안 그런가요?

(A) 아니요. 일부는 비어 있어요.
(B) 그것을 끝까지 가득 채워주세요.
(C) 일자리 지원자요.

■ 부가 의문문

정답 (A)

모든 자리들이 이미 다 채워졌는지를 확인하는 부가 의문문이다.
(A) [○] No로 모든 자리들이 다 채워지지 않았음을 전달한 후, 일부가 비어 있다는 추가 정보를 제공했으므로 정답이다.
(B) [×] 질문의 filled를 Fill로 반복 사용하여 혼동을 준 오답이다.
(C) [×] positions(자리들)와 관련 있는 job applicant(일자리 지원자)를 사용하여 혼동을 준 오답이다.

어휘 position[pəzíʃən] (일)자리, 직위 applicant[ǽplikənt] 지원자

11

🔊 영국식 발음 → 호주식 발음

Where did you put the other form?

(A) Before April 2.
(B) Yes, I just read over it.
(C) In the file cabinet.

당신은 다른 양식을 어디에 두었나요?

(A) 4월 2일 전에요.
(B) 네, 저는 방금 그것을 읽었어요.
(C) 서류 보관함에요.

■ Where 의문문

정답 (C)

다른 양식을 어디에 두었는지를 묻는 Where 의문문이다.
(A) [×] 다른 양식을 어디에 두었는지를 물었는데 시점으로 응답했으므로 오답이다. 질문의 Where를 When으로 혼동하여 When did you
put the other form(당신은 다른 양식을 언제 두었나요)으로 생각해 정답으로 선택하지 않도록 주의한다.
(B) [×] 의문사 의문문에 Yes로 응답했으므로 오답이다. 질문의 the other form을 나타낼 수 있는 it을 사용하여 혼동을 주었다.
(C) [○] 서류 보관함이라는 말로 다른 양식을 둔 장소를 언급했으므로 정답이다.

어휘 file cabinet 서류 보관함

12

🔊 캐나다식 발음 → 미국식 발음

How much does a ferry ticket to Liverpool cost?

(A) The final cost analysis.
(B) There is a half-hour delay.
(C) It's $43 each way.

리버풀로 가는 여객선 표는 얼마인가요?

(A) 최종 비용 분석이요.
(B) 30분 지연이 있어요.
(C) 각 편도에 43달러입니다.

■ How 의문문

정답 (C)

리버풀로 가는 여객선 표가 얼마인지를 묻는 How 의문문이다. How much가 가격을 묻는 것임을 이해할 수 있어야 한다.
(A) [×] 질문의 cost((값·비용이) ~이다)를 '비용'이라는 의미의 명사로 반복 사용하여 혼동을 준 오답이다.
(B) [×] 리버풀로 가는 여객선 표가 얼마인지를 물었는데, 이와 관련이 없는 30분 지연이 있다는 내용으로 응답했으므로 오답이다.
(C) [○] 각 편도에 43달러라며 여객선 표의 가격을 언급했으므로 정답이다.

어휘 ferry[féri] 여객선, 나룻배 analysis[ənǽləsis] 분석

13

○○○○ 중

🎧 영국식 발음 → 호주식 발음

You can stop by my house later this evening if you want to.

(A) I won't have any time.
(B) A real estate agent.
(C) Oh, I'm late this morning.

만약 당신이 원한다면 오늘 저녁 늦게 저희 집에 잠시 들르셔도 돼요.

(A) 저는 시간이 없을 거예요.
(B) 부동산 중개인이요.
(C) 아, 저는 오늘 아침에 늦었어요.

■ 평서문

정답 (A)

만약 원한다면 오늘 저녁 늦게 자신의 집에 잠시 들를 것을 제안하는 평서문이다.
(A) [○] 자신이 시간이 없을 거라는 말로 제안을 거절한 정답이다.
(B) [×] house(집)와 관련 있는 real estate agent(부동산 중개인)를 사용하여 혼동을 준 오답이다.
(C) [×] later – late의 유사 발음 어휘를 사용하고, evening(저녁)과 관련 있는 morning(아침)을 사용하여 혼동을 준 오답이다.

어휘 **stop by** ~에 잠시 들리다 **real estate agent** 부동산 중개인

14

○○○○ 중

🎧 미국식 발음 → 영국식 발음

Which documents do I have to sign?

(A) Mr. Lee let me use his pen.
(B) Some of the employment contracts.
(C) That's a beautiful design.

저는 어느 서류들에 서명해야 하나요?

(A) Mr. Lee는 제가 그의 펜을 사용할 수 있게 해줬어요.
(B) 몇몇 고용 계약서들이요.
(C) 그것은 아름다운 디자인이에요.

■ Which 의문문

정답 (B)

어느 서류들에 서명해야 하는지를 묻는 Which 의문문이다. Which documents를 반드시 들어야 한다.
(A) [×] sign(서명하다)에서 연상할 수 있는 도구와 관련된 pen(펜)을 사용하여 혼동을 준 오답이다.
(B) [○] 몇몇 고용 계약서들이라는 말로 서명해야 하는 서류들을 언급했으므로 정답이다.
(C) [×] sign – design의 유사 발음 어휘를 사용하여 혼동을 준 오답이다.

어휘 **contract**[미 káːntrækt, 영 kɔ́ntrækt] 계약서

15

○○○○ 상

🎧 호주식 발음 → 영국식 발음

What kind of artwork would you like to purchase?

(A) I don't want anything that's too big.
(B) Over the fireplace in the living room.
(C) I bought it at the Foxworth Gallery.

당신은 어떤 종류의 예술품을 구매하고 싶나요?

(A) 저는 너무 큰 것은 원하지 않아요.
(B) 거실 벽난로 위예요.
(C) 저는 그것을 Foxworth 미술관에서 샀어요.

■ What 의문문

정답 (A)

어떤 종류의 예술품을 구매하고 싶은지를 묻는 What 의문문이다. What kind of가 종류를 묻는 것임을 이해할 수 있어야 한다.
(A) [○] 너무 큰 것은 원하지 않는다는 말로 구매하고 싶은 종류의 예술품을 간접적으로 전달했으므로 정답이다.
(B) [×] 질문의 artwork(예술품)에서 연상할 수 있는 예술품을 두는 장소와 관련된 living room(거실)을 사용하여 혼동을 준 오답이다.
(C) [×] artwork(예술품)와 관련 있는 Gallery(미술관)를 사용하고, 질문의 purchase(구매하다)와 같은 의미인 bought(샀다)를 사용하여 혼동을 준 오답이다.

어휘 **artwork**[미 áːrtwəːrk, 영 áːtwəːk] 예술품 **fireplace**[미 fáiərpleis, 영 fáiəpleis] 벽난로

16

🔊 미국식 발음 → 호주식 발음

Have you been to the new restaurant at the lakefront?

(A) I am not sure which font to use.
(B) He's a classically trained chef.
(C) Yes. The food is amazing.

호숫가에 있는 새로운 식당에 가본 적이 있나요?

(A) 저는 어떤 폰트를 사용할지 모르겠어요.
(B) 그는 고전적으로 훈련된 요리사입니다.
(C) 네. 음식이 놀라워요.

■ 조동사 의문문   정답 (C)

호숫가에 있는 새로운 식당에 가본 적이 있는지를 확인하는 조동사(Have) 의문문이다.

(A) [×] lakefront – font의 유사 발음 어휘를 사용하여 혼동을 준 오답이다.
(B) [×] He가 나타내는 대상이 질문에 없으므로 오답이다. restaurant(식당)와 관련 있는 chef(요리사)를 사용하여 혼동을 주었다.
(C) [○] Yes로 호숫가에 있는 새로운 식당에 가본 적이 있음을 전달한 후, 음식이 놀랍다는 부연 설명을 했으므로 정답이다.

어휘   lakefront[léikfrÀnt] 호숫가   classically[klǽsikəli] 고전적으로, 관행에 따라

17

🔊 캐나다식 발음 → 영국식 발음

When can I expect my bicycle repairs to be completed?

(A) The bike lane ends on the corner.
(B) We're having trouble finding parts for it.
(C) Actually, I haven't used it.

제 자전거 수리가 언제 완료될 거라고 예상할 수 있을까요?

(A) 자전거 전용 도로는 모퉁이에서 끝나요.
(B) 저희는 그것을 위한 부품을 찾는 데 어려움을 겪고 있어요.
(C) 사실, 저는 그것을 사용하지 않았어요.

■ When 의문문   정답 (B)

자신의 자전거 수리가 언제 완료될 거라고 예상할 수 있을지를 묻는 When 의문문이다.

(A) [×] 질문의 bicycle(자전거)과 관련 있는 bike lane(자전거 전용 도로)을 사용하고, completed(완료되다)의 다른 의미인 '끝마치다'와 의미
가 동일한 ends(끝나다)를 사용하여 혼동을 준 오답이다.
(B) [○] 그것, 즉 자전거를 위한 부품을 찾는 데 어려움을 겪고 있다는 말로 모른다는 간접적인 응답을 했으므로 정답이다.
(C) [×] 질문의 bicycle을 나타낼 수 있는 it을 사용하여 혼동을 준 오답이다.

어휘   expect[ikspékt] 예상하다, 기다리다   repair[ripέər] 수리; 수리하다   bike lane 자전거 전용 도로

18

🔊 영국식 발음 → 호주식 발음

Would you rather contact the client yourself or have me do it?

(A) Sure, my phone number is 555-1212.
(B) I can take care of it.
(C) Canastar is our biggest client.

당신이 고객에게 직접 연락하시겠어요, 아니면 제가 하도록 하시겠어요?

(A) 물론이죠, 제 전화번호는 555-1212입니다.
(B) 제가 처리할 수 있어요.
(C) Canastar는 저희의 가장 큰 고객이에요.

■ 선택 의문문   정답 (B)

고객에게 직접 연락할 것인지 아니면 자신이 하도록 할 것인지를 묻는 선택 의문문이다.

(A) [×] 질문의 contact(연락하다)와 관련 있는 phone number(전화번호)를 사용하여 혼동을 준 오답이다.
(B) [○] 자신이 처리할 수 있다는 말로 고객에게 직접 연락하는 것을 선택했으므로 정답이다.
(C) [×] 질문의 client를 반복 사용하여 혼동을 준 오답이다.

어휘   client[kláiənt] 고객

19

🎧 캐나다식 발음 → 미국식 발음

The Array Master software is really fast, isn't it?

(A) Because it's the latest version.
(B) I've already reported the problem.
(C) Our new smartphones will arrive soon.

Array Master 소프트웨어는 매우 빠르죠, 그렇지 않나요?

(A) 최신 버전이기 때문이에요.
(B) 저는 이미 그 문제를 보고했어요.
(C) 우리의 새로운 스마트폰들은 곧 도착할 거예요.

■ 부가 의문문   정답 (A)

Array Master 소프트웨어가 매우 빠른지를 묻는 부가 의문문이다.
(A) [○] 최신 버전이기 때문이라는 말로 소프트웨어가 매우 빠르다는 것을 간접적으로 전달했으므로 정답이다.
(B) [×] Array Master 소프트웨어가 매우 빠른지를 물었는데, 이와 관련이 없는 자신이 이미 그 문제를 보고했다는 내용으로 응답했으므로 오답이다. 질문의 software(소프트웨어)에서 연상할 수 있는 오류와 관련 있는 problem(문제)을 사용하여 혼동을 주었다.
(C) [×] software(소프트웨어)와 관련 있는 smartphones(스마트폰들)를 사용하여 혼동을 준 오답이다.

어휘   latest[léitist] 최신의

20

🎧 호주식 발음 → 영국식 발음

Where will the electric car advertisement air tomorrow?

(A) The air filter has been fully tested.
(B) Most cars are now more fuel-efficient.
(C) On radio and TV stations nationally.

내일 전기차 광고는 어디에서 방송될 건가요?

(A) 공기 필터는 완전히 검사되었습니다.
(B) 대부분의 차량들은 지금 더 연비가 좋습니다.
(C) 전국적으로 라디오와 TV 방송사들에서요.

■ Where 의문문   정답 (C)

내일 전기차 광고가 어디에서 방송될 것인지를 묻는 Where 의문문이다.
(A) [×] 질문의 air(방송되다)를 '공기'라는 의미의 명사로 반복 사용하여 혼동을 준 오답이다.
(B) [×] 질문의 car를 cars로 반복 사용하여 혼동을 준 오답이다.
(C) [○] 전국적으로 라디오와 TV 방송사들에서라는 말로 내일 전기차 광고가 방송될 매체를 언급했으므로 정답이다.

어휘   air[미 eər, 영 eə(r)] 방송되다   fuel-efficient[fjúːəlifiʃənt] 연비가 좋은

21

🎧 영국식 발음 → 캐나다식 발음

Can I share a ride with you to the airport?

(A) My business trip was canceled.
(B) Approximately two hours.
(C) What do you want to have for lunch?

제가 공항까지 당신과 차를 같이 탈 수 있나요?

(A) 제 출장이 취소되었어요.
(B) 대략 두 시간이요.
(C) 당신은 점심으로 무엇을 먹고 싶나요?

■ 조동사 의문문   정답 (A)

자신이 공항까지 상대방과 차를 같이 탈 수 있는지를 확인하는 조동사(Can) 의문문이다.
(A) [○] 자신의 출장이 취소되었다는 말로 공항까지 차를 같이 탈 수 없음을 간접적으로 전달했으므로 정답이다.
(B) [×] 공항까지 차를 같이 탈 수 있는지를 물었는데, 이와 관련이 없는 대략 두 시간이라는 내용으로 응답했으므로 오답이다. 질문의 to the airport(공항까지)에서 연상할 수 있는 소요 시간과 관련된 two hours(두 시간)를 사용하여 혼동을 주었다.
(C) [×] 공항까지 차를 같이 탈 수 있는지를 물었는데, 이와 관련이 없는 점심으로 무엇을 먹고 싶냐는 내용으로 되물었으므로 오답이다.

어휘   business trip 출장   approximately[əprɑ́ːksimətli] 대략

22

🔊 호주식 발음 → 미국식 발음

Orders must be received by noon to qualify for free shipping.

(A) You cannot change the order amount.
(B) I had better submit it now then.
(C) I think the shipment arrived yesterday.

무료 배송에 대한 자격을 얻으려면 정오까지 주문이 접수되어야 합니다.

(A) 당신은 주문 금액을 변경할 수 없어요.
(B) 그럼 지금 그것을 제출하는 게 좋겠어요.
(C) 배송품이 어제 도착한 것 같아요.

■ 평서문
정답 (B)

무료 배송에 대한 자격을 얻으려면 정오까지 주문이 접수되어야 한다는 객관적인 사실을 전달하는 평서문이다.
(A) [×] 질문의 Orders를 order로 반복 사용하여 혼동을 준 오답이다.
(B) [○] 그럼 지금 그것을 제출하는 게 좋겠다는 말로 무료 배송에 대한 자격을 얻기 위해 지금 주문을 할 것임을 전달했으므로 정답이다.
(C) [×] shipping(배송)과 관련 있는 shipment(배송품)를 사용하여 혼동을 준 오답이다.

어휘 order[미 ɔ́ːrdər, 영 ɔ́ːdə] 주문; 주문하다 qualify[미 kwάːlifai, 영 kwɔ́lifai] 자격을 얻다 submit[səbmít] 제출하다
shipment[ʃípmənt] 배송품, 수송품

23

🔊 캐나다식 발음 → 영국식 발음

What product should I use to clean the desk?

(A) The liquid in the blue bottle.
(B) Some new desktops.
(C) Before your shift ends.

저는 책상을 청소하기 위해 어떤 제품을 사용해야 하나요?

(A) 파란색 병에 담긴 액체요.
(B) 몇몇 새로운 데스크톱 컴퓨터들이요.
(C) 당신의 근무 시간이 끝나기 전에요.

■ What 의문문
정답 (A)

책상을 청소하기 위해 어떤 제품을 사용해야 하는지를 묻는 What 의문문이다. What product를 반드시 들어야 한다.
(A) [○] 파란색 병에 담긴 액체라는 말로 책상을 청소하기 위해 사용해야 하는 제품을 전달했으므로 정답이다.
(B) [×] desk – desktops의 유사 발음 어휘를 사용하여 혼동을 준 오답이다.
(C) [×] 질문의 clean(청소하다)에서 연상할 수 있는 청소 업무와 관련된 shift(근무 시간)를 사용하여 혼동을 준 오답이다.

어휘 liquid[líkwid] 액체 shift[ʃift] 근무 시간

24

🔊 영국식 발음 → 캐나다식 발음

How long did it take you to become an attorney?

(A) The law office is just across the street.
(B) Hiring a good attorney can be expensive.
(C) I'm still working on it.

당신은 변호사가 되기까지 얼마나 걸렸나요?

(A) 법률 사무소는 바로 길 건너에 있어요.
(B) 좋은 변호사를 고용하는 것은 돈이 많이 들 수 있어요.
(C) 저는 아직 노력 중이에요.

■ How 의문문
정답 (C)

변호사가 되기까지 얼마나 걸렸는지를 묻는 How 의문문이다. How long이 기간을 묻는 것임을 이해할 수 있어야 한다.
(A) [×] attorney(변호사)와 관련 있는 law office(법률 사무소)를 사용하여 혼동을 준 오답이다.
(B) [×] 질문의 attorney를 반복 사용하여 혼동을 준 오답이다.
(C) [○] 아직 노력 중이라는 말로 변호사가 되지 않았음을 간접적으로 전달했으므로 정답이다.

어휘 attorney[미 ətə́ːrni, 영 ətə́ːni] 변호사, 대리인 law[lɔː] 법률, 법

○○○●○

25

🔊 영국식 발음 → 호주식 발음

All first-class passengers can enter the train station's lounge for free.

(A) I prefer to book online.
(B) Oh, I will take advantage of that.
(C) No. I missed my flight.

모든 일등석 승객들은 기차역의 라운지를 무료로 입장할 수 있습니다.

(A) 저는 온라인으로 예약하는 것을 선호해요.
(B) 아, 저는 그것을 이용할 거예요.
(C) 아니요. 저는 제 비행기를 놓쳤어요.

■ 평서문

정답 (B)

모든 일등석 승객들이 기차역의 라운지를 무료로 입장할 수 있다는 객관적인 사실을 전달하는 평서문이다.
(A) [×] train station(기차역)에서 연상할 수 있는 기차표와 관련된 book(예약하다)을 사용하여 혼동을 준 오답이다.
(B) [○] 자신이 그것을 이용할 거라는 말로 기차역의 라운지를 무료로 입장할 것임을 전달했으므로 정답이다.
(C) [×] first-class passengers(일등석 승객들)와 lounge(라운지)에서 연상할 수 있는 공항과 관련된 flight(비행기)를 사용하여 혼동을 준 오답이다.

어휘 book[buk] 예약하다 take advantage of ~을 이용하다

○○○●○

26

🔊 캐나다식 발음 → 영국식 발음

Isn't it too late to get tickets for the concert?

(A) There are some balcony seats left.
(B) Please be on time.
(C) At the box office.

콘서트 표들을 구하기에 너무 늦은 것 아닌가요?

(A) 몇몇 발코니 좌석들이 남아 있어요.
(B) 제시간에 오세요.
(C) 매표소에서요.

■ 부정 의문문

정답 (A)

콘서트 표들을 구하기에 너무 늦은 것 아닌지를 묻는 부정 의문문이다.
(A) [○] 몇몇 발코니 좌석들이 남아 있다는 말로 콘서트 표들을 구하기에 너무 늦지 않았음을 간접적으로 전달했으므로 정답이다.
(B) [×] late(늦은)에서 연상할 수 있는 약속 시간과 관련된 be on time(제시간에 오다)을 사용하여 혼동을 준 오답이다.
(C) [×] tickets(표들)와 관련 있는 box office(매표소)를 사용하여 혼동을 준 오답이다.

어휘 box office 매표소

○○○●○

🔊 미국식 발음 → 캐나다식 발음

Why hasn't your daily work schedule been updated?

(A) Sure, it won't take very long.
(B) Install the updates before you leave.
(C) I'm going to do it this afternoon.

당신의 일일 작업 일정은 왜 업데이트되지 않았나요?

(A) 물론이죠, 그것은 그리 오래 안 걸릴 거예요.
(B) 당신이 떠나기 전에 업데이트를 설치하세요.
(C) 저는 그것을 오늘 오후에 할 거예요.

■ Why 의문문

정답 (C)

일일 작업 일정이 왜 업데이트되지 않았는지를 묻는 Why 의문문이다.
(A) [×] 의문사 의문문에 Yes와 같은 의미인 Sure로 응답했으므로 오답이다. 질문의 daily work schedule을 나타낼 수 있는 it을 사용하여 혼동을 주었다.
(B) [×] 질문의 updated를 updates로 반복 사용하여 혼동을 준 오답이다.
(C) [○] 자신이 그것을 오늘 오후에 할 거라는 말로 일일 작업 일정이 업데이트되지 않은 이유를 간접적으로 전달했으므로 정답이다.

28
○○○●○ 중

🔊 캐나다식 발음 → 호주식 발음

Are all the snack samples ready to be distributed, or shall I wait?

(A) Can you come back in five minutes?
(B) I like the design of the sample page.
(C) Its distribution network is vast.

모든 스낵 샘플들은 배부될 준비가 되었나요, 아니면 제가 기다려야 할까요?

(A) 5분 후에 다시 올 수 있나요?
(B) 저는 샘플 페이지의 디자인이 마음에 들어요.
(C) 그것의 유통망은 방대해요.

■ 선택 의문문
정답 (A)

모든 스낵 샘플들이 배부될 준비가 되었는지 아니면 자신이 기다려야 하는지를 묻는 선택 의문문이다.
(A) [o] 5분 후에 다시 올 수 있는지를 되물어 상대방이 기다려야 한다는 것을 선택했으므로 정답이다.
(B) [×] 질문의 samples를 sample로 반복 사용하여 혼동을 준 오답이다.
(C) [×] distributed – distribution의 유사 발음 어휘를 사용하여 혼동을 준 오답이다.

어휘 distribute[distríbju:t] 배부하다, 나누어 주다 distribution[dìstribjú:ʃən] 유통, 분배 vast[미 væst, 영 vɑ:st] 방대한, 막대한

29
○○○○○ 하

🔊 미국식 발음 → 캐나다식 발음

Is there a chance to go backstage before the event starts?

(A) The lights are ready.
(B) Yes. The director approved it.
(C) It was a great show.

행사 시작 전에 무대 뒤로 갈 기회가 있나요?

(A) 조명은 준비되었어요.
(B) 네. 감독이 그것을 승인했어요.
(C) 그것은 엄청난 쇼였어요.

■ Be 동사 의문문
정답 (B)

행사 시작 전에 무대 뒤로 갈 기회가 있는지를 묻는 Be 동사 의문문이다.
(A) [×] backstage(무대 뒤)와 관련 있는 lights(조명)를 사용하여 혼동을 준 오답이다.
(B) [o] Yes로 행사 시작 전에 무대 뒤로 갈 기회가 있음을 전달한 후, 감독이 그것을 승인했다는 부연 설명을 했으므로 정답이다.
(C) [×] event(행사)와 관련 있는 show(쇼)를 사용하여 혼동을 준 오답이다.

어휘 backstage[bǽkstéidʒ] 무대 뒤, 분장실 approve[əprúːv] 승인하다

30
○○○●○ 상

🔊 호주식 발음 → 미국식 발음

Didn't the books you ordered arrive last week?

(A) Please put them in order.
(B) His last novel is really famous.
(C) They're still in transit.

당신이 주문한 책들이 지난주에 도착하지 않았나요?

(A) 그것들을 순서대로 놓아주세요.
(B) 그의 마지막 소설은 정말 유명해요.
(C) 그것들은 아직 배송 중에 있어요.

■ 부정 의문문
정답 (C)

주문한 책들이 지난주에 도착하지 않았는지를 묻는 부정 의문문이다.
(A) [×] 질문의 ordered(주문했다)를 '순서'라는 의미의 명사 order로 반복 사용하여 혼동을 준 오답이다.
(B) [×] His가 나타내는 대상이 질문에 없으므로 오답이다. books(책들)와 관련 있는 novel(소설)을 사용하고, 질문의 last(지난)를 '마지막의' 라는 의미로 반복 사용하여 혼동을 주었다.
(C) [o] 아직 배송 중에 있다는 말로 주문한 책들이 지난주에 도착하지 않았음을 간접적으로 전달했으므로 정답이다.

어휘 novel[nάːvəl] 소설 in transit 배송 중에

🎧 미국식 발음 → 호주식 발음

Have you visited the Hotel Venoby rooftop at sunset?

(A) Yes, my room was very spacious.
(B) Let's set the table now.
(C) The view is the best.

일몰에 Venoby 호텔의 옥상을 방문해 본 적이 있나요?

(A) 네, 제 방은 매우 넓었어요.
(B) 지금 탁자를 준비합시다.
(C) 그 경치는 최고예요.

■ **조동사 의문문**   정답 (C)

일몰에 Venoby 호텔의 옥상을 방문해 본 적이 있는지를 확인하는 조동사(Have) 의문문이다.
(A) [x] Hotel(호텔)과 관련 있는 room(방)을 사용하여 혼동을 준 오답이다. Yes만 듣고 정답으로 고르지 않도록 주의한다.
(B) [x] sunset – set의 유사 발음 어휘를 사용하여 혼동을 준 오답이다.
(C) [o] 그 경치가 최고라는 말로 일몰에 Venoby 호텔의 옥상을 방문해 본 적이 있음을 간접적으로 전달했으므로 정답이다.

어휘   spacious [spéiʃəs] 넓은

32
33
34

Questions 32-34 refer to the following conversation.

🎧 호주식 발음 → 영국식 발음

M: Hi, Andrea. It's Kevin. ³²I just submitted the financial report you helped me with. If you don't have plans, I'd like to treat you to lunch today. ³³I was thinking of heading to India Palace. Is that OK with you?

W: That would be great. ³³I can call them to reserve a table. They're always crowded at lunch.

M: I already did. They said they had a table for two available.

W: Perfect. ³⁴Why don't we meet in the lobby in 15 minutes? I'd like to respond to one more e-mail quickly.

32 What did the woman help the man with?
(A) An interview
(B) An experiment
(C) A survey
(D) A document

33 Why does the woman say she will call a business?
(A) To confirm the location
(B) To find out their opening hours
(C) To make a reservation
(D) To complain about the service

34 What does the woman suggest?
(A) Placing a takeout order
(B) Meeting in a lobby
(C) Inviting some other colleagues
(D) Hiring a different caterer

32-34번은 다음 대화에 관한 문제입니다.

M: 안녕하세요, Andrea. Kevin이에요. ³²저는 방금 당신이 저를 도와주셨던 재무 보고서를 제출했어요. 만약 당신이 계획이 없다면, 저는 오늘 당신에게 점심을 대접하고 싶어요. ³³저는 India Palace에 가려고 생각하고 있었어요. 당신은 괜찮은가요?

W: 그거 좋네요. ³³저는 테이블을 예약하기 위해 그들에게 전화할 수 있어요. 그들은 점심에 항상 붐벼요.

M: 제가 이미 했어요. 그들은 두 명을 위한 테이블이 있다고 말했어요.

W: 완벽하네요. ³⁴15분 후에 로비에서 만나는 게 어때요? 저는 신속하게 이메일 한 통만 더 답장을 보내고 싶어요.

32. 여자는 남자에게 무엇을 도와주었는가?
(A) 인터뷰
(B) 실험
(C) 설문 조사
(D) 문서

33. 여자는 왜 업체에 전화할 것이라고 말하는가?
(A) 위치를 확인하기 위해
(B) 그들의 영업시간을 알아보기 위해
(C) 예약하기 위해
(D) 서비스에 대해 불평하기 위해

34. 여자는 무엇을 제안하는가?
(A) 포장용 음식을 주문하는 것
(B) 로비에서 만나는 것
(C) 몇몇 다른 동료들을 초대하는 것
(D) 다른 음식 공급업자를 고용하는 것

지문　submit[səbmít] 제출하다　financial[fainǽnʃəl] 재무의, 재정의　treat[tri:t] 대접하다　head[hed] 가다, 향하다
　　　reserve[미 rizə́:rv, 영 rizə́:v] 예약하다　crowded[kráudid] 붐비는, 혼잡한　respond[미 rispáːnd, 영 rispɔ́nd] 답장을 보내다, 대답하다

32　experiment[ikspérimənt] 실험　survey[sə́:rvei] 설문 조사

33　confirm[kənfə́:rm] 확인하다, 확정하다　find out 알아보다　complain[kəmpléin] 불평하다, 항의하다

34　place an order 주문하다　takeout[téikàut] 포장용 음식　colleague[káːliːɡ] 동료　caterer[kéitərər] 음식 공급업자

---

32 ■ 세부 사항 관련 문제 특정 세부 사항　　　　　　　　　　　　　　　　　　　　　　　　　　　　　정답 (D)

○○○ 여자가 남자에게 도와준 것을 묻는 문제이므로, 질문의 핵심어구(help ~ with)가 언급된 주변을 주의 깊게 듣는다. 남자가 "I just
●●○
중　submitted the financial report you helped me with."라며 방금 여자가 자신을 도와주었던 재무 보고서를 제출했다고 하였다. 따라서 정답은 (D) A document이다.

바꾸어 표현하기
report 보고서 → document 문서

33 ■ 세부 사항 관련 문제 이유　　　　　　　　　　　　　　　　　　　　　　　　　　　　　　　　　정답 (C)

○○○ 여자가 업체에 전화할 것이라고 말하는 이유를 묻는 문제이므로, 질문의 핵심어구(call a business)와 관련된 내용을 주의 깊게 듣는다.
●●○
중　남자가 "I was thinking of heading to India Palace. Is that OK with you?"라며 India Palace에 가려고 생각하고 있었다며 여자에게 괜찮은지 묻자, 여자가 "I can call them to reserve a table."이라며 테이블을 예약하기 위해 그들에게 전화할 수 있다고 하였다. 따라서 정답은 (C) To make a reservation이다.

바꾸어 표현하기
reserve 예약하다 → make a reservation 예약하다

34 ■ 세부 사항 관련 문제 제안　　　　　　　　　　　　　　　　　　　　　　　　　　　　　　　　　정답 (B)

○○○ 여자가 제안하는 것을 묻는 문제이므로, 여자의 말에서 제안과 관련된 표현이 언급된 다음을 주의 깊게 듣는다. 여자가 "Why don't we
●○○
하　meet in the lobby in 15 minutes?"라며 15분 후에 로비에서 만나는 것을 제안하였다. 따라서 정답은 (B) Meeting in a lobby이다.

Questions 35-37 refer to the following conversation.

🎧 미국식 발음 → 캐나다식 발음

W: Good morning, ³⁵/³⁶I'm wondering if you ever got around to unpacking the shipment of produce that our grocery store received from the farm. It includes cucumbers, bell peppers, and onions.

M: ³⁶I meant to do that this morning, but I've just been too busy. I'm sorry. I can start now if you'd like me to.

W: Yes, please do. ³⁷I'll ask Stephen to help you take everything out of the boxes. If you two work together, you should be able to finish pretty quickly.

35 Where most likely do the speakers work?
(A) At a restaurant
(B) At a farm
(C) At a supermarket
(D) At a factory

36 Why does the man apologize?
(A) He cannot attend a meeting.
(B) He is not going to deliver some products.
(C) He has not replied to a message.
(D) He did not complete a task.

37 What does the woman say about Stephen?
(A) He will provide assistance.
(B) He will bring some equipment.
(C) He is busy at the moment.
(D) He recently started a job.

35-37번은 다음 대화에 관한 문제입니다.

W: 안녕하세요, ³⁵/³⁶혹시 우리 식료품 가게가 농장으로부터 받은 농산물 배송품을 꺼낼 시간을 냈는지 궁금해서요. 그것은 오이, 피망, 그리고 양파를 포함해요.

M: ³⁶제가 오늘 아침에 그것을 하려고 했지만, 너무 바빴어요. 죄송해요. 만약 당신이 원한다면 저는 지금 시작할 수 있어요.

W: 네, 그렇게 해주세요. ³⁷제가 Stephen에게 당신이 상자에서 모든 것을 꺼내는 것을 도와주라고 부탁할게요. 둘이서 같이 일하면, 꽤 빨리 끝낼 수 있을 거예요.

35. 화자들은 어디에서 일하는 것 같은가?
(A) 식당에서
(B) 농장에서
(C) 슈퍼마켓에서
(D) 공장에서

36. 남자는 왜 사과하는가?
(A) 그는 회의에 참석할 수 없다.
(B) 그는 몇몇 제품들을 배달하지 않을 것이다.
(C) 그는 메시지에 대답하지 않았다.
(D) 그는 업무를 완료하지 않았다.

37. 여자는 Stephen에 관해 무엇을 말하는가?
(A) 그는 도움을 제공할 것이다.
(B) 그는 몇몇 장비를 가져올 것이다.
(C) 그는 지금 바쁘다.
(D) 그는 최근에 일을 시작했다.

지문 wonder[wʌ́ndər] 궁금해하다 get around to ~을 할 시간을 내다 unpack[ʌ̀npǽk] 꺼내다 produce[prádju:s] 농산물 grocery store 식료품 가게 cucumber[kjú:kʌmbər] 오이 bell pepper 피망 onion[ʌ́njən] 양파

35 supermarket[sú:pərma:rkət] 슈퍼마켓(식량·잡화 따위를 취급하는 큰 시장가)   36 reply[riplái] 대답하다, 응하다 task[tæsk] 업무

37 assistance[əsístəns] 도움 equipment[ikwípmənt] 장비, 기기 at the moment 지금

---

35 ■ 전체 대화 관련 문제 화자   정답 (C)

화자들이 일하는 장소를 묻는 문제이므로, 신분 및 직업과 관련된 표현을 놓치지 않고 듣는다. 여자가 "I'm wondering if you ever got around to unpacking the shipment of produce that our grocery store received from the farm"이라며 혹시 자신들의 식료품 가게가 농장으로부터 받은 농산물 배송품을 꺼낼 시간을 냈었는지 궁금하다고 한 말을 통해 화자들이 일하는 장소가 식료품을 판매하는 슈퍼마켓임을 알 수 있다. 따라서 정답은 (C) At a supermarket이다.

바꾸어 표현하기
grocery store 식료품 가게 → supermarket 슈퍼마켓

36 ■ 세부 사항 관련 문제 이유   정답 (D)

남자가 사과하는 이유를 묻는 문제이므로, 질문의 핵심어구(apologize)와 관련된 내용을 주의 깊게 듣는다. 여자가 "I'm wondering if you ever got around to unpacking the shipment of produce that our grocery store received from the farm"이라며 혹시 자신들의 식료품 가게가 농장으로부터 받은 농산물 배송품을 꺼낼 시간을 냈었는지 궁금하다고 하자, 남자가 "I meant to do that this morning, but I've just been too busy. I'm sorry."라며 오늘 아침에 그것을 하려고 했지만 너무 바빴다며 죄송하다고 하였다. 따라서 정답은 (D) He did not complete a task이다.

37 ■ 세부 사항 관련 문제 언급   정답 (A)

여자가 Stephen에 관해 언급하는 것을 묻는 문제이므로, 여자의 말에서 질문의 핵심어구(Stephen)가 언급된 주변을 주의 깊게 듣는다. 여자가 "I'll ask Stephen to help you take everything out of the boxes."라며 Stephen에게 남자가 상자에서 모든 것을 꺼내는 것을 도와주라고 부탁하겠다고 하였다. 따라서 정답은 (A) He will provide assistance이다.

바꾸어 표현하기
help 도와주다 → provide assistance 도움을 제공하다

Questions 38-40 refer to the following conversation with three speakers.

🎧 호주식 발음 → 미국식 발음 → 영국식 발음

M: Excuse me. Do you still have this coat in green? If so, I'd like a medium.

W1: Actually, I don't think it comes in that color. I believe it's only available in blue and red.

M: ³⁸A friend of mine bought it in green last week from this very store.

W1: Oh, really? My mistake. Well, let me find out for you . . . ⁴⁰Amy? Do we have this garment in green?

W2: ³⁹/⁴⁰A new shipment of merchandise was just delivered. ⁴⁰I can look for some green coats now if the customer has some time.

W1: Great. Can you wait a few minutes, sir?

M: Sure. That's no problem.

38 According to the man, what did his friend do?
(A) Canceled an order
(B) Called about a garment
(C) Completed a repair
(D) Purchased an item

39 What is mentioned about a shipment?
(A) It recently arrived.
(B) It came from overseas.
(C) It includes some footwear.
(D) It is stored in a warehouse.

40 What will Amy do next?
(A) Scan a coupon
(B) Check some inventory
(C) Process a return
(D) Help another customer

38-40번은 다음 세 명의 대화에 관한 문제입니다.

M: 실례합니다. 아직 이 코트를 초록색으로 가지고 있으신가요? 그렇다면, 중간 사이즈로 사고 싶어요.

W1: 사실, 그것은 그 색상으로 나오지 않는 것 같아요. 파란색과 빨간색으로만 있는 걸로 알고 있어요.

M: ³⁸제 친구가 지난주에 바로 이 가게에서 그것을 초록색으로 샀어요.

W1: 아, 정말요? 제 실수예요. 음, 제가 당신을 위해 찾아볼게요… ⁴⁰Amy? 우리가 이 의류를 초록색으로 가지고 있나요?

W2: ³⁹/⁴⁰상품의 새로운 배송품이 막 배송되었어요. ⁴⁰고객께서 시간이 있으시다면 제가 지금 초록색 코트를 찾아볼 수 있어요.

W1: 좋아요. 잠시만 기다려 주시겠어요, 손님?

M: 물론이죠. 문제없어요.

38. 남자에 따르면, 그의 친구는 무엇을 했는가?
(A) 주문을 취소했다.
(B) 의류에 대해 전화했다.
(C) 수리를 완료했다.
(D) 물건을 구매했다.

39. 배송품에 관해 무엇이 언급되는가?
(A) 최근에 도착했다.
(B) 해외로부터 왔다.
(C) 몇몇 신발들을 포함한다.
(D) 창고에 보관되어 있다.

40. Amy는 다음에 무엇을 할 것인가?
(A) 쿠폰을 스캔한다.
(B) 일부 재고를 확인한다.
(C) 환불을 처리한다.
(D) 다른 고객을 돕는다.

지문 garment[gáːrmənt] 의류, 옷   merchandise[미 mə́ːrtʃəndàiz, 영 mə́ːtʃəndaiz] 상품
39 overseas[òuvərsíːz] 해외로   footwear[fútwer] 신발   warehouse[wɛ́rhaus] 창고
40 inventory[ínvəntɔ̀ːri] 재고   process[práːses] 처리하다

38 ■ 세부 사항 관련 문제 특정 세부 사항   정답 (D)
남자의 친구가 한 것을 묻는 문제이므로, 질문의 핵심어구(his friend do)와 관련된 내용을 주의 깊게 듣는다. 남자가 "A friend of mine bought it[coat] in green last week from this very store."라며 자신의 친구가 지난주에 바로 이 가게에서 코트를 초록색으로 샀다고 하였다. 따라서 정답은 (D) Purchased an item이다.

39 ■ 세부 사항 관련 문제 언급   정답 (A)
배송품에 관해 언급되는 것을 묻는 문제이므로, 질문의 핵심어구(shipment)가 언급된 내용을 주의 깊게 듣는다. 여자 2가 "A new shipment of merchandise was just delivered."라며 상품의 새로운 배송품이 막 배송되었다고 하였다. 따라서 정답은 (A) It recently arrived이다.

바꾸어 표현하기
was just delivered 막 배송되었다 → recently arrived 최근에 도착했다

40 ■ 세부 사항 관련 문제 다음에 할 일   정답 (B)
Amy 즉, 여자 2가 다음에 할 일을 묻는 문제이므로, 질문의 핵심어구(Amy)가 언급된 주변을 주의 깊게 듣는다. 여자 1이 "Amy? Do we have this garment in green?"이라며 Amy에게 이 의류를 초록색으로 가지고 있는지 묻자, 여자 2[Amy]가 "A new shipment of merchandise was just delivered. I can look for some green coats now if the customer has some time."이라며 상품의 새로운 배송품이 막 배송되었다고 한 뒤, 고객이 시간이 있다면 지금 초록색 코트를 찾아볼 수 있다고 하였다. 따라서 정답은 (B) Check some inventory이다.

Questions 41-43 refer to the following conversation.

🎧 미국식 발음 → 캐나다식 발음

W: Overall, ⁴¹last month's research effort was a success. The customers who participated in the survey had some very valuable insights that we can use as we develop our next smartwatch model.

M: What in particular did you learn?

W: ⁴²Customers really enjoy the clarity and durability of the display in our latest model, the X31. They made it very clear that the same one should be used in the next model.

M: That's very encouraging.

W: Yes, definitely. However, ⁴³one issue that came up multiple times is how many people find the X31 too large for their wrist.

M: The X32 is going to be smaller than the X31.

41 What took place last month?
(A) An industry trade show
(B) A product launch
(C) A customer survey
(D) A shareholder meeting

42 What does the woman mention about the X31?
(A) It is being offered at a discount.
(B) It is considered outdated by users.
(C) It has multiple design issues.
(D) It has a high-quality display.

43 Why does the man say, "The X32 is going to be smaller than the X31"?
(A) To give reassurance
(B) To express concern
(C) To encourage testing of a device
(D) To reject a request

41-43번은 다음 대화에 관한 문제입니다.

W: 전반적으로, ⁴¹지난달의 조사 활동은 성공적이었어요. 설문 조사에 참여한 고객들은 우리가 다음 스마트 시계 모델을 개발할 때 활용할 수 있는 매우 유용한 통찰력을 가지고 있었어요.

M: 특별히 무엇을 알게 되었나요?

W: ⁴²고객들은 우리의 최신 모델인 X31의 디스플레이 선명도와 내구성을 매우 좋아해요. 그들은 다음 모델에 똑같은 것이 사용되어야 한다는 것을 매우 분명히 했어요.

M: 그건 정말 기운이 나게 하네요.

W: 네, 물론이죠. 하지만, ⁴³여러 번 제기된 한 가지 문제는 얼마나 많은 사람들이 X31이 그들의 손목에 너무 크다고 생각하는지예요.

M: X32는 X31보다 작을 거예요.

41. 지난달에 무슨 일이 일어났는가?
(A) 산업 무역 박람회
(B) 제품 출시 행사
(C) 고객 설문 조사
(D) 주주 회의

42. 여자는 X31에 관해 무엇을 언급하는가?
(A) 할인된 가격에 제공되고 있다.
(B) 사용자들에게 구식으로 여겨진다.
(C) 여러 디자인 문제들이 있다.
(D) 고품질 디스플레이를 가지고 있다.

43. 남자는 왜 "X32는 X31보다 작을 거예요"라고 말하는가?
(A) 안심시키기 위해
(B) 우려를 표하기 위해
(C) 기기 시험을 권장하기 위해
(D) 요청을 거절하기 위해

지문 overall[òuvərɔ́ːl] 전반적으로 effort[éfərt] 활동, 노력 valuable[væljuəbl] 유용한, 귀중한 insight[ínsait] 통찰력 in particular 특별히, 특히 clarity[klǽrəti] 선명도, 명확성 durability[djùərəbíləti] 내구성 latest[léitist] 최신의 definitely[défənitli] 물론, 분명히 issue[íʃuː] 문제, 쟁점
41 launch[lɔːntʃ] 출시 행사 shareholder[ʃérhouldər] 주주   42 outdated[àutdéitid] 구식의, 시대에 뒤진 high-quality 고품질의, 고급의
43 reassurance[rìːəʃúrəns] 안심시키기, 안심 concern[kənsɔ́ːrn] 우려, 걱정 reject[ridʒékt] 거절하다

---

41 ■ 세부 사항 관련 문제 특정 세부 사항   정답 (C)

지난달에 일어난 일을 묻는 문제이므로, 질문의 핵심어구(last month)가 언급된 주변을 주의 깊게 듣는다. 여자가 "last month's research effort was a success. The customers who participated in the survey had some very valuable insights"라며 지난달의 조사 활동이 성공적이었다며 설문 조사에 참여한 고객들이 매우 유용한 통찰력을 가지고 있었다고 하였다. 따라서 정답은 (C) A customer survey이다.

42 ■ 세부 사항 관련 문제 언급   정답 (D)

여자가 X31에 관해 언급하는 것을 묻는 문제이므로, 여자의 말에서 질문의 핵심어구(X31)가 언급된 주변을 주의 깊게 듣는다. 여자가 "Customers really enjoy the clarity and durability of the display in our latest model, the X31."이라며 고객들이 최신 모델인 X31의 디스플레이 선명도와 내구성을 매우 좋아한다고 하였다. 따라서 정답은 (D) It has a high-quality display이다.

43 ■ 세부 사항 관련 문제 의도 파악   정답 (A)

남자가 하는 말의 의도를 묻는 문제이므로, 질문의 인용어구(The X32 is going to be smaller than the X31)가 언급된 주변을 주의 깊게 듣는다. 여자가 "one issue that came up multiple times is how many people find the X31 too large for their wrist"라며 여러 번 제기된 한 가지 문제가 얼마나 많은 사람들이 X31이 그들의 손목에 너무 크다고 생각하는지라고 하자, 남자가 "The X32 is going to be smaller than the X31."이라며 X32가 X31보다 작을 것이라고 하였다. 이를 통해 남자가 여자를 안심시키려는 의도임을 알 수 있다. 따라서 정답은 (A) To give reassurance이다.

Questions 44-46 refer to the following conversation.

🎧 영국식 발음 → 호주식 발음

W: I'm wondering how much longer you and your crew will be working in our staff break room. ⁴⁴Are you almost done fixing the leaky pipes and installing the new sink?

M: ⁴⁵It's nearly complete, but, unfortunately, we're almost out of the pipe we need for the job. That's going to slow down the process for us.

W: Oh, I see. Does that mean you're going to have to return tomorrow?

M: No. ⁴⁶I'm going to have one of my employees drive to a store to get the necessary items. We should still be able to complete the job this afternoon.

44 Who most likely is the man?
(A) A secretary
(B) A plumber
(C) A city official
(D) A building owner

45 What situation does the man say is unfortunate?
(A) Some projects have been canceled.
(B) Some supplies are running low.
(C) Some instructions are inaccurate.
(D) Some offers were declined.

46 What does the man say he will do?
(A) Make a list of necessary items
(B) Approve a construction permit
(C) Return some unused parts
(D) Send someone on an errand

44-46번은 다음 대화에 관한 문제입니다.

W: 당신과 당신의 팀이 저희의 직원 휴게실에서 얼마나 더 오랫동안 작업할지 궁금해요. ⁴⁴물이 새는 파이프들을 고치고 새로운 싱크대를 설치하는 것이 거의 다 끝났나요?

M: ⁴⁵거의 끝났지만, 안타깝게도, 저희는 작업을 위해 필요한 파이프가 거의 다 떨어졌어요. 그것이 저희의 과정을 늦출 거예요.

W: 아, 알겠습니다. 그 말은 내일 다시 오셔야 할 것임을 의미하나요?

M: 아니요. ⁴⁶제 직원들 중 한 명에게 상점으로 차를 몰고 가서 필요한 물품들을 가져오도록 할 거예요. 저희는 여전히 오늘 오후에 작업을 마칠 수 있을 거예요.

44. 남자는 누구인 것 같은가?
(A) 비서
(B) 배관공
(C) 시 공무원
(D) 건물 주인

45. 남자는 어떤 상황이 유감스럽다고 말하는가?
(A) 프로젝트들이 취소되었다.
(B) 용품들이 떨어져 가고 있다.
(C) 지시들이 부정확하다.
(D) 제안들이 거절되었다.

46. 남자는 무엇을 할 것이라고 말하는가?
(A) 필요한 물품들의 목록을 만든다.
(B) 건설 허가를 승인한다.
(C) 사용하지 않은 부품들을 반납한다.
(D) 누군가를 심부름 보낸다.

지문 **crew**[kru:] 팀, 직원 **break room** 휴게실 **leaky**[líːki] (물·가스 등이) 새는, 구멍이 난
unfortunately[미 ʌnfɔ́ːrtʃənətli, 영 ʌnfɔ́ːtʃənətli] 안타깝게도, 유감스럽게도 **necessary**[nésəseri] 필요한, 필수의
44 **secretary**[sékrəteri] 비서 **plumber**[plʌ́mər] 배관공
45 **unfortunate**[ʌnfɔ́ːrtʃənət] 유감스러운 **supply**[səplái] 용품, 보급품 **inaccurate**[inǽkjərət] 부정확한, 오류가 있는 **decline**[dikláin] 거절하다
46 **permit**[pə́ːrmit] 허가, 허가증 **unused**[ʌnjúːzd] 사용하지 않은 **errand**[érənd] 심부름, 일

---

44 ■ **전체 대화 관련 문제** 화자   정답 (B)

남자의 신분을 묻는 문제이므로, 신분 및 직업과 관련된 표현을 놓치지 않고 듣는다. 여자가 "Are you almost done fixing the leaky pipes and installing the new sink?"라며 남자에게 물이 새는 파이프들을 고치고 새로운 싱크대를 설치하는 것이 거의 다 끝났는지 물었다. 이를 통해 남자가 배관공임을 알 수 있다. 따라서 정답은 (B) A plumber이다.

45 ■ **세부 사항 관련 문제** 특정 세부 사항   정답 (B)

남자가 유감스럽다고 말하는 상황을 묻는 문제이므로, 남자의 말에서 부정적인 표현이 언급된 다음을 주의 깊게 듣는다. 남자가 "It's nearly complete, but, unfortunately, we're almost out of the pipe we need for the job."이라며 거의 끝났지만 안타깝게도 작업을 위해 필요한 파이프가 거의 다 떨어졌다고 하였다. 따라서 정답은 (B) Some supplies are running low이다.

바꾸어 표현하기
almost out of the pipe 파이프가 거의 다 떨어진 → Some supplies are running low 용품들이 떨어져 가고 있다

46 ■ **세부 사항 관련 문제** 다음에 할 일   정답 (D)

남자가 다음에 할 일을 묻는 문제이므로, 대화의 마지막 부분을 주의 깊게 듣는다. 남자가 "I'm going to have one of my employees drive to a store to get the necessary items."라며 자신의 직원들 중 한 명에게 상점으로 차를 몰고 가서 필요한 물품들을 가져오도록 할 것이라고 하였다. 따라서 정답은 (D) Send someone on an errand이다.

Questions 47-49 refer to the following conversation.

🎧 영국식 발음 → 캐나다식 발음

W: ⁴⁷I'm done examining your coffee shop, Mr. Miller. Overall, the space is clean and meets most of our state's health and safety guidelines. However, I did notice one issue.

M: Really? What seems to be the problem?

W: I didn't see any fire extinguishers in the shop. ⁴⁸Commercial spaces are required by law to have two separate extinguishers accessible at all times.

M: Oh! ⁴⁸I have them, but I forgot to put them out. They're actually in the box just behind you.

W: In that case, I can certify that your business is ready to open. ⁴⁹Next week, you should get an operating license. Best of luck with your venture.

47 Who most likely is the woman?
(A) A contractor
(B) A chef
(C) An inspector
(D) An investor

48 What has the man forgotten to put out?
(A) Updated menus
(B) Eating utensils
(C) Comment boxes
(D) Fire extinguishers

49 According to the woman, what will the man receive next week?
(A) An operating license
(B) An electronic appliance
(C) A price estimate
(D) A safety manual

47-49번은 다음 대화에 관한 문제입니다.

W: ⁴⁷당신의 커피숍을 살펴보는 것을 마쳤어요, Mr. Miller. 전반적으로, 공간은 깨끗하고 우리 주의 보건 안전 지침들을 대부분 충족합니다. 하지만, 저는 한 가지 문제를 알아챘어요.

M: 정말요? 무엇이 문제인 것 같은가요?

W: 저는 가게에서 어떤 소화기도 보지 못했어요. ⁴⁸상업 공간은 항상 이용 가능한 두 개의 별개의 소화기들을 가지고 있도록 법으로 요구됩니다.

M: 아! ⁴⁸그것들을 가지고 있지만, 내놓는 것을 잊었어요. 그것들은 사실 당신 바로 뒤에 있는 상자에 있어요.

W: 그렇다면, 제가 당신의 사업체가 문을 열 준비가 되었다는 것을 보증할 수 있습니다. ⁴⁹다음 주에, 당신은 운영 면허를 받으실 거예요. 당신의 사업에 행운을 빕니다.

47. 여자는 누구인 것 같은가?
(A) 하청업자
(B) 요리사
(C) 조사관
(D) 투자자

48. 남자는 무엇을 내놓는 것을 잊어버렸는가?
(A) 업데이트된 메뉴
(B) 식기
(C) 의견 상자
(D) 소화기

49. 여자에 따르면, 남자는 다음 주에 무엇을 받을 것인가?
(A) 운영 면허
(B) 전자기기
(C) 가격 견적서
(D) 안전 수칙

지문 examine[igzǽmin] 살펴보다 meet[mi:t] 충족하다, 만족시키다 notice[미 nóutis, 영 nə́utis] 알아채다, 인지하다 fire extinguisher 소화기
commercial[미 kəmə́:rʃəl, 영 kəmə́:ʃəl] 상업의, 상업적인 accessible[əksésəbl] 이용 가능한 put out (물건을) 내놓다
certify[미 sə́:rtifai, 영 sə́:tifai] 보증하다, 증명하다 venture[véntʃər] 사업, 모험
47 contractor[kɑntrǽktər] 하청업자, 계약자 inspector[inspéktər] 조사관, 감독관
48 eating utensil 식기 comment[kɑ́:ment] 의견, 논평
49 operating[ɑ́pərèitiŋ] 운영의 license[láisəns] 면허, 인가 appliance[əpláiəns] 기기, 가전제품 estimate[éstəmət] 견적서

---

47 ■ 전체 대화 관련 문제 화자   정답 (C)

여자의 신분을 묻는 문제이므로, 신분 및 직업과 관련된 표현을 놓치지 않고 듣는다. 여자가 "I'm done examining your coffee shop ~. Overall, the space is clean and meets most of our state's health and safety guidelines."라며 남자의 커피숍을 살펴보는 것을 마쳤으며 전반적으로 공간이 깨끗하고 주의 보건 안전 지침들을 대부분 충족한다고 한 것을 통해 여자가 조사관임을 알 수 있다. 따라서 정답은 (C) An inspector이다.

48 ■ 세부 사항 관련 문제 특정 세부 사항   정답 (D)

남자가 내놓는 것을 잊어버린 것을 묻는 문제이므로, 질문의 핵심어구(forgotten to put out)가 언급된 주변을 주의 깊게 듣는다. 여자가 "Commercial spaces are required by law to have two separate extinguishers ~ ."라며 상업 공간이 두 개의 별개의 소화기들을 가지고 있도록 법으로 요구된다고 하자, 남자가 "I have them, but I forgot to put them out."이라며 그것들을 가지고 있지만 내놓는 것을 잊었다고 하였다. 따라서 정답은 (D) Fire extinguishers이다.

49 ■ 세부 사항 관련 문제 특정 세부 사항   정답 (A)

남자가 다음 주에 받게 될 것을 묻는 문제이므로, 질문의 핵심어구(man receive next week)와 관련된 내용을 주의 깊게 듣는다. 여자가 "Next week, you should get an operating license."라며 다음 주에 남자가 운영 면허를 받을 것이라고 하였다. 따라서 정답은 (A) An operating license이다.

Questions 50-52 refer to the following conversation.

🎧 호주식 발음 → 미국식 발음

M: Hey, Carla. ⁵⁰I've been meaning to talk to you about this weekend's exhibition. I'm pleased with the art pieces that we're going to display, but I feel like they could be better promoted.

W: I actually agree with you. ⁵¹How about setting up a selfie spot inside the exhibition hall? People could take pictures in front of the statue of Victory.

M: That's a great idea. We should also run a promotion on our social media accounts. ⁵²We could ask people to share posts about the exhibition and select some users to get free passes to our next event.

50 Who most likely is the man?
(A) An interior designer
(B) A store clerk
(C) A tour guide
(D) A gallery director

51 What does the woman suggest doing?
(A) Comparing some estimates
(B) Creating an event flyer
(C) Offering a photo opportunity
(D) Moving some displays

52 What does the man say some participants might receive?
(A) Complimentary tickets
(B) A promotional poster
(C) An audio guide
(D) Printed photographs

50~52번은 다음 대화에 관한 문제입니다.

M: 안녕하세요, Carla. ⁵⁰이번 주말의 전시에 대해 당신과 이야기하려고 했어요. 저는 우리가 전시할 예술 작품들에 만족하지만, 그것들이 더 잘 홍보될 수 있다고 생각해요.

W: 저도 사실 당신에게 동의해요. ⁵¹전시장 안에 셀피 공간을 설치하는 것은 어때요? 사람들은 Victory 조각상 앞에서 사진을 찍을 수 있을 거예요.

M: 그거 좋은 생각이네요. 우리의 소셜 미디어 계정에서 홍보 활동도 진행해야겠어요. ⁵²사람들에게 전시에 대한 게시물들을 공유하도록 요청하고 우리의 다음 행사의 무료 입장권들을 얻을 몇몇 사용자들을 선정할 수도 있을 거예요.

50. 남자는 누구인 것 같은가?
(A) 인테리어 디자이너
(B) 상점 직원
(C) 관광 가이드
(D) 미술관 관리자

51. 여자는 무엇을 하는 것을 제안하는가?
(A) 몇몇 견적서들을 비교하는 것
(B) 행사 전단을 만드는 것
(C) 사진 기회를 제공하는 것
(D) 몇몇 진열품들을 옮기는 것

52. 남자는 일부 참가자들이 무엇을 받을 수도 있다고 말하는가?
(A) 무료 표들
(B) 홍보 포스터
(C) 오디오 가이드
(D) 인쇄된 사진들

지문 exhibition[èksibíʃən] 전시 be pleased with ~에 만족하다 selfie[sélfi:] 셀피(스마트폰 등으로 찍은 자신의 사진), 셀카 statue[stǽtʃu:] 조각상 run[rʌn] 진행하다, 운영하다 account[əkáunt] 계정 52 complimentary[kɑ̀:mpliméntri] 무료의

50 ■ 전체 대화 관련 문제 화자   정답 (D)
○○○●○ 중
남자의 신분을 묻는 문제이므로, 신분 및 직업과 관련된 표현을 놓치지 않고 듣는다. 남자가 "I've been meaning to talk to you about this weekend's exhibition. I'm pleased with the art pieces that we're going to display"라며 이번 주말의 전시에 대해 여자와 이야기하려고 했다고 한 뒤, 전시할 예술 작품들에 만족한다고 한 말을 통해 남자가 미술관 관리자임을 알 수 있다. 따라서 정답은 (D) A gallery director이다.

51 ■ 세부 사항 관련 문제 제안   정답 (C)
○●○○○ 상
여자가 제안하는 것을 묻는 문제이므로, 여자의 말에서 제안과 관련된 표현이 언급된 다음을 주의 깊게 듣는다. 여자가 "How about setting up a selfie spot inside the exhibition hall? People could take pictures in front of the statue of Victory."라며 전시장 안에 셀피 공간을 설치하는 것이 어떤지 물은 뒤, 사람들이 Victory 조각상 앞에서 사진을 찍을 수 있을 것이라고 하였다. 따라서 정답은 (C) Offering a photo opportunity이다.

바꾸어 표현하기
setting up a selfie spot 셀피 공간을 설치하는 것 → Offering a photo opportunity 사진 기회를 제공하는 것

52 ■ 세부 사항 관련 문제 특정 세부 사항   정답 (A)
○○○●○ 중
남자가 일부 참가자들이 받을 수도 있다고 말하는 것을 묻는 문제이므로, 질문의 핵심어구(some participants might receive)와 관련된 내용을 주의 깊게 듣는다. 남자가 "We could ask people to share posts about the exhibition and select some users to get free passes to our next event."라며 사람들에게 전시에 대한 게시물들을 공유하도록 요청하고 다음 행사의 무료 입장권들을 얻을 몇몇 사용자들을 선정할 수도 있을 거라고 하였다. 따라서 정답은 (A) Complimentary tickets이다.

바꾸어 표현하기
free passes 무료 입장권들 → Complimentary tickets 무료 표들

Questions 53-55 refer to the following conversation with three speakers.

🔊 호주식 발음 → 미국식 발음 → 캐나다식 발음

M1: ⁵³We need to get ready to present details about our new tablet model at the upcoming shareholders meeting. How are things coming along?

W: I'm almost done with the layout of the report. ⁵⁴I just need to add pictures of the products.

M1: Thanks, Sylvia. Let me know if you need help.

M2: ⁵⁵I'm concerned about the time limit. We may have to edit the speech a bit. We only have 10 minutes in total to give our presentation.

W: Do you think it's much longer than that?

M2: Yes. ⁵⁵When I practiced, it took more than 15 minutes.

M1: ⁵⁵That does seem too long. Our CEO will be there, so I want everything to go smoothly.

53 What are the speakers mainly discussing?
(A) The acquisition of a business
(B) The reason for a deadline extension
(C) The status of presentation preparations
(D) The benefits of an investment opportunity

54 What does the woman say she needs to do?
(A) Respond to some e-mails
(B) Incorporate some images
(C) Assess some proposals
(D) Finalize some reservations

55 What are the men worried about?
(A) A script needs to be shortened.
(B) An executive cannot attend a talk.
(C) A meeting should be moved to a later time.
(D) A speech requires more research.

53-55번은 다음 세 명의 대화에 관한 문제입니다.

M1: ⁵³곧 있을 주주총회에서 우리의 새로운 태블릿 모델에 대한 세부 사항들을 발표할 준비를 해야 해요. 어떻게 되어 가고 있나요?

W: 저는 보고서 레이아웃을 거의 다 했어요. ⁵⁴제품들의 사진들만 추가하면 돼요.

M1: 감사해요, Sylvia. 도움이 필요하면 제게 알려주세요.

M2: ⁵⁵저는 시간제한에 대해 걱정이 돼요. 연설을 조금 수정해야 할 수도 있어요. 우리가 발표하는 데 총 10분만 있어요.

W: 그것보다 훨씬 길다고 생각하나요?

M2: 네. ⁵⁵제가 연습했을 때, 15분보다 더 걸렸어요.

M1: ⁵⁵그것은 너무 긴 것 같네요. 우리의 최고경영자가 그곳에 있을 거라서, 저는 모든 것이 순조롭게 진행되길 원해요.

53. 화자들은 주로 무엇에 관해 이야기하고 있는가?
(A) 사업체 인수
(B) 마감 기한 연장의 이유
(C) 발표 준비 상황
(D) 투자 기회의 이점

54. 여자는 무엇을 해야 한다고 말하는가?
(A) 이메일에 답장을 한다.
(B) 이미지를 포함한다.
(C) 제안을 평가한다.
(D) 예약을 마무리 짓는다.

55. 남자들은 무엇에 관해 걱정하는가?
(A) 대본이 짧아져야 한다.
(B) 이사가 연설에 참석할 수 없다.
(C) 회의가 나중으로 옮겨져야 한다.
(D) 발표가 더 많은 조사를 필요로 한다.

지문 **present**[prizént] 발표하다 **upcoming**[ʌ́pkʌmiŋ] 곧 있을 **come along** 되어가다 **layout**[léiaut] 레이아웃, 지면 배정 **edit**[édit] 수정하다
53 **acquisition**[ækwizíʃən] 인수 **extension**[iksténʃən] 연장 **status**[stéitəs] 상황 **preparation**[prèpəréiʃən] 준비 **benefit**[bénəfit] 이점
54 **incorporate**[inkɔ́ːrpəreit] 포함하다 **assess**[əsés] 평가하다 **finalize**[fáinəlaiz] 마무리 짓다 55 **shorten**[ʃɔ́ːrtn] 짧아지다

53 ■ 전체 대화 관련 문제 주제 정답 (C)

대화의 주제를 묻는 문제이므로, 대화의 초반을 반드시 듣는다. 남자 1이 "We need to get ready to present details about our new tablet model at the upcoming shareholders meeting. How are things coming along?"이라며 곧 있을 주주총회에서 새로운 태블릿 모델에 대한 세부 사항들을 발표할 준비를 해야 한다며 어떻게 되어가고 있는지 물은 뒤, 발표 준비 상황에 대한 내용으로 대화가 이어지고 있다. 따라서 정답은 (C) The status of presentation preparations이다.

54 ■ 세부 사항 관련 문제 특정 세부 사항 정답 (B)

여자가 해야 한다고 말하는 것을 묻는 문제이므로, 여자의 말에서 질문의 핵심어구(she needs to do)와 관련된 내용을 주의 깊게 듣는다. 여자가 "I just need to add pictures of the products."라며 제품들의 사진들만 추가하면 된다고 하였다. 따라서 정답은 (B) Incorporate some images이다.

55 ■ 세부 사항 관련 문제 문제점 정답 (A)

남자들이 걱정하는 것을 묻는 문제이므로, 남자들의 말에서 부정적인 표현이 언급된 다음을 주의 깊게 듣는다. 남자 2가 "I'm concerned about the time limit. We may have to edit the speech a bit. We only have 10 minutes in total to give our presentation." 이라며 시간제한에 대해 걱정이 된다며 연설을 조금 수정해야 할 수도 있다고 하면서 발표하는 데 총 10분만 있다고 한 뒤, "When I practiced, it took more than 15 minutes."라며 연습했을 때 15분보다 더 걸렸다고 하자, 남자 1이 "That does seem too long." 이라며 그것이 너무 긴 것 같다고 하였다. 따라서 정답은 (A) A script needs to be shortened이다.

Questions 56-58 refer to the following conversation.

🎧 영국식 발음 → 캐나다식 발음

W: Hello, Shan-Woo. ⁵⁶We are going to have to postpone the marathon. Hanford Grocery Store has pulled their sponsorship.

M: That's unexpected. Did they give a reason?

W: They merged with a national grocery store chain that is not interested in sponsoring the event. We are looking for another solution, but, in the meantime, ⁵⁷I need you to inform the runners about the delay.

M: Should I e-mail all the runners?

W: I don't think that will work. Our registration form didn't require e-mail addresses, so we don't have them for everyone.

M: Hmm . . . In that case, ⁵⁸how about sending them text messages, instead? Surely, we have their phone numbers.

W: Great. ⁵⁸That's probably a better idea.

56 What problem does the woman mention?
(A) An itinerary needs to be modified.
(B) A company is temporarily closed.
(C) A store ran out of some items.
(D) An event has lost a sponsor.

57 What does the woman ask the man to do?
(A) Revise a contact list
(B) Notify the participants
(C) Draft a purchase agreement
(D) Pick up some groceries

58 What will most likely happen next?
(A) The merger will be delayed.
(B) Some e-mail addresses will be collected.
(C) A Web site will be updated.
(D) Text messages will be sent.

56-58번은 다음 대화에 관한 문제입니다.

W: 안녕하세요, Shan-Woo. ⁵⁶우리는 마라톤을 연기해야 할 거예요. Hanford 식료품점이 그들의 후원을 취소했어요.

M: 그건 예상치 못했네요. 그들이 이유를 말했나요?

W: 그들이 그 행사를 후원하는 데 관심이 없는 국내 식료품 체인점과 합병했어요. 우리는 다른 해결책을 찾고 있지만, 그 동안에, ⁵⁷당신이 주자들에게 지연에 관해 통지해 주셨으면 좋겠어요.

M: 모든 주자들에게 이메일을 보내야 할까요?

W: 그건 가능할 것 같지 않아요. 우리의 신청서는 이메일 주소들을 요구하지 않았어서, 모든 사람의 것들을 가지고 있지 않아요.

M: 흠… 그렇다면, ⁵⁸대신, 그들에게 문자 메시지를 보내는 것은 어때요? 틀림없이, 우리는 그들의 전화번호를 가지고 있어요.

W: 좋아요. ⁵⁸그게 더 좋은 생각인 것 같네요.

56. 여자는 무슨 문제를 언급하는가?
(A) 여행 일정이 수정되어야 한다.
(B) 회사가 일시적으로 문을 닫는다.
(C) 가게가 몇몇 물품들이 다 떨어졌다.
(D) 행사가 후원자를 잃어버렸다.

57. 여자는 남자에게 무엇을 하라고 요청하는가?
(A) 연락처 목록을 수정한다.
(B) 참가자들에게 알린다.
(C) 구매 계약서 초안을 작성한다.
(D) 식료품들을 찾아온다.

58. 다음에 무슨 일이 일어날 것 같은가?
(A) 합병이 지연될 것이다.
(B) 몇몇 이메일 주소들이 수집될 것이다.
(C) 웹사이트가 업데이트될 것이다.
(D) 문자 메시지가 발송될 것이다.

지문 postpone[미 poustpóun, 영 pəustpóun] 연기하다, 미루다 pull[pul] 취소하다 unexpected[ʌnikspéktid] 예상치 못한
merge[미 mə:rdʒ, 영 mə:dʒ] 합병하다 solution[səlúːʃən] 해결책 in the meantime 그동안에 inform[미 infɔ́:rm, 영 infɔ́:m] 통지하다, 알리다
56 itinerary[aitínəreri] 여행 일정 run out of ~이 떨어진   57 draft[dræft] 초안을 작성하다 agreement[əgríːmənt] 계약서

56 ■ 세부 사항 관련 문제 문제점   정답 (D)
여자가 언급하는 문제점을 묻는 문제이므로, 여자의 말에서 부정적인 표현이 언급된 다음을 주의 깊게 듣는다. 여자가 "We are going to have to postpone the marathon."이라며 마라톤을 연기해야 할 것 같다고 한 뒤, "Hanford Grocery Store has pulled their sponsorship."이라며 Hanford 식료품점이 후원을 취소했다고 하였다. 따라서 정답은 (D) An event has lost a sponsor이다.

바꾸어 표현하기
has pulled ~ sponsorship 후원을 취소했다 → has lost a sponsor 후원자를 잃어버렸다

57 ■ 세부 사항 관련 문제 요청   정답 (B)
여자가 남자에게 요청하는 것을 묻는 문제이므로, 여자의 말에서 요청과 관련된 표현이 언급된 다음을 주의 깊게 듣는다. 여자가 남자에게 "I need you to inform the runners about the delay"라며 주자들에게 지연에 관해 통지해 주면 좋겠다고 요청하였다. 따라서 정답은 (B) Notify the participants이다.

58 ■ 세부 사항 관련 문제 다음에 할 일   정답 (D)
다음에 일어날 일을 묻는 문제이므로, 대화의 마지막 부분을 주의 깊게 듣는다. 남자가 "how about sending them[all the runners] text messages, instead?"라며 대신 모든 주자들에게 문자 메시지를 보내는 것이 어떨지 묻자, 여자가 "That's probably a better idea."라며 그게 더 좋은 생각인 것 같다고 하였다. 이를 통해 문자 메시지가 발송될 것임을 알 수 있다. 따라서 정답은 (D) Text messages will be sent이다.

Questions 59-61 refer to the following conversation.

🎧 캐나다식 발음 → 미국식 발음

M: Gabriella, ⁵⁹this morning, I read through the quality-control report you wrote and really liked your suggestions. I'd like you to join me when I share them with the production team manager later this week after we return from our trip to Boston.

W: Sure, I don't mind. ⁶⁰The entire production team seems to be in the office today. Maybe we could go talk to him now? It shouldn't take that long.

M: A taxi will be here in 15 minutes. It's taking us to the airport for our 1 P.M. flight.

W: Oh, right. ⁶⁰I suppose we'll have to wait, then. Actually, ⁶¹I should go to my office quickly. I left my suitcase there.

59 What did the man recently do?
  (A) Traveled to another city
  (B) Approved a new project
  (C) Reviewed a report
  (D) Requested some help

60 What does the man mean when he says, "A taxi will be here in 15 minutes"?
  (A) A phone call can be made.
  (B) A schedule is inaccurate.
  (C) A reservation should be updated.
  (D) A meeting must be held later.

61 According to the woman, what has been left in an office?
  (A) Some luggage
  (B) Some tickets
  (C) An ID badge
  (D) A garment

59-61번은 다음 대화에 관한 문제입니다.

M: Gabriella, ⁵⁹오늘 아침에, 당신이 작성했던 품질 관리 보고서를 꼼꼼히 읽었는데 당신의 제안들이 정말 마음에 들었어요. 우리가 보스턴 출장에서 돌아온 후 이번 주 후반에 제가 그것들을 생산팀 팀장님과 공유할 때 저와 함께해 주시면 좋겠어요.

W: 물론이죠, 저는 괜찮아요. ⁶⁰생산팀 전체가 오늘 사무실에 있는 것 같아요. 아마도 우리는 지금 그에게 가서 얘기할 수 있을걸요? 그렇게 오래 걸리지 않을 거예요.

M: 택시가 15분 후에 여기로 올 거예요. 우리의 오후 1시 비행기를 위해 공항에 우리를 데려다줄 거예요.

W: 아, 맞아요. ⁶⁰그럼 우리는 기다려야 할 것 같네요. 사실, ⁶¹저는 제 사무실에 빨리 가야 해요. 그곳에 제 여행 가방을 뒀어요.

59. 남자는 최근에 무엇을 했는가?
  (A) 다른 도시를 여행했다.
  (B) 새로운 프로젝트를 승인했다.
  (C) 보고서를 검토했다.
  (D) 도움을 요청했다.

60. 남자는 "택시가 15분 후에 여기로 올 거예요"라고 말할 때 무엇을 의도하는가?
  (A) 전화를 걸 수 있다.
  (B) 일정이 부정확하다.
  (C) 예약이 업데이트되어야 한다.
  (D) 회의가 나중에 열려야 한다.

61. 여자에 따르면, 사무실에 무엇이 남겨져 있는가?
  (A) 여행 가방
  (B) 표
  (C) 신분증
  (D) 옷

지문 read through ~을 꼼꼼히 읽다 quality-control 품질 관리 suggestion[səgdʒéstʃən] 제안, 의견 production[prədʌ́kʃən] 생산, 제작
   entire[intáiər] 전체의 suppose[səpóuz] ~인 것 같다, 생각하다
59 approve[əprúːv] 승인하다, 허가하다 review[rivjúː] 검토하다, 복습하다
60 inaccurate[inǽkjərət] 부정확한, 오류가 있는
61 luggage[lʌ́gidʒ] 여행 가방, 수하물

59 ■ 세부 사항 관련 문제 특정 세부 사항

정답 (C)

남자가 최근에 한 것을 묻는 문제이므로, 질문의 핵심어구(man recently do)와 관련된 내용을 주의 깊게 듣는다. 남자가 "this morning, I read through the quality-control report"라며 오늘 아침에 품질 관리 보고서를 꼼꼼히 읽었다고 하였다. 따라서 정답은 (C) Reviewed a report이다.

바꾸어 표현하기

recently 최근에 → this morning 오늘 아침
read through 꼼꼼히 읽었다 → Reviewed 검토했다

60 ■ 세부 사항 관련 문제 의도 파악

정답 (D)

남자가 하는 말의 의도를 묻는 문제이므로, 질문의 인용어구(A taxi will be here in 15 minutes)가 언급된 주변을 주의 깊게 듣는다. 여자가 "The entire production team seems to be in the office today. Maybe we could go talk to him[the production team manager] now? It shouldn't take that long."이라며 생산팀 전체가 오늘 사무실에 있는 것 같다며 아마도 지금 생산팀 팀장에게 가서 얘기할 수 있을 것이고 그렇게 오래 걸리지 않을 거라고 했고, 남자가 "A taxi will be here in 15 minutes."라며 택시가 15분 후에 여기로 올 거라고 하자, 여자가 "I suppose we'll have to wait, then."이라며 그럼 자신들이 기다려야 할 것 같다고 한 말을 통해 회의가 나중에 열려야 한다는 것을 알 수 있다. 따라서 정답은 (D) A meeting must be held later이다.

61 ■ 세부 사항 관련 문제 특정 세부 사항

정답 (A)

사무실에 남겨져 있는 것을 묻는 문제이므로, 질문의 핵심어구(left in an office)와 관련된 내용을 주의 깊게 듣는다. 여자가 "I should go to my office quickly. I left my suitcase there."라며 자신의 사무실에 빨리 가야 한다며 그곳에 여행 가방을 뒀다고 하였다. 따라서 정답은 (A) Some luggage이다.

바꾸어 표현하기

suitcase 여행 가방 → luggage 여행 가방

Questions 62-64 refer to the following conversation and order form.

[음] 영국식 발음 → 호주식 발음

W: Excuse me, Mr. Landry. [62]I'm wondering if you've already bought the office supplies for this month. I need to make a correction to my order.

M: No, I haven't done it yet. I'm planning to this afternoon. You asked for more folders, right? [63]What do you want to change about your order?

W: Actually, [63]I requested black ink cartridges for my department's printer. I need one more than I originally indicated.

M: OK. [64]I just need to talk to the accounting manager first to get approval for the budget. I'm on my way to do that now.

Order Form

Item	Quantity
Folders	10 packs
Printer paper	8 packs
Black ink cartridges	[63]5
Color ink cartridges	4

62　What does the woman inquire about?
(A) How much a product cost
(B) Whether a purchase was made
(C) Why some supplies are needed
(D) When a delivery will arrive

63　Look at the graphic. Which quantity must be changed?
(A) 10
(B) 8
(C) 5
(D) 4

64　What will the man probably do next?
(A) Talk with a supervisor
(B) Deliver some supplies
(C) Visit a storeroom
(D) Print a document

62-64번은 다음 대화와 주문 양식에 관한 문제입니다.

W: 실례합니다, Mr. Landry. [62]당신이 이번 달 사무용품들을 이미 구매하셨는지 궁금해서요. 저는 제 주문을 수정해야 해요.

M: 아니요, 저는 아직 그것을 하지 않았어요. 오늘 오후에 할 예정이에요. 폴더를 더 달라고 요청하셨죠, 그렇죠? [63]당신의 주문에 대해 무엇을 변경하고 싶으신가요?

W: 사실, [63]제 부서 프린터의 검정 잉크 카트리지를 요청했어요. 제가 처음에 명시한 것보다 한 개 더 필요해요.

M: 네. [64]저는 예산을 승인받기 위해 먼저 회계 관리자와 이야기하기만 하면 돼요. 저는 지금 그것을 하러 가는 길이에요.

주문 양식

물품	수량
폴더	10묶음
프린터 용지	8묶음
검정 잉크 카트리지	[63]5
컬러 잉크 카트리지	4

62. 여자는 무엇에 관해 문의하는가?
(A) 제품이 얼마인지
(B) 구매가 이뤄졌는지
(C) 일부 물품들이 왜 필요한지
(D) 배달이 언제 도착할 것인지

63. 시각 자료를 보시오. 어느 수량이 변경되어야 하는가?
(A) 10
(B) 8
(C) 5
(D) 4

64. 남자는 다음에 무엇을 할 것 같은가?
(A) 관리자와 이야기한다.
(B) 물품들을 배달한다.
(C) 창고를 방문한다.
(D) 문서를 출력한다.

지문　office supply 사무용품　make a correction 수정하다, 잘못을 바로잡다　indicate[índikeit] 명시하다　accounting[əkáuntiŋ] 회계
approval[əprúːvəl] 승인, 찬성　budget[bʌ́dʒit] 예산, 경비　quantity[kwɑ́ntəti] 수량
cartridge[미 ká:rtridʒ, 영 ká:trídʒ] 카트리지(교환 조작이 간편한 액체·가스 등의 작은 용기)
62　inquire[inkwáiər] 문의하다
64　storeroom[stɔ́:ruːm] 창고, 저장실

62 ■ 세부 사항 관련 문제 특정 세부 사항

정답 (B)

여자가 문의하는 것을 묻는 문제이므로, 여자의 말을 주의 깊게 듣는다. 여자가 "I'm wondering if you've already bought the office supplies for this month."라며 남자가 이번 달 사무용품들을 이미 구매했는지 궁금하다고 하였다. 따라서 정답은 (B) Whether a purchase was made이다.

바꾸어 표현하기

bought 구매했다 → a purchase was made 구매가 이뤄졌다

63 ■ 세부 사항 관련 문제 시각 자료

정답 (C)

변경되어야 하는 수량을 묻는 문제이므로, 제시된 주문 양식의 정보를 확인한 뒤 질문의 핵심어구(quantity ~ be changed)와 관련된 내용을 주의 깊게 듣는다. 남자가 "What do you want to change about your order?"라며 주문에 대해 무엇을 변경하고 싶은지 묻자, 여자가 "I requested black ink cartridges for my department's printer. I need one more than I originally indicated."라며 부서 프린터의 검정 잉크 카트리지를 요청했으며 자신이 처음에 명시한 것보다 한 개 더 필요하다고 하였으므로, 검정 잉크 카트리지의 수량이 5개에서 6개로 변경되어야 함을 주문 양식에서 알 수 있다. 따라서 정답은 (C) 5이다.

64 ■ 세부 사항 관련 문제 다음에 할 일

정답 (A)

남자가 다음에 할 일을 묻는 문제이므로, 대화의 마지막 부분을 주의 깊게 듣는다. 남자가 "I just need to talk to the accounting manager first to get approval for the budget. I'm on my way to do that now."라며 예산을 승인받기 위해 먼저 회계 관리자와 이야기하기만 하면 된다고 한 뒤, 지금 그것을 하러 가는 길이라고 하였다. 따라서 정답은 (A) Talk with a supervisor이다.

바꾸어 표현하기

manager 관리자 → supervisor 관리자

Questions 65-67 refer to the following conversation and map.

65-67번은 다음 대화와 지도에 관한 문제입니다.

🔊 캐나다식 발음 → 미국식 발음

M: Yumi, it's Patrick calling. ⁶⁵Sorry I'm running late. I know I'm supposed to be there already, but printing out our brochures took longer than expected.

W: That's OK. We have plenty of time to set the booth up . . . Since you're still at the office, can you do me a favor? ⁶⁶I forgot our banners on my desk. Can you bring them when you come?

M: Sure. But I've never been there before. ⁶⁷What's the best way to get there by bus?

W: ⁶⁷Take the 115 bus from our office to the stop in front of Elmwood Park. Then, walk to Raymond Lane, and turn right. You'll see the conference center.

M: Yumi, 저 Patrick이에요. ⁶⁵늦어져서 미안해요. 제가 이미 거기에 도착했어야 하는 것을 알지만, 우리의 소책자들을 인쇄하는 데 예상했던 것보다 오래 걸렸어요.

W: 괜찮아요. 부스를 설치하는 데 많은 시간이 있어요… 당신이 아직 사무실에 있으니까, 부탁 하나만 들어줄 수 있나요? ⁶⁶제 책상에 표지를 두고 왔어요. 당신이 올 때 그것들을 가져올 수 있나요?

M: 물론이죠. 하지만 저는 이전에 그곳을 가본 적이 없어요. ⁶⁷버스로 그곳에 가는 가장 좋은 방법은 무엇인가요?

W: ⁶⁷우리 사무실에서 Elmwood 공원 앞 정류장까지 115번 버스를 타세요. 그다음에, Raymond길로 걸어가서, 오른쪽으로 도세요. 당신은 콘퍼런스 센터를 보게 될 거예요.

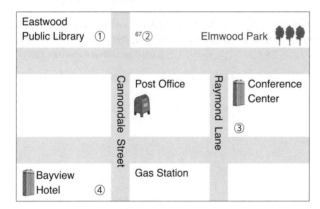

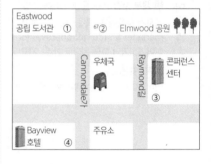

65 Why is the man running late?
(A) He missed a bus.
(B) He got stuck in traffic.
(C) He was assisting a customer.
(D) He was preparing some pamphlets.

66 What does the woman ask the man to bring?
(A) Some documents
(B) Some signs
(C) Some timetables
(D) Some office supplies

67 Look at the graphic. Where will the man get off the bus?
(A) At Stop 1
(B) At Stop 2
(C) At Stop 3
(D) At Stop 4

65. 남자는 왜 늦어지고 있는가?
(A) 그는 버스를 놓쳤다.
(B) 그는 교통 혼잡에 갇혔다.
(C) 그는 고객을 돕고 있었다.
(D) 그는 소책자들을 준비하고 있었다.

66. 여자는 남자에게 무엇을 가져오라고 요청하는가?
(A) 서류
(B) 표지
(C) 일정표
(D) 사무용품

67. 시각 자료를 보시오. 남자는 어디에서 버스를 내릴 것인가?
(A) 정류장 1에서
(B) 정류장 2에서
(C) 정류장 3에서
(D) 정류장 4에서

지문   brochure[brouʃúər] 소책자   plenty of 많은   favor[féivər] 부탁
banner[bǽnər] 표지(표시나 특징으로 어떤 사물을 다른 것과 구별하게 하는 것), 현수막
65   stuck in traffic 교통 혼잡에 갇히다   assist[əsíst] 돕다   pamphlet[pǽmflət] 소책자
66   sign[sain] 표지(판), 간판   timetable[táimteibl] 일정표
67   get off (버스에서) 내리다

65 ■ 세부 사항 관련 문제 이유

남자가 늦어지고 있는 이유를 묻는 문제이므로, 남자의 말에서 질문의 핵심어구(running late)가 언급된 주변을 주의 깊게 듣는다. 남자가 "Sorry I'm running late. ~ printing out our brochures took longer than expected."라며 늦어져서 미안하다고 한 뒤, 소책자들을 인쇄하는 데 예상했던 것보다 오래 걸렸다고 하였다. 따라서 정답은 (D) He was preparing some pamphlets이다.

바꾸어 표현하기

printing out ~ brochures 소책자들을 인쇄하다 → preparing some pamphlets 소책자들을 준비하다

66 ■ 세부 사항 관련 문제 특정 세부 사항

여자가 남자에게 가져오라고 요청하는 것을 묻는 문제이므로, 질문의 핵심어구(bring)가 언급된 주변을 주의 깊게 듣는다. 여자가 "I forgot our banners on my desk. Can you bring them when you come?"이라며 자신의 책상에 표지를 두고 왔다며 남자에게 올 때 그것들을 가져올 수 있는지 물었다. 따라서 정답은 (B) Some signs이다.

바꾸어 표현하기

banners 표지 → signs 표지

67 ■ 세부 사항 관련 문제 시각 자료

남자가 버스를 내릴 곳을 묻는 문제이므로, 제시된 지도의 정보를 확인한 뒤 질문의 핵심어구(man get off the bus)와 관련된 내용을 주의 깊게 듣는다. 남자가 "What's the best way to get there by bus?"라며 버스로 그곳에 가는 가장 좋은 방법이 무엇인지 묻자, 여자가 "Take the 115 bus from our office to the stop in front of Elmwood Park."라며 사무실에서 Elmwood 공원 앞 정류장까지 115번 버스를 타라고 하였다. 이를 통해 남자가 Elmwood 공원 바로 앞에 있는 정류장 2에서 버스를 내릴 것임을 지도에서 알 수 있다. 따라서 정답은 (B) At Stop 2이다.

Questions 68-70 refer to the following conversation and calendar.

🔊 미국식 발음 → 호주식 발음

W: Hello, ⁶⁸this is Fernlake Auto. I'm Cheryl. How can I help you?

M: Hi, ⁶⁸I'm shopping for a new car. My current one is only a couple of years old, but I'm worried about its effect on the environment. I was interested in getting an electric car instead of something that burns gas.

W: A lot of our customers feel the same way. That's why the Sparrow electric car is our top-selling model at the moment. ⁶⁹Actually, we got the new model in today. Would you like to come in and test drive it?

M: ⁶⁹Sure. That would work for me.

W: OK. ⁷⁰I'll get the car ready as soon as we hang up.

M: Perfect. I'll see you soon.

W: 안녕하세요, ⁶⁸Fernlake Auto입니다. 저는 Cheryl입니다. 어떻게 도와드릴까요?

M: 안녕하세요, ⁶⁸저는 새로운 차를 보러 다니고 있어요. 제가 현재 가지고 있는 것은 몇 년밖에 되지 않았지만, 저는 환경에 미치는 그것의 영향이 걱정되어서요. 저는 가스를 태우는 것 대신 전기차를 사는 것에 관심이 있었어요.

W: 저희의 많은 고객들이 그렇게 생각합니다. 그것이 Sparrow 전기차가 현재 저희의 가장 잘 팔리는 모델인 이유예요. ⁶⁹사실, 저희는 오늘 새로운 모델이 들어왔어요. 오셔서 시승해 보시겠어요?

M: ⁶⁹물론이죠. 그건 제게 가능해요.

W: 알겠습니다. ⁷⁰우리가 전화를 끊자마자 제가 차량을 준비시킬게요.

M: 완벽해요. 곧 봬요.

⁶⁹MAY				
Monday	**Tuesday**	**Wednesday**	**Thursday**	**Friday**
15	16 Buyer Appreciation Day	17	⁶⁹18 New Model Arriving	19
22	23 Customer Service Workshop	24	25	26 End of Season Sale

⁶⁹5월				
월요일	화요일	수요일	목요일	금요일
15	16 고객 감사의 날	17	⁶⁹18 새로운 모델 도착	19
22	23 고객 서비스 워크숍	24	25	26 시즌 할인 종료

68 Where does the woman most likely work?
(A) At a car dealership
(B) At an electric company
(C) At a gas station
(D) At an auto parts store

69 Look at the graphic. When will the man visit?
(A) On May 16
(B) On May 18
(C) On May 23
(D) On May 26

70 What will the woman do next?
(A) Meet a colleague
(B) Update a directory
(C) Prepare a product
(D) Postpone an appointment

68. 여자는 어디에서 일하는 것 같은가?
(A) 자동차 대리점에서
(B) 전기회사에서
(C) 주유소에서
(D) 자동차 부품 가게에서

69. 시각 자료를 보시오. 남자는 언제 방문할 것인가?
(A) 5월 16일에
(B) 5월 18일에
(C) 5월 23일에
(D) 5월 26일에

70. 여자는 다음에 무엇을 할 것인가?
(A) 동료를 만난다.
(B) 안내 책자를 업데이트한다.
(C) 제품을 준비한다.
(D) 예약을 연기한다.

지문 current[미 kə́:rənt, 영 kʌ́rənt] 현재의, 지금의 effect[ifékt] 영향, 효과 environment[inváirənmənt] 환경 burn[미 bə:rn, 영 bə:n] 태우다
top-selling[tápséliŋ] 가장 잘 팔리는
68 dealership[díːlərʃip] 대리점
70 colleague[káːliːg] 동료 directory[diréktəri] 안내 책자 postpone[poustpóun] 연기하다, 미루다

68 ■ 전체 대화 관련 문제 화자

정답 (A)

여자가 일하는 장소를 묻는 문제이므로, 신분 및 직업과 관련된 표현을 놓치지 않고 듣는다. 여자가 "this is Fernlake Auto"라며 Fernlake Auto라고 하자, 남자가 "I'm shopping for a new car"라며 새로운 차를 보러 다니고 있다고 하였다. 이를 통해 여자가 일하는 장소가 자동차 대리점임을 알 수 있다. 따라서 정답은 (A) At a car dealership이다.

69 ■ 세부 사항 관련 문제 시각 자료

정답 (B)

남자가 방문할 날짜를 묻는 문제이므로, 제시된 달력의 정보를 확인한 뒤 질문의 핵심어구(man visit)와 관련된 내용을 주의 깊게 듣는다. 여자가 "Actually, we got the new model in today. Would you like to come in and test drive it?"이라며 사실 오늘 새로운 모델이 들어왔다며 와서 시승해 볼지 묻자, 남자가 "Sure. That would work for me."라며 물론이라며 가능하다고 하였으므로, 새로운 모델이 도착하는 5월 18일에 남자가 방문할 것임을 달력에서 알 수 있다. 따라서 정답은 (B) On May 18이다.

70 ■ 세부 사항 관련 문제 다음에 할 일

정답 (C)

여자가 다음에 할 일을 묻는 문제이므로, 대화의 마지막 부분을 주의 깊게 듣는다. 여자가 "I'll get the car ready as soon as we hang up."이라며 전화를 끊자마자 차량을 준비시키겠다고 하였다. 따라서 정답은 (C) Prepare a product이다.

바꾸어 표현하기

get the car ready 차량을 준비시키다 → Prepare a product 제품을 준비하다

PART 4

71
72
73

Questions 71-73 refer to the following advertisement.

🎧 영국식 발음

⁷¹Stop by Willis Tires this Saturday and Sunday to take advantage of our two-day sale. Everything in our stores will be marked down. ⁷²Those who buy a set of Waterline tires will also receive a $100 voucher good for any future purchase. Don't miss your chance to save hundreds on your next set of car or truck tires! ⁷³Visit our Web site at www.willistires.com for a list of Willis Tires locations in your neighborhood.

71 What will take place on the weekend?
(A) A grand opening
(B) A product sale
(C) A service launch
(D) A store cleaning

72 How can the listeners get a voucher?
(A) By enrolling in an online club
(B) By going to a particular branch
(C) By purchasing a specific brand
(D) By completing a survey

73 Why should the listeners visit the Willis Tires Web site?
(A) To locate a business
(B) To receive special offers
(C) To enter a contest
(D) To schedule a repair

71-73번은 다음 광고에 관한 문제입니다.

⁷¹이번 주 토요일과 일요일에 Willis 타이어에 들러 저희의 이틀간의 할인을 이용해 보세요. 저희 상점에 있는 모든 것은 가격이 인하될 것입니다. ⁷²Waterline 타이어 세트를 구매하시는 분들은 향후 모든 구매에 유효한 100달러 상품권도 받으실 것입니다. 당신의 자동차나 트럭의 다음 타이어 세트에 수백 달러를 아낄 당신의 기회를 놓치지 마세요! ⁷³당신의 동네에 있는 Willis 타이어 지점들의 목록을 보시려면 저희의 웹사이트 www.willistires.com에 방문하십시오.

71. 주말에 무슨 일이 일어날 것인가?
(A) 개업
(B) 제품 할인
(C) 서비스 개시
(D) 상점 청소

72. 청자들은 어떻게 상품권을 받을 수 있는가?
(A) 온라인 클럽에 등록함으로써
(B) 특정 지점을 방문함으로써
(C) 특정 브랜드를 구매함으로써
(D) 설문 조사를 작성함으로써

73. 청자들은 왜 Willis 타이어 웹사이트를 방문해야 하는가?
(A) 사업체의 위치를 찾기 위해
(B) 특별 할인을 받기 위해
(C) 대회에 참가하기 위해
(D) 수리 일정을 잡기 위해

지문 take advantage of ~을 이용하다 mark down ~의 가격을 인하하다 voucher[미 váutʃər, 영 váutʃə] 상품권, 쿠폰
neighborhood[néibərhùd] 동네, 인근
71 launch[lɔ:ntʃ] 개시, 시작 cleaning[klí:niŋ] 청소, 세탁
72 enroll[inróul] 등록하다 complete[kəmplí:t] 작성하다, 기입하다 survey[sə́:rvei] 설문 조사
73 locate[lóukeit] ~의 위치를 찾다, 알아내다 contest[ká:ntest] 대회, 경연

71 ■ **세부 사항 관련 문제** 다음에 할 일   정답 (B)

주말에 일어날 일을 묻는 문제이므로, 질문의 핵심어구(weekend)와 관련된 내용을 주의 깊게 듣는다. "Stop by Willis Tires this Saturday and Sunday to take advantage of our two-day sale."이라며 이번 주 토요일과 일요일에 Willis 타이어에 들러 이틀간의 할인을 이용해 보라고 하였다. 따라서 정답은 (B) A product sale이다.

바꾸어 표현하기
weekend 주말 → Saturday and Sunday 토요일과 일요일

72 ■ **세부 사항 관련 문제** 방법   정답 (C)

청자들이 상품권을 받을 수 있는 방법을 묻는 문제이므로, 질문의 핵심어구(voucher)가 언급된 주변을 주의 깊게 듣는다. "Those who buy a set of Waterline tires will ~ receive a $100 voucher"라며 Waterline 타이어 세트를 구매하는 사람들은 100달러 상품권을 받을 것이라고 하였다. 따라서 정답은 (C) By purchasing a specific brand이다.

바꾸어 표현하기
buy ~ Waterline tires Waterline 타이어를 구매하다 → purchasing a specific brand 특정 브랜드를 구매함

73 ■ **세부 사항 관련 문제** 이유   정답 (A)

청자들이 Willis 타이어 웹사이트를 방문해야 하는 이유를 묻는 문제이므로, 질문의 핵심어구(visit the Willis Tires Web site)와 관련된 내용을 주의 깊게 듣는다. "Visit our Web site at www.willistires.com for a list of Willis Tires locations in your neighborhood."라며 동네에 있는 Willis 타이어 지점들의 목록을 보려면 웹사이트 www.willistires.com에 방문하라고 하였다. 따라서 정답은 (A) To locate a business이다.

74 75 76

Questions 74-76 refer to the following talk.

호주식 발음

Good afternoon, and [74]welcome to the Turner Expo. It is sponsored by Gatwick City. I'm Richard Atkins, and I've been a professional gardener for over 20 years. I started my career as an assistant gardener. [75]I was then hired as the general manager of Hawthorne Gardening. Our company manages the gardens and lawns of many local hotels, athletic fields, and college campuses. Today, [76]I'd like to discuss some of the steps that amateur gardeners like you can take to keep your plants safe and healthy. We'll review some methods of natural pest control and discuss which gardening chemicals are safe to use around children. Let's get started.

74-76번은 다음 담화에 관한 문제입니다.

안녕하세요, [74]Turner 엑스포에 오신 것을 환영합니다. 이것은 Gatwick시로부터 후원을 받습니다. 저는 Richard Atkins이고, 20년 넘게 전문 정원사입니다. 저는 정원사 보조로 제 경력을 시작했습니다. [75]저는 그다음에 Hawthorne Gardening사의 총괄 관리자로 고용되었습니다. 저희 회사는 많은 지역 호텔, 운동장, 그리고 대학 캠퍼스의 정원과 잔디를 관리합니다. 오늘, [76]저는 여러분과 같은 아마추어 정원사들이 여러분의 식물들을 안전하고 건강하게 유지하기 위해 취할 수 있는 몇 가지 조치들에 대해 논의해보고 싶습니다. 저희는 자연적인 병충해 방지의 몇 가지 방법들을 살펴보고 어떤 원예 화학 물질이 아이들 주변에서 사용해도 안전한지에 대해 논의할 것입니다. 이제 시작합시다.

74 What does the speaker say about the Turner Expo?
(A) It has been held for 20 years.
(B) It is sponsored by a city.
(C) It invites industry leaders.
(D) It sells children's products.

75 Where does the speaker work?
(A) At a local hotel
(B) At a landscaping company
(C) At a university
(D) At a wildlife park

76 What do the listeners most likely have in common?
(A) An interest in gardening
(B) A job in pest control
(C) A college degree
(D) A knowledge of chemicals

74. 화자는 Turner 엑스포에 관해 무엇을 말하는가?
(A) 20년 동안 개최되고 있다.
(B) 시에 의해 후원된다.
(C) 업계 선두 주자들을 초대한다.
(D) 어린이 물품들을 판매한다.

75. 화자는 어디에서 일하는가?
(A) 지역 호텔에서
(B) 조경 회사에서
(C) 대학에서
(D) 야생 생물 공원에서

76. 청자들이 가지는 공통점은 무엇인 것 같은가?
(A) 조경에 대한 관심
(B) 병충해 방지 업무
(C) 대학 학위
(D) 화학 물질에 대한 지식

지문 gardener[미 gá:rdnər, 영 gá:dnə] 정원사 career[미 kəríər, 영 kəríə] 경력, 직장 생활 manage[mǽnidʒ] 관리하다, 간신히 해내다 lawn[lɔ:n] 잔디 athletic field 운동장, 경기장 amateur[미 ǽmətʃər, 영 ǽmətə] 아마추어의 pest control 병충해 방지 chemical[kémikəl] 화학 물질
74 sponsor[spá:nsər] 후원하다 industry[índəstri] 업계, 산업
75 landscaping[lǽndskèipiŋ] 조경 wildlife[wáildlaif] 야생 생물, 야생 동물
76 interest[íntərəst] 관심 degree[digrí:] 학위 knowledge[ná:lidʒ] 지식

74 세부 사항 관련 문제 언급

난이도: 하 — 정답 (B)

화자가 Turner 엑스포에 관해 언급하는 것을 묻는 문제이므로, 질문의 핵심어구(Turner Expo)가 언급된 주변을 주의 깊게 듣는다. "welcome to the Turner Expo. It is sponsored by Gatwick City."라며 Turner 엑스포에 온 것을 환영한다고 하며 Gatwick 시로부터 후원을 받는다고 하였다. 따라서 정답은 (B) It is sponsored by a city이다.

75 전체 지문 관련 문제 화자

난이도: 상 — 정답 (B)

화자의 신분을 묻는 문제이므로, 신분 및 직업과 관련된 표현을 놓치지 않고 듣는다. "I was ~ hired as the general manager of Hawthorne Gardening. Our company manages the gardens and lawns of many local hotels, athletic fields, and college campuses."라며 자신이 Hawthorne Gardening사의 총괄 관리자로 고용되었다고 한 뒤, 회사가 많은 지역 호텔, 운동장, 그리고 대학 캠퍼스의 정원과 잔디를 관리한다고 한 말을 통해 화자가 조경 회사에서 일한다는 것을 알 수 있다. 따라서 정답은 (B) At a landscaping company이다.

76 세부 사항 관련 문제 특정 세부 사항

난이도: 상 — 정답 (A)

청자들이 가지는 공통점을 묻는 문제이므로, 질문의 핵심어구(listeners ~ have in common)와 관련된 내용을 주의 깊게 듣는다. "I'd like to discuss some of the steps that amateur gardeners like you can take to keep your plants safe and healthy"라며 청자들과 같은 아마추어 정원사들이 자신들의 식물들을 안전하고 건강하게 유지하기 위해 취할 수 있는 몇 가지 조치들에 대해 논의해보고 싶다고 한 것을 통해 청자들이 조경에 대한 관심을 갖고 있는 것이 공통점임을 알 수 있다. 따라서 정답은 (A) An interest in gardening이다.

Questions 77-79 refer to the following excerpt from a meeting.

🎧 미국식 발음

I have some good news. ⁷⁷The limited edition Cosmic Drink Mix has already sold out. ⁷⁷/⁷⁸I asked Kathy to create a wait list for the beverage mix yesterday, and there are already 1,000 individual customers on it. The question now is whether to produce another limited edition or include this mix in our permanent product line. In my opinion, wait lists and special editions are effective marketing tools. What do you all think? I am open to suggestions. No matter the decision, ⁷⁹I'll have to tell the marketing manager about it as soon as we end the meeting.

77 What does the speaker's company produce?
(A) Water bottles
(B) Custom snack kits
(C) Beverage mixes
(D) Individual meals

78 What did the company recently do?
(A) Hired a marketing specialist
(B) Conducted a consumer poll
(C) Recalled a beverage
(D) Established a waiting list

79 What will happen after the meeting?
(A) A supervisor will be notified.
(B) A survey result will be verified.
(C) A reservation list will be changed.
(D) A study will be publicized.

77-79번은 다음 회의 발췌록에 관한 문제입니다.

좋은 소식이 있습니다. ⁷⁷한정판 Cosmic 음료 믹스가 이미 다 팔렸습니다. ⁷⁷/⁷⁸제가 어제 Kathy에게 음료 믹스를 위한 대기자 명단을 만들라고 요청했는데, 이미 거기에 1,000명의 개별 고객들이 등록되어 있습니다. 문제는 이제 다른 한정판을 생산하거나 아니면 이 믹스를 우리의 영구적인 제품 라인에 포함할지의 여부입니다. 제 생각에는, 대기자 명단들과 특별 한정판들은 효과적인 마케팅 도구입니다. 여러분 모두 어떻게 생각하시나요? 저는 제안들에 열려 있습니다. 결정이 어떻든, ⁷⁹우리가 회의를 마치는 대로 저는 마케팅 관리자에게 그것에 대해 말해야 할 것입니다.

77. 화자의 회사는 무엇을 생산하는가?
(A) 물병
(B) 주문 제작한 간식 키트
(C) 음료 믹스
(D) 개별 식사

78. 회사는 최근에 무엇을 했는가?
(A) 마케팅 전문가를 고용했다.
(B) 소비자 여론 조사를 실시했다.
(C) 음료를 회수했다.
(D) 대기자 명단을 마련했다.

79. 회의 후에 무슨 일이 일어날 것인가?
(A) 관리자가 통보를 받을 것이다.
(B) 설문 조사 결과가 확인될 것이다.
(C) 예약 목록이 변경될 것이다.
(D) 조사가 홍보될 것이다.

지문 sold out 다 팔린, 품절된 produce[prədúːs] 생산하다 permanent[pə́ːrmənənt] 영구적인 effective[iféktiv] 효과적인 tool[tuːl] 도구
suggestion[səgdʒéstʃən] 제안, 의견 decision[disíʒən] 결정
77 custom[kʌ́stəm] 주문 제작한, 맞춤의
78 specialist[spéʃəlist] 전문가 conduct[kəndʌ́kt] 실시하다, 시행하다 consumer[kənsúːmər] 소비자 poll[poul] 여론 조사
recall[rikɔ́ːl] 회수하다 establish[istǽbliʃ] 마련하다, 확립하다
79 verify[vérifai] 확인하다, 입증하다 publicize[pʌ́blisaiz] 홍보하다, 알리다

77 ■ 세부 사항 관련 문제 특정 세부 사항   정답 (C)
화자의 회사가 무엇을 생산하는지를 묻는 문제이므로, 질문의 핵심어구(company produce)와 관련된 내용을 주의 깊게 듣는다. "The limited edition Cosmic Drink Mix has already sold out. I asked Kathy to create a wait list for the beverage mix yesterday ~."라며 한정판 Cosmic 음료 믹스가 이미 다 팔렸다고 한 뒤, 어제 Kathy에게 음료 믹스를 위한 대기자 명단을 만들어 달라고 요청했다고 하였다. 따라서 정답은 (C) Beverage mixes이다.

78 ■ 세부 사항 관련 문제 특정 세부 사항   정답 (D)
회사가 최근에 한 것을 묻는 문제이므로, 질문의 핵심어구(company recently do)와 관련된 내용을 주의 깊게 듣는다. "I asked Kathy to create a wait list for the beverage mix yesterday, and there are already 1,000 individual customers on it."이라며 어제 Kathy에게 음료 믹스를 위한 대기자 명단을 만들어 달라고 요청했는데 이미 거기에 1,000명의 개별 고객들이 등록되어 있다고 하였다. 따라서 정답은 (D) Established a waiting list이다.

79 ■ 세부 사항 관련 문제 다음에 할 일   정답 (A)
회의 후에 일어날 일을 묻는 문제이므로, 질문의 핵심어구(after the meeting)와 관련된 내용을 주의 깊게 듣는다. "I'll have to tell the marketing manager about it[decision] as soon as we end the meeting"이라며 회의를 마치는 대로 마케팅 관리자에게 결정에 대해 말해야 할 것이라고 하였다. 따라서 정답은 (A) A supervisor will be notified이다.

바꾸어 표현하기
tell the ~ manager 관리자에게 말하다 → A supervisor will be notified 관리자가 통보를 받을 것이다

Questions 80-82 refer to the following announcement.

🎧 캐나다식 발음

Good morning, everyone. ⁸⁰I want to discuss our remote work policy. Its implementation has been smooth in many ways, but there is room for improvement. For one, ⁸¹some employees have not been actively using the messenger program while working from home. Since they do not reply to messages, I've had to make phone calls about urgent issues. Occasionally, I've had to wait 30 minutes for an answer. I want to make sure that our work-from-home system is successful, so everyone must use the program effectively. I've e-mailed everyone the work-from-home communication guidelines regarding the messenger program. ⁸²Please take some time to review them, and follow them closely.

80 What is the announcement mainly about?
(A) Expectations for new hires
(B) Updates to a software system
(C) Improvements to a workplace
(D) Problems with a remote work system

81 Why does the speaker say, "I've had to wait 30 minutes for an answer"?
(A) To suggest a change in a policy
(B) To report a customer complaint
(C) To ask the listeners to be more patient
(D) To criticize some listeners' performance

82 What does the speaker instruct the listeners to do?
(A) Attend a meeting
(B) Install a program
(C) Read some guidelines
(D) Sign a form

80-82번은 다음 공지에 관한 문제입니다.

안녕하세요, 여러분. ⁸⁰저는 우리의 원격 근무 정책에 관해 이야기하고 싶습니다. 그것의 시행은 여러모로 순조로웠지만, 개선의 여지가 있습니다. 한 가지는, ⁸¹일부 직원들이 집에서 근무하는 동안 메신저 프로그램을 적극적으로 사용하지 않고 있습니다. 그들이 메시지에 답장을 하지 않기 때문에, 저는 긴급한 문제에 대해 전화해야 했습니다. 가끔, 저는 대답을 30분 동안 기다려야 했습니다. 저는 저희의 재택근무 시스템이 성공적임을 확실히 하고 싶으니, 여러분은 프로그램을 효과적으로 사용해야 합니다. 메신저 프로그램에 관한 재택근무 의사소통 지침을 모두에게 이메일로 보냈습니다. ⁸²시간을 내어 그것들을 검토하시고, 꼭 그것들을 지켜주시기를 바랍니다.

80. 공지는 주로 무엇에 관한 것인가?
(A) 새로운 신입 사원들에 대한 기대
(B) 소프트웨어 시스템 업데이트
(C) 작업장 개선
(D) 원격 근무 시스템 관련 문제들

81. 화자는 왜 "저는 대답을 30분 동안 기다려야 했습니다"라고 말하는가?
(A) 정책의 변경을 제안하기 위해
(B) 고객 불만 사항을 보고하기 위해
(C) 청자들에게 더 인내심을 가지도록 요청하기 위해
(D) 몇몇 청자들의 행동을 비판하기 위해

82. 화자는 청자들에게 무엇을 하라고 지시하는가?
(A) 회의에 참석한다.
(B) 프로그램을 설치한다.
(C) 지침을 읽는다.
(D) 양식에 서명한다.

지문 remote[rimóut] 원격의 policy[pá:ləsi] 정책 implementation[ìmpləməntéiʃən] 시행 improvement[imprú:vmənt] 개선, 향상
      urgent[ə́:rdʒənt] 긴급한 occasionally[əkéiʒnəli] 가끔, 종종 guideline[gáidlain] 지침, 안내 closely[klóusli] 꼭, 면밀히
80 expectation[èkspektéiʃən] 기대 hire[háiər] 신입 사원
81 complaint[kəmpléint] 불만 사항, 항의 criticize[krítəsaiz] 비판하다, 비평하다 performance[pərfɔ́:rməns] 행동, 수행

80 ■ 전체 지문 관련 문제 주제   정답 (D)
○○○
●●● 공지의 주제를 묻는 문제이므로, 지문의 초반을 반드시 듣는다. "I want to discuss our remote work policy."라며 원격 근무 정책에
 중   관해 이야기하고 싶다고 한 뒤, "Its implementation has been smooth in many ways, but there is room for improvement."
      라며 시행이 여러모로 순조로웠지만 개선의 여지가 있다고 하였다. 따라서 정답은 (D) Problems with a remote work system이다.

81 ■ 세부 사항 관련 문제 의도 파악   정답 (D)
○○○
●●● 화자가 하는 말의 의도를 묻는 문제이므로, 질문의 인용어구(I've had to wait 30 minutes for an answer)가 언급된 주변을 주의 깊게
 상   듣는다. "some employees have not been actively using the messenger program while working from home. Since they
      do not reply to messages, I've had to make phone calls about urgent issues. Occasionally, I've had to wait 30
      minutes for an answer."라며 일부 직원들이 집에서 근무하는 동안 메신저 프로그램을 적극적으로 사용하지 않고 있다며, 그들이
      메시지에 답장을 하지 않기 때문에 긴급한 문제에 대해 전화해야 했다고 한 뒤, 가끔 대답을 30분 동안 기다려야 했다고 한 것을 통해
      화자가 몇몇 청자들의 행동을 비판하려는 의도임을 알 수 있다. 따라서 정답은 (D) To criticize some listeners' performance이다.

82 ■ 세부 사항 관련 문제 특정 세부 사항   정답 (C)
○○○○
●   화자가 청자들에게 하라고 지시하는 것을 묻는 문제이므로, 질문의 핵심어구(instruct)와 관련된 내용을 주의 깊게 듣는다. "Please take
 하   some time to review them[work-from-home communication guidelines], and follow them closely."라며 시간을 내어
      재택근무 의사소통 지침을 검토하고 꼭 그것들을 지켜주길 바란다고 하였다. 따라서 정답은 (C) Read some guidelines이다.

Questions 83-85 refer to the following recorded message.

🎧 영국식 발음

Hello, you've reached the administrative office of the Charles P. Harrison Museum of Fine Arts. Unfortunately, [83]we are closed at the moment. Our office is open during the museum's regular hours. These are from 10 A.M. to 7 P.M. on weekdays and from 10 A.M. to 5 P.M. on weekends. [84]Throughout the month of August, the museum will be hosting an exhibition of Impressionist paintings in the Redwood Wing. This will include French paintings from the 19th century. [85]Entrance will be free to our members and $15 for all other visitors. If you are interested in purchasing a membership or reserving a ticket to the event, visit www.HarrisonMFA.org.

83 Why is the facility closed?
(A) It is after opening hours.
(B) It is holding a private event.
(C) It is installing a new exhibit.
(D) It is renovating an office.

84 According to the speaker, what will take place at the museum in August?
(A) An artist will visit.
(B) A new wing will be opened.
(C) An exhibit will be hosted.
(D) A lecture series be held.

85 Who is eligible for free entrance?
(A) People under 19 years old
(B) Participants in a program
(C) Visitors from out of town
(D) Museum membership holders

83-85번은 다음 녹음 메시지에 관한 문제입니다.

안녕하세요, Charles P. Harrison 미술관의 행정 사무실에 연락하셨습니다. 안타깝게도, [83]지금 저희는 문을 닫았습니다. 저희 사무실은 미술관의 정규 시간 동안 문을 엽니다. 평일에는 오전 10시부터 오후 7시까지이고 주말에는 오전 10시부터 오후 5시까지입니다. [84]8월 내내, 미술관은 Redwood 부속 건물에서 인상주의파 그림 전시를 개최할 것입니다. 이것은 19세기의 프랑스 그림들을 포함할 것입니다. [85]저희 회원들에게는 입장이 무료이고 모든 다른 방문객들에게는 15달러일 것입니다. 회원권을 구매하거나 행사표를 예약하는 것에 관심이 있으시다면, www.HarrisonMFA.org를 방문하세요.

83. 시설은 왜 문을 닫았는가?
(A) 영업시간 이후이다.
(B) 개인 행사를 주최하고 있다.
(C) 새로운 전시를 설치하고 있다.
(D) 사무실을 개조하고 있다.

84. 화자에 따르면, 8월에 미술관에서 무슨 일이 일어날 것인가?
(A) 예술가가 방문할 것이다.
(B) 새로운 부속 건물이 개장될 것이다.
(C) 전시가 개최될 것이다.
(D) 강연 시리즈가 열릴 것이다.

85. 누가 무료입장에 대한 자격이 있는가?
(A) 19세 미만의 사람들
(B) 프로그램 참가자들
(C) 다른 지역으로부터의 방문객들
(D) 미술관 회원권 소지자들

지문 reach[riːtʃ] 연락하다 at the moment 지금 host[미 houst, 영 həust] 개최하다, 주최하다 exhibition[èksibíʃən] 전시
impressionist[impréʃənist] 인상주의(파)의 entrance[éntrəns] 입장, 등장 reserve[미 rizáːrv, 영 rizáːv] 예약하다
83 facility[fəsíləti] 시설 exhibit[igzíbit] 전시
84 wing[wiŋ] 부속 건물, (건물의) 동 lecture[léktʃər] 강연
85 eligible[élidʒəbl] 자격이 있는 holder[hóuldər] 소지자, 보유자

83 ■ 세부 사항 관련 문제 이유　　　　　　　　　　　　　　　　　　　　　　　　　　　　　　　정답 (A)

시설이 문을 닫은 이유를 묻는 문제이므로, 질문의 핵심어구(closed)가 언급된 주변을 주의 깊게 듣는다. "we are closed at the moment. Our office is open during the museum's regular hours."라며 지금은 문을 닫았다며 사무실이 미술관의 정규 시간 동안 문을 연다고 하였다. 따라서 정답은 (A) It is after opening hours이다.

84 ■ 세부 사항 관련 문제 다음에 할 일　　　　　　　　　　　　　　　　　　　　　　　　　　　정답 (C)

8월에 미술관에서 일어날 일을 묻는 문제이므로, 질문의 핵심어구(August)가 언급된 주변을 주의 깊게 듣는다. "Throughout the month of August, the museum will be hosting an exhibition of Impressionist paintings"라며 8월 내내 미술관이 인상주의파 그림 전시를 개최할 것이라고 하였다. 따라서 정답은 (C) An exhibit will be hosted이다.

85 ■ 세부 사항 관련 문제 특정 세부 사항　　　　　　　　　　　　　　　　　　　　　　　　　　정답 (D)

무료입장에 대한 자격이 있는 사람을 묻는 문제이므로, 질문의 핵심어구(free entrance)가 언급된 주변을 주의 깊게 듣는다. "Entrance will be free to our members"라며 회원들에게는 입장이 무료라고 하였다. 따라서 정답은 (D) Museum membership holders이다.

바꾸어 표현하기
members 회원들 → membership holders 회원권 소지자들

Questions 86-88 refer to the following talk.

[음성] 캐나다식 발음

Thank you for joining us today. As we all know, ⁸⁶self-employment rates have risen recently. Many people are starting their own businesses or taking on freelance work, but managing your own bookkeeping isn't easy. That's why I'm proud to debut the latest version of the FastTrack bookkeeping program. ⁸⁷This software allows you to easily create and send invoices. It also allows you to set a budget for your business and easily track your expenses. Best of all, ⁸⁸FastTrack keeps track of your income and provides automated reports you can use to file your annual taxes. Most users can complete their forms in a few hours. ⁸⁸Let me demonstrate how easy this software is to use.

86 According to the speaker, what has happened recently?
(A) A company hired a new bookkeeper.
(B) A program received favorable reviews.
(C) The number of self-employed people increased.
(D) The software was sold at a discounted price.

87 What is a feature of FastTrack software?
(A) Invoice creation
(B) Shipment management
(C) Payment processing
(D) Task scheduling

88 Why does the speaker say, "Most users can complete their forms in a few hours"?
(A) To suggest the addition of a new option
(B) To endorse a company's product
(C) To explain that a process is lengthy
(D) To show that an item is highly rated

86-88번은 다음 담화에 관한 문제입니다.

오늘 와주셔서 감사합니다. 우리가 모두 알다시피, ⁸⁶최근에 자영업 비율이 증가했습니다. 많은 사람들이 자신만의 사업을 시작하거나 자유 계약의 일을 맡지만, 자신의 회계 장부를 관리하는 것은 쉽지 않습니다. 그것이 제가 자랑스럽게 FastTrack 회계 장부 프로그램의 최신 버전을 소개하는 이유입니다. ⁸⁷이 소프트웨어는 당신이 쉽게 송장을 만들고 보낼 수 있게 합니다. 이것은 또한 당신이 사업 예산을 설정하고 비용을 쉽게 추적할 수 있게 해줍니다. 무엇보다도, ⁸⁸FastTrack은 당신의 소득을 추적하고 연간 세금을 신고하는 데 당신이 사용할 수 있는 자동화된 보고서를 제공합니다. 대부분의 사용자들은 그들의 양식을 몇 시간 안에 완성할 수 있습니다. ⁸⁸이 소프트웨어가 얼마나 사용하기 쉬운지 보여드리겠습니다.

86. 화자에 따르면, 최근에 무슨 일이 일어났는가?
(A) 회사가 새로운 회계 장부 담당자를 고용했다.
(B) 프로그램이 좋은 후기를 받았다.
(C) 자영업을 하는 사람들의 수가 증가했다.
(D) 소프트웨어가 할인된 가격에 판매되었다.

87. FastTrack 소프트웨어의 특징은 무엇인가?
(A) 송장 제작
(B) 운송 관리
(C) 지급 처리
(D) 업무 일정 관리

88. 화자는 왜 "대부분의 사용자들은 그들의 양식을 몇 시간 안에 완성할 수 있습니다"라고 말하는가?
(A) 새로운 선택사항의 추가를 제안하기 위해
(B) 회사의 제품을 지지하기 위해
(C) 절차가 길다는 것을 설명하기 위해
(D) 물품이 높은 평가를 받고 있다는 것을 보여주기 위해

지문 self-employment 자영업 freelance[fríːlæns] 자유 계약의 bookkeeping[búkkìːpiŋ] 회계 장부
invoice[ínvɔis] 송장, 청구서 budget[bʌ́dʒit] 예산 track[træk] 추적하다 expense[ikspéns] 비용 income[ínkʌm] 소득
automated[ɔ́ːtəmèitid] 자동화된, 자동의 demonstrate[démənstreit] 보여주다, 설명하다
86 favorable[féivərəbl] 좋은, 우호적인 87 feature[fíːtʃər] 특징 creation[kriéiʃn] 제작, 참조
88 addition[ədíʃən] 추가, 추가사항 endorse[indɔ́ːrs] 지지하다, 추천하다 lengthy[léŋθi] 긴, 오랜

86 ■ 세부 사항 관련 문제 특정 세부 사항   정답 (C)

최근에 일어난 일을 묻는 문제이므로, 질문의 핵심어구(recently)가 언급된 주변을 주의 깊게 듣는다. "self-employment rates have risen recently"라며 최근에 자영업 비율이 증가했다고 하였다. 따라서 정답은 (C) The number of self-employed people increased이다.

87 ■ 세부 사항 관련 문제 특정 세부 사항   정답 (A)

FastTrack 소프트웨어의 특징을 묻는 문제이므로, 질문의 핵심어구(feature of FastTrack software)와 관련된 내용을 주의 깊게 듣는다. "This software[FastTrack bookkeeping program] allows you to easily create ~ invoices."라며 FastTrack 회계 장부 프로그램이 쉽게 송장을 만들 수 있게 한다고 하였다. 따라서 정답은 (A) Invoice creation이다.

88 ■ 세부 사항 관련 문제 의도 파악   정답 (B)

화자가 하는 말의 의도를 묻는 문제이므로, 질문의 인용어구(Most users can complete their forms in a few hours)가 언급된 주변을 주의 깊게 듣는다. "FastTrack keeps track of your income and provides automated reports you can use to file your annual taxes."라며 FastTrack은 소득을 추적하고 연간 세금을 신고하는 데 사용할 수 있는 자동화된 보고서를 제공한다고 한 뒤, "Most users can complete their forms in a few hours. Let me demonstrate how easy this software is to use."라며 대부분의 사용자들이 양식을 몇 시간 안에 완성할 수 있다며 이 소프트웨어가 얼마나 사용하기 쉬운지 보여주겠다고 한 말을 통해 회사의 제품을 지지하려는 의도임을 알 수 있다. 따라서 정답은 (B) To endorse a company's product이다.

Questions 89-91 refer to the following news report.

🔊 호주식 발음

Welcome to Local Nine News. [89]Heavy rainfall last winter has contributed to a spectacular display of wildflowers throughout Sonoma Hills. Hikers, photographers, and other nature lovers have visited the area in large numbers this month. [90]Several of our viewers were thrilled to share their images of the hills covered in colorful flowers. But experts anticipate that the wildflower season will only last for two more weeks, so viewers who want to see the blooms in person are encouraged to take a trip to Sonoma Hills Nature Preserve right away. Those who want to visit the park for a day trip may do so freely, but [91]a camping permit must be purchased for overnight trips.

89 What is the report mainly about?
(A) A photography expo
(B) A weather condition
(C) A natural event
(D) A camping trip

90 What were some viewers excited about?
(A) Receiving a souvenir
(B) Experiencing short waiting lines
(C) Displaying their pictures
(D) Earning a free pass

91 Why would visitors have to buy a permit?
(A) To access a park for a day trip
(B) To be able to park a vehicle
(C) To take a tour of a preserve
(D) To spend a night in a park

89-91번은 다음 뉴스 보도에 관한 문제입니다.

지역 9 뉴스에 오신 것을 환영합니다. [89]지난겨울의 폭우가 Sonoma Hills 전역에 걸친 야생화의 장관에 기여했습니다. 등산객들, 사진작가들, 그리고 다른 자연을 사랑하는 사람들이 이번 달에 그 지역을 많이 방문했습니다. [90]몇몇 구경꾼들은 다채로운 꽃들로 뒤덮인 언덕에 대한 그들의 사진들을 공유하는 것에 흥분했습니다. 그러나 전문가들은 야생화 시기가 2주만 더 지속될 것으로 예상하므로, 꽃이 피는 것을 직접 보기를 원하는 구경꾼들은 당장 Sonoma Hills 자연 보호구역으로 여행을 떠나도록 권장됩니다. 당일 여행으로 공원을 방문하고자 하는 사람들은 자유롭게 그렇게 할 수 있지만, [91]1박 여행에는 캠핑 허가증이 구매되어야 합니다.

89. 보도는 주로 무엇에 관한 것인가?
(A) 사진 박람회
(B) 기상 상태
(C) 자연 현상
(D) 캠핑 여행

90. 일부 구경꾼들은 무엇에 들떠 있었는가?
(A) 기념품을 받는 것
(B) 짧은 대기 줄을 경험하는 것
(C) 그들의 사진들을 보여주는 것
(D) 무료입장권을 받는 것

91. 방문객들은 왜 허가증을 구매해야 할 것인가?
(A) 당일 여행으로 공원을 입장하기 위해
(B) 차량을 주차할 수 있도록 하기 위해
(C) 보호 구역 투어를 하기 위해
(D) 공원에서 밤을 보내기 위해

지문 contribute[kəntríbju:t] 기여하다, 원인이 되다 spectacular[spektǽkjələr] 장관의, 화려한 thrilled[θríld] 흥분한, 감격한
expert[미 ékspə:rt, 영 ékspə:t] 전문가 anticipate[æntísipeit] 예상하다, 기대하다
encourage[미 inkə́:ridʒ, 영 inkʌ́ridʒ] 권장하다, 장려하다 permit[미 pə́:rmit, 영 pə́:mit] 허가증
89 expo[ékspou] 박람회 90 souvenir[sù:vəníər] 기념품 earn[ə:rn] 받다, 얻다 91 preserve[prizə́:rv] 보호 구역

89 ■ 전체 지문 관련 문제 주제   정답 (C)
보도의 주제를 묻는 문제이므로, 지문의 초반을 반드시 듣는다. "Heavy rainfall last winter has contributed to a spectacular display of wildflowers throughout Sonoma Hills."라며 지난겨울의 폭우가 Sonoma Hills 전역에 걸친 야생화의 장관에 기여했다고 하였다. 따라서 정답은 (C) A natural event이다.

90 ■ 세부 사항 관련 문제 특정 세부 사항   정답 (C)
일부 구경꾼들이 무엇에 들떠 있었는지를 묻는 문제이므로, 질문의 핵심어구(some viewers excited about)와 관련된 내용을 주의 깊게 듣는다. "Several of our viewers were thrilled to share their images of the hills covered in colorful flowers."라며 몇몇 구경꾼들이 다채로운 꽃들로 뒤덮인 언덕에 대한 자신들의 사진을 공유하는 것에 흥분했다고 하였다. 따라서 정답은 (C) Displaying their pictures이다.

바꾸어 표현하기
were ~ excited 들떠 있었다 → were thrilled 흥분했다
share ~ images 사진들을 공유하다 → Displaying ~ pictures 사진들을 보여주는 것

91 ■ 세부 사항 관련 문제 이유   정답 (D)
방문객들이 허가증을 구매해야 할 이유를 묻는 문제이므로, 질문의 핵심어구(permit)가 언급된 주변을 주의 깊게 듣는다. "a camping permit must be purchased for overnight trips"라며 1박 여행에는 캠핑 허가증이 구매되어야 한다고 하였다. 따라서 정답은 (D) To spend a night in a park이다.

Questions 92-94 refer to the following telephone message.

🎧 미국식 발음

Hi, Ms. Ellison. ⁹²This is Samantha from Palm Beach Floral Designs. I received your message and wanted to let you know that ⁹²/⁹³we can provide floral arrangements for your August 17 wedding. I understand that you're planning to hold the ceremony and reception at Amethyst Springs Resort & Spa. We've worked extensively with that hotel in the past, so we are familiar with the location. In addition, ⁹⁴we've arranged exceptional wedding packages with them. They are only available for the next two months. I'd be happy to set up an appointment to go over those packages in more detail. We also provide custom-made floral arrangements for an additional fee.

92 What kind of services does the speaker provide?
(A) Hotel accommodations
(B) Floral arrangements
(C) Jewelry designs
(D) Catering services

93 What does the speaker say will happen in August?
(A) A design will be finished.
(B) An order will be placed.
(C) A business will be closed.
(D) A ceremony will be held.

94 What does the speaker imply when she says, "They are only available for the next two months"?
(A) The listener should act quickly.
(B) A schedule needs to be changed.
(C) Spaces on the beach are limited.
(D) A package is very popular.

92-94번은 다음 전화 메시지에 관한 문제입니다.

안녕하세요, Ms. Ellison. ⁹²Palm Beach 꽃장식의 Samantha입니다. 제가 당신의 메시지를 받았고 ⁹²/⁹³저희가 당신의 8월 17일 결혼식에 꽃꽂이를 제공할 수 있다는 것을 알려드리고 싶었습니다. 당신이 식과 연회를 Amethyst Springs 리조트&스파에서 열 계획인 것으로 알고 있습니다. 저희는 과거에 그 호텔과 광범위하게 일했기 때문에, 그 장소에 익숙합니다. 게다가, ⁹⁴저희는 그들과 함께 특별한 결혼 패키지를 준비했습니다. 그것들은 다음 두 달 동안만 이용 가능합니다. 그 패키지들을 더 상세하게 살펴볼 수 있도록 약속을 잡고자 합니다. 저희는 또한 추가 요금으로 주문 제작한 꽃꽂이도 제공합니다.

92. 화자는 어떤 종류의 서비스를 제공하는가?
(A) 호텔 숙박
(B) 꽃꽂이
(C) 보석 디자인
(D) 출장 연회 서비스

93. 화자는 8월에 무슨 일이 일어날 것이라고 말하는가?
(A) 디자인이 완성될 것이다.
(B) 주문이 이뤄질 것이다.
(C) 사업체가 문을 닫을 것이다.
(D) 식이 열릴 것이다.

94. 화자는 "그것들은 다음 두 달 동안만 이용 가능합니다"라고 말할 때 무엇을 의도하는가?
(A) 청자가 빠르게 행동해야 한다.
(B) 일정이 변경되어야 한다.
(C) 바닷가에 공간이 한정되어 있다.
(D) 패키지가 매우 인기가 있다.

지문 floral arrangement 꽃꽂이 ceremony[sérəmouni] 식, 의식 reception[risépʃən] 연회, 리셉션 extensively[iksténsivli] 광범위하게, 널리
be familiar with ~에 익숙하다, 친숙하다 arrange[əréindʒ] 준비하다, 마련하다 exceptional[iksépʃənl] 특별한, 예외적인
custom-made 주문 제작한
92 accommodation[əkɑ̀:mədéiʃən] 숙박 catering[kéitəriŋ] 출장 연회, 음식 공급

92 ■ 전체 지문 관련 문제 화자   정답 (B)
화자가 제공하는 서비스의 종류를 묻는 문제이므로, 신분 및 직업과 관련된 표현을 놓치지 않고 듣는다. "This is Samantha from Palm Beach Floral Designs."라며 자신이 Palm Beach 꽃장식의 Samantha라고 한 뒤, "we can provide floral arrangements ~" 라며 꽃꽂이를 제공할 수 있다고 하였다. 따라서 정답은 (B) Floral arrangements이다.

93 ■ 세부 사항 관련 문제 다음에 할 일   정답 (D)
8월에 일어날 일을 묻는 문제이므로, 질문의 핵심어구(August)가 언급된 주변을 주의 깊게 듣는다. "we can provide floral arrangements for your August 17 wedding"이라며 청자의 8월 17일 결혼식에 꽃꽂이를 제공할 수 있다고 하였다. 따라서 정답은 (D) A ceremony will be held이다.

바꾸어 표현하기
wedding 결혼식 → ceremony 식

94 ■ 세부 사항 관련 문제 의도 파악   정답 (A)
화자가 하는 말의 의도를 묻는 문제이므로, 질문의 인용어구(They are only available for the next two months)가 언급된 주변을 주의 깊게 듣는다. "we've arranged exceptional wedding packages with them[hotel]. They are only available for the next two months."라며 호텔과 함께 특별한 결혼 패키지를 준비했으며 그것들은 다음 두 달 동안만 이용 가능하다고 하였다. 이를 통해 이 패키지를 이용하기 위해서는 청자가 빠르게 행동해야 함을 알 수 있다. 따라서 정답은 (A) The listener should act quickly이다.

Questions 95-97 refer to the following talk and presentation slide.

🔊 호주식 발음

⁹⁵While I have all our employees in the room, I'd like to briefly review our updated dress code. **We sent out an e-mail last week covering this topic in detail. But I'd like to remind everyone that closed-toe shoes are mandatory while you're on the premises.** ⁹⁷As we work with a lot of heavy machinery, this is an important safety precaution. ⁹⁶Employees who are entering the processing rooms or shipping facilities must also remember to remove all jewelry, ties, and other accessories that can get pulled into the machinery. **Again,** ⁹⁷I want to make sure you follow these regulations as they were created to prevent serious injuries.

95-97번은 다음 담화와 발표 슬라이드에 관한 문제입니다.

⁹⁵우리의 모든 직원들이 방에 있을 때, 저는 우리의 업데이트된 복장 규정을 잠시 살펴보고자 합니다. 지난주에 이 주제를 상세하게 설명하는 이메일을 발송했습니다. 하지만 저는 모두에게 구내에서는 발가락이 닫힌 신발이 필수라는 것을 상기시켜 드리고 싶습니다. ⁹⁷우리가 많은 중장비를 가지고 일하기 때문에, 이것은 중요한 안전 예방책입니다. ⁹⁶가공실이나 운송 시설에 출입하는 직원들은 기계 안으로 빨려 들어갈 수 있는 모든 보석, 넥타이, 그리고 다른 액세서리들을 제거해야 한다는 것도 기억해야 합니다. 다시 한번, ⁹⁷심각한 부상을 방지하기 위해 이것들이 만들어졌기 때문에 여러분들이 이 규정들을 잘 따르는 것을 확실히 하고 싶습니다.

Item 1 | ⁹⁶Item 2
Item 3 | Item 4

물품 1 | ⁹⁶물품 2
물품 3 | 물품 4

95 What is the main topic of this talk?
(A) Proposed accessory lines
(B) Workplace clothing regulations
(C) Problems with product shipments
(D) Recent accidents in a factory

96 Look at the graphic. Which of the following items must be removed?
(A) Item 1
(B) Item 2
(C) Item 3
(D) Item 4

97 What does the speaker emphasize about the company?
(A) It is using an advanced device.
(B) It has an excellent safety record.
(C) It is hiring many new employees.
(D) It has equipment that can cause injuries.

95. 담화의 주제는 무엇인가?
(A) 제안된 액세서리 라인
(B) 작업장 복장 규정
(C) 제품 배송에 대한 문제
(D) 공장에서의 최근 사고

96. 시각 자료를 보시오. 어느 물품이 제거되어야 하는가?
(A) 물품 1
(B) 물품 2
(C) 물품 3
(D) 물품 4

97. 화자는 회사에 관해 무엇을 강조하는가?
(A) 진보된 기기를 사용하고 있다.
(B) 훌륭한 안전 기록을 가지고 있다.
(C) 많은 새로운 직원들을 고용하고 있다.
(D) 부상을 일으킬 수 있는 장비를 가지고 있다.

지문 briefly[bríːfli] 잠시, 간단히　dress code 복장 규정　mandatory[미 mǽndətɔːri, 영 mǽndətəri] 필수의, 의무적인　on the premises 구내에서　precaution[prikɔ́ːʃən] 예방책, 조심　regulation[règjuléiʃən] 규정, 규제　prevent[privént] 방지하다　injury[índʒəri] 부상, 상처
95 accident[ǽksidənt] 사고
97 emphasize[émfəsaiz] 강조하다　advanced[미 ədvǽnst, 영 ədváːnst] 진보된, 발달한

95 ■ 전체 지문 관련 문제 주제

정답 (B)

담화의 주제를 묻는 문제이므로, 지문의 초반을 반드시 듣는다. "While I have all our employees in the room, I'd like to briefly review our updated dress code."라며 모든 직원들이 방에 있을 때 업데이트된 복장 규정을 잠시 살펴보고자 한다고 하였다. 따라서 정답은 (B) Workplace clothing regulations이다.

바꾸어 표현하기

dress code 복장 규정 → clothing regulations 복장 규정

96 ■ 세부 사항 관련 문제 시각 자료

정답 (B)

제거되어야 하는 물품을 묻는 문제이므로, 제시된 발표 슬라이드의 정보를 확인한 뒤 질문의 핵심어구(items ~ removed)와 관련된 내용을 주의 깊게 듣는다. "Employees ~ must also remember to remove all jewelry, ties, and other accessories that can get pulled into the machinery."라며 직원들이 기계 안으로 빨려 들어갈 수 있는 모든 보석, 넥타이, 그리고 다른 액세서리들을 제거해야 한다는 것도 기억해야 한다고 하였으므로, 제거되어야 하는 물품이 보석에 해당하는 목걸이인 물품 2임을 발표 슬라이드에서 알 수 있다. 따라서 정답은 (B) Item 2이다.

97 ■ 세부 사항 관련 문제 특정 세부 사항

정답 (D)

화자가 회사에 관해 강조하는 것을 묻는 문제이므로, 질문의 핵심어구(company)와 관련된 내용을 주의 깊게 듣는다. "As we work with a lot of heavy machinery, this is an important safety precaution."이라며 많은 중장비를 가지고 일하기 때문에 이것, 즉 발가락이 닫힌 신발을 신는 것이 중요한 안전 예방책이라고 한 뒤, "I want to make sure you follow these regulations as they were created to prevent serious injuries"라며 심각한 부상을 방지하기 위해 이것들이 만들어졌기 때문에 청자들이 이 규정들을 잘 따르는 것을 확실히 하고 싶다고 하였다. 이를 통해 회사가 부상을 일으킬 수 있는 장비를 가지고 있음을 알 수 있다. 따라서 정답은 (D) It has equipment that can cause injuries이다.

Questions 98-100 refer to the following news report and agenda.

98-100번은 다음 뉴스 보도와 안건에 관한 문제입니다.

🔊 영국식 발음

This is KLWA 6 News. I'm Emily Garcia. ⁹⁸Water conservation was the topic at yesterday's town hall meeting. Several residents made speeches supporting Mayor Cooper's new regulations. However, other residents suggested that these regulations may be too drastic and could negatively affect their day-to-day lives. ⁹⁹Under the new rules, local homeowners would be prohibited from washing their cars or hosing down their driveways at their homes. ¹⁰⁰City Councilman Tom Loughlin acknowledged that these regulations place a significant burden on local residents. But he insisted that strict water conservation is needed to cope with the drought that has gripped the Green Meadows area for the past six months.

KLWA 6 뉴스입니다. 저는 Emily Garcia입니다. ⁹⁸어제의 시청 회의에서 물 절약이 주제였습니다. 여러 주민들은 Cooper 시장의 새로운 규제들을 지지하는 연설을 했습니다. 하지만, 다른 주민들은 이런 규제들이 너무 극단적일 수 있으며 그들의 일상 생활에 부정적으로 영향을 줄 수 있다고 제의했습니다. ⁹⁹새로운 규정하에, 지역 주택 소유자들은 그들의 집에서 세차하거나 차도를 씻어 내리는 것이 금지될 것입니다. ¹⁰⁰시의회 의원인 Tom Loughlin은 이런 규제들이 지역 주민들에게 상당한 부담을 준다는 것을 인정했습니다. 하지만 그는 지난 6개월 동안 Green Meadows 지역을 방해한 가뭄에 대처하기 위해 엄격한 물 절약이 필요하다고 주장했습니다.

Town Hall Meeting Agenda	
Date	Topic
May 2	Zoning and Land Use
May 7	School District Calendar
⁹⁸May 9	Water Conservation
May 13	Applying for Building Permits

시청 회의 안건	
날짜	주제
5월 2일	지대 설정과 토지 이용
5월 7일	학군 일정
⁹⁸5월 9일	물 절약
5월 13일	건축 허가 신청

98 Look at the graphic. When did the town hall meeting take place?
(A) On May 2
(B) On May 7
(C) On May 9
(D) On May 13

99 According to the speaker, what will be banned under the new rules?
(A) Installing new driveways
(B) Adding plants to private lawns
(C) Washing streets in commercial areas
(D) Cleaning cars at residences

100 Who most likely is Tom Loughlin?
(A) A local politician
(B) A real estate agent
(C) An expert plumber
(D) A news reporter

98. 시각 자료를 보시오. 시청 회의는 언제 열렸는가?
(A) 5월 2일에
(B) 5월 7일에
(C) 5월 9일에
(D) 5월 13일에

99. 화자에 따르면, 새로운 규정하에 무엇이 금지될 것인가?
(A) 새로운 차도를 건설하는 것
(B) 개인 잔디밭에 식물을 추가하는 것
(C) 상업 공간의 도로를 씻어내리는 것
(D) 주택에서 세차하는 것

100. Tom Loughlin은 누구인 것 같은가?
(A) 지역 정치인
(B) 부동산 중개인
(C) 전문 배관공
(D) 신문 기자

지문 conservation[미 kà:nsərvéiʃən, 영 kɔ̀nsəvéiʃən] 절약, 보호, 보존 town hall 시청 resident[rézidənt] 주민 drastic[drǽstik] 극단적인, 과감한 rule[ru:l] 규정 homeowner[미 hóumounər, 영 hə́uməunə] 주택 소유자 prohibit[prəhíbit] 금지하다 driveway[dráivwei] 차도, 진입로 councilman[káunslmən] (지방 의회의) 의원 acknowledge[미 əkná:lidʒ, 영 əknɔ́lidʒ] 인정하다 significant[signífikənt] 상당한 burden[미 bə́:rdn, 영 bə́:dn] 부담, 짐 insist[insíst] 주장하다 strict[strikt] 엄격한, 꼼꼼한 cope with ~에 대처하다 drought[draut] 가뭄 grip[grip] 방해하다, 막다 zoning[zóuniŋ] (도시 계획의) 지대 설정, 지역제 school district 학군, 학구(통학 구역)

99 ban[bæn] 금지하다 residence[rézidəns] 주택

100 politician[pà:lətíʃən] 정치인 expert[ékspəːrt] 전문의, 전문적인

98 ■ 세부 사항 관련 문제 시각 자료

시청 회의가 열린 날짜를 묻는 문제이므로, 제시된 안건의 정보를 확인한 뒤 질문의 핵심어구(town hall meeting)가 언급된 주변을 주의 깊게 듣는다. "Water conservation was the topic at yesterday's town hall meeting."이라며 어제의 시청 회의에서 물 절약이 주제였다고 하였으므로 물 절약이 주제인 5월 9일에 시청 회의가 열렸음을 안건에서 확인할 수 있다. 따라서 정답은 (C) On May 9이다.

99 ■ 세부 사항 관련 문제 특정 세부 사항

정답 (D)

새로운 규정하에 금지될 것이 무엇인지 묻는 문제이므로, 질문의 핵심어구(banned under the new rules)와 관련된 내용을 주의 깊게 듣는다. "Under the new rules, local homeowners would be prohibited from washing their cars or hosing down their driveways at their homes."라며 새로운 규정하에 지역 주택 소유자들은 그들의 집에서 세차하거나 차도를 씻어 내리는 것이 금지될 것이라고 하였다. 따라서 정답은 (D) Cleaning cars at residences이다.

바꾸어 표현하기
be banned 금지되다 → be prohibited 금지되다
washing ~ cars ~ at ~ homes 집에서 세차하는 것 → Cleaning cars at residences 주택에서 세차하는 것

100 ■ 세부 사항 관련 문제 특정 세부 사항

정답 (A)

Tom Loughlin의 신분을 묻는 문제이므로, 질문 대상(Tom Loughlin)의 신분 및 직업과 관련된 표현을 놓치지 않고 듣는다. "City Councilman Tom Loughlin"이라며 Tom Loughlin이 시의회 의원이라고 한 말을 통해, Tom Loughlin이 지역 정치인임을 알 수 있다. 따라서 정답은 (A) A local politician이다.

바꾸어 표현하기
City Councilman 시의회 의원 → local politician 지역 정치인

▍TEST 07

🎧 TEST 07.mp3
실전용·복습용 문제풀이 MP3 무료 다운로드 및 스트리밍 바로듣기 (HackersIngang.com)
* 실제 시험장의 소음까지 재현해 낸 고사장 소음/매미 버전 MP3, 영국식·호주식 발음 집중 MP3, 고속 버전 MP3까지
  구매하면 실전에 더욱 완벽히 대비할 수 있습니다.

무료MP3 바로듣기

1
○●●● 중

🔊 캐나다식 발음

(A) Products are stacked on shelves.
(B) A keyboard is being moved.
(C) A man is tightening a tie.
(D) The people are exchanging clipboards.

(A) 제품들이 선반에 쌓여 있다.
(B) 키보드가 옮겨지고 있다.
(C) 한 남자가 넥타이를 조이고 있다.
(D) 사람들이 클립보드를 교환하고 있다.

■ 2인 이상 사진
정답 (A)

두 남녀가 서 있는 모습과 주변 사물의 상태를 주의 깊게 살핀다.
(A) [○] 제품들이 선반에 쌓여 있는 모습을 정확히 묘사한 정답이다.
(B) [×] 키보드가 책상 위에 놓여 있는 상태인데, 진행 수동형(is being moved)을 사용해 옮겨지고 있다고 잘못 묘사했으므로 오답이다.
(C) [×] tightening a tie(넥타이를 조이고 있다)는 남자의 동작과 무관하므로 오답이다.
(D) [×] exchanging clipboards(클립보드를 교환하고 있다)는 사람들의 동작과 무관하므로 오답이다. 사진에 있는 클립보드(clipboard)를 사용하여 혼동을 주었다.

어휘 stack[stæk] 쌓다 tighten[táitn] 조이다 tie[tai] 넥타이 clipboard[klípbɔːrd] 클립보드(위에 집게가 달려 있어서 종이를 끼울 수 있는 판)

2
○○○● 하

🔊 미국식 발음

(A) She is looking out of a window.
(B) She is fastening a seat belt.
(C) She is reading a magazine.
(D) She is lowering a tray table.

(A) 그녀는 창밖을 보고 있다.
(B) 그녀는 안전벨트를 매고 있다.
(C) 그녀는 잡지를 읽고 있다.
(D) 그녀는 간이 탁자를 낮추고 있다.

■ 1인 사진
정답 (C)

한 여자가 기내에서 책자를 읽고 있는 모습을 확인한다.
(A) [×] looking out of a window(창밖을 보고 있다)는 여자의 동작과 무관하므로 오답이다. 사진에 있는 창문(window)을 사용하여 혼동을 주었다.
(B) [×] 여자가 기내에 앉아 있는 모습에서 연상할 수 있는 fastening a seat belt(안전벨트를 매고 있다)를 사용하여 혼동을 준 오답이다.
(C) [○] 잡지를 읽고 있는 여자의 모습을 가장 잘 묘사한 정답이다.
(D) [×] lowering(낮추고 있다)은 여자의 동작과 무관하므로 오답이다. 기내에 있는 접이식 테이블을 나타내는 표현 tray table을 알아둔다.

어휘 fasten[fǽsn] 매다, 채우다 seat belt 안전벨트 lower[lóuər] 낮추다 tray table 간이 탁자, 작은 테이블

3
○○●● 중

🔊 호주식 발음

(A) A man is opening a toolbox.
(B) A computer has been taken apart.
(C) A man is arranging items on a desk.
(D) A potted plant has been left on a table.

(A) 한 남자가 공구 상자를 열고 있다.
(B) 컴퓨터가 분해되어 있다.
(C) 한 남자가 책상 위에 물품들을 정리하고 있다.
(D) 화분에 심은 식물이 탁자 위에 남겨져 있다.

■ 1인 사진
정답 (B)

한 남자가 컴퓨터 본체를 보며 작업을 하고 있는 모습과 주변 사물의 상태를 주의 깊게 살핀다.
(A) [×] opening(열고 있다)은 남자의 동작과 무관하고, 사진에서 공구 상자(toolbox)를 확인할 수 없으므로 오답이다.
(B) [○] 컴퓨터가 분해되어 있는 상태를 정확히 묘사한 정답이다.
(C) [×] arranging(정리하고 있다)은 남자의 동작과 무관하므로 오답이다. 사진에 있는 책상(desk)을 사용하여 혼동을 주었다.
(D) [×] 화분에 심은 식물이 선반에 남겨져 있는데 탁자 위에 남겨져 있다고 잘못 묘사했으므로 오답이다. A potted plant has been left(화분에 심은 식물이 남겨져 있다)까지만 듣고 정답으로 선택하지 않도록 주의한다.

어휘 toolbox[미 túːlbɑːks, 영 túːlbɑks] 공구 상자 take apart 분해하다 arrange[əréindʒ] 정리하다, 배열하다 potted plant 화분에 심은 식물

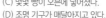

4

🔊 영국식 발음

(A) Baked goods are being purchased.
(B) Food has been laid out on a counter.
(C) Some bread has been put into an oven.
(D) Light fixtures are being hung up.

(A) 제과들이 구매되고 있다.
(B) 음식이 판매대에 놓여 있다.
(C) 몇몇 빵이 오븐에 넣어졌다.
(D) 조명 기구가 매달아지고 있다.

■ 사물 및 풍경 사진

정답 (B)

사진에 사람이 없다는 것과 진열되어 있는 사물 및 주변 환경의 상태를 주의 깊게 살핀다.
(A) [×] 사진에서 제과들은 보이지만, 구매되고 있는(are being purchased) 모습은 아니므로 오답이다.
(B) [○] 음식이 판매대에 놓여 있는 상태를 가장 잘 묘사한 정답이다.
(C) [×] 사진에서 오븐(oven)을 확인할 수 없으므로 오답이다. 사진에 있는 빵(bread)을 사용하여 혼동을 주었다.
(D) [×] 이미 조명 기구가 매달려 있는 상태인데, 진행 수동형(are being hung up)을 사용해 매달아지고 있다고 잘못 묘사했으므로 오답이다.

어휘 purchase[미 pə́ːrtʃəs, 영 pə́ːtʃəs] 구매하다 counter[미 káuntər, 영 káuntə] 판매대, 조리대 light fixture 조명 기구

5

🔊 미국식 발음

(A) Someone is holding a lamp.
(B) One of the men is pointing at a file.
(C) One of the women is using a laptop.
(D) Some people are installing a fan.

(A) 누군가가 전등을 들고 있다.
(B) 남자들 중 한 명이 파일을 가리키고 있다.
(C) 여자들 중 한 명이 노트북 컴퓨터를 사용하고 있다.
(D) 몇몇 사람들이 선풍기를 설치하고 있다.

■ 2인 이상 사진

정답 (B)

한 남자가 여자의 파일을 가리키고 있는 모습과 주변의 전반적인 모습을 확인한다.
(A) [×] 사진에 전등을 들고 있는 사람이 없으므로 오답이다. 사진에 있는 전등(lamp)을 사용하여 혼동을 주었다.
(B) [○] 남자들 중 한 명이 파일을 가리키고 있는 모습을 가장 잘 묘사한 정답이다.
(C) [×] 사진에 노트북 컴퓨터를 사용하고 있는(using a laptop) 여자가 없으므로 오답이다. 사진에 있는 노트북 컴퓨터(laptop)를 사용하여
    혼동을 주었다.
(D) [×] 사진에 선풍기를 설치하고 있는(installing a fan) 사람들이 없으므로 오답이다.

어휘 install[instɔ́ːl] 설치하다

6

🔊 호주식 발음

(A) Some curtains are being replaced.
(B) A flower arrangement is on a windowsill.
(C) A rug has been set under the furniture.
(D) Some cushions are on a sofa.

(A) 커튼들이 교체되고 있다.
(B) 꽃꽂이 장식이 창문턱에 있다.
(C) 깔개가 가구 밑에 놓여 있다.
(D) 쿠션들이 소파 위에 있다.

■ 사물 및 풍경 사진

정답 (D)

사진에 사람이 없다는 것과 실내에 있는 사물들의 상태 및 위치를 주의 깊게 살핀다.
(A) [×] 사진에 커튼은 보이지만 교체되고 있는(are being replaced) 모습은 아니므로 오답이다.
(B) [×] 사진에 꽃꽂이 장식(flower arrangement)이 없으므로 오답이다.
(C) [×] 깔개가 바닥에 놓여 있는데 가구 밑에 놓여 있다고 잘못 묘사했으므로 오답이다. A rug has been set(깔개가 ~ 놓여 있다)까지만 듣고
    정답으로 선택하지 않도록 주의한다.
(D) [○] 쿠션들이 소파 위에 있는 모습을 정확히 묘사한 정답이다.

어휘 replace[ripléis] 교체하다, 바꾸다 flower arrangement 꽃꽂이 장식 windowsill[미 wíndousil, 영 wíndəusil] 창문턱 rug[rʌg] 깔개, 양탄자
    furniture[미 fə́ːrnitʃər, 영 fə́ːnitʃə] 가구

PART 2

7

○●○○
중

[3](1) 호주식 발음 → 영국식 발음

Which musician will be performing at the award ceremony?

(A) The same guitar player as last year.
(B) A prize valued at $500.
(C) Ms. Thomas discovered the defect.

어느 음악가가 시상식에서 공연하게 될까요?

(A) 작년과 동일한 기타 연주자요.
(B) 500달러 가치의 상이에요.
(C) Ms. Thomas가 결함을 발견했어요.

■ Which 의문문   정답 (A)

어느 음악가가 시상식에서 공연하게 될지를 묻는 Which 의문문이다. Which musician을 반드시 들어야 한다.
(A) [○] 작년과 동일한 기타 연주자라는 말로 시상식에서 공연하게 될 인물을 언급했으므로 정답이다.
(B) [×] 질문의 award ceremony(시상식)에서 award(상)와 같은 의미인 prize(상)를 사용하여 혼동을 준 오답이다.
(C) [×] 어느 음악가가 시상식에서 공연하게 될지를 물었는데, 이와 관련이 없는 Ms. Thomas가 결함을 발견했다는 내용으로 응답했으므로 오
답이다. 사람 이름인 Ms. Thomas를 사용하여 혼동을 주었다.

어휘   musician[mju:zíʃən] 음악가   perform[미 pərfɔ́:rm, 영 pəfɔ́:m] 공연하다   award ceremony 시상식

8

○○○○
하

[3](1) 캐나다식 발음 → 미국식 발음

Where can we hang our poster for the event?

(A) The event organizer.
(B) OK. I'll print more of them.
(C) On the bulletin board.

행사를 위한 우리의 포스터를 어디에 걸 수 있나요?

(A) 행사 주최자요.
(B) 알겠습니다. 그것들을 더 인쇄할게요.
(C) 게시판에요.

■ Where 의문문   정답 (C)

행사를 위한 포스터를 어디에 걸 수 있는지를 묻는 Where 의문문이다.
(A) [×] 질문의 event를 반복 사용하여 혼동을 준 오답이다.
(B) [×] 의문사 의문문에 Yes와 같은 의미인 OK로 응답했으므로 오답이다. poster(포스터)에서 연상할 수 있는 포스터의 발행과 관련된
print(인쇄하다)를 사용하여 혼동을 주었다.
(C) [○] 게시판이라며 행사를 위한 포스터를 걸 수 있는 장소를 언급했으므로 정답이다.

어휘   hang[hæŋ] 걸다, 매달다   organizer[ɔ́:rgənàizər] 주최자, 조직 위원   bulletin board 게시판

9

○○○○
하

[3](1) 미국식 발음 → 캐나다식 발음

Would you like to go to a new Chinese restaurant with us?

(A) No, thanks. I've already eaten.
(B) A plant opening in China.
(C) Yes, I did.

저희와 함께 새로 생긴 중식당에 가실래요?

(A) 아니요, 괜찮아요. 저는 이미 먹었어요.
(B) 중국에 문을 여는 공장이요.
(C) 네, 제가 했어요.

■ 제안 의문문   정답 (A)

새로 생긴 중식당에 함께 가자는 제안 의문문이다. Would you like to가 제안하는 표현임을 이해할 수 있어야 한다.
(A) [○] No, thanks로 제안을 거절한 뒤, 자신은 이미 먹었다는 부연 설명을 했으므로 정답이다.
(B) [×] Chinese(중국의)와 관련 있는 China(중국)을 사용하여 혼동을 준 오답이다.
(C) [×] 새로 생긴 중식당에 가자고 했는데, 이와 관련이 없는 자신이 했다는 내용으로 응답했으므로 오답이다. Yes만 듣고 정답으로 고르지 않
도록 주의한다.

어휘   already[ɔ:lrédi] 이미   plant[plænt] 공장

10

🎧 영국식 발음 → 호주식 발음

When am I supposed to shut down the store?

(A) At 8 P.M.
(B) Just down the street.
(C) We bought this candle there.

제가 언제 가게의 문을 닫아야 하나요?

(A) 오후 8시예요.
(B) 그 길 바로 아래요.
(C) 우리는 이 양초를 그곳에서 샀어요.

■ When 의문문

정답 (A)

언제 가게의 문들 닫아야 하는지를 묻는 When 의문문이다.

(A) [o] 오후 8시라며 가게의 문을 닫아야 하는 시간을 언급했으므로 정답이다.
(B) [×] 언제 가게의 문을 닫아야 하는지를 물었는데, 이와 관련이 없는 그 길 바로 아래라는 내용으로 응답했으므로 오답이다. 질문의 down을
　　반복 사용하여 혼동을 주었다.
(C) [×] 질문의 store를 나타낼 수 있는 there을 사용하고, store(가게)에서 연상할 수 있는 행동과 관련된 bought this candle(이 양초를 샀
　　다)을 사용하여 혼동을 준 오답이다.

어휘　be supposed to ~해야 한다, ~하기로 되어 있다　shut down (가게의) 문을 닫다　candle[kǽndl] 양초

11

🎧 호주식 발음 → 영국식 발음

How many desktop computers were ordered for the library?

(A) Up to five books can be checked out.
(B) Set up on the desk.
(C) Mr. Collins can provide that information.

도서관에 몇 대의 데스크톱 컴퓨터가 주문되었나요?

(A) 다섯 권까지 책을 빌릴 수 있어요.
(B) 책상 위에 설치해 주세요.
(C) Mr. Collins가 그 정보를 제공해드릴 수 있어요.

■ How 의문문

정답 (C)

도서관에 몇 대의 데스크톱 컴퓨터가 주문되었는지를 묻는 How 의문문이다. How many가 수량을 묻는 것임을 이해할 수 있어야 한다.

(A) [×] library(도서관)와 관련 있는 books(책)를 사용하여 혼동을 준 오답이다. Up to five까지만 듣고 정답으로 고르지 않도록 주의한다.
(B) [×] 도서관에 몇 대의 데스크톱 컴퓨터가 주문되었는지를 물었는데, 이와 관련이 없는 책상 위에 설치해 달라는 내용으로 응답했으므로 오답
　　이다. desktop – desk의 유사 발음 어휘를 사용하여 혼동을 주었다.
(C) [o] Mr. Collins가 그 정보를 제공해줄 수 있다는 말로 모르겠다는 간접적인 응답을 했으므로 정답이다.

어휘　order[미 ɔ́:rdər, 영 ɔ́:də] 주문하다　check out (책 등을) 빌리다

12

🎧 캐나다식 발음 → 미국식 발음

This luggage is heavier than I thought it would be.

(A) Would you like me to carry it?
(B) At the baggage claim area.
(C) We thought it was a nice hotel.

이 짐은 제가 예상했던 것보다 더 무겁네요.

(A) 제가 그걸 들어드릴까요?
(B) 수하물 찾는 곳에서요.
(C) 우리는 그곳이 좋은 호텔이라고 생각했어요.

■ 평서문

정답 (A)

짐이 예상했던 것보다 더 무겁다는 문제점을 언급하는 평서문이다.

(A) [o] 자신이 그걸 들어줄지를 되물어 문제점에 대한 해결책을 제시했으므로 정답이다.
(B) [×] luggage(짐)와 관련 있는 baggage claim area(수하물 찾는 곳)를 사용하여 혼동을 준 오답이다.
(C) [×] 짐이 예상했던 것보다 더 무겁다고 했는데, 이와 관련이 없는 그곳이 좋은 호텔이라고 생각했다는 내용으로 응답했으므로 오답이다. 질문
　　의 thought을 반복 사용하여 혼동을 주었다.

어휘　luggage[lʌ́gidʒ] 짐, 수하물　think[θiŋk] 예상하다, 생각하다　baggage claim area 수하물 찾는 곳

13

○●●●●
상

🔊 영국식 발음 → 캐나다식 발음

Can my phone plan be upgraded to include unlimited texting?

(A) Your own work number.
(B) I can take care of that.
(C) No, seat upgrades are excluded.

제 휴대 전화 요금제가 무제한 문자 메시지를 포함하도록 업그레이드될 수 있나요?

(A) 당신의 회사 번호요.
(B) 제가 그것을 처리해드릴 수 있어요.
(C) 아니요, 좌석 업그레이드는 제외됩니다.

■ 조동사 의문문 정답 (B)

휴대 전화 요금제가 무제한 문자 메시지를 포함하도록 업그레이드될 수 있는지를 확인하는 조동사(Can) 의문문이다.

(A) [×] phone(전화)과 관련 있는 work number(회사 번호)를 사용하여 혼동을 준 오답이다.
(B) [○] 자신이 그것을 처리해줄 수 있다는 말로 휴대 전화 요금제가 무제한 문자 메시지를 포함하도록 업그레이드될 수 있음을 전달했으므로 정답이다.
(C) [×] 휴대 전화 요금제가 무제한 문자 메시지를 포함하도록 업그레이드될 수 있는지를 물었는데, 이와 관련이 없는 좌석 업그레이드는 제외된다는 내용으로 응답했으므로 오답이다. 질문의 upgraded – upgrades의 유사 발음 어휘를 사용하고, include(포함하다)와 반대 의미인 excluded(제외하다)를 사용하여 혼동을 주었다. No만 듣고 정답으로 고르지 않도록 주의한다.

어휘 include[inklúːd] 포함하다 unlimited[ʌnlímitid] 무제한의 texting[tékstiŋ] (휴대 전화를 이용한) 문자 메시지 exclude[iksklúːd] 제외하다

14

○○●●●
중

🔊 호주식 발음 → 미국식 발음

I thought we could have shortened the presentation.

(A) Actually, it's a pretty long hallway.
(B) It was a present from a friend.
(C) Yes, I completely agree.

우리가 발표를 단축할 수 있었을 거라고 생각했어요.

(A) 사실, 그것은 꽤 긴 복도예요.
(B) 이것은 친구에게 받은 선물이었어요.
(C) 네, 저는 완전히 동의해요.

■ 평서문 정답 (C)

자신들이 발표를 단축할 수 있었을 거라고 생각한다는 의견을 제시하는 평서문이다.

(A) [×] 질문의 shortened(단축하다)에서 연상할 수 있는 길이와 관련된 long(긴)을 사용하여 혼동을 준 오답이다.
(B) [×] 자신들이 발표를 단축할 수 있었을 거라고 생각한다고 했는데, 이와 관련이 없는 이것은 친구에게 받은 선물이었다는 내용으로 응답했으므로 오답이다. presentation – present의 유사 발음 어휘를 사용하여 혼동을 주었다.
(C) [○] Yes로 자신들이 발표를 단축할 수 있었을 거라고 생각함을 전달한 후, 자신이 완전히 동의한다는 의견을 제시했으므로 정답이다.

어휘 presentation[미 priːzəntéiʃən, 영 prèːzəntéiʃən] 발표 hallway[hɔ́lwei] 복도 agree[əgríː] 동의하다

15

○○○●●
상

🔊 캐나다식 발음 → 영국식 발음

Why wasn't the photocopier we ordered installed this afternoon?

(A) It was.
(B) From an electronics store.
(C) The installation instructions.

왜 우리가 주문한 복사기가 오늘 오후에 설치되지 않았나요?

(A) 설치되었어요.
(B) 전자 제품 매장으로부터요.
(C) 설치 설명서요.

■ Why 의문문 정답 (A)

왜 자신들이 주문한 복사기가 오늘 오후에 설치되지 않았는지를 묻는 Why 의문문이다.

(A) [○] 설치되었다는 말로 주문한 복사기가 오늘 오후에 설치되었음을 전달했으므로 정답이다.
(B) [×] photocopier(복사기)와 관련 있는 electronics(전자 제품)를 사용하여 혼동을 준 오답이다.
(C) [×] 왜 자신들이 주문한 복사기가 오늘 오후에 설치되지 않았는지 물었는데, 이와 관련이 없는 설치 설명서라는 내용으로 응답했으므로 오답이다. installed – installation의 유사 발음 어휘를 사용하여 혼동을 주었다.

어휘 photocopier[fóutoukaːpiər] 복사기 install[instɔ́ːl] 설치하다 electronics[미 ilèktráːniks, 영 ilèktrɔ́niks] 전자 제품

16

○ ○ ○
● ●
중

🔊 캐나다식 발음 → 미국식 발음

Should we organize the workshops for May or June?

(A) No, we didn't attend.
(B) Because the shop was empty.
(C) I'd prefer to have them earlier.

우리는 워크숍을 5월 또는 6월에 개최해야 하나요?

(A) 아니요, 우리는 참석하지 않았어요.
(B) 가게가 비어 있었기 때문이에요.
(C) 저는 더 일찍 하면 좋겠어요.

■ 조동사 의문문　　　　　　　　　　　　　　　　　　　　　　　　　　　　　　　　　　　　정답 (C)

워크숍을 5월 또는 6월에 개최해야 하는지를 확인하는 조동사(Should) 의문문이다.
(A) [×] workshops(워크숍)에서 연상할 수 있는 참석 여부와 관련된 attend(참석하다)를 사용하여 혼동을 준 오답이다. No만 듣고 정답으로 고르지 않도록 주의한다.
(B) [×] 워크숍을 5월 또는 6월에 개최해야 하는지를 물었는데 이유로 응답했으므로 오답이다. workshops – shop의 유사 발음 어휘를 사용하여 혼동을 주었다.
(C) [○] 더 일찍 하면 좋겠다는 말로 워크숍을 개최해야 하는 시점에 대한 의견을 전달했으므로 정답이다.

어휘　organize[ɔ́:rgənàiz] 개최하다　attend[əténd] 참석하다　empty[émpti] 비어 있는

17

○ ○ ○
● ● ●
상

🔊 호주식 발음 → 영국식 발음

What type of fabric did you order for the scarves?

(A) At a trade fair.
(B) Because it's affordable.
(C) I want to get more samples first.

당신은 스카프를 위해 어떤 종류의 천을 주문했나요?

(A) 무역 박람회에서요.
(B) 그것이 저렴하기 때문이에요.
(C) 저는 우선 더 많은 샘플을 얻고 싶어요.

■ What 의문문　　　　　　　　　　　　　　　　　　　　　　　　　　　　　　　　　　　　정답 (C)

스카프를 위해 어떤 종류의 천을 주문했는지를 묻는 What 의문문이다. What type of가 종류를 묻는 것임을 이해할 수 있어야 한다.
(A) [×] 스카프를 위해 어떤 종류의 천을 주문했는지를 물었는데 장소로 응답했으므로 오답이다. fabric(천)과 order(주문하다)에서 연상할 수 있는 구매 장소와 관련된 trade fair(무역 박람회)를 사용하여 혼동을 주었다.
(B) [×] 스카프를 위해 어떤 종류의 천을 주문했는지를 물었는데 이유로 응답했으므로 오답이다. 질문의 fabric(천)을 나타낼 수 있는 it을 사용하여 혼동을 주었다.
(C) [○] 우선 더 많은 샘플을 얻고 싶다는 말로 자신의 스카프를 위한 천을 아직 주문하지 않았음을 간접적으로 전달했으므로 정답이다.

어휘　fabric[fǽbrik] 천, 직물　trade fair 무역 박람회　affordable[미 əfɔ́:rdəbl, 영 əfɔ́:dəbl] 저렴한

18

○ ○ ○
● ●
중

🔊 캐나다식 발음 → 미국식 발음

The company is investing in wind power generators, isn't it?

(A) It's really windy today.
(B) Right. Since last quarter.
(C) Let's install new appliances.

회사는 풍력 발전기에 투자하고 있죠, 그렇지 않나요?

(A) 오늘 바람이 많이 부네요.
(B) 맞아요. 지난 분기부터요.
(C) 새로운 가전제품을 설치합시다.

■ 부가 의문문　　　　　　　　　　　　　　　　　　　　　　　　　　　　　　　　　　　　정답 (B)

회사가 풍력 발전기에 투자하고 있는지를 확인하는 부가 의문문이다.
(A) [×] 회사가 풍력 발전기에 투자하고 있는지를 물었는데, 이와 관련이 없는 오늘 바람이 많이 분다는 내용으로 응답했으므로 오답이다. wind – windy의 유사 발음 어휘를 사용하여 혼동을 주었다.
(B) [○] Right으로 회사가 풍력 발전기에 투자하고 있음을 전달한 후, 지난 분기부터라는 추가 정보를 제공했으므로 정답이다.
(C) [×] generators(발전기)에서 연상할 수 있는 행동과 관련된 install(설치하다)을 사용하여 혼동을 준 오답이다.

어휘　generator[dʒénəreitər] 발전기　quarter[kwɔ́:rtər] 분기　appliance[əpláiəns] 가전제품

19

○○○○ 중

🔊 미국식 발음 → 영국식 발음

We should e-mail Mr. Murray about the contract changes.

(A) Various legal requirements.
(B) Yes, he'll want to know.
(C) I don't have exact change.

우리는 Mr. Murray에게 계약 변경 사항에 대한 이메일을 보내야 해요.

(A) 다양한 법률 요건이요.
(B) 네, 그는 알고 싶어 할 거예요.
(C) 저는 딱 맞는 거스름돈이 없어요.

■ 평서문

정답 (B)

Mr. Murray에게 계약 변경 사항에 대한 이메일을 보낼 것을 제안하는 평서문이다.
(A) [×] contract(계약)와 관련 있는 legal requirements(법률 요건)를 사용하여 혼동을 준 오답이다.
(B) [○] Yes로 Mr. Murray에게 계약 변경 사항에 대한 이메일을 보내자는 제안을 수락한 후, 그가 알고 싶어 할 거라는 부연 설명을 했으므로 정답이다.
(C) [×] Mr. Murray에게 계약 변경 사항에 대한 이메일을 보내야 한다고 했는데, 이와 관련이 없는 자신은 딱 맞는 거스름돈이 없다는 내용으로 응답했으므로 오답이다. 질문의 change(변경)를 '거스름돈'이라는 의미의 명사로 반복 사용하여 혼동을 주었다.

어휘   legal[líːɡəl] 법률의   requirement[미 rikwáiərmənt, 영 rikwáiəmənt] 요건   exact[igzǽkt] (수량이) 딱 맞는, 정확한
change[tʃeindʒ] 거스름돈, 잔돈

20

○○○○ 하

🔊 캐나다식 발음 → 호주식 발음

Where is the conference on biotechnology being hosted?

(A) Both medical products and services.
(B) A venue in downtown Boston.
(C) Mindy organized the retirement party.

생명 공학에 관한 학회가 어디에서 열리고 있나요?

(A) 의료 제품과 서비스 둘 다요.
(B) 보스턴 시내의 한 장소요.
(C) Mindy가 은퇴 파티를 준비했어요.

■ Where 의문문

정답 (B)

생명 공학에 관한 학회가 어디에서 열리고 있는지를 묻는 Where 의문문이다.
(A) [×] biotechnology(생명 공학)와 관련 있는 medical(의료의)을 사용하여 혼동을 준 오답이다.
(B) [○] 보스턴 시내의 한 장소라며 생명 공학에 관한 학회가 열리고 있는 장소를 언급했으므로 정답이다.
(C) [×] 생물 공학에 대한 학회가 어디에서 열리고 있는지를 물었는데, 이와 관련이 없는 Mindy가 은퇴 파티를 준비했다는 내용으로 응답했으므로 오답이다. conference(학회)에서 연상할 수 있는 행동과 관련된 organized(준비했다)를 사용하여 혼동을 주었다.

어휘   conference[káːnfərəns] 학회   biotechnology[bàiouteknáːlədʒi] 생명 공학   venue[vénjuː] 장소
organize[미 ɔ́ːrɡənaiz, 영 ɔ́ːɡənaiz] 준비하다, 구성하다

21

○○○○ 중

🔊 미국식 발음 → 캐나다식 발음

Why don't you take the highway?

(A) I don't believe there are.
(B) That's the next rest stop.
(C) One of the lanes is closed until Friday.

고속도로를 이용하는 게 어때요?

(A) 있는 것 같지 않아요.
(B) 그것은 다음 휴게소예요.
(C) 도로 중 하나가 금요일까지 폐쇄돼요.

■ 제안 의문문

정답 (C)

고속도로를 이용하자는 제안 의문문이다. Why don't you가 제안하는 표현임을 이해할 수 있어야 한다.
(A) [×] 고속도로를 이용하자고 제안했는데, 이와 관련이 없는 있는 것 같지 않다는 내용으로 응답했으므로 오답이다. 질문의 don't를 반복 사용하여 혼동을 주었다.
(B) [×] highway(고속도로)와 관련 있는 rest stop(휴게소)을 사용하여 혼동을 준 오답이다.
(C) [○] 도로 중 하나가 금요일까지 폐쇄된다는 말로 제안을 간접적으로 거절한 정답이다.

어휘   highway[háiwèi] 고속도로   rest stop 휴게소   lane[lein] 도로, 길

22

🔊 영국식 발음 → 미국식 발음

Didn't Mr. Taylor buy some more envelopes?

(A) This is all we have left.
(B) No, I have his e-mail address.
(C) I passed a stationery store this morning.

Mr. Taylor는 봉투를 더 사지 않았나요?

(A) 이것이 우리에게 남은 전부예요.
(B) 아니요, 저는 그의 이메일 주소를 가지고 있어요.
(C) 저는 오늘 아침에 문구점을 지나쳤어요.

■ 부정 의문문   정답 (A)

Mr. Taylor가 봉투를 더 사지 않았는지를 확인하는 부정 의문문이다.
(A) [○] 이것이 우리에게 남은 전부라는 말로 Mr. Taylor가 봉투를 더 사지 않았음을 간접적으로 전달했으므로 정답이다.
(B) [×] envelopes(봉투)에서 연상할 수 있는 편지와 관련된 address(주소)를 사용하여 혼동을 준 오답이다. No만 듣고 정답으로 고르지 않도록 주의한다.
(C) [×] envelopes(봉투)와 관련된 stationery store(문구점)를 사용하여 혼동을 준 오답이다.

어휘   envelope[미 énvəloup, 영 énvələup] 봉투   stationery store 문구점

23

🔊 호주식 발음 → 영국식 발음

We're offering a discount on cleaning supplies this month, right?

(A) I'll have to count them.
(B) That's a good question.
(C) It was returned on June 4.

우리는 이번 달에 청소 용품에 대한 할인을 제공해요, 그렇죠?

(A) 저는 그것들을 세어 봐야 할 거에요.
(B) 좋은 질문이네요.
(C) 이것은 6월 4일에 반납되었어요.

■ 부가 의문문   정답 (B)

이번 달에 청소 용품에 대한 할인을 제공하는지를 확인하는 부가 의문문이다.
(A) [×] 질문의 cleaning supplies(청소 용품)을 나타낼 수 있는 them을 사용하고, discount – count의 유사 발음 어휘를 사용하여 혼동을 준 오답이다.
(B) [○] 좋은 질문이라는 말로 모른다는 간접적인 응답을 했으므로 정답이다.
(C) [×] discount(할인)에서 연상할 수 있는 구매와 관련된 return(반납하다)을 사용하고, this month(이번 달)와 관련 있는 June(6월)을 사용하여 혼동을 준 오답이다.

어휘   offer[미 ɔ́:fər, 영 ɔ́:fə] 제공하다   cleaning supplies 청소 용품   count[kaunt] 세다   return[미 ritə́:rn, 영 ritə́:n] 반납하다

24

🔊 미국식 발음 → 호주식 발음

Have we published more articles this year than last year?

(A) I haven't worked here long enough to say.
(B) The article is much too long.
(C) I thought you had edited it already.

우리는 작년보다 올해에 더 많은 기사들을 발표했나요?

(A) 저는 말할 수 있을 만큼 여기서 오래 일하지 않았어요.
(B) 그 기사는 너무 길어요.
(C) 저는 당신이 그것을 이미 수정했다고 생각했어요.

■ 조동사 의문문   정답 (A)

작년보다 올해에 더 많은 기사를 발표했는지 확인하는 조동사(Have) 의문문이다.
(A) [○] 자신이 말할 수 있을 만큼 여기서 오래 일하지 않았다는 말로 모르겠다는 간접적인 응답을 했으므로 정답이다.
(B) [×] 질문의 articles를 article로 반복 사용하여 혼동을 준 오답이다.
(C) [×] articles(기사들)와 관련 있는 edited(수정했다)를 사용하여 혼동을 준 오답이다.

어휘   publish[pʌ́bliʃ] 발표하다, 출판하다   article[미 ɑ́:rtikl, 영 ɑ́:tikl] 기사, 글

25

🎧 영국식 발음 → 호주식 발음

Could you tell Leslie to park in the lot next door?

(A) A bus is stuck in traffic.
(B) She doesn't have a car.
(C) The house next door is for sale.

Leslie에게 옆의 부지에 주차하라고 말해줄 수 있나요?

(A) 버스는 교통 혼잡에 갇혀 있어요.
(B) 그녀는 차가 없어요.
(C) 옆집은 팔려고 내놓은 것이에요.

■ 요청 의문문   정답 (B)

Leslie에게 옆의 부지에 주차하라고 말해달라는 요청 의문문이다. Could you가 요청하는 표현임을 이해할 수 있어야 한다.
(A) [×] park(주차하다)와 관련 있는 bus(버스)와 is stuck in traffic(교통 혼잡에 갇히다)을 사용하여 혼동을 준 오답이다.
(B) [○] 그녀는 차가 없다는 말로 Leslie에게 옆의 부지에 주차하라고 말할 필요가 없다는 간접적인 응답을 했으므로 정답이다.
(C) [×] Leslie에게 옆의 부지에 주차하라고 말해달라고 했는데, 이와 관련이 없는 옆집은 팔려고 내놓은 것이라는 내용으로 응답했으므로 오답
     이다. 질문의 next door를 반복 사용하여 혼동을 주었다.

어휘   lot[미 lɑːt, 영 lɔt] 부지   be stuck in traffic 교통 혼잡에 갇히다

26

🎧 호주식 발음 → 영국식 발음

When is the budget proposal due?

(A) I sent out a memo about it.
(B) Yes, we need to cut costs.
(C) It's over budget.

예산안의 기한이 언제인가요?

(A) 제가 그것에 대한 회람을 보냈어요.
(B) 네, 우리는 비용을 줄여야 해요.
(C) 예산 초과예요.

■ When 의문문   정답 (A)

예산안의 기한이 언제인지를 묻는 When 의문문이다.
(A) [○] 자신이 그것에 대한 회람을 보냈다는 말로 회람을 확인하라는 간접적인 응답을 했으므로 정답이다.
(B) [×] 의문사 의문문에 Yes로 응답했으므로 오답이다. budget(예산)과 관련 있는 costs(비용)를 사용하여 혼동을 주었다.
(C) [×] 질문의 budget을 반복 사용하여 혼동을 준 오답이다.

어휘   budget proposal 예산안   cut[kʌt] 줄이다, 삭감하다

27

🎧 미국식 발음 → 호주식 발음

Should we pick up the cake or have it delivered?

(A) Whichever is easier.
(B) Let's get chocolate.
(C) Usually within 30 minutes.

우리가 케이크를 찾아와야 할까요, 아니면 그것을 배달시켜야
할까요?

(A) 어느 것이든 더 쉬운 것으로요.
(B) 초콜릿으로 합시다.
(C) 보통 30분 이내로요.

■ 선택 의문문   정답 (A)

자신들이 케이크를 찾아와야 하는지 아니면 배달시켜야 하는지를 묻는 선택 의문문이다.
(A) [○] 어느 것이든 더 쉬운 것이라는 말로 둘 중 더 쉬운 것을 선택한 정답이다.
(B) [×] 질문의 cake(케이크)에서 연상할 수 있는 케이크의 종류와 관련된 chocolate(초콜릿)을 사용하여 혼동을 준 오답이다.
(C) [×] 자신들이 케이크를 찾아와야 하는지 아니면 배달시켜야 하는지를 물었는데 시간으로 응답했으므로 오답이다. delivered(배달시키다)에
     서 연상할 수 있는 배달 시간과 관련된 30 minutes(30분)를 사용하여 혼동을 주었다.

어휘   pick up ~을 찾아오다   deliver[dilívər] 배달하다

28

🎧 캐나다식 발음 → 영국식 발음

Who has agreed to travel to San Francisco for the medical convention?

(A) Well, only after the convention ended.
(B) The trip took almost five days.
(C) Isn't Dr. Kumar planning to go?

누가 의학 컨벤션을 위해 샌프란시스코에 가기로 동의했나요?

(A) 음, 컨벤션이 끝난 이후에만요.
(B) 여행은 거의 5일이 걸렸어요.
(C) Dr. Kumar가 가려고 계획 중이지 않나요?

■ Who 의문문

정답 (C)

의학 컨벤션을 위해 샌프란시스코에 가기로 누가 동의했는지를 묻는 Who 의문문이다.
(A) [×] 질문의 convention을 반복 사용하여 혼동을 준 오답이다.
(B) [×] 질문의 travel(가다)의 다른 의미인 '여행'과 의미가 동일한 trip(여행)을 사용하여 혼동을 준 오답이다.
(C) [○] Dr. Kumar가 가려고 계획 중이지 않은지를 되물어 의학 컨벤션을 위해 샌프란시스코에 가기로 동의한 사람이 Dr. Kumar인 것 같다는 의견을 전달했으므로 정답이다.

어휘 convention[kənvénʃən] 컨벤션, 총회 almost[미 ɔ́ːlmoust, 영 ɔ́ːlməust] 거의

29

🎧 호주식 발음 → 캐나다식 발음

How will the marketing director choose which intern to hire?

(A) Would you rather have a direct flight?
(B) She already gave the job to Steven Davies.
(C) The internship lasts three months.

마케팅 부장이 어느 인턴을 고용할지 어떻게 결정할까요?

(A) 직항편을 이용하시겠어요?
(B) 그녀는 이미 Steven Davies에게 그 일자리를 주었어요.
(C) 인턴십은 세 달 동안 진행됩니다.

■ How 의문문

정답 (B)

마케팅 부장이 어느 인턴을 고용할지 어떻게 결정할지를 묻는 How 의문문이다. How가 방법을 묻는 것임을 이해할 수 있어야 한다.
(A) [×] 마케팅 부장이 어느 인턴을 고용할지 어떻게 결정할지를 물었는데, 이와 관련이 없는 직항편을 이용하겠냐는 내용으로 되물었으므로 오답이다. director – direct의 유사 발음 어휘를 사용하여 혼동을 주었다.
(B) [○] 그녀가 이미 Steven Davies에게 그 일자리를 주었다는 말로 마케팅 부장이 어느 인턴을 고용할지 결정했음을 전달했으므로 정답이다.
(C) [×] intern – internship의 유사 발음 어휘를 사용하여 혼동을 준 오답이다.

어휘 choose[tʃuːz] 결정하다, 선택하다 direct flight 직항편

30

🎧 영국식 발음 → 캐나다식 발음

A box was just dropped off for Rita Fritz.

(A) Can you bring it to her?
(B) Check rates from other shipping companies.
(C) She never had a chance to taste them.

Rita Fritz를 위한 상자가 방금 배달되었어요.

(A) 그것을 그녀에게 가져다주실 수 있나요?
(B) 다른 운송 회사의 요금을 확인해보세요.
(C) 그녀는 그것들을 맛볼 기회가 전혀 없었어요.

■ 평서문

정답 (A)

Rita Fritz를 위한 상자가 방금 배달되었다는 객관적인 사실을 전달하는 평서문이다.
(A) [○] 그것을 그녀에게 가져다줄 수 있는지를 되물어 상자를 전달해줄 것을 요구한 정답이다.
(B) [×] dropped off(배달되다)와 관련 있는 shipping(운송)을 사용하여 혼동을 준 오답이다.
(C) [×] Rita Fritz를 위한 상자가 방금 배달되었다고 했는데, 이와 관련이 없는 그녀는 그것들을 맛볼 기회가 전혀 없었다는 내용으로 응답했으므로 오답이다. 질문의 Rita Fritz를 나타낼 수 있는 She를 사용하여 혼동을 주었다.

어휘 rate[reit] 요금, 가격 taste[teist] 맛보다

[음] 미국식 발음 → 영국식 발음

Can a photo of our shop be added to our Web site?

(A) I'll check the online version.
(B) Yes. That's simple to do.
(C) They rent cameras, too.

우리 가게의 사진이 웹사이트에 추가될 수 있나요?

(A) 제가 온라인 버전을 확인해 볼게요.
(B) 네. 그것은 하기가 간단해요.
(C) 그들은 카메라도 빌려줘요.

■ **조동사 의문문**
정답 (B)

가게의 사진이 웹사이트에 추가될 수 있는지를 확인하는 조동사(Can) 의문문이다.

(A) [×] Web site(웹사이트)와 관련 있는 online(온라인)을 사용하여 혼동을 준 오답이다. I'll check까지만 듣고 정답으로 고르지 않도록 주의한다.

(B) [○] Yes로 가게의 사진이 웹사이트에 추가될 수 있음을 전달한 후, 그것은 하기가 간단하다는 부연 설명을 했으므로 정답이다.

(C) [×] photo(사진)와 관련 있는 cameras(카메라)를 사용하여 혼동을 준 오답이다.

어휘   add[æd] 추가하다   rent[rent] 빌려주다

Questions 32-34 refer to the following conversation.

미국식 발음 → 호주식 발음

W: ³²I read an article this morning that was published in *Business Quarterly* magazine. It highlighted the fact that more companies are manufacturing TV screens abroad because doing so is much cheaper.

M: Hmm . . . ³³That might create a problem for us if our competitors end up lowering their prices. If they do, I suppose we'll have to think of ways to encourage customers to buy our domestically produced goods.

W: ³⁴What if we emphasize how our goods lead to more high-paying jobs in the United Kingdom? We could launch a marketing campaign about it.

M: That's a great plan. I think consumers here would respond well to that message.

32 What does the woman say an article is about?
   (A) International trade laws
   (B) Stock market performance
   (C) Overseas production
   (D) Marketing methods

33 What does the man mention about competitors?
   (A) They launched some products.
   (B) They conducted customer surveys.
   (C) They might introduce new design plans.
   (D) They might reduce prices.

34 What does the woman suggest doing?
   (A) Holding a press conference
   (B) Creating a campaign
   (C) Postponing a gathering
   (D) Finding a new distributor

32-34번은 다음 대화에 관한 문제입니다.

W: ³²저는 *Business Quarterly* 잡지에 실린 기사를 오늘 아침에 읽었어요. 그것은 TV 스크린을 해외에서 제조하는 것이 훨씬 더 저렴하기 때문에 더 많은 회사들이 이렇게 하고 있다는 사실을 강조했어요.

M: 흠… ³³우리의 경쟁업체들이 결국 가격을 낮추게 되면 그것은 우리에게 문제가 될 수 있겠네요. 만약 그들이 그렇게 한다면, 저는 고객들이 국내에서 생산된 우리 제품을 구매하도록 장려할 방법들을 구상해야 할 거라고 생각해요.

W: ³⁴우리 상품들이 어떻게 영국의 더 많은 고임금 일자리들을 야기하는지 강조하면 어떨까요? 우리는 그것에 대해 마케팅 캠페인을 시작할 수 있을 거예요.

M: 훌륭한 계획이네요. 저는 이곳의 고객들이 그 메시지에 좋은 반응을 보일 거라고 생각해요.

32. 여자는 기사가 무엇에 관한 것이라고 말하는가?
   (A) 국제 무역법
   (B) 주식 시장 성과
   (C) 해외 생산
   (D) 마케팅 방법

33. 남자는 경쟁업체들에 관해 무엇을 언급하는가?
   (A) 그들은 몇몇 제품들을 출시했다.
   (B) 그들은 고객 설문 조사를 실시했다.
   (C) 그들은 새로운 디자인 설계를 도입할 수도 있다.
   (D) 그들은 가격을 낮출 수도 있다.

34. 여자는 무엇을 하라고 제안하는가?
   (A) 기자 회견을 개최하는 것
   (B) 캠페인을 제작하는 것
   (C) 모임을 연기하는 것
   (D) 새로운 판매자를 찾는 것

지문 highlight[háilait] 강조하다 encourage[inkɔ́:ridʒ] 장려하다 domestically[dəméstikəli] 국내에서 emphasize[émfəsaiz] 강조하다 launch[lɔ:ntʃ] 시작하다, 출시하다
32 stock market 주식 시장 method[méθəd] 방법 33 introduce[ìntrədú:s] 도입하다 survey[sɔ́:rvei] 설문 조사
34 press conference 기자 회견 postpone[poustpóun] 연기하다, 미루다 distributor[distríbjutər] 판매자, 유통업자

32 ■ 세부 사항 관련 문제 특정 세부 사항   정답 (C)
○○○●
중 여자가 기사의 주제라고 말하는 것은 묻는 문제이므로, 여자의 말에서 질문의 핵심어구(article)가 언급된 주변을 주의 깊게 듣는다. 여자가 "I read an article ~. It highlighted the fact that more companies are manufacturing TV screens abroad because doing so is much cheaper."라며 자신이 기사를 읽었는데, 기사는 TV 스크린을 해외에서 제조하는 것이 훨씬 더 저렴하기 때문에 더 많은 회사들이 이렇게 하고 있다는 사실을 강조했다고 하였다. 따라서 정답은 (C) Overseas production이다.

33 ■ 세부 사항 관련 문제 언급   정답 (D)
○○○●
하 남자가 경쟁업체들에 관해 언급하는 것을 묻는 문제이므로, 남자의 말에서 질문의 핵심어구(competitors)가 언급된 주변을 주의 깊게 듣는다. 남자가 "That might create a problem for us if our competitors end up lowering their prices."라며 경쟁업체들이 결국 가격을 낮추게 되면 자신들에게 문제가 될 수 있다고 하였다. 따라서 정답은 (D) They might reduce prices이다.

34 ■ 세부 사항 관련 문제 제안   정답 (B)
○○○●
하 여자가 제안하는 것을 묻는 문제이므로, 여자의 말에서 제안과 관련된 표현이 언급된 다음을 주의 깊게 듣는다. 여자가 "What if we emphasize how our goods lead to more high-paying jobs in the United Kingdom? We could launch a marketing campaign about it."이라며 자신들의 상품들이 어떻게 영국의 더 많은 고임금 일자리들을 야기하는지 강조하면 어떻겠냐며 마케팅 캠페인을 시작하는 것을 제안하였다. 따라서 정답은 (B) Creating a campaign이다.

Questions 35-37 refer to the following conversation.

🎧 캐나다식 발음 → 영국식 발음

M: Louise, ³⁵I can't access any Web sites on my computer. Do you know what the problem might be?

W: All staff are having the same issue. ³⁶Our supervisor is discussing the matter over the phone with the IT department head now.

M: This is very frustrating . . . It's the third time this month that we've had Internet issues.

W: I know. I suspect it's the Internet provider we're using. Maybe the IT staff should consider switching back to our previous provider.

M: I agree. We never had issues like this in the past. ³⁷I think I'll send out an e-mail making the suggestion now.

35 What are the speakers mainly discussing?
(A) A network problem
(B) A Web site design
(C) A software release
(D) A supply shortage

36 What does the woman say her supervisor is doing now?
(A) Ordering a replacement device
(B) Speaking with a department head
(C) Requesting a product upgrade
(D) E-mailing a service center

37 What does the man say he will do?
(A) Head to a manager's office
(B) Restart a computer
(C) Propose a change
(D) Complete some repairs

35-37번은 다음 대화에 관한 문제입니다.

M: Louise, ³⁵제 컴퓨터로 어느 웹사이트에도 접속할 수가 없어요. 문제가 무엇일지 아시나요?

W: 모든 직원들이 같은 문제를 겪고 있어요. ³⁶저희 관리자가 지금 IT 부서장과 전화로 그 문제에 대해 논의하고 있어요.

M: 너무 답답하네요… 우리가 인터넷 문제를 겪은 게 이번 달에만 세 번째예요.

W: 알아요. 저는 우리가 이용하고 있는 인터넷 제공업체 때문이라고 생각해요. 어쩌면 IT 직원은 우리의 예전 제공업체로 되돌아가는 것을 고려해야 할 것 같아요.

M: 저도 동의해요. 이전에는 이런 문제가 전혀 없었거든요. ³⁷지금 그걸 제안하는 이메일을 보내야겠어요.

35. 화자들은 주로 무엇에 관해 이야기하고 있는가?
(A) 네트워크 문제
(B) 웹사이트 디자인
(C) 소프트웨어 출시
(D) 재고 부족

36. 여자는 그녀의 관리자가 지금 무엇을 하고 있다고 말하는가?
(A) 교체 기기를 주문하는 것
(B) 부서장과 이야기하는 것
(C) 제품의 업그레이드를 요청하는 것
(D) 서비스 센터로 이메일을 보내는 것

37. 남자는 무엇을 할 것이라고 말하는가?
(A) 관리자의 사무실에 간다.
(B) 컴퓨터를 다시 시작한다.
(C) 변경을 제안한다.
(D) 수리를 완료한다.

지문 supervisor[미 súːpərvaizər, 영 súːpəvaizər] 관리자, 감독관 suspect[səspékt] ~라고 생각하다, 의심하다 switch back 되돌아가다
35 release[rilíːs] 출시 supply[səplái] 재고, 공급 shortage[ʃɔ́ːrtidʒ] 부족
36 replacement[ripléismənt] 교체 device[diváis] 기기, 장치
37 restart[rìːstáːrt] 다시 시작하다

35 ■ 전체 대화 관련 문제 주제   정답 (A)

대화의 주제를 묻는 문제이므로, 대화의 초반을 반드시 듣는다. 남자가 "I can't access any Web sites on my computer"라며 자신의 컴퓨터로 어느 웹사이트에도 접속할 수 없다고 말한 뒤, 사내 인터넷 문제에 관한 내용으로 대화가 이어지고 있다. 따라서 정답은 (A) A network problem이다.

36 ■ 세부 사항 관련 문제 특정 세부 사항   정답 (B)

여자가 자신의 관리자가 하고 있다고 말하는 것을 묻는 문제이므로, 질문의 핵심어구(supervisor is doing now)와 관련된 내용을 주의 깊게 듣는다. 여자가 "Our supervisor is discussing the matter over the phone with the IT department head now."라며 자신의 관리자가 지금 IT 부서장과 전화로 그 문제에 대해 논의하고 있다고 하였다. 따라서 정답은 (B) Speaking with a department head이다.

37 ■ 세부 사항 관련 문제 다음에 할 일   정답 (C)

남자가 하겠다고 말하는 것을 묻는 문제이므로, 대화의 마지막 부분을 주의 깊게 듣는다. 남자가 "I think I'll send out an e-mail making the suggestion[switching back to our previous provider] now."라며 예전 제공업체로 되돌아가는 것을 제안하는 이메일을 보내야겠다고 하였다. 따라서 정답은 (C) Propose a change이다.

Questions 38-40 refer to the following conversation.

🔊 호주식 발음 → 미국식 발음

M: 38Our coffee shop has had good sales so far since opening last week.

W: True, 39but I think we can do more to promote our line of freshly made sandwiches.

M: 39Yeah, I've seen many customers just walk past the section where they're displayed. Do you have any suggestions for advertising them better?

W: We could give out samples at our storefront.

M: Who should that task be assigned to, though? Both of us have other work to do, and Sarah is operating the cash register.

W: Isn't Andy going to be starting his shift at 11 A.M.?

M: Oh, right. I forgot. 40I'll ask him to do it once he arrives.

38 According to the man, what happened recently?
(A) An establishment was opened.
(B) A promotion expired.
(C) A worker resigned.
(D) A prize was given away.

39 What problem does the man mention?
(A) A product line is not selling well.
(B) A customer has made a complaint.
(C) An ingredient is no longer fresh.
(D) A branch manager has not returned.

40 What does the man say he will do?
(A) Refill a display case with sandwiches
(B) Extend the operating hours of a business
(C) Install an additional cash register
(D) Ask an employee to distribute samples

38-40번은 다음 대화에 관한 문제입니다.

M: 38저희 커피숍은 지난주 개점 이후 지금까지 상당한 판매량을 유지해 왔어요.

W: 맞아요, 39하지만 저는 우리의 갓 만들어진 샌드위치 종류들을 홍보하기 위해 우리가 더 많은 것들을 할 수 있다고 생각해요.

M: 39맞아요, 저는 고객들이 그것들이 진열된 구역을 그냥 지나치는 것을 봐왔어요. 당신은 그것들을 더 잘 광고하기 위한 의견이 있나요?

W: 우리는 가게 앞에서 샘플을 나누어 줄 수 있을 거예요.

M: 그렇지만 그 일이 누구에게 배정되어야 할까요? 우리 둘 다 모두 다른 할 일이 있고, Sarah는 금전 등록기를 관리하고 있어요.

W: Andy가 오전 11시에 교대 근무를 시작하지 않나요?

M: 아, 맞아요. 깜박했네요. 40그가 도착하면 제가 그에게 그것을 하도록 요청할게요.

38. 남자에 따르면, 최근에 무슨 일이 일어났는가?
(A) 상점이 개점했다.
(B) 홍보가 끝났다.
(C) 직원이 그만두었다.
(D) 상이 수여되었다.

39. 남자는 어떤 문제를 언급하는가?
(A) 제품 종류가 잘 팔리지 않고 있다.
(B) 고객이 불평했다.
(C) 재료가 더이상 신선하지 않다.
(D) 지점 관리자가 돌아오지 않았다.

40. 남자는 무엇을 할 것이라고 말하는가?
(A) 샌드위치로 진열장을 채운다.
(B) 가게의 운영 시간을 연장한다.
(C) 추가의 금전 등록기를 설치한다.
(D) 직원에게 샘플을 나눠주도록 요청한다.

지문 promote[prəmóut] 홍보하다 freshly[fréʃli] 갓 ~한, 막 ~한 display[displéi] 진열하다, 전시하다 give out 나누어 주다
storefront[stɔ́ːrfrʌnt] 가게 앞 cash register 금전 등록기 operate[미 áːpəreit, 영 ɔ́pəreit] 관리하다 shift[ʃift] 교대 근무
38 establishment[istǽbliʃmənt] 상점, 영업소 expire[ikspáiər] 끝나다, 만료되다 resign[rizáin] 그만두다, 퇴직하다
39 make a complaint 불평하다 40 extend[iksténd] 연장하다 distribute[distríbjuːt] 나눠주다

---

38 ■ 세부 사항 관련 문제 특정 세부 사항   정답 (A)

최근에 일어난 일을 묻는 문제이므로, 질문의 핵심어구(happened recently)와 관련된 내용을 주의 깊게 듣는다. 남자가 "Our coffee shop has had good sales so far since opening last week."이라며 커피숍이 지난주 개점 이후 지금까지 상당한 판매량을 유지해 왔다고 하였다. 따라서 정답은 (A) An establishment was opened이다.

39 ■ 세부 사항 관련 문제 문제점   정답 (A)

남자가 언급하는 문제점을 묻는 문제이므로, 남자의 말에서 부정적인 표현이 언급된 다음을 주의 깊게 듣는다. 여자가 "but I think we can do more to promote our line of freshly made sandwiches"라며 갓 만들어진 샌드위치 종류들을 홍보하기 위해 더 많은 것들을 할 수 있다고 생각한다고 하자, 남자가 "Yeah, I've seen many customers just walk past the section where they're displayed."라며 고객들이 샌드위치가 진열된 구역을 그냥 지나치는 것을 봤다고 하였다. 이를 통해 샌드위치 종류들이 잘 팔리지 않고 있다는 것을 알 수 있다. 따라서 정답은 (A) A product line is not selling well이다.

40 ■ 세부 사항 관련 문제 다음에 할 일   정답 (D)

남자가 하겠다고 말하는 것을 묻는 문제이므로, 대화의 마지막 부분을 주의 깊게 듣는다. 남자가 "I'll ask him[Andy] to do it[give out samples] once he arrives."라며 Andy가 도착하면 그에게 샘플을 나누어 주는 일을 하도록 요청하겠다고 하였다. 따라서 정답은 (D) Ask an employee to distribute samples이다.

41
42
43

Questions 41-43 refer to the following conversation with three speakers.

🔊 캐나다식 발음 → 영국식 발음 → 호주식 발음

M1: Sharon, I know ⁴¹we're supposed to put the extra hoses for the fire trucks in a new place here, but I was never told where. Can you help me out?

W: I was actually wondering the same thing. Our chief announced the change yesterday, but I wasn't here when he did. ⁴²I saw Justin moving a hose this morning, though.

M2: Did someone just mention my name?

M1: Justin, hey. Sharon and I aren't sure where to put hoses that aren't being used.

M2: ⁴³There's a spot in our smaller garage where they're being kept. Why don't I show you two?

M1: That'd be great. Thanks.

41 Where do the speakers most likely work?
(A) At a gardening store
(B) At a fire station
(C) At a train station
(D) At an apartment complex

42 What does the woman mention about Justin?
(A) He has asked for assistance.
(B) He requires more training.
(C) He will make an announcement.
(D) He recently moved an item.

43 What does Justin offer to do?
(A) Share an idea with a manager
(B) Hang up another hose
(C) Lead coworkers to a location
(D) Make room for some goods

41-43번은 다음 세 명의 대화에 관한 문제입니다.

M1: Sharon, ⁴¹우리가 여기 새로운 장소에 여분의 소방차용 호스를 두어야 한다는 것을 알고 있지만, 어디인지는 전혀 들은 적이 없어요. 저를 좀 도와주실 수 있나요?

W: 저도 사실 같은 것을 궁금해하고 있었어요. 저희 과장님이 어제 변경 사항을 알려주었지만 그가 이야기할 때 저는 여기에 없었어요. 그런데 ⁴²오늘 아침에 Justin이 호스를 옮기는 걸 봤어요.

M2: 누군가 방금 제 이름을 언급했나요?

M1: Justin, 안녕하세요. Sharon과 저는 사용되지 않는 호스를 어디에 둘지 잘 모르겠어요.

M2: ⁴³작은 차고에 그것들이 보관되는 자리가 있어요. 제가 두 분께 보여드릴까요?

M1: 그거 좋겠네요. 감사해요.

41. 화자들은 어디에서 일하는 것 같은가?
(A) 원예 가게에서
(B) 소방서에서
(C) 기차역에서
(D) 아파트 단지에서

42. 여자는 Justin에 관해 무엇을 언급하는가?
(A) 그는 도움을 요청했다.
(B) 그는 더 많은 훈련이 필요하다.
(C) 그는 발표를 할 것이다.
(D) 그는 최근에 물건을 옮겼다.

43. Justin은 무엇을 해주겠다고 제안하는가?
(A) 관리자와 의견을 공유한다.
(B) 다른 호스를 매단다.
(C) 동료들을 장소로 안내한다.
(D) 물건을 위한 공간을 마련한다.

지문 wonder[미 wʌ́ndər, 영 wʌ́ndə] 궁금해하다 chief[tʃi:f] 과장, 우두머리 announce[ənáuns] 알리다, 발표하다
garage[미 ɡərá:dʒ, 영 ɡǽrɑ:dʒ] 차고
41 gardening[ɡá:rdniŋ] 원예 complex[kəmpléks] (건물) 단지
42 assistance[əsístəns] 도움
43 lead[li:d] 안내하다, 이끌다 make room for ~을 위해 공간을 만들다

41 ■ 전체 대화 관련 문제 화자 정답 (B)

화자들이 일하는 장소를 묻는 문제이므로, 신분 및 직업과 관련된 표현을 놓치지 않고 듣는다. 남자 1이 "we're supposed to put the extra hoses for the fire trucks in a new place here"라며 여기 새로운 장소에 여분의 소방차용 호스를 두어야 한다고 한 말을 통해 화자들이 일하는 장소가 소방서임을 알 수 있다. 따라서 정답은 (B) At a fire station이다.

42 ■ 세부 사항 관련 문제 언급 정답 (D)

여자가 Justin에 관해 언급하는 것을 묻는 문제이므로, 여자의 말에서 질문의 핵심어구(Justin)가 언급된 주변을 주의 깊게 듣는다. 여자가 "I saw Justin moving a hose this morning"이라며 오늘 아침에 Justin이 호스를 옮기는 것을 보았다고 하였다. 따라서 정답은 (D) He recently moved an item이다.

43 ■ 세부 사항 관련 문제 제안 정답 (C)

Justin 즉, 남자 2가 해주겠다고 제안하는 것을 묻는 문제이므로, 남자 2의 말에서 남자 1과 여자를 위해 해주겠다고 언급한 내용을 주의 깊게 듣는다. 남자 2[Justin]가 "There's a spot in our smaller garage where they[hoses]'re being kept. Why don't I show you two?"라며 작은 차고에 호스들이 보관되는 자리가 있는데 자신이 보여주겠다고 하였다. 따라서 정답은 (C) Lead coworkers to a location이다.

Questions 44-46 refer to the following conversation.

🔊 호주식 발음 → 미국식 발음

M: Hey, Matilda. In two weeks, ⁴⁴a group of business students from Madrid University will visit here to tour this factory and study our clothing production process. I heard that most of them only speak Spanish. Do you know of any interpreters we can hire?

W: Hiring an interpreter will be very expensive. Instead, ⁴⁵let's ask one of our staff members for assistance. Elena from the customer service team often handles phone calls from Spanish-speaking customers. So, she may be able to help.

M: Excellent idea. ⁴⁶We'll be taking part in a meeting in half an hour. I'll bring it up with her then.

44 Where is the conversation most likely taking place?
(A) At a tourist information center
(B) At a clothing retail outlet
(C) At a language academy
(D) At a manufacturing plant

45 What does the woman suggest?
(A) Requesting some help
(B) Changing a speech
(C) Hiring a guide
(D) Reviewing some research

46 What will the man most likely do in 30 minutes?
(A) Restock some clothing
(B) Participate in a meeting
(C) Read over an application
(D) Speak to a client

44-46번은 다음 대화에 관한 문제입니다.

M: 안녕하세요, Matilda. 2주 뒤에, ⁴⁴마드리드 대학의 경영학과 학생들이 이 공장을 견학하고 우리의 의류 생산 과정을 연구하기 위해 이곳을 방문할 거예요. 저는 그들 중 대부분이 스페인어만 할 줄 안다고 들었어요. 우리가 고용할 수 있는 통역사를 알고 있나요?

W: 통역사를 고용하는 것은 매우 비쌀 거예요. 대신, ⁴⁵우리 직원 중 한 명에게 도움을 요청하도록 하죠. 고객 서비스팀의 Elena는 스페인어를 사용하는 고객들의 전화를 종종 처리해요. 그러니까 그녀가 도울 수 있을 거예요.

M: 훌륭한 생각이네요. ⁴⁶우리는 30분 뒤에 회의에 참석할 거예요. 제가 그때 그녀에게 이걸 얘기할게요.

44. 대화는 어디에서 일어나고 있는 것 같은가?
(A) 관광 안내소에서
(B) 의류 소매점에서
(C) 어학원에서
(D) 제조 공장에서

45. 여자는 무엇을 제안하는가?
(A) 도움을 요청하기
(B) 연설문을 변경하기
(C) 안내인을 고용하기
(D) 연구를 검토하기

46. 남자는 30분 뒤에 무엇을 할 것 같은가?
(A) 몇 가지 의류를 새로 사들인다.
(B) 회의에 참석한다.
(C) 신청서를 꼼꼼히 읽는다.
(D) 고객에게 말한다.

지문 **interpreter**[미 intə́:rpritər, 영 intə́:pritə] 통역사 **take part in** ~에 참석하다 **bring up** 얘기하다, (화제를) 꺼내다
44 **academy**[əkǽdəmi] 학원 **manufacturing**[mæ̀njufǽktʃəriŋ] 제조 **plant**[plænt] 공장
45 **speech**[spi:tʃ] 연설문 **hire**[háiər] 고용하다
46 **restock**[rì:stá:k] 새로 사들이다 **participate**[pɑ:rtísipeit] 참석하다 **read over** 꼼꼼히 읽다 **application**[æ̀plikéiʃən] 신청서

44 ■ **전체 대화 관련 문제** 장소   정답 (D)
대화가 일어나는 장소를 묻는 문제이므로, 장소와 관련된 표현을 놓치지 않고 듣는다. 남자가 "a group of business students from Madrid University will visit here to tour this factory and study our clothing production process"라며 마드리드 대학의 경영학과 학생들이 이 공장을 견학하고 의류 생산 과정을 연구하기 위해 이곳을 방문할 것이라고 하였다. 이를 통해 제조 공장에서 대화가 이루어지고 있음을 알 수 있다. 따라서 정답은 (D) At a manufacturing plant이다.

45 ■ **세부 사항 관련 문제** 제안   정답 (A)
여자가 제안하는 것을 묻는 문제이므로, 여자의 말에서 제안과 관련된 표현이 언급된 다음을 주의 깊게 듣는다. 여자가 "let's ask one of our staff members for assistance"라며 직원 중 한 명에게 도움을 요청하자고 제안하였다. 따라서 정답은 (A) Requesting some help이다.

46 ■ **세부 사항 관련 문제** 다음에 할 일   정답 (B)
남자가 30분 뒤에 할 일을 묻는 문제이므로, 질문의 핵심어구(do in 30 minutes)와 관련된 내용을 주의 깊게 듣는다. 남자가 "We'll be taking part in a meeting in half an hour."라며 30분 뒤에 회의에 참석할 거라고 하였다. 따라서 정답은 (B) Participate in a meeting이다.

Questions 47-49 refer to the following conversation.

③ 캐나다식 발음 → 영국식 발음

M: ⁴⁷Some of the protective clothing in our laboratory's storage closet is getting worn out, and a group of new hires starts next week. ⁴⁸They'll need fresh garments.

W: Hmm . . . Well, ⁴⁸we won't have time to order them through our supplier. That usually takes two to three weeks for delivery. But maybe there's a faster method.

M: Actually, I know of a uniform store located downtown. If we're only getting a few items, I'm sure we can find what we need there.

W: Great. Why don't you go to that store later today? ⁴⁹Here, charge whatever you get to this company credit card. Thanks a lot.

47　Who most likely are the speakers?
(A) Safety inspectors
(B) Laboratory workers
(C) Clothing designers
(D) Store clerks

48　What problem does the woman mention?
(A) A deadline is tight.
(B) A branch has moved.
(C) A worker is late.
(D) A warranty has expired.

49　What does the woman give the man?
(A) A new uniform
(B) A closet key
(C) A credit card
(D) An area map

47-49번은 다음 대화에 관한 문제입니다.

M: ⁴⁷우리 연구실의 수납장에 있는 보호복 중 일부가 닳아 해져 가고 있고, 다음 주에 한 무리의 신규 채용자들이 일을 시작하게 돼요. ⁴⁸그들은 새로운 의복이 필요할 거예요.

W: 흠… 글쎄요, ⁴⁸우리는 그것들을 공급 회사를 통해 주문할 시간이 없을 거예요. 그건 배달에 보통 2~3주가 걸려요. 하지만 아마 더 빠른 방법이 있을 수도 있어요.

M: 사실, 저는 시내에 있는 유니폼 가게를 알고 있어요. 우리가 약간의 물품들만을 산다면, 우리가 필요한 것을 그곳에서 찾을 수 있을 거라고 확신해요.

W: 좋아요. 당신이 오늘 늦게 그 가게에 가는 게 어때요? ⁴⁹여기요, 구입하는 것은 무엇이든 이 회사 신용 카드에 청구하세요. 정말 고마워요.

47. 화자들은 누구인 것 같은가?
(A) 안전 감독관들
(B) 연구실 직원들
(C) 의류 디자이너들
(D) 가게 직원들

48. 여자는 무슨 문제를 언급하는가?
(A) 기한이 빠듯하다.
(B) 지점이 이전했다.
(C) 직원이 늦는다.
(D) 품질 보증이 만료되었다.

49. 여자는 남자에게 무엇을 주는가?
(A) 새 유니폼
(B) 옷장 열쇠
(C) 신용 카드
(D) 지역 지도

지문　protective clothing 보호복　laboratory[lǽbərətɔ́ːri] 연구실, 실험실　wear out 닳아 해지다, (낡아서) 떨어지다　garment[gáːrmənt] 의복, 옷
supplier[미 səpláiər, 영 səpláiə] 공급 회사, 공급자
47　inspector[inspéktər] 감독관　clerk[kləːrk] 직원
48　deadline[dédlain] 기한, 마감일　branch[brǽntʃ] 지점, 지사　warranty[wɔ́ːrənti] (품질) 보증

47　■ 전체 대화 관련 문제　화자　　　　　　　　　　　　　　　　　　　　　　　　　　　　　　　　　정답 (B)
화자들의 신분을 묻는 문제이므로, 신분 및 직업과 관련된 표현을 놓치지 않고 듣는다. 남자가 "Some of the protective clothing in our laboratory's storage closet is getting worn out"이라며 연구실의 수납장에 있는 보호복 중 일부가 닳아 해져가고 있다고 한 말을 통해 화자들이 연구실 직원들임을 알 수 있다. 따라서 정답은 (B) Laboratory workers이다.

48　■ 세부 사항 관련 문제　문제점　　　　　　　　　　　　　　　　　　　　　　　　　　　　　　　　정답 (A)
여자가 언급하는 문제점을 묻는 문제이므로, 여자의 말에서 부정적인 표현이 언급된 다음을 주의 깊게 듣는다. 남자가 "They[a group of new hires]'ll need fresh garments."라며 한 무리의 신규 채용자들이 새로운 의복이 필요할 거라고 하자, 여자가 "we won't have time to order them through our supplier"라며 그것들을 공급 회사를 통해 주문할 시간이 없을 거라고 하였다. 따라서 정답은 (A) A deadline is tight이다.

49　■ 세부 사항 관련 문제　특정 세부 사항　　　　　　　　　　　　　　　　　　　　　　　　　　　정답 (C)
여자가 남자에게 주는 것을 묻는 문제이므로, 질문의 핵심어구(give)와 관련된 내용을 주의 깊게 듣는다. 여자가 "Here, charge whatever you get to this company credit card."라며 구입하는 것은 무엇이든 여기 이 회사 신용 카드에 청구하라고 하였다. 따라서 정답은 (C) A credit card이다.

Questions 50-52 refer to the following conversation.

🎧 호주식 발음 → 미국식 발음

M: Hi, Christi. Have you heard the news? ⁵⁰Ms. Fleming is going to retire a year earlier than expected. She shared her decision with our CEO this morning.

W: Really? That will be a big loss for our department.

M: Yeah, I agree . . . But that's not all. ⁵¹I had a meeting with our CEO this morning, and he offered me Ms. Fleming's job. I got promoted to the position of department manager.

W: Congratulations! I'm sure you'll do an excellent job. And ⁵²you'll have a great view of the city from Ms. Fleming's office.

M: I'm quite comfortable where I am . . . ⁵²I figure creating another conference room would be more useful for the department.

50 What does the man say about Ms. Fleming?
   (A) She will be leaving a company.
   (B) She will oversee a division expansion.
   (C) She will modify an accounting policy.
   (D) She will study the cause of a sales decline.

51 What did the man speak about with the CEO?
   (A) An evaluation
   (B) A promotion
   (C) An orientation
   (D) A celebration

52 What does the man mean when he says, "I'm quite comfortable where I am"?
   (A) A conference room will not be used.
   (B) A workspace will not be moved.
   (C) A position will be turned down.
   (D) A housing search will be canceled.

50-52번은 다음 대화에 관한 문제입니다.

M: 안녕하세요, Christi. 소식 들으셨나요? ⁵⁰Ms. Fleming이 예상보다 일 년 더 일찍 퇴직할 거예요. 그녀는 오늘 아침 그녀의 결정에 대해 최고 경영자와 이야기했어요.

W: 정말요? 그것은 우리 부서에 큰 손실이 될 거예요.

M: 맞아요, 동의해요… 하지만 그게 전부가 아니에요. ⁵¹저는 오늘 아침에 최고 경영자와 회의를 했는데, 그가 Ms. Fleming의 자리를 제게 제안했어요. 저는 부서장직으로 승진했어요.

W: 축하해요! 저는 당신이 잘 해낼 것이라고 확신해요. 그리고 ⁵²Ms. Fleming의 사무실에서 도시의 멋진 경관을 볼 수 있겠네요.

M: 저는 제가 있는 곳이 꽤나 편해요… ⁵²저는 또 하나의 회의실을 만드는 것이 부서에 더 유용할 거라고 생각해요.

50 남자는 Ms. Fleming에 관해 무엇을 말하는가?
   (A) 그녀는 회사를 떠날 것이다.
   (B) 그녀는 부서 확장을 감독할 것이다.
   (C) 그녀는 회계 정책을 수정할 것이다.
   (D) 그녀는 판매 감소의 원인을 연구할 것이다.

51 남자는 최고 경영자와 무엇에 관해 이야기했는가?
   (A) 평가
   (B) 승진
   (C) 오리엔테이션
   (D) 축하 행사

52 남자는 "저는 제가 있는 곳이 꽤나 편해요"라고 말할 때 무엇을 의도하는가?
   (A) 회의실이 사용되지 않을 것이다.
   (B) 업무 공간을 옮기지 않을 것이다.
   (C) 자리는 거절될 것이다.
   (D) 주택 조사는 취소될 것이다.

지문 share[미 ʃeər, 영 ʃeə] ~에 대하여 이야기하다, 공유하다 position[pəzíʃən] 자리, 직위 figure[미 fígjər, 영 fígjə] 생각하다
50 oversee[òuvərsí] 감독하다 division[divíʒən] 부서 expansion[ikspǽnʃən] 확장, 확대 modify[má:difai] 수정하다
51 evaluation[ivæ̀ljuéiʃən] 평가 celebration[sèləbréiʃən] 축하 행사   52 turn down 거절하다

50 ■ 세부 사항 관련 문제 언급   정답 (A)
○○○
●●● 남자가 Ms. Fleming에 관해 언급하는 것을 묻는 문제이므로, 남자의 말에서 질문의 핵심어구(Ms. Fleming)가 언급된 주변을 주의 깊게
중 듣는다. 남자가 "Ms. Fleming is going to retire a year earlier than expected."라며 Ms. Fleming이 예상보다 일 년 더 일찍
퇴직할 거라고 하였다. 따라서 정답은 (A) She will be leaving a company이다.

51 ■ 세부 사항 관련 문제 특정 세부 사항   정답 (B)
○○○
●●● 남자가 최고 경영자와 이야기한 것을 묻는 문제이므로, 질문의 핵심어구(CEO)가 언급된 주변을 주의 깊게 듣는다. 남자가 "I had a
중 meeting with our CEO this morning, and he offered me Ms. Fleming's job. I got promoted to the position of
department manager."라며 오늘 아침에 최고 경영자와 회의를 했는데, 그가 Ms. Fleming의 자리를 제안했고 자신이 부서장직으로
승진했다고 하였다. 따라서 정답은 (B) A promotion이다.

52 ■ 세부 사항 관련 문제 의도 파악   정답 (B)
○○○
●●● 남자가 하는 말의 의도를 묻는 문제이므로, 질문의 인용어구(I'm quite comfortable where I am)가 언급된 주변을 주의 깊게 듣는다.
상 여자가 "you'll have a great view of the city from Ms. Fleming's office"라며 Ms. Fleming의 사무실에서 도시의 멋진 경관을 볼
수 있을 거라고 하자, 남자가 "I'm quite comfortable where I am ~. I figure creating another conference room would be
more useful for the department."라며 자신은 자신이 있는 곳이 꽤나 편하다고 한 뒤, 또 하나의 회의실을 만드는 것이 부서에 더
유용할 거라고 생각한다고 하였다. 이를 통해 남자가 업무 공간을 옮기지 않을 것임을 알 수 있다. 따라서 정답은 (B) A workspace will
not be moved이다.

53
54
55

Questions 53-55 refer to the following conversation.

🔊 미국식 발음 → 캐나다식 발음

W: Excuse me. ⁵³I was here about an hour ago to open a new savings account. I think I accidentally left my cell phone here. Has anyone found it?

M: ⁵⁴What does the device look like?

W: It's black and has a brown leather case.

M: Let me check our lost and found box . . . um . . . Sorry, I don't see anything like that here. Are you sure you didn't misplace it elsewhere?

W: Well, I went to the library earlier this morning. I plan to check there next.

M: OK. And ⁵⁵I'll e-mail our staff and tell them to immediately report it if they find anything.

53 Where is the conversation most likely taking place?
(A) At a bookstore
(B) At an electronics store
(C) At a bank
(D) At a subway station

54 What does the man ask for?
(A) A train route
(B) An item description
(C) A business address
(D) A telephone number

55 Why will the man send out an e-mail?
(A) To express gratitude
(B) To provide instructions
(C) To explain an error
(D) To inquire about a change

53-55번은 다음 대화에 관한 문제입니다.

W: 실례합니다. ⁵³저는 신규 저축 예금을 개설하려고 약 한 시간 전에 이곳에 있었어요. 제가 우연히 여기에 제 휴대 전화를 두고 간 것 같아요. 누군가가 그것을 발견했나요?

M: ⁵⁴그 기기가 어떻게 생겼나요?

W: 검정색이고, 갈색 가죽 케이스가 있어요.

M: 제가 분실물 보관함을 확인해 보겠습니다··· 음··· 죄송합니다, 여기에 그런 것은 안 보이네요. 그것을 다른 곳에 잘못 두지 않은 게 확실한가요?

W: 글쎄요, 오늘 아침 일찍 도서관에 갔었어요. 다음으로 그곳을 확인해볼 계획이에요.

M: 알겠습니다. 그리고 ⁵⁵제가 저희 직원들에게 이메일을 보내서 그들이 무언가라도 발견하면 즉시 보고하라고 하겠습니다.

53. 대화는 어디에서 일어나고 있는 것 같은가?
(A) 서점에서
(B) 전자 제품 매장에서
(C) 은행에서
(D) 지하철역에서

54. 남자는 무엇을 요청하는가?
(A) 열차 노선
(B) 물건에 대한 설명
(C) 사업체의 주소
(D) 전화 번호

55. 남자는 왜 이메일을 보낼 것인가?
(A) 감사를 표현하기 위해
(B) 지시를 하기 위해
(C) 오류를 설명하기 위해
(D) 변경 사항에 대해 문의하기 위해

지문 savings account 저축 예금 accidentally[æksədéntəli] 우연히, 잘못하여 device[diváis] 기기, 장치 misplace[mìspléis] 잘못 두다 immediately[imí:diətli] 즉시
53 electronics store 전자 상점
54 train route 열차 노선 description[diskrípʃən] 설명
55 gratitude[grǽtitu:d] 감사 instruction[instrʌ́kʃən] 지시 inquire[inkwáiər] 문의하다

53 ■ **전체 대화 관련 문제** 장소   정답 (C)

대화가 일어나는 장소를 묻는 문제이므로, 장소와 관련된 표현을 놓치지 않고 듣는다. 여자가 "I was here about an hour ago to open a new savings account."라며 신규 저축 예금을 개설하려고 약 한 시간 전에 이곳에 있었다고 하였다. 이를 통해 은행에서 대화가 이루어지고 있음을 알 수 있다. 따라서 정답은 (C) At a bank이다.

54 ■ **세부 사항 관련 문제** 요청   정답 (B)

남자가 요청하는 것을 묻는 문제이므로, 남자의 말에서 요청과 관련된 표현이 언급된 다음을 주의 깊게 듣는다. 남자가 "What does the device[cell phone] look like?"라며 휴대 전화가 어떻게 생겼는지를 물었다. 이를 통해 남자가 여자에게 휴대 전화에 대한 설명을 요청하고 있음을 알 수 있다. 따라서 정답은 (B) An item description이다.

55 ■ **세부 사항 관련 문제** 이유   정답 (B)

남자가 이메일을 보내는 이유를 묻는 문제이므로, 질문의 핵심어구(send out an e-mail)와 관련된 내용을 주의 깊게 듣는다. 남자가 "I'll e-mail our staff and tell them to immediately report it if they find anything"이라며 자신이 직원들에게 이메일을 보내서 그들이 무언가라도 발견하면 즉시 보고하라고 하겠다고 하였다. 따라서 정답은 (B) To provide instructions이다.

Questions 56-58 refer to the following conversation.

🎧 영국식 발음 → 캐나다식 발음

W: I'm currently looking for a programmer who can improve our restaurant reservation application, but I'm having trouble finding the right person. ⁵⁶I might contact VHD Tech Staffing Services for help.

M: ⁵⁶Don't you remember what happened the last time we used that service? They kept changing their price.

W: Do you have any other ideas then? ⁵⁷Last week, half of the bookings in the system just disappeared.

M: If you've already placed a job posting and are not receiving many responses, maybe ⁵⁸we should contact programmers on freelancer Web sites directly.

W: OK. ⁵⁸If you think it will help, I'll start working on that now.

M: Great. I'll help you, too, since this is urgent.

56 Why does the man say, "They kept changing their price"?
(A) He has a more affordable option.
(B) He needs to verify some prices.
(C) He thinks that the situation is urgent.
(D) He wants the woman to reconsider a service.

57 What happened last week?
(A) A programmer was hired.
(B) A restaurant closed down.
(C) An application malfunctioned.
(D) A system was updated.

58 What will the woman most likely do next?
(A) Post an advertisement online
(B) Review a document
(C) Search for potential candidates
(D) Contact a coworker for help

56-58번은 다음 대화에 관한 문제입니다.

W: 저는 현재 우리의 식당 예약 애플리케이션을 개선할 수 있는 프로그래머를 찾고 있지만, 적합한 사람을 찾는 데 어려움을 겪고 있어요. ⁵⁶저는 VHD Tech 인력 서비스에 도움을 위해 연락할 수도 있어요.

M: ⁵⁶우리가 그 서비스를 이용했던 지난번에 무슨 일이 일어났는지 기억 안 나요? 그들은 가격을 계속 변경했어요.

W: 그럼 다른 아이디어가 있나요? ⁵⁷지난주, 시스템 내 예약의 절반이 그냥 사라져 버렸어요.

M: 만약 당신이 이미 구인 광고를 냈는데 많은 응답을 받지 못하고 있다면, 아마 ⁵⁸우리는 프리랜서 웹사이트의 프로그래머들에게 직접 연락해야 할 것 같아요.

W: 알겠어요. ⁵⁸당신이 그것이 도움이 될 것 같다고 생각한다면, 지금 바로 그것에 대한 작업을 시작하도록 할게요.

M: 좋아요. 이것은 긴급하기 때문에, 저도 당신을 도울게요.

56. 남자는 왜 "그들은 가격을 계속 변경했어요"라고 말하는가?
(A) 그는 더 저렴한 선택지를 가지고 있다.
(B) 그는 일부 가격들을 확인해야 한다.
(C) 그는 상황이 긴급하다고 생각한다.
(D) 그는 여자가 서비스를 재고하기를 원한다.

57. 지난주에 무슨 일이 일어났는가?
(A) 프로그래머가 고용되었다.
(B) 식당이 폐쇄되었다.
(C) 애플리케이션이 제대로 작동하지 않았다.
(D) 시스템이 업데이트되었다.

58. 여자는 다음에 무엇을 할 것 같은가?
(A) 온라인에 광고를 게시한다.
(B) 문서를 검토한다.
(C) 잠재적인 지원자들을 찾는다.
(D) 동료에게 도움을 위해 연락한다.

지문 staffing[미 stǽfiŋ, 영 stáːfiŋ] 인력 booking[búkiŋ] 예약 disappear[미 dìsəpír, 영 dìsəpíə] 사라지다, 안 보이게 되다 job posting 구인 광고 urgent[ə́ːrdʒənt] 긴급한
56 affordable[əfɔ́ːrdəbl] 저렴한, (가격이) 알맞은 verify[vérəfai] 확인하다 reconsider[rìːkənsídər] 재고하다
57 close down 폐쇄하다, 마치다 malfunction[mælfʌ́ŋkʃən] 제대로 작동하지 않다

56 ■ 세부 사항 관련 문제 의도 파악 　　　　　　　　　　　　　　　　　　　　　　　　　　　　　　　정답 (D)

　　최상
남자가 하는 말의 의도를 묻는 문제이므로, 질문의 인용어구(They kept changing their price)가 언급된 주변을 주의 깊게 듣는다. 여자가 "I might contact VHD Tech Staffing Services for help."라며 VHD Tech 인력 서비스에 도움을 위해 연락할 수도 있다고 하자, 남자가 "Don't you remember what happened the last time we used that service? They kept changing their price." 라며 그 서비스를 이용했던 지난번에 무슨 일이 일어났는지 기억 안 나는지 물은 후, 그들이 가격을 계속 변경했다고 한 말을 통해 남자는 여자가 서비스를 재고하기를 원하는 것임을 알 수 있다. 따라서 정답은 (D) He wants the woman to reconsider a service이다.

57 ■ 세부 사항 관련 문제 특정 세부 사항 　　　　　　　　　　　　　　　　　　　　　　　　　　　　　　정답 (C)

　　상
지난주에 일어난 일을 묻는 문제이므로, 질문의 핵심어구(last week)가 언급된 주변을 주의 깊게 듣는다. 여자가 "Last week, half of the bookings in the system just disappeared."라며 지난주에 시스템 내 예약의 절반이 그냥 사라져 버렸다고 하였다. 따라서 정답은 (C) An application malfunctioned이다.

58 ■ 세부 사항 관련 문제 다음에 할 일 　　　　　　　　　　　　　　　　　　　　　　　　　　　　　　　정답 (C)

　　상
여자가 다음에 할 일을 묻는 문제이므로, 대화의 마지막 부분을 주의 깊게 듣는다. 남자가 "we should contact programmers on freelancer Web sites directly"라며 프리랜서 웹사이트의 프로그래머들에게 직접 연락해야 할 것 같다고 하자, 여자가 "If you think it will help, I'll start working on that now."라며 그것이 도움이 될 것 같다고 생각한다면 지금 바로 그것에 대한 작업을 시작하겠다고 하였다. 따라서 정답은 (C) Search for potential candidates이다.

Questions 59-61 refer to the following conversation with three speakers.

🔊 캐나다식 발음 → 미국식 발음 → 영국식 발음

M: [59]Welcome to Paterson's Baked Goods! How can I help you?

W1: [59]It's my supervisor's birthday tomorrow, and she wants a strawberry cake. But she doesn't eat dairy.

M: No problem. I can make one without any milk or butter. It won't be ready until tomorrow at 11 A.M., though. Is that OK?

W1: Let me call a coworker quickly to check . . . [60]Hello, Beth. When will the party for Ms. Larson be held?

W2: [60]Um, at 1 P.M. Once everyone returns from lunch.

W1: Thanks . . . Uh, 11 A.M. is fine.

M: Great. Would you like to pick it up? [61]It can also be brought to your office for a $10 charge.

W1: I'll come get it myself.

59 Where does the man most likely work?
(A) In a supermarket
(B) In a café
(C) In a warehouse
(D) In a bakery

60 What information does Beth provide?
(A) The location of an office
(B) The time of an event
(C) The name of a manager
(D) The amount of a charge

61 What does the man offer to do for an extra fee?
(A) Expedite an order
(B) Change a service
(C) Upgrade a product
(D) Deliver an item

59-61번은 다음 세 명의 대화에 관한 문제입니다.

M: [59]Paterson's Baked Goods에 오신 것을 환영합니다! 어떻게 도와드릴까요?

W1: [59]내일이 제 상사의 생일인데, 그녀는 딸기 케이크를 원해요. 하지만 그녀는 유제품을 먹지 않아요.

M: 전혀 문제되지 않아요. 저는 우유나 버터 없이 만들어드릴 수 있어요. 하지만 내일 오전 11시나 되어야 준비가 될 거예요. 괜찮으신가요?

W1: 동료에게 빨리 전화해서 확인해볼게요… [60]여보세요, Beth, Ms. Larson을 위한 파티가 언제 열리나요?

W2: [60]음, 오후 1시에요. 모두가 점심 식사에서 돌아오면요.

W1: 고마워요… 어, 오전 11시 괜찮아요.

M: 좋아요. 손님께서 찾아가시겠어요? [61]10달러 요금으로 손님의 사무실로 가져다 드릴 수도 있어요.

W1: 제가 직접 찾으러 올게요.

59. 남자는 어디에서 일하는 것 같은가?
(A) 슈퍼마켓에서
(B) 카페에서
(C) 창고에서
(D) 빵집에서

60. Beth는 무슨 정보를 제공하는가?
(A) 사무실의 위치
(B) 행사 시간
(C) 관리자의 이름
(D) 청구 금액

61. 남자는 추가 요금으로 무엇을 해주겠다고 제안하는가?
(A) 주문을 더 신속히 처리한다.
(B) 서비스를 변경한다.
(C) 제품을 업그레이드한다.
(D) 제품을 배달한다.

지문 dairy[déəri] 유제품 coworker[kóuwə̀:rkər] 동료
59 warehouse[wérhaus] 창고
60 charge[tʃɑːrdʒ] 청구 금액
61 expedite[ékspədait] 더 신속히 처리하다 deliver[dilívər] 배달하다

59 ■ 전체 대화 관련 문제 화자

정답 (D)

남자가 일하는 장소를 묻는 문제이므로, 신분 및 직업과 관련된 표현을 놓치지 않고 듣는다. 남자가 "Welcome to Paterson's Baked Goods!"라며 Paterson's Baked Goods에 온 것을 환영한다고 하자, 여자 1이 "It's my supervisor's birthday tomorrow, and she wants a strawberry cake."이라며 내일이 상사의 생일인데 그녀가 딸기 케이크를 원한다고 하였다. 이를 통해 남자가 일하는 장소가 빵집임을 알 수 있다. 따라서 정답은 (D) In a bakery이다.

60 ■ 세부 사항 관련 문제 특정 세부 사항

정답 (B)

Beth 즉, 여자 2가 제공하는 정보를 묻는 문제이므로, 여자 2의 말을 주의 깊게 듣는다. 여자 1이 여자 2[Beth]에게 "Hello, Beth. When will the party for Ms. Larson be held?"라며 Ms. Larson을 위한 파티가 언제 열릴지 묻자, 여자 2가 "Um, at 1 P.M."이라며 오후 1시라고 하였다. 따라서 정답은 (B) The time of an event이다.

61 ■ 세부 사항 관련 문제 제안

정답 (D)

남자가 해주겠다고 제안하는 것을 묻는 문제이므로, 남자의 말에서 제안과 관련된 표현이 언급된 다음을 주의 깊게 듣는다. 남자가 "It can also be brought to your office for a $10 charge."라며 10달러 요금으로 사무실로 가져다줄 수도 있다고 하였다. 따라서 정답은 (D) Deliver an item이다.

바꾸어 표현하기

It can ~ be brought to ~ office 사무실로 가져다줄 수 있다 → Deliver an item 제품을 배달하다

Questions 62-64 refer to the following conversation and floor plan.

🎧 호주식 발음 → 영국식 발음

M: Pardon me. ⁶²I'm supposed to participate in an orientation session organized by the human resources department. It should've started at 1:30 P.M., but it's 1:35 P.M. now, and ⁶²no one has arrived yet. That's the main conference room over there, right?

W: Yes, it is. But, your meeting was moved to one of our other conference rooms.

M: Oh, thanks. ⁶³I'm still settling in here since it's my first day of work. Can you tell me where I should go?

W: Sure. ⁶⁴Head to the 14th floor. When you get off the elevator on that floor, go right. The meeting is taking place in the space directly across from the break room.

62-64번은 다음 대화와 평면도에 관한 문제입니다.

M: 실례합니다. ⁶²저는 인사부에서 주최하는 오리엔테이션에 참석하기로 되어 있어요. 오후 1시 30분에 시작했어야 하는데, 지금 오후 1시 35분이고, ⁶²아직 아무도 도착하지 않았어요. 저쪽이 대회의실이죠, 그렇죠?

W: 네, 그렇습니다. 하지만 당신의 회의는 저희의 다른 회의실들 중 하나로 옮겨졌어요.

M: 아, 감사해요. ⁶³오늘이 근무 첫날이라 저는 이곳에 아직 적응하는 중이에요. 제가 어디로 가야 하는지 알려주실 수 있나요?

W: 물론이죠. ⁶⁴14층으로 가세요. 그 층에서 엘리베이터에서 내리셔서, 오른쪽으로 가세요. 회의는 휴게실 바로 맞은편에 있는 장소에서 진행되고 있어요.

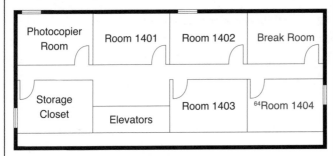

62 What problem does the man mention?
(A) Some participants have not arrived.
(B) Some equipment was not installed.
(C) A room is occupied.
(D) An elevator is out of order.

63 Who most likely is the man?
(A) A senior manager
(B) A new employee
(C) A technician
(D) A receptionist

64 Look at the graphic. Where is a meeting being held?
(A) In Room 1401
(B) In Room 1402
(C) In Room 1403
(D) In Room 1404

62. 남자는 무슨 문제를 언급하는가?
(A) 참가자들이 도착하지 않았다.
(B) 장비가 설치되지 않았다.
(C) 방이 사용 중이다.
(D) 엘리베이터가 고장 났다.

63. 남자는 누구인 것 같은가?
(A) 고위 관리자
(B) 신입 사원
(C) 기술자
(D) 접수 담당자

64. 시각 자료를 보시오. 회의는 어디에서 열리고 있는가?
(A) 1401호에서
(B) 1402호에서
(C) 1403호에서
(D) 1404호에서

지문 human resources department 인사부 conference room 회의실
62 equipment[ikwípmənt] 장비 occupied[ɑ́:kjupaid] 사용 중인, 가득 차있는 out of order 고장 난
63 senior[síːniər] 고위의, 상급의 technician[tekníʃən] 기술자 receptionist[risépʃənist] 접수 담당자

62 ■ 세부 사항 관련 문제 문제점   정답 (A)

남자가 언급하는 문제점을 묻는 문제이므로, 남자의 말에서 부정적인 표현이 언급된 다음을 주의 깊게 듣는다. 남자가 "I'm supposed to participate in an orientation session"이라며 자신은 오리엔테이션에 참석하기로 되어 있다고 한 뒤, "no one has arrived yet" 이라며 아직 아무도 도착하지 않았다고 하였다. 따라서 정답은 (A) Some participants have not arrived이다.

63 ■ 전체 대화 관련 문제 화자   정답 (B)

남자의 신분을 묻는 문제이므로, 신분 및 직업과 관련된 표현을 놓치지 않고 듣는다. 남자가 "I'm still settling in here since it's my first day of work."라며 오늘이 근무 첫날이라 이곳에 아직 적응하는 중이라고 한 말을 통해 남자가 신입 사원임을 알 수 있다. 따라서 정답은 (B) A new employee이다.

바꾸어 표현하기

it's my first day of work 오늘이 근무 첫날이다 → A new employee 신입 사원

64 ■ 세부 사항 관련 문제 시각 자료   정답 (D)

회의가 열리고 있는 장소를 묻는 문제이므로, 제시된 평면도의 정보를 확인한 뒤 질문의 핵심어구(meeting)가 언급된 주변을 주의 깊게 듣는다. "Head to the 14th floor. When you get off the elevator on that floor, go right. The meeting is taking place in the space directly across from the break room."이라며 14층으로 가서 엘리베이터에서 내려 오른쪽으로 가라고 한 뒤, 회의는 휴게실 바로 맞은편에 있는 장소에서 진행되고 있다고 하였으므로, 휴게실 맞은편에 있는 1404호에서 회의가 열리고 있음을 평면도에서 알 수 있다. 따라서 정답은 (D) In Room 1404이다.

Questions 65-67 refer to the following conversation and seating chart.

🔊 캐나다식 발음 → 미국식 발음

M: Hi. ⁶⁵I'm interested in seeing the musical *Coral Sea*. Are there any tickets available for the opening show on Saturday?

W: A few left, but they're going fast. The leading actor was nominated for several awards last year, so there is a lot of interest in the play.

M: Great, I'm glad some seats are still available. ⁶⁶I'd like two that are next to each other and as close to the stage as possible.

W: OK. And will you be paying with cash or credit card?

M: You can run this card. ⁶⁷And I need a receipt, please.

Stage	
── Section 1 ──	⁶⁶── Section 2 ──
── Section 3 ──	── Section 4 ──

☐ empty seat

65 What is mentioned about *Coral Sea*?

(A) Its first performance is on Saturday.
(B) It was written by a local playwright.
(C) It is playing only on the weekend.
(D) Its leading actor will retire next year.

66 Look at the graphic. Where will the man most likely sit?

(A) In Section 1
(B) In Section 2
(C) In Section 3
(D) In Section 4

67 What does the man request?

(A) A seating chart
(B) A show program
(C) A proof of purchase
(D) A confirmation number

65-67번은 다음 대화와 좌석 배치도에 관한 문제입니다.

M: 안녕하세요. ⁶⁵저는 뮤지컬 *Coral Sea*를 보는 것에 관심이 있어요. 구할 수 있는 토요일 개막 공연 티켓이 있나요?

W: 조금 남았는데, 그것들은 빨리 나가고 있습니다. 주연 배우가 작년에 여러 상의 후보로 지명되어서, 연극에 다들 관심이 많으세요.

M: 좋아요, 아직 몇 개의 자리를 구할 수 있다니 기뻐요. ⁶⁶저는 옆에 나란히 앉을 수 있고 무대와 최대한 가까운 두 자리를 원해요.

W: 알겠습니다. 그리고 현금으로 지불하실 건가요, 아니면 신용카드로 지불하실 건가요?

M: 이 카드로 하시면 돼요. ⁶⁷그리고 저는 영수증이 필요해요.

무대	
── 1구역 ──	⁶⁶── 2구역 ──
── 3구역 ──	── 4구역 ──

☐ 빈 좌석

65. *Coral Sea*에 관해 무엇이 언급되는가?

(A) 첫 공연은 토요일이다.
(B) 현지 극작가에 의해 쓰여졌다.
(C) 주말에만 공연하고 있다.
(D) 주연 배우가 내년에 은퇴할 것이다.

66. 시각 자료를 보시오. 남자는 어디에 앉을 것 같은가?

(A) 1구역에
(B) 2구역에
(C) 3구역에
(D) 4구역에

67. 남자는 무엇을 요청하는가?

(A) 좌석 배치도
(B) 공연 프로그램
(C) 구매 증명서
(D) 예약 확인 번호

지문 available[əvéiləbl] 구할 수 있는, 사용할 수 있는 be nominated for ~의 후보로 지명되다 receipt[risí:t] 영수증
65 playwright[pléirait] 극작가 retire[ritáiər] 은퇴하다
67 seating chart 좌석 배치도 confirmation number 예약 확인 번호

65 ■ 세부 사항 관련 문제 언급

정답 (A)

*Coral Sea*에 관해 언급되는 것을 묻는 문제이므로, 질문의 핵심어구(*Coral Sea*)가 언급된 주변을 주의 깊게 듣는다. 남자가 "I'm interested in seeing the musical *Coral Sea*. Are there any tickets available for the opening show on Saturday?"라며 뮤지컬 *Coral Sea*가 보고 싶은데 구할 수 있는 토요일 개막 공연 티켓이 있는지 물었다. 따라서 정답은 (A) Its first performance is on Saturday이다.

바꾸어 표현하기

the opening show 개막 공연 → first performance 첫 공연

66 ■ 세부 사항 관련 문제 시각 자료

정답 (B)

남자가 앉을 자리를 묻는 문제이므로, 제시된 좌석 배치도의 정보를 확인한 뒤 질문의 핵심어구(the man ~ sit)와 관련된 내용을 주의 깊게 듣는다. 남자가 "I'd like two that are next to each other and as close to the stage as possible."이라며 옆에 나란히 앉을 수 있고 무대와 최대한 가까운 두 자리를 원한다고 하였으므로, 남자는 나란히 비어 있는 두 자리 중 무대에서 가장 가까운 2구역에 앉을 것임을 좌석 배치도에서 알 수 있다. 따라서 정답은 (B) In Section 2이다.

67 ■ 세부 사항 관련 문제 요청

정답 (C)

남자가 요청하는 것을 묻는 문제이므로, 남자의 말에서 요청과 관련된 표현이 언급된 다음을 주의 깊게 듣는다. 남자가 "And I need a receipt, please."라며 영수증이 필요하다고 하였다. 따라서 정답은 (C) A proof of purchase이다.

바꾸어 표현하기

a receipt 영수증 → A proof of purchase 구매 증명서

Questions 68-70 refer to the following conversation and schedule.

68-70번은 다음 대화와 일정표에 관한 문제입니다.

🔊 미국식 발음 → 캐나다식 발음

W: ⁶⁸A friend from university told me she went to a figure drawing class here last week. I was wondering if I could join the next session.

M: Actually, ⁶⁹that's our most popular class. Because the instructor is a very well-known artist, it fills up quickly. ⁶⁸In order to get a spot, you'll need to sign up immediately.

W: Oh. ^{68/70}I'll register for it now then. ⁷⁰Do you take credit cards?

M: We accept credit cards and also bank transfers. But please keep in mind that there is a $25 fee for canceling after you've registered.

W: That's no problem. I don't plan on canceling.

Class	Day
Oil Painting	Thursday
Figure Drawing	⁶⁸Friday
Watercolors	Saturday
Sculpting	Sunday

W: ⁶⁸대학 친구가 지난주에 이곳에서 인물화 수업에 참석했다고 저에게 말해줬어요. 제가 다음 수업에 참여할 수 있는지 궁금해서요.

M: 사실, ⁶⁹그게 저희의 가장 인기 있는 수업입니다. 그 강사가 매우 잘 알려진 예술가이기 때문에, 금방 채워집니다. ⁶⁸자리를 얻기 위해서는, 즉시 등록해야 할 것입니다.

W: 아. ^{68/70}그럼 저는 지금 그것을 등록할게요. ⁷⁰신용카드를 받나요?

M: 신용카드와 은행 계좌 이체도 받습니다. 하지만 당신이 등록한 후에는 취소에 대해 25달러의 수수료가 있다는 것을 명심하세요.

W: 문제없어요. 저는 취소할 계획이 없어요.

수업	요일
유화	목요일
인물화	⁶⁸금요일
수채화	토요일
조각	일요일

68 Look at the graphic. Which day will the woman take a class?
(A) Thursday
(B) Friday
(C) Saturday
(D) Sunday

69 Why is it difficult to register for a class?
(A) It takes place only once.
(B) A classroom is small.
(C) The teacher is famous.
(D) Many artists have taken it.

70 What does the woman ask the man about?
(A) A payment method
(B) The length of a lesson
(C) A cancellation policy
(D) The size of a class

68. 시각 자료를 보시오. 여자는 무슨 요일에 수업을 들을 것인가?
(A) 목요일
(B) 금요일
(C) 토요일
(D) 일요일

69. 수업을 등록하는 것이 왜 어려운가?
(A) 그것은 한 번만 열린다.
(B) 교실이 작다.
(C) 선생님이 유명하다.
(D) 많은 예술가들이 그것을 들었다.

70. 여자는 남자에게 무엇에 관해 문의하는가?
(A) 납부 방법
(B) 수업의 기간
(C) 취소 정책
(D) 수업의 규모

지문 figure drawing 인물화 session[séʃən] 수업, 교육 well-known 잘 알려진 fill up 채우다 sign up 등록하다 register[rédʒistər] 등록하다 bank transfer 은행 계좌 이체 fee[fi:] 수수료, 요금 watercolor[wɔ́:tərkʌ̀lər] 수채화
70 payment[péimənt] 납부, 지불 policy[páːləsi] 정책

68 ■ 세부 사항 관련 문제 시각 자료　　　　　　　　　　　　　　　　　　　　　정답 (B)

여자가 수업을 들을 요일을 묻는 문제이므로, 제시된 일정표의 정보를 확인한 뒤 질문의 핵심어구(take a class)와 관련된 내용을 주의 깊게 듣는다. 여자가 "A friend from university told me she went to a figure drawing class here last week. I was wondering if I could join the next session."이라며 대학 친구가 지난주에 이곳에서 인물화 수업에 참석했다고 말해줬는데, 자신이 다음 수업에 참여할 수 있는지 궁금하다고 하자, 남자가 "In order to get a spot, you'll need to sign up immediately."라며 자리를 얻기 위해서는 즉시 등록해야 할 것이라고 하였다. 그러자 여자가 "I'll register for it now then."이라며 그럼 지금 그것을 등록하겠다고 하였으므로, 여자가 인물화 수업이 있는 금요일에 수업을 들을 것임을 일정표에서 알 수 있다. 따라서 정답은 (B) Friday이다.

69 ■ 세부 사항 관련 문제 이유　　　　　　　　　　　　　　　　　　　　　　　정답 (C)

수업을 등록하는 것이 어려운 이유를 묻는 문제이므로, 질문의 핵심어구(difficult to register for a class)와 관련된 내용을 주의 깊게 듣는다. 남자가 "that[a figure drawing class]'s our most popular class. Because the instructor is a very well-known artist, it fills up quickly."라며 인물화 수업이 가장 인기 있는 수업이고 그 강사가 매우 잘 알려진 예술가이기 때문에 금방 채워진다고 하였다. 따라서 정답은 (C) The teacher is famous이다.

바꾸어 표현하기

the instructor is a very well-known artist 그 강사가 매우 잘 알려진 예술가이다 → The teacher is famous 선생님이 유명하다

70 ■ 세부 사항 관련 문제 특정 세부 사항　　　　　　　　　　　　　　　　　　　정답 (A)

여자가 남자에게 문의하는 것을 묻는 문제이므로, 여자의 말을 주의 깊게 듣는다. 여자가 "I'll register for it[class] now then. Do you take credit cards?"라며 그럼 지금 수업을 등록하겠다고 한 뒤, 신용카드를 받는지 물었다. 따라서 정답은 (A) A payment method 이다.

| 71 |
| 72 |
| 73 |

Questions 71-73 refer to the following excerpt from a meeting.

71-73번은 다음 회의 발췌록에 관한 문제입니다.

🔊 캐나다식 발음

[71]Thank you all for coming in before we open the bistro for lunch. I want to give everyone an update on the latest menu changes. As you all know, the owners would like to offer a variety of traditional Italian foods in addition to our pizzas. [72]And ever since Chef Michael Trager joined our team last week, our cooks have been working on some new recipes. [73]This morning you'll get to sample the menu items and provide feedback about the dishes, which we'll begin serving on October 23.

[71]점심 영업을 위해 우리가 식당을 열기 전에 모두 와주셔서 감사합니다. 저는 모두에게 최근의 메뉴 변경에 대한 최신 소식을 알려드리고 싶습니다. 모두 아시다시피, 소유주들은 피자와 더불어 다양한 전통 이탈리안 음식들을 제공하고 싶어 합니다. [72]그리고 지난주에 Michael Trager 셰프가 우리 팀에 합류한 이후로, 우리 요리사들은 새로운 요리법들에 대한 작업을 해왔습니다. [73]오늘 아침에 여러분은 우리가 10월 23일에 제공하기 시작할 메뉴를 시식하고, 그 요리들에 대한 의견을 제공하게 되실 겁니다.

71 Where is the talk taking place?
(A) At a grocery store
(B) At a restaurant
(C) In a banquet hall
(D) In an office

71. 담화는 어디에서 일어나고 있는가?
(A) 식료품점에서
(B) 음식점에서
(C) 연회장에서
(D) 사무실에서

72 What is mentioned about Michael Trager?
(A) He was recently hired.
(B) He sampled different products.
(C) He did not receive training.
(D) He does not like some decorations.

72. Michael Trager에 관해 무엇이 언급되는가?
(A) 그는 최근에 고용되었다.
(B) 그는 다른 제품들을 시식했다.
(C) 그는 교육을 받지 않았다.
(D) 그는 일부 장식을 좋아하지 않는다.

73 According to the speaker, what will happen on October 23?
(A) A business owner will visit.
(B) A facility will be temporarily closed.
(C) Staff members will be surveyed.
(D) New offerings will be made available.

73. 화자에 따르면, 10월 23일에 무엇이 일어날 것인가?
(A) 사업주가 방문할 것이다.
(B) 시설이 일시적으로 문을 닫을 것이다.
(C) 직원들이 설문 조사를 받을 것이다.
(D) 새로운 판매품을 이용할 수 있게 될 것이다.

지문 a variety of 다양한 traditional[trədíʃənl] 전통의 sample[sǽmpl] 시식하다, 시음하다
71 grocery store 식료품점 banquet[bǽŋkwit] 연회
73 temporarily[tèmpərérəli] 일시적으로 offering[ɔ́ːfəriŋ] 팔 물건, 제공되는 것 available[əvéiləbl] 이용할 수 있는

---

71 ■ 전체 지문 관련 문제 장소   정답 (B)

담화가 일어나고 있는 장소를 묻는 문제이므로, 장소와 관련된 표현을 놓치지 않고 듣는다. "Thank you all for coming in before we open the bistro for lunch."라며 점심 영업을 위해 식당을 열기 전에 와줘서 고맙다고 한 것을 통해 담화가 일어나고 있는 장소가 음식점임을 알 수 있다. 따라서 정답은 (B) At a restaurant이다.

72 ■ 세부 사항 관련 문제 언급   정답 (A)

Michael Trager에 관해 언급되는 것을 묻는 문제이므로, 질문의 핵심어구(Michael Trager)가 언급된 주변을 주의 깊게 듣는다. "And ever since Chef Michael Trager joined our team last week"이라며 Michael Trager 셰프가 지난주에 자신들의 팀에 합류했다고 하였다. 따라서 정답은 (A) He was recently hired이다.

바꾸어 표현하기
joined our team last week 지난주에 우리 팀에 합류했다 → was recently hired 최근에 고용되었다

73 ■ 세부 사항 관련 문제 다음에 할 일   정답 (D)

10월 23일에 일어날 일을 묻는 문제이므로, 질문의 핵심어구(October 23)가 언급된 주변을 주의 깊게 듣는다. "This morning you'll get to sample the menu items ~ which we'll begin serving on October 23."라며 오늘 아침에 청자들은 10월 23일에 제공하기 시작할 메뉴들을 시식할 것이라고 하였다. 따라서 정답은 (D) New offerings will be made available이다.

74
75
76

Questions 74-76 refer to the following telephone message.

🎧 미국식 발음

This message is for Derek Hastings. My name is Judy, and I work at Blue Circle Pharmacy. [74]I've had a chance to listen to the voice mail you left yesterday. Regarding your question, we're unable to mail regularly refilled prescriptions to your home. We don't offer this service for safety and liability reasons. [75]So you'll have to pick them up at our store yourself. If you have any other questions about the matter, [76]feel free to contact Vincent Mitchel, my manager.

74 Why is the speaker calling?
(A) To verify personal information
(B) To change a work schedule
(C) To apologize for an accident
(D) To respond to an inquiry

75 What does the speaker say the listener must do?
(A) Pay for a special service
(B) Send out another e-mail
(C) Visit a business in person
(D) Have a prescription renewed

76 Who most likely is Vincent Mitchel?
(A) A safety inspector
(B) A medical doctor
(C) A delivery person
(D) A store supervisor

74-76번은 다음 전화 메시지에 관한 문제입니다.

이 메시지는 Derek Hastings를 위한 것입니다. 제 이름은 Judy이고, 저는 Blue Circle 약국에서 일합니다. [74]저는 귀하가 어제 남기신 음성 메시지를 들을 기회가 있었습니다. 귀하의 질문에 관해서, 저희는 정기적으로 처방약을 다시 조제하여 댁으로 발송해드릴 수 없습니다. 저희는 안전 및 법적 책임 사유들로 인해 이 서비스를 제공하지 않습니다. [75]따라서 손님께서 저희 가게로 직접 가지러 오셔야 할 것입니다. 이 문제에 대해 다른 문의 사항이 있으시다면, [76]제 관리자인 Vincent Mitchel에게 부담 없이 연락하십시오.

74. 화자는 왜 전화를 하고 있는가?
(A) 개인 정보를 확인하기 위해
(B) 업무 일정을 변경하기 위해
(C) 사고에 대해 사과하기 위해
(D) 문의에 답변하기 위해

75. 화자는 청자가 무엇을 해야 한다고 말하는가?
(A) 특별 서비스에 대해 지불한다.
(B) 또 다른 이메일을 보낸다.
(C) 업체에 직접 방문한다.
(D) 처방전을 새로 발급받는다.

76. Vincent Mitchel은 누구인 것 같은가?
(A) 안전 감독관
(B) 의사
(C) 배달원
(D) 가게 관리자

지문 pharmacy[fáːrməsi] 약국 voice mail 음성 메시지 prescription[priskrípʃən] 처방약, 처방전 liability[làiəbíləti] 법적 책임
74 verify[vérifai] 확인하다 inquiry[inkwáiəri] 문의
75 business[bíznəs] 업체, 사업체
76 inspector[inspéktər] 감독관 supervisor[súːpərvaizər] 관리자

74 ■ 전체 지문 관련 문제 목적 　　　　　　　　　　　　　　　　　　　　　　　정답 (D)
전화의 목적을 묻는 문제이므로, 지문의 초반을 반드시 듣는다. "I've had a chance to listen to the voice mail you left yesterday. Regarding your question, we're unable to mail regularly refilled prescriptions to your home."이라며 청자가 어제 남긴 음성 메시지를 들을 기회가 있었고 청자의 질문에 관해서는 정기적으로 처방약을 다시 조제하여 집으로 발송해줄 수 없다고 하였다. 따라서 정답은 (D) To respond to an inquiry이다.

75 ■ 세부 사항 관련 문제 특정 세부 사항 　　　　　　　　　　　　　　　　　　정답 (C)
청자가 해야 하는 것을 묻는 문제이므로, 질문의 핵심어구(listener must do)와 관련된 내용을 주의 깊게 듣는다. "So you'll have to pick them up at our store yourself."라며 청자에게 가게로 직접 가지러 와야 할 거라고 하였다. 따라서 정답은 (C) Visit a business in person이다.

바꾸어 표현하기
pick ~ up at ~ store yourself 가게로 직접 가지러 오다 → Visit a business in person 업체에 직접 방문하다

76 ■ 세부 사항 관련 문제 특정 세부 사항 　　　　　　　　　　　　　　　　　　정답 (D)
Vincent Mitchel의 신분을 묻는 문제이므로, 질문 대상(Vincent Mitchel)의 신분 및 직업과 관련된 표현을 놓치지 않고 듣는다. "feel free to contact Vincent Mitchel, my manager"라며 자신의 관리자인 Vincent Mitchel에게 부담 없이 연락하라고 하였다. 이를 통해 Vincent Mitchel이 화자가 일하는 가게의 관리자임을 알 수 있다. 따라서 정답은 (D) A store supervisor이다.

Questions 77-79 refer to the following instructions.

[해] 캐나다식 발음

[77]Welcome to today's lecture on modern sculpture here at the Claremont Creative Alliance. If you look at the information sheet you received earlier, you will see today's schedule of events. [78]You will first hear a talk by Dr. Arthur Sorenson, an art history professor from Richfield University. Following that, we will screen a short documentary about abstract art. After that, there will be a 15-minute intermission. Finally, [79]we will conclude with a question-and-answer session with the professor. Dr. Sorenson usually doesn't take part in these. I hope you appreciate it.

77 What is the topic of the lecture?
(A) Graphic design
(B) Drawing techniques
(C) Ancient history
(D) Modern art

78 What will most likely happen in the first session?
(A) A professor will speak.
(B) A demonstration will be given.
(C) A brochure will be passed out.
(D) A documentary will be shown.

79 What does the speaker imply when he says, "Dr. Sorenson usually doesn't take part in these"?
(A) A planned event may be canceled.
(B) The listeners should take advantage of a situation.
(C) The listeners should check a schedule.
(D) Questions will be answered by e-mail.

77-79번은 다음 설명에 관한 문제입니다.

[77]이곳 Claremont Creative Alliance에서의 현대 조각에 관한 오늘의 강의에 오신 것을 환영합니다. 아까 받으신 정보 인쇄물을 보시면, 오늘의 행사 일정을 보시게 될 겁니다. [78]여러분은 먼저 Richfield 대학교의 미술사 교수인 Dr. Arthur Sorenson의 강연을 들으실 것입니다. 그다음에, 저희는 추상 미술에 관한 짧은 다큐멘터리를 상영할 것입니다. 그 후, 15분간의 휴식 시간이 있을 것입니다. 마지막으로, [79]저희는 교수님과의 질의응답 시간으로 마칠 것입니다. Dr. Sorenson은 보통 이것들에 참여하지 않습니다. 여러분이 그것을 좋아해 주시길 바랍니다.

77. 강연의 주제는 무엇인가?
(A) 그래픽 디자인
(B) 그림 기법
(C) 고대 역사
(D) 현대 미술

78. 첫 시간에 무슨 일이 일어날 것 같은가?
(A) 교수가 말할 것이다.
(B) 시연이 있을 것이다.
(C) 소책자가 배포될 것이다.
(D) 다큐멘터리가 상영될 것이다.

79. 화자는 "Dr. Sorenson은 보통 이것들에 참여하지 않습니다"라고 말할 때 무엇을 의도하는가?
(A) 계획된 행사는 취소될 수 있다.
(B) 청자들은 상황을 활용해야 한다.
(C) 청자들은 일정을 확인해야 한다.
(D) 질문들은 이메일로 답해질 것이다.

지문 sculpture[skʌ́lptʃər] 조각 professor[prəfésər] 교수 abstract art 추상 미술 intermission[ìntərmíʃən] 휴식 시간
conclude[kənklú:d] 마치다, 끝내다
78 demonstration[dèmənstréiʃən] 시연 pass out 배포하다
79 take advantage of ~을 활용하다

77 ■ 세부 사항 관련 문제 특정 세부 사항   정답 (D)

강연의 주제를 묻는 문제이므로, 질문의 핵심어구(topic of the lecture)와 관련된 내용을 주의 깊게 듣는다. "Welcome to today's lecture on modern sculpture here at the Claremont Creative Alliance."라며 이곳 Claremont Creative Alliance에서의 현대 조각에 관한 오늘의 강의에 온 것을 환영한다고 하였다. 따라서 정답은 (D) Modern art이다.

78 ■ 세부 사항 관련 문제 특정 세부 사항   정답 (A)

첫 시간에 일어날 일을 묻는 문제이므로, 질문의 핵심어구(happen in the first session)와 관련된 내용을 주의 깊게 듣는다. "You will first hear a talk by Dr. Arthur Sorenson, an art history professor from Richfield University."라며 먼저 Richfield 대학교의 미술사 교수인 Dr. Arthur Sorenson의 강연을 들을 것이라고 하였다. 따라서 정답은 (A) A professor will speak이다.

79 ■ 세부 사항 관련 문제 의도 파악   정답 (B)

화자가 하는 말의 의도를 묻는 문제이므로, 질문의 인용어구(Dr. Sorenson usually doesn't take part in these)가 언급된 주변을 주의 깊게 듣는다. "we will conclude with a question-and-answer session with the professor. Dr. Sorenson usually doesn't take part in these."라며 교수님과의 질의응답 시간으로 마칠 것인데, Dr. Sorenson은 보통 이것들에 참여하지 않는다고 한 말을 통해 청자들이 상황을 활용해야 함을 알 수 있다. 따라서 정답은 (B) The listeners should take advantage of a situation이다.

Questions 80-82 refer to the following excerpt from a meeting.

🔊 호주식 발음

Before we finish up, ⁸⁰let's discuss the charity bike ride that some of you will be representing our firm in next week. ⁸¹Those going should've received special T-shirts for the race. They were distributed yesterday by . . . um . . . my assistant, Marcelle. ⁸²If you weren't at your desk then, please get one from her later today. Multiple sizes are still available. But please note that there are only a few left in the small size. Also, some of you paid the entry fee in advance. The company will reimburse you for this in cash next week. All right, that's all for now.

80 What will some listeners do next week?
(A) Promote some bicycles
(B) Test out new merchandise
(C) Take part in a fundraiser
(D) Rearrange some desks

81 What did Marcelle do yesterday?
(A) Revised a guest list
(B) Finalized some plans
(C) Collected some fees
(D) Passed out some clothing

82 Why does the speaker say, "please note that there are only a few left in the small size"?
(A) To urge employees to hurry
(B) To apologize for limited options
(C) To warn that shirts will be tight
(D) To request a larger size

80-82번은 다음 회의 발췌록에 관한 문제입니다.

마치기 전에, ⁸⁰다음 주에 여러분 중 몇 분이 우리 회사를 대표하게 되실 자전거 타기 자선 행사에 대해 논의합시다. ⁸¹가시는 분들은 경기를 위한 특별한 티셔츠를 수령하셨어야 합니다. 그 것들은 어제… 음… 제 조수인 Marcelle에 의해 배부되었습니다. ⁸²만약 그때 자리에 계시지 않았다면, 그녀로부터 오늘 늦게 그것을 받으십시오. 다양한 사이즈들이 여전히 이용 가능합니다. 하지만 작은 사이즈는 몇 개만 남아 있다는 점에 유념해 주십시오. 또한, 여러분 중 일부는 미리 입장료를 지불하셨습니다. 다음 주에 회사가 이것을 여러분에게 현금으로 변제해드릴 것입니다. 좋습니다, 지금은 이게 전부입니다.

80. 일부 청자들은 다음 주에 무엇을 할 것인가?
(A) 자전거들을 홍보한다.
(B) 새로운 상품을 시험해 본다.
(C) 자선 행사에 참여한다.
(D) 책상들을 재배치한다.

81. Marcelle은 어제 무엇을 했는가?
(A) 손님 명단을 수정했다.
(B) 계획들을 마무리 지었다.
(C) 요금을 모았다.
(D) 옷을 나누어 주었다.

82. 화자는 왜 "작은 사이즈는 몇 개만 남아 있다는 점에 유념해 주십시오"라고 말하는가?
(A) 직원들에게 서두르라고 재촉하기 위해
(B) 한정된 선택권에 대해 사과하기 위해
(C) 셔츠가 딱 붙을 것임을 경고하기 위해
(D) 더 큰 사이즈를 요청하기 위해

지문 charity [tʃǽrəti] 자선, 기부 represent [rèprizént] 대표하다 distribute [distríbju:t] 배부하다, 나누어 주다
80 test out 시험해 보다 rearrange [rì:əréindʒ] 재배치하다, 다시 정렬하다
81 finalize [fáinəlàiz] 마무리 짓다 collect [kəlékt] 모으다, 수집하다
82 urge [ə:rdʒ] 재촉하다, 권유하다 tight [tait] 딱 붙는, 꽉 끼는

80 ■ 세부 사항 관련 문제 다음에 할 일   정답 (C)
일부 청자들이 다음 주에 할 일을 묻는 문제이므로, 질문의 핵심어구(next week)가 언급된 주변을 주의 깊게 듣는다. "let's discuss the charity bike ride that some of you will be representing our firm in next week"이라며 다음 주에 청자 중 몇 명이 회사를 대표하게 될 자전거 타기 자선 행사에 대해 논의하자고 하였다. 따라서 정답은 (C) Take part in a fundraiser이다.

81 ■ 세부 사항 관련 문제 특정 세부 사항   정답 (D)
Marcelle이 어제 한 것을 묻는 문제이므로, 질문의 핵심어구(Marcelle do yesterday)와 관련된 내용을 주의 깊게 듣는다. "Those going should've received special T-shirts for the race. They were distributed yesterday by ~ my assistant, Marcelle." 이라며 가는 사람들이 경기를 위한 특별한 티셔츠를 수령했어야 하고 티셔츠들은 어제 자신의 조수인 Marcelle에 의해 배부되었다고 하였다. 따라서 정답은 (D) Passed out some clothing이다.

바꾸어 표현하기
were distributed 배부되었다 → Passed out 나누어 주었다

82 ■ 세부 사항 관련 문제 의도 파악   정답 (A)
화자가 하는 말의 의도를 묻는 문제이므로, 질문의 인용어구(please note that there are only a few left in the small size)가 언급된 주변을 주의 깊게 듣는다. "If you weren't at your desk then[yesterday], please get one[T-shirt] ~ . Multiple sizes are still available. But please note that there are only a few left in the small size."라며 만약 어제 자리에 있지 않았다면 티셔츠를 받으라며 다양한 사이즈들이 여전히 이용 가능하다고 한 뒤, 하지만 작은 사이즈는 몇 개만 남아 있다는 점에 유념하라고 한 말을 통해 직원들에게 서두르라고 재촉하려는 의도임을 알 수 있다. 따라서 정답은 (A) To urge employees to hurry이다.

83
84
85

Questions 83-85 refer to the following announcement.

🎧 영국식 발음

May I have your attention, everyone? I've got some exciting news to share with you. As of today, ⁸³our soft drink company will be partnering with the Las Vegas Aces soccer team. In fact, ⁸⁴I signed the agreement this morning, making it official. This is a big deal for us. Not only will our drinks be exclusively offered at the Aces' stadium, but ⁸⁵we'll also be allowed to use the team logo in our marketing materials. Considering how popular the team is, there's a great chance that this will significantly boost the public's awareness of our brand.

83 What is the announcement mainly about?
(A) A sports competition
(B) A celebrity spokesperson
(C) A business partnership
(D) A new soft drink

84 What did the speaker do this morning?
(A) Formalized a contract
(B) Met with soccer players
(C) Visited a sports arena
(D) Negotiated different rates

85 What does the speaker say a company will be able to do?
(A) Enter an international market
(B) Hold a press conference
(C) Increase its number of online subscribers
(D) Use a symbol for promotional purposes

83-85번은 다음 공지에 관한 문제입니다.

모두 주목해 주시겠습니까? 여러분과 공유할 흥미로운 소식이 있습니다. 오늘 날짜로 ⁸³우리 음료수 회사는 라스베이거스 Aces 축구팀과 제휴할 것입니다. 사실, ⁸⁴저는 오늘 아침에 계약서에 서명을 하여 이것을 공식화했습니다. 이것은 우리에게 중대한 사건입니다. 우리 음료수가 Aces의 경기장에서 독점적으로 제공될 예정일 뿐만 아니라, ⁸⁵또한 우리가 마케팅 자료에 그 팀의 로고를 사용하는 것이 허용될 것입니다. 그 팀이 얼마나 인기가 있는지를 고려할 때, 이것이 우리 브랜드에 대한 대중의 인지도를 상당히 증진시킬 가능성이 큽니다.

83. 공지는 주로 무엇에 관한 것인가?
(A) 스포츠 시합
(B) 유명 인사 대변인
(C) 사업 제휴
(D) 새로운 음료수

84. 화자는 오늘 아침에 무엇을 했는가?
(A) 계약을 공식화했다.
(B) 축구 선수과 만났다.
(C) 스포츠 경기장을 방문했다.
(D) 다른 요금들을 협상했다.

85. 화자는 회사가 무엇을 할 수 있을 것이라고 말하는가?
(A) 국제 시장에 진출한다.
(B) 기자 회견을 연다.
(C) 온라인 구독자 수를 늘린다.
(D) 홍보 목적으로 상징물을 사용한다.

지문 **partner with** ~와 제휴하다 **agreement**[əgríːmənt] 계약서 **exclusively**[iksklúːsivli] 독점적으로 **boost**[buːst] 증진시키다
83 **competition**[kàːmpətíʃən] 시합, 경쟁 **celebrity**[səlébrəti] 유명 인사 **spokesperson**[spóukspə̀ːrsn] 대변인
84 **formalize**[fɔ́ːrməlàiz] 공식화하다 **rate**[reit] 요금
85 **press conference** 기자 회견 **subscriber**[səbskráibər] 구독자

83 ■ **전체 지문 관련 문제** 주제   정답 (C)

공지의 주제를 묻는 문제이므로, 지문의 초반을 반드시 듣는다. "our soft drink company will be partnering with the Las Vegas Aces soccer team"이라며 자신들의 음료수 회사가 라스베이거스 Aces 축구팀과 제휴할 것이라고 한 뒤, 사업 제휴에 대한 내용을 언급하였다. 따라서 정답은 (C) A business partnership이다.

84 ■ **세부 사항 관련 문제** 특정 세부 사항   정답 (A)

화자가 오늘 아침에 한 일을 묻는 문제이므로, 질문의 핵심어구(this morning)가 언급된 주변을 주의 깊게 듣는다. "I signed the agreement this morning, making it official"이라며 자신이 오늘 아침에 계약서에 서명을 하여 이것을 공식화했다고 하였다. 따라서 정답은 (A) Formalized a contract이다.

바꾸어 표현하기
signed the agreement 계약서에 서명했다 → Formalized a contract 계약을 공식화했다

85 ■ **세부 사항 관련 문제** 특정 세부 사항   정답 (D)

화자가 회사가 할 수 있을 것이라고 말하는 것을 묻는 문제이므로, 질문의 핵심어구(company will be able to do)와 관련된 내용을 주의 깊게 듣는다. "we'll also be allowed to use the team[Las Vegas Aces] logo in our marketing materials"라며 마케팅 자료에 라스베이거스 Aces 팀의 로고를 사용하는 것이 허용될 것이라고 하였다. 따라서 정답은 (D) Use a symbol for promotional purposes이다.

바꾸어 표현하기
logo 로고 → symbol 상징물

86
87
88

Questions 86-88 refer to the following broadcast.

🎙 캐나다식 발음

⁸⁶Over the weekend, city officials announced plans to allocate $2 million for building a new public library. The decision came after weeks of debate, during which city council members considered how to use a recent federal grant. Some people were hoping that the funds would be spent on road repairs. However, ⁸⁷a majority of residents support Mayor Sherry Keenam's decision to approve the library proposal. As of now, no fixed timeline regarding construction has been established, but work is expected to start as soon as this September. ⁸⁸To find out the latest details about this development moving forward, residents are welcome to take part in Town Hall meetings every Tuesday evening.

86 What is the broadcast mainly about?
(A) Upcoming local elections
(B) A scholarship program
(C) Library membership benefits
(D) A community investment

87 What does the speaker say about Sherry Keenam?
(A) She filled out an application.
(B) She accepted a proposal.
(C) She came up with an idea.
(D) She is going to retire.

88 How can the listeners learn more about a project?
(A) By calling an agency
(B) By listening to some reports
(C) By going to a Web site
(D) By attending some meetings

86-88번은 다음 방송에 관한 문제입니다.

⁸⁶주말 동안, 시 공무원들은 새로운 공립 도서관을 짓는 데 200만 달러를 할당한다는 계획을 발표했습니다. 이 결정은 몇 주 간의 토론 끝에 나왔는데, 이 기간 동안 시 의원들은 최근의 연방정부 보조금을 어떻게 사용할지 고민했습니다. 일부 사람들은 이 보조금이 도로 보수에 사용되기를 희망했습니다. 하지만, ⁸⁷대다수의 주민들은 도서관 제의를 승인하는 Sherry Keenam 시장의 결정을 지지합니다. 현재로서는, 공사에 대해 확정된 일정은 수립되지 않았지만, 빠르면 이번 9월에 작업이 시작될 것으로 예상됩니다. ⁸⁸앞으로 진행될 이 개발에 대한 최신 세부 사항들을 확인하기 위해, 주민들은 매주 화요일 저녁 시청 회의에 자유롭게 참석하실 수 있습니다.

86. 방송은 주로 무엇에 관한 것인가?
(A) 다가오는 지방 선거
(B) 장학금 프로그램
(C) 도서관 회원 혜택
(D) 지역 사회에 대한 투자

87. 화자는 Sherry Keenam에 관해 무엇을 말하는가?
(A) 그녀는 신청서를 작성했다.
(B) 그녀는 제의를 받아들였다.
(C) 그녀는 아이디어를 내놓았다.
(D) 그녀는 은퇴할 예정이다.

88. 청자들은 프로젝트에 대해 어떻게 더 알 수 있는가?
(A) 대행사에 전화함으로써
(B) 보도를 들음으로써
(C) 웹사이트에 방문함으로써
(D) 회의에 참석함으로써

지문 allocate[ǽləkèit] 할당하다 debate[dibéit] 토론 city council 시 의회 grant[grænt] 보조금 resident[rézidənt] 주민
86 election[ilékʃən] 선거 88 agency[éidʒənsi] 대행사

86 ■ 전체 지문 관련 문제 주제   정답 (D)

○
●
●
●
상

방송의 주제를 묻는 문제이므로, 지문의 초반을 반드시 듣는다. "Over the weekend, city officials announced plans to allocate $2 million for building a new public library."라며 주말 동안 시 공무원들은 새로운 공립 도서관을 짓는 데 200만 달러를 할당한다는 계획을 발표했다고 한 뒤, 도서관을 짓는 계획에 대한 내용을 언급하였다. 따라서 정답은 (D) A community investment이다.

87 ■ 세부 사항 관련 문제 언급   정답 (B)

○
●
●
●
상

화자가 Sherry Keenam에 관해 언급하는 것을 묻는 문제이므로, 질문의 핵심어구(Sherry Keenam)가 언급된 주변을 주의 깊게 듣는다. "a majority of residents support Mayor Sherry Keenam's decision to approve the library proposal"이라며 대다수의 주민들은 도서관 제의를 승인하는 Sherry Keenam 시장의 결정을 지지한다고 한 말을 통해 Sherry Keenam이 도서관 제의를 받아들였음을 알 수 있다. 따라서 정답은 (B) She accepted a proposal이다.

바꾸어 표현하기
approve the ~ proposal 제의를 승인하다 → accepted a proposal 제의를 받아들였다

88 ■ 세부 사항 관련 문제 방법   정답 (D)

○
○
●
●
중

청자들이 프로젝트에 대해 더 알 수 있는 방법을 묻는 문제이므로, 질문의 핵심어구(learn more about a project)와 관련된 내용을 주의 깊게 듣는다. "To find out the latest details about this development moving forward, residents are welcome to take part in Town Hall meetings every Tuesday evening."이라며 앞으로 진행될 이 개발에 대한 최신 세부 사항들을 확인하기 위해 주민들은 매주 화요일 저녁 시청 회의에 자유롭게 참석할 수 있다고 하였다. 따라서 정답은 (D) By attending some meetings이다.

89
90
91

Questions 89-91 refer to the following excerpt from a meeting.

While we have achieved record sales numbers for many of our products this year, car batteries have been an exception. ⁸⁹Until recently, our line of automotive batteries was popular among consumers. However, it is now underperforming as more competitors have entered the market. ⁹⁰As a result, management has decided to drop the A34 car battery model to reduce production costs. The impact is expected to be considerable. As for models that will remain in production, ⁹¹we'll be sending out an updated product catalog to retail outlets at the end of next week.

89 What problem is mentioned?
   (A) Sales for a line have dropped.
   (B) A battery will not charge properly.
   (C) Car models received bad press.
   (D) A recall must be carried out.

90 What does the speaker imply when he says, "The impact is expected to be considerable"?
   (A) A factory will bring in additional workers.
   (B) A business will benefit from a merger.
   (C) A schedule change will go into effect today.
   (D) A production strategy will save money.

91 What will be sent out next week?
   (A) A catalog
   (B) A sales forecast
   (C) A product
   (D) A radio commercial

89~91번은 다음의 회의 발췌록에 관한 문제입니다.

비록 우리가 올해 우리의 많은 제품들에 대해 기록적인 판매 수치를 달성했지만, 자동차 배터리는 예외였습니다. ⁸⁹최근까지, 우리의 자동차 배터리 종류는 소비자들 사이에서 인기가 있었습니다. 하지만, 더 많은 경쟁업체들이 시장에 진입함으로써 그것은 현재 실적을 내지 못하고 있습니다. ⁹⁰결과적으로, 경영진은 생산비를 줄이기 위해 A34 자동차 배터리 모델을 중단하기로 결정했습니다. 그 효과는 상당할 것으로 기대됩니다. 계속해서 생산할 모델들에 대해서는, ⁹¹업데이트된 제품 카탈로그를 다음 주 후반에 소매점으로 발송할 것입니다.

89. 어떤 문제가 언급되는가?
   (A) 한 종류의 상품 판매량이 떨어졌다.
   (B) 배터리가 제대로 충전되지 않는다.
   (C) 자동차 모델들이 나쁜 평가를 받았다.
   (D) 회수가 실시되어야 한다.

90. 화자는 "그 효과는 상당할 것으로 기대됩니다"라고 말할 때 무엇을 의도하는가?
   (A) 공장은 추가 노동자들을 들일 것이다.
   (B) 업체는 합병으로 인해 이익을 얻을 것이다.
   (C) 일정 변경이 오늘 실시될 것이다.
   (D) 생산 전략이 돈을 절약할 것이다.

91. 다음 주에 무엇이 발송될 것인가?
   (A) 카탈로그
   (B) 판매 예측
   (C) 제품
   (D) 라디오 광고

지문 **record**[rékərd] 기록적인 **exception**[iksépʃən] 예외 **line**[lain] (상품의) 종류
underperform[미 ʌndərpərfɔ́ːrm, 영 ʌndəpəfɔ́ːm] 실적을 못 내다 **competitor**[미 kəmpétitər, 영 kəmpétitə] 경쟁업체, 경쟁자
drop[미 drɑːp, 영 drɔːp] 중단하다
89 **charge**[tʃɑːrdʒ] 충전하다 **press**[pres] (언론에서의) 평가 **recall**[rikɔ́ːl] 회수
90 **benefit**[bénəfit] 이익을 얻다 **merger**[mɔ́ːrdʒər] 합병 **go into effect** 실시하다, 효력을 갖다
91 **forecast**[fɔ́ːrkæst] 예측 **commercial**[kəmɔ́ːrʃəl] 광고

89 ■ 세부 사항 관련 문제 특정 세부 사항   정답 (A)

화자가 언급하는 문제점을 묻는 문제이므로, 질문의 핵심어구(problem)와 관련된 내용을 주의 깊게 듣는다. "Until recently, our line of automotive batteries was popular among consumers. However, it is now underperforming"이라며 최근까지 자동차 배터리 종류는 소비자들 사이에서 인기가 있었으나 현재 실적을 내지 못하고 있다고 한 말을 통해 한 상품 종류의 판매량이 떨어졌음을 알 수 있다. 따라서 정답은 (A) Sales for a line have dropped이다.

90 ■ 세부 사항 관련 문제 의도 파악   정답 (D)

화자가 하는 말의 의도를 묻는 문제이므로, 질문의 인용어구(The impact is expected to be considerable)가 언급된 주변을 주의 깊게 듣는다. "As a result, management has decided to drop the A34 car battery model to reduce production costs."라며 경영진이 생산비를 줄이기 위해 A34 자동차 배터리 모델을 중단하기로 결정했다고 한 뒤, "The impact is expected to be considerable."이라며 그 효과는 상당할 것으로 기대된다고 하였다. 이를 통해, 한 배터리 모델을 중단하기로 한 생산 전략이 돈을 절약할 것임을 알 수 있다. 따라서 정답은 (D) A production strategy will save money이다.

91 ■ 세부 사항 관련 문제 특정 세부 사항   정답 (A)

다음 주에 발송될 것을 묻는 문제이므로, 질문의 핵심어구(sent out next week)와 관련된 내용을 주의 깊게 듣는다. "we'll be sending out an updated product catalog to retail outlets at the end of next week"이라며 업데이트된 제품 카탈로그를 다음 주 후반에 소매점으로 발송할 것이라고 하였다. 따라서 정답은 (A) A catalog이다.

308 본 교재 인강·무료 교재 MP3 HackersIngang.com

Questions 92-94 refer to the following talk.

[3)] 미국식 발음

It's my pleasure to welcome you all to this workshop on how to improve interpersonal communication within office settings. Over the course of the morning, we'll be talking about a lot of very useful information. ⁹²First, I'll explain how to encourage personnel to be more engaged and communicative by creating a welcoming working environment. Then, later this morning, ⁹³we'll discuss a variety of group exercises that you can have employees do to build trust among team members—something essential to good communication. But before all of that, ⁹⁴I'd like everyone to quickly tell the group your name and a few details about where you work. Let's start over here on the left.

92 What will the speaker discuss first?
(A) Reasons for using training manuals
(B) Ways for making a workplace pleasant
(C) Methods for recruiting personnel
(D) Benefits of working fewer hours

93 What does the speaker mention about some group exercises?
(A) They are no longer open for registration.
(B) They will take place in an auditorium.
(C) They had to be delayed by an hour.
(D) They are aimed at improving trust.

94 What does the speaker ask the listeners to do?
(A) Find a free seat
(B) Introduce themselves
(C) Refer to a handout
(D) Break up into pairs

92-94번은 다음 담화에 관한 문제입니다.

사무실 환경에서 대인 관계 의사소통을 향상시키는 방법에 대한 이 워크숍에 여러분을 맞이하게 되어 기쁩니다. 오전 동안 우리는 굉장히 유용한 많은 정보에 대해 이야기하게 될 것입니다. ⁹²우선, 저는 우호적인 업무 환경을 조성함으로써 직원들이 더욱 몰두하고 소통을 잘 하도록 격려하는 방법에 대해 설명할 것입니다. 그러고 나서, 오전 늦게 우리는 좋은 의사소통에 필수적인 ⁹³신뢰를 팀 구성원들 사이에서 구축할 수 있도록, 여러분이 직원들에게 시키실 수 있는 다양한 집단 활동에 대해 논의할 것입니다. 하지만 이 모든 것 이전에, ⁹⁴저는 여러분이 성함과 일하시는 곳에 대한 몇 가지 정보들을 모두에게 얘기해주셨으면 합니다. 여기 왼쪽에서부터 시작합시다.

92. 화자는 먼저 무엇을 논의할 것인가?
(A) 교육 설명서를 이용하는 이유들
(B) 일터를 즐겁게 만드는 방법들
(C) 직원을 모집하기 위한 방법들
(D) 더 적은 시간을 근무하는 것의 혜택들

93. 화자는 집단 활동들에 관해 무엇을 언급하는가?
(A) 더 이상 등록할 수 없다.
(B) 강당에서 개최될 것이다.
(C) 한 시간 연기되어야 했다.
(D) 신뢰를 향상시키는 것을 목표로 한다.

94. 화자는 청자들에게 무엇을 하라고 요청하는가?
(A) 사용 중이 아닌 자리를 찾는다.
(B) 자기 소개를 한다.
(C) 유인물을 참고한다.
(D) 둘씩 짝을 짓는다.

지문 interpersonal[ìntərpə́ːrsənəl] 대인 관계의 setting[sétiŋ] 환경 personnel[pə̀ːrsənél] 직원 engaged[ingéidʒd] 몰두하는, 열중하는 welcoming[wélkəmiŋ] 우호적인, 따뜻한, 환영하는 essential[isénʃəl] 필수적인 detail[díːteil] 정보, 세부 사항
92 recruit[rikrúːt] 모집하다
93 auditorium[ɔ̀ːditɔ́ːriəm] 강당 aim[eim] 목표로 하다
94 free[friː] 사용 중이 아닌, 자유로운 refer to 참고하다 pair[pɛər] 두 사람, 2인 1조

92 ■ 세부 사항 관련 문제 특정 세부 사항   정답 (B)

○
● 화자가 먼저 논의할 것을 묻는 문제이므로, 질문의 핵심어구(discuss first)와 관련된 내용을 주의 깊게 듣는다. "First, I'll explain how
● to encourage personnel to be more engaged and communicative by creating a welcoming working environment."라며
● 우선 우호적인 업무 환경을 조성함으로써 직원들이 더욱 몰두하고 소통을 잘 하도록 격려하는 방법에 대해 설명할 것이라고 하였다. 따라서
상 정답은 (B) Ways for making a workplace pleasant이다.

93 ■ 세부 사항 관련 문제 언급   정답 (D)

○
○ 화자가 집단 활동들에 관해 언급하는 것을 묻는 문제이므로, 질문의 핵심어구(group exercises)가 언급된 주변을 주의 깊게 듣는다.
● "we'll discuss a variety of group exercises that you can have employees do to build trust among team members"라며
● 팀 구성원들 사이에서 신뢰를 구축할 수 있도록 청자들이 직원들에게 시킬 수 있는 다양한 집단 활동들에 대해 논의할 것이라고 한 것을
중 통해 집단 활동들이 신뢰를 향상시키는 것을 목표로 함을 알 수 있다. 따라서 정답은 (D) They are aimed at improving trust이다.

94 ■ 세부 사항 관련 문제 요청   정답 (B)

○
○ 화자가 청자들에게 요청하는 것을 묻는 문제이므로, 지문의 중후반에서 요청과 관련된 표현이 포함된 문장을 주의 깊게 듣는다. "I'd like
● everyone to quickly tell the group your name and a few details about where you work"이라며 청자들에게 이름과 일하는
● 곳에 대한 몇 가지 정보를 모두에게 얘기해달라고 요청하였다. 따라서 정답은 (B) Introduce themselves이다.

Questions 95-97 refer to the following telephone message and calendar.

🎧 영국식 발음

Mr. Hakeem, this is your assistant Peggy. I'm calling because the manager of Westwood Books wants to schedule a signing event to coincide with the release of your memoir. I know you're very busy next week, but [95]I think it would be best to schedule the event on the same day as the awards ceremony. [96]The hotel where the ceremony is being held is only a 10-minute drive from the bookstore, so you could easily do both. [97]I can arrange for a taxi to pick you up, so you won't have to worry about driving yourself. If you agree with my suggestions, I'll take care of everything.

Monday	Tuesday	[95]Wednesday	Thursday
Meeting with Professor Parker	Convention Lecture	Awards Banquet	Writing Workshop

95 Look at the graphic. When does the speaker want to schedule a book signing?
   (A) On Monday
   (B) On Tuesday
   (C) On Wednesday
   (D) On Thursday

96 What is located near the bookstore?
   (A) A convention center
   (B) A hotel
   (C) An airport
   (D) A company headquarters

97 What does the speaker offer to do?
   (A) Call a bookstore
   (B) Send an itinerary
   (C) Provide accommodation
   (D) Arrange transportation

95-97번은 다음 전화 메시지와 달력에 관한 문제입니다.

Mr. Hakeem, 당신의 조수 Peggy예요. Westwood 서점의 관리자가 사인회 일정을 당신의 회고록 발간에 맞춰 잡고 싶어 해서 전화드려요. 당신이 다음 주에 굉장히 바쁘다는 걸 알지만, [95]그 행사를 시상식과 같은 날로 잡는 것이 가장 좋을 것 같아요. [96]그 시상식이 열리는 호텔은 서점에서 차로 단 10분 거리라서, 당신이 쉽게 둘 다 하실 수 있을 거예요. [97]제가 당신을 태우러 갈 택시를 준비해드릴 수 있으니, 직접 운전하는 걸 걱정하지 않으셔도 될 거예요. 저의 제안에 동의하신다면, 제가 모든 걸 처리할게요.

월요일	화요일	[95]수요일	목요일
Parker 교수와의 회의	컨벤션 강의	시상식 연회	글쓰기 워크숍

95. 시각 자료를 보시오. 화자는 사인회 일정을 언제로 잡고 싶어 하는가?
   (A) 월요일에
   (B) 화요일에
   (C) 수요일에
   (D) 목요일에

96. 서점 근처에 무엇이 위치해 있는가?
   (A) 컨벤션 센터
   (B) 호텔
   (C) 공항
   (D) 회사 본사

97. 화자는 무엇을 해주겠다고 제안하는가?
   (A) 서점에 전화한다.
   (B) 여행 일정을 보낸다.
   (C) 숙소를 제공한다.
   (D) 이동 수단을 마련한다.

지문 schedule[미 skédʒuːl, 영 ʃédjuːl] 일정을 잡다 signing event 사인회 release[rilíːs] 발간, 출시 memoir[미 mémwɑːr, 영 mémwɑː] 회고록
pick up ~를 태우러 가다 take care of ~을 처리하다
97 itinerary[aitínəreri] 여행 일정

95 ■ 세부 사항 관련 문제 시각 자료

정답 (C)

화자가 사인회 일정을 잡고 싶어 하는 요일을 묻는 문제이므로, 제시된 달력의 정보를 확인한 뒤 질문의 핵심어구(schedule a book signing)와 관련된 내용을 주의 깊게 듣는다. "I think it would be best to schedule the event[signing event] on the same day as the awards ceremony"라며 사인회를 시상식과 같은 날로 잡는 것이 가장 좋을 것 같다고 하였으므로, 화자가 사인회 일정을 잡고 싶어하는 요일이 시상식 연회가 예정된 수요일임을 달력에서 알 수 있다. 따라서 정답은 (C) On Wednesday이다.

96 ■ 세부 사항 관련 문제 특정 세부 사항

정답 (B)

서점 근처에 위치한 것을 묻는 문제이므로, 질문의 핵심어구(near the bookstore)와 관련된 내용을 주의 깊게 듣는다. "The hotel where the ceremony is being held is only a 10-minute drive from the bookstore"라며 시상식이 열리는 호텔이 서점에서 차로 단 10분 거리라고 하였다. 따라서 정답은 (B) A hotel이다.

97 ■ 세부 사항 관련 문제 제안

정답 (D)

화자가 해주겠다고 제안하는 것을 묻는 문제이므로, 지문의 중후반에서 화자가 청자를 위해 해주겠다고 언급한 내용을 주의 깊게 듣는다. "I can arrange for a taxi to pick you up"이라며 청자를 태우러 갈 택시를 준비해줄 수 있다고 하였다. 따라서 정답은 (D) Arrange transportation이다.

바꾸어 표현하기

arrange for a taxi to pick ~ up 태우러 갈 택시를 준비하다 → Arrange transportation 이동 수단을 마련하다

Questions 98-100 refer to the following telephone message and layout.

🎧 미국식 발음

Hello, Ms. Coyle. This is Sandra Brink. I want to let you know that I've come to a decision regarding our lobby arrangement. ⁹⁸I like the idea that you shared during our meeting last week about placing a table in the center of the room. Clients will appreciate having a place to set down their belongings as they wait to meet with staff. ⁹⁹I also contacted my partner Marvin Griggs to get his input, and ¹⁰⁰we agree that the design with a small chair and two long sofas facing each other is the most ideal one. You have my permission to order the appropriate furniture in the fabric styles we discussed before.

98-100번은 다음 전화 메시지와 배치도에 관한 문제입니다.

안녕하세요, Ms. Coyle. 저는 Sandra Brink입니다. 저희 로비 배치에 대해 제가 결정을 내렸다는 것을 알려드리고 싶습니다. ⁹⁸저는 지난주 우리 회의 동안 당신이 이야기했던 방의 중앙에 탁자를 놓는 방안이 마음에 듭니다. 고객들은 직원과 만나기 위해 기다리는 동안에 그들의 소지품을 내려놓을 수 있는 자리를 가지는 것에 대해 환영할 겁니다. ⁹⁹저는 제 동업자인 Marvin Griggs에게도 조언을 받기 위해 연락했는데, ¹⁰⁰저희는 작은 의자 하나와 서로 마주 보는 두 개의 긴 소파가 있는 디자인이 가장 이상적이라는 데에 동의합니다. 이전에 우리가 논의했던 천으로 된 스타일의 적절한 가구를 주문하는 것에 대해 승인해 드립니다.

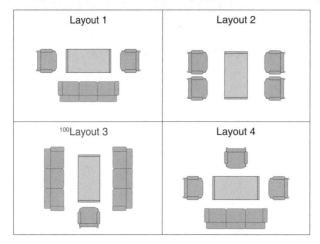

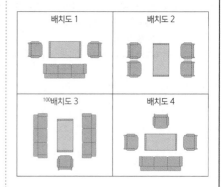

98 What did the listener do last week?
(A) Decorated a lobby
(B) Attended a meeting
(C) Purchased some items
(D) Provided some samples

99 Why did the speaker contact Marvin Griggs?
(A) To explain a delay
(B) To ask about a deadline
(C) To request a change
(D) To get an opinion

100 Look at the graphic. Which option does the speaker prefer?
(A) Layout 1
(B) Layout 2
(C) Layout 3
(D) Layout 4

98. 청자는 지난주에 무엇을 했는가?
(A) 로비를 장식했다.
(B) 회의에 참석했다.
(C) 물품을 구입했다.
(D) 견본품을 제공했다.

99. 화자는 왜 Marvin Griggs에게 연락했는가?
(A) 지연에 대해 설명하기 위해
(B) 마감일에 대해 문의하기 위해
(C) 변경을 요청하기 위해
(D) 의견을 받기 위해

100. 시각 자료를 보시오. 화자는 어떤 선택권을 선호하는가?
(A) 배치도 1
(B) 배치도 2
(C) 배치도 3
(D) 배치도 4

지문 arrangement[əréindʒmənt] 배치, 배열 appreciate[əpríːʃieit] 환영하다 belonging[bilɔ́ːŋiŋ] 소지품 input[ínput] 조언
       face[feis] 마주 보다 permission[pərmíʃən] 승인, 허가
99 delay[diléi] 지연 deadline[dédlain] 마감일

98 ■ 세부 사항 관련 문제 특정 세부 사항 정답 (B)

청자가 지난주에 한 것을 묻는 문제이므로, 질문의 핵심어구(last week)가 언급된 주변을 주의 깊게 듣는다. "I like the idea that you shared during our meeting last week"이라며 지난주 회의 동안 청자가 이야기했던 방안이 마음에 든다고 하였다. 이를 통해 청자가 지난주에 회의에 참석했음을 알 수 있다. 따라서 정답은 (B) Attended a meeting이다.

99 ■ 세부 사항 관련 문제 이유 정답 (D)

화자가 Marvin Griggs에게 연락한 이유를 묻는 문제이므로, 질문의 핵심어구(contact Marvin Griggs)가 언급된 주변을 주의 깊게 듣는다. "I also contacted my partner Marvin Griggs to get his input"이라며 자신의 동업자인 Marvin Griggs에게도 조언을 받기 위해 연락했다고 하였다. 따라서 정답은 (D) To get an opinion이다.

바꾸어 표현하기

get ~ input 조언을 받다 → get an opinion 의견을 받다

100 ■ 세부 사항 관련 문제 시각 자료 정답 (C)

화자가 선호하는 선택권을 묻는 문제이므로, 제시된 배치도의 정보를 확인한 뒤 질문의 핵심어구(option ~ speaker prefer)와 관련된 내용을 주의 깊게 듣는다. "we agree that the design with a small chair and two long sofas facing each other is the most ideal one"이라며 작은 의자 하나와 서로 마주 보는 두 개의 긴 소파가 있는 디자인이 가장 이상적이라는 데에 동의한다고 하였으므로, 화자가 배치도 3을 가장 선호한다는 것을 배치도에서 알 수 있다. 따라서 정답은 (C) Layout 3이다.

▌TEST 08

🎧 TEST 08.mp3

실전용·복습용 문제풀이 MP3 무료 다운로드 및 스트리밍 바로듣기 (HackersIngang.com)
* 실제 시험장의 소음까지 재현해 낸 고사장 소음/매미 버전 MP3, 영국식·호주식 발음 집중 MP3, 고속 버전 MP3까지
  구매하면 실전에 더욱 완벽히 대비할 수 있습니다.

무료MP3 바로듣기

1
○○○●●
∞

🔊 캐나다식 발음

(A) He is putting clothes into a washer.
(B) He is wiping a floor.
(C) He is cleaning a sink.
(D) He is taking apart a machine.

(A) 그는 세탁기에 옷을 넣고 있다.
(B) 그는 바닥을 닦고 있다.
(C) 그는 싱크대를 청소하고 있다.
(D) 그는 기계를 분해하고 있다.

■ 1인 사진
정답 (D)

한 남자가 식기세척기를 열고 무언가 작업하고 있는 모습과 주변 사물의 상태를 주의 깊게 살핀다.
(A) [×] putting clothes(옷을 넣고 있다)는 남자의 동작과 무관하므로 오답이다. 사진에 있는 세탁기(washer)를 사용하여 혼동을 주었다.
(B) [×] wiping a floor(바닥을 닦고 있다)는 남자의 동작과 무관하므로 오답이다.
(C) [×] cleaning a sink(싱크대를 청소하고 있다)는 남자의 동작과 무관하므로 오답이다. 사진에 있는 싱크대(sink)를 사용하여 혼동을 주었다.
(D) [○] 남자가 기계를 분해하고 있는 모습을 가장 잘 묘사한 정답이다.

어휘 washer[wɑ́ːʃər] 세탁기 wipe[waip] 닦다 sink[siŋk] 싱크대 take apart 분해하다

2
○○○●●
∞

🔊 영국식 발음

(A) They're leaning on a railing.
(B) A backpack is resting on a bench.
(C) They're looking at each other.
(D) A boat is sailing down a river.

(A) 그들은 난간에 기대어 있다.
(B) 배낭은 벤치에 놓여 있다.
(C) 그들은 서로를 바라보고 있다.
(D) 배는 강을 따라 나아가고 있다.

■ 2인 이상 사진
정답 (A)

두 여자가 난간에 기대어 서서 강을 바라보고 있는 모습을 확인한다.
(A) [○] 사람들이 난간에 기대어 있는 모습을 가장 잘 묘사한 정답이다. lean on이 어딘가에 기대어 있는 모습을 나타냄을 알아둔다.
(B) [×] 사진에서 벤치(bench)를 확인할 수 없으므로 오답이다. 사진에 있는 배낭(backpack)을 사용하여 혼동을 주었다.
(C) [×] 사람들이 서로를 바라보고 있는 것이 아니라 같은 방향을 바라보고 있으므로 오답이다.
(D) [×] 사진에서 배(boat)를 확인할 수 없고, 사진의 장소가 강(river)인지 알 수 없으므로 오답이다.

어휘 lean on ~에 기대다 rest[rest] 놓여 있다 sail[seil] 나아가다, 항해하다

3
○○○●●
∞

🔊 캐나다식 발음

(A) They are standing in front of easels.
(B) They are having a discussion.
(C) Some people are hanging up posters.
(D) Some people are viewing an exhibit.

(A) 그들은 이젤 앞에 서 있다.
(B) 그들은 토론을 하고 있다.
(C) 몇몇 사람들은 포스터를 매달고 있다.
(D) 몇몇 사람들이 전시품을 보고 있다.

■ 2인 이상 사진
정답 (A)

사람들이 이젤 앞에 서서 그림을 그리고 있는 모습을 확인한다.
(A) [○] 사람들이 이젤 앞에 서 있는 모습을 가장 잘 묘사한 정답이다.
(B) [×] having a discussion(토론을 하고 있다)은 사람들의 동작과 무관하므로 오답이다.
(C) [×] hanging up posters(포스터를 매달고 있다)는 사람들의 동작과 무관하므로 오답이다.
(D) [×] 사진에서 전시품(exhibit)을 확인할 수 없으므로 오답이다. Some people are viewing만 듣고 정답으로 선택하지 않도록 주의한다.

어휘 stand[stænd] 서다 in front of ~앞에 discussion[diskʌ́ʃən] 토론 hang up 매달다, 걸다 exhibit[igzíbit] 전시(품)

4

🔊 호주식 발음

(A) Leaves are being gathered.
(B) Some sticks have been put into a pile.
(C) A man is warming his hands.
(D) A man is enjoying a beautiful view.

(A) 나뭇잎들이 모아지고 있다.
(B) 나뭇가지들이 한 더미로 쌓여 있다.
(C) 한 남자가 그의 손을 데우고 있다.
(D) 한 남자가 아름다운 경치를 즐기고 있다.

■ 1인 사진

정답 (B)

한 남자가 한 쪽 무릎을 땅에 대고 불을 피우고 있는 모습과 주변 사물의 상태를 주의 깊게 살핀다.
(A) [×] 사진에 나무에 붙어 있는 나뭇잎들은 보이지만 모아지고 있는(are being gathered) 모습은 아니므로 오답이다.
(B) [○] 나뭇가지들이 한 더미로 쌓여 있는 모습을 정확히 묘사한 정답이다.
(C) [×] warming(데우고 있다)은 남자의 동작과 무관하므로 오답이다. 한 남자가 불을 피우고 있는 모습에서 연상할 수 있는 warming his hands(손을 데우고 있다)를 사용하여 혼동을 주었다.
(D) [×] 사진에서 남자가 경치를 즐기고 있는지 알 수 없으므로 오답이다. 사진의 장소인 숲과 관련된 beautiful view(아름다운 경치)를 사용하여 혼동을 주었다.

어휘 gather[미 gǽðər, 영 gǽðə] 모으다 stick[stik] 나뭇가지 warm[미 wɔ:rm, 영 wɔ:m] 데우다

5

🔊 미국식 발음

(A) The doors of a barn have been shut.
(B) A tractor has been stored in a garage.
(C) Bushes are being trimmed.
(D) Tree branches are being piled up near a tower.

(A) 창고의 문이 닫혀 있다.
(B) 트랙터가 차고 안에 보관되어 있다.
(C) 덤불이 다듬어지고 있다.
(D) 나뭇가지들이 탑 근처에 쌓이고 있다.

■ 사물 및 풍경 사진

정답 (A)

사진에 사람이 없다는 것과 창고의 외관 및 주변 환경의 상태를 주의 깊게 살핀다.
(A) [○] 창고의 문이 닫혀 있는 모습을 정확히 묘사한 정답이다.
(B) [×] 트랙터가 밖에 보관되어 있는 상태인데 차고 안에 보관되어 있다고 잘못 묘사한 오답이다.
(C) [×] 사진에서 덤불은 보이지만 다듬어지고 있는(are being trimmed) 모습은 아니므로 오답이다.
(D) [×] 사진에서 탑과 같은 건물은 보이지만 나뭇가지들이 쌓이고 있는(are being piled up) 모습은 아니므로 오답이다.

어휘 barn[ba:rn] 창고, 헛간 tractor[trǽktər] 트랙터, 견인차 bush[buʃ] 덤불 trim[trim] 다듬다 pile[pail] 쌓다

6

🔊 캐나다식 발음

(A) Suitcases are being loaded onto an aircraft.
(B) A man is leaning forward.
(C) A man is sitting in a waiting area.
(D) A plane is landing at an airport.

(A) 여행 가방들이 비행기에 실리고 있다.
(B) 한 남자가 앞으로 숙이고 있다.
(C) 한 남자가 대합실에 앉아 있다.
(D) 비행기가 공항에 착륙하고 있다.

■ 1인 사진

정답 (C)

한 남자가 대합실에 앉아 있는 모습과 주변 사물의 상태를 주의 깊게 살핀다.
(A) [×] 사진에서 여행 가방들이 비행기에 실리고 있는지 확인할 수 없으므로 오답이다.
(B) [×] 남자가 의자에 뒤로 기대 앉아 있는데 앞으로 숙이고 있다고 잘못 묘사했으므로 오답이다.
(C) [○] 남자가 대합실에 앉아 있는 모습을 정확히 묘사한 정답이다.
(D) [×] 비행기가 공항에 이미 착륙한 상태인데 착륙하고 있다고 잘못 묘사한 오답이다. 사진의 장소인 공항(airport)을 사용하며 혼동을 주었다.

어휘 suitcase[sú:tkeis] 여행 가방 load[loud] 싣다 waiting area 대합실 land[lænd] 착륙하다

PART 2

7

○○○○
하

〔강의〕 호주식 발음 → 캐나다식 발음

How do you usually book your vacations?

(A) I'm open to all of those destinations.
(B) Here's a copy of the book.
(C) I use a travel agent.

보통 어떻게 휴가를 예약하나요?

(A) 저는 모든 목적지들이 괜찮아요.
(B) 여기 그 책이 한 부 있어요.
(C) 저는 여행사를 이용해요.

■ How 의문문   정답 (C)

보통 어떻게 휴가를 예약하는지를 묻는 How 의문문이다. How가 방법을 묻는 것임을 이해할 수 있어야 한다.
(A) [×] vacations(휴가)와 관련 있는 destinations(목적지들)를 사용하여 혼동을 준 오답이다.
(B) [×] 보통 어떻게 휴가를 예약하는지를 물었는데, 이와 관련이 없는 여기 그 책이 한 부 있다는 내용으로 응답했으므로 오답이다. 질문의
　　　book(예약하다)을 '책'이라는 의미의 명사로 반복 사용하여 혼동을 주었다.
(C) [○] 여행사를 이용한다며 휴가를 예약하는 방법을 언급했으므로 정답이다.

어휘 book[buk] 예약하다; 책 destination[dèstinéiʃən] 목적지 travel agent 여행사, 여행사 직원

8

○○○○
하

〔강의〕 영국식 발음 → 호주식 발음

I recommend purchasing the larger television for the studio.

(A) This is where the movie was filmed.
(B) OK, I'll consider it.
(C) That's my favorite show.

저는 스튜디오용으로 더 큰 텔레비전을 구매하는 것을 추천해요.

(A) 이곳이 영화가 촬영된 곳입니다.
(B) 알겠어요, 생각해 볼게요.
(C) 그건 제가 가장 좋아하는 쇼예요.

■ 평서문   정답 (B)

스튜디오용으로 더 큰 텔레비전을 구매하는 것을 제안하는 평서문이다.
(A) [×] studio(스튜디오)와 관련 있는 movie(영화)를 사용하여 혼동을 준 오답이다.
(B) [○] OK로 스튜디오용으로 더 큰 텔레비전을 구매하는 것을 추천한다는 제안을 수락한 후, 생각해보겠다는 부연 설명을 했으므로 정답이다.
(C) [×] 질문의 larger television(더 큰 텔레비전)을 나타낼 수 있는 That을 사용하고, television(텔레비전)과 관련 있는 show(쇼)를 사용하여
　　　혼동을 준 오답이다.

어휘 recommend[rèkəménd] 추천하다, 권하다 purchase[미 pə́:rtʃəs, 영 pə́:tʃəs] 구매하다 consider[미 kənsídər, 영 kənsídə] 생각하다, 검토하다

9

○○○○
중

〔강의〕 미국식 발음 → 캐나다식 발음

Does this dress shirt also come in white?

(A) I'll have to check.
(B) Fold down the collar, too.
(C) The black jeans look trendy.

이 와이셔츠는 흰색으로도 들어오나요?

(A) 확인해봐야 할 것 같아요.
(B) 옷깃도 접으세요.
(C) 검은색 청바지가 최신 유행처럼 보이네요.

■ 조동사 의문문   정답 (A)

와이셔츠가 흰색으로도 들어오는지를 확인하는 조동사(Do) 의문문이다.
(A) [○] 확인해봐야 할 것이라는 말로 모르겠다는 간접적인 응답을 했으므로 정답이다.
(B) [×] dress shirt(와이셔츠)와 관련 있는 collar(옷깃)를 사용하여 혼동을 준 오답이다.
(C) [×] white(흰색)에서 연상할 수 있는 색상과 관련된 black(검은색)을 사용하며 혼동을 준 오답이다.

어휘 dress shirt 와이셔츠(정장을 입고 나비넥타이를 맬 때 입는 흰색 셔츠) come in (상품 등이) 들어오다 trendy[tréndi] 최신 유행의, 멋진

10

🔊 영국식 발음 → 호주식 발음

Will my radio interview last for very long?

(A) Toward the end of the row.
(B) No more than 15 minutes.
(C) Oh, we talked about numerous issues.

저의 라디오 인터뷰가 매우 오랫동안 계속될까요?

(A) 열의 끝쪽으로요.
(B) 15분 이상 걸리지 않아요.
(C) 아, 저희는 많은 문제들에 대해 이야기했어요.

■ 조동사 의문문   정답 (B)

라디오 인터뷰가 매우 오랫동안 계속될지를 확인하는 조동사(Will) 의문문이다.

(A) [×] 라디오 인터뷰가 매우 오랫동안 계속될지를 물었는데, 이와 관련이 없는 열의 끝쪽으로라는 내용으로 응답했으므로 오답이다. 질문의 last(계속되다)의 다른 의미인 '끝'과 의미가 동일한 end(끝)를 사용하여 혼동을 주었다.
(B) [○] 15분 이상 걸리지 않는다는 말로 인터뷰가 매우 오랫동안 계속되지 않을 것임을 전달했으므로 정답이다.
(C) [×] interview(인터뷰)와 관련 있는 talked about(~에 대해 이야기했다)을 사용하여 혼동을 준 오답이다.

어휘 last[미 læst, 영 lɑːst] 계속되다, 지속되다; 끝 toward[tɔ́ːrd] ~쪽으로, ~을 향하여

11

🔊 캐나다식 발음 → 미국식 발음

Where did you find the extra training manuals?

(A) No, I didn't.
(B) Refer to page 34 to see it.
(C) In the supply closet.

여분의 교육 매뉴얼을 어디에서 찾았나요?

(A) 아니요, 하지 않았어요.
(B) 그것을 보시려면 34페이지를 참고하세요.
(C) 비품 창고에서요.

■ Where 의문문   정답 (C)

여분의 교육 매뉴얼을 어디에서 찾았는지를 묻는 Where 의문문이다.

(A) [×] 의문사 의문문에 No로 응답했으므로 오답이다. did를 didn't로 반복 사용하여 혼동을 주었다.
(B) [×] training manuals(교육 매뉴얼)에서 연상할 수 있는 페이지 번호와 관련된 Page 34(34페이지)를 사용하여 혼동을 준 오답이다.
(C) [○] 비품 창고라며 교육 매뉴얼을 찾은 장소를 전달했으므로 정답이다.

어휘 extra[ékstrə] 여분의 supply closet 비품 창고

12

🔊 미국식 발음 → 호주식 발음

Who typically manages Mr. Harper's schedule?

(A) His personal assistant, Ben.
(B) Sally usually shows up on time.
(C) Changes to the program schedule.

Mr. Harper의 일정을 누가 보통 관리하나요?

(A) 그의 개인 비서인 Ben이요.
(B) Sally는 보통 제시간에 나타나요.
(C) 프로그램 일정의 변경 사항이요.

■ Who 의문문   정답 (A)

Mr. Harper의 일정을 누가 보통 관리하는지를 묻는 Who 의문문이다.

(A) [○] 그의 개인 비서인 Ben이라며 Mr. Harper의 일정을 관리하는 인물을 언급했으므로 정답이다.
(B) [×] 질문의 typically(보통)와 같은 의미인 usually(보통)를 사용하여 혼동을 준 오답이다. Sally만 듣고 정답으로 고르지 않도록 주의한다.
(C) [×] Mr. Harper의 일정을 누가 보통 관리하는지를 물었는데, 이와 관련이 없는 프로그램 일정의 변경 사항이라는 내용으로 응답했으므로 오답이다. 질문의 schedule을 반복 사용하여 혼동을 주었다.

어휘 typically[típikəli] 보통 manage[mǽnidʒ] 관리하다

13

🔊 캐나다식 발음 → 영국식 발음

Who should I speak to about the proposal, Ms. Neilson or Mr. Shears?

(A) You shouldn't change the password.
(B) Have you written your acceptance speech?
(C) You should speak to both of them.

제가 그 제안에 대해 Ms. Neilson에게 이야기해야 하나요, 아니면 Mr. Shears에게 이야기해야 하나요?

(A) 당신은 비밀번호를 변경하선 안 돼요.
(B) 당신의 수락 연설을 작성하셨나요?
(C) 당신은 그들 둘 다에게 이야기해야 해요.

■ 선택 의문문   정답 (C)

그 제안에 대해 Ms. Neilson에게 이야기해야 하는지 아니면 Mr. Shears에게 이야기해야 하는지를 묻는 선택 의문문이다.

(A) [x] 그 제안에 대해 Ms. Neilson에게 이야기해야 하는지 아니면 Mr. Shears에게 이야기해야 하는지를 물었는데, 이와 관련이 없는 비밀 번호를 변경해선 안 된다는 내용으로 응답했으므로 오답이다. should를 shouldn't로 반복 사용하여 혼동을 주었다.
(B) [x] proposal(제안)과 관련 있는 acceptance(수락)를 사용하여 혼동을 준 오답이다.
(C) [o] 그들 둘 다에게 이야기해야 한다는 말로 둘 다 선택했으므로 정답이다.

어휘   proposal[prəpóuzəl] 제안   acceptance speech 수락 연설

14

🔊 영국식 발음 → 호주식 발음

When can I expect the package to arrive?

(A) At the post office.
(B) Sometime next week.
(C) Because I sent it out yesterday.

소포가 언제 도착할 거라고 예상할 수 있을까요?

(A) 우체국에서요.
(B) 다음 주 중에요.
(C) 제가 그것을 어제 보냈기 때문이에요.

■ When 의문문   정답 (B)

소포가 언제 도착할 거라고 예상할 수 있을지를 묻는 When 의문문이다.

(A) [x] 소포가 언제 도착할 거라고 예상할 수 있을지를 물었는데 장소로 응답했으므로 오답이다. package(소포)와 관련 있는 post office(우체 국)를 사용하여 혼동을 주었다.
(B) [o] 다음 주 중이라는 말로 소포가 도착할 거라고 예상되는 시점을 언급했으므로 정답이다.
(C) [x] 소포가 언제 도착할 거라고 예상할 수 있을지를 물었는데 이유로 응답했으므로 오답이다. I sent it out yesterday만 듣고 정답으로 고 르지 않도록 주의한다.

어휘   package[pǽkidʒ] 소포   post office 우체국

15

🔊 캐나다식 발음 → 영국식 발음

The financial advisor hasn't dropped by yet, has he?

(A) No, the bank charges a monthly fee.
(B) He's visiting us next week.
(C) Thanks for your advice!

재정 고문이 아직 들르지 않았죠, 그렇죠?

(A) 아니요, 은행은 월별 요금을 부과해요.
(B) 그는 다음 주에 우리를 방문할 예정이에요.
(C) 조언 감사해요!

■ 부가 의문문   정답 (B)

재정 고문이 아직 들르지 않았는지를 확인하는 부가 의문문이다.

(A) [x] financial(재정의)과 관련 있는 bank(은행)를 사용하여 혼동을 준 오답이다. No만 듣고 정답으로 고르지 않도록 주의한다.
(B) [o] 그가 다음 주에 자신들을 방문할 예정이라는 말로 재정 고문이 아직 들르지 않았음을 간접적으로 전달했으므로 정답이다.
(C) [x] 재정 고문이 아직 들르지 않았는지를 물었는데, 이와 관련이 없는 조언 감사하다는 내용으로 응답했으므로 오답이다. advisor – advice 의 유사 발음 어휘를 사용하여 혼동을 주었다.

어휘   financial[fainǽnʃəl] 재정의, 재무의   advisor[ədváizər] 고문, 조언자

16

🔊 호주식 발음 → 미국식 발음

Could you give Ms. Delano directions to the train station?

(A) Sure, where is she now?
(B) The director's approval.
(C) It's a round-trip ticket.

Ms. Delano에게 기차역까지 길 안내를 해주시겠어요?

(A) 물론이죠, 그녀는 지금 어디에 있나요?
(B) 관리자의 승인이요.
(C) 왕복 티켓이에요.

■ 요청 의문문　　　　　　　　　　　　　　　　　　　　　　　　　　　　　　　　　정답 (A)

Ms. Delano에게 기차역까지 길 안내를 해달라는 요청 의문문이다. Could you가 요청하는 표현임을 이해할 수 있어야 한다.
(A) [O] Sure로 요청을 수락한 뒤, 그녀의 현재 위치에 대한 추가적인 정보를 요구하고 있으므로 정답이다.
(B) [X] Ms. Delano에게 기차역까지 길 안내를 해달라고 했는데, 이와 관련이 없는 관리자의 승인이라는 내용으로 응답했으므로 오답이다.
　　directions – director's의 유사 발음 어휘를 사용하여 혼동을 주었다.
(C) [X] train station(기차역)과 관련 있는 round-trip ticket(왕복 티켓)을 사용하여 혼동을 준 오답이다.

어휘　approval[əprúːvəl] 승인　round-trip[ràundtríp] 왕복의

17

🔊 미국식 발음 → 캐나다식 발음

One of the ovens in the café needs to be fixed.

(A) Apparently, the oven is available in silver.
(B) Both chefs are happy with the menu.
(C) Hopefully, a technician can come today.

카페의 오븐들 중 하나가 수리되어야 해요.

(A) 보아하니, 그 오븐은 은색으로도 있어요.
(B) 두 명의 요리사들 모두 메뉴에 만족스러워해요.
(C) 바라건대, 기술자가 오늘 와주면 좋겠어요.

■ 평서문　　　　　　　　　　　　　　　　　　　　　　　　　　　　　　　　　　　정답 (C)

카페의 오븐들 중 하나가 수리되어야 한다는 문제점을 언급하는 평서문이다.
(A) [X] 카페의 오븐들 중 하나가 수리되어야 한다고 했는데, 이와 관련이 없는 오븐은 은색으로도 있다는 내용으로 응답했으므로 오답이다.
　　질문의 ovens를 oven으로 반복 사용하여 혼동을 주었다.
(B) [X] café(카페)에서 연상할 수 있는 직업과 관련된 chefs(요리사들)를 사용하여 혼동을 준 오답이다.
(C) [O] 바라건대 기술자가 오늘 와주면 좋겠다는 말로 문제점에 대한 의견을 제시했으므로 정답이다.

어휘　apparently[əpǽrəntli] 보아하니　hopefully[hóupfəli] 바라건대

18

🔊 영국식 발음 → 미국식 발음

You can work at the conference this weekend, can't you?

(A) I can't remember who was there.
(B) This is the right place.
(C) I'm available on Sunday.

당신은 이번 주말에 학회에서 일할 수 있죠, 안 그런가요?

(A) 저는 그곳에 누가 있었는지 기억할 수 없어요.
(B) 여기가 맞는 곳이에요.
(C) 저는 일요일에 시간이 돼요.

■ 부가 의문문　　　　　　　　　　　　　　　　　　　　　　　　　　　　　　　　정답 (C)

상대방이 이번 주말에 학회에서 일할 수 있는지를 확인하는 부가 의문문이다.
(A) [X] 상대방이 이번 주말에 학회에서 일할 수 있는지를 물었는데 그곳에 누가 있었는지 기억할 수 없다는 과거 시점으로 응답했으므로 오답이
　　다. 질문의 conference(학회)를 나타낼 수 있는 there를 사용하여 혼동을 주었다.
(B) [X] 상대방이 이번 주말에 학회에서 일할 수 있는지를 물었는데, 이와 관련이 없는 여기가 맞는 곳이라는 내용으로 응답했으므로 오답이다.
　　질문의 conference(학회)를 나타낼 수 있는 This를 사용하여 혼동을 주었다.
(C) [O] 일요일에 시간이 된다는 말로 이번 주말에 학회에서 일할 수 있음을 간접적으로 전달했으므로 정답이다.

어휘　conference[미 káːnfərəns, 영 kɔ́nfərəns] 학회, 회의

○○○○
●●
중

🔊 호주식 발음 → 영국식 발음

Why is Mr. Liu sending a memo to staff members?

(A) Some of the original memos.
(B) I haven't been told the reason.
(C) Any worker can use it.

Mr. Liu가 왜 직원들에게 회람을 보내고 있나요?

(A) 몇몇 원본 회람들이요.
(B) 이유는 듣지 못했어요.
(C) 어떤 직원이든 그것을 사용할 수 있어요.

■ Why 의문문

정답 (B)

Mr. Liu가 왜 직원들에게 회람을 보내고 있는지를 묻는 Why 의문문이다.
(A) [×] Mr. Liu가 왜 직원들에게 회람을 보내고 있는지를 물었는데, 이와 관련이 없는 몇몇 원본 회람들이라는 내용으로 응답했으므로 오답이다. 질문의 memo를 memos로 반복 사용하여 혼동을 주었다.
(B) [○] 이유는 듣지 못했다는 말로 모른다는 간접적인 응답을 했으므로 정답이다.
(C) [×] 질문의 memo(회람)를 나타낼 수 있는 it(그것)을 사용하여 혼동을 준 오답이다.

어휘 memo[미 mémou, 영 mémǝu] 회람 original[ǝrídʒǝnl] 원본의, 원래의

○○○○
●●
최상

🔊 미국식 발음 → 캐나다식 발음

Our supervisor has offered to provide us with standing desks.

(A) Yes, the office needs better lighting.
(B) A drawer in my desk.
(C) I'm actually a fan of my current setup.

우리의 관리자가 우리에게 입식 책상을 제공하겠다고 제안했어요.

(A) 네, 사무실은 더 좋은 조명이 필요해요.
(B) 제 책상의 서랍이요.
(C) 저는 사실 현재의 설비가 좋아요.

■ 평서문

정답 (C)

관리자가 입식 책상을 제공하겠다고 제안했다는 객관적인 사실을 전달하는 평서문이다.
(A) [×] standing desks(입식 책상)와 관련 있는 office(사무실)를 사용하여 혼동을 준 오답이다. Yes, the office needs better(네, 사무실은 더 좋은 ~이 필요해요)까지만 듣고 정답으로 선택하지 않도록 주의한다.
(B) [×] 관리자가 입식 책상을 제공하겠다고 제안했다고 했는데, 이와 관련이 없는 책상의 서랍이라는 내용으로 응답했으므로 오답이다. 질문의 desks를 desk로 반복 사용하여 혼동을 주었다.
(C) [○] 자신은 현재의 설비가 좋다는 말로 사실에 대한 의견을 전달했으므로 정답이다.

어휘 lighting[láitiŋ] 조명 setup[sétʌp] 설비, 장치

○○○○
●●
중

🔊 영국식 발음 → 호주식 발음

Would you like the order to be delivered to your front door?

(A) Yes, our hotel has vacancies.
(B) For the delivery person.
(C) That depends on when it arrives.

주문품을 당신의 현관으로 배달해드릴까요?

(A) 네, 저희 호텔은 빈방이 있어요.
(B) 배달원을 위해서요.
(C) 그것이 언제 도착하는지에 달려 있어요.

■ 제공 의문문

정답 (C)

주문품을 현관으로 배달해주겠다는 제공 의문문이다. Would you like이 제공하는 표현임을 이해할 수 있어야 한다.
(A) [×] 주문품을 현관으로 배달해줄지를 물었는데, 이와 관련이 없는 호텔에 빈 방이 있다는 내용으로 응답했으므로 오답이다. Yes만 듣고 정답으로 고르지 않도록 주의한다.
(B) [×] delivered – delivery의 유사 발음 어휘를 사용하여 혼동을 준 오답이다.
(C) [○] 그것이 언제 도착하는지에 달려 있다는 말로 제공 수락 여부를 결정하기 위한 추가적인 정보를 간접적으로 요구하고 있으므로 정답이다.

어휘 front door 현관 vacancy[véikǝnsi] 빈방 depend on ~에 달려 있다

22

음 미국식 발음 → 캐나다식 발음

How many cars did our dealership sell this week?

(A) Records indicate a few dozen.
(B) Yes, it's on sale.
(C) My vehicle has excellent features.

우리 대리점이 이번 주에 자동차 몇 대를 판매했나요?

(A) 기록이 수십 대라고 보여주네요.
(B) 네, 그건 할인 중이에요.
(C) 제 차량은 훌륭한 특색들이 있어요.

■ How 의문문

정답 (A)

대리점이 이번 주에 자동차 몇 대를 판매했는지를 묻는 How 의문문이다. How many가 수량을 묻는 것임을 이해할 수 있어야 한다.

(A) [○] 기록이 수십 대라고 보여준다는 말로 화자의 대리점이 이번 주에 판매한 자동차의 수량을 언급했으므로 정답이다.
(B) [×] 의문사 의문문에 Yes로 응답했으므로 오답이다. sell – sale의 유사 발음 어휘를 사용하여 혼동을 주었다.
(C) [×] 대리점이 이번 주에 자동차 몇 대를 판매했는지를 물었는데, 이와 관련이 없는 자신의 차량은 훌륭한 특색들이 있다는 내용으로 응답했으므로 오답이다. 질문의 cars(자동차)와 같은 의미인 vehicle(차량)을 사용하여 혼동을 주었다.

어휘   dealership[diːlərʃip] 대리점   indicate[índikeit] 보여주다, 나타내다   on sale 할인 중인, 판매 중인   feature[fíːtʃər] 특색, 특징

23

음 캐나다식 발음 → 영국식 발음

Where should I place this box of cosmetics?

(A) A boxing match.
(B) I liked the makeup very much.
(C) There isn't any room here.

이 화장품 박스를 어디에 놓아야 하나요?

(A) 권투 시합이요.
(B) 저는 그 화장이 정말 마음에 들었어요.
(C) 여기에는 자리가 없어요.

■ Where 의문문

정답 (C)

화장품 박스를 어디에 놓아야 하는지를 묻는 Where 의문문이다.

(A) [×] 화장품 박스를 어디에 놓아야 하는지를 물었는데, 이와 관련이 없는 권투 시합이라는 내용으로 응답했으므로 오답이다. box – boxing의 유사 발음 어휘를 사용하여 혼동을 주었다.
(B) [×] cosmetics(화장품)와 관련 있는 makeup(화장)을 사용하여 혼동을 준 오답이다.
(C) [○] 여기에는 자리가 없다는 말로 여기에는 두지 말라는 간접적인 응답을 했으므로 정답이다.

어휘   cosmetic[kɑːzmétik] 화장품   makeup[méikʌp] 화장   room[ruːm] 자리, 공간

24

음 미국식 발음 → 호주식 발음

Which violin are you thinking about purchasing?

(A) And some other musical instruments.
(B) The one in the case, most likely.
(C) I bought them online.

당신은 어느 바이올린을 구매하려고 생각 중이신가요?

(A) 그리고 다른 악기들이요.
(B) 아마도 저 상자에 들어 있는 것이요.
(C) 저는 그것들을 온라인으로 구매했어요.

■ Which 의문문

정답 (B)

어느 바이올린을 구매하려고 생각 중인지를 묻는 Which 의문문이다. Which violin을 반드시 들어야 한다.

(A) [×] violin(바이올린)과 관련 있는 musical instruments(악기들)를 사용하여 혼동을 준 오답이다.
(B) [○] 아마도 저 상자에 들어 있는 것이라는 말로 구매하려고 생각 중인 바이올린을 언급했으므로 정답이다.
(C) [×] 질문의 purchasing(구매하다)과 같은 의미인 bought(구매했다)을 사용하여 혼동을 준 오답이다. I bought까지만 듣고 정답으로 고르지 않도록 주의한다.

어휘   musical instrument 악기   case[keis] 상자, 통

25

🔊 호주식 발음 → 미국식 발음

Why don't we implement a summer internship program?

(A) Here are my spring travel plans.
(B) My internship starts next week.
(C) You should propose the idea to management.

여름 인턴십 프로그램을 실시하는 게 어때요?

(A) 여기 저의 봄 여행 계획들이 있어요.
(B) 제 인턴십은 다음 주에 시작해요.
(C) 당신은 그 의견을 경영진에게 제의해야 해요.

■ 제안 의문문
정답 (C)

여름 인턴십 프로그램을 실시하자는 제안 의문문이다. Why don't we가 제안하는 표현임을 이해할 수 있어야 한다.
(A) [×] 질문의 summer(여름)와 관련 있는 spring(봄)을 사용하여 혼동을 준 오답이다.
(B) [×] 여름 인턴십 프로그램을 실시하자고 제안했는데, 이와 관련이 없는 자신의 인턴십은 다음 주에 시작한다는 내용으로 응답했으므로 오답이다. 질문의 internship을 반복 사용하여 혼동을 주었다.
(C) [○] 그 의견을 경영진에게 제의해야 한다는 말로 상대방의 제안에 대한 의견을 전달했으므로 정답이다.

어휘 implement[ímpliment] 실시하다 propose[prəpóuz] 제의하다, 제안하다 management[mǽnidʒmənt] 경영진

26

🔊 캐나다식 발음 → 영국식 발음

Have Rebecca and James finished making graphs for the shareholders meeting?

(A) Only some of our stakeholders.
(B) To complete the entire lesson.
(C) I've got the graphs here.

Rebecca와 James가 주주총회를 위한 그래프들을 만드는 것을 끝냈나요?

(A) 우리의 주주들 중 일부만요.
(B) 전체 수업을 끝내기 위해서요.
(C) 여기 도표들을 받았어요.

■ 조동사 의문문
정답 (C)

Rebecca와 James가 주주총회를 위한 그래프들을 만드는 것을 끝냈는지를 확인하는 조동사(Have) 의문문이다.
(A) [×] 질문의 shareholders(주주들)와 같은 의미인 stakeholders(주주들)를 사용하여 혼동을 준 오답이다. Only some of까지만 듣고 정답으로 고르지 않도록 주의한다.
(B) [×] Rebecca와 James가 주주총회를 위한 그래프들을 만드는 것을 끝냈는지를 물었는데 목적으로 응답했으므로 오답이다. 질문의 finished(끝냈다)와 같은 의미인 complete(끝내다)를 사용하여 혼동을 주었다.
(C) [○] 여기 도표들을 받았다는 말로 Rebecca와 James가 주주총회를 위한 그래프들을 만드는 것을 끝냈음을 간접적으로 전달했으므로 정답이다.

어휘 shareholder[ʃéərhouldər] 주주 stakeholder[미 stéikhouldər, 영 stéikhəuldər] 주주

27

🔊 호주식 발음 → 미국식 발음

Why can't Marcus work until 7 P.M. on Friday?

(A) Yes, he's very talented.
(B) Due to a medical appointment.
(C) It's currently 1 o'clock.

Marcus는 왜 금요일에 오후 7시까지 일할 수 없나요?

(A) 네, 그는 매우 재능이 있어요.
(B) 진료 예약 때문예요.
(C) 현재 1시예요.

■ Why 의문문
정답 (B)

Marcus가 왜 금요일에 오후 7시까지 일할 수 없는지를 묻는 Why 의문문이다.
(A) [×] 의문사 의문문에 Yes로 응답했으므로 오답이다. 질문의 Marcus를 나타낼 수 있는 he를 사용하여 혼동을 주었다.
(B) [○] 진료 예약 때문이라며 Marcus가 금요일에 오후 7시까지 일할 수 없는 이유를 언급했으므로 정답이다.
(C) [×] 7 P.M.(오후 7시)과 관련 있는 1 o'clock(1시)을 사용하여 혼동을 준 오답이다.

어휘 talented[tǽləntid] 재능이 있는 appointment[əpɔ́intmənt] 예약, 약속

28

🔊 영국식 발음 → 호주식 발음

○●●●
상

Is this project going to be discussed in person or via an online conference?

(A) The details haven't been announced.
(B) I assume you've visited the Web site before.
(C) What did they end up talking about?

이 프로젝트는 직접 논의될 것인가요, 아니면 온라인 회의를 통해 논의될 것인가요?

(A) 세부 사항들은 공지되지 않았어요.
(B) 당신이 이전에 웹사이트를 방문한 적이 있는 것 같군요.
(C) 그들이 결국 무엇에 대해 이야기했나요?

■ 선택 의문문

정답 (A)

프로젝트가 직접 논의될 것인지 아니면 온라인 회의를 통해 논의될 것인지를 묻는 선택 의문문이다.
(A) [○] 세부 사항들은 공지되지 않았다는 말로 둘 다 선택하지 않았으므로 정답이다.
(B) [×] online conference(온라인 회의)와 관련 있는 Web site(웹사이트)를 사용하여 혼동을 준 오답이다. I assume까지만 듣고 정답으로 고르지 않도록 주의한다.
(C) [×] discussed(논의하다)와 관련 있는 talking about(이야기하다)을 사용하여 혼동을 준 오답이다.

어휘 in person 직접 via[váiə] ~을 통해 talk about 이야기하다

29

🔊 캐나다식 발음 → 영국식 발음

○○○●
중

Should I finish typing the staffing report for you?

(A) No, I'd rather do it myself.
(B) I like those types of dishes.
(C) Because of staffing problems.

제가 직원 채용 보고서를 입력하는 것을 끝내야 하나요?

(A) 아니요, 제가 직접 하는 편이 좋겠어요.
(B) 저는 그런 종류의 음식들이 좋아요.
(C) 직원 채용에 관한 문제들 때문에요.

■ 조동사 의문문

정답 (A)

자신이 직원 채용 보고서를 입력하는 것을 끝내야 하는지를 확인하는 조동사(Should) 의문문이다.
(A) [○] No로 상대방이 직원 채용 보고서를 입력하는 것을 끝내지 않아도 됨을 전달한 후, 자신이 직접 하는 편이 좋겠다는 부연 설명을 했으므로 정답이다.
(B) [×] 직원 채용 보고서를 입력하는 것을 끝내야 하는지를 물었는데, 이와 관련이 없는 그런 종류의 음식들이 좋다는 내용으로 응답했으므로 오답이다. typing – types의 유사 발음 어휘를 사용하여 혼동을 주었다.
(C) [×] 직원 채용 보고서를 입력하는 것을 끝내야 하는지를 물었는데 이유로 응답했으므로 오답이다. 질문의 staffing을 반복 사용하여 혼동을 주었다.

어휘 staffing[stǽfiŋ] 직원 채용

30

🔊 호주식 발음 → 영국식 발음

●●●●
최상

Isn't the championship game tonight?

(A) It's going to be a great match.
(B) The delivery will arrive this evening.
(C) No, I prefer playing soccer.

결승전이 오늘 밤 아닌가요?

(A) 그것은 대단한 시합이 될 거예요.
(B) 배송품은 오늘 저녁에 도착할 거예요.
(C) 아니요, 저는 축구하는 것을 선호해요.

■ 부정 의문문

정답 (A)

결승전이 오늘 밤인지를 확인하는 부정 의문문이다.
(A) [○] 그것은 대단한 시합이 될 거라는 말로 결승전이 오늘 밤이라는 것을 간접적으로 전달했으므로 정답이다.
(B) [×] 결승전이 오늘 밤인지를 물었는데, 이와 관련이 없는 배송품은 오늘 저녁에 도착할 거라는 내용으로 응답했으므로 오답이다. 질문의 tonight(오늘 밤)과 같은 의미인 this evening(오늘 저녁)을 사용하여 혼동을 주었다.
(C) [×] game(경기)과 관련 있는 playing soccer(축구하는 것)를 사용하여 혼동을 준 오답이다. No만 듣고 정답으로 고르지 않도록 주의한다.

어휘 championship game 결승전 match[mætʃ] 시합

31

[3∎] 미국식 발음 → 캐나다식 발음

When will the press statement be released to the local news media?

(A) I work at a regional newspaper.
(B) Not since the journalist called.
(C) Marcie said it will be a bit delayed.

언론 성명서가 지역 뉴스 매체에 언제 공개될 예정인가요?

(A) 저는 지역 신문사에서 일해요.
(B) 기자가 전화한 이후로는 아니에요.
(C) Marcie가 그것이 약간 지연될 거라고 말했어요.

■ When 의문문   정답 (C)

언론 성명서가 지역 뉴스 매체에 언제 공개될 예정인지를 묻는 When 의문문이다.

(A) [×] 언론 성명서가 지역 뉴스 매체에 언제 공개될 예정인지를 물었는데, 이와 관련이 없는 자신은 지역 신문사에서 일한다는 내용으로 응답했으므로 오답이다. local(지역)과 같은 의미인 regional(지역)을 사용하여 혼동을 주었다.

(B) [×] press(언론)에서 연상할 수 있는 직업과 관련된 journalist(기자)를 사용하여 혼동을 준 오답이다.

(C) [○] Marcie가 그것이 약간 지연될 거라고 말했다는 말로 간접적인 응답을 했으므로 정답이다.

어휘   press[pres] 언론   statement[stéitmənt] 성명서   journalist[dʒɔ́ːrnəlist] 기자

PART 3

난이도 ○ ○ ○ ● / ○ ● ● ● / ○ ● / ● (하 중 상 최상)

32
33
34

Questions 32-34 refer to the following conversation.

🎧 미국식 발음 → 캐나다식 발음

W: ³²The sneakers our company released last month have been underperforming. I think we should put together a marketing campaign to raise awareness about them.

M: Yeah, that makes sense. However, ³³I don't think we should use radio commercials like we did for our previous launch. They didn't effectively reach our target audience.

W: Actually, I think a social media campaign would be best. We can create banner advertisements and display them through online posts.

M: Good idea. But ³⁴let's e-mail our director to get her input before making a final decision.

32 What does the woman want to promote?
(A) A Web site
(B) Some footwear
(C) A local charity
(D) Some new policies

33 What is mentioned about the radio commercials?
(A) They were not approved by a director.
(B) They featured a popular celebrity.
(C) They were expensive to produce.
(D) They did not reach the right listeners.

34 What does the man suggest?
(A) Uploading an attachment
(B) Seeking another opinion
(C) Preparing for a future launch
(D) Rearranging some displays

32-34번은 다음 대화에 관한 문제입니다.

W: ³²지난달에 우리 회사가 출시한 운동화가 실적을 못 내고 있어요. 저는 우리가 그것들에 대한 인식을 높이기 위해 마케팅 캠페인을 만들어야 한다고 생각해요.

M: 맞아요, 이해가 되네요. 하지만, ³³이전 출시 때 했던 것처럼 우리가 라디오 광고를 이용해야 한다고는 생각하지 않아요. 그것들은 우리의 광고 대상에게 효과적으로 도달하지 못했어요.

W: 사실, 저는 소셜 미디어 캠페인이 가장 좋을 거라고 생각해요. 우리는 배너 광고들을 만들어서 그것들을 온라인 게시물을 통해 보여줄 수 있어요.

M: 좋은 생각이에요. 하지만 ³⁴최종 결정을 내리기 전에 우리의 관리자에게 이메일을 보내 그녀의 조언을 얻도록 해요.

32. 여자는 무엇을 홍보하고 싶어 하는가?
(A) 웹사이트
(B) 신발
(C) 지역 자선 단체
(D) 새로운 정책

33. 라디오 광고에 관해 무엇이 언급되는가?
(A) 그것들은 관리자의 승인을 받지 않았다.
(B) 그것들은 인기 있는 유명 인사를 포함했다.
(C) 그것들은 제작하는 데 비용이 많이 들었다.
(D) 그것들은 알맞은 청취자들에게 도달하지 않았다.

34. 남자는 무엇을 제안하는가?
(A) 첨부 파일을 업로드하기
(B) 다른 의견을 구하기
(C) 향후의 출시를 준비하기
(D) 일부 전시품을 재배치하기

지문 release[rilíːs] 출시하다, 발표하다 underperform[ʌ̀ndərpərfɔ́ːrm] 실적을 못 내다 put together 만들다
raise awareness about ~에 대한 인식을 높이다 commercial[kəmə́ːrʃəl] 광고 previous[príːviəs] 이전의
display[displéi] 보여주다, 나타내다 input[ínput] 조언, 투입
32 promote[prəmóut] 홍보하다 footwear[fútwer] 신발 charity[tʃǽrəti] 자선 단체
34 attachment[ətǽtʃmənt] 첨부 파일 rearrange[rìːəréindʒ] 재배치하다

32 ■ 세부 사항 관련 문제 특정 세부 사항   정답 (B)

여자가 홍보하고 싶어 하는 것을 묻는 문제이므로, 여자의 말을 주의 깊게 듣는다. 여자가 "The sneakers our company released last month have been underperforming. I think we should put together a marketing campaign to raise awareness about them."이라며 지난달에 출시한 운동화가 실적을 못 내고 있다고 한 뒤, 그것들에 대한 인식을 높이기 위해 마케팅 캠페인을 만들어야 한다고 생각한다고 하였다. 따라서 정답은 (B) Some footwear이다.

바꾸어 표현하기
sneakers 운동화 → footwear 신발

33 ■ 세부 사항 관련 문제 언급   정답 (D)

라디오 광고에 관해 언급되는 것을 묻는 문제이므로, 질문의 핵심어구(radio commercials)가 언급된 주변을 주의 깊게 듣는다. 남자가 "I don't think we should use radio commercials ~. They didn't effectively reach our target audience."라며 라디오 광고를 이용해야 한다고는 생각하지 않는다고 한 뒤, 그것들은 자신들의 광고 대상에게 효과적으로 도달하지 못했다고 하였다. 따라서 정답은 (D) They did not reach the right listeners이다.

34 ■ 세부 사항 관련 문제 제안   정답 (B)

남자가 제안하는 것을 묻는 문제이므로, 남자의 말에서 제안과 관련된 표현이 언급된 다음을 주의 깊게 듣는다. 남자가 "let's e-mail our director to get her input before making a final decision"이라며 최종 결정을 내리기 전에 관리자에게 이메일을 보내 조언을 얻도록 하자고 제안하였다. 따라서 정답은 (B) Seeking another opinion이다.

Questions 35-37 refer to the following conversation.

🔊 영국식 발음 → 호주식 발음

W: William, ³⁵have you reviewed the invitation template I created for Richmond Library's reopening party?

M: Yes, but ³⁶I noticed an issue. You wrote that the gathering will be held next Friday. However, the library's Web site says it's taking place next Thursday.

W: Well, when you were out sick yesterday, our team met with the head librarian. And she mentioned it will have to take place on Friday instead . . . uh . . . due to a scheduling conflict.

M: OK. In that case, ³⁷the Web site will have to be updated. I'll call the head librarian now and tell her to do so.

35 What are the speakers mainly discussing?
    (A) A building remodeling
    (B) A computer program
    (C) An upcoming event
    (D) A weekly schedule

36 Why is the man concerned?
    (A) Some information does not match.
    (B) A Web site is difficult to navigate.
    (C) A document has been lost.
    (D) Some library staff have not arrived.

37 What does the man say he will do next?
    (A) Call a caterer
    (B) Notify a supervisor
    (C) Visit a library
    (D) Organize some files

35-37번은 다음 대화에 관한 문제입니다.

W: William, ³⁵Richmond 도서관 재개관 파티를 위해 제가 제작한 초대장 견본을 살펴 보셨나요?

M: 네, 그런데 ³⁶문제를 발견했어요. 당신은 모임이 다음 주 금요일에 열릴 것이라고 썼어요. 하지만, 도서관의 웹사이트에는 이것이 다음 주 목요일에 열릴 것이라고 되어 있어요.

W: 음, 당신이 어제 아파서 결근했을 때, 우리 팀은 수석 사서를 만났어요. 그리고 그녀는 이것이 대신 금요일에 개최되어야 할 거라고 말했어요… 어… 일정이 겹쳐서요.

M: 알겠어요. 그런 경우에는, ³⁷웹사이트가 업데이트되어야겠네요. 제가 수석 사서에게 지금 전화해서 그렇게 하도록 말할게요.

35. 화자들은 주로 무엇에 관해 이야기하고 있는가?
    (A) 건물 리모델링
    (B) 컴퓨터 프로그램
    (C) 곧 있을 행사
    (D) 주간 일정

36. 남자는 왜 걱정을 하는가?
    (A) 일부 정보가 일치하지 않는다.
    (B) 웹사이트를 여기저기 찾기가 어렵다.
    (C) 문서가 분실되었다.
    (D) 일부 도서관 직원이 도착하지 않았다.

37. 남자는 다음에 무엇을 할 거라고 말하는가?
    (A) 출장 연회업자에게 전화한다.
    (B) 관리자에게 알린다.
    (C) 도서관을 방문한다.
    (D) 파일을 정리한다.

지문 template[témplət] 견본, 본보기 gathering[gǽðəriŋ] 모임 be out sick 아파서 결근하다 librarian[laibréəriən] 사서
35 upcoming[ʌ́pkʌmiŋ] 곧 있을
36 match[mætʃ] 일치하다 navigate[nǽvigeit] 웹사이트를 여기저기 찾다, 순항하다
37 caterer[kéitərər] 출장 연회업자 notify[nóutifai] 알리다 organize[ɔ́ːrgənàiz] 정리하다, 준비하다

35 ■ 전체 대화 관련 문제 주제   정답 (C)

대화의 주제를 묻는 문제이므로, 대화의 초반을 주의 깊게 들은 후 전체 맥락을 파악한다. 여자가 남자에게 "have you reviewed the invitation template I created for Richmond Library's reopening party?"라며 Richmond 도서관 재개관 파티를 위해 자신이 제작한 초대장 견본을 살펴 보았는지 물은 뒤, 도서관 재개관 일정에 관한 내용으로 대화가 이어지고 있다. 따라서 정답은 (C) An upcoming event이다.

36 ■ 세부 사항 관련 문제 문제점   정답 (A)

남자가 걱정하는 이유를 묻는 문제이므로, 남자의 말에서 부정적인 표현이 언급된 다음을 주의 깊게 듣는다. 남자가 "I noticed an issue. You wrote that the gathering will be held next Friday. However, the library's Web site says it's taking place next Thursday."라며 문제를 발견했다고 한 뒤, 여자는 모임이 다음 주 금요일에 열릴 것이라고 썼으나, 도서관의 웹사이트에는 다음 주 목요일에 열릴 것이라고 되어 있다고 하였다. 따라서 정답은 (A) Some information does not match이다.

37 ■ 세부 사항 관련 문제 다음에 할 일   정답 (B)

남자가 다음에 할 일을 묻는 문제이므로, 대화의 마지막 부분을 주의 깊게 듣는다. 남자가 "the Web site will have to be updated. I'll call the head librarian now and tell her to do so."라며 웹사이트가 업데이트되어야겠다고 한 뒤, 자신이 수석 사서에게 지금 전화해서 그렇게 하도록 말하겠다고 하였다. 따라서 정답은 (B) Notify a supervisor이다.

Questions 38-40 refer to the following conversation.

🎧 영국식 발음 → 캐나다식 발음

W: Excuse me. Does your shop offer international shipping services? I'd like to get this teapot. But I'm worried it might break in my suitcase on my flight back to Spain.

M: We can't send items overseas, unfortunately. However, ³⁹I can put the teapot in bubble wrap for you. That should protect it while you're traveling.

W: Wonderful . . . I love your store, by the way. ³⁸I often travel to England and always stop in here.

M: Thank you. Would you like a card for our loyalty program then? ⁴⁰You can earn points with everything you buy and use them to pay for future purchases.

38 Who most likely is the woman?
  (A) A delivery person
  (B) A shop owner
  (C) A tourist
  (D) A travel agent

39 What does the man offer to do?
  (A) Provide a map
  (B) Cover a shipping fee
  (C) Package an item
  (D) Recommend a restaurant

40 What does the man say about loyalty points?
  (A) They can be used as payment.
  (B) They expire within one year.
  (C) They are earned online only.
  (D) They work at multiple stores.

38-40번은 다음 대화에 관한 문제입니다.

W: 실례합니다. 당신의 가게에서 국제 배송 서비스를 제공하나요? 저는 이 찻주전자를 사고 싶어요. 하지만 이것이 스페인으로 돌아가는 비행 중에 제 여행 가방 안에서 깨질까 봐 걱정돼요.

M: 안타깝게도 저희는 물건들을 해외로 발송할 수 없어요. 하지만 ³⁹찻주전자를 버블랩에 넣어드릴 수는 있어요. 그게 손님이 여행하시는 동안에 이걸 보호해줄 거예요.

W: 훌륭해요… 그건 그렇고, 저는 당신의 가게가 아주 마음에 들어요. ³⁸저는 영국으로 자주 여행오는데, 이곳에 항상 들러요.

M: 감사해요. 그렇다면 저희의 회원 프로그램 카드를 드릴까요? ⁴⁰구매하신 모든 것에 대해 포인트를 받아 추후의 구매에 대한 비용을 지불하는 데 사용하실 수 있어요.

38. 여자는 누구인 것 같은가?
  (A) 배달원
  (B) 가게 주인
  (C) 관광객
  (D) 여행사 직원

39. 남자는 무엇을 해주겠다고 제안하는가?
  (A) 지도를 제공한다.
  (B) 배송료를 부담한다.
  (C) 물건을 포장한다.
  (D) 식당을 추천한다.

40. 남자는 회원 포인트에 관해 무엇을 말하는가?
  (A) 그것들은 지불금으로 사용될 수 있다.
  (B) 그것들은 1년 이내에 만료된다.
  (C) 그것들은 온라인에서만 얻어진다.
  (D) 그것들은 여러 매장에서 적용된다.

지문 teapot[미 tíːpɑːt, 영 tíːpɔt] 찻주전자 unfortunately[ʌnfɔ́ːrtʃənətli] 안타깝게도
  bubble wrap 버블랩(완충 작용을 하도록 기포가 들어있는 비닐 포장재) protect[prətékt] 보호하다 stop in 잠시 들르다
38 travel agent 여행사 직원
39 package[pǽkidʒ] 포장하다
40 expire[ikspáiər] 만료되다

38 ■ 전체 대화 관련 문제 화자   정답 (C)
여자의 신분을 묻는 문제이므로, 신분 및 직업과 관련된 표현을 놓치지 않고 듣는다. 여자가 "I often travel to England and always stop in here."라며 자신이 영국으로 자주 여행오는데, 이곳에 항상 들른다고 하였다. 이를 통해 여자가 관광객임을 알 수 있다. 따라서 정답은 (C) A tourist이다.

39 ■ 세부 사항 관련 문제 제안   정답 (C)
남자가 해주겠다고 제안하는 것을 묻는 문제이므로, 남자의 말에서 제안과 관련된 표현이 언급된 다음을 주의 깊게 듣는다. 남자가 "I can put the teapot in bubble wrap for you"라며 찻주전자를 버블랩에 넣어주겠다고 제안하였다. 따라서 정답은 (C) Package an item 이다.

40 ■ 세부 사항 관련 문제 언급   정답 (A)
남자가 회원 포인트에 관해 언급하는 것을 묻는 문제이므로, 남자의 말에서 질문의 핵심어구(loyalty points)와 관련된 내용을 주의 깊게 듣는다. 남자가 "You can earn points with everything you buy and use them to pay for future purchases."라며 구매한 모든 것에 대해 포인트를 받아 추후의 구매에 대한 비용을 지불하는 데 사용할 수 있다고 하였다. 따라서 정답은 (A) They can be used as payment이다.

Questions 41-43 refer to the following conversation with three speakers.

🔊 미국식 발음 → 영국식 발음 → 캐나다식 발음

W1: Ted and Megumi, 41/42the president of Norma Manufacturing just called. He's not pleased with the photos we recently took of his executive team.

W2: What's wrong with them?

W1: He said shadows are cast on people's faces, which makes it difficult to make out their features.

M: Don't worry. I can fix that issue with our digital editing software. I can brighten up the foreground a bit more.

W1: That's a relief! 41I thought we'd have to arrange another shoot. Um . . . I'm supposed to call the president's assistant this afternoon. So, Ted, 43how long will it take you to edit the photos?

M: A couple of hours. 43I'll upload the files to our server before 12 P.M.

41 Where most likely do the speakers work?
(A) At a manufacturing plant
(B) At a shopping center
(C) At a government office
(D) At a photography studio

42 What problem is mentioned?
(A) Some software has errors.
(B) A complaint was made.
(C) Some shoots were canceled.
(D) A business is understaffed.

43 What will the man most likely do before noon?
(A) Take additional pictures
(B) Respond to a message
(C) Edit some pictures
(D) Send out an invoice

41-43번은 다음 세 명의 대화에 관한 문제입니다.

W1: Ted와 Megumi, 41/42Norma 제조사의 사장이 방금 전화했어요. 그는 최근에 우리가 찍은 그의 경영진의 사진에 만족하지 않아요.

W2: 그것들에 무슨 문제가 있나요?

W1: 사람들의 얼굴에 그림자가 드리워져 있는데, 이것이 그들의 이목구비를 알아보기 어렵게 만든다고 그가 말했어요.

M: 걱정 말아요. 제가 디지털 편집 소프트웨어로 그 문제를 해결할 수 있거든요. 전경을 좀 더 환하게 할 수 있거든요.

W1: 다행이네요! 41저는 우리가 또 다른 사진 촬영을 준비해야 하는 줄 알았어요. 음… 저는 오늘 오후에 사장의 비서에게 전화하기로 되어 있어요. 그럼, Ted, 43당신이 사진을 편집하는 데 얼마나 걸릴까요?

M: 한두 시간이요. 43오후 12시 전에 우리 서버에 파일을 업로드할게요.

41. 화자들은 어디에서 일하는 것 같은가?
(A) 제조 공장에서
(B) 쇼핑 센터에서
(C) 관공서에서
(D) 사진 스튜디오에서

42. 어떤 문제가 언급되는가?
(A) 일부 소프트웨어에 오류가 있다.
(B) 불만이 제기되었다.
(C) 일부 촬영이 취소되었다.
(D) 회사에 직원이 부족하다.

43. 남자는 정오 이전에 무엇을 할 것 같은가?
(A) 추가로 사진을 찍는다.
(B) 메시지에 응답한다.
(C) 사진을 편집한다.
(D) 송장을 발송한다.

지문 president[prézidənt] 사장, 회장 executive[igzékjətiv] 경영진 cast[kæst] 그림자를 드리우다 make out ~을 알아보다
feature[fí:tʃər] 이목구비, 생김새 brighten[bráitn] 환하게 하다 foreground[fɔ́:rɡraund] 전경 shoot[ʃuːt] 사진 촬영
41 government office 관공서   42 understaffed[ʌ̀ndərstǽft] 직원이 부족한, 인원 부족의   43 invoice[ínvɔis] 송장, 청구서

41 ■ 전체 대화 관련 문제 화자
정답 (D)

화자들이 일하는 장소를 묻는 문제이므로, 신분 및 직업과 관련된 표현을 놓치지 않고 듣는다. 여자 1이 "the president of Norma Manufacturing just called. He's not pleased with the photos we recently took of his executive team."이라며 Norma 제조사의 사장이 방금 전화했는데, 그는 최근에 자신들이 찍은 그의 경영진의 사진에 만족하지 않는다고 한 뒤, "I thought we'd have to arrange another shoot."이라며 자신들이 또 다른 사진 촬영을 준비해야 하는 줄 알았다고 하였다. 이를 통해 화자들이 일하는 장소가 사진 스튜디오임을 알 수 있다. 따라서 정답은 (D) At a photography studio이다.

42 ■ 세부 사항 관련 문제 문제점
정답 (B)

언급되는 문제점을 묻는 문제이므로, 문제점과 관련된 내용을 주의 깊게 듣는다. "the president of Norma Manufacturing just called. He's not pleased with the photos we recently took of his executive team."이라며 Norma 제조사의 사장이 방금 전화했는데, 최근에 자신들이 찍은 그의 경영진의 사진에 만족하지 않는다고 하였다. 따라서 정답은 (B) A complaint was made이다.

43 ■ 세부 사항 관련 문제 다음에 할 일
정답 (C)

남자가 정오 이전에 할 일을 묻는 문제이므로, 질문의 핵심어구(do before noon)와 관련된 내용을 주의 깊게 듣는다. 여자 1이 남자에게 "how long will it take you edit the photos?"라며 사진을 편집하는 데 얼마나 걸릴지 묻자, 남자가 "I'll upload the files to our server before 12 P.M."이라며 오후 12시 전에 자신들의 서버에 파일을 업로드하겠다고 하였다. 이를 통해 남자가 정오 이전에 사진을 편집할 것임을 알 수 있다. 따라서 정답은 (C) Edit some pictures이다.

Questions 44-46 refer to the following conversation.

🔊 호주식 발음 → 미국식 발음

M: Hello, Tina. It's me, Seth. ⁴⁴I just got the package in the mail. Thank you for the sweater. It's so beautiful. You're a very talented knitter.

W: I'm glad you like it. I was actually thinking of selling my work.

M: Oh, ⁴⁵do you know the flea market on Miller Street? There may be vacancies for vendors. It's just something I heard, though.

W: I doubt it. I spoke to a vendor the last time I went, and he said the market would be closing soon.

M: ⁴⁶Maybe you should start your own e-commerce Web site. I have a friend who does very well selling jewelry online.

44 What did the woman recently do?
(A) Attended a party
(B) Purchased a sweater
(C) Opened a business
(D) Sent a package

45 What does the man imply when he says, "It's just something I heard, though"?
(A) He may be incorrect about some information.
(B) He has never been to the flea market.
(C) He directly spoke with a customer.
(D) He recently listened to a commercial.

46 What does the man suggest doing?
(A) Selling items online
(B) Looking for another location
(C) Buying some jewelry
(D) Speaking to a friend

44-46번은 다음 대화에 관한 문제입니다.

M: 안녕하세요, Tina. 저예요, Seth. ⁴⁴저는 방금 소포를 우편으로 받았어요. 스웨터 고마워요. 너무 예뻐요. 당신은 아주 재능이 있는 뜨개질하는 사람이에요.

W: 당신이 그것을 좋아해서 기쁘네요. 저는 사실 제 작품을 팔 생각이었어요.

M: 아, ⁴⁵Miller가에 있는 벼룩시장을 아나요? 그곳에 상인의 빈자리가 있을 수 있어요. 하지만, 이건 그냥 제가 들은 거예요.

W: 그렇지는 않을 것 같아요. 제가 지난번에 갔을 때 상인과 이야기했는데, 그는 시장이 곧 문을 닫을 거라고 말했어요.

M: ⁴⁶어쩌면 당신만의 전자 상거래 웹사이트를 시작해야 해요. 저는 온라인에서 보석을 아주 잘 파는 친구가 있어요.

44. 여자는 최근에 무엇을 했는가?
(A) 파티에 참석했다.
(B) 스웨터를 구입했다.
(C) 사업체를 열었다.
(D) 소포를 보냈다.

45. 남자는 "하지만, 이건 그냥 제가 들은 거예요"라고 말할 때 무엇을 의도하는가?
(A) 그는 일부 정보에 대해 부정확할 수 있다.
(B) 그는 벼룩시장에 가본 적이 없다.
(C) 그는 고객과 직접적으로 이야기했다.
(D) 그는 최근에 광고를 들었다.

46. 남자는 무엇을 하는 것을 제안하는가?
(A) 온라인으로 물건을 판매하는 것
(B) 다른 장소를 찾는 것
(C) 보석을 사는 것
(D) 친구에게 이야기하는 것

지문 package[pǽkidʒ] 소포 flea market 벼룩시장 vacancy[véikənsi] 빈자리, 공석 vendor[미 véndər, 영 véndə] 상인, 노점상
e-commerce[미 i:kámərs, 영 i:kɔ́məs] 전자 상거래
45 incorrect[ìnkərékt] 부정확한, 틀린 commercial[kəmə́:rʃəl] 광고

44 ■ 세부 사항 관련 문제 특정 세부 사항   정답 (D)

여자가 최근에 한 일을 묻는 문제이므로, 질문의 핵심어구(woman recently do)와 관련된 내용을 주의 깊게 듣는다. 남자가 여자에게 "I just got the package in the mail. Thank you for the sweater. It's so beautiful. You're a very talented knitter."라며 방금 소포를 우편으로 받았다며 스웨터에 대해 고맙다고 한 뒤, 너무 예쁘다며 아주 재능이 있는 뜨개질하는 사람이라고 하였다. 따라서 정답은 (D) Sent a package이다.

45 ■ 세부 사항 관련 문제 의도 파악   정답 (A)

남자가 하는 말의 의도를 묻는 문제이므로, 질문의 인용어구(It's just something I heard, though)가 언급된 주변을 주의 깊게 듣는다. 남자가 "do you know the flea market ~? There may be vacancies for vendors. It's just something I heard, though."라며 벼룩시장을 아는지 물은 뒤, 그곳에 상인의 빈자리가 있을 수 있지만 이건 그냥 자신이 들은 것이라고 하였다. 이를 통해 남자가 일부 정보에 대해 부정확할 수 있음을 알 수 있다. 따라서 정답은 (A) He may be incorrect about some information이다.

46 ■ 세부 사항 관련 문제 제안   정답 (A)

남자가 제안하는 것을 묻는 문제이므로, 남자의 말에서 제안과 관련된 표현이 언급된 다음을 주의 깊게 듣는다. 남자가 여자에게 "Maybe you should start your own e-commerce Web site."라며 어쩌면 자신만의 전자 상거래 웹사이트를 시작해야 한다고 하였다. 따라서 정답은 (A) Selling items online이다.

바꾸어 표현하기
start ~ own e-commerce Web site 자신만의 전자 상거래 웹사이트를 시작하다 → Selling items online 온라인으로 물건을 판매하는 것

Questions 47-49 refer to the following conversation with three speakers.

🔊 호주식 발음 → 영국식 발음 → 미국식 발음

M: ⁴⁷I want to replace the tiles on my kitchen floor since many of them have lost their color over time. Can either of you suggest a good flooring specialist?

W1: Tanya, didn't you have the same work done last year?

W2: I had carpeting installed in my living room. But the man I hired takes care of all types of flooring. His name is Frank, and his company is called HomeRefresh.

M: Actually, ⁴⁸I already looked up HomeRefresh online, but I can't afford its high rates.

W1: Well, my neighbor recently remodeled his kitchen. ⁴⁹Why don't I text him right now to see which business he used? Maybe it will be a bit cheaper.

M: ⁴⁹That would be very helpful. Thanks!

47 Why does the man want to update his kitchen?
(A) Some appliances are outdated.
(B) A floor is unsafe.
(C) Some tiles have faded.
(D) A property is going to be sold.

48 What does the man say about HomeRefresh?
(A) Its services are expensive.
(B) Its contract is complicated.
(C) Its employees are friendly.
(D) Its location is inconvenient.

49 What will probably happen next?
(A) A budget will be discussed.
(B) A discount will be applied.
(C) An appointment will be arranged.
(D) A message will be sent.

47-49번은 다음 세 명의 대화에 관한 문제입니다.

M: ⁴⁷제 부엌 바닥의 타일들 다수가 시간이 지나면서 색이 바랬기 때문에 저는 그것들을 교체하고 싶어요. 두 분 중 누구라도 좋은 바닥재 전문가를 추천해 주실 수 있나요?

W1: Tanya, 당신이 작년에 같은 작업을 하지 않았나요?

W2: 저는 거실에 카펫을 설치했었어요. 하지만 제가 고용했던 사람은 모든 종류의 바닥재를 다뤄요. 그의 이름은 Frank이고, 그의 회사는 HomeRefresh사라고 해요.

M: 사실, ⁴⁸이미 온라인으로 HomeRefresh사를 찾아보았는데, 저는 그것의 높은 요금을 감당할 형편이 안 돼요.

W1: 음, 제 이웃이 최근에 그의 주방을 개조했어요. ⁴⁹그가 어떤 사업체를 이용했는지 알아보기 위해 제가 지금 바로 그에게 문자 메시지를 보내면 어때요? 아마 조금 더 저렴할 거예요.

M: ⁴⁹그건 큰 도움이 될 거예요. 고마워요!

47. 남자는 왜 그의 부엌을 새롭게 하고 싶어 하는가?
(A) 일부 가전제품들이 오래되었다.
(B) 바닥이 안전하지 않다.
(C) 일부 타일의 색이 바랬다.
(D) 건물이 매각될 것이다.

48. 남자는 HomeRefresh사에 관해 무엇을 말하는가?
(A) 서비스가 비싸다.
(B) 계약이 복잡하다.
(C) 직원들이 친절하다.
(D) 위치가 불편하다.

49. 다음에 무슨 일이 일어날 것 같은가?
(A) 예산이 논의될 것이다.
(B) 할인이 적용될 것이다.
(C) 약속이 정해질 것이다.
(D) 메시지가 전송될 것이다.

지문 **lose color** 색이 바래다 **flooring**[flɔ́ːriŋ] 바닥재 **look up** 찾아보다 **afford**[미 əfɔ́ːrd, 영 əfɔ́ːd] ~을 할 형편이 되다
47 **appliance**[əpláiəns] 가전제품 **outdated**[àutdéitid] 오래된, 구식의 **fade**[feid] 색이 바래다, 희미해지다 **property**[prápərti] 건물

47 ■ 세부 사항 관련 문제 이유　　　　　　　　　　　　　　　　　　　　　　　　　　　　　　정답 (C)

남자가 부엌을 새롭게 하고 싶어 하는 이유를 묻는 문제이므로, 질문의 핵심어구(kitchen)가 언급된 주변을 주의 깊게 듣는다. 남자가 "I want to replace the tiles on my kitchen floor since many of them have lost their color over time."이라며 부엌 바닥에 있는 타일들 다수가 시간이 지나면서 색이 바랬기 때문에 그것들을 교체하고 싶다고 하였다. 따라서 정답은 (C) Some tiles have faded 이다.

48 ■ 세부 사항 관련 문제 언급　　　　　　　　　　　　　　　　　　　　　　　　　　　　　　정답 (A)

남자가 HomeRefresh사에 관해 언급하는 것을 묻는 문제이므로, 남자의 말에서 질문의 핵심어구(HomeRefresh)가 언급된 주변을 주의 깊게 듣는다. 남자가 "I already looked up HomeRefresh online, but I can't afford its high rates"라며 이미 온라인으로 HomeRefresh사를 찾아보았는데, 그것의 높은 가격을 감당할 형편이 안 된다고 하였다. 따라서 정답은 (A) Its services are expensive이다.

49 ■ 세부 사항 관련 문제 다음에 할 일　　　　　　　　　　　　　　　　　　　　　　　　　정답 (D)

다음에 일어날 일을 묻는 문제이므로, 대화의 마지막 부분을 주의 깊게 듣는다. 여자 1이 "Why don't I text him[my neighbor] right now to see which business he used?"라며 자신의 이웃이 어떤 사업체를 이용했는지 알아보기 위해 지금 바로 그에게 문자 메시지를 보내면 어떨지 묻자, 남자가 "That would be very helpful."이라며 그건 큰 도움이 될 거라고 하였다. 이를 통해 메시지가 전송될 것임을 알 수 있다. 따라서 정답은 (D) A message will be sent이다.

Questions 50-52 refer to the following conversation.

🎧 캐나다식 발음 → 영국식 발음

M: Annabel, ⁵⁰we need to plan a dinner for one of our biggest supporters, Henry Goodrich.

W: Oh, ⁵⁰he's invested in our company for many years. When will he be in town?

M: He'll be here next Tuesday. I think it's important we take him out to dinner somewhere.

W: I agree. ⁵¹There's a new Thai place downtown that's getting great reviews for its creative dishes and excellent service. It's called the Chiang Rai Grill. Many of the reviewers say it's the best restaurant in town now.

M: Sounds like a good choice. Can you go ahead and make a reservation?

W: Sure. ⁵²Before I do that, though, I want to confirm that Mr. Goodrich enjoys Thai food. I'll send him an e-mail.

50 Who is Henry Goodrich?
(A) A company president
(B) A board member
(C) An investor
(D) A restaurant owner

51 What does the woman say about Chiang Rai Grill?
(A) It is highly recommended.
(B) It has a private room.
(C) It has several branches.
(D) It takes reservations online.

52 Why does the woman want to contact Mr. Goodrich?
(A) To invite him to come to the office
(B) To find out when his flight arrives
(C) To check which dates he is available
(D) To see if he likes certain foods

50-52번은 다음 대화에 관한 문제입니다.

M: Annabel, ⁵⁰우리의 가장 큰 후원자들 중 한 명인 Henry Goodrich를 위한 식사를 계획할 필요가 있어요.

W: 아, ⁵⁰그는 수년 동안 우리 회사에 투자해 왔어요. 그는 언제 이 지역에 올 것인가요?

M: 그는 다음 주 화요일에 여기 올 거예요. 우리가 그를 어딘가로 데리고 나가 저녁 식사를 대접하는 것이 중요하다고 생각해요.

W: 저도 동의해요. ⁵¹시내에 창의적인 요리와 훌륭한 서비스로 좋은 평가를 받는 새로운 태국 음식점이 있어요. 그곳은 Chiang Rai Grill이라고 불려요. 많은 평가자들이 그곳이 지금 이 동네에서 최고의 식당이라고 말해요.

M: 좋은 선택인 것 같아요. 당신이 바로 예약을 해줄 수 있나요?

W: 물론이죠. ⁵²하지만, 제가 그렇게 하기 전에, 저는 Mr. Goodrich가 태국 음식을 즐기는지를 확인하고 싶어요. 제가 그에게 이메일을 보낼게요.

50. Henry Goodrich는 누구인가?
(A) 회사 사장
(B) 이사회 구성원
(C) 투자자
(D) 식당 주인

51. 여자는 Chiang Rai Grill에 관해 무엇을 말하는가?
(A) 적극적으로 추천된다.
(B) 개인실이 있다.
(C) 여러 지점이 있다.
(D) 온라인으로 예약을 받는다.

52. 여자는 왜 Mr. Goodrich에게 연락하고 싶어 하는가?
(A) 그를 사무실로 초대하기 위해
(B) 그의 비행기가 언제 도착하는지 확인하기 위해
(C) 그가 어느 날짜에 가능한지 확인하기 위해
(D) 그가 특정 음식을 좋아하는지 확인하기 위해

지문 supporter[미 səpɔ́:rtər, 영 səpɔ́:tər] 후원자, 지지자 take out ~를 데리고 나가 대접하다 review[rivjú:] 평가 creative[kriéitiv] 창의적인 dish[diʃ] 요리 confirm[미 kənfə́:rm, 영 kənfə́:m] 확인하다

50 board[bɔ:rd] 이사회, 위원회 owner[óunər] 주인, 소유자

50 ■ 세부 사항 관련 문제 특정 세부 사항　　　　　　　　　　　　　　　　　　　　　　　　정답 (C)

○○○●●●
중
Henry Goodrich의 신분을 묻는 문제이므로, 질문 대상(Henry Goodrich)의 신분 및 직업과 관련된 표현을 놓치지 않고 듣는다. 남자가 "we need to plan a dinner for one of our biggest supporters, Henry Goodrich"라며 자신들의 가장 큰 후원자들 중 한 명인 Henry Goodrich를 위한 식사를 계획할 필요가 있다고 하자, 여자가 "he's invested in our company for many years"라며 그가 수년 동안 자신들의 회사에 투자해 왔다고 하였다. 따라서 정답은 (C) An investor이다.

51 ■ 세부 사항 관련 문제 언급　　　　　　　　　　　　　　　　　　　　　　　　　　　　정답 (A)

●○○○○○
상
여자가 Chiang Rai Grill에 관해 언급하는 것을 묻는 문제이므로, 여자의 말에서 질문의 핵심어구(Chiang Rai Grill)가 언급된 주변을 주의 깊게 듣는다. 여자가 "There's a new Thai place downtown that's getting great reviews ~. It's called the Chiang Rai Grill. Many of the reviewers say it's the best restaurant in town now."라며 시내에 좋은 평가를 받는 새로운 태국 음식점이 있다며 그곳은 Chiang Rai Grill이라고 불린다고 한 뒤, 많은 평가자들이 그곳이 지금 이 동네에서 최고의 식당이라고 말한다고 하였다. 따라서 정답은 (A) It is highly recommended이다.

52 ■ 세부 사항 관련 문제 이유　　　　　　　　　　　　　　　　　　　　　　　　　　　　정답 (D)

●○○○○○
상
여자가 Mr. Goodrich에게 연락하고 싶어 하는 이유를 묻는 문제이므로, 여자의 말에서 질문의 핵심어구(contact Mr. Goodrich)와 관련된 내용을 주의 깊게 듣는다. 여자가 "Before I do that[make a reservation], though, I want to confirm that Mr. Goodrich enjoys Thai food. I'll send him an e-mail."이라며 하지만 예약을 하기 전에 Mr. Goodrich가 태국 음식을 즐기는지를 확인하고 싶다며 그에게 이메일을 보내겠다고 하였다. 따라서 정답은 (D) To see if he likes certain foods이다.

Questions 53-55 refer to the following conversation.

🔊 미국식 발음 → 캐나다식 발음

W: ⁵³I recently discovered that we'll need some audiovisual devices for Jennifer Bailey's presentation at the Green Energy Conference. Apparently, she's decided to play video clips with her talk.

M: That's fine, but ⁵⁴there will be an extra charge for the technical team at the event hall to set up everything.

W: ⁵⁴I just got out of a meeting with our budgeting committee, and I'm sure we can handle that.

M: Great. ⁵⁵I just have to edit our booking request on the hall's Web page to reflect this new requirement.

53 According to the woman, what does Ms. Bailey need?
(A) A conference agenda
(B) Electronic equipment
(C) An audio recording
(D) Presentation handouts

54 What does the woman mean when she says, "I'm sure we can handle that"?
(A) A technician will be hired.
(B) An event will be successful.
(C) A presentation can be shortened.
(D) An expense can be covered.

55 What does the man say he must do?
(A) Revise a request
(B) Download a document
(C) Tour an event hall
(D) Consult with a team

53-55번은 다음 대화에 관한 문제입니다.

W: ⁵³저는 그린 에너지 학회에서 Jennifer Bailey의 발표를 위해 우리가 시청각 장치가 필요할 거라는 걸 최근에 발견했어요. 듣자 하니, 그녀는 강연에서 동영상을 재생하기로 결정했다고 해요.
M: 괜찮아요, 하지만 ⁵⁴모든 것을 설치하기 위해서는 행사장에서 기술팀에 추가 요금이 발생할 거예요.
W: ⁵⁴저는 방금 예산 위원회와의 회의에 갔다 왔는데, 우리가 그걸 처리할 수 있을 거라고 확신해요.
M: 좋아요. ⁵⁵저는 그럼 이 새로운 요구 사항을 반영하기 위해 행사장의 웹페이지에서 예약 요청을 수정해야겠어요.

53. 여자에 따르면, Ms. Bailey가 필요한 것은 무엇인가?
(A) 학회 안건
(B) 전자 장비
(C) 오디오 녹음
(D) 발표 유인물

54. 여자는 "우리가 그걸 처리할 수 있을 거라고 확신해요"라고 말할 때 무엇을 의도하는가?
(A) 기술자가 고용될 것이다.
(B) 행사가 성공적일 것이다.
(C) 발표가 짧아질 수 있다.
(D) 비용이 충당될 수 있다.

55. 남자는 무엇을 해야 한다고 말하는가?
(A) 요청을 수정한다.
(B) 문서를 다운받는다.
(C) 행사장을 둘러 본다.
(D) 팀과 상의한다.

지문 audiovisual[ɔ́ːdiouvíʒuəl] 시청각의 apparently[əpǽrəntli] 듣자 하니, 보아 하니 talk[tɔːk] 강연, 연설 budgeting committee 예산 위원회 handle[hǽndl] 처리하다 edit[édit] 수정하다, 편집하다 reflect[riflékt] 반영하다 requirement[rikwáiərmənt] 요구 사항
53 agenda[ədʒéndə] 안건, 의제 recording[rikɔ́ːrdiŋ] 녹음 handout[hǽndaut] 유인물, 인쇄물
54 technician[tekníʃən] 기술자 shorten[ʃɔ́ːrtn] 짧아지다 expense[ikspéns] 비용

---

53 ■ 세부 사항 관련 문제 특정 세부 사항   정답 (B)

Ms. Bailey가 필요한 것을 묻는 문제이므로, 질문의 핵심어구(Ms. Bailey need)와 관련된 내용을 주의 깊게 듣는다. 여자가 "I recently discovered that we'll need some audiovisual devices for Jennifer Bailey's presentation ~. Apparently, she's decided to play video clips with her talk."라며 Jennifer Bailey의 발표를 위해 시청각 장치가 필요할 거라는 걸 발견했다고 한 뒤, 그녀가 강연에서 동영상을 재생하기로 결정했다고 한다고 하였다. 이를 통해 Ms. Bailey는 동영상 재생을 위한 전자 장비가 필요하다는 것을 알 수 있다. 따라서 정답은 (B) Electronic equipment이다.

54 ■ 세부 사항 관련 문제 의도 파악   정답 (D)

여자가 하는 말의 의도를 묻는 문제이므로, 질문의 인용어구(I'm sure we can handle that)가 언급된 주변을 주의 깊게 듣는다. 남자가 "there will be an extra charge for the technical team at the event hall to set up everything"이라며 모든 것을 설치하기 위해서는 행사장에서 기술팀에 추가 요금이 발생할 거라고 하자, 여자가 "I just got out of a meeting with our budgeting committee, and I'm sure we can handle that."이라며 방금 예산 위원회와의 회의에 갔다 왔는데, 자신들이 그걸 처리할 수 있을 거라고 확신한다고 하였다. 이를 통해 비용이 충당될 수 있음을 알 수 있다. 따라서 정답은 (D) An expense can be covered이다.

55 ■ 세부 사항 관련 문제 특정 세부 사항   정답 (A)

남자가 해야 하는 것을 묻는 문제이므로, 질문의 핵심어구(man ~ must do)와 관련된 내용을 주의 깊게 듣는다. 남자가 "I just have to edit our booking request on the hall's Web page to reflect this new requirement."라며 이 새로운 요구 사항을 반영하기 위해 행사장의 웹페이지에서 예약 요청을 수정해야겠다고 하였다. 따라서 정답은 (A) Revise a request이다.

Questions 56-58 refer to the following conversation.

🔊 영국식 발음 → 호주식 발음

W: Mr. Wesley, here's the completed inventory report you wanted. Ah . . . ⁵⁶our shop is running low on stationery goods, like notebooks and pens.

M: OK. It seems that the free delivery service we offered in September helped us sell more of those items. ⁵⁷Can you please order new stock by this weekend?

W: I was just about to do that. But ⁵⁸I don't know what happened to the list of suppliers that used to be posted in the office.

M: Oh, sorry. ⁵⁸It's locked in the top desk drawer because it contains confidential information. Let me grab a key for you to open that.

56 Where most likely is the conversation taking place?
(A) At a consultancy headquarters
(B) At a conference venue
(C) At a retail store
(D) At a post office

57 What does the man ask the woman to do?
(A) Move some items
(B) Lock a room
(C) Organize some supplies
(D) Place an order

58 What is mentioned about the list?
(A) It was recently thrown away.
(B) It has to be reprinted.
(C) It has been relocated.
(D) It has been updated.

56-58번은 다음 대화에 관한 문제입니다.

W: Mr. Wesley, 당신이 원하신 완성된 재고 보고서가 여기 있어요. 아… ⁵⁶우리 가게는 수첩이나 펜 같은 문구 용품이 부족해요.

M: 알겠어요. 9월에 우리가 제공했던 무료 배송 서비스가 더 많은 상품을 판매하는 데 도움이 된 것 같네요. ⁵⁷이번 주말까지 새로운 재고품을 주문해줄 수 있나요?

W: 제가 막 그걸 하려던 참이었어요. 하지만 ⁵⁸사무실에 게시되어 있던 공급 회사 목록에 무슨 일이 일어났는지 모르겠어요.

M: 아, 미안해요. ⁵⁸그것이 기밀 정보를 포함하고 있기 때문에 책상 맨 위 서랍 속에 잠가 두었어요. 그것을 열 수 있도록 제가 열쇠를 가져올게요.

56. 대화는 어디에서 일어나고 있는 것 같은가?
(A) 자문 회사 본부에서
(B) 회의장에서
(C) 소매점에서
(D) 우체국에서

57. 남자는 여자에게 무엇을 하라고 요청하는가?
(A) 물품들을 옮긴다.
(B) 방을 잠근다.
(C) 용품들을 정리한다.
(D) 주문을 한다.

58. 목록에 관해 무엇이 언급되는가?
(A) 그것은 최근에 버려졌다.
(B) 그것은 재인쇄되어야 한다.
(C) 그것은 옮겨졌다.
(D) 그것은 업데이트되었다.

지문 complete[kəmplíːt] 완성하다 inventory[미 ínvəntɔːri, 영 ínvəntəri] 재고 stationery[미 stéiʃəneri, 영 stéiʃənəri] 문구, 문구류 stock[미 staːk, 영 stɔk] 재고품, 재고 supplier[미 səpláiər, 영 səpláiə] 공급 회사 lock[미 laːk, 영 lɔk] 잠그다 contain[kəntéin] 포함하다 confidential[미 kàːnfidénʃəl, 영 kɔ̀nfidénʃəl] 기밀의

56 consultancy[kənsʌ́ltənsi] 자문 회사 headquarters[hédkwɔːrtərz] 본부 retail store 소매점

57 supply[səplái] 용품, 보급품

58 throw away 버리다 reprint[riːprínt] 재인쇄하다 relocate[riːlóukeit] 옮기다, 이전하다

56 ■ 전체 대화 관련 문제 장소 정답 (C)

대화가 일어나는 장소를 묻는 문제이므로, 장소와 관련된 표현을 놓치지 않고 듣는다. 여자가 "our shop is running low on stationery goods"라며 자신들의 가게는 문구 용품이 부족하다고 하였다. 이를 통해 소매점에서 대화가 이루어지고 있음을 알 수 있다. 따라서 정답은 (C) At a retail store이다.

57 ■ 세부 사항 관련 문제 요청 정답 (D)

남자가 여자에게 요청하는 것을 묻는 문제이므로, 남자의 말에서 요청과 관련된 표현이 언급된 다음을 주의 깊게 듣는다. 남자가 "Can you please order new stock by this weekend?"라며 이번 주말까지 새로운 재고품을 주문해줄 것을 요청하였다. 따라서 정답은 (D) Place an order이다.

58 ■ 세부 사항 관련 문제 언급 정답 (C)

목록에 관해 언급되는 것을 묻는 문제이므로, 질문의 핵심어구(list)가 언급된 주변을 주의 깊게 듣는다. 여자가 "I don't know what happened to the list of suppliers that used to be posted in the office"라며 사무실에 게시되어 있던 공급 회사 목록에 무슨 일이 일어났는지 모르겠다고 하자, 남자가 "It's locked in the top desk drawer because it contains confidential information."이라며 그것이 기밀 정보를 포함하고 있기 때문에 책상 맨 위 서랍 속에 잠가 두었다고 하였다. 이를 통해 목록이 서랍으로 옮겨졌음을 알 수 있다. 따라서 정답은 (C) It has been relocated이다.

Questions 59-61 refer to the following conversation.

🎧 미국식 발음 → 호주식 발음

W: Hello. This is Kelly McDermott from Sunshine Painters. [59]We're scheduled to paint the outside of your realty office today. However, our truck just broke down, and we're unable to make it to your building this morning.

M: Oh, I'm sorry to hear that . . . When might you be able to do the work?

W: Well, [60]the mechanic we spoke to said the vehicle will be fixed this evening. So, can we come by tomorrow?

M: That should be fine. I won't be at the office then, though, as I'm showing homes to prospective buyers all day. But [61]my personal assistant Angela Dawson will be around. Once you arrive, she can answer any questions you may have.

59 Why is the woman calling?
(A) To report a delay
(B) To inquire about a property
(C) To request a service
(D) To file a complaint

60 According to the woman, what will happen this evening?
(A) A vehicle will be purchased.
(B) Some repairs will be completed.
(C) A new worker will be trained.
(D) Some paint will be picked up.

61 Who is Angela Dawson?
(A) An office manager
(B) A professional painter
(C) An automotive mechanic
(D) An administrative assistant

59-61번은 다음 대화에 관한 문제입니다.

W: 안녕하세요. 저는 Sunshine Painters사의 Kelly McDermott입니다. [59]저희는 오늘 귀하의 부동산 사무실 외벽을 페인트칠할 예정입니다. 하지만 저희의 트럭이 방금 고장이 나서 오늘 아침에 귀하의 건물에 도착하지 못할 것 같습니다.

M: 아, 유감이네요… 언제 작업을 할 수 있을 것 같으신가요?

W: 음, [60]저희가 이야기했던 정비사는 오늘 저녁에 차량이 수리될 거라고 했습니다. 그러니 저희가 내일 가도 될까요?

M: 괜찮을 거예요. 하지만, 저는 하루 종일 예비 구매자들에게 집을 보여주고 있을 것이기 때문에 그때 사무실에 없을 거예요. 그러나 [61]제 개인 비서인 Angela Dawson이 있을 거예요. 도착하시면, 그녀가 당신이 가질 수 있는 질문들에 대해 답변해드릴 거예요.

59. 여자는 왜 전화를 하고 있는가?
(A) 지연을 알리기 위해
(B) 건물에 관해 문의하기 위해
(C) 서비스를 요청하기 위해
(D) 불만을 제기하기 위해

60. 여자에 따르면, 오늘 저녁에 무슨 일이 일어날 것인가?
(A) 차량이 구매될 것이다.
(B) 수리가 완료될 것이다.
(C) 새로운 직원이 교육을 받을 것이다.
(D) 몇몇 페인트가 구매될 것이다.

61. Angela Dawson은 누구인가?
(A) 사무실 관리자
(B) 전문 페인트공
(C) 자동차 정비사
(D) 사무 비서

지문 **be scheduled to** ~할 예정이다 **realty**[ríːəlti] 부동산 **break down** 고장 나다 **mechanic**[məkǽnik] 정비사, 수리공 **vehicle**[víːəkl] 차량 **prospective**[prəspéktiv] 예비의, 잠재적인 **assistant**[əsístənt] 비서
59 **inquire**[inkwáiər] 문의하다 **property**[práːpərti] 건물 **file**[fail] 제기하다, 제출하다
60 **repair**[ripéər] 수리
61 **automotive**[ɔ̀ːtəmóutiv] 자동차의 **administrative**[ədmínistreitiv] 사무의, 행정의

59 ■ 전체 대화 관련 문제 목적

정답 (A)

여자가 전화를 건 목적을 묻는 문제이므로, 대화의 초반을 반드시 듣는다. 여자가 "We're scheduled to paint the outside of your realty office today. However, our truck just broke down, and we're unable to make it to your building this morning." 이라며 자신들이 오늘 남자의 부동산 사무실 외벽을 페인트칠할 예정인데 트럭이 방금 고장이 나서 오늘 아침에 남자의 건물에 도착하지 못할 것 같다고 한 말을 통해 지연을 알리기 위해 전화했음을 알 수 있다. 따라서 정답은 (A) To report a delay이다.

60 ■ 세부 사항 관련 문제 다음에 할 일

정답 (B)

오늘 저녁에 일어날 일을 묻는 문제이므로, 여자의 말에서 질문의 핵심어구(this evening)가 언급된 주변을 주의 깊게 듣는다. 여자가 "the mechanic we spoke to said the vehicle will be fixed this evening"이라며 정비사가 오늘 저녁에 차량이 수리될 거라고 했다고 한 말을 통해 수리가 완료될 것임을 알 수 있다. 따라서 정답은 (B) Some repairs will be completed이다.

바꾸어 표현하기

the vehicle will be fixed 차량이 수리될 것이다 → Some repairs will be completed 수리가 완료될 것이다

61 ■ 세부 사항 관련 문제 특정 세부 사항

정답 (D)

Angela Dawson의 신분을 묻는 문제이므로, 질문 대상(Angela Dawson)의 신분 및 직업과 관련된 표현을 놓치지 않고 듣는다. 남자가 "my personal assistant Angela Dawson will be around"라며 자신의 개인 비서인 Angela Dawson이 있을 거라고 한 말을 통해 Angela Dawson이 사무 비서임을 알 수 있다. 따라서 정답은 (D) An administrative assistant이다.

Questions 62-64 refer to the following conversation and map.

🎧 미국식 발음 → 캐나다식 발음

W: Charles, ⁶²/⁶³Jackson Street is gonna be closed this Thursday so new traffic lights can be installed. So, laboratory workers who use one of the lots on that road will need to park elsewhere. Could you send a memo informing staff?

M: Of course. Are there alternative arrangements for that day?

W: Yes. ⁶³Our employees should park in the garage across from Bartow Manufacturing—you know, the one that's next to Pizza Palace.

M: But won't people be charged $15 to leave their cars there?

W: ⁶⁴Our company will pay for employees to park there. They just have to submit an expense form along with the relevant receipts to be reimbursed.

62-64번은 다음 대화와 지도에 관한 문제입니다.

W: Charles, ⁶²/⁶³새로운 신호등이 설치될 수 있도록 Jackson가가 이번 주 목요일에 폐쇄될 거예요. 그래서 그 길의 주차장 중 하나를 이용하는 연구실 직원들은 다른 곳에 주차해야 할 거예요. 직원들에게 통지하는 회람을 보내주시겠어요?

M: 물론이죠. 그날 대안이 되는 계획이 있나요?

W: 네. ⁶³우리 직원들은 Bartow 제조사 건너편에 있는 차고에 주차해야 해요. 있잖아요, Pizza Palace 옆에 있는 거요.

M: 하지만 사람들이 그곳에 차를 두면 15달러가 부과되지 않나요?

W: ⁶⁴우리 회사가 그곳에 주차하는 직원들에게 비용을 지급할 거예요. 그들은 상환 받기 위해 관련된 영수증과 함께 경비 양식을 제출하기만 하면 돼요.

Jackson Street		
Bartow Manufacturing	Parking Lot A	Parking Lot B
Riverside Street		
Pizza Palace	⁶³Parking Lot C	Parking Lot D

Jackson가		
Bartow 제조사	주차장 A	주차장 B
Riverside가		
Pizza Palace	⁶³주차장 C	주차장 D

62 According to the woman, what will happen on Thursday?
(A) A project will be finalized.
(B) Some staff will carpool.
(C) A parade will be held.
(D) Some lights will be set up.

63 Look at the graphic. Where should employees park on Thursday?
(A) Parking Lot A
(B) Parking Lot B
(C) Parking Lot C
(D) Parking Lot D

64 What will workers have to do to receive free parking?
(A) Display a coupon
(B) Submit transaction records
(C) Reserve a space
(D) Adhere to a time limit

62. 여자에 따르면, 목요일에 무슨 일이 일어날 것인가?
(A) 프로젝트가 마무리될 것이다.
(B) 일부 직원들이 카풀을 할 것이다.
(C) 행진이 열릴 것이다.
(D) 신호등이 설치될 것이다.

63. 시각 자료를 보시오. 직원들은 목요일에 어디에 주차해야 하는가?
(A) 주차장 A
(B) 주차장 B
(C) 주차장 C
(D) 주차장 D

64. 직원들은 무료 주차를 하기 위해 무엇을 해야 하는가?
(A) 쿠폰을 보여준다.
(B) 거래 명세서를 제출한다.
(C) 공간을 예약한다.
(D) 제한 시간을 지킨다.

지문 traffic light 신호등 laboratory [lǽbrətɔ̀ːri] 연구실, 실험실 inform [infɔ́ːrm] 통지하다, 알리다 alternative [ɔːltə́ːrnətiv] 대안이 되는, 대체 가능한 charge [tʃɑːrdʒ] 부과하다, 청구하다 submit [səbmít] 제출하다 relevant [réləvənt] 관련된 reimburse [rìːimbə́ːrs] 상환하다, 변제하다
62 finalize [fáinəlaiz] 마무리 짓다 carpool [kɑ́ːrpuːl] 카풀을 하다, 승용차를 함께 타다 set up 설치하다
63 reserve [rizə́ːrv] 예약하다
64 transaction record 거래 명세서

62 ■ 세부 사항 관련 문제 다음에 할 일

정답 (D)

여자가 목요일에 일어날 것이라고 말한 것을 묻는 문제이므로, 여자의 말에서 질문의 핵심어구(Thursday)가 언급된 주변을 주의 깊게 듣는다. 여자가 "Jackson Street is gonna be closed this Thursday so new traffic lights can be installed"라며 새로운 신호등이 설치될 수 있도록 Jackson가가 이번 주 목요일에 폐쇄될 거라고 한 말을 통해 목요일에 신호등이 설치될 것임을 알 수 있다. 따라서 정답은 (D) Some lights will be set up이다.

63 ■ 세부 사항 관련 문제 시각 자료

정답 (C)

직원들이 목요일에 주차해야 하는 장소를 묻는 문제이므로, 제시된 지도의 정보를 확인한 뒤 질문의 핵심어구(employees park on Thursday)와 관련된 내용을 주의 깊게 듣는다. 여자가 "Jackson Street is gonna be closed this Thursday"라며 Jackson가가 이번 주 목요일에 폐쇄될 거라고 한 뒤, "Our employees should park in the garage across from Bartow Manufacturing—you know, the one that's next to Pizza Palace."라며 직원들은 Bartow 제조사 건너편에 있는 차고에 주차해야 하는데, 그것이 Pizza Palace 옆에 있다고 하였다. 이를 통해 직원들은 Bartow 제조사의 건너편이면서 Pizza Palace 옆에 있는 주차장 C에 주차해야 함을 지도에서 알 수 있다. 따라서 정답은 (C) Parking Lot C이다.

64 ■ 세부 사항 관련 문제 특정 세부 사항

정답 (B)

직원들이 무료 주차를 하기 위해 해야 하는 것을 묻는 문제이므로, 질문의 핵심어구(free parking)와 관련된 내용을 주의 깊게 듣는다. 여자가 "Our company will pay for employees to park there. They just have to submit an expense form along with the relevant receipts to be reimbursed."라며 회사가 주차하는 직원들에게 비용을 지급할 거라고 한 뒤, 상환 받기 위해서 관련된 영수증과 함께 경비 양식을 제출하기만 하면 된다고 하였다. 따라서 정답은 (B) Submit transaction records이다.

바꾸어 표현하기

receipts 영수증 → transaction records 거래 명세서

Questions 65-67 refer to the following conversation and label.

🎧 영국식 발음 → 호주식 발음

W: Thanks for rescheduling my personal training session, Devon. [65]I can't come to the fitness center this afternoon today because I'm representing my company at a trade fair.

M: No problem. Should we get started with your workout?

W: Actually, I'd like to ask you about something first. My doctor recommends I take a supplement, and [66]the PulseTrain Multivitamin offers 70 percent of the daily value for the vitamin I'm lacking. Have you heard of that brand before?

M: PulseTrain products are quite good. Um, [67]I have some complimentary multivitamin packages that a PulseTrain representative left with me to hand out to my clients. Why don't you take one?

65-67번은 다음 대화와 라벨에 관한 문제입니다.

W: 제 개인 훈련 일정을 변경해주셔서 감사해요, Devon. [65]제가 무역 박람회에서 저희 회사를 대표할 거라서 오늘 오후에 헬스장에 올 수가 없어요.

M: 괜찮아요. 운동을 시작할까요?

W: 사실, 먼저 당신에게 물어보고 싶은 게 있어요. 제 의사는 제가 보조 식품을 복용할 것을 권하는데, [66]PulseTrain 종합비타민은 저에게 부족한 비타민의 1일 기준치 중 70퍼센트를 제공해요. 이 브랜드에 대해 이전에 들어 보신 적이 있나요?

M: PulseTrain 제품은 상당히 좋아요. 음, [67]제 고객들에게 나눠주도록 PulseTrain 직원이 남겨둔 무료 종합비타민 상품들이 있어요. 하나 가져가시겠어요?

PulseTrain Multivitamin	
Type	**Daily Value**
Vitamin A	40%
Vitamin B	55%
[66]Vitamin C	70%
Vitamin D	85%

PulseTrain 종합비타민	
종류	**1일 기준치**
비타민 A	40%
비타민 B	55%
[66]비타민 C	70%
비타민 D	85%

65 What does the woman say she will do this afternoon?
(A) Attend a business event
(B) Update a schedule
(C) Become a gym member
(D) Stop by a clinic

66 Look at the graphic. Which vitamin is the woman lacking?
(A) Vitamin A
(B) Vitamin B
(C) Vitamin C
(D) Vitamin D

67 What does the man offer the woman?
(A) A medical prescription
(B) A pamphlet
(C) A sample
(D) A membership card

65. 여자는 오늘 오후에 무엇을 할 것이라고 말하는가?
(A) 회사 행사에 참석한다.
(B) 일정을 업데이트한다.
(C) 체육관 회원이 된다.
(D) 병원에 들른다.

66. 시각 자료를 보시오. 여자는 어떤 비타민이 부족한가?
(A) 비타민 A
(B) 비타민 B
(C) 비타민 C
(D) 비타민 D

67. 남자는 여자에게 무엇을 제공하는가?
(A) 처방전
(B) 소책자
(C) 견본품
(D) 회원 카드

지문 reschedule[미 rì:skédʒu:l, 영 rì:ʃédju:l] 일정을 변경하다　represent[rèprizént] 대표하다　workout[미 wɔ́:rkaut, 영 wɔ́:kaut] 운동　take[teik] (약을) 복용하다　supplement[sʌ́plimənt] 보조 식품　multivitamin[미 mʌ̀ltiváitəmin, 영 mʌ̀ltivítəmin] 종합비타민제　lack[læk] ~이 부족하다

65 stop by ~에 잠시 들르다

65 ■ 세부 사항 관련 문제 다음에 할 일   정답 (A)

○
○
●
●
●
중

여자가 오늘 오후에 할 일을 묻는 문제이므로, 여자의 말에서 질문의 핵심어구(this afternoon)가 언급된 주변을 주의 깊게 듣는다. 여자가 "I can't come to the fitness center this afternoon today because I'm representing my company at a trade fair."라며 무역 박람회에서 자신의 회사를 대표할 거라서 오늘 오후에 헬스장에 올 수 없다고 한 말을 통해 회사 행사에 참석할 것임을 알 수 있다. 따라서 정답은 (A) Attend a business event이다.

66 ■ 세부 사항 관련 문제 시각 자료   정답 (C)

○
○
●
●
●
중

여자가 부족한 비타민을 묻는 문제이므로, 제시된 라벨의 정보를 확인한 뒤 질문의 핵심어구(vitamin ~ lacking)가 언급된 주변을 주의 깊게 듣는다. 여자가 "the PulseTrain Multivitamin offers 70 percent of the daily value for the vitamin I'm lacking"이라며 PulseTrain 종합비타민은 자신에게 부족한 비타민의 1일 기준치 중 70퍼센트를 제공한다고 한 것을 통해 여자가 부족한 비타민은 1일 기준치의 70퍼센트가 함유된 비타민 C인 것을 라벨에서 알 수 있다. 따라서 정답은 (C) Vitamin C이다.

67 ■ 세부 사항 관련 문제 특정 세부 사항   정답 (C)

○
○
○
○
●
하

남자가 여자에게 제공하는 것을 묻는 문제이므로, 질문의 핵심어구(offer)와 관련된 내용을 주의 깊게 듣는다. 남자가 "I have some complimentary multivitamin packages that a PulseTrain representative left with me to hand out to my clients. Why don't you take one?"이라며 자신의 고객들에게 나눠주도록 PulseTrain 직원이 남겨둔 무료 종합비타민 상품들이 있다며 하나 가져가겠는지 물은 것을 통해 남자가 여자에게 견본품을 제공하는 것을 알 수 있다. 따라서 정답은 (C) A sample이다.

Questions 68-70 refer to the following conversation and table.

🎧 캐나다식 발음 → 미국식 발음

M: Sheryl, a word please? [68]The talk on renewable energy is going to start 20 minutes behind schedule. The speaker texted to say cars are at a standstill on Highway 14.

W: [68]OK. I'll notify the audience about the change.

M: [69]Meanwhile, regarding the keynote lecture, over 200 people signed up to hear it.

W: I'm not surprised. [69]Food waste is an important issue, and Andrea Parker has written a best-selling book on the topic.

M: Oh . . . I almost forgot. [70]Sorry to say, but a valet parking driver called in sick. I know you're overseeing that team as well. Hopefully, you can make things work with one less person.

68-70번은 다음 대화와 표에 관한 문제입니다.

M: Sheryl, 잠시 이야기 나눌 수 있을까요? [68]재생 가능한 에너지에 관한 연설이 예정보다 20분 늦게 시작할 거예요. 연사가 문자 메시지를 보냈는데 14번 고속도로에서 차들이 정지해 있다고 해요.

W: [68]알았어요. 제가 변동 사항에 대해 청중에게 알릴게요.

M: [69]한편, 기조 연설에 대해서는 200명이 넘는 사람들이 그것을 듣기 위해 등록했어요.

W: 놀랍지 않네요. [69]음식물 쓰레기는 중요한 문제이고, Andrea Parker는 그 주제에 대해 베스트셀러를 썼잖아요.

M: 아… 하마터면 잊을 뻔했네요. [70]미안하지만, 주차 대행 운전사가 아파서 결근한다고 전화했어요. 당신이 그 팀 또한 관리하고 있다는 것을 알아요. 바라건대, 한 명이 부족해도 일을 잘 진행할 수 있으면 좋겠네요.

Weston Climate Change Lecture Series			
	Room 101	Room 102	[69]Room 103	Room 104
8 A.M.			Reducing Food Waste	
9 A.M.	Renewable Energy			Cars Are the Problem
10 A.M.		Sea Levels and Cities		Weather and Its Changes

Weston 기후 변화 강연 시리즈			
	101호	102호	[69]103호	104호
오전 8시			음식물 쓰레기 줄이기	
오전 9시	재생 가능한 에너지			자동차들이 문제다
오전 10시		해수면과 도시들		날씨와 변화

68 What will the woman notify the audience about?
(A) A seating shortage
(B) A technical malfunction
(C) A miscommunication
(D) A schedule change

69 Look at the graphic. Where will Andrea Parker most likely give a talk?
(A) In Room 101
(B) In Room 102
(C) In Room 103
(D) In Room 104

70 Why does the man apologize?
(A) An inaccurate program was printed.
(B) A team will be short on staff.
(C) A time slot is no longer available.
(D) A registration form is missing.

68. 여자는 청중에게 무엇에 대해 알릴 것인가?
(A) 좌석 부족
(B) 기술적 오작동
(C) 잘못된 의사소통
(D) 일정 변경

69. 시각 자료를 보시오. Andrea Parker는 어디에서 연설을 할 것 같은가?
(A) 101호에서
(B) 102호에서
(C) 103호에서
(D) 104호에서

70. 남자는 왜 사과하는가?
(A) 부정확한 진행 순서가 인쇄되었다.
(B) 팀에 직원이 부족할 것이다.
(C) 시간대가 더 이상 이용 가능하지 않다.
(D) 등록 신청서가 없어졌다.

지문 renewable[미 rinú:əbl, 영 rinjú:əbl] 재생 가능한 standstill[stǽndstil] 정지, 멈춤 notify[미 nóutifai, 영 nə́utifai] 알리다 audience[ɔ́:diəns] 청중, 관객 oversee[미 òuvərsí, 영 əuvəsí] 관리하다, 감독하다
68 shortage[ʃɔ́:rtidʒ] 부족 malfunction[mæ̀lfʌ́ŋkʃən] 오작동, 결함
70 inaccurate[inǽkjərət] 부정확한, 오류가 있는 short[ʃɔ:rt] 부족한, 모자라는 form[fɔ:rm] 신청서, 양식

68 ■ **세부 사항 관련 문제** 특정 세부 사항 　　　　　　　　　　　　　　　　　　　　　　　정답 (D)

○○○
●●●
중
여자가 청중에게 알릴 것을 묻는 문제이므로, 질문의 핵심어구(notify the audience about)와 관련된 내용을 주의 깊게 듣는다. 남자가 "The talk on renewable energy is going to start 20 minutes behind schedule."이라며 재생 가능한 에너지에 관한 연설이 예정보다 20분 늦게 시작할 예정이라고 하자, 여자가 "OK. I'll notify the audience about the change."라며 알았다고 한 뒤, 자신이 변동 사항에 대해 청중에게 알리겠다고 하였다. 따라서 정답은 (D) A schedule change이다.

69 ■ **세부 사항 관련 문제** 시각 자료 　　　　　　　　　　　　　　　　　　　　　　　정답 (C)

○○○
●●●
상
Andrea Parker가 연설을 할 장소를 묻는 문제이므로, 제시된 표의 정보를 확인한 뒤 질문의 핵심어구(Andrea Parker ~ give a talk)와 관련된 내용을 주의 깊게 듣는다. 남자가 "Meanwhile, regarding the keynote lecture, over 200 people signed up to hear it."이라며 기조 연설에 대해서는 200명이 넘는 사람들이 그것을 듣기 위해 등록했다고 하자, 여자가 "Food waste is an important issue, and Andrea Parker has written a best-selling book on the topic."이라며 음식물 쓰레기가 중요한 문제이고 Andrea Parker가 그 주제에 대해 베스트셀러를 썼다고 하였다. 이를 통해 Andrea Parker가 음식물 쓰레기 줄이기에 관한 연설을 103호에서 진행할 것임을 표에서 알 수 있나. 따라서 정답은 (C) In Room 103이다.

70 ■ **세부 사항 관련 문제** 이유 　　　　　　　　　　　　　　　　　　　　　　　정답 (B)

○○○
●●●
중
남자가 사과하는 이유를 묻는 문제이므로, 질문의 핵심어구(apologize)와 관련된 내용을 주의 깊게 듣는다. 남자가 "Sorry to say, but a valet parking driver called in sick. ~ Hopefully, you can make things work with one less person."이라며 주차 대행 운전사가 아파서 결근한다고 전화했다고 한 뒤, 한 명이 부족해도 일을 잘 진행할 수 있으면 좋겠다고 하였다. 따라서 정답은 (B) A team will be short on staff이다.

PART 4

71
72
73

Questions 71-73 refer to the following radio broadcast.

[音] 캐나다식 발음

Last week on *Around Town*, we talked about the new monument on Rockport Road. ⁷¹This time we'll focus on the renovations at Bloomington Medical Center. They've been in progress for six months and are now wrapping up. ⁷²When the center opens its doors again next week, ⁷¹it will be considerably larger—with 25 percent more beds for patients and additional room for diagnostic equipment. ⁷³I've got Director Roselyn Geddy on the phone right now. She's going to tell us about the ceremony that's been organized to mark the grand reopening.

71-73번은 다음 라디오 방송에 관한 문제입니다.

지난주 *Around Town*에서, 저희는 Rockport가의 새로운 기념물에 대해 이야기했습니다. ⁷¹이번 시간에 저희는 Bloomington 의료 센터의 보수 공사에 초점을 맞출 것입니다. 이 보수 공사는 6개월 동안 진행되어 왔고, 이제 마무리되고 있습니다. ⁷²다음 주에 센터가 다시 문을 열 때, ⁷¹환자들을 위한 25퍼센트 더 많은 침대와 진단 장비를 위한 추가 공간으로 인해 이것은 상당히 커질 것입니다. ⁷³책임자인 Roselyn Geddy가 지금 전화로 연결되어 있습니다. 그녀는 재개장을 축하하기 위해 준비된 기념식에 대해 이야기해줄 것입니다.

71   What is the radio broadcast mainly about?
(A) A traffic disruption
(B) A building expansion
(C) A medical grant
(D) An education campaign

71. 라디오 방송은 주로 무엇에 관한 것인가?
(A) 교통 혼란
(B) 건물 확장
(C) 의료 보조금
(D) 교육 캠페인

72   What will happen next week?
(A) A facility will resume operations.
(B) A press conference will take place.
(C) An executive position will be filled.
(D) A monument will be unveiled.

72. 다음 주에 무슨 일이 일어날 것인가?
(A) 시설이 운영을 다시 시작할 것이다.
(B) 기자 회견이 진행될 것이다.
(C) 임원직이 채워질 것이다.
(D) 기념비가 공개될 것이다.

73   What is Roselyn Geddy going to discuss?
(A) Public health issues
(B) Membership requirements
(C) Plans for a celebration
(D) Increases in taxes

73. Roselyn Geddy는 무엇을 이야기할 것인가?
(A) 공중 보건 문제
(B) 회원 요건
(C) 기념 행사를 위한 계획
(D) 세금의 증가

지문   monument[mάːnjumənt] 기념물 renovation[renəvéiʃən] 보수 공사 in progress 진행 중인 diagnostic[dàiəgnάːstik] 진단의
mark[maːrk] 축하하다, 기념하다
71   disruption[disrʌ́pʃən] 혼란, 두절 grant[grænt] 보조금
72   resume[rizúːm] 다시 시작하다, 재개하다 press conference 기자 회견 unveil[ʌ̀nvéil] 공개하다
73   public health 공중 보건 requirement[rikwáiərmənt] 요건

71 ■ **전체 지문 관련 문제** 주제 　　　　　　　　　　　　　　　　　　　　　　　　　　　　　　　　　　　　　정답 (B)

라디오 방송의 주제를 묻는 문제이므로, 지문의 초반을 반드시 듣는다. "This time we'll focus on the renovations at Bloomington Medical Center."라며 이번 시간에는 Bloomington 의료 센터의 보수 공사에 초점을 맞출 것이라고 한 뒤, "it[Bloomington Medical Center] will be considerably larger—with 25 percent more beds for patients and additional room for diagnostic equipment"라며 환자들을 위한 25퍼센트 더 많은 침대와 진단 장비를 위한 추가 공간으로 인해 Bloomington 의료 센터가 상당히 커질 것이라고 하였다. 따라서 정답은 (B) A building expansion이다.

72 ■ **세부 사항 관련 문제** 다음에 할 일 　　　　　　　　　　　　　　　　　　　　　　　　　　　　　　　　　　정답 (A)

다음 주에 일어날 일을 묻는 문제이므로, 질문의 핵심어구(next week)가 언급된 주변을 주의 깊게 듣는다. "When the center opens its doors again next week"이라며 다음 주에 센터가 다시 문을 연다고 하였다. 따라서 정답은 (A) A facility will resume operations 이다.

바꾸어 표현하기
opens ~ doors again 다시 문을 열다 → resume operations 운영을 다시 시작하다

73 ■ **세부 사항 관련 문제** 특정 세부 사항 　　　　　　　　　　　　　　　　　　　　　　　　　　　　　　　　　정답 (C)

Roselyn Geddy가 이야기할 것을 묻는 문제이므로, 질문의 핵심어구(Roselyn Geddy going to discuss)와 관련된 내용을 주의 깊게 듣는다. "I've got Director Roselyn Geddy on the phone right now. She's going to tell us about the ceremony that's been organized to mark the grand reopening."이라며 책임자인 Roselyn Geddy가 지금 전화로 연결되어 있다고 한 뒤, 그녀가 재개장을 축하하기 위해 준비된 기념식에 대해 이야기해줄 것이라고 하였다. 따라서 정답은 (C) Plans for a celebration이다.

Questions 74-76 refer to the following talk.

🎧 호주식 발음

I appreciate everyone coming today to make a laboratory training video for GenTech. [74]I've spoken with Ms. Carver, GenTech's head researcher, about her hopes for the shoot. [75]As chemicals are often used in GenTech's labs, she wants to focus on safety protocols. The video we're producing will demonstrate the correct procedures for dealing with any chemical spills or other laboratory accidents. [76]There are some extra lab coats hanging on the wall. If all of you could please put one on, I'll begin preparing for the shoot.

74 What did the speaker talk to Ms. Carver about?
(A) Some schedules
(B) Some research
(C) Some expectations
(D) Some concerns

75 What will the production focus on?
(A) Safety procedures
(B) Workplace communication
(C) Scientific discoveries
(D) Laboratory equipment

76 What are the listeners instructed to do next?
(A) Review some educational materials
(B) Put on a piece of clothing
(C) Rehearse lines from a script
(D) Repair some machinery

74-76번은 다음 담화에 관한 문제입니다.

GenTech의 실험실 교육 비디오를 제작하기 위해 오늘 와주신 모든 분들께 감사드립니다. [74]저는 GenTech의 수석 연구원인 Ms. Carver와 촬영에 대해 그녀가 바라는 것과 관련하여 이야기했습니다. [75]GenTech 실험실에서 화학 물질이 자주 사용되기 때문에, 그녀는 안전 규약에 초점을 맞추기를 원합니다. 우리가 제작하는 비디오는 화학 물질 유출이나 다른 실험실 사고를 처리하는 정확한 절차를 설명할 것입니다. [76]벽에 여분의 실험실 가운이 걸려 있습니다. 여러분 모두가 하나씩 입으시면, 저는 촬영 준비를 시작하겠습니다.

74. 화자는 Ms. Carver와 무엇에 관해 이야기했는가?
(A) 일정
(B) 연구
(C) 기대되는 것
(D) 우려 사항

75. 제작물은 어떤 것에 초점을 맞출 것인가?
(A) 안전 절차
(B) 직장 내 커뮤니케이션
(C) 과학적 발견
(D) 실험실 장비

76. 청자들은 다음에 무엇을 하도록 안내되는가?
(A) 교육 자료를 검토한다.
(B) 옷을 입는다.
(C) 대본의 대사를 연습한다.
(D) 기계를 수리한다.

지문 laboratory[미 lゐbrətɔ:ri, 영 ləbɔ̀rətri] 실험실　shoot[ʃu:t] 촬영　chemical[kémikəl] 화학 물질　safety protocol 안전 규약
demonstrate[démənstreit] 설명하다, 보여주다　procedure[미 prəsí:dʒər, 영 prəsí:dʒə] 절차　spill[spil] 유출　accident[ǽksidənt] 사고
extra[ékstrə] 여분의
74 expectation[èkspektéiʃən] 기대되는 것　concern[kənsə́:rn] 우려 사항, 걱정
75 discovery[diskʌ́vəri] 발견　equipment[ikwípmənt] 장비, 용품
76 rehearse[rihə́:rs] 연습하다, 리허설 하다　line[lain] 대사　machinery[məʃí:nəri] 기계

74 ■ 세부 사항 관련 문제 특정 세부 사항 　　　　　　　　　　　　　　　　　　　　　　　　정답 (C)

○○○○● 하

화자가 Ms. Carver와 이야기한 것을 묻는 문제이므로, 질문의 핵심어구(Ms. Carver)가 언급된 부분을 주의 깊게 듣는다. "I've spoken with Ms. Carver, GenTech's head researcher, about her hopes for the shoot."이라며 GenTech의 수석 연구원인 Ms. Carver와 촬영에 대해 그녀가 바라는 것과 관련하여 이야기했다고 하였다. 따라서 정답은 (C) Some expectations이다.

바꾸어 표현하기
hopes 바라는 것 → Some expectations 기대되는 것

75 ■ 세부 사항 관련 문제 특정 세부 사항 　　　　　　　　　　　　　　　　　　　　　　　　정답 (A)

○○○●● 중

제작물이 초점을 맞출 것을 묻는 문제이므로, 질문의 핵심어구(production focus on)와 관련된 내용을 주의 깊게 듣는다. "As chemicals are often used in GenTech's labs, she[Ms. Carver] wants to focus on safety protocols. The video ~ will demonstrate the correct procedures for dealing with any chemical spills or other laboratory accidents."라며 그녀 즉, Ms. Carver가 안전 규약에 초점을 맞추기를 원하며, 비디오는 화학 물질 유출이나 다른 실험실 사고를 처리하는 정확한 절차를 설명할 것이라고 하였다. 따라서 정답은 (A) Safety procedures이다.

76 ■ 세부 사항 관련 문제 다음에 할 일 　　　　　　　　　　　　　　　　　　　　　　　　　정답 (B)

○○○○● 하

청자들이 다음에 하도록 안내되는 것을 묻는 문제이므로, 질문의 핵심어구(instructed to do next)와 관련된 내용을 주의 깊게 듣는다. "There are some extra lab coats hanging on the wall. If all of you could please put one on"이라며 벽에 여분의 실험실 가운이 걸려 있다고 한 뒤, 청자들에게 하나씩 입으라고 하였다. 따라서 정답은 (B) Put on a piece of clothing이다.

Questions 77-79 refer to the following excerpt from a meeting.

🎙 호주식 발음

To start this meeting, I have some important news. ⁷⁷Several government agencies have placed orders with us for laptops. As a result, ⁷⁸2,200 units of our latest computer models must be shipped out. They need the products next week, and today is Tuesday. ⁷⁹My hope is that we'll be able to establish a long-term partnership with the government. So, let's all work hard to make sure this process goes as smoothly as possible.

77 Where do the listeners most likely work?
(A) At a financial institution
(B) At a government agency
(C) At a computer manufacturer
(D) At a publishing company

78 What does the speaker imply when he says, "today is Tuesday"?
(A) There is little time to prepare.
(B) A contract needs to be signed.
(C) There will be a product launch soon.
(D) A shipment had arrived late.

79 What does the speaker hope to do?
(A) Upgrade some software
(B) Address a client's complaints
(C) Arrange an initial meeting
(D) Form a business relationship

77-79번은 다음 회의 발췌록에 관한 문제입니다.

회의를 시작하면서, 저는 중요한 뉴스가 있습니다. ⁷⁷여러 정부 기관들이 우리에게 노트북 컴퓨터를 주문했습니다. 그 결과, ⁷⁸우리의 가장 최신 컴퓨터 모델들 2,200대가 발송되어야 합니다. 그들은 제품들이 다음 주에 필요한데, 오늘은 화요일입니다. ⁷⁹제 바람은 우리가 정부와 장기적인 협력 관계를 확립할 수 있게 되는 것입니다. 그러므로, 이 과정이 반드시 가능한 한 순조롭게 진행되도록 우리 모두 열심히 일하도록 합시다.

77. 청자들은 어디에서 일하는 것 같은가?
(A) 금융 기관에서
(B) 정부 기관에서
(C) 컴퓨터 제조사에서
(D) 출판 회사에서

78. 화자는 "오늘은 화요일입니다"라고 말할 때 무엇을 의도하는가?
(A) 준비할 시간이 적다.
(B) 계약서가 서명되어야 한다.
(C) 제품 출시가 곧 있을 것이다.
(D) 배송품이 늦게 도착했다.

79. 화자는 무엇을 하기를 희망하는가?
(A) 소프트웨어를 업그레이드한다.
(B) 고객의 불만을 처리한다.
(C) 첫 회의를 준비한다.
(D) 사업 관계를 형성한다.

지문 government agency 정부 기관 ship out 발송하다, 출하하다 establish [istǽbliʃ] 확립하다, 설립하다
long-term 장기적인 partnership [미 pá:rtnərʃip, 영 pá:tnəʃip] 협력, 동업 smoothly [smú:ðli] 순조롭게, 원활하게
77 financial institution 금융 기관
78 prepare [pripéər] 준비하다 launch [lɔːntʃ] 출시 shipment [ʃípmənt] 배송품, 수송품
79 address [ədrés] 처리하다, 다루다 arrange [əréindʒ] 준비하다, 마련하다

77 ■ 전체 지문 관련 문제 청자   정답 (C)
청자들이 일하는 장소를 묻는 문제이므로, 신분 및 직업과 관련된 표현을 놓치지 않고 듣는다. "Several government agencies have placed orders with us for laptops."라며 여러 정부 기관들이 자신들에게 노트북 컴퓨터를 주문했다고 한 것을 통해 청자들이 일하는 장소가 컴퓨터 제조사임을 알 수 있다. 따라서 정답은 (C) At a computer manufacturer이다.

78 ■ 세부 사항 관련 문제 의도 파악   정답 (A)
화자가 한 말의 의도를 묻는 문제이므로, 질문의 인용어구(today is Tuesday)가 언급된 주변을 주의 깊게 듣는다. "2,200 units of our latest computer models must be shipped out"이라며 자신들의 가장 최신 컴퓨터 모델들 2,200대가 발송되어야 한다고 한 뒤, "They need the products next week, and today is Tuesday."라며 그들은 제품들이 다음 주에 필요한데 오늘이 화요일이라고 한 말을 통해 준비할 시간이 적음을 알 수 있다. 따라서 정답은 (A) There is little time to prepare이다.

79 ■ 세부 사항 관련 문제 특정 세부 사항   정답 (D)
화자가 희망하는 것을 묻는 문제이므로, 질문의 핵심어구(hope to do)와 관련된 내용을 주의 깊게 듣는다. "My hope is that we'll be able to establish a long-term partnership with the government."라며 자신의 바람은 정부와 장기적인 협력 관계를 확립할 수 있게 되는 것이라고 하였다. 따라서 정답은 (D) Form a business relationship이다.

바꾸어 표현하기
establish a ~ partnership 협력 관계를 확립하다 → Form a business relationship 사업 관계를 형성하다

Questions 80-82 refer to the following speech.

🎧 영국식 발음

Thank you all for joining me this evening to pay honor to legendary jazz musician Herb Jean. 80/81The statue of Mr. Jean being unveiled was made by sculptor Janice Longoria, who is herself a huge fan of the pianist. While many millions of people around the world have been moved by his music, 82very few know that he was raised right here in Brighton, England. That's why our city council decided to fund the creation of this incredible artwork. Even though Mr. Jean couldn't join us today due to tour obligations, he has informed us by letter just how grateful he is.

80-82번은 다음 연설에 관한 문제입니다.

전설적인 재즈 음악가인 Herb Jean에게 경의를 표하기 위해 오늘 저녁에 모여주신 모든 분들께 감사드립니다. 80/81공개되는 Mr. Jean의 조각상은 조각가 Janice Longoria에 의해 만들어졌는데, 그녀 자신이 이 피아니스트의 엄청난 팬입니다. 전 세계의 수백만 명의 사람들이 그의 음악에 의해 감동받아왔지만, 82그가 바로 여기 영국의 Brighton에서 자랐다는 것을 아는 사람은 거의 없습니다. 그것이 시의회가 이 놀라운 예술품의 제작을 후원하기로 결정한 이유입니다. Mr. Jean이 순회 공연 의무로 인해 오늘 우리와 함께 할 수 없었지만, 그가 정말 얼마나 감사한지를 편지로 우리에게 알려왔습니다.

80 What is being unveiled?
(A) A community center
(B) A monument
(C) A painting
(D) An orchestra hall

80. 무엇이 공개되고 있는가?
(A) 지역 회관
(B) 기념물
(C) 그림
(D) 오케스트라 홀

81 According to the speaker, what did Janice Longoria do?
(A) Trained with a well-known musician
(B) Volunteered her time
(C) Gave a speech to a crowd
(D) Created a piece of art

81. 화자에 따르면, Janice Longoria는 무엇을 했는가?
(A) 잘 알려진 음악가와 훈련했다.
(B) 그녀의 시간을 자원하였다.
(C) 군중에게 연설을 했다.
(D) 예술 작품을 만들었다.

82 What is mentioned about the city council?
(A) It declared a special holiday.
(B) It welcomed a new member.
(C) It covered an expense.
(D) It made a recommendation.

82. 시의회에 관해 무엇이 언급되는가?
(A) 임시 공휴일을 선언했다.
(B) 새로운 회원을 환영했다.
(C) 비용을 부담했다.
(D) 추천을 했다.

지문 **pay honor to** ~에게 경의를 표하다 **legendary** [미 lédʒəndəri, 영 lédʒəndri] 전설적인 **statue** [stǽtʃuː] 조각상
incredible [inkrédəbl] 놀라운, 엄청난 **artwork** [미 áːrtwəːrk, 영 áːtwɔːk] 예술품 **obligation** [미 àːbligéiʃən, 영 ɔ̀bligéiʃən] 의무, 책임
80 **monument** [máːnjumənt] 기념물
81 **well-known** 잘 알려진 **volunteer** [vàːləntíər] 자원하다 **crowd** [kraud] 군중
82 **declare** [diklɛ́ər] 선언하다 **cover** [kʌ́vər] (비용을) 부담하다

80 ■ **세부 사항 관련 문제** 특정 세부 사항 정답 (B)

공개되고 있는 것을 묻는 문제이므로, 질문의 핵심어구(being unveiled)가 언급된 주변을 주의 깊게 듣는다. "The statue of Mr. Jean being unveiled"라며 Mr. Jean의 조각상이 공개되고 있다고 언급하였다. 따라서 정답은 (B) A monument이다.

바꾸어 표현하기
The statue 조각상 → A monument 기념물

81 ■ **세부 사항 관련 문제** 특정 세부 사항 정답 (D)

Janice Longoria가 한 것을 묻는 문제이므로, 질문의 핵심어구(Janice Longoria)가 언급된 주변을 주의 깊게 듣는다. "The statue of Mr. Jean being unveiled was made by sculptor Janice Longoria"라며 공개되는 Mr. Jean의 조각상은 조각가 Janice Longoria에 의해 만들어졌다고 언급하였다. 따라서 정답은 (D) Created a piece of art이다.

82 ■ **세부 사항 관련 문제** 언급 정답 (C)

시의회에 관해 언급되는 것을 묻는 문제이므로, 질문의 핵심어구(city council)가 언급된 주변을 주의 깊게 듣는다. "very few know that he[Herb Jean] was raised right here in Brighton, England. That's why our city council decided to fund the creation of this incredible artwork."라며 Herb Jean이 바로 여기 영국의 Brighton에서 자랐다는 것을 아는 사람은 거의 없다고 한 뒤, 그것이 시의회가 이 놀라운 예술품의 제작을 후원하기로 결정한 이유라고 하였다. 따라서 정답은 (C) It covered an expense이다.

바꾸어 표현하기
city council ~ fund the creation of ~ artwork 시의회가 예술품의 제작을 후원하다 → It covered an expense 비용을 부담했다

Questions 83-85 refer to the following advertisement.

③» 미국식 발음

^{83/84}There's no better way to listen to music or your favorite podcasts than the Sable Portable Speaker from HomePerfect Electronics. The Sable has wireless connectivity, allowing users to stream content from the Internet without connecting any cables. Moreover, it is an entirely voice-controlled device, meaning you don't have to walk across the room every time you want to change songs or adjust the volume. Techtime Magazine gave it their highest rating. ⁸⁴So what are you waiting for? ⁸⁵Stop by your nearest major electronics retailer to try one out!

83 What is being advertised?
(A) An e-book reader
(B) A portable printer
(C) An audio device
(D) A television

84 What does the speaker mean when she says, "Techtime Magazine gave it their highest rating"?
(A) She wants people to write a review.
(B) She is concerned that some goods will sell out quickly.
(C) She believes that an item is very affordable.
(D) She is certain that a product will be satisfying.

85 According to the speaker, why should the listeners visit a store?
(A) To preorder merchandise
(B) To request a free upgrade
(C) To take advantage of a sale
(D) To test a product

83-85번은 다음 광고에 관한 문제입니다.

^{83/84}음악이나 당신이 좋아하는 팟캐스트를 듣는 데 HomePerfect 전자의 Sable 휴대용 스피커보다 더 좋은 방법은 없습니다. Sable은 무선으로 연결할 수 있어서, 사용자들이 어떤 전선을 연결하지 않고도 인터넷으로 콘텐츠를 재생할 수 있도록 해줍니다. 게다가, 이것은 완전히 음성으로 제어할 수 있는 장치인데, 이는 당신이 노래를 변경하거나 음량을 조절하고 싶을 때마다 방 안을 걸어 다닐 필요가 없다는 것을 의미합니다. Techtime 잡지는 그것에 그들의 가장 높은 평점을 주었습니다. ⁸⁴그러니 무엇을 기다리고 계신가요? ⁸⁵가장 가까운 대형 전자 제품 판매점에 들르셔서 시험적으로 사용해 보세요!

83. 무엇이 광고되고 있는가?
(A) 전자책 단말기
(B) 휴대용 프린터
(C) 오디오 장치
(D) 텔레비전

84. 화자는 "Techtime 잡지는 그것에 그들의 가장 높은 평점을 주었습니다"라고 말할 때 무엇을 의도하는가?
(A) 그녀는 사람들이 후기를 작성하기를 원한다.
(B) 그녀는 일부 물건이 빨리 매진될까봐 걱정한다.
(C) 그녀는 물품이 매우 저렴하다고 생각한다.
(D) 그녀는 제품이 만족스러울 것이라고 확신한다.

85. 화자에 따르면, 청자들은 왜 상점에 방문해야 하는가?
(A) 상품을 예약 주문하기 위해
(B) 무료 업그레이드를 요청하기 위해
(C) 할인 판매를 이용하기 위해
(D) 제품을 시험해 보기 위해

지문 portable[pɔ́:rtəbl] 휴대용의 wireless[wáiərləs] 무선의 cable[kéibl] 전선 entirely[intáiərli] 완전히, 전부 voice-controlled[vɔ́iskəntròuld] 음성으로 제어할 수 있는 adjust[ədʒʌ́st] 조절하다 try out 시험적으로 사용해 보다
84 sell out 매진되다, 다 팔리다 certain[sə́:rtn] 확신하는, 정확한
85 preorder[pri:ɔ́:rdər] 예약 주문하다 take advantage of ~을 이용하다

83 ■ 전체 지문 관련 문제 주제 　　　　　　　　　　　　　　　　　　　　　　　　　　　　　　　　　정답 (C)
광고의 주제를 묻는 문제이므로, 지문의 초반을 반드시 듣는다. "There's no better way to listen to music or your favorite podcasts than the Sable Portable Speaker from HomePerfect Electronics."라며 음악이나 좋아하는 팟캐스트를 듣는 데 HomePerfect 전자의 Sable 휴대용 스피커보다 더 좋은 방법은 없다고 하였다. 따라서 정답은 (C) An audio device이다.

84 ■ 세부 사항 관련 문제 의도 파악 　　　　　　　　　　　　　　　　　　　　　　　　　　　　　　　정답 (D)
화자가 한 말의 의도를 묻는 문제이므로, 질문의 인용어구(Techtime Magazine gave it their highest rating)가 언급된 주변을 주의 깊게 듣는다. "There's no better way to listen to music or your favorite podcasts than the Sable Portable Speaker from HomePerfect Electronics."라며 음악이나 좋아하는 팟캐스트를 듣는 데 HomePerfect 전자의 Sable 휴대용 스피커보다 더 좋은 방법은 없다고 한 뒤, "Techtime Magazine gave it their highest rating. So what are you waiting for?"라며 Techtime 잡지가 그것에 그들의 가장 높은 평점을 주었다며 무엇을 기다리고 있는지 물으며 제품을 광고하는 것을 통해, 화자가 제품이 만족스러울 것이라고 확신함을 알 수 있다. 따라서 정답은 (D) She is certain that a product will be satisfying이다.

85 ■ 세부 사항 관련 문제 이유 　　　　　　　　　　　　　　　　　　　　　　　　　　　　　　　　　정답 (D)
청자들이 상점에 방문해야 하는 이유를 묻는 문제이므로, 질문의 핵심어구(visit a store)와 관련된 내용을 주의 깊게 듣는다. "Stop by your nearest major electronics retailer to try one out!"이라며 가장 가까운 대형 전자 제품 판매점에 들러서 시험적으로 사용해 보라고 하였다. 따라서 정답은 (D) To test a product이다.

바꾸어 표현하기
try ~ out 시험적으로 사용해 보다 → test 시험해 보다

Questions 86-88 refer to the following talk.

호주식 발음

Thank you for attending today's lecture about global sports marketing. My name is Thomas Brast, and [86]I'm going to present a slideshow about a marketing case study I did. The study, which involves [87]the massive athletic apparel chain store Hashtag Goods, focuses on the impact social media advertising has on young adults worldwide. Following that, [88]we'll watch a brief video regarding advertising methods used in various countries. I think you'll find it very informative as well as relevant as it compares practices common here in Canada to those in Egypt and Brazil. Now, let's get started.

86. What does the speaker say he will do?
(A) Hand out workshop schedules
(B) Present a slideshow
(C) Conduct additional studies
(D) Explain some posters

87. What does the speaker say about Hashtag Goods?
(A) It is famous for its cleaning products.
(B) It has overseas factories.
(C) It has hired a new president.
(D) It is a large retail company.

88. What is a video about?
(A) International industry trade shows
(B) Award-winning advertising campaigns
(C) Marketing techniques from different countries
(D) Sports teams from around the world

86-88번은 다음 담화에 관한 문제입니다.

세계의 스포츠 마케팅에 대한 오늘의 강의에 참석해 주셔서 감사합니다. 제 이름은 Thomas Brast이고, [86]제가 했던 마케팅 사례 연구에 대한 슬라이드 쇼를 발표할 것입니다. [87]거대한 운동복 체인점 Hashtag Goods사를 포함하는 이 연구는 전 세계의 젊은이들에게 미치는 소셜 미디어 광고의 효과에 초점을 맞춥니다. 뒤이어, [88]저희는 다양한 나라들에서 사용되는 광고 방법에 관한 짧은 비디오를 볼 것입니다. 그것은 여기 캐나다에서 흔한 관행들과 이집트와 브라질의 관행들을 비교하기 때문에 여러분이 이것을 적절할 뿐 아니라 매우 유익하다고 생각하실 것 같습니다. 자, 이제 시작하겠습니다.

86. 화자는 무엇을 할 것이라고 말하는가?
(A) 워크숍 일정을 나누어 준다.
(B) 슬라이드 쇼를 발표한다.
(C) 추가적인 연구를 실시한다.
(D) 몇몇 포스터를 설명한다.

87. 화자는 Hashtag Goods사에 관해 무엇을 말하는가?
(A) 세척제로 유명하다.
(B) 해외 공장들을 갖고 있다.
(C) 새로운 사장을 고용했다.
(D) 대형 소매업체이다.

88. 비디오는 무엇에 관한 것인가?
(A) 국제 산업 무역 박람회
(B) 상을 받은 광고 캠페인
(C) 여러 국가들의 마케팅 기법
(D) 전 세계의 스포츠팀

지문 case study 사례 연구 involve [미 inváːlv, 영 invɔ́lv] 포함하다 athletic [æθlétik] 운동의, 운동 경기용의 impact [ímpækt] 효과, 영향
       informative [미 infɔ́ːrmətiv, 영 infɔ́ːmətiv] 유익한 relevant [réləvənt] 적절한, 관련된
86   conduct [kəndʌ́kt] 실시하다 additional [ədíʃənl] 추가적인
87   overseas [òuvərsíːz] 해외의 president [prézidənt] 사장 retail [ríːteil] 소매의
88   trade show 무역 박람회 award-winning 상을 받은

86 ■ 세부 사항 관련 문제 다음에 할 일   정답 (B)

화자가 할 것이라고 말하는 것을 묻는 문제이므로, 질문의 핵심어구(will do)와 관련된 내용을 주의 깊게 듣는다. "I'm going to present a slideshow about a marketing case study I did"라며 자신이 했던 마케팅 사례 연구에 대한 슬라이드 쇼를 발표할 것이라고 하였다. 따라서 정답은 (B) Present a slideshow이다.

87 ■ 세부 사항 관련 문제 언급   정답 (D)

화자가 Hashtag Goods사에 관해 언급하는 것을 묻는 문제이므로, 질문의 핵심어구(Hashtag Goods)가 언급된 주변을 주의 깊게 듣는다. "the massive athletic apparel chain store Hashtag Goods"라며 Hashtag Goods사가 거대한 운동복 체인점이라고 하였다. 따라서 정답은 (D) It is a large retail company이다.

88 ■ 세부 사항 관련 문제 특정 세부 사항   정답 (C)

비디오가 무엇에 관한 것인지를 묻는 문제이므로, 질문의 핵심어구(video)가 언급된 내용을 주의 깊게 듣는다. "we'll watch a brief video regarding advertising methods used in various countries. ~ it compares practices common here in Canada to those in Egypt and Brazil."이라며 다양한 나라들에서 사용되는 광고 방법에 관한 짧은 비디오를 볼 것이며, 그것은 여기 캐나다에서 흔한 관행들과 이집트와 브라질의 관행들을 비교한다고 하였다. 따라서 정답은 (C) Marketing techniques from different countries이다.

바꾸어 표현하기

advertising methods used in various countries 다양한 나라들에서 사용되는 광고 방법 → Marketing techniques from different countries 여러 국가들의 마케팅 기법

Questions 89-91 refer to the following telephone message.

🎧 미국식 발음

Hi, Gavin. This is Carla from the product design team. [89]I'm calling because I'm having trouble accessing my work e-mail through the company cell phone I received yesterday. [89/90]Do you think you could come by my desk sometime today or tomorrow to help me resolve the matter? I'll have to get this done by Thursday morning at the latest since that's when [91]I'll be leaving on a business trip for Madrid. I . . . ah . . . I'll be reporting back to headquarters during my trip about my client meetings, so this situation will have to be dealt with before then.

89 Who most likely is the listener?
(A) A product designer
(B) A sales associate
(C) A travel agent
(D) A technical worker

90 What does the speaker ask the listener to do?
(A) Call a manager
(B) Order a new device
(C) Reschedule a meeting
(D) Visit a workspace

91 What does the speaker say she must do in Madrid?
(A) Negotiate some contracts
(B) Deliver a package
(C) Send meeting details
(D) Attend a seminar

89-91번은 다음 전화 메시지에 관한 문제입니다.

안녕하세요, Gavin. 저는 제품 디자인팀의 Carla입니다. [89]어제 받은 회사 휴대 전화로 제 업무 이메일에 접속하는 데 어려움을 겪고 있어서 전화를 드립니다. [89/90]오늘이나 내일 아무 때나 제 자리로 오셔서 제가 이 문제를 해결하는 것을 도와주실 수 있으신가요? 저는 늦어도 목요일 아침까지는 이걸 해결해야 하는데 그날 [91]마드리드로 출장을 떠나기 때문입니다. 저는… 아… 출장 중 고객과의 회의에 대해 본사에 보고를 할 것이기에, 이 상황이 그 전에 처리되어야 할 것입니다.

89. 청자는 누구인 것 같은가?
(A) 제품 디자이너
(B) 영업 사원
(C) 여행사 직원
(D) 기술자

90. 화자는 청자에게 무엇을 해달라고 요청하는가?
(A) 관리자에게 전화한다.
(B) 새로운 기기를 주문한다.
(C) 회의 일정을 변경한다.
(D) 업무 공간을 방문한다.

91. 화자는 마드리드에서 무엇을 해야 한다고 말하는가?
(A) 계약을 성사시킨다.
(B) 소포를 배달한다.
(C) 회의 세부 사항을 보낸다.
(D) 세미나에 참석한다.

지문 access[ǽkses] 접속하다, 접근하다 resolve[rizά:lv] 해결하다 headquarters[hédkwɔːrtərz] 본사
90 reschedule[rìːskédʒuːl] 일정을 변경하다
91 negotiate[nigóuʃieit] 성사시키다, 협상하다

89 ■ 전체 지문 관련 문제 청자 　　　　　　　　　　　　　　　　　　　　　　　　　　　　　　　　정답 (D)

청자의 신분을 묻는 문제이므로, 신분 및 직업과 관련된 표현을 놓치지 않고 듣는다. "I'm calling because I'm having trouble accessing my work e-mail through the company cell phone I received yesterday."라며 어제 받은 회사 휴대 전화로 자신의 업무 이메일에 접속하는 데 어려움을 겪고 있어서 전화를 한다고 한 뒤, "Do you think you could come by my desk ~ to help me resolve the matter?"라며 자신의 자리로 와서 이 문제를 해결하는 것을 도와줄 수 있는지 물었다. 이를 통해 청자가 기술자임을 알 수 있다. 따라서 정답은 (D) A technical worker이다.

90 ■ 세부 사항 관련 문제 요청 　　　　　　　　　　　　　　　　　　　　　　　　　　　　　　　　정답 (D)

화자가 청자에게 요청하는 것을 묻는 문제이므로, 지문의 중후반에서 요청과 관련된 표현이 포함된 문장을 주의 깊게 듣는다. "Do you think you could come by my desk sometime today or tomorrow to help me resolve the matter?"라며 오늘이나 내일 아무 때나 자신의 자리로 와서 문제를 해결하는 것을 도와달라고 요청하였다. 따라서 정답은 (D) Visit a workspace이다.

바꾸어 표현하기
come by ~ desk 자리로 오다 → Visit a workspace 업무 공간을 방문하다

91 ■ 세부 사항 관련 문제 특정 세부 사항 　　　　　　　　　　　　　　　　　　　　　　　　　　정답 (C)

화자가 마드리드에서 해야 한다고 말하는 것을 묻는 문제이므로, 질문의 핵심어구(Madrid)가 언급된 주변을 주의 깊게 듣는다. "I'll be leaving on a business trip for Madrid. ~ I'll be reporting back to headquarters during my trip about my client meetings"라며 마드리드로 출장을 떠날 것이고, 출장 중 고객과의 회의에 대해 본사에 보고를 할 것이라고 하였다. 따라서 정답은 (C) Send meeting details이다.

Questions 92-94 refer to the following speech.

[3㎿] 캐나다식 발음

⁹²Once again, congratulations on being hired to lead tours for Auckland City Experience. We've come here to Auckland's main square because it's typically where we begin our city tour. ⁹³Our customers are asked to arrive at least 10 minutes before their walking tour starts. ⁹³/⁹⁴You should be early as well to answer their questions. ⁹⁴Remember! They are coming for the first time. This morning, the focus will be on our Heritage Tour. There are over a dozen attractions to visit around town. Pay close attention as we spend time at each location because this is our most popular route. Oh . . . but first let me hand out the relevant brochures.

92-94번은 다음 연설에 관한 문제입니다.

⁹²다시 한번, 오클랜드 도시 경험 관광을 안내하기 위해 고용되신 것을 축하드립니다. 우리는 여기 오클랜드의 주요 광장에 왔는데, 이곳이 보통 저희의 시내 관광이 시작되는 곳이기 때문입니다. ⁹³저희 고객들은 도보 관광이 시작되기 최소한 10분 전에 도착하도록 요구됩니다. ⁹³/⁹⁴여러분도 그들의 질문에 답하기 위해 일찍 오셔야 합니다. ⁹⁴기억하세요! 그들은 처음 온 것입니다. 오늘 아침, 초점은 저희의 문화유산 관광이 될 것입니다. 마을 전역에 방문할 십여 개가 넘는 명소가 있습니다. 이것이 가장 인기 있는 경로이기 때문에 각 장소에서 시간을 보낼 때 세심한 주의를 기울여 주시기 바랍니다. 아… 그런데 먼저 제가 관련된 안내 책자를 나누어 드리겠습니다.

92 Who are the listeners?
(A) Tour guides
(B) Museum staff
(C) Gallery curators
(D) City officials

93 What are the listeners instructed to do?
(A) Print out some pamphlets
(B) Direct guests to a lobby
(C) Show up at a site early
(D) Wear a name tag for an event

94 Why does the speaker say, "They are coming for the first time"?
(A) There will be a large group.
(B) There will be a lot of questions.
(C) A map will be needed.
(D) A tour may take longer than planned.

92. 청자들은 누구인가?
(A) 관광 가이드들
(B) 박물관 직원들
(C) 미술관 큐레이터들
(D) 시 공무원들

93. 청자들은 무엇을 하도록 안내되는가?
(A) 책자를 출력한다.
(B) 손님들을 로비로 안내한다.
(C) 장소에 일찍 나타난다.
(D) 행사를 위한 명찰을 착용한다.

94. 화자는 왜 "그들은 처음 온 것입니다"라고 말하는가?
(A) 많은 사람들이 있을 것이다.
(B) 많은 질문이 있을 것이다.
(C) 지도가 필요할 것이다.
(D) 관광은 계획된 것보다 더 오래 걸릴 수 있다.

지문 **lead**[liːd] 안내하다 **typically**[típikəli] 보통, 전형적으로 **heritage**[hérʲitidʒ] 문화유산 **dozen**[dʌ́zn] 십여 개 **attraction**[ətrǽkʃən] 명소 **close attention** 세심한 주의 **relevant**[réləvənt] 관련된, 연관 있는

92 **official**[əfíʃəl] 공무원

93 **print out** 출력하다 **show up** 나타나다 **name tag** 명찰

---

92 ■ **전체 지문 관련 문제** 청자 　　　　　　　　　　　　　　　　　　　　　　　　　　　　　　정답 (A)

청자들의 신분을 묻는 문제이므로, 신분 및 직업과 관련된 표현을 놓치지 않고 듣는다. "Once again, congratulations on being hired to lead tours for Auckland City Experience."라며 다시 한번 오클랜드 도시 경험 관광을 안내하기 위해 고용된 것을 축하한다고 한 말을 통해 청자들이 관광 가이드들임을 알 수 있다. 따라서 정답은 (A) Tour guides이다.

93 ■ **세부 사항 관련 문제** 특정 세부 사항 　　　　　　　　　　　　　　　　　　　　　　　　　　　　정답 (C)

청자들이 하도록 안내되는 것을 묻는 문제이므로, 질문의 핵심어구(instructed to do)와 관련된 내용을 주의 깊게 듣는다. "Our customers are asked to arrive at least 10 minutes before their walking tour starts. You should be early as well to answer their questions."라며 고객들은 도보 관광이 시작되기 최소한 10분 전에 도착하도록 요구된다며 청자들도 그들의 질문들에 답하기 위해 일찍 와야 한다고 하였다. 따라서 정답은 (C) Show up at a site early이다.

94 ■ **세부 사항 관련 문제** 의도 파악 　　　　　　　　　　　　　　　　　　　　　　　　　　　　　정답 (B)

화자가 한 말의 의도를 묻는 문제이므로, 질문의 인용어구(They are coming for the first time)가 언급된 주변을 주의 깊게 듣는다. "You should be early as well to answer their[customers] questions. Remember! They are coming for the first time."이라며 고객들의 질문에 답하기 위해 일찍 와야 한다고 한 뒤, 기억하라며 그들은 처음 온 것이라고 한 것을 통해 많은 질문이 있을 것임을 알 수 있다. 따라서 정답은 (B) There will be a lot of questions이다.

95
96
97

Questions 95-97 refer to the following telephone message and list.

영국식 발음

Good afternoon. This is Iris calling from Hasberry Leather Goods. I'm sorry to tell you that [95]our Web site was experiencing technical problems on the day you made your purchase. The handbag you bought is not actually in stock, even though the site indicated otherwise. [96]This means that the delivery date will be postponed for one week—the package won't arrive at your address until September 15. [97]And please note that the package will require a signature when it is dropped off at your residence. We're very sorry for the delay, and thank you for your business.

Order Number	Expected Delivery Date (Updated)
8832019	September 5
8823901	September 10
[96]8800929	September 15
8811118	September 25

95 What problem does the speaker mention?
(A) A billing statement is inaccurate.
(B) A Web site recently malfunctioned.
(C) A piece of apparel was damaged.
(D) A delivery truck is stuck in traffic.

96 Look at the graphic. What is the listener's order number?
(A) 8832019
(B) 8823901
(C) 8800929
(D) 8811118

97 According to the speaker, what will the listener have to do?
(A) Provide a different address
(B) Sign for a parcel
(C) Pay a shipping fee
(D) Return some merchandise

안녕하세요. 저는 Hasberry Leather Goods사에서 전화드리는 Iris입니다. [95]고객님께서 물건을 구매하시던 날 저희 웹사이트에 기술적인 문제가 있었음을 알려드리게 되어 죄송합니다. 사이트에는 다르게 나타났지만, 고객님이 구입하신 핸드백은 사실 재고가 없습니다. [96]이는 배송 일자가 일주일 연기될 것이라는 점을 의미하므로, 물품이 9월 15일이나 되어야 고객님의 주소로 도착할 것입니다. [97]그리고 물품이 고객님의 댁에 도착할 때 서명이 필요할 거라는 점에 유념해 주십시오. 지연이 되어 정말 죄송하며, 저희 회사와 거래해 주셔서 감사합니다.

주문 번호	예상 배송 일자 (최신)
8832019	9월 5일
8823901	9월 10일
[96]8800929	9월 15일
8811118	9월 25일

95. 화자는 어떤 문제를 언급하는가?
(A) 청구서가 정확하지 않다.
(B) 웹사이트가 최근에 제대로 작동하지 않았다.
(C) 의류가 손상되었다.
(D) 배송 트럭이 교통 체증에 갇혀 있다.

96. 시각 자료를 보시오. 청자의 주문 번호는 무엇인가?
(A) 8832019
(B) 8823901
(C) 8800929
(D) 8811118

97. 화자에 따르면, 청자는 무엇을 해야 할 것인가?
(A) 다른 주소를 제공한다.
(B) 소포에 서명한다.
(C) 배송비를 지불한다.
(D) 상품을 반납한다.

지문 indicate[índikeit] 나타나다 otherwise[미 ʌðərwaiz, 영 ʌðəwaiz] (~와) 다르게 postpone[미 poustpóun, 영 pəstpóun] 연기하다 signature[sígnətʃər] 서명
95 billing statement 청구서 malfunction[mæelfʌŋkʃən] 제대로 작동하지 않다
96 order[ɔ́:rdər] 주문
97 parcel[pá:rsəl] 소포 merchandise[mə́:rtʃəndaiz] 상품

95 ■ 세부 사항 관련 문제 특정 세부 사항

정답 (B)

화자가 언급하는 문제점을 묻는 문제이므로, 문제점이 언급된 내용을 주의 깊게 듣는다. "our Web site was experiencing technical problems on the day you made your purchase"라며 청자가 물건을 구매하던 날 자신들의 웹사이트에 기술적인 문제가 있었다고 하였다. 따라서 정답은 (B) A Web site recently malfunctioned이다.

바꾸어 표현하기

Web site was experiencing technical problems 웹사이트에 기술적인 문제가 있었다 → A Web site ~ malfunctioned 웹사이트가 제대로 작동하지 않았다

96 ■ 세부 사항 관련 문제 시각 자료

정답 (C)

청자의 주문 번호를 묻는 문제이므로, 제시된 목록의 정보를 확인한 뒤 질문의 핵심어구(order number)와 관련된 내용을 주의 깊게 듣는다. "This means that the delivery date will be postponed for one week — the package won't arrive at your address until September 15."이라며 배송 일자가 일주일 연기될 것이고 물품이 9월 15일이나 되어야 청자의 주소로 도착할 것이라고 하였으므로, 예상 배송 일자가 9월 15일인 주문 번호 8800929가 청자의 주문 번호임을 목록에서 알 수 있다. 따라서 정답은 (C) 8800929 이다.

97 ■ 세부 사항 관련 문제 특정 세부 사항

정답 (B)

청자가 해야 할 것을 묻는 문제이므로, 질문의 핵심어구(have to do)와 관련된 내용을 주의 깊게 듣는다. "And please note that the package will require a signature when it is dropped off at your residence."라며 물품이 청자의 집에 도착할 때 서명이 필요할 거라는 점에 유념해달라고 한 말을 통해 청자가 소포에 서명을 해야 함을 알 수 있다. 따라서 정답은 (B) Sign for a parcel이다.

바꾸어 표현하기

package will require a signature 물품은 서명이 필요할 것이다 → Sign for a parcel 소포에 서명하다

TEST | 01 | 02 | 03 | 04 | 05 | 06 | 07 | 08 | 09 | 10 | 해커스 토익 실전 1000제 1 Listening

TEST 08 PART 4 **353**

98
99
100

Questions 98-100 refer to the following telephone message and map.

🎧 미국식 발음

Good morning, Ms. Phelps. ⁹⁸This is Debra calling from Ace Gardens. I just wanted to get in touch with you before my crew comes over this weekend. ⁹⁸/¹⁰⁰The orchids I originally included in the landscape plan aren't available right now, unfortunately. However, ⁹⁹I was able to secure the magnolia trees from a local tree supplier. We will plant them in the area between the garden and the driveway. Also, you still want us to install decorative lights in your garden, right? Anyway, ¹⁰⁰let me know what you'd like us to replace the orchids with. There are some options listed on our business Web site. Thank you!

98-100번은 다음 전화 메시지와 지도에 관한 문제입니다.

안녕하세요, Ms. Phelps. ⁹⁸Ace Gardens에서 전화드리는 Debra입니다. 저희 직원들이 이번 주말에 찾아가기 전에 당신과 연락을 취하고 싶었습니다. 안타깝게도, ⁹⁸/¹⁰⁰제가 원래 조경 계획에 포함했던 난초들은 지금 구할 수 없습니다. 하지만, ⁹⁹저는 지역 나무 공급 업체로부터 목련 나무들을 확보할 수 있었습니다. 저희는 정원과 진입로 사이의 공간에 그것들을 심을 것입니다. 또한, 당신은 여전히 저희가 당신의 정원에 장식용 조명을 설치하기를 원하시죠, 그렇죠? 어쨌든, ¹⁰⁰저희가 난초들을 무엇으로 대체하길 원하시는지 저에게 알려주세요. 저희 회사 웹사이트에 몇 가지 선택지들이 올라와 있습니다. 감사합니다!

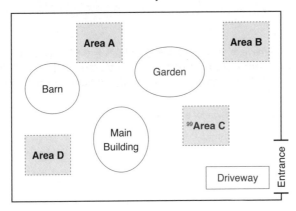

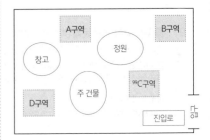

98 Who most likely is the speaker?
(A) A park ranger
(B) A developer
(C) A farmer
(D) A landscape designer

99 Look at the graphic. Where will the magnolia trees be planted?
(A) Area A
(B) Area B
(C) Area C
(D) Area D

100 What is the listener asked to do?
(A) Change a location
(B) Notify an assistant
(C) Select an alternative
(D) Schedule a visit

98. 화자는 누구인 것 같은가?
(A) 공원 경비원
(B) 개발업자
(C) 농부
(D) 조경 디자이너

99. 시각 자료를 보시오. 목련 나무들은 어디에 심어질 것인가?
(A) A구역
(B) B구역
(C) C구역
(D) D구역

100. 청자는 무엇을 하도록 요청받는가?
(A) 위치를 변경한다.
(B) 조수에게 알린다.
(C) 대안을 선택한다.
(D) 방문 일정을 잡는다.

지문 **get in touch with** ~와 연락을 취하다, ~와 접촉하다 **crew**[kruː] 직원 **orchid**[ɔ́ːrkid] 난초 **secure**[səkjúər] 확보하다, 얻다 **magnolia**[mægnóuliə] 목련 **supplier**[səpláiər] 공급 업체 **driveway**[dráivwei] (차고의) 진입로, 사유 차도 **decorative**[dékərəitiv] 장식용의 **replace**[ripléis] 대체하다, 교체하다
98 **park ranger** 공원 경비원 **developer**[divéləpər] 개발업자, 개발자 **landscape**[lǽndskeip] 조경
100 **notify**[nóutifai] 알리다, 통지하다 **assistant**[əsístənt] 조수, 보조 **alternative**[ɔːltə́ːrnətiv] 대안; 대체의

98 ■ **전체 지문 관련 문제** 화자 　　　　　　　　　　　　　　　　　　　　　　　　　　　정답 (D)

○
●
●
● 　화자의 신분을 묻는 문제이므로, 신분 및 직업과 관련된 표현을 놓치지 않고 듣는다. "This is Debra calling from Ace Gardens."라며
상 　Ace Gardens에서 전화하는 Debra라고 한 후, "The orchids I originally included in the landscape plan aren't available
　right now"라며 자신이 원래 조경 계획에 포함했던 난초들은 지금 구할 수 없다고 하였다. 이를 통해 화자가 조경 디자이너라는 것을 알 수
　있다. 따라서 정답은 (D) A landscape designer이다.

99 ■ **세부 사항 관련 문제** 시각 자료 　　　　　　　　　　　　　　　　　　　　　　　　　　정답 (C)

○
●
●
● 　목련 나무들이 심어질 장소를 묻는 문제이므로, 제시된 지도의 정보를 확인한 뒤 질문의 핵심어구(magnolia trees)가 언급된 주변을 주의
상 　깊게 듣는다. "I was able to secure the magnolia trees from a local tree supplier. We will plant them in the area between
　the garden and the driveway."라며 지역 나무 공급 업체로부터 목련 나무들을 확보할 수 있었다며 정원과 진입로 사이의 공간에 목련
　나무들을 심을 것이라고 하였으므로, 목련 나무들이 심어질 장소가 정원과 진입로 사이의 C구역임을 지도에서 알 수 있다. 따라서 정답은
　(C) Area C이다.

100 ■ **세부 사항 관련 문제** 요청 　　　　　　　　　　　　　　　　　　　　　　　　　　　정답 (C)

○
○
○
● 　청자가 요청받은 것을 묻는 문제이므로, 지문에서 요청과 관련된 표현이 포함된 문장을 주의 깊게 듣는다. "The orchids I originally
하 　included in the landscape plan aren't available right now"라며 자신이 원래 조경 계획에 포함했던 난초들은 지금 구할 수 없다고
　한 후, "let me know what you'd like us to replace the orchids with. There are some options listed on our business Web
　site."라며 난초들을 무엇으로 대체하길 원하는지 알려 달라며 회사 웹사이트에 몇 가지 선택지들이 올라와 있다고 하였다. 따라서 정답은
　(C) Select an alternative이다.

TEST 09

🎧 TEST 09.mp3

실전용·복습용 문제풀이 MP3 무료 다운로드 및 스트리밍 바로듣기 (HackersIngang.com)

* 실제 시험장의 소음까지 재현해 낸 고사장 소음/매미 버전 MP3, 영국식·호주식 발음 집중 MP3, 고속 버전 MP3까지
  구매하면 실전에 더욱 완벽히 대비할 수 있습니다.

무료MP3 바로듣기

1

○○○○● 하

🎧 캐나다식 발음

(A) He is painting a fence.
(B) He is plugging in a device.
(C) He is talking on a phone.
(D) He is riding a bicycle.

(A) 그는 울타리를 칠하고 있다.
(B) 그는 기기의 플러그를 꽂고 있다.
(C) 그는 휴대 전화로 이야기하고 있다.
(D) 그는 자전거를 타고 있다.

■ 1인 사진

정답 (C)

한 남자가 길에서 전화로 이야기하고 있는 모습과 주위의 전반적인 풍경을 확인한다.

(A) [×] painting(칠하고 있다)은 남자의 동작과 무관하므로 오답이다. 사진에 있는 울타리(fence)를 사용하여 혼동을 주었다.
(B) [×] plugging in(플러그를 꽂고 있다)은 남자의 동작과 무관하므로 오답이다. 사진의 휴대 전화를 나타낼 수 있는 기기(device)를 사용하여 혼동을 주었다.
(C) [○] 휴대 전화로 이야기하고 있는 남자의 모습을 정확히 묘사한 정답이다.
(D) [×] riding a bicycle(자전거를 타고 있다)은 남자의 동작과 무관하므로 오답이다. 사진에 있는 자전거(bicycle)를 사용하여 혼동을 주었다.

어휘   fence[fens] 울타리   plug in 플러그를 꽂다, 전원을 연결하다

2

○○○○● 상

🎧 미국식 발음

(A) They are unrolling a large rug.
(B) They are turning toward a bookcase.
(C) They are setting down some pillows.
(D) They are bending over to lift a sofa.

(A) 그들은 큰 깔개를 펼치고 있다.
(B) 그들은 책장을 향해 몸을 돌리고 있다.
(C) 그들은 베개들을 내려놓고 있다.
(D) 그들은 소파를 들어 올리기 위해 허리를 굽히고 있다.

■ 2인 이상 사진

정답 (D)

한 남자와 한 여자가 허리를 굽히고 소파를 잡고 있는 모습과 주변 사물의 상태를 주의 깊게 살핀다.

(A) [×] 바닥에 이미 깔개가 깔려 있는 상태인데 사람들이 깔개를 펼치고 있다는 동작으로 잘못 묘사했으므로 오답이다.
(B) [×] turning toward a bookcase(책장을 향해 몸을 돌리고 있다)는 사람들의 동작과 무관하므로 오답이다. 사진에 있는 책장(bookcase)을 사용하여 혼동을 주었다.
(C) [×] setting down some pillows(베개들을 내려놓고 있다)는 사람들의 동작과 무관하므로 오답이다.
(D) [○] 소파를 들어 올리기 위해 허리를 굽히고 있는 사람들의 모습을 가장 잘 묘사한 정답이다.

어휘   unroll[ʌnróul] 펼치다, 펴다   rug[rʌg] 깔개   toward[tɔ́ːrd] ~을 향하여   pillow[pílou] 베개   bend over 허리를 굽히다

3

○○○○● 중

🎧 호주식 발음

(A) The man is writing on a clipboard.
(B) The man is looking into a container.
(C) The man is labeling a box.
(D) The man is emptying out a bin.

(A) 남자가 클립보드에 쓰고 있다.
(B) 남자가 컨테이너 안을 들여다보고 있다.
(C) 남자가 상자에 라벨을 붙이고 있다.
(D) 남자가 쓰레기통을 비우고 있다.

■ 1인 사진

정답 (B)

한 남자가 컨테이너를 들여다 보고 있는 모습과 주변 사물의 상태를 주의 깊게 살핀다.

(A) [×] writing(쓰고 있다)은 남자의 동작과 무관하므로 오답이다. 사진에 있는 클립보드(clipboard)를 사용하여 혼동을 주었다.
(B) [○] 컨테이너 안을 들여다보고 있는 남자의 모습을 정확히 묘사한 정답이다.
(C) [×] labeling(라벨을 붙이고 있다)은 남자의 동작과 무관하므로 오답이다. 사진의 컨테이너와 관련된 상자(box)를 사용하여 혼동을 주었다.
(D) [×] 사진에서 쓰레기통(bin)을 확인할 수 없으므로 오답이다. 남자가 빈 컨테이너를 잡고 있는 모습에서 연상할 수 있는 행동과 관련된 emptying out(비우고 있다)을 사용하여 혼동을 주었다.

어휘   clipboard[klípbɔːrd] 클립보드, 서류를 끼우는 판   label[léibəl] ~에 라벨을 붙이다   empty out 비우다   bin[bin] 쓰레기통

4 ○○○●● 상

🎧 영국식 발음

(A) One of the women is removing her coat.
(B) One of the women is examining a document.
(C) The women are stepping onto an elevator.
(D) The women are descending a staircase.

(A) 여자들 중 한 명이 코트를 벗고 있다.
(B) 여자들 중 한 명이 서류를 검토하고 있다.
(C) 여자들이 엘리베이터에 올라타고 있다.
(D) 여자들이 계단을 내려오고 있다.

■ 2인 이상 사진
정답 (D)

두 여자가 마주보고 계단을 내려 오고 있는 모습을 확인한다.
(A) [×] 사진에 코트를 벗고 있는(removing her coat) 여자가 없으므로 오답이다. remove가 옷을 벗는 모습을 나타냄을 알아둔다.
(B) [×] 사진에 서류를 검토하고 있는(examining a document) 여자가 없으므로 오답이다.
(C) [×] 사진에 엘리베이터(elevator)가 없으므로 오답이다. The women are stepping(여자들이 발걸음을 옮기고 있다)까지만 듣고 정답으로 선택하지 않도록 주의한다.
(D) [○] 두 여자가 계단을 내려오고 있는 모습을 정확히 묘사한 정답이다.

어휘 remove[rimúːv] 벗다, 제거하다 descend[disénd] 내려오다

5 ○●●● 상

🎧 캐나다식 발음

(A) Students are raising their hands.
(B) Papers are being distributed.
(C) Some furniture has been arranged in a circle.
(D) Whiteboards are on the classroom wall.

(A) 학생들이 손을 들고 있다.
(B) 종이들이 배부되고 있다.
(C) 몇몇 가구들이 원형으로 배치되어 있다.
(D) 화이트보드들이 교실 벽에 있다.

■ 2인 이상 사진
정답 (D)

교실에 학생들이 앉아 있고 한 남자가 화이트보드에 무언가를 쓰는 모습과 주변 사물의 상태를 주의 깊게 살핀다.
(A) [×] 사진의 학생들은 손을 들고 있지(raising their hands) 않으므로 오답이다.
(B) [×] 사진에서 종이들은 보이지만 배부되고 있는 (are being distributed) 모습은 아니므로 오답이다.
(C) [×] 사진에서 가구들이 원형으로 놓여 있는지 알 수 없으므로 오답이다. Some furniture has been arranged(몇몇 가구들이 배치되어 있다)까지만 듣고 정답으로 선택하지 않도록 주의한다.
(D) [○] 화이트보드들이 교실 벽에 있는 모습을 가장 잘 묘사한 정답이다.

어휘 raise[reiz] 들다, 올리다 distribute[distríbjuːt] 배부하다

6 ○○○●● 중

🎧 호주식 발음

(A) Chairs are being set up.
(B) The bottles are being filled with water.
(C) Some pictures have been hung.
(D) A laptop is being used at a meeting.

(A) 의자들이 놓이고 있다.
(B) 병들이 물로 채워지고 있다.
(C) 그림들이 걸려 있다.
(D) 노트북 컴퓨터가 회의에서 사용되고 있다.

■ 사물 및 풍경 사진
정답 (C)

사진에 사람이 없다는 것과 회의실의 책상 위에 여러 개의 물병과 서류가 놓인 모습을 확인한다.
(A) [×] 이미 의자들이 놓인 상태인데, 진행 수동형(are being set up)을 사용해 놓이고 있다고 잘못 묘사했으므로 오답이다.
(B) [×] 이미 병들이 물로 채워진 상태인데, 진행 수동형(are being filled with water)을 사용해 채워지고 있다고 잘못 묘사했으므로 오답이다.
(C) [○] 그림들이 벽에 걸려 있는 모습을 정확히 묘사한 정답이다.
(D) [×] 사진에서 노트북 컴퓨터는 보이지만 사용되고 있는(is being used) 모습은 아니므로 오답이다.

어휘 set up 놓다, 설치하다 fill[fil] 채우다

PART 2

7

○○○● 중

[3배] 영국식 발음 → 호주식 발음

Can you recommend a place to get my car washed?

(A) Yes, I'll text you the address.
(B) I drive to work every day.
(C) There's a dry cleaner on Main Street.

제 차를 세차할 수 있는 곳을 추천해줄 수 있나요?

(A) 네, 제가 당신에게 주소를 문자로 보낼게요.
(B) 저는 매일 운전해서 출근해요.
(C) Main가에 세탁소가 있어요.

■ 요청 의문문 정답 (A)

차를 세차할 수 있는 곳을 추천해 달라는 요청 의문문이다. Can you가 요청하는 표현임을 이해할 수 있어야 한다.
(A) [○] Yes로 요청을 수락한 뒤, 세차할 수 있는 곳의 주소를 문자로 보내겠다는 부연 설명을 했으므로 정답이다.
(B) [×] car(차)와 관련 있는 drive(운전하다)를 사용하여 혼동을 준 오답이다.
(C) [×] 차를 세차할 수 있는 곳을 추천해줄 수 있는지를 물었는데, 이와 관련이 없는 Main가에 세탁소가 있다는 내용으로 응답했으므로 오답이다. a place(곳)에서 연상할 수 있는 장소와 관련된 on Main Street(Main가에)를 사용하여 혼동을 주었다.

어휘 recommend[rèkəménd] 추천하다

8

○○○● 하

[3배] 캐나다식 발음 → 영국식 발음

Where should I hang this team photograph?

(A) Anytime next week.
(B) A black and white photo.
(C) On the conference room wall.

제가 팀 사진을 어디에 걸어야 하나요?

(A) 다음 주 언제든지요.
(B) 흑백사진이요.
(C) 회의실 벽에요.

■ Where 의문문 정답 (C)

팀 사진을 어디에 걸어야 하는지를 묻는 Where 의문문이다.
(A) [×] 팀 사진을 어디에 걸어야 하는지를 물었는데 시점으로 응답했으므로 오답이다. 질문의 Where을 When으로 혼동하여 When should I hang this team photograph(제가 언제 팀 사진을 걸어야 하나요)로 생각해 정답으로 선택하지 않도록 주의한다.
(B) [×] 질문의 photograph(사진)와 같은 의미인 photo(사진)를 사용하여 혼동을 준 오답이다. 흑백사진을 나타내는 표현 black and white photo를 알아둔다.
(C) [○] 회의실 벽이라는 말로 팀 사진을 걸어야 하는 장소를 언급했으므로 정답이다.

어휘 hang[hæŋ] 걸다 black and white photo 흑백사진

9

○○●● 상

[3배] 영국식 발음 → 호주식 발음

Is the strategic business report due tomorrow?

(A) Behind the office printer.
(B) Vinnie Hansen works at that firm.
(C) There's extra time because our boss is away.

전략 사업 보고서가 내일까지인가요?

(A) 사무실 프린터 뒤에요.
(B) Vinnie Hansen이 그 회사에서 일해요.
(C) 우리의 상사가 안 계시기 때문에 여분의 시간이 있어요.

■ Be 동사 의문문 정답 (C)

전략 사업 보고서가 내일까지인지를 확인하는 Be 동사 의문문이다.
(A) [×] 전략 사업 보고서가 내일까지인지를 물었는데 장소로 응답했으므로 오답이다. business(사업)와 관련 있는 office(사무실)를 사용하여 혼동을 주었다.
(B) [×] business(사업)의 다른 의미인 '회사'와 의미가 동일한 firm(회사)을 사용하여 혼동을 준 오답이다.
(C) [○] 상사가 없기 때문에 여분의 시간이 있다는 말로 전략 사업 보고서를 내일까지 제출하지 않아도 됨을 간접적으로 전달했으므로 정답이다.

어휘 strategic[strətí:dʒik] 전략의, 전략적인 behind[biháind] 뒤에

10 ○○○● 하

🔊 미국식 발음 → 캐나다식 발음

Why do you prefer this tablet?

(A) Its screen is a good size.
(B) OK, I'll switch it on.
(C) I don't know why it stopped.

당신은 왜 이 태블릿을 선호하나요?

(A) 화면의 사이즈가 적당해요.
(B) 알겠어요, 제가 그것의 스위치를 켤게요.
(C) 저는 이게 왜 멈추었는지 모르겠어요.

■ **Why 의문문** 　　　　　　　　　　　　　　　　　　　　　　　　　　　　　정답 (A)

이 태블릿을 왜 선호하는지를 묻는 Why 의문문이다.
(A) [ㅇ] 화면의 사이즈가 적당하다는 말로 태블릿을 선호하는 이유를 언급했으므로 정답이다.
(B) [x] 의문사 의문문에 Yes와 같은 의미인 OK로 응답했으므로 오답이다. 질문의 tablet을 나타낼 수 있는 it을 사용하여 혼동을 주었다.
(C) [x] 질문의 Why를 반복 사용하고, tablet을 나타낼 수 있는 it을 사용하여 혼동을 준 오답이다.

어휘　tablet[tǽblət] 태블릿, 모바일 PC　switch on 스위치를 켜다

---

11 ○○●● 중

🔊 영국식 발음 → 미국식 발음

Are these your bags, or do they belong to someone else?

(A) It was a memorable trip.
(B) This bag is pretty heavy.
(C) I believe they belong to that woman there.

이것들이 당신의 가방들인가요, 아니면 다른 누군가의 것인가요?

(A) 그것은 인상적인 여행이었어요.
(B) 이 가방은 꽤 무겁네요.
(C) 그것들은 저쪽 여자 분의 것인 것 같아요.

■ **선택 의문문** 　　　　　　　　　　　　　　　　　　　　　　　　　　　　　정답 (C)

이것들이 상대방의 가방인지 아니면 다른 누군가의 것인지를 묻는 선택 의문문이다.
(A) [x] bags(가방들)에서 연상할 수 있는 사용 목적과 관련된 trip(여행)을 사용하여 혼동을 준 오답이다.
(B) [x] 질문의 bags를 bag으로 반복 사용하여 혼동을 준 오답이다.
(C) [ㅇ] 그것들은 저쪽 여자 분의 것인 것 같다는 말로 다른 누군가의 것임을 선택했으므로 정답이다.

어휘　belong to ~의 것이다　memorable[mémərəbl] 인상적인　pretty[príti] 꽤

---

12 ○○○● 상

🔊 캐나다식 발음 → 호주식 발음

Who is in charge of scheduling the roof repairs?

(A) Is there a problem?
(B) On Friday afternoon.
(C) I've got to hand it to you.

지붕 수리 일정을 잡는 것을 누가 담당하나요?

(A) 문제가 있나요?
(B) 금요일 오후에요.
(C) 저는 그것을 당신에게 건네줘야 해요.

■ **Who 의문문** 　　　　　　　　　　　　　　　　　　　　　　　　　　　　　정답 (A)

지붕 수리 일정을 잡는 것을 누가 담당하는지를 묻는 Who 의문문이다.
(A) [ㅇ] 문제가 있는지를 되물어 지붕 수리에 대한 추가 정보를 요구하는 정답이다.
(B) [x] 질문의 scheduling(일정을 잡는 것)에서 연상할 수 있는 날짜와 관련된 Friday afternoon(금요일 오후)을 사용하여 혼동을 준 오답이다.
(C) [x] 지붕 수리 일정을 잡는 것을 누가 담당하는지를 물었는데, 이와 관련이 없는 자신이 그것을 상대방에게 건네줘야 한다는 내용으로 응답했으므로 오답이다.

어휘　be in charge of ~을 담당하다　hand[hænd] 건네주다

13

○○○○
하

🎧 미국식 발음 → 영국식 발음

The dance studio is at the end of Maple Street, right?

(A) A dance competition.
(B) Yes, it is.
(C) At the beginning of the book.

댄스 스튜디오가 Maple가의 끝에 있죠, 그렇죠?
(A) 댄스 시합이요.
(B) 네, 맞아요.
(C) 책의 시작 부분에요.

■ 부가 의문문   정답 (B)

댄스 스튜디오가 Maple가의 끝에 있는지를 확인하는 부가 의문문이다.
(A) [x] 댄스 스튜디오가 Maple가의 끝에 있는지를 물었는데, 이와 관련이 없는 댄스 시합이라는 내용으로 응답했으므로 오답이다. 질문의
         dance를 반복 사용하여 혼동을 주었다.
(B) [o] Yes로 댄스 스튜디오가 Maple가의 끝에 있음을 전달했으므로 정답이다.
(C) [x] 질문의 at the end of(~의 끝에)와 반대 의미인 At the beginning of(~의 시작 부분에)를 사용하여 혼동을 준 오답이다.

어휘   end[end] 끝   competition[미 kàːmpətíʃən, 영 kɔ̀mpətíʃən] 시합

14

○●●●
상

🎧 호주식 발음 → 미국식 발음

When will you visit Andrew's house to drop off his coat?

(A) I stopped by there this morning.
(B) He has a black jacket.
(C) Visitors are waiting to be let in.

당신은 Andrew의 코트를 갖다 주러 언제 그의 집에 방문할 것인가요?
(A) 저는 오늘 아침에 거기에 들렀어요.
(B) 그는 검은 재킷을 갖고 있어요.
(C) 방문객들은 안에 들어가기 위해 기다리고 있어요.

■ When 의문문   정답 (A)

Andrew의 코트를 갖다 주러 언제 그의 집에 방문할 것인지를 묻는 When 의문문이다.
(A) [o] 오늘 아침에 거기에 들렀다는 말로 이미 Andrew에게 코트를 갖다 주었음을 간접적으로 전달했으므로 정답이다.
(B) [x] 질문의 Andrew를 나타낼 수 있는 He를 사용하고, coat(코트)와 관련 있는 jacket(재킷)을 사용하여 혼동을 준 오답이다.
(C) [x] Andrew의 코트를 갖다 주러 언제 그의 집에 방문할 것인지를 물었는데, 이와 관련이 없는 방문객들은 안에 들어가기 위해 기다리고 있
         다는 내용으로 응답했으므로 오답이다. visit – Visitors의 유사 발음 어휘를 사용하여 혼동을 주었다.

어휘   drop[미 drɑp, 영 drɔp] 갖다 주다   visitor[vízitər] 방문객

15

○●●●
상

🎧 미국식 발음 → 캐나다식 발음

How did customers react to our latest TV commercial?

(A) Better than expected.
(B) I didn't hear how the match went.
(C) I'll be sure to let them know.

고객들이 우리의 최신 텔레비전 광고에 어떻게 반응했나요?
(A) 예상했던 것보다 좋아요.
(B) 저는 그 경기가 어떻게 되었는지 듣지 못했어요.
(C) 제가 확실히 그들에게 알려줄게요.

■ How 의문문   정답 (A)

고객들이 최신 텔레비전 광고에 어떻게 반응했는지를 묻는 How 의문문이다.
(A) [o] 예상했던 것보다 좋다는 말로 최신 텔레비전 광고에 대한 고객들의 반응이 예상보다 좋았음을 전달했으므로 정답이다.
(B) [x] 고객들이 최신 텔레비전 광고에 어떻게 반응했는지를 물었는데, 이와 관련이 없는 그 경기가 어떻게 되었는지 듣지 못했다는 내용으로 응
         답했으므로 오답이다. 질문의 How를 반복 사용하여 혼동을 주었다. I didn't hear까지만 듣고 정답으로 고르지 않도록 주의한다.
(C) [x] 질문의 customers(고객들)를 나타낼 수 있는 them을 사용하여 혼동을 준 오답이다.

어휘   commercial[kəmə́ːrʃəl] 광고   match[mætʃ] 경기, 시합

16

○○○○ 중

③» 캐나다식 발음 → 미국식 발음

Could you double-check the sales figures in the annual report for me?

(A) That's our best-selling product.
(B) Sure. I'll look over it.
(C) My annual checkup is scheduled for next week.

당신은 저를 위해 연례 보고서의 매출액을 다시 한번 확인해 줄 수 있나요?

(A) 그건 저희의 가장 잘 팔리는 제품이에요.
(B) 물론이죠. 제가 그것을 살펴볼게요.
(C) 제 연간 검진은 다음 주에 예정되어 있어요.

■ 요청 의문문   정답 (B)

연례 보고서의 매출액을 다시 한번 확인해 달라는 요청 의문문이다. Could you가 요청하는 표현임을 이해할 수 있어야 한다.
(A) [×] sales figures(매출액)와 관련 있는 best-selling product(가장 잘 팔리는 제품)를 사용하여 혼동을 준 오답이다.
(B) [○] Sure로 요청을 수락한 뒤, 그것을 살펴보겠다고 했으므로 정답이다.
(C) [×] check – checkup의 유사 발음 어휘를 사용하고, 질문의 annual을 반복 사용하여 혼동을 준 오답이다.

어휘   double-check 다시 한번 확인하다   sales figures 매출액   checkup[tʃékÀp] 검진

17

○○○○ 중

③» 영국식 발음 → 호주식 발음

Please don't forget to give these documents to the factory owner.

(A) A major manufacturing plant.
(B) I'll give the gloves to them.
(C) Thanks for the reminder.

공장 소유주에게 이 서류들을 주는 것을 잊지 말아 주세요.

(A) 주요 제조 공장이요.
(B) 제가 그 장갑들을 그들에게 줄게요.
(C) 상기시켜 주셔서 감사해요.

■ 평서문   정답 (C)

공장 소유주에게 이 서류들을 주는 것을 잊지 말아 달라고 요청하는 평서문이다.
(A) [×] factory(공장)와 같은 의미인 plant(공장)를 사용하여 혼동을 준 오답이다.
(B) [×] 공장 소유주에게 이 서류들을 주는 것을 잊지 말아 달라고 했는데, 이와 관련이 없는 그 장갑들을 그들에게 주겠다는 내용으로 응답했으므로 오답이다. 질문의 give를 반복 사용하여 혼동을 주었다.
(C) [○] 상기시켜 주어 감사하다는 말로 요청을 수락한 정답이다.

어휘   reminder[rimáindər] 상기시켜 주는 것

18

○○○○ 하

③» 미국식 발음 → 캐나다식 발음

Who should I select for the Employee of the Month award?

(A) I'm in complete agreement.
(B) The receptionist is quite deserving.
(C) During the selection process.

이 달의 직원상에 제가 누구를 선발해야 하나요?

(A) 저는 완전히 동의해요.
(B) 접수 담당자가 꽤 받을 만해요.
(C) 선정 과정 동안이요.

■ Who 의문문   정답 (B)

이 달의 직원상에 누구를 선발해야 하는지를 묻는 Who 의문문이다.
(A) [×] 이 달의 직원상에 누구를 선발해야 하냐는 질문에 답변할 수 있는 '이 사람을 추천해요'에 대한 응답이므로 오답이다.
(B) [○] 접수 담당자가 꽤 자격이 있다는 말로 이 달의 직원상에 선발할 인물을 언급했으므로 정답이다.
(C) [×] select – selection의 유사 발음 어휘를 사용하여 혼동을 준 오답이다.

어휘   select[silékt] 선발하다   receptionist[risépʃənist] 접수 담당자

🔊 호주식 발음 → 영국식 발음

Our company newsletter is distributed once a month, isn't it?

(A) Every two weeks, actually.
(B) It contains useful information.
(C) On June 2.

우리 사보는 한 달에 한 번 배포되죠, 그렇지 않나요?

(A) 사실, 2주마다요.
(B) 그것에는 유용한 정보가 들어 있어요.
(C) 6월 2일에요.

■ 부가 의문문 정답 (A)

사보가 한 달에 한 번 배포되는지를 묻는 부가 의문문이다.
(A) [○] 2주마다라는 말로 사보가 배포되는 빈도를 언급했으므로 정답이다.
(B) [×] company newsletter(사보)와 관련 있는 useful information(유용한 정보)을 사용하여 혼동을 준 오답이다.
(C) [×] 사보가 한 달에 한 번 배포되는지를 물었는데 날짜로 응답했으므로 오답이다.

어휘 distribute[distríbju:t] 배포하다

🔊 캐나다식 발음 → 미국식 발음

Where should we have lunch today?

(A) Yes, we should.
(B) Oh, I can look for a place online.
(C) I've eaten there before.

오늘 어디에서 점심을 먹을까요?

(A) 네, 그래야죠.
(B) 아, 제가 온라인으로 장소를 찾아볼게요.
(C) 저는 이전에 그곳에서 먹어봤어요.

■ Where 의문문 정답 (B)

오늘 어디에서 점심을 먹을지를 묻는 Where 의문문이다.
(A) [×] 의문사 의문문에 Yes로 응답했으므로 오답이다. 질문의 should를 반복 사용하여 혼동을 주었다.
(B) [○] 온라인으로 장소를 찾아보겠다는 말로 점심 먹을 곳을 이제 찾아보겠다는 간접적인 응답을 했으므로 정답이다.
(C) [×] there가 나타내는 대상이 질문에 없으므로 오답이다. lunch(점심)와 관련 있는 eaten(먹다)을 사용하여 혼동을 주었다.

어휘 have lunch 점심을 먹다 look for 찾아보다

🔊 호주식 발음 → 영국식 발음

Did any of the investors call you back?

(A) Here's my phone number.
(B) I've heard from Mr. Stevens.
(C) We invest in the stocks.

투자자들 중 누구라도 당신에게 다시 연락을 주었나요?

(A) 여기 제 휴대 전화 번호예요.
(B) 저는 Mr. Stevens에게서 연락을 받았어요.
(C) 저희는 주식에 투자해요.

■ 조동사 의문문 정답 (B)

투자자들 중 누구라도 다시 연락을 주었는지를 확인하는 조동사(Do) 의문문이다.
(A) [×] call(연락하다)과 관련 있는 phone(휴대 전화)을 사용하여 혼동을 준 오답이다.
(B) [○] Mr. Stevens에게서 연락을 받았다며 투자자들 중 다시 연락을 준 사람이 있음을 간접적으로 전달했으므로 정답이다.
(C) [×] 투자자들 중 누구라도 다시 연락을 주었는지를 물었는데, 이와 관련이 없는 주식에 투자한다는 내용으로 응답했으므로 오답이다.
    investors – invest의 유사 발음 어휘를 사용하여 혼동을 주었다.

어휘 stock[미 stɑk, 영 stɔk] 주식

22

○○○○
상

🔊 미국식 발음 → 캐나다식 발음

Why are we testing the new product at the end of July?

(A) That's when the prototype will be ready.
(B) I'm more productive in the morning.
(C) Oh, they're resting in the lobby.

우리가 왜 7월 말에 새 제품을 시험하나요?

(A) 그때가 견본이 준비될 시점이에요.
(B) 저는 아침에 더 생산적이에요.
(C) 아, 그들은 로비에서 쉬고 있어요.

■ Why 의문문 　　　　　　　　　　　　　　　　　　　　　　　　　　　　　정답 (A)

왜 7월 말에 새 제품을 시험하는지를 묻는 Why 의문문이다.
(A) [○] 그때가 견본이 준비될 시점이라며 7월 말에 새 제품을 시험하는 이유를 언급했으므로 정답이다.
(B) [×] 왜 7월 말에 새 제품을 시험하는지를 물었는데, 이와 관련이 없는 자신이 아침에 더 생산적이라는 내용으로 응답했으므로 오답이다.
　　　 product – productive의 유사 발음 어휘를 사용하여 혼동을 주었다.
(C) [×] testing – resting의 유사 발음 어휘를 사용하여 혼동을 준 오답이다.

어휘　test[test] 시험하다, 검사하다　prototype[próutətaip] 견본　productive[prədʌ́ktiv] 생산적인

23

○○○○
상

🔊 호주식 발음 → 미국식 발음

When is Grand Avenue Books closing down?

(A) No, in three hours.
(B) They're closer than I thought.
(C) I'm pretty sure it already did.

Grand Avenue 서점이 언제 문을 닫나요?

(A) 아니요, 3시간 이후에요.
(B) 그것들은 제가 생각했던 것보다 가까워요.
(C) 저는 그곳이 이미 문을 닫았다고 꽤 확신해요.

■ When 의문문 　　　　　　　　　　　　　　　　　　　　　　　　　　　　　정답 (C)

Grand Avenue 서점이 언제 문을 닫는지를 묻는 When 의문문이다.
(A) [×] 의문사 의문문에 No로 응답했으므로 오답이다. When(언제)과 관련 있는 hours(시간)를 사용하여 혼동을 주었다.
(B) [×] closing – closer의 유사 발음 어휘를 사용하여 혼동을 준 오답이다.
(C) [○] 그곳이 이미 문을 닫았다고 꽤 확신한다는 말로 Grand Avenue 서점이 문을 닫았을 것임을 전달했으므로 정답이다.

24

○○○○
상

🔊 미국식 발음 → 호주식 발음

Can't we move into this office space in August?

(A) We removed that device in advance.
(B) A new exhibit on outer space.
(C) An earlier date has been scheduled.

우리가 8월에 이 사무실로 이사할 수 있지 않나요?

(A) 우리는 그 기계를 미리 치웠어요.
(B) 우주 공간에 대한 새로운 전시회요.
(C) 더 이른 날짜로 일정이 잡혀 있어요.

■ 부정 의문문 　　　　　　　　　　　　　　　　　　　　　　　　　　　　　정답 (C)

8월에 이 사무실로 이사할 수 있는지를 묻는 부정 의문문이다.
(A) [×] 8월에 이 사무실로 이사할 수 있는지를 물었는데, 이와 관련이 없는 그 기계를 미리 치웠다는 내용으로 응답했으므로 오답이다.
　　　 move – removed의 유사 발음 어휘를 사용하여 혼동을 주었다.
(B) [×] 질문의 space를 반복 사용하여 혼동을 준 오답이다.
(C) [○] 더 이른 날짜로 일정이 잡혀 있다는 말로 8월 이전에 이 사무실로 이사할 수 있음을 간접적으로 전달했으므로 정답이다.

어휘　remove[rimúːv] 치우다

25

⌈3ᵂ⌋ 영국식 발음 → 캐나다식 발음

What was the best part of your vacation?

(A) Later tomorrow evening.
(B) Learning about the island's local history.
(C) For some vocational training.

당신 휴가의 가장 좋은 점은 무엇이었나요?

(A) 내일 저녁 늦게요.
(B) 그 섬의 지역 역사에 대해 배운 거요.
(C) 직업 훈련을 위해서요.

■ What 의문문

정답 (B)

휴가의 가장 좋은 점은 무엇이었는지를 묻는 What 의문문이다.
(A) [×] 휴가의 가장 좋은 점은 무엇이었는지를 물었는데 시점으로 응답했으므로 오답이다.
(B) [○] 그 섬의 지역 역사에 대해 배운 거라는 말로 휴가의 가장 좋은 점을 전달했으므로 정답이다.
(C) [×] vacation – vocational의 유사 발음 어휘를 사용하여 혼동을 준 오답이다.

어휘 vocational[voukéiʃənl] 직업의

26

⌈3ᵂ⌋ 호주식 발음 → 미국식 발음

Are the laptops set up for the newly recruited researchers?

(A) I just called technical support about that.
(B) No, the recruiter is.
(C) It's at the top of this legal form.

새로 채용된 연구원들을 위해 노트북 컴퓨터들이 설치되었나요?

(A) 제가 방금 그것에 관해 기술 지원팀에 연락했어요.
(B) 아니요, 채용 담당자요.
(C) 그건 이 법적 양식의 맨 위에 있어요.

■ Be 동사 의문문

정답 (A)

새로 채용된 연구원들을 위해 노트북 컴퓨터들이 설치되었는지를 확인하는 Be 동사 의문문이다.
(A) [○] 방금 그것에 관해 기술 지원팀에 연락했다는 말로 새로 채용된 연구원들을 위해 아직 노트북 컴퓨터들이 설치되지 않았음을 간접적으로
전달했으므로 정답이다.
(B) [×] recruited – recruiter의 유사 발음 어휘를 사용하여 혼동을 준 오답이다.
(C) [×] 새로 채용된 연구원들을 위해 노트북 컴퓨터들이 설치되었는지를 물었는데, 이와 관련이 없는 그건 이 법적 양식의 맨 위에 있다는 내용
으로 응답했으므로 오답이다. laptops – top의 유사 발음 어휘를 사용하여 혼동을 주었다.

어휘 newly[미 njúːli, 영 njúːli] 새로

27

⌈3ᵂ⌋ 캐나다식 발음 → 미국식 발음

There's a minor leak in the hose beside the garage.

(A) OK, I'll go and take a look at it.
(B) No, it's a major award.
(C) I usually park my car inside.

주차장 옆에 있는 호스에 작은 누수가 있어요.

(A) 알겠어요, 제가 가서 그것을 한번 볼게요.
(B) 아니요, 이건 큰 상이에요.
(C) 저는 보통 제 차를 안에 주차해요.

■ 평서문

정답 (A)

주차장 옆에 있는 호스에 작은 누수가 있다는 문제점을 언급하는 평서문이다.
(A) [○] 알겠다며 자신이 가서 그것을 한번 보겠다는 말로 문제점에 대한 해결책을 제시했으므로 정답이다.
(B) [×] 창고 옆에 있는 호스에 작은 누수가 있다고 했는데, 이와 관련이 없는 이건 큰 상이라는 내용으로 응답했으므로 오답이다. 질문의
minor(작은)와 반대 의미인 major(큰)를 사용하여 혼동을 주었다.
(C) [×] garage(주차장)와 관련 있는 car(차)를 사용하고, beside – inside의 유사 발음 어휘를 사용하여 혼동을 준 오답이다.

어휘 take a look at ~을 (한 번) 보다

28

○○●○○
상

[3] 영국식 발음 → 캐나다식 발음

Chris, would you book a taxi to pick up our clients from the airport?

(A) The delivery should arrive by then.
(B) I don't know how many people are coming.
(C) Parking is not allowed here.

Chris, 공항에 우리 고객들을 태우러 가기 위해 택시를 예약해 주시겠어요?

(A) 그때쯤에는 배달이 도착해야 해요.
(B) 저는 얼마나 많은 사람이 오는지 몰라요.
(C) 여기에 주차는 허용되지 않아요.

■ 요청 의문문   정답 (B)

공항에 고객들을 태우러 가기 위해 택시를 예약해 달라는 요청 의문문이다. would you가 요청하는 표현임을 이해할 수 있어야 한다.
(A) [×] pick up(~를 태우러 가다)과 관련 있는 arrive(도착하다)를 사용하여 혼동을 준 오답이다.
(B) [○] 얼마나 많은 사람이 오는지 모른다는 말로 요청을 간접적으로 거절한 정답이다.
(C) [×] pick up(~를 태우러 가다)과 관련 있는 Parking(주차)을 사용하여 혼동을 준 오답이다.

어휘   book[buk] 예약하다   pick up ~를 태우러 가다

29

○○○●○
하

[3] 영국식 발음 → 호주식 발음

Is the function hall going to be suitable, or is a larger venue required?

(A) That's right, a sales event.
(B) We need a bigger one.
(C) We're not going to be carpooling.

다목적 홀이 적절할까요, 아니면 더 큰 장소가 필요할까요?

(A) 맞아요, 할인 판매 행사요.
(B) 우리는 더 큰 곳이 필요해요.
(C) 우리는 차를 함께 타지 않을 거예요.

■ 선택 의문문   정답 (B)

다목적 홀이 적절할지 아니면 더 큰 장소가 필요할지를 묻는 선택 의문문이다.
(A) [×] venue(장소)에서 연상할 수 있는 활동과 관련된 a sales event(할인 판매 행사)를 사용하여 혼동을 준 오답이다.
(B) [○] 더 큰 곳이 필요하다는 말로 더 큰 장소가 필요하다는 것을 선택했으므로 정답이다.
(C) [×] 다목적 홀이 적절할지 아니면 더 큰 장소가 필요할지를 물었는데, 이와 관련이 없는 차를 함께 타지 않을 거라는 내용으로 응답했으므로 오답이다. 질문의 going to be를 반복 사용하여 혼동을 주었다.

어휘   carpool[미 káːrpuːl, 영 káːpuːl] 차를 함께 타다

30

○○○●○
중

[3] 캐나다식 발음 → 호주식 발음

Can I make it to the immigration office within 45 minutes?

(A) Only if you drive down Highway 70.
(B) The officer left yesterday.
(C) It wasn't made very well.

출입국 관리 사무소까지 45분 이내에 갈 수 있을까요?

(A) 당신이 70번 고속도로를 운전해 가는 경우에 한해서요.
(B) 직원이 어제 떠났어요.
(C) 그건 잘 만들어지지 않았어요.

■ 조동사 의문문   정답 (A)

출입국 관리 사무소까지 45분 이내에 갈 수 있을지를 확인하는 조동사(Can) 의문문이다.
(A) [○] 70번 고속도로를 운전해 가는 경우에 한해서라는 말로 출입국 관리 사무소까지 45분 이내에 갈 수 있음을 간접적으로 전달했으므로 정답이다.
(B) [×] immigration office(출입국 관리 사무소)의 office(사무소)와 관련 있는 officer(직원)를 사용하여 혼동을 준 오답이다.
(C) [×] 질문의 make를 made로 반복 사용하여 혼동을 준 오답이다.

어휘   immigration office 출입국 관리 사무소

31

[호] 호주식 발음 → 미국식 발음

How many publishers have shown interest in your novel?

(A) Five or six more novelists.
(B) The book has been praised by critics.
(C) I'm in contact with a couple at the moment.

얼마나 많은 출판업자들이 당신의 소설에 흥미를 보였나요?

(A) 소설가 대여섯 분 더요.
(B) 그 책은 평론가들에 의해 찬사를 받아 왔어요.
(C) 저는 현재 두세 명과 연락하고 있어요.

■ How 의문문

정답 (C)

얼마나 많은 출판업자들이 상대방의 소설에 흥미를 보였는지를 묻는 How 의문문이다. How many가 수량을 묻는 것임을 이해할 수 있어야 한다.
(A) [×] novel(소설)과 관련 있는 novelists(소설가)를 사용하여 혼동을 준 오답이다. Five or six까지만 듣고 정답으로 고르지 않도록 주의한다.
(B) [×] novel(소설)과 관련 있는 book(책)을 사용하여 혼동을 준 오답이다.
(C) [○] 현재 두세 명과 연락하고 있다는 말로 자신의 소설에 흥미를 보인 출판업자들의 수를 언급했으므로 정답이다.

어휘 novel[미 nάːvəl, 영 nɔ́vəl] 소설 critic[krítik] 평론가

32
33
34

Questions 32-34 refer to the following conversation.

🎧 캐나다식 발음 → 미국식 발음

M: ³²Welcome to City Hall. How can I assist you?

W: I'm looking for the recreation department. I'm running late for my meeting with Mr. Baxter this morning. ³³He requested a presentation on the summer sports program my organization is planning.

M: You must be Dana Royce. We've been expecting you! The recreation department is on the third floor. I'll call Mr. Baxter now and tell him that you're here. ³⁴The elevators are just to your right.

W: ³⁴I'll go upstairs now. Thanks for your help!

32 Where is the conversation taking place?
    (A) In a sports arena
    (B) In a government office
    (C) In a shopping mall
    (D) In a public park

33 Why is the woman meeting with Mr. Baxter?
    (A) To demonstrate a product
    (B) To give a presentation
    (C) To conduct an interview
    (D) To join an organization

34 What will the woman most likely do next?
    (A) Use an elevator
    (B) Move some furniture
    (C) Pick up a pamphlet
    (D) Look at a directory

32-34번은 다음 대화에 관한 문제입니다.

M: ³²시청에 오신 것을 환영합니다. 무엇을 도와드릴까요?

W: 저는 레크리에이션 부서를 찾고 있어요. 저는 오늘 아침에 있는 Mr. Baxter와의 회의에 늦었어요. ³³그는 저희 단체에서 계획하고 있는 여름 스포츠 프로그램에 대한 발표를 요청했어요.

M: 당신은 Dana Royce겠군요. 당신을 기다리고 있었어요! 레크리에이션 부서는 3층에 있어요. 제가 Mr. Baxter에게 지금 전화해서 당신이 여기 왔다고 말씀드릴게요. ³⁴엘리베이터는 바로 당신 오른쪽에 있어요.

W: ³⁴지금 위층으로 갈게요. 도와주셔서 감사해요!

32. 대화는 어디에서 일어나고 있는가?
    (A) 스포츠 경기장에서
    (B) 관공서에서
    (C) 쇼핑몰에서
    (D) 공원에서

33. 여자는 왜 Mr. Baxter를 만날 것인가?
    (A) 제품을 시연하기 위해
    (B) 발표를 하기 위해
    (C) 인터뷰를 진행하기 위해
    (D) 단체에 가입하기 위해

34. 여자는 다음에 무엇을 할 것 같은가?
    (A) 엘리베이터를 이용한다.
    (B) 가구를 옮긴다.
    (C) 소책자를 얻는다.
    (D) 안내 책자를 본다.

지문 city hall 시청 assist[əsíst] 돕다, 도움이 되다 department[dipá:rtmənt] 부서 organization[ɔ̀:rgənəzéiʃən] 단체, 조직
      expect[ikspékt] 기다리다, 예상하다 upstairs[ʌ̀pstéərz] 위층으로
  32 arena[ərí:nə] 경기장 government office 관공서
  34 directory[diréktəri] 안내 책자

32 ██ 전체 대화 관련 문제 장소   정답 (B)

○
○
● 대화가 일어나는 장소를 묻는 문제이므로, 장소와 관련된 표현을 놓치지 않고 듣는다. 남자가 "Welcome to City Hall."이라며 시청에 온
상 것을 환영한다고 하였다. 이를 통해 관공서에서 대화가 일어나고 있음을 알 수 있다. 따라서 정답은 (B) In a government office이다.

바꾸어 표현하기
City Hall 시청 → government office 관공서

33 ██ 세부 사항 관련 문제 이유   정답 (B)

○
○
● 여자가 Mr. Baxter와 만나는 이유를 묻는 문제이므로, 여자의 말에서 질문의 핵심어구(meeting with Mr. Baxter)와 관련된 내용을 주의
중 깊게 듣는다. 여자가 "He[Mr. Baxter] requested a presentation on the summer sports program my organization is
planning."이라며 Mr. Baxter가 자신의 단체에서 계획하고 있는 여름 스포츠 프로그램에 대한 발표를 요청했다고 한 것을 통해 여자가
발표를 하기 위해 Mr. Baxter를 만날 것임을 알 수 있다. 따라서 정답은 (B) To give a presentation이다.

34 ██ 세부 사항 관련 문제 다음에 할 일   정답 (A)

○
○
● 여자가 다음에 할 일을 묻는 문제이므로, 대화의 마지막 부분을 주의 깊게 듣는다. 남자가 여자에게 "The elevators are just to your
중 right."이라며 엘리베이터는 바로 여자의 오른쪽에 있다고 하자, 여자가 "I'll go upstairs now."라며 지금 위층으로 가겠다고 한 말을
통해 여자가 엘리베이터를 이용할 것임을 알 수 있다. 따라서 정답은 (A) Use an elevator이다.

Questions 35-37 refer to the following conversation.

🎧 호주식 발음 → 영국식 발음

M: Did you hear that Greg Colson will transfer to our Scottsdale branch?

W: Yes. ³⁵Our department head wants me to recommend someone to take over the public relations team that Greg has been managing.

M: Is there anyone in particular you are considering for the position?

W: I was thinking of Brad Chan. He has worked here for several years and has been involved in some major projects. He wrote the press release when ³⁶our firm purchased Polson Incorporated last year.

M: That's true. But what about Linda Ferris? She has a lot of experience as well.

W: Hmm . . . Good point. ³⁷I've got to attend a training seminar now, but I'll go through her personnel record afterward.

35 What was the woman asked to do?
    (A) Suggest an employee for a position
    (B) Visit a newly opened office
    (C) Train a new project manager
    (D) Organize a public relations campaign

36 What is mentioned about Polson Incorporated?
    (A) It operates branches in several cities.
    (B) It is planning to hire additional employees.
    (C) It held a press conference recently.
    (D) It was acquired by another company.

37 What will the woman most likely do next?
    (A) Call some colleagues
    (B) Attend a workshop
    (C) Update some records
    (D) Download a file

35-37번은 다음 대화에 관한 문제입니다.

M: Greg Colson이 스코츠데일 지점으로 전근 갈 거라는 것을 들었어요?

W: 네. ³⁵저희 부서장님은 Greg이 관리해 온 홍보팀을 인계받을 사람을 제가 추천하기를 바라세요.

M: 특별히 그 자리에 고려하고 있는 사람이 있나요?

W: 저는 Brad Chan을 생각하고 있었어요. 그는 여기서 수년 간 일해 왔고 몇몇 주요 프로젝트에도 참여했거든요. ³⁶작년에 우리 회사가 Polson사를 매입했을 때 그가 보도 자료를 썼어요.

M: 맞아요. 하지만 Linda Ferris는 어때요? 그녀도 경험이 많아요.

W: 흠… 좋은 지적이네요. ³⁷제가 지금 교육 세미나에 참석해야 하지만, 그 후에 그녀의 인사 기록을 살펴볼게요.

35. 여자는 무엇을 하도록 요청받았는가?
    (A) 자리에 맞는 직원을 추천한다.
    (B) 새로 개점한 사무실을 방문한다.
    (C) 새로운 프로젝트 관리자를 교육한다.
    (D) 홍보 캠페인을 준비한다.

36. Polson사에 관해 무엇이 언급되는가?
    (A) 여러 도시에서 지점을 운영한다.
    (B) 추가 직원들을 고용하려고 계획하고 있다.
    (C) 최근에 기자회견을 했다.
    (D) 다른 회사에 인수되었다.

37. 여자는 다음에 무엇을 할 것 같은가?
    (A) 동료들에게 전화한다.
    (B) 워크숍에 참석한다.
    (C) 기록들을 업데이트한다.
    (D) 파일을 다운로드한다.

지문 transfer[미 trænsfɔ́ːr, 영 trænsfɔ́ː] 전근 가다 branch[미 bræntʃ, 영 brɑːntʃ] 지점 public relations 홍보 in particular 특별히, 특히 position[pəzíʃən] (일)자리 press release 보도 자료 personnel record 인사 기록

36 operate[ɑ́ːpəreit] 운영하다 press conference 기자회견 acquire[əkwáiər] 인수하다

---

35 ■ 세부 사항 관련 문제 특정 세부 사항   정답 (A)

여자가 요청받은 것을 묻는 문제이므로, 대화에서 요청과 관련된 표현이 언급된 주변을 주의 깊게 듣는다. 여자가 "Our department head wants me to recommend someone to take over the public relations team"이라며 부서장이 홍보팀을 인계받을 사람을 여자가 추천하기를 바란다고 하였다. 따라서 정답은 (A) Suggest an employee for a position이다.

36 ■ 세부 사항 관련 문제 언급   정답 (D)

Polson사에 관해 언급되는 것을 묻는 문제이므로, 질문의 핵심어구(Polson Incorporated)가 언급된 주변을 주의 깊게 듣는다. 여자가 "our firm purchased Polson Incorporated last year"라며 작년에 자신들의 회사가 Polson사를 매입했다고 하였다. 따라서 정답은 (D) It was acquired by another company이다.

37 ■ 세부 사항 관련 문제 다음에 할 일   정답 (B)

여자가 다음에 할 일을 묻는 문제이므로, 대화의 마지막 부분을 주의 깊게 듣는다. 여자가 "I've got to attend a training seminar now"라며 지금 교육 세미나에 참석해야 한다고 하였다. 따라서 정답은 (B) Attend a workshop이다.

바꾸어 표현하기
a training seminar 교육 세미나 → a workshop 워크숍

Questions 38-40 refer to the following conversation.

🔊 미국식 발음 → 캐나다식 발음

W: This is the front desk of the Harborview Hotel. How may I help you?

M: Hello. I have a conference call at 3 P.M., but ³⁸I can't connect to the wireless Internet in my suite.

W: I'm so sorry for the inconvenience, sir. Did you check your printed receipt? ³⁹You have to enter the password for your specific room.

M: Yes, but it did not work.

W: Oh, I'm not sure exactly what the problem is then. While I'm looking into it, ⁴⁰you can use the business lounge near our main entrance. There's complimentary wireless Internet.

38 What is the man's problem?
(A) A remote control is missing.
(B) A connection cannot be made.
(C) A facility is fully booked.
(D) A Web site is difficult to use.

39 What does the woman mean when she says, "Did you check your printed receipt"?
(A) A charged amount is incorrect.
(B) Coupons are attached to a document.
(C) Required information is on the paper.
(D) Discounts are not provided.

40 What is mentioned about the business lounge?
(A) It is exclusively for guests.
(B) It is open 24 hours a day.
(C) It is closed for renovations.
(D) It provides free Internet access.

38-40번은 다음 대화에 관한 문제입니다.

W: Harborview 호텔 안내 데스크입니다. 제가 어떻게 도와드릴까요?
M: 안녕하세요. 저는 오후 3시에 전화 회의가 있는데, ³⁸제 스위트룸에서 무선 인터넷에 연결을 할 수가 없어요.
W: 불편을 드려 정말 죄송합니다, 손님. 당신의 인쇄된 영수증을 확인하셨나요? ³⁹당신의 특정 방을 위한 비밀번호를 입력해야 합니다.
M: 네, 하지만 안 됐어요.
W: 아, 그럼 무엇이 문제인지 정확하게 모르겠네요. 제가 알아보는 동안, ⁴⁰저희 중앙 출입구 근처에 있는 비즈니스 라운지를 이용하실 수 있습니다. 그곳에 무료 무선 인터넷이 됩니다.

38. 남자의 문제는 무엇인가?
(A) 리모컨이 없어졌다.
(B) 접속이 되지 않는다.
(C) 시설이 모두 예약되었다.
(D) 웹사이트가 이용하기 어렵다.

39. 여자는 "당신의 인쇄된 영수증을 확인하셨나요"라고 말할 때 무엇을 의도하는가?
(A) 부과된 금액이 부정확하다.
(B) 쿠폰들이 문서에 첨부되어 있다.
(C) 필요한 정보가 종이에 있다.
(D) 할인이 제공되지 않는다.

40. 비즈니스 라운지에 관해 무엇이 언급되는가?
(A) 투숙객 전용이다.
(B) 하루 24시간 열려 있다.
(C) 보수를 위해 문을 닫았다.
(D) 무료 인터넷 접속을 제공한다.

지문 conference call 전화 회의 connect[kənékt] 연결하다 wireless[wáiərləs] 무선의 suite[swi:t] (호텔의) 스위트룸 inconvenience[ìnkənví:niəns] 불편 complimentary[kà:mpliméntəri] 무료의
38 remote control 리모컨 39 charge[tʃɑːrdʒ] 부과하다, 청구하다 attach[ətǽtʃ] 첨부하다, 붙이다
40 exclusively[iksklú:sivli] 전용의, 독점적으로 renovation[renəvéiʃən] 보수, 수리

38 ■ 세부 사항 관련 문제 문제점　정답 (B)
남자의 문제점을 묻는 문제이므로, 남자의 말에서 부정적인 표현이 언급된 다음을 주의 깊게 듣는다. 남자가 "I can't connect to the wireless Internet in my suite"라며 자신의 스위트룸에서 무선 인터넷에 연결을 할 수가 없다고 하였다. 따라서 정답은 (B) A connection cannot be made이다.

39 ■ 세부 사항 관련 문제 의도 파악　정답 (C)
여자가 하는 말의 의도를 묻는 문제이므로, 질문의 인용어구(Did you check your printed receipt)가 언급된 주변을 주의 깊게 듣는다. 여자가 남자에게 "Did you check your printed receipt? You have to enter the password for your specific room."이라며 남자의 인쇄된 영수증을 확인했는지 물은 뒤, 특정 방을 위한 비밀번호를 입력해야 한다고 하였다. 이를 통해 필요한 정보가 종이에 있음을 알 수 있다. 따라서 정답은 (C) Required information is on the paper이다.

40 ■ 세부 사항 관련 문제 언급　정답 (D)
비즈니스 라운지에 관해 언급되는 것을 묻는 문제이므로, 질문의 핵심어구(business lounge)가 언급된 주변을 주의 깊게 듣는다. 여자가 남자에게 "you can use the business lounge ~. There's complimentary wireless Internet."이라며 비즈니스 라운지를 이용할 수 있고 그곳에 무료 무선 인터넷이 된다고 하였다. 따라서 정답은 (D) It provides free Internet access이다.

바꾸어 표현하기
complimentary wireless Internet 무료 무선 인터넷 → free Internet access 무료 인터넷 접속

Questions 41-43 refer to the following conversation.

🎙️ 호주식 발음 → 미국식 발음

M: Hello, and ⁴¹welcome to the Durban Fiction Seminar. May I have your name, please?

W: Sure. It's Janna Kruger.

M: Hmm . . . I don't seem to have a name tag here for you. ⁴²Did you preregister online for the event?

W: I meant to, but ⁴²I completely forgot about it until the registration period had ended. However, I was able to buy a ticket at the entrance.

M: In that case, ⁴³you should go back to the admissions counter and ask the person working there to make you a name tag.

41 What type of event is most likely taking place?
   (A) An awards ceremony
   (B) A charity banquet
   (C) A literature conference
   (D) A staff orientation

42 What does the woman say she forgot to do?
   (A) Send a donation
   (B) Update some information
   (C) Select a meal preference
   (D) Sign up ahead of time

43 What does the man suggest doing?
   (A) Returning to a desk
   (B) Visiting some booths
   (C) Finding a seat
   (D) Storing some baggage

41-43번은 다음 대화에 관한 문제입니다.

M: 안녕하세요, ⁴¹Durban 소설 세미나에 오신 것을 환영합니다. 성함이 어떻게 되시나요?
W: 네. Janna Kruger입니다.
M: 흠… 당신의 명찰이 여기에 없는 것 같네요. ⁴²행사에 온라인으로 사전 등록을 하셨나요?
W: 하려고 했는데, ⁴²등록 기간이 끝날 때까지 그것에 대해 완전히 잊어버렸어요. 하지만, 저는 입구에서 입장권을 살 수 있었어요.
M: 그런 경우에는, ⁴³입장권 판매대로 돌아가셔서 그곳에서 일하는 사람에게 명찰을 만들어달라고 요청하셔야 합니다.

41. 어떤 종류의 행사가 일어나고 있는 것 같은가?
   (A) 시상식
   (B) 자선 모임
   (C) 문학 학회
   (D) 직원 오리엔테이션

42. 여자는 무엇을 하는 것을 잊었다고 말하는가?
   (A) 기부금을 보낸다.
   (B) 정보를 업데이트한다.
   (C) 선호하는 식사를 선택한다.
   (D) 미리 등록한다.

43. 남자는 무엇을 하는 것을 제안하는가?
   (A) 데스크로 돌아가는 것
   (B) 부스를 방문하는 것
   (C) 자리를 찾는 것
   (D) 짐들을 보관하는 것

지문 fiction[fíkʃən] 소설 name tag 명찰, 이름표 preregister[pri:rédʒistər] 사전 등록하다 period[píriəd] 기간 entrance[éntrəns] 입구
41 awards ceremony 시상식 charity banquet 자선 모임 literature[lítrətʃər] 문학 conference[kάːnfərəns] 학회, 회의
42 donation[dounéiʃən] 기부금, 기부
43 store[stɔːr] 보관하다, 저장하다 baggage[bǽgidʒ] 짐, 수하물

41 ■ 세부 사항 관련 문제 특정 세부 사항   정답 (C)

일어나고 있는 행사를 묻는 문제이므로, 대화의 초반을 반드시 듣는다. 남자가 "welcome to the Durban Fiction Seminar"라며 Durban 소설 세미나에 온 것을 환영한다고 하였다. 따라서 정답은 (C) A literature conference이다.

바꾸어 표현하기
Fiction Seminar 소설 세미나 → A literature conference 문학 학회

42 ■ 세부 사항 관련 문제 특정 세부 사항   정답 (D)

여자가 잊었다고 말한 것을 묻는 문제이므로, 질문의 핵심어구(forgot to do)와 관련된 내용을 주의 깊게 듣는다. 남자가 여자에게 "Did you preregister online for the event?"라며 행사에 온라인으로 사전 등록을 했냐고 묻자, 여자가 "I completely forgot about it until the registration period had ended"라며 등록 기간이 끝날 때까지 그것에 대해 완전히 잊어버렸다고 하였다. 따라서 정답은 (D) Sign up ahead of time이다.

바꾸어 표현하기
preregister 사전 등록하다 → sign up ahead of time 미리 등록하다

43 ■ 세부 사항 관련 문제 제안   정답 (A)

남자가 제안하는 것을 묻는 문제이므로, 남자의 말에서 제안과 관련된 표현이 언급된 다음을 주의 깊게 듣는다. 남자가 "you should go back to the admissions counter"라며 입장권 판매대로 돌아가라고 하였다. 따라서 정답은 (A) Returning to a desk이다.

Questions 44-46 refer to the following conversation.

🎧 영국식 발음 → 캐나다식 발음

W: Thank you for calling the Cherry Tea Factory.
M: Hi. ⁴⁴/⁴⁵I signed up for a tour online this morning, but I haven't received a follow-up e-mail. I just wanted to make sure that my request has been processed.
W: Could I get your name, please?
M: Sure. It's Sam Redmond. Um, I selected the 2 P.M. tour on Saturday.
W: Just a moment . . . Um . . . ⁴⁵It's odd that you weren't notified. Group of four, right?
M: Yes. Is there anything else I need to do?
W: Just pay the $15 fee when you arrive. ⁴⁶Keep in mind that we only accept credit cards.

44 What did the man try to do?
(A) Enroll in a workshop
(B) Find some contact information
(C) Reserve a facility visit
(D) Place a product order

45 What does the woman imply when she says, "Group of four, right"?
(A) A table is ready.
(B) A discount will be provided.
(C) A notification was received.
(D) A booking has been confirmed.

46 According to the woman, what does the man have to do?
(A) Show some identification
(B) Fill out some paperwork
(C) Bring a credit card
(D) Wear formal apparel

44-46번은 다음 대화에 관한 문제입니다

W: Cherry 차 공장에 전화해주셔서 감사합니다.
M: 안녕하세요. ⁴⁴/⁴⁵제가 오늘 아침에 온라인으로 견학을 신청했는데, 후속 이메일을 받지 못했어요. 제 요청이 처리되었는지 확실히 하고 싶어서요.
W: 성함이 어떻게 되시나요?
M: 네. Sam Redmond입니다. 음, 저는 토요일 오후 2시 견학을 선택했어요.
W: 잠시만요... 음... ⁴⁵통지를 받지 못하셨다니 이상하네요. 4명의 그룹이죠, 그렇죠?
M: 맞아요. 제가 해야 할 것이 더 있나요?
W: 도착하시면 15달러를 내시면 돼요. ⁴⁶저희가 신용 카드만 받는다는 점을 유념해주세요.

44. 남자는 무엇을 하려고 했는가?
(A) 워크숍에 등록한다.
(B) 연락처를 찾는다.
(C) 시설 방문을 예약한다.
(D) 제품을 주문한다.

45. 여자는 "4명의 그룹이죠, 그렇죠"라고 말할 때 무엇을 의도하는가?
(A) 자리가 준비되었다.
(B) 할인이 제공될 것이다.
(C) 통지를 받았다.
(D) 예약이 확인되었다.

46. 여자에 따르면, 남자는 무엇을 해야 하는가?
(A) 신분증을 보여준다.
(B) 서류를 작성한다.
(C) 신용 카드를 가져온다.
(D) 정장을 입는다.

지문 follow-up[fáːlouʌp] 후속의 process[práːses] 처리하다 odd[미 aːd, 영 bɔːd] 이상한 notify[미 nóutifai, 영 nə́utifai] 통지하다
44 enroll[inróul] 등록하다 contact information 연락처 reserve[rizə́ːrv] 예약하다 facility[fəsíləti] 시설
45 discount[dískaunt] 할인 confirm[kənfə́ːrm] 확인하다
46 fill out 작성하다, 기입하다 paperwork[péipərwəːrk] 서류 formal[fɔ́ːrməl] 정식의, 정장을 요하는 apparel[əpǽrəl] 의류, 의복

44 ■ 세부 사항 관련 문제 특정 세부 사항　　　　　　정답 (C)

남자가 하려고 했던 것을 묻는 문제이므로, 남자의 말을 주의 깊게 듣는다. 남자가 "I signed up for a tour online this morning"이라며 오늘 아침에 온라인으로 견학을 신청했다고 하였다. 따라서 정답은 (C) Reserve a facility visit이다.

45 ■ 세부 사항 관련 문제 의도 파악　　　　　　정답 (D)

여자가 하는 말의 의도를 묻는 문제이므로, 질문의 인용어구(Group of four, right)가 언급된 주변을 주의 깊게 듣는다. 남자가 "I signed up for a tour online this morning, but I haven't received a follow-up e-mail. I just wanted to make sure that my request has been processed."라며 온라인으로 견학을 신청했는데 후속 이메일을 받지 못했다고 한 뒤, 요청이 처리되었는지 확실히 하고 싶다고 하자, 여자가 "It's odd that you weren't notified. Group of four, right?"이라며 남자가 통지를 받지 못한 것이 이상하다고 하며 4명의 그룹이 맞는지 물어본 것을 통해 여자가 남자의 예약을 확인했음을 알 수 있다. 따라서 정답은 (D) A booking has been confirmed이다.

46 ■ 세부 사항 관련 문제 특정 세부 사항　　　　　　정답 (C)

여자가 남자가 해야 한다고 말한 것을 묻는 문제이므로, 여자의 말에서 질문의 핵심어구(man have to do)와 관련된 내용을 주의 깊게 듣는다. 여자가 남자에게 "Keep in mind that we only accept credit cards."라며 자신들이 신용 카드만 받는다는 점을 유념해달라고 한 것을 통해 남자가 신용 카드를 가져와야 한다는 것을 알 수 있다. 따라서 정답은 (C) Bring a credit card이다.

Questions 47-49 refer to the following conversation.

🎧 영국식 발음 → 캐나다식 발음

W: Mr. Sasaki, ⁴⁷I recently received some new fabric from my supplier in India. It's a mixture of cotton and silk. Um . . . And it is mostly dark blue. Would you like to see it?

M: Thanks for letting me know, but that's not really what I'm looking for. ⁴⁸The spring collection I'm designing for my clothing brand has to feature bright colors with some unique flower patterns.

W: Well, ⁴⁹maybe I should ask my supplier to send several different fabric samples for you to look at. I could do that this week, if you'd like.

M: Good idea. That way I can choose the ones best suited for my collection before an order is placed.

47 What are the speakers mainly discussing?
(A) A business trip
(B) Some equipment
(C) Some cloth
(D) A facility tour

48 What does the man say about the spring collection?
(A) It will be sold internationally.
(B) It needs to have floral designs.
(C) It will be released today.
(D) It includes a variety of fabrics.

49 What does the woman offer to do?
(A) Visit a shop
(B) Meet with some suppliers
(C) Cancel an order
(D) Request some samples

47-49번은 다음 대화에 관한 문제입니다.

W: Mr. Sasaki, ⁴⁷저는 최근에 인도에 있는 공급자로부터 새로운 천을 받았어요. 그것은 면과 실크가 혼합된 것이에요. 음… 그리고 그것은 주로 짙은 파란색이에요. 한 번 보시겠어요?

M: 알려주셔서 고맙지만, 그것은 사실 제가 찾고 있는 게 아니에요. ⁴⁸제 의류 브랜드를 위해 제가 디자인하고 있는 봄 신상품들은 독특한 꽃무늬가 있는 밝은 색깔을 포함해야 해요.

W: 음, ⁴⁹아마 제가 공급자에게 당신이 살펴보실 수 있도록 몇 가지 다른 천 샘플들을 보내달라고 요청해야 할 것 같네요. 원하시면, 이번 주에 그렇게 할 수 있어요.

M: 좋은 생각이네요. 그렇게 하면 주문하기 전에 제 신상품들에 가장 잘 맞는 것들을 고를 수 있겠어요.

47. 화자들은 주로 무엇에 관해 이야기하고 있는가?
(A) 출장
(B) 장비
(C) 천
(D) 시설 견학

48. 남자는 봄 신상품들에 관해 무엇을 말하는가?
(A) 국제적으로 판매될 것이다.
(B) 꽃무늬가 있어야 한다.
(C) 오늘 출시될 것이다.
(D) 다양한 천을 포함한다.

49. 여자는 무엇을 해주겠다고 제안하는가?
(A) 상점을 방문한다.
(B) 공급자들과 만난다.
(C) 주문을 취소한다.
(D) 샘플을 요청한다.

지문 fabric[fǽbrik] 천, 직물 supplier[səpláiər] 공급자 cotton[미 kátn, 영 kɔ́tn] 면, 솜 collection[kəlékʃən] 신상품들, 컬렉션
pattern[pǽtərn] 무늬
47 business trip 출장 cloth[klɔːθ] 천, 직물 48 internationally [intərnǽʃənəli] 국제적으로 a variety of 다양한
49 request[rikwést] 요청하다, 요구하다

---

47 ■ 전체 대화 관련 문제 주제 정답 (C)

대화의 주제를 묻는 문제이므로, 대화의 초반을 반드시 듣는다. 여자가 "I recently received some new fabric from my supplier in India"라며 최근에 인도에 있는 공급자로부터 새로운 천을 받았다고 한 뒤, 천에 관한 내용으로 대화가 이어지고 있다. 따라서 정답은 (C) Some cloth이다.

48 ■ 세부 사항 관련 문제 언급 정답 (B)

남자가 봄 신상품들에 관해 언급하는 것을 묻는 문제이므로, 남자의 말에서 질문의 핵심어구(spring collection)가 언급된 주변을 주의 깊게 듣는다. 남자가 "The spring collection ~ has to feature bright colors with some unique flower patterns."라며 봄 신상품들은 독특한 꽃무늬가 있는 밝은 색깔을 포함해야 한다고 하였다. 따라서 정답은 (B) It needs to have floral designs이다.

바꾸어 표현하기
flower patterns 꽃무늬 → floral designs 꽃무늬

49 ■ 세부 사항 관련 문제 제안 정답 (D)

여자가 해주겠다고 제안하는 것을 묻는 문제이므로, 여자의 말에서 제안과 관련된 표현이 언급된 다음을 주의 깊게 듣는다. 여자가 "maybe I should ask my supplier to send several different fabric samples ~. I could do that this week, if you'd like." 이라며 아마 자신이 공급자에게 몇 가지 다른 천 샘플들을 보내달라고 요청해야 할 것 같다고 한 뒤, 남자가 원하면 이번 주에 그렇게 할 수 있다고 하였다. 따라서 정답은 (D) Request some samples이다.

Questions 50-52 refer to the following conversation with three speakers.

50-52번은 다음 세 명의 대화에 관한 문제입니다.

🎧 영국식 발음 → 호주식 발음 → 캐나다식 발음

W: I just had a meeting with Mr. Lewis. ⁵⁰He complained that our advertising firm's logo is outdated. He wants us to start brainstorming ways to update it.

M1: That's a good idea. Luke and I were talking about this a few weeks ago. We need a more modern logo design.

M2: Right. We should begin soon, I guess. Um, ⁵¹why don't I book the meeting room for this afternoon?

W: ⁵¹Not quite yet, Luke. Hold off until Maria Sutherland returns from her business trip to Paris. ⁵²She recently joined our design team, and I want her to participate in the process as well.

W: 저는 막 Mr. Lewis와 회의를 했어요. ⁵⁰그는 우리 광고 회사의 로고가 구식이라고 불평했어요. 그는 우리가 그것을 업데이트할 방법을 브레인스토밍하는 것을 시작하길 바라세요.

M1: 좋은 생각이네요. Luke와 저는 이것에 대해 몇 주 전에 이야기했었어요. 우리는 더 현대적인 로고 디자인이 필요해요.

M2: 맞아요. 저희가 빨리 시작해야 할 것 같아요. 음, ⁵¹제가 오늘 오후로 회의실을 예약하는 게 어떨까요?

W: ⁵¹아직이요, Luke. Maria Sutherland가 파리 출장에서 돌아올 때까지 미루도록 해요. ⁵²그녀가 최근에 우리 디자인팀에 합류해서, 저는 그녀도 이 과정에 참여하게 하고 싶어요.

50 What is the conversation mainly about?
(A) Expanding a department
(B) Celebrating an anniversary
(C) Promoting an employee
(D) Changing a design

50. 대화는 주로 무엇에 관한 것인가?
(A) 부서를 확장하는 것
(B) 기념일을 축하하는 것
(C) 직원을 승진시키는 것
(D) 디자인을 바꾸는 것

51 What does the woman tell Luke to do?
(A) Conduct some research
(B) Skip an upcoming meeting
(C) Postpone a discussion
(D) Give a demonstration

51. 여자는 Luke에게 무엇을 하라고 말하는가?
(A) 조사를 한다.
(B) 다가오는 회의를 생략한다.
(C) 논의를 연기한다.
(D) 시연을 한다.

52 Who is Maria Sutherland?
(A) A new colleague
(B) A hiring director
(C) A travel agent
(D) A regular customer

52. Maria Sutherland는 누구인가?
(A) 새로운 동료
(B) 고용 관리자
(C) 여행사 직원
(D) 단골 손님

지문 complain[kəmpléin] 불평하다, 항의하다 outdated[àutdéitid] 구식인 modern[미 má:dərn, 영 mɔ́dən] 현대적인, 최신의 hold off 미루다, 연기하다 participate[미 pɑ:rtísipeit, 영 pɑ:tísipeit] 참여하다

50 celebrate[sélibreit] 축하하다, 기념하다 anniversary[æ̀nivə́:rsəri] 기념일

51 skip[skip] 생략하다 upcoming[ʌ́pkʌmiŋ] 다가오는 postpone[poustpóun] 연기하다, 미루다 give a demonstration 시연을 하다

52 colleague[ká:li:g] 동료 travel agent 여행사 직원 regular customer 단골 손님

50 ■ 전체 대화 관련 문제 주제   정답 (D)

대화의 주제를 묻는 문제이므로, 대화의 초반을 반드시 듣는다. 여자가 남자 1과 남자 2에게 "He[Mr. Lewis] complained that our advertising firm's logo is outdated. He wants us to start brainstorming ways to update it."이라며 Mr. Lewis가 자신들의 광고 회사의 로고가 구식이라고 불평했고, 그것을 업데이트할 방법을 브레인스토밍하는 것을 시작하길 바란다고 한 뒤, 로고 디자인을 바꾸는 것에 관한 내용으로 대화가 이어지고 있다. 따라서 정답은 (D) Changing a design이다.

51 ■ 세부 사항 관련 문제 요청   정답 (C)

여자가 Luke 즉, 남자 2에게 요청하는 것을 묻는 문제이므로, 여자의 말에서 요청과 관련된 표현이 언급된 다음을 주의 깊게 듣는다. 남자 2가 "why don't I book the meeting room for this afternoon?"이라며 자신이 오늘 오후로 회의실을 예약하겠다고 하자, 여자가 "Not quite yet, Luke. Hold off until Maria Sutherland returns from her business trip to Paris."라며 Maria Sutherland가 파리 출장에서 돌아올 때까지 미루도록 하자고 하였다. 따라서 정답은 (C) Postpone a discussion이다.

52 ■ 세부 사항 관련 문제 특정 세부 사항   정답 (A)

Maria Sutherland의 신분을 묻는 문제이므로, 질문 대상(Maria Sutherland)의 신분 및 직업과 관련된 표현을 놓치지 않고 듣는다. 여자가 "She[Maria Sutherland] recently joined our design team"이라며 Maria Sutherland는 최근에 자신들의 디자인팀에 합류했다고 하였다. 따라서 정답은 (A) A new colleague이다.

Questions 53-55 refer to the following conversation.

🎧 호주식 발음 → 미국식 발음

M: Hello, Ms. Brandon. This is Mark Lawrence calling to let you know ⁵³we've started working on the chairs specified in your order. Um . . . But we'll send them in two shipments because the trucks can only hold 50 units each.

W: No problem. We placed a larger order than usual this time. ⁵⁴When will the shipments be delivered to our shop?

M: Well, ⁵⁵I still have to confirm the exact date with the shipping company. I'll let you know by this Friday.

W: Excellent. Just make sure the items arrive before June 11— the first day of our summer sale.

53 What kind of business does the man most likely work for?
   (A) A publishing house
   (B) A security firm
   (C) A furniture manufacturer
   (D) A shipping company

54 What does the woman ask about?
   (A) A price increase
   (B) A delivery date
   (C) An order process
   (D) A store closing time

55 What does the man say he will do?
   (A) Confirm some information
   (B) Reschedule an appointment
   (C) Make a correction
   (D) Send out an e-mail

53-55번은 다음 대화에 관한 문제입니다.

M: 안녕하세요, Ms. Brandon. ⁵³저희가 귀하의 주문에 명시된 의자에 대한 작업을 시작했다는 점을 알려드리기 위해 전화드리는 Mark Lawrence입니다. 음… 하지만 트럭에 각각 50개씩만 담을 수 있기 때문에 그것들을 두 번으로 발송할 것입니다.

W: 문제 없어요. 저희가 이번에 보통 때보다 더 많이 주문했잖아요. ⁵⁴배송품은 언제 저희 상점으로 배달되나요?

M: 음, ⁵⁵제가 아직 정확한 날짜를 운송 회사와 확인해야 합니다. 이번 주 금요일까지 알려드리겠습니다.

W: 좋아요. 상품들이 여름 할인 판매 행사 첫날인 6월 11일 전에만 도착하게 해주세요.

53. 남자는 어떤 종류의 업체에서 일하는 것 같은가?
   (A) 출판사
   (B) 보안 회사
   (C) 가구 제조사
   (D) 운송 회사

54. 여자는 무엇에 관해 문의하는가?
   (A) 가격 인상
   (B) 배송 날짜
   (C) 주문 절차
   (D) 상점 마감 시간

55. 남자는 무엇을 할 것이라고 말하는가?
   (A) 몇몇 정보를 확인한다.
   (B) 약속 일정을 변경한다.
   (C) 잘못을 바로잡는다.
   (D) 이메일을 보낸다.

지문 specified[spésəfàid] 명시된 hold[미 hould, 영 həuld] 담다, 수용하다 unit[júːnit] 한 개(단위) shipping company 운송 회사, 택배 회사
53 publishing house 출판사 security[səkjúrəti] 보안 manufacturer[mænjufæktʃərər] 제조사
54 closing time 마감 시간
55 reschedule[rìːskédʒuːl] 일정을 변경하다 make a correction 잘못을 바로잡다

53 ■ 전체 대화 관련 문제 화자　　　　　　　　　　　　　　　　　　　　　　　　　　　　　　정답 (C)

남자가 일하는 업체의 종류를 묻는 문제이므로, 신분 및 직업과 관련된 표현을 놓치지 않고 듣는다. 남자가 "we've started working on the chairs specified in your order"라며 여자의 주문에 명시된 의자에 대한 작업을 시작했다고 하였다. 이를 통해 남자가 가구 제조사에서 일한다는 것을 알 수 있다. 따라서 정답은 (C) A furniture manufacturer이다.

54 ■ 세부 사항 관련 문제 특정 세부 사항　　　　　　　　　　　　　　　　　　　　　　　　　정답 (B)

여자가 문의하는 것을 묻는 문제이므로, 여자의 말을 주의 깊게 듣는다. 여자가 남자에게 "When will the shipments be delivered to our shop?"이라며 배송품이 언제 자신의 상점으로 배달되는지 물었다. 따라서 정답은 (B) A delivery date이다.

55 ■ 세부 사항 관련 문제 다음에 할 일　　　　　　　　　　　　　　　　　　　　　　　　　정답 (A)

남자가 하겠다고 말한 것을 묻는 문제이므로, 남자의 말에서 질문의 핵심어구(will do)와 관련된 내용을 주의 깊게 듣는다. 남자가 "I still have to confirm the exact date with the shipping company"라며 자신이 아직 정확한 날짜를 운송 회사와 확인해야 한다고 하였다. 따라서 정답은 (A) Confirm some information이다.

Questions 56-58 refer to the following conversation with three speakers.

🔊 미국식 발음 → 영국식 발음 → 캐나다식 발음

W1: ⁵⁶Hey, Lucy. Max and I are going to see *Northward* at Central Cinema. It starts at 7 P.M. ⁵⁶Do you want to come with us?

W2: Actually, ⁵⁷I need to stay at the office until 8 P.M. today. I'm getting everything ready for next week's board meeting.

M: Well, according to the schedule, there's another showing at 8:30 P.M.

W1: Would you be able to join us then?

W2: I think so. Um . . . I can't drive there, though. My car is currently being repaired.

M: We live in the same neighborhood, so ⁵⁸why don't we share a taxi both ways?

W2: That would work.

56 What is Lucy invited to do?
(A) Visit an exhibit
(B) Watch a film
(C) Go to a restaurant
(D) Attend a concert

57 Why must Lucy work late?
(A) To write an evaluation
(B) To plan a project
(C) To update a homepage
(D) To prepare for a meeting

58 What does the man suggest?
(A) Reserving tickets
(B) Traveling together
(C) Editing a report
(D) Reading a review

56-58번은 다음 세 명의 대화에 관한 문제입니다.

W1: ⁵⁶안녕하세요, Lucy. Max와 저는 Central 영화관에 *Northward*를 보러 갈 거예요. 영화는 오후 7시에 시작해요. ⁵⁶우리와 함께 가시겠어요?

W2: 사실, ⁵⁷저는 오늘 오후 8시까지 사무실에 있어야 해요. 다음 주 이사회 회의를 위해 모든 것을 준비해야 하거든요.

M: 음, 시간표에 따르면 오후 8시 30분에도 다른 상영이 있어요.

W1: 그때 우리랑 함께 할 수 있나요?

W2: 그럴 거 같아요. 음… 그런데 제가 거기까지 운전해서 갈 수 없어요. 제 차가 지금 수리되고 있거든요.

M: 우리는 같은 지역에 사니까, ⁵⁸우리가 왕복 모두 택시를 함께 타는 게 어때요?

W2: 좋아요.

56. Lucy는 무엇을 하도록 초대되는가?
(A) 전시회를 방문한다.
(B) 영화를 본다.
(C) 식당에 간다.
(D) 콘서트에 참석한다.

57. Lucy는 왜 늦게까지 일해야 하는가?
(A) 평가를 작성하기 위해
(B) 프로젝트를 계획하기 위해
(C) 홈페이지를 업데이트하기 위해
(D) 회의를 준비하기 위해

58. 남자는 무엇을 제안하는가?
(A) 입장권을 예약하는 것
(B) 함께 이동하는 것
(C) 보고서를 편집하는 것
(D) 후기를 읽는 것

지문 **board meeting** 이사회 회의 **showing**[ʃóuiŋ] (영화) 상영 **neighborhood**[néibərhùd] 지역, 이웃 **both ways** 왕복 모두, 양쪽으로
56 **exhibit**[igzíbit] 전시 57 **evaluation**[ivæljuéiʃən] 평가 58 **reserve**[rizə́:rv] 예약하다 **edit**[édit] 편집하다

---

56 ■ 세부 사항 관련 문제 특정 세부 사항 　　　　　　　　　　　　　　　　　　　　　　　　　　　　　　정답 (B)

Lucy 즉, 여자 2가 하도록 초대되는 것을 묻는 문제이므로, 질문의 핵심어구(Lucy invited to do)와 관련된 내용을 주의 깊게 듣는다. 여자 1이 여자 2에게 "Hey, Lucy. Max and I are going to see *Northward* at Central Cinema."라며 Max와 자신이 Central 영화관에 *Northward*를 보러 갈 거라고 한 뒤, "Do you want to come with us?"라며 자신들과 함께 갈지 물었다. 따라서 정답은 (B) Watch a film이다.

57 ■ 세부 사항 관련 문제 이유 　　　　　　　　　　　　　　　　　　　　　　　　　　　　　　　　　　정답 (D)

Lucy 즉, 여자 2가 늦게까지 일해야 하는 이유를 묻는 문제이므로, 여자 2의 말에서 질문의 핵심어구(work late)와 관련된 내용을 주의 깊게 듣는다. 여자 2가 "I need to stay at the office until 8 P.M. today. I'm getting everything ready for next week's board meeting."이라며 오늘 오후 8시까지 사무실에 있어야 한다며, 다음 주 이사회 회의를 위해 모든 것을 준비해야 한다고 하였다. 따라서 정답은 (D) To prepare for a meeting이다.

58 ■ 세부 사항 관련 문제 제안 　　　　　　　　　　　　　　　　　　　　　　　　　　　　　　　　　　정답 (B)

남자가 제안하는 것을 묻는 문제이므로, 남자의 말에서 제안과 관련된 표현이 언급된 다음을 주의 깊게 듣는다. 남자가 "why don't we share a taxi both ways?"라며 왕복 모두 택시를 함께 타는 것을 제안하였다. 따라서 정답은 (B) Traveling together이다.

바꾸어 표현하기
share a taxi 택시를 함께 타다 → Traveling together 함께 이동하는 것

Questions 59-61 refer to the following conversation.

🎧 호주식 발음 → 미국식 발음

M: ⁵⁹Several employees have complained that the desks are uncomfortable at our office. Apparently, they're too high, and they can't be adjusted. What do you think?

W: Honestly, I agree with the staff. I know other companies use adjustable standing desks. They're very popular since workers have the option of either standing or sitting.

M: Hmm . . . ⁶⁰Could you please look for some suitable options online and send me your findings by e-mail?

W: Sure. ⁶⁰I'll get that information to you by 5 P.M. today.

M: Wonderful. In the meantime, ⁶¹I'll have Mr. Roland go around to each employee's workspace and ask about their preferences for new desks.

59 What problem does the man mention?
(A) Some equipment is malfunctioning.
(B) Some information is not available.
(C) Some staff made complaints.
(D) Some products are sold out.

60 What will the woman do later today?
(A) Complete a questionnaire
(B) Do some research
(C) Rearrange a workspace
(D) Copy a publication

61 What will Mr. Roland do?
(A) Find a lost item
(B) Check a database
(C) Consult with employees
(D) Assemble furniture

59-61번은 다음 대화에 관한 문제입니다.

M: ⁵⁹몇몇 직원들이 우리 사무실의 책상이 불편하다고 불평해 왔어요. 듣자 하니, 그것들은 너무 높고, 조절할 수가 없어요. 어떻게 생각하세요?

W: 솔직히, 저도 직원들에게 동의해요. 저는 다른 회사들이 조절 가능한 입식 책상을 사용한다는 것을 알고 있어요. 그것들은 작업자들이 서 있거나 앉아 있을 수 있는 선택권을 가지기 때문에 매우 인기 있어요.

M: 흠… ⁶⁰몇 가지 적절한 선택권들을 온라인에서 찾아 조사 결과를 저에게 이메일로 보내주시겠어요?

W: 그럼요. ⁶⁰제가 오늘 오후 5시까지 그 정보를 전달해드릴게요.

M: 훌륭해요. 그동안, ⁶¹저는 Mr. Roland가 각 직원들의 작업 공간을 다니면서 새로운 책상에 대한 선호도를 물어보도록 할게요.

59. 남자는 무슨 문제를 언급하는가?
(A) 장비가 제대로 작동하지 않는다.
(B) 정보를 이용할 수 없다.
(C) 직원들이 불평했다.
(D) 제품들이 매진되었다.

60. 여자는 오늘 늦게 무엇을 할 것인가?
(A) 설문지를 완료한다.
(B) 조사를 한다.
(C) 작업 공간을 재배치한다.
(D) 출판물을 복사한다.

61. Mr. Roland는 무엇을 할 것인가?
(A) 분실품을 찾는다.
(B) 데이터베이스를 확인한다.
(C) 직원들의 의견을 듣는다.
(D) 가구를 조립한다.

지문 uncomfortable[ʌnkʌ́mfərtəbl] 불편한 adjust[ədʒʌ́st] 조절하다, 조정하다 suitable[미 súːtəbl, 영 sjúːtəbl] 적절한, 알맞은 finding[fáindiŋ] 조사 결과 workspace[미 wɔ́ːrkspeis, 영 wɔ́ːkspeis] 작업 공간 preference[préfərəns] 선호도
59 equipment[ikwípmənt] 장비, 용품 malfunction[mælfʌ́ŋkʃən] 제대로 작동하지 않는 complaint[kəmpléint] 불평, 항의
60 questionnaire[kwèstʃənéər] 설문지 rearrange[rìːəréindʒ] 재배치하다 publication[pʌ̀blikéiʃən] 출판물
61 consult[kənsʌ́lt] ~의 의견을 듣다, 상의하다 assemble[əsémbl] 조립하다

59 ■ **세부 사항 관련 문제** 문제점   정답 (C)

남자가 언급하는 문제점을 묻는 문제이므로, 남자의 말에서 부정적인 표현이 언급된 다음을 주의 깊게 듣는다. 남자가 "Several employees have complained that the desks are uncomfortable at our office."라며 몇몇 직원들이 사무실의 책상이 불편하다고 불평해왔다고 하였다. 따라서 정답은 (C) Some staff made complaints이다.

60 ■ **세부 사항 관련 문제** 다음에 할 일   정답 (B)

여자가 오늘 늦게 할 일을 묻는 문제이므로, 질문의 핵심어구(do later today)와 관련된 내용을 주의 깊게 듣는다. 남자가 "Could you please look for some suitable options online and send me your findings by e-mail?"이라며 몇 가지 적절한 선택권들을 온라인에서 찾아 조사 결과를 자신에게 이메일로 보내달라고 하자, 여자가 "I'll get that information to you by 5 P.M. today."라며 오늘 오후 5시까지 그 정보를 전달해주겠다고 한 것을 통해 여자가 오늘 늦게 조사를 할 것임을 알 수 있다. 따라서 정답은 (B) Do some research이다.

바꾸어 표현하기
look for ~ options 선택권들을 찾다 → Do some research 조사를 하다

61 ■ **세부 사항 관련 문제** 다음에 할 일   정답 (C)

Mr. Roland가 다음에 할 일을 묻는 문제이므로, 질문의 핵심어구(will Mr. Roland do)와 관련된 내용을 주의 깊게 듣는다. 남자가 "I'll have Mr. Roland go around to each employee's workspace and ask about their preferences for new desks"라며 자신이 Mr. Roland가 각 직원들의 작업 공간을 다니면서 새로운 책상에 대한 선호도를 물어보도록 하겠다고 한 것을 통해 Mr. Roland가 직원들의 의견을 들을 것임을 알 수 있다. 따라서 정답은 (C) Consult with employees이다.

Questions 62-64 refer to the following conversation and receipt.

🎧 호주식 발음 → 영국식 발음

M: Welcome to Frasier Decorative Goods.

W: ⁶²/⁶³I bought this window blind here yesterday. ⁶²But when I tried to hang it at home, I realized that it's too short. ⁶²/⁶³I want to return it, please.

M: Certainly. We stock blinds manufactured by Vincentio, Perfect Home, and others. Would you like to browse some of these?

W: I think I'll order some new curtains online. So, I'd rather just get a refund, actually.

M: All right. Do you have your receipt?

W: Yes. Here it is along with the credit card I used for my purchase.

M: OK. ⁶⁴Give me a minute to make sure there is no damage, and then I'll process your refund.

SALES RECEIPT

Decorative Vase	$74.99
Bed Sheet	$19.95
Window Blind	⁶³$149.99
Table Cloth	$21.85
Total (Paid by Credit Card)	$266.78

62-64번은 다음 대화와 영수증에 관한 문제입니다.

M: Frasier 장식용품점에 오신 것을 환영합니다.

W: ⁶²/⁶³제가 어제 여기에서 창문 블라인드를 샀어요. ⁶²그런데 제가 집에서 그것을 걸어보려고 했을 때, 그게 너무 짧다는 것을 알게 되었어요. ⁶²/⁶³그것을 반납하고 싶어요.

M: 물론이죠. 저희는 Vincentio사, Perfect Home사 등에서 제조된 블라인드가 있습니다. 이것들 중 일부를 둘러보시겠어요?

W: 저는 새로운 커튼을 온라인으로 주문하려고 해요. 그래서 사실, 그냥 환불받는 게 나을 것 같아요.

M: 알겠습니다. 영수증을 갖고 계신가요?

W: 네. 여기 제가 구매할 때 사용했던 신용 카드와 함께 드릴게요.

M: 네. ⁶⁴손상이 없는지 잠시만 확인하고 나서, 환불을 처리해 드리겠습니다.

판매 영수증

장식용 꽃병	74.99달러
침대 시트	19.95달러
창문 블라인드	⁶³149.99달러
식탁보	21.85달러
총액 (신용 카드 결제)	266.78달러

---

62 Why is the woman returning an item?
(A) It is overpriced.
(B) It is damaged.
(C) It is the wrong color.
(D) It is an incorrect size.

63 Look at the graphic. How much will the woman be refunded?
(A) $74.99
(B) $19.95
(C) $149.99
(D) $21.85

64 What will the man probably do next?
(A) Inspect a product
(B) Reduce some prices
(C) Check a storage room
(D) Send a catalog

---

62. 여자는 왜 제품을 반납하고 있는가?
(A) 그것은 너무 비싸다.
(B) 그것은 손상되었다.
(C) 그것은 잘못된 색이다.
(D) 그것은 맞지 않는 크기이다.

63. 시각 자료를 보시오. 여자는 얼마를 환불받을 것인가?
(A) 74.99달러
(B) 19.95달러
(C) 149.99달러
(D) 21.85달러

64. 남자는 다음에 무엇을 할 것 같은가?
(A) 제품을 검사한다.
(B) 일부 가격을 낮춘다.
(C) 창고를 확인한다.
(D) 카탈로그를 보낸다.

지문 decorative[미 dékərəitiv, 영 dékərətiv] 장식용의 window blind 창문 블라인드 return[미 ritə́ːrn, 영 ritə́ːn] 반납하다
manufacture[mæ̀njufǽktʃər] 제조하다 browse[brauz] 둘러보다, 훑어보다 refund[ríːfʌnd] 환불(금)
process[미 prάːses, 영 prə́uses] 처리하다 bed sheet (침대) 시트

62 overpriced[ôuvərpráist] 너무 비싼 incorrect[ìnkərékt] 맞지 않는, 부정확한

64 inspect[inspékt] 검사하다, 조사하다 reduce[ridúːs] (가격 등을) 낮추다 storage room 창고, 저장실

62 ■ 세부 사항 관련 문제 이유

정답 (D)

여자가 제품을 반납하고 있는 이유를 묻는 문제이므로, 여자의 말에서 질문의 핵심어구(returning an item)와 관련된 내용을 주의 깊게 듣는다. 여자가 "I bought this window blind here yesterday. But when I tried to hang it at home, I realized that it's too short. I want to return it, please."라며 어제 여기에서 창문 블라인드를 샀는데 집에서 그것을 걸어보려고 했을 때 그게 너무 짧다는 것을 알게 되었다며 반납하고 싶다고 하였다. 따라서 정답은 (D) It is an incorrect size이다.

바꾸어 표현하기

it's too short 너무 짧다 → It is an incorrect size 맞지 않는 크기이다

63 ■ 세부 사항 관련 문제 시각 자료

정답 (C)

여자가 환불 받을 금액을 묻는 문제이므로, 제시된 영수증의 정보를 확인한 뒤 질문의 핵심어구(refunded)와 관련된 내용을 주의 깊게 듣는다. 여자가 "I bought this window blind here yesterday."라며 어제 여기에서 창문 블라인드를 샀다고 한 뒤, "I want to return it, please."라며 그것을 반납하고 싶다고 하였으므로, 여자가 환불받을 금액은 창문 블라인드 값인 149.99달러임을 영수증에서 알 수 있다. 따라서 정답은 (C) $149.99이다.

64 ■ 세부 사항 관련 문제 다음에 할 일

정답 (A)

남자가 다음에 할 일을 묻는 문제이므로, 대화의 마지막 부분을 주의 깊게 듣는다. 남자가 여자에게 "Give me a minute to make sure there is no damage"라며 손상이 없는지 잠시만 확인하겠다고 한 말을 통해 남자가 제품을 검사할 것임을 알 수 있다. 따라서 정답은 (A) Inspect a product이다.

Questions 65-67 refer to the following conversation and catalog.

🎧 미국식 발음 → 캐나다식 발음

W: ⁶⁵We just got the new line of covers for laptop computers. There are several designs, and customers can even create their own using the manufacturer's online design tool.

M: Oh, customers are always asking about creating their own laptop covers.

W: ⁶⁶We should create some sample designs using the customization tool so that customers know about the feature.

M: Good idea.

W: ⁶⁶Since the face design is easy to modify, it will probably be very popular.

M: ⁶⁶That should be our first sample, then.

W: Right, ⁶⁷but we've got a lot of promotions going on. The tool might not draw as much attention as we expect.

M: Maybe we should post about it on social media.

W: I'll work on that.

Design 1	Design 2
⁶⁶Design 3	Design 4

65-67번은 다음 대화와 카탈로그에 관한 문제입니다.

W: ⁶⁵우리는 노트북 컴퓨터용 커버들의 새로운 제품군을 방금 받았어요. 여러 개의 디자인들이 있고, 고객들은 제조사의 온라인 디자인 도구를 사용해서 그들만의 것을 만들 수도 있어요.

M: 아, 고객들은 항상 그들만의 노트북 커버를 만드는 것에 관해 문의하고 있어요.

W: ⁶⁶우리는 고객들이 기능에 대해 알도록 특별 주문 제작 도구를 사용해서 몇몇 샘플 디자인들을 만들어야 해요.

M: 좋은 생각이네요.

W: ⁶⁶얼굴 디자인이 변형하기 쉬우니, 그것은 아마 매우 인기가 있을 거예요.

M: 그렇다면, ⁶⁶그것이 우리의 첫 번째 샘플이 되어야 해요.

W: 맞아요, ⁶⁷하지만 우리는 진행 중인 많은 판촉 행사들이 있어요. 도구는 우리가 기대하는 만큼 많은 관심을 끌지 못할 수도 있어요.

M: 아마 소셜미디어에 그것에 관해 게시해야 할 것 같아요.

W: 제가 그걸 작업할게요.

디자인 1	디자인 2
⁶⁶디자인 3	디자인 4

65 What is a feature of the new notebook covers?
(A) They can be custom designed.
(B) They come in different sizes.
(C) They were created by famous artists.
(D) They have multiple colors.

66 Look at the graphic. Which design has been chosen as the first sample?
(A) Design 1
(B) Design 2
(C) Design 3
(D) Design 4

67 What problem does the woman mention?
(A) A delivery schedule is delayed.
(B) A promotion has already expired.
(C) A tool will not get enough attention.
(D) An accessory is not popular.

65. 새로운 노트북 커버들의 특징은 무엇인가?
(A) 그들은 맞춤 디자인될 수 있다.
(B) 그들은 여러 사이즈로 나온다.
(C) 그들은 유명한 예술가들에 의해 만들어졌다.
(D) 그들은 여러 개의 색상들을 가지고 있다.

66. 시각 자료를 보시오. 어느 디자인이 첫 번째 샘플로 선정되었는가?
(A) 디자인 1
(B) 디자인 2
(C) 디자인 3
(D) 디자인 4

67. 여자는 무슨 문제를 언급하는가?
(A) 배달 일정이 지연되었다.
(B) 판촉 행사가 이미 끝났다.
(C) 도구가 충분한 관심을 받지 못할 것이다.
(D) 부속품이 인기가 없다.

지문 create[kriéit] 만들다 manufacturer[mæ̀njufǽktʃərər] 제조사 customization[kʌ̀stəməzéiʃən] 특별 주문 제작
feature[fíːtʃər] 기능, 특징 modify[mάːdifai] 변형하다, 수정하다 promotion[prəmóuʃən] 판촉 행사 draw[drɔː] 끌다, 끌어모으다
attention[əténʃən] 관심
65 multiple[mΛ́ltipəl] 여러 개의, 다수의
67 expire[ikspáiər] 끝나다, 만료되다

65 ■ 세부 사항 관련 문제 특정 세부 사항

정답 (A)

새로운 노트북 커버들의 특징을 묻는 문제이므로, 질문의 핵심어구(feature of the new notebook covers)와 관련된 내용을 주의 깊게 듣는다. 여자가 "We just got the new line of covers for laptop computers. ~ customers can even create their own using the manufacturer's online design tool."이라며 노트북 컴퓨터용 커버들의 새로운 제품군을 방금 받았다고 한 뒤, 고객들이 제조사의 온라인 디자인 도구를 사용해서 그들만의 것을 만들 수도 있다고 하였다. 따라서 정답은 (A) They can be custom designed이다.

바꾸어 표현하기

can ~ create their own 그들만의 것을 만들 수 있다 → can be custom designed 맞춤 디자인될 수 있다

66 ■ 세부 사항 관련 문제 시각 자료

정답 (C)

첫 번째 샘플로 선정된 디자인을 묻는 문제이므로, 제시된 카탈로그의 정보를 확인한 뒤 질문의 핵심어구(design ~ chosen as the first sample)와 관련된 내용을 주의 깊게 듣는다. 여자가 "We should create some sample designs using the customization tool ~."이라며 특별 주문 제작 도구를 사용해서 몇몇 샘플 디자인들을 만들어야 한다고 한 뒤, "Since the face design is easy to modify, it will probably be very popular."라며 얼굴 디자인이 변형하기 쉬워서 아마 매우 인기가 있을 거라고 하였다. 그러자 남자가 "That should be our first sample"이라며 그것이 첫 번째 샘플이 되어야 한다고 하였으므로, 얼굴 디자인인 디자인 3이 첫 번째 샘플로 선정되었음을 카탈로그에서 알 수 있다. 따라서 정답은 (C) Design 3이다.

67 ■ 세부 사항 관련 문제 문제점

정답 (C)

여자가 언급하는 문제점을 묻는 문제이므로, 여자의 말에서 부정적인 표현이 언급된 주변을 주의 깊게 듣는다. 여자가 "but we've got a lot of promotions going on. The tool might not draw as much attention as we expect."라며 하지만 진행 중인 많은 판촉 행사들이 있다며 도구가 기대하는 만큼 많은 관심을 끌지 못할 수도 있다고 하였다. 따라서 정답은 (C) A tool will not get enough attention이다.

TEST | 01 | 02 | 03 | 04 | 05 | 06 | 07 | 08 | 09 | 10 | 해커스 토익 실전 1000제 1 Listening

68
69
70

Questions 68-70 refer to the following conversation and list.

🎧 호주식 발음 → 영국식 발음

M: Excuse me. ⁶⁸I noticed a flyer the other day that said your store not only sells instruments but also offers music classes for beginners. Is that true?

W: That's right. We employ multiple instructors, all of whom are very experienced. Is there a particular instrument that you want to try?

M: I'm already familiar with the piano and violin. ⁶⁹My current goal is to learn how to play guitar. Since I have no experience, I'll need a very patient teacher.

W: ⁶⁹We've got just the person to help you out. ⁷⁰Now, let's head over to the counter. We can figure out a time that works for you and get you signed up for classes.

Lewis Instruments Instructors	
Instrument	**Teacher**
Guitar	⁶⁹Matt Hope
Piano	Omar Yanis
Drums	Mavis Liston
Violin	Sue Johnson

68 How did the man learn about a service?
(A) By speaking to a friend
(B) By reading a flyer
(C) By listening to the radio
(D) By visiting a Web site

69 Look at the graphic. Who will most likely instruct the man?
(A) Matt Hope
(B) Omar Yanis
(C) Mavis Liston
(D) Sue Johnson

70 What will the speakers probably do next?
(A) Try out some instruments
(B) Begin a training session
(C) Check a schedule
(D) Discuss the price of an item

68-70번은 다음 대화와 목록에 관한 문제입니다.

M: 실례합니다. ⁶⁸제가 당신의 상점이 악기를 판매할 뿐만 아니라 초보자들에게 음악 수업도 제공한다는 내용의 전단을 최근에 보았는데요. 맞나요?

W: 맞아요. 저희는 많은 강사들을 고용하고 있는데, 그들 모두 경험이 매우 풍부해요. 해보고 싶으신 특정한 악기가 있나요?

M: 저는 이미 피아노와 바이올린에는 익숙해요. ⁶⁹저의 현재 목표는 기타를 연주하는 법을 배우는 거예요. 저는 경험이 없기 때문에, 매우 인내심 있는 선생님이 필요할 거예요.

W: ⁶⁹저희는 당신을 도와드릴 수 있는 딱 맞는 분이 계세요. ⁷⁰이제, 카운터로 가죠. 당신에게 맞는 시간을 알아보고 수업에 등록해드릴게요.

Lewis 악기 강사	
악기	선생님
기타	⁶⁹Matt Hope
피아노	Omar Yanis
드럼	Mavis Liston
바이올린	Sue Johnson

68. 남자는 서비스에 관해 어떻게 알게 되었는가?
(A) 친구와 이야기를 함으로써
(B) 전단을 읽음으로써
(C) 라디오를 들음으로써
(D) 웹사이트를 방문함으로써

69. 시각 자료를 보시오. 누가 남자를 가르칠 것 같은가?
(A) Matt Hope
(B) Omar Yanis
(C) Mavis Liston
(D) Sue Johnson

70. 화자들은 다음에 무엇을 할 것 같은가?
(A) 몇몇 악기를 사용해 본다.
(B) 교육 수업을 시작한다.
(C) 일정을 확인한다.
(D) 제품의 가격에 대해 논의한다.

지문 flyer[fláiər] 전단 instrument[ínstrəmənt] 악기, 도구 beginner[bigínər] 초보자 multiple[mʌ́ltipl] 많은 instructor[instrʌ́ktər] 강사, 교사 experienced[ikspíəriənst] 경험이 풍부한 particular[미 pərtíkjələr, 영 pətíkjələ] 특정한 be familiar with ~에 익숙한, 친숙한 current[미 kə́:rənt, 영 kʌ́rənt] 현재의, 지금의 patient[péiʃənt] 인내심 있는, 참을성 있는 sign up ~에 등록하다

69 instruct[instrʌ́kt] 가르치다

70 try out ~을 사용해 보다 training[tréiniŋ] 교육 session[séʃən] 수업, 기간

68 ■ 세부 사항 관련 문제 방법
정답 (B)

남자가 서비스에 관해 알게 된 방법을 묻는 문제이므로, 질문의 핵심어구(learn about a service)와 관련된 내용을 주의 깊게 듣는다. 남자가 "I noticed a flyer the other day that said your store not only sells instruments but also offers music classes for beginners."라며 여자의 상점이 악기를 판매할 뿐만 아니라 초보자들에게 음악 수업도 제공한다는 내용의 전단을 최근에 보았다고 하였다. 따라서 정답은 (B) By reading a flyer이다.

69 ■ 세부 사항 관련 문제 시각 자료
정답 (A)

남자를 가르칠 사람을 묻는 문제이므로, 제시된 목록의 정보를 확인한 뒤 질문의 핵심어구(Who ~ instruct the man)와 관련된 내용을 주의 깊게 듣는다. 남자가 여자에게 "My current goal is to learn how to play guitar."라며 자신의 현재 목표가 기타를 연주하는 법을 배우는 거라고 하자, 여자가 "We've got just the person to help you out."이라며 남자를 도와줄 수 있는 딱 맞는 사람이 있다고 하였으므로, 남자에게 가르칠 사람이 기타 선생님인 Matt Hope임을 목록에서 알 수 있다. 따라서 정답은 (A) Matt Hope이다.

70 ■ 세부 사항 관련 문제 다음에 할 일
정답 (C)

화자들이 다음에 할 일을 묻는 문제이므로, 대화의 마지막 부분을 주의 깊게 듣는다. 여자가 "Now, let's head over to the counter. We can figure out a time that works for you and get you signed up for classes."라며 이제 카운터로 가자고 한 뒤, 남자에게 맞는 시간을 알아보고 수업에 등록해주겠다는 말을 통해 화자들이 일정을 확인할 것임을 알 수 있다. 따라서 정답은 (C) Check a schedule이다.

바꾸어 표현하기
figure out a time that works for you 당신에게 맞는 시간을 알아보다 → Check a schedule 일정을 확인하다

PART 4

71
72
73

Questions 71-73 refer to the following talk.

🎧 미국식 발음

⁷¹I'd like to thank everyone on the board of directors for coming to this year's strategy meeting. We're going to follow the same agenda that we had in previous years. This morning, we'll hear reports from the heads of the finance and product design departments. After lunch, we'll talk about revenue projections for the coming year. And ⁷²at 3 P.M., we'll have an in-depth discussion about the mobile phone applications that we'll be releasing soon and how they can be used to capture a greater share of the market. ⁷³Now, before we get started with those activities, I'd like to take the next few minutes to distribute some handouts.

71 Who most likely are the listeners?
(A) Potential investors
(B) Board members
(C) Accounting consultants
(D) Product designers

72 What does the speaker say will be discussed at 3 P.M.?
(A) New government regulations
(B) International markets
(C) Mobile phone applications
(D) Expansion plans

73 What will most likely happen next?
(A) Some devices will be installed.
(B) Participants will take a short break.
(C) Some materials will be passed out.
(D) Attendees will ask some questions.

71-73번은 다음 담화에 관한 문제입니다.

⁷¹이사회 모든 분들께 올해의 전략 회의에 와주신 것에 대해 감사드리고 싶습니다. 저희는 이전 연도들에 사용했던 것과 동일한 안건을 따를 것입니다. 오늘 아침에 우리는 재무부와 제품 설계부의 부장들로부터 보고를 들을 것입니다. 점심 이후에는 내년 예상 수익에 대해 이야기할 것입니다. 그리고 ⁷²오후 3시에, 곧 출시할 휴대 전화 애플리케이션들 및 더 높은 시장 점유율을 확보하는 데 그것들을 어떻게 사용할지에 대한 심도 깊은 논의를 할 것입니다. ⁷³자, 이런 활동들을 시작하기 전에 유인물들을 나눠드리는 데 다음 몇 분을 사용하고자 합니다.

71. 청자들은 누구인 것 같은가?
(A) 잠재적 투자자들
(B) 이사회 구성원들
(C) 회계 자문 위원들
(D) 제품 설계자들

72. 화자는 오후 3시에 무엇이 논의될 것이라고 말하는가?
(A) 새로운 정부 규제들
(B) 국제 시장
(C) 휴대 전화 애플리케이션들
(D) 확장 계획

73. 다음에 무슨 일이 일어날 것 같은가?
(A) 기기들이 설치될 것이다.
(B) 참가자들은 짧은 휴식을 취할 것이다.
(C) 자료들을 배포할 것이다.
(D) 참석자들이 질문을 할 것이다.

지문 **board of directors** 이사회 **agenda**[ədʒéndə] 안건 **revenue**[révənu:] 수익, 수입 **projection**[prədʒékʃən] 예상, 추정
in-depth 심도 깊은, 면밀한
71 **potential**[pəténʃəl] 잠재적인
72 **regulation**[règjuléiʃən] 규제 **expansion**[ikspǽnʃən] 확장
73 **install**[instɔ́:l] 설치하다 **pass out** 배포하다

---

71 ■ **전체 지문 관련 문제** 청자   정답 (B)

청자들의 신분을 묻는 문제이므로, 신분 및 직업과 관련된 표현을 놓치지 않고 듣는다. "I'd like to thank everyone on the board of directors for coming to this year's strategy meeting."이라며 이사회 모든 사람들에게 올해의 전략 회의에 와준 것에 대해 감사하고 싶다고 한 말을 통해 청자들이 이사회 구성원들임을 알 수 있다. 따라서 정답은 (B) Board members이다.

72 ■ **세부 사항 관련 문제** 특정 세부 사항   정답 (C)

화자가 오후 3시에 논의될 것이라고 말하는 것을 묻는 문제이므로, 질문의 핵심어구(discussed at 3 P.M.)와 관련된 내용을 주의 깊게 듣는다. "at 3 P.M., we'll have an in-depth discussion about the mobile phone applications that we'll be releasing soon"이라며 오후 3시에 곧 출시할 휴대 전화 애플리케이션들에 대한 심도 깊은 논의를 할 것이라고 하였다. 따라서 정답은 (C) Mobile phone applications이다.

73 ■ **세부 사항 관련 문제** 다음에 할 일   정답 (C)

다음에 일어날 일을 묻는 문제이므로, 지문의 마지막 부분을 주의 깊게 듣는다. "Now, before we get started with those activities, I'd like to take the next few minutes to distribute some handouts."라며 활동들을 시작하기 전에 유인물들을 나눠주는 데 다음 몇 분을 사용하고자 한다고 한 말을 통해 자료들을 나눠줄 것임을 알 수 있다. 따라서 정답은 (C) Some materials will be passed out 이다.

바꾸어 표현하기
distribute some handouts 유인물을 나눠주다 → Some materials will be passed out 자료들을 배포할 것이다

74
75
76

Questions 74-76 refer to the following telephone message.

🎧 캐나다식 발음

Hello, Ms. Brock. This is Matthew Zender from *Music Magazine*. ⁷⁴I'm wondering if I could set up a photo shoot with you for next week. I'd like to take your picture in Pembroke Concert Hall, as you were recently named conductor of the regional orchestra. The images will be used in an upcoming article about . . . ah . . . the orchestra's new leadership. ⁷⁵I realize that you have a busy schedule, but I'm guessing it'll just be half an hour or so. ⁷⁶Could you please call our office and let me know whether you'd be interested?

74 Why is the speaker calling?
(A) To inquire about a deadline
(B) To answer questions about tickets
(C) To ask for a payment
(D) To arrange a meeting

75 What does the speaker mean when he says, "I'm guessing it'll just be half an hour or so"?
(A) A press conference will begin shortly.
(B) An appointment will not take long.
(C) A music rehearsal will not be extended.
(D) A conductor will be leaving soon.

76 What does the speaker ask the listener to do?
(A) Cancel a consultation
(B) Provide an answer
(C) Attend a concert
(D) Visit an office

74-76번은 다음 전화 메시지에 관한 문제입니다.

안녕하세요, Ms. Brock. 저는 *Music*지의 Matthew Zender입니다. ⁷⁴제가 다음 주에 당신과의 사진 촬영을 잡을 수 있을지 궁금합니다. 당신이 최근에 지역 오케스트라의 지휘자로 임명되었기 때문에 당신의 사진을 Pembroke 콘서트장에서 찍고 싶습니다. 그 사진들은… 아… 오케스트라의 새로운 지도자들에 대한 곧 공개될 기사에 사용될 것입니다. ⁷⁵당신의 일정이 바쁜 것은 알지만, 그건 단지 30분 정도일 거예요. ⁷⁶관심이 있으신지 저희 사무실에 전화해서 제게 알려주시겠어요?

74. 화자는 왜 전화를 하고 있는가?
(A) 마감일에 관해 문의하기 위해
(B) 입장권에 대한 질문에 답변하기 위해
(C) 지불을 요청하기 위해
(D) 만남을 주선하기 위해

75. 화자는 "그건 단지 30분 정도일 거예요"라고 말할 때 무엇을 의도하는가?
(A) 기자 회견이 곧 시작될 것이다.
(B) 약속이 오래 걸리지 않을 것이다.
(C) 음악 리허설이 연장되지 않을 것이다.
(D) 지휘자가 곧 떠날 것이다.

76. 화자는 청자에게 무엇을 하라고 요청하는가?
(A) 상담을 취소한다.
(B) 답변을 준다.
(C) 콘서트에 참석한다.
(D) 사무실을 방문한다.

지문 **photo shoot** 사진 촬영 **name**[neim] 임명하다 **conductor**[kəndʌ́ktər] 지휘자 **regional**[rí:dʒənl] 지역의 **leadership**[lí:dərʃip] 지도자들, 지도부
74 **arrange**[əréindʒ] 주선하다
75 **press conference** 기자 회견
76 **consultation**[kànsəltéiʃən] 상담, 회담

---

74 ■ **전체 지문 관련 문제** 목적 정답 (D)
전화의 목적을 묻는 문제이므로, 지문의 초반을 반드시 듣는다. "I'm wondering if I could set up a photo shoot with you for next week."이라며 다음 주에 청자와의 사진 촬영을 잡을 수 있을지 궁금하다고 하였다. 따라서 정답은 (D) To arrange a meeting이다.

75 ■ **세부 사항 관련 문제** 의도 파악 정답 (B)
화자가 하는 말의 의도를 묻는 문제이므로, 질문의 인용어구(I'm guessing it'll just be half an hour or so)가 언급된 주변을 주의 깊게 듣는다. "I realize that you have a busy schedule, but I'm guessing it[photo shoot]'ll just be half an hour or so."라며 청자의 일정이 바쁜 것은 알지만 사진 촬영이 단지 30분 정도일 것이라고 했으므로, 약속이 오래 걸리지는 않을 것임을 알 수 있다. 따라서 정답은 (B) An appointment will not take long이다.

76 ■ **세부 사항 관련 문제** 요청 정답 (B)
화자가 청자에게 요청하는 것을 묻는 문제이므로, 지문의 중후반에서 요청과 관련된 표현이 포함된 문장을 주의 깊게 듣는다. "Could you please call our office and let me know whether you'd be interested?"라며 관심이 있는지 자신의 사무실에 전화해서 알려달라고 요청하였다. 따라서 정답은 (B) Provide an answer이다.

Questions 77-79 refer to the following advertisement.

🔊 호주식 발음

77Are you looking for a unique hobby? Do you need more ways to express your creative side? 77If so, then come to the pottery class at the Midtown Artist Loft! We can accommodate people with a wide range of skill levels, from beginners to longtime enthusiasts. And from May to July, our visiting instructor will be 78Diego Bello, who has displayed his collection of vases at gallery events across Europe. 79Visit the Midtown Artist Loft online to see photos of our students' handmade pieces and to enroll today!

77 What type of class is being advertised?
(A) Photography
(B) Piano
(C) Pottery
(D) Painting

78 What does the speaker say about Diego Bello?
(A) He trained with famous artists.
(B) He has participated in exhibits.
(C) He received a major prize.
(D) He was featured in a magazine.

79 According to the speaker, why should the listeners go to a Web site?
(A) To download a document
(B) To look at some pictures
(C) To read a course list
(D) To review special prices

77-79번은 다음 광고에 관한 문제입니다.

77독특한 취미를 찾고 계신가요? 당신의 창의적인 면을 표현할 더 많은 방법들이 필요하신가요? 77그렇다면 Midtown 예술가 다락방의 도자기 수업에 오세요! 저희는 초보자부터 오랜 애호가까지 다양한 범위의 숙련도를 지닌 분들을 수용할 수 있습니다. 그리고 유럽 전역에 걸쳐 78미술관 행사들에 본인의 항아리 소장품들을 전시한 Diego Bello가 5월부터 7월까지 저희의 객원 강사가 될 것입니다. 79온라인으로 Midtown 예술가 다락방을 방문하셔서 저희 수강생들의 수공예 작품 사진들을 보시고 오늘 등록하세요!

77. 어떤 종류의 수업이 광고되고 있는가?
(A) 사진 촬영
(B) 피아노
(C) 도자기
(D) 그림

78. 화자는 Diego Bello에 관해 무엇을 말하는가?
(A) 그는 유명한 예술가들과 함께 훈련받았다.
(B) 그는 전시회들에 참여했다.
(C) 그는 주요 상을 받았다.
(D) 그는 잡지에 출연했다.

79. 화자에 따르면, 청자들은 왜 웹사이트를 방문해야 하는가?
(A) 문서를 다운로드하기 위해
(B) 사진들을 보기 위해
(C) 강좌 목록을 읽기 위해
(D) 특별가를 확인하기 위해

지문 **pottery**[미 pá:təri, 영 pɔ́təri] 도자기 **accommodate**[미 əkámədèit, 영 əkɔ́mədèit] 수용하다, 맞추다 **vase**[미 veis, 영 va:z] 항아리, 꽃병
enroll[inróul] 등록하다
78 **feature**[fí:tʃər] 출연하다, 대서특필하다
79 **course**[kɔ:rs] 강좌, 강의

77 ■ 전체 지문 관련 문제 주제
정답 (C)

광고의 주제를 묻는 문제이므로, 지문의 초반을 반드시 듣는다. "Are you looking for a unique hobby?"라며 독특한 취미를 찾고 있는지 물은 뒤, "If so, then come to the pottery class at the Midtown Artist Loft!"라며 Midtown 예술가 다락방의 도자기 수업에 오라고 하였다. 이를 통해 도자기 수업이 광고되고 있음을 알 수 있다. 따라서 정답은 (C) Pottery이다.

78 ■ 세부 사항 관련 문제 언급
정답 (B)

화자가 Diego Bello에 관해 언급하는 것을 묻는 문제이므로, 질문의 핵심어구(Diego Bello)가 언급된 주변을 주의 깊게 듣는다. "Diego Bello, who has displayed his collection of vases at gallery events"라며 미술관 행사들에 본인의 항아리 소장품들을 전시한 Diego Bello라고 한 것을 통해 그가 전시회들에 참여했다는 것을 알 수 있다. 따라서 정답은 (B) He has participated in exhibits이다.

79 ■ 세부 사항 관련 문제 이유
정답 (B)

청자들이 웹사이트에 방문해야 하는 이유를 묻는 문제이므로, 질문의 핵심어구(go to a Web site)와 관련된 내용을 주의 깊게 듣는다. "Visit the Midtown Artist Loft online to see photos of our students' handmade pieces"라며 온라인으로 Midtown 예술가 다락방을 방문하여 수강생들의 수공예 작품 사진들을 보라고 하였다. 따라서 정답은 (B) To look at some pictures이다.

바꾸어 표현하기
see photos 사진들을 보다 → look at ~ pictures 사진들을 보다

Questions 80-82 refer to the following excerpt from a meeting.

🔊 영국식 발음

⁸⁰I know that you all are still new to our firm's accounting department and have yet to master our software for tracking travel reimbursements. However, entering and updating requests from staff is an important part of your job. And since some of you have mentioned that you find the software confusing, I've organized a training session on the matter. ⁸¹I've asked Mr. Nunes, a technology specialist, to explain the software. His talk shouldn't take more than 15 minutes. ⁸²Before he begins, though, please pick up one of the software user guides from the stack on the table. He will be referring to this document throughout the workshop.

80 Who most likely are the listeners?
(A) Accountants
(B) Technicians
(C) Software developers
(D) Advertising specialists

81 According to the speaker, what task was assigned to Mr. Nunes?
(A) Giving workers an office tour
(B) Explaining a computer program
(C) Correcting some recording errors
(D) Talking about a firm's history

82 What will the listeners do next?
(A) Install a program
(B) Sign a document
(C) Get a manual
(D) Register for a workshop

80-82번은 다음 회의 발췌록에 관한 문제입니다.

⁸⁰여러분 모두가 우리 회사의 회계부에 들어온 지 아직 얼마 안 되었고 여행 경비를 추적하는 우리 소프트웨어를 아직 완전히 익히지 못했다는 것을 압니다. 하지만 직원들의 요청 사항을 입력하고 갱신하는 것은 여러분 업무의 중요한 부분입니다. 그리고 여러분 중 일부가 소프트웨어가 헷갈린다고 언급하셨기 때문에 그 사안에 대한 교육 강습회를 준비했습니다. ⁸¹제가 기술 전문가인 Mr. Nunes에게 그 소프트웨어를 설명해달라고 요청하였습니다. 그의 강연은 15분 이상 걸리지 않을 것입니다. ⁸²하지만 그가 시작하기 전에, 탁자 위에 쌓여 있는 소프트웨어 이용자 설명서 한 부를 가져가시기 바랍니다. 그는 이 문서를 워크숍 동안 언급할 것입니다.

80. 청자들은 누구인 것 같은가?
(A) 회계사들
(B) 기술자들
(C) 소프트웨어 개발자들
(D) 광고 전문가들

81. 화자에 따르면, 어떤 업무가 Mr. Nunes에게 맡겨졌는가?
(A) 직원들에게 사무실 견학을 시켜주는 것
(B) 컴퓨터 프로그램을 설명하는 것
(C) 기록 오류를 정정하는 것
(D) 회사의 역사에 대해 이야기하는 것

82. 청자들은 다음에 무엇을 할 것인가?
(A) 프로그램을 설치한다.
(B) 서류에 서명한다.
(C) 설명서를 받는다.
(D) 워크숍에 등록한다.

지문 track[træk] 추적하다 enter[éntər] 입력하다 specialist[spéʃəlist] 전문가 refer to ~을 언급하다
80 developer[divéləpər] 개발자
81 assign[əsáin] 맡기다, 배정하다 correct[kərékt] 정정하다, 바로잡다

80 ■ **전체 지문 관련 문제** 청자 정답 (A)
청자들의 신분을 묻는 문제이므로, 신분 및 직업과 관련된 표현을 놓치지 않고 듣는다. "I know that you all are still new to our firm's accounting department"라며 청자들이 이 회사의 회계부에 들어온 지 아직 얼마 안 되었다는 것을 안다고 한 말을 통해 청자들은 회계부 직원들, 즉 회계사들임을 알 수 있다. 따라서 정답은 (A) Accountants이다.

81 ■ **세부 사항 관련 문제** 특정 세부 사항 정답 (B)
Mr. Nunes에게 맡겨진 업무를 묻는 문제이므로, 질문의 핵심어구(task ~ assigned to Mr. Nunes)와 관련된 내용을 주의 깊게 듣는다. "I've asked Mr. Nunes, a technology specialist, to explain the software."라며 화자가 기술 전문가인 Mr. Nunes에게 그 소프트웨어를 설명해달라고 요청했다고 하였다. 따라서 정답은 (B) Explaining a computer program이다.

82 ■ **세부 사항 관련 문제** 다음에 할 일 정답 (C)
청자들이 다음에 할 일을 묻는 문제이므로, 지문의 마지막 부분을 주의 깊게 듣는다. "Before he begins, though, please pick up one of the software user guides from the stack on the table."이라며 탁자 위에 쌓여 있는 소프트웨어 이용자 설명서 한 부를 가져가라고 하였다. 따라서 정답은 (C) Get a manual이다.

Questions 83-85 refer to the following announcement.

🎧 미국식 발음

⁸³Thank you all for coming tonight to help raise money for our nonprofit dental organization, Clean Teeth. My name is Ashani Mia, and I'm the president of Clean Teeth. Now, before we begin, I'd like to make some brief announcements. First, ⁸⁴I've prepared various brochures detailing past and current projects, such as our most recent initiative with low-income families in Detroit. They have been laid out on the table near the entrance. Second, the auction won't start until 7 P.M., but ⁸⁵I suggest you check out the various donated goods up for auction. That way, you can familiarize yourself with the items, which will make the bidding process easier later.

83 Where most likely are the listeners?
(A) At a business launch
(B) At a convention
(C) At a corporate banquet
(D) At a fund-raiser

84 What does the speaker mean when she says, "They have been laid out on the table near the entrance"?
(A) Some handouts should be relocated.
(B) A booth is no longer available.
(C) Some materials can be picked up.
(D) A request has been carried out.

85 What does the speaker suggest the listeners do?
(A) View some auction items
(B) Socialize with others
(C) Take an event schedule
(D) Return to their seats

83-85번은 다음 공지에 관한 문제입니다.

⁸³저희 비영리 치과 기관인 Clean Teeth를 위한 모금을 돕기 위해 오늘 밤에 와주신 것에 대해 여러분 모두에게 감사드립니다. 제 이름은 Ashani Mia이며, 저는 Clean Teeth의 회장입니다. 자, 시작하기에 앞서, 저는 간략한 발표를 몇 가지 하고자 합니다. 첫째로, ⁸⁴디트로이트의 저소득 가정들에 대한 저희의 가장 최근 계획과 같은, 과거와 현재의 프로젝트들을 상세히 설명하는 다양한 책자들을 준비했습니다. 그것들은 입구 근처의 탁자에 놓여 있습니다. 둘째로, 경매는 오후 7시가 되어서야 시작할 예정이지만, ⁸⁵경매에 내놓아진 다양한 기부 제품들을 확인하실 것을 제안드립니다. 그렇게 함으로써 여러분은 그 품목들에 익숙해지실 것이며, 이는 이후에 경매 절차를 더 쉽게 해줄 것입니다.

83. 청자들은 어디에 있는 것 같은가?
(A) 사업 개시 행사에
(B) 컨벤션에
(C) 기업 연회에
(D) 모금 행사에

84. 화자는 "그것들은 입구 근처의 탁자에 놓여 있습니다"라고 말할 때 무엇을 의도하는가?
(A) 일부 유인물들이 재배치되어야 한다.
(B) 부스가 더 이상 사용 가능하지 않다.
(C) 자료들을 가져갈 수 있다.
(D) 요청 사항이 이행되었다.

85. 화자는 청자들에게 무엇을 하라고 제안하는가?
(A) 경매 제품들을 둘러본다.
(B) 다른 사람들과 어울린다.
(C) 행사 일정표를 가져간다.
(D) 자신의 자리로 돌아간다.

지문 nonprofit[nὰnprάfit] 비영리적인 detail[dí:teil] 상세히 설명하다, 열거하다 initiative[iníʃiətiv] 계획 low-income[lóuínkʌm] 저소득의 auction[ɔ́:kʃən] 경매 familiarize[fəmíliəraiz] 익숙하게 하다
83 launch[lɔ:ntʃ] 개시 행사, 개시 fundraiser[fʌ́ndrèizər] 모금 행사
84 relocate[rìlóukeit] 재배치하다, 옮기다 carry out 이행하다, 수행하다 85 socialize[sóuʃəlaiz] 어울리다, 사귀다

83 ■ 전체 지문 관련 문제 장소   정답 (D)

청자들이 있는 장소를 묻는 문제이므로, 장소와 관련된 표현을 놓치지 않고 듣는다. "Thank you all for coming tonight to help raise money for our nonprofit dental organization, Clean Teeth."라며 비영리 치과 기관인 Clean Teeth를 위한 모금을 돕기 위해 오늘 밤에 와준 것에 대해 감사하다고 하였다. 따라서 정답은 (D) At a fund-raiser이다.

84 ■ 세부 사항 관련 문제 의도 파악   정답 (C)

화자가 하는 말의 의도를 묻는 문제이므로, 질문의 인용어구(They have been laid out on the table near the entrance)가 언급된 주변을 주의 깊게 듣는다. "I've prepared various brochures ~ . They have been laid out on the table near the entrance." 라며 다양한 책자들을 준비했다고 한 뒤, 책자들이 입구 근처의 탁자에 놓여 있다고 했으므로 자료들을 가져갈 수 있다는 것임을 알 수 있다. 따라서 정답은 (C) Some materials can be picked up이다.

85 ■ 세부 사항 관련 문제 제안   정답 (A)

화자가 청자들에게 제안하는 것을 묻는 문제이므로, 지문의 중후반에서 제안과 관련된 표현이 포함된 문장을 주의 깊게 듣는다. "I suggest you check out the various donated goods up for auction"이라며 경매에 내놓아진 다양한 기부 제품들을 확인할 것을 제안하였다. 따라서 정답은 (A) View some auction items이다.

Questions 86-88 refer to the following telephone message.

🔊 영국식 발음

Good morning, Mr. Collins. My name is Alice Lee, and ⁸⁶I'm calling to welcome you on behalf of our local neighborhood association. The organization was founded last year to help people who move into our area settle in. ⁸⁷I have a welcome basket for you, **which is filled with homemade treats from association members as well as coupons donated by local businesses.** ⁸⁸I'd like to bring it to your house within the week. The visit will only take a few minutes, although I'd be happy to stay longer to answer any questions you might have. ⁸⁸Please call me back at the number I've used to reach you to set up a time.

86 Why is the speaker calling?
(A) To turn down an invitation
(B) To greet a new resident
(C) To change a schedule
(D) To sign up for a group

87 What does the speaker have for the listener?
(A) A membership card
(B) A welcome basket
(C) A rental contract
(D) A registration sheet

88 What will most likely happen within the week?
(A) A meeting will take place.
(B) A coupon book will be mailed.
(C) A homeowner will move.
(D) A newsletter will be issued.

86-88번은 다음 전화 메시지에 관한 문제입니다.

안녕하세요, Mr. Collins. 제 이름은 Alice Lee이며, ⁸⁶저는 저희 지역 주민 협회를 대신하여 당신을 환영하기 위해 전화드립니다. 이 단체는 저희 지역으로 이사 오는 사람들이 적응하는 것을 돕기 위해 작년에 설립되었습니다. ⁸⁷저는 당신을 위한 환영 바구니를 가지고 있는데, 여기에는 지역 업체들로부터 기증된 쿠폰들뿐만 아니라 협회 회원들이 집에서 만든 특별한 선물들로 가득 차 있습니다. ⁸⁸저는 이것을 이번 주 중에 당신의 집으로 가져다 드리고 싶습니다. 이 방문은 몇 분밖에 걸리지 않을 것이지만, 당신이 질문이 있다면 대답하기 위해 기꺼이 더 오래 머물 수 있습니다. ⁸⁸시간을 정하기 위해 제가 연락드릴 때 사용한 이 번호로 저에게 다시 전화 주십시오.

86. 화자는 왜 전화를 하고 있는가?
(A) 초대를 거절하기 위해
(B) 새로운 주민을 환영하기 위해
(C) 일정을 변경하기 위해
(D) 단체에 가입하기 위해

87. 화자는 청자를 위해 무엇을 가지고 있는가?
(A) 회원증
(B) 환영 바구니
(C) 임대 계약서
(D) 등록 신청서

88. 이번 주 내로 무슨 일이 일어날 것 같은가?
(A) 만남이 이뤄질 것이다.
(B) 쿠폰북이 발송될 것이다.
(C) 집주인이 이사할 것이다.
(D) 소식지가 발행될 것이다.

지문 neighborhood[néibərhùd] 주민, 이웃 settle in 적응하다 treat[triːt] 특별한 선물
86 turn down 거절하다 greet[griːt] 환영하다, 맞이하다 resident[rézidənt] 주민
87 registration[rèdʒistréiʃən] 등록
88 homeowner[hóumounər] 집주인 newsletter[núːzletər] 소식지 issue[íʃuː] 발행하다

---

86 ■ 전체 지문 관련 문제 목적   정답 (B)
○○○●●
중
전화의 목적을 묻는 문제이므로, 지문의 초반을 반드시 듣는다. "I'm calling to welcome you on behalf of our local neighborhood association. The organization was founded last year to help people who move into our area settle in."이라며 지역 주민 협회를 대신하여 청자를 환영하기 위해 전화한다고 한 뒤, 이 단체는 자신들의 지역으로 이사 오는 사람들이 적응하는 것을 돕기 위해 설립되었다고 하였다. 이를 통해 화자는 새로 이사 온 청자를 환영하기 위해 전화한 것임을 알 수 있다. 따라서 정답은 (B) To greet a new resident이다.

87 ■ 세부 사항 관련 문제 특정 세부 사항   정답 (B)
○○○○●
하
화자가 청자를 위해 가지고 있는 것을 묻는 문제이므로, 질문의 핵심어구(have for the listener)와 관련된 내용을 주의 깊게 듣는다. "I have a welcome basket for you"라며 청자를 위한 환영 바구니를 가지고 있다고 하였다. 따라서 정답은 (B) A welcome basket이다.

88 ■ 세부 사항 관련 문제 다음에 할 일   정답 (A)
○○○●●
상
이번 주 내로 일어날 일을 묻는 문제이므로, 질문의 핵심어구(happen within the week)와 관련된 내용을 주의 깊게 듣는다. "I'd like to bring it[welcome basket] to your house within the week."이라며 화자가 환영 바구니를 이번 주 중으로 청자의 집으로 가져다 주고 싶다고 한 뒤, "Please call me back ~ to set up a time."이라며 시간을 정하기 위해 다시 전화 달라고 하였다. 이를 통해 화자가 청자를 만나러 갈 것임을 알 수 있다. 따라서 정답은 (A) A meeting will take place이다.

Questions 89-91 refer to the following broadcast.

🎧 캐나다식 발음

In other news, ⁸⁹the Woodward County Fair will be held from October 2 to October 5 in Abbott City. The regional event will feature carnival rides, games, and amazing food. Also, a visual arts tent will be set up this year for the first time in order to promote artists from around the area. ⁹⁰And as was done at past events, several bands will hold shows each afternoon. Finally, a special children's zone will include singers, clowns, and magicians. ⁹¹General admission tickets will be sold at the entrance gate of Hansen Park on each day of the event.

89 What event will take place in October?
(A) A trade fair
(B) An art contest
(C) A sports competition
(D) A regional festival

90 What is mentioned about the event?
(A) It will attract international visitors.
(B) It is going to feature local celebrities.
(C) It will have performances daily.
(D) It is going to be partially televised.

91 How can the listeners acquire tickets?
(A) By calling a phone number
(B) By entering a special drawing
(C) By ordering them online
(D) By buying them at a gate

89-91번은 다음 방송에 관한 문제입니다.

다른 소식으로, ⁸⁹우드워드주 박람회가 애벗시에서 10월 2일부터 10월 5일까지 열릴 예정입니다. 이 지역 행사에는 축제 놀이기구, 게임, 그리고 놀라운 음식들이 특별히 준비될 것입니다. 또한, 올해에는 그 지역 부근의 예술가들을 홍보하기 위해 시각 예술 천막이 처음으로 세워질 것입니다. ⁹⁰그리고 과거 행사들에서와 마찬가지로, 여러 밴드들이 매일 오후에 공연을 열 것입니다. 마지막으로, 어린이 특별 구역은 가수들, 광대들, 그리고 마술가들을 포함할 것입니다. ⁹¹일반 입장권은 행사 기간 동안 매일 Hansen 공원의 입구에서 판매될 것입니다.

89. 10월에 어떤 행사가 열릴 것인가?
(A) 무역 박람회
(B) 예술 대회
(C) 스포츠 경기
(D) 지역 축제

90. 행사에 관해 무엇이 언급되는가?
(A) 국제적인 방문객들을 끌어모을 것이다.
(B) 지역 유명 인사들을 포함할 것이다.
(C) 매일 공연이 있을 것이다.
(D) 부분적으로 방송될 것이다.

91. 청자들은 어떻게 입장권을 얻을 수 있는가?
(A) 전화번호로 전화함으로써
(B) 특별 추첨에 참가함으로써
(C) 온라인으로 주문함으로써
(D) 입구에서 구매함으로써

지문 fair[feər] 박람회 regional[rí:dʒənl] 지역의 visual art 시각 예술 clown[klaun] 광대 magician[məʤíʃən] 마술가
89 trade[treid] 무역
90 attract[ətrǽkt] 끌어모으다 partially[páːrʃəli] 부분적으로 televise[télivaiz] (텔레비전으로) 방송하다
91 drawing[drɔ́:iŋ] 추첨

89 ■ 세부 사항 관련 문제 특정 세부 사항 정답 (D)
○○○●● 중
10월에 열릴 행사를 묻는 문제이므로, 질문의 핵심어구(October)가 언급된 주변을 주의 깊게 듣는다. "the Woodward County Fair will be held from October 2 to October 5 in Abbott City. The regional event will feature carnival rides, games, and amazing food."라며 우드워드주 박람회가 애벗시에서 10월 2일부터 10월 5일까지 열릴 예정이라고 한 뒤, 이 지역 행사에 축제 놀이기구, 게임, 그리고 놀라운 음식들이 특별히 준비될 것이라고 하였다. 따라서 정답은 (D) A regional festival이다.

90 ■ 세부 사항 관련 문제 언급 정답 (C)
○○●●● 중
행사에 관해 언급되는 것을 묻는 문제이므로, 질문의 핵심어구(event)가 언급된 주변을 주의 깊게 듣는다. "And as was done at past events, several bands will hold shows each afternoon."이라며 과거 행사들에서와 마찬가지로, 여러 밴드들이 매일 오후에 공연을 열 것이라고 하였다. 따라서 정답은 (C) It will have performances daily이다.

바꾸어 표현하기
hold shows each afrernoon 매일 오후에 공연을 열다 → have performances daily 매일 공연이 있다

91 ■ 세부 사항 관련 문제 방법 정답 (D)
○○○●● 하
청자들이 입장권을 얻을 수 있는 방법을 묻는 문제이므로, 질문의 핵심어구(tickets)가 언급된 주변을 주의 깊게 듣는다. "General admission tickets will be sold at the entrance gate of Hansen Park on each day of the event."라며 일반 입장권은 행사 기간 동안 매일 Hansen 공원의 입구에서 판매될 것이라고 하였다. 따라서 정답은 (D) By buying them at a gate이다.

Questions 92-94 refer to the following talk.

[美] 미국식 발음

⁹²Starting next week, our orchestra hall is going to start accepting digital tickets in addition to traditional paper ones. ⁹³In order to process a digital pass, you will have to scan the ticket barcode that is on the customer's smartphone. This can be done on the new machines that we had hooked up this morning. ⁹³Although this will require staff to learn a new process, recent trends are clear. These days, smartphones are used in all sorts of ways. OK, ⁹⁴I'd like you all to follow me to the front desk, so I can show everyone how to properly use the scanners.

92 Where do the listeners work?
(A) At a movie theater
(B) At a conference center
(C) At a retail outlet
(D) At a concert venue

93 Why does the speaker say, "smartphones are used in all sorts of ways"?
(A) To promote some device accessories
(B) To justify an admission procedure
(C) To recommend a paid service
(D) To explain a warranty benefit

94 What will the listeners do at a front desk?
(A) Watch a demonstration
(B) Register for training
(C) Meet new personnel
(D) Install some equipment

92-94번은 다음 담화에 관한 문제입니다.

⁹²다음 주부터 우리 오케스트라 홀은 전통적인 종이 입장권뿐만 아니라 디지털 입장권을 받기 시작할 것입니다. ⁹³디지털 입장권을 처리하기 위해서, 여러분은 고객들의 스마트폰에 있는 입장권 바코드를 스캔해야 합니다. 이것은 오늘 아침에 우리가 연결한 새로운 기계로 할 수 있습니다. ⁹³비록 직원들이 새로운 절차를 배우는 것이 필요하겠지만, 최근의 경향은 분명합니다. 요즘 스마트폰은 많은 방식으로 사용됩니다. 좋습니다, ⁹⁴제가 모두에게 어떻게 스캐너를 제대로 사용하는지 보여드릴 수 있도록 모두 안내 데스크로 저를 따라오시기 바랍니다.

92. 청자들은 어디에서 일하는가?
(A) 영화관에서
(B) 회의장에서
(C) 소매점에서
(D) 콘서트 장소에서

93. 화자는 왜 "스마트폰은 많은 방식으로 사용됩니다"라고 말하는가?
(A) 기기 부속품을 홍보하기 위해
(B) 입장 절차를 정당화하기 위해
(C) 유료 서비스를 제안하기 위해
(D) 보증 혜택을 설명하기 위해

94. 청자들은 안내 데스크에서 무엇을 할 것인가?
(A) 시연을 본다.
(B) 교육에 등록한다.
(C) 새로운 직원들을 만난다.
(D) 장비를 설치한다.

지문 pass[pæs] 입장권 hook up 연결하다 trend[trend] 경향 all sorts of 많은, 모든 종류의 properly[prɑ́:pərli] 제대로
93 accessory[əksésəri] 부속품 justify[dʒʌ́stifai] 정당화하다 admission[ədmíʃən] 입장 procedure[prəsí:dʒər] 절차, 방법
warranty[wɔ́:rənti] 보증
94 demonstration[dèmənstréiʃən] 시연, 설명 personnel[pə̀:rsənél] 직원들

92 ■ 전체 지문 관련 문제 청자   정답 (D)
○○○○● 하
청자들이 일하는 장소를 묻는 문제이므로, 신분 및 직업과 관련된 표현을 놓치지 않고 듣는다. "Starting next week, our orchestra hall is going to start accepting digital tickets"라며 다음 주부터 오케스트라홀은 디지털 입장권을 받기 시작할 것이라고 한 것을 통해 청자들이 일하는 장소가 콘서트 장소임을 알 수 있다. 따라서 정답은 (D) At a concert venue이다.

93 ■ 세부 사항 관련 문제 의도 파악   정답 (B)
○●●●● 상
화자가 하는 말의 의도를 묻는 문제이므로, 질문의 인용어구(smartphones are used in all sorts of ways)가 언급된 주변을 주의 깊게 듣는다. "In order to process a digital pass, you will have to scan the ticket barcode that is on the customer's smartphone."이라며 디지털 입장권을 처리하기 위해서 청자들이 고객들의 스마트폰에 있는 입장권 바코드를 스캔해야 한다고 한 뒤, "Although this will require staff to learn a new process, recent trends are clear. These days, smartphones are used in all sorts of ways."라며 비록 직원들이 새로운 절차를 배우는 것이 필요하겠지만 최근의 경향은 분명하며, 요즘 스마트폰은 많은 방식으로 사용된다고 하였다. 이를 통해 스마트폰을 사용하는 새로운 입장 절차를 정당화하려는 의도임을 알 수 있다. 따라서 정답은 (B) To justify an admission procedure이다.

94 ■ 세부 사항 관련 문제 특정 세부 사항   정답 (A)
○○●●● 중
청자들이 안내 데스크에서 할 것을 묻는 문제이므로, 질문의 핵심어구(front desk)가 언급된 주변을 주의 깊게 듣는다. "I'd like you all to follow me to the front desk, so I can show everyone how to properly use the scanners"라며 모두에게 어떻게 스캐너를 제대로 사용하는지 보여줄 수 있도록 모두 안내 데스크로 따라오라고 하였다. 따라서 정답은 (A) Watch a demonstration이다.

Questions 95-97 refer to the following announcement and mall directory.

🔊 호주식 발음

Attention all Gibson Mall shoppers. This summer marks a number of changes to our shopping center. In addition to adding three new rides to our Wacky World amusement park, our food court has been expanded. [95]Just this week, a brand new fast food restaurant—Burrito House—opened for business. To celebrate their opening, [96]customers can get an order of chips and salsa at no additional cost with any entrée. But that's not all. Gibson Mall is also hosting many events these days! For instance, [97]children's book author Jemma Harrison will be signing autographs to promote her newest publication. This event will take place at Readtopia from 1 to 3 P.M.

Gibson Mall	
Store	[97]Wing
Kids Palace	North
Vincent Books	East
The Nook	South
Readtopia	[97]West

95 What was recently opened?
(A) A clothing outlet
(B) A bookstore
(C) A dining establishment
(D) An amusement park

96 What does the speaker say some customers will receive for free?
(A) An admission pass
(B) A menu item
(C) A book
(D) A souvenir

97 Look at the graphic. Where will a signing event take place?
(A) In the North Wing
(B) In the East Wing
(C) In the South Wing
(D) In the West Wing

95-97번은 다음 공지와 쇼핑몰 안내판에 관한 문제입니다.

Gibson 쇼핑몰 쇼핑객들은 모두 주목해 주십시오. 이번 여름에 저희 쇼핑 센터에 많은 변화들이 나타납니다. 저희의 Wacky World 놀이 공원에 세 개의 새로운 놀이기구가 추가된 것뿐만 아니라, 푸드 코트도 확장되었습니다. [95]바로 이번 주에 새로운 음식점인 Burrito House가 영업을 시작했습니다. 개점을 기념하여, [96]고객들께서는 주요리를 주문하시면 감자튀김과 살사를 추가 금액 없이 받으실 수 있습니다. 그러나 그게 다가 아닙니다. Gibson 쇼핑몰은 요즘 많은 행사들을 개최하고 있습니다! 예를 들면, [97]아동 도서 작가인 Jemma Harrison은 그녀의 최근 출판물을 홍보하기 위해 사인을 해드릴 것입니다. 이 행사는 Readtopia에서 오후 1시부터 3시까지 열릴 것입니다.

Gibson 쇼핑몰	
상점	[97]동
Kids Palace	북쪽
Vincent Books	동쪽
The Nook	남쪽
Readtopia	[97]서쪽

95. 무엇이 최근에 문을 열었는가?
(A) 의류 매장
(B) 서점
(C) 식당
(D) 놀이 공원

96. 화자는 일부 고객들이 무엇을 무료로 받게 될 것이라고 말하는가?
(A) 입장권
(B) 메뉴 품목
(C) 책
(D) 기념품

97. 시각 자료를 보시오. 사인회가 어디에서 일어날 것인가?
(A) 북쪽 동에서
(B) 동쪽 동에서
(C) 남쪽 동에서
(D) 서쪽 동에서

지문 ride[raid] 놀이기구 expand[ikspǽnd] 확장하다 entrée[áːntrei, 영 ɔ́ntrei] 주요리 autograph[미 ɔ́ːtəgræf, 영 ɔ́ːtəgrɑːf] 사인, 자필 서명
publication[pʌ̀blikéiʃən] 출판물
95 outlet[áutlet] 매장
96 souvenir[sùːvəníər] 기념품

95 ■ 세부 사항 관련 문제 특정 세부 사항

정답 (C)

최근에 문을 연 것을 묻는 문제이므로, 질문의 핵심어구(recently opened)와 관련된 내용을 주의 깊게 듣는다. "Just this week, a brand new fast food restaurant—Burrito House—opened for business."라며 바로 이번 주에 새로운 음식점인 Burrito House가 영업을 시작했다고 하였다. 따라서 정답은 (C) A dining establishment이다.

바꾸어 표현하기

a ~ fast food restaurant 음식점 → A dining establishment 식당

96 ■ 세부 사항 관련 문제 특정 세부 사항

정답 (B)

일부 고객들이 무료로 받게 될 것을 묻는 문제이므로, 질문의 핵심어구(customers ~ receive for free)와 관련된 내용을 주의 깊게 듣는다. "customers can get an order of chips and salsa at no additional cost with any entrée"라며 고객들은 주요리를 주문하면 감자튀김과 살사를 추가 금액 없이 받을 수 있다고 하였다. 따라서 정답은 (B) A menu item이다.

97 ■ 세부 사항 관련 문제 시각 자료

정답 (D)

사인회가 일어날 곳을 묻는 문제이므로, 제시된 쇼핑몰 안내판의 정보를 확인한 뒤 질문의 핵심어구(signing event)와 관련된 내용을 주의 깊게 듣는다. "children's book author Jemma Harrison will be signing autographs ~ . This event will take place at Readtopia"라며 아동 도서 작가인 Jemma Harrison이 사인을 해줄 것이라고 한 뒤, 이 행사는 Readtopia에서 열릴 것이라고 하였다. 이를 통해 Readtopia가 있는 서쪽 동에서 사인회가 열릴 것임을 쇼핑몰 안내판에서 알 수 있다. 따라서 정답은 (D) In the West Wing 이다.

Questions 98-100 refer to the following excerpt from a meeting and survey.

98-100번은 다음 회의 발췌록과 설문 조사표에 관한 문제입니다.

[영국식 발음]

Since sales have been weak at our branch of Petra Motors for a while, ⁹⁸the marketing department manager, Dan McGee, conducted an extensive customer survey about three months ago. After reviewing the feedback, we implemented some changes and then conducted a follow-up survey last week. ⁹⁹Our lowest-scoring category last year is now our highest-rated one. That's certainly good news. However, customers are still not very impressed with our showroom's interior design and the speed of our services. ¹⁰⁰I've put together a brief slide show that covers both of these issues, which I'll show you now. It offers multiple suggestions about how our mechanics can speed up their workflow.

우리 Petra Motors 지점의 매출이 한동안 약세였기 때문에, ⁹⁸마케팅 부서장인 Dan McGee는 약 3개월 전에 광범위한 고객 설문 조사를 실시했습니다. 의견을 검토한 후, 우리는 몇몇의 변경을 실행했고 지난주에 후속 설문 조사를 실시했습니다. ⁹⁹작년에 가장 점수가 낮았던 부문이 이제는 가장 높은 등급이 되었습니다. 그것은 확실히 좋은 소식입니다. 하지만 고객들은 여전히 전시실 내부 디자인과 서비스 속도에 그다지 감명받지 못하고 있습니다. ¹⁰⁰제가 이 두 가지 문제를 다루는 간략한 슬라이드 쇼를 준비했는데, 지금 그것을 보여드리겠습니다. 이것은 우리 정비공들이 어떻게 작업 흐름에 속도를 더 낼 수 있을지에 대한 다수의 제안들을 제공합니다.

Follow-up Customer Survey Results (Average Scores)	
Store location	★★★☆☆
⁹⁹Staff friendliness	★★★★☆
Interior design	★★☆☆☆
Service timeliness	★★☆☆☆

후속 고객 설문 조사 결과 (평균 점수)	
지점 위치	★★★☆☆
⁹⁹직원 친절도	★★★★☆
내부 디자인	★★☆☆☆
서비스 적시성	★★☆☆☆

98 Who is Dan McGee?
(A) A human resources worker
(B) An auto mechanic
(C) A corporate lawyer
(D) A marketing supervisor

98. Dan McGee는 누구인가?
(A) 인사부 직원
(B) 자동차 정비공
(C) 사내 변호사
(D) 마케팅 관리자

99 Look at the graphic. Which category got the lowest score last year?
(A) Store location
(B) Staff friendliness
(C) Interior design
(D) Service timeliness

99. 시각 자료를 보시오. 작년에 가장 낮은 점수를 받은 부문은 무엇인가?
(A) 지점 위치
(B) 직원 친절도
(C) 내부 디자인
(D) 서비스 적시성

100 What will the listeners probably do next?
(A) Watch a presentation
(B) Come up with some ideas
(C) Return to their regular jobs
(D) Fill out another survey

100. 청자들은 다음에 무엇을 할 것 같은가?
(A) 발표를 본다.
(B) 의견들을 생각해낸다.
(C) 평상시 업무로 돌아간다.
(D) 다른 설문을 작성한다.

지문 weak[wiːk] 약세인 conduct[kándʌkt] 실시하다 extensive[iksténsiv] 광범위한, 대규모의 implement[ímplimənt] 실행하다 follow-up[fáːlouʌp] 후속의, 추가의 showroom[미 ʃóuruːm, 영 ʃéuruːm] 전시실 put together 준비하다 cover[kʌ́vər] 다루다, 포함하다 mechanic[məkǽnik] 정비공 speed up 속도를 더 내다 workflow[wə́ːrkflòu] 작업 흐름
98 supervisor[súːpərvàizər] 관리자
99 timeliness[táimlinis] 적시성
100 come up with 생각해내다 regular[régjələr] 평상시의, 보통의 fill out 작성하다

98 ■ 세부 사항 관련 문제 특정 세부 사항

정답 (D)

Dan McGee의 신분을 묻는 문제이므로, 질문 대상(Dan McGee)의 신분 및 직업과 관련된 표현을 놓치지 않고 듣는다. "the marketing department manager, Dan McGee"라며 마케팅 부서장인 Dan McGee라고 하였다. 따라서 정답은 (D) A marketing supervisor이다.

바꾸어 표현하기
department manager 부서장 → supervisor 관리자

99 ■ 세부 사항 관련 문제 시각 자료

정답 (B)

작년에 가장 낮은 점수를 받은 부문을 묻는 문제이므로, 제시된 설문 조사표의 정보를 확인한 뒤 질문의 핵심어구(lowest score last year)와 관련된 내용을 주의 깊게 듣는다. "Our lowest-scoring category last year is now our highest-rated one."이라며 작년에 가장 점수가 낮았던 부문이 이제는 가장 높은 등급이 되었다고 하였으므로, 후속 설문 결과에서 가장 높은 등급을 받은 직원 친절도가 작년에 가장 낮은 점수를 받은 부문임을 설문 조사표에서 알 수 있다. 따라서 정답은 (B) Staff friendliness이다.

100 ■ 세부 사항 관련 문제 다음에 할 일

정답 (A)

청자들이 다음에 할 일을 묻는 문제이므로, 지문의 마지막 부분을 주의 깊게 듣는다. "I've put together a brief slide show that covers both of these issues, which I'll show you now."라며 자신이 이 두 가지 문제를 다루는 간략한 슬라이드 쇼를 준비했는데 지금 그것을 보여주겠다고 한 말을 통해 청자들이 발표를 볼 것임을 알 수 있다. 따라서 정답은 (A) Watch a presentation이다.

▌TEST 10

🎧 TEST 10.mp3

실전용·복습용 문제풀이 MP3 무료 다운로드 및 스트리밍 바로듣기 (HackersIngang.com)
* 실제 시험장의 소음까지 재현해 낸 고사장 소음/매미 버전 MP3, 영국식·호주식 발음 집중 MP3, 고속 버전 MP3까지
  구매하면 실전에 더욱 완벽히 대비할 수 있습니다.

무료MP3 바로듣기

1

○○○●○ 상

🔊 캐나다식 발음

(A) A kayak has been left on a beach.
(B) The man is getting out of a boat.
(C) A swimmer has jumped into a river.
(D) The man is holding on to some paddles.

(A) 카약이 해변에 남겨져 있다.
(B) 남자가 배에서 나오고 있다.
(C) 수영하는 사람이 강으로 뛰어들었다.
(D) 남자는 노를 붙잡고 있다.

■ 1인 사진
정답 (D)

한 남자가 강 위에서 카약을 탄 채 노를 젓고 있는 모습을 확인한다.
(A) [×] 카약이 해변에 남겨져 있는 상태가 아니므로 오답이다. 사진에 있는 카약(kayak)을 사용하여 혼동을 주었다.
(B) [×] getting out of a boat(배에서 나오고 있다)는 남자의 동작과 무관하므로 오답이다. 사진에 있는 배(boat)를 사용하여 혼동을 주었다.
(C) [×] 사진에 수영을 하고 있는 사람이 없으므로 오답이다. 사진의 장소인 강(river)을 사용하여 혼동을 주었다.
(D) [○] 남자가 노를 붙잡고 있는 모습을 가장 잘 묘사한 정답이다. 노를 나타내는 표현 paddle을 알아둔다.

어휘 **get out of** ~에서 나가다 **jump**[dʒʌmp] 뛰어들다 **paddle**[pǽdl] 노, 노 모양의 막대기

2

○○○○● 하

🔊 영국식 발음

(A) Some people are checking information on a screen.
(B) Some people are waiting in a line.
(C) Some people are typing on keyboards.
(D) Some people are filling out forms.

(A) 몇몇 사람들이 화면의 정보를 확인하고 있다.
(B) 몇몇 사람들이 줄을 서서 기다리고 있다.
(C) 몇몇 사람들이 키보드로 타이핑하고 있다.
(D) 몇몇 사람들이 양식을 기입하고 있다.

■ 2인 이상 사진
정답 (B)

도서관에 있는 사람들의 모습과 주변 사물의 상태를 주의 깊게 살핀다.
(A) [×] 사진에 화면의 정보를 확인하고 있는 사람들이 없으므로 오답이다. 사진에 있는 화면(screen)을 사용하여 혼동을 주었다.
(B) [○] 사람들이 줄을 서서 기다리고 있는 모습을 가장 잘 묘사한 정답이다.
(C) [×] 사진에 키보드로 타이핑하고 있는 사람들이 없으므로 오답이다. 사진에 있는 키보드(keyboards)를 사용하여 혼동을 주었다.
(D) [×] 사진에서 양식(form)을 확인할 수 없으므로 오답이다. 사진의 장소인 도서관에서 연상할 수 있는 행동인 filling out forms(양식을 기입하고 있다)를 사용하여 혼동을 주었다.

어휘 **check**[tʃek] 확인하다 **fill out** 기입하다 **form**[미 fɔːrm, 영 fɔːm] 양식

3

○○○●○ 상

🔊 미국식 발음

(A) Some water is spraying into the air.
(B) A group is biking down the street.
(C) A tourist is taking a photograph.
(D) A man is looking at a map.

(A) 물이 공기 중으로 뿌려지고 있다.
(B) 한 무리가 자전거를 타고 길을 내려가고 있다.
(C) 한 관광객이 사진을 찍고 있다.
(D) 한 남자가 지도를 보고 있다.

■ 2인 이상 사진
정답 (A)

야외 광장에 있는 사람들과 주변 풍경의 모습을 주의 깊게 살핀다.
(A) [○] 분수대의 물이 공기 중으로 뿌려지고 있는 모습을 가장 잘 묘사한 정답이다.
(B) [×] 사진에 자전거를 타고 있는 무리가 없으므로 오답이다. 사람들 주변에 자전거들이 세워져 있는 상황에서 연상할 수 있는 biking(자전거를 타다)을 사용하여 혼동을 주었다.
(C) [×] 사진에서 사진을 찍고 있는 관광객을 확인할 수 없으므로 오답이다.
(D) [×] 사진에 지도를 보고 있는 남자가 없으므로 오답이다. A man is looking at(한 남자가 보고 있다)까지만 듣고 정답으로 선택하지 않도록 주의한다.

어휘 **spray**[sprei] 뿌려지다, 살포하다 **take a photograph** 사진을 찍다 **map**[mæp] 지도

4
○○○○ 상

🎧 캐나다식 발음

(A) He's holding up a machine's lid.
(B) He's stacking some binders.
(C) He's filing documents in an office.
(D) He's getting up from a stool.

(A) 그는 기계의 덮개를 잡고 있다.
(B) 그는 바인더를 쌓고 있다.
(C) 그는 사무실에서 서류를 정리하고 있다.
(D) 그는 의자에서 일어나고 있다.

■ 1인 사진

정답 (A)

한 남자가 복사기의 덮개를 잡고 복사를 하고 있는 모습과 주변 사물의 상태를 주의 깊게 살핀다.

(A) [○] 남자가 복사기의 덮개를 잡고 있는 모습을 정확히 묘사한 정답이다.
(B) [×] stacking(쌓고 있다)은 남자의 동작과 무관하므로 오답이다. 참고로, 바인더가 쌓여 있는 상태와 관련 있는 stack(쌓다)을 사용해 혼동을 주었음을 알아둔다.
(C) [×] filing documents(서류를 정리하다)는 남자의 동작과 무관하므로 오답이다. documents(서류)와 in an office(사무실에서)만 듣고 정답을 고르지 않도록 주의한다.
(D) [×] 남자가 일어나 있는 상태인데 일어나고 있다는 동작으로 잘못 묘사한 오답이다. 사진에 있는 의자(stool)를 사용하여 혼동을 주었다.

어휘 lid[lid] 덮개, 뚜껑　file[fail] 정리하다, 서류철하다　stool[stu:l] 의자

5
○○○○ 중

🎧 미국식 발음

(A) Spectators are exiting a theater.
(B) A staircase is positioned below a seating area.
(C) Some people are performing on a stage.
(D) Audience members are clapping their hands.

(A) 관중들이 극장에서 나가고 있다.
(B) 계단이 좌석 밑에 위치해 있다.
(C) 몇몇 사람들이 무대 위에서 공연을 하고 있다.
(D) 청중들이 박수를 치고 있다.

■ 2인 이상 사진

정답 (C)

공연장 무대 위에서 사람들이 공연을 하고 있고, 관객들이 객석에 앉아 공연을 보고 있는 상황임을 파악한다.

(A) [×] exiting a theater(극장에서 나가고 있다)는 관중들의 동작과 무관하므로 오답이다. 사진의 장소인 극장(theater)을 사용하여 혼동을 주었다.
(B) [×] 사진에서 계단(staircase)을 확인할 수 없으므로 오답이다. 사진에 있는 좌석(seating area)을 사용하여 혼동을 주었다.
(C) [○] 사람들이 무대 위에서 공연을 하고 있는 모습을 가장 잘 묘사한 정답이다.
(D) [×] 사진에서 청중들이 박수를 치고 있는지 확인할 수 없으므로 오답이다. 청중들이 공연을 보고 있는 모습에서 연상할 수 있는 clapping ~ hands(박수를 치고 있다)를 사용하여 혼동을 주었다.

어휘 spectator[spékteitər] 관중　exit[éksit] 나가다　staircase[stéərkeis] 계단　audience[ɔ́:diəns] 청중　clap[klæp] 박수를 치다, 손뼉을 치다

6
○○○○ 중

🎧 호주식 발음

(A) Some lines are being painted on asphalt.
(B) A ship is sailing under a bridge.
(C) Some vehicles are parked in a row.
(D) A road has been blocked off to pedestrians.

(A) 아스팔트 위에 선들이 그려지고 있다.
(B) 배가 다리 밑을 항해하고 있다.
(C) 자동차들이 나란히 주차되어 있다.
(D) 도로가 보행자들에게 차단되었다.

■ 2인 이상 사진

정답 (C)

부두에 배가 정박해 있는 모습과 사람들이 걸어 가고 있는 모습을 확인한다.

(A) [×] 이미 아스팔트 위에 선들이 그려진 상태인데, 진행 수동형(are being painted)을 사용하여 그려지고 있다고 잘못 묘사했으므로 오답이다.
(B) [×] 사진에 다리(bridge)가 없으므로 오답이다. 사진에 있는 배(ship)를 사용하여 혼동을 주었다.
(C) [○] 자동차들이 나란히 주차되어 있는 모습을 정확히 묘사한 정답이다.
(D) [×] 보행자들이 도로를 걸어가고 있는데 도로가 보행자들에게 막혀 있다고 잘못 묘사했으므로 오답이다. 사진에 있는 보행자들(pedestrians)을 사용하여 혼동을 주었다.

어휘 sail[seil] 항해하다　vehicle[víːəkl] 자동차　in a row 나란히　block off 차단하다, 막다　pedestrian[pədéstriən] 보행자

PART 2

7
○○○●
중

🎧 캐나다식 발음 → 미국식 발음

Who has the keys to the storage room?

(A) That's a key position in the store.
(B) We need to count our inventory.
(C) Mr. Perez in the maintenance team.

창고 열쇠를 누가 가지고 있나요?

(A) 그것이 상점에서 가장 중요한 직책이에요.
(B) 우리는 우리의 재고를 세야 해요.
(C) 정비팀의 Mr. Perez요.

■ **Who 의문문**   정답 (C)

창고 열쇠를 누가 가지고 있는지를 묻는 Who 의문문이다.
(A) [×] 질문의 keys(열쇠)를 '가장 중요한'이라는 의미의 형용사 key로 반복 사용하여 혼동을 준 오답이다.
(B) [×] storage room(창고)과 관련 있는 inventory(재고)를 사용하여 혼동을 준 오답이다.
(C) [○] 정비팀의 Mr. Perez라며 창고 열쇠를 가지고 있는 인물을 언급했으므로 정답이다.

어휘 storage room 창고, 저장실 count[kaunt] 세다 inventory[ínvəntɔːri] 재고 maintenance[méintənəns] 정비, 보수

8
○○○●
중

🎧 호주식 발음 → 영국식 발음

When should we meet at the bus station?

(A) For the bus driver.
(B) Anytime after 1:30 P.M.
(C) Yes, I can meet then.

버스 정류장에서 언제 만날까요?

(A) 버스 기사를 위해서요.
(B) 오후 1시 30분 이후에는 언제든지요.
(C) 네, 그때 만날 수 있어요.

■ **When 의문문**   정답 (B)

버스 정류장에서 언제 만날지를 묻는 When 의문문이다.
(A) [×] bus station(버스 정류장)과 관련 있는 bus driver(버스 기사)를 사용하여 혼동을 준 오답이다.
(B) [○] 오후 1시 30분 이후에는 언제든지라며 버스 정류장에서 만날 시점을 언급했으므로 정답이다.
(C) [×] 의문사 의문문에 Yes로 응답했으므로 오답이다. 버스 정류장에서 언제 만나냐는 질문에 답변할 수 있는 특정 시점에 대한 응답이다.

어휘 meet[miːt] 만나다 station[stéiʃən] 정류장 anytime[énitàim] 언제든지

9
○○○●
상

🎧 캐나다식 발음 → 호주식 발음

How much more equipment do we need to order?

(A) We have enough machines.
(B) The order number.
(C) It's equipped with a sensor.

우리는 장비를 얼마나 더 주문해야 하나요?

(A) 우리는 충분한 기계들이 있어요.
(B) 주문 번호요.
(C) 이것은 센서를 갖추고 있어요.

■ **How 의문문**   정답 (A)

장비를 얼마나 더 주문해야 하는지를 묻는 How 의문문이다. How much가 수량을 묻는 것임을 이해할 수 있어야 한다.
(A) [○] 충분한 기계들이 있다는 말로 장비를 더 주문하지 않아도 됨을 간접적으로 전달했으므로 정답이다.
(B) [×] 질문의 order(주문하다)를 '주문'이라는 의미의 명사로 반복 사용하여 혼동을 준 오답이다.
(C) [×] 장비를 얼마나 더 주문해야 하는지를 물었는데, 이와 관련이 없는 이것은 센서를 갖추고 있다는 내용으로 응답했으므로 오답이다.
        equipment – equipped의 유사 발음 어휘를 사용하여 혼동을 주었다.

어휘 equipment[ikwípmənt] 장비, 기구 be equipped with ~을 갖추다

10

🔊 영국식 발음 → 호주식 발음

The sales meeting won't last all morning, will it?

(A) Mostly online revenue.
(B) No, just 30 minutes.
(C) It's 10 feet long.

영업 회의는 오전 내내 계속되지는 않을 거예요, 그렇죠?

(A) 주로 온라인 수익이요.
(B) 아니요, 단지 30분이요.
(C) 이건 길이가 10피트예요.

■ 부가 의문문 　　　　　　　　　　　　　　　　　　　　　　　　　　　　　　　　　　　　　　　정답 (B)

영업 회의가 오전 내내 계속되지는 않을지를 확인하는 부가 의문문이다.
(A) [×] sales(영업)와 관련 있는 revenue(수익)를 사용하여 혼동을 준 오답이다.
(B) [○] No로 영업 회의가 오전 내내 계속되지는 않을 것임을 전달한 후, 단지 30분이라는 추가 정보를 제공했으므로 정답이다.
(C) [×] 영업 회의가 오전 내내 계속되지는 않을지를 물었는데, 이와 관련이 없는 이건 길이가 10피트라는 내용으로 응답했으므로 오답이다. 질문의 last(계속되다)에서 연상할 수 있는 진행 시간과 관련된 long(길이가 ~인)을 사용하여 혼동을 주었다.

어휘　revenue[미 révənuː, 영 révənjuː] 수익

11

🔊 캐나다식 발음 → 미국식 발음

Ms. Gordon left her purse on my desk.

(A) I'll let her know.
(B) The bag is discounted right now.
(C) Head left at the intersection.

Ms. Gordon이 그녀의 지갑을 제 책상 위에 놓고 갔어요.

(A) 제가 그녀에게 알려줄게요.
(B) 이 가방은 지금 바로 할인 중이에요.
(C) 교차로에서 왼쪽으로 가세요.

■ 평서문 　　　정답 (A)

Ms. Gordon이 지갑을 자신의 책상 위에 놓고 갔다는 문제점을 언급하는 평서문이다.
(A) [○] 자신이 그녀에게 알려주겠다며 문제점에 대한 해결책을 제시했으므로 정답이다.
(B) [×] purse(지갑)와 관련 있는 bag(가방)을 사용하여 혼동을 준 오답이다.
(C) [×] Ms. Gordon이 지갑을 책상 위에 놓고 갔다고 했는데, 이와 관련이 없는 교차로에서 왼쪽으로 가라는 내용으로 응답했으므로 오답이다. 질문의 left(놓고 갔다)를 '왼쪽'이라는 의미의 형용사로 반복 사용하여 혼동을 주었다.

어휘　discount[diskáunt] 할인하다　head[hed] 가다, 향하다

12

🔊 호주식 발음 → 영국식 발음

Have you been to Benson Stadium since it was expanded?

(A) I've known them since college.
(B) Tickets for a game.
(C) Yes, just last weekend.

Benson 경기장이 확장된 이후로 그곳에 가본 적이 있나요?

(A) 저는 그들을 대학 때부터 알고 있어요.
(B) 경기 티켓들이요.
(C) 네, 바로 지난주에요.

■ 조동사 의문문 　　　　　　　　　　　　　　　　　　　　　　　　　　　　　　　　　　　　　정답 (C)

Benson 경기장이 확장된 이후로 그곳에 가본 적이 있는지를 확인하는 조동사(Have) 의문문이다.
(A) [×] Benson 경기장이 확장된 이후로 그곳에 가본 적이 있는지를 물었는데, 이와 관련이 없는 그들을 대학 때부터 알고 있다는 내용으로 응답했으므로 오답이다. 질문의 since를 반복 사용하여 혼동을 주었다.
(B) [×] Stadium(경기장)과 관련 있는 game(경기)을 사용하여 혼동을 준 오답이다.
(C) [○] Yes로 Benson 경기장이 확장된 이후로 그곳에 가본 적이 있음을 전달한 후, 바로 지난주에 가봤다는 부연 설명을 했으므로 정답이다.

어휘　expand[ikspǽnd] 확장하다　college[미 káːlidʒ, 영 kɔ́lidʒ] 대학

13

🔊 호주식 발음 → 미국식 발음

You should leave now for your appointment.

(A) It was with a few clients.
(B) The flight left on time.
(C) Yes, there could be heavy traffic.

약속에 가기 위해 당신은 지금 떠나야 해요.

(A) 몇 명의 고객들과 함께였어요.
(B) 비행기는 제때 떠났어요.
(C) 네, 교통 체증이 있을 수도 있겠어요.

■ 평서문

정답 (C)

약속에 가기 위해 지금 떠나야 한다는 의견을 제시하는 평서문이다.
(A) [×] appointment(약속)에서 연상할 수 있는 대상과 관련된 clients(고객들)를 사용하여 혼동을 준 오답이다.
(B) [×] 약속을 위해 지금 떠나야 한다고 했는데, 이와 관련이 없는 비행기는 제때 떠났다는 내용으로 응답했으므로 오답이다. 질문의 leave(떠나다)를 left(떠났다)로 반복 사용하여 혼동을 주었다.
(C) [○] 교통 체증이 있을 수도 있겠다는 말로 지금 떠나야 한다는 것에 대한 의견을 언급했으므로 정답이다.

어휘 appointment[əpɔ́intmənt] 약속 client[kláiənt] 고객 on time 제때에

14

🔊 캐나다식 발음 → 영국식 발음

Which photo should we use for the magazine's cover?

(A) I can take photos of those.
(B) The one on the left is the best.
(C) The publication is quite popular.

우리는 잡지의 표지에 어떤 사진을 사용해야 할까요?

(A) 제가 그것들의 사진을 찍을 수 있어요.
(B) 왼쪽 것이 가장 좋네요.
(C) 그 간행물은 꽤 인기가 있어요.

■ Which 의문문

정답 (B)

잡지의 표지로 어떤 사진을 사용해야 할지를 묻는 Which 의문문이다. Which photo를 반드시 들어야 한다.
(A) [×] 잡지의 표지로 어떤 사진을 사용해야 할지를 물었는데, 이와 관련이 없는 자신이 그것들의 사진을 찍을 수 있다는 내용으로 응답했으므로 오답이다. 질문의 photo를 photos로 반복 사용하여 혼동을 주었다.
(B) [○] 왼쪽 것이 가장 좋다며 잡지의 표지에 사용할 사진을 선택했으므로 정답이다.
(C) [×] 질문의 magazine(잡지)을 나타낼 수 있는 publication(간행물)을 사용하여 혼동을 준 오답이다.

어휘 cover[kʌ́vər] 표지 publication[pʌ̀blikéiʃən] 간행물 popular[미 pɑ́:pjələr, 영 pɔ́pjələ] 인기 있는

15

🔊 호주식 발음 → 미국식 발음

How many of us are going to Sheldon's birthday party?

(A) Deloris can't come, so just 10.
(B) It's only partly painted.
(C) Most of the billing statements.

Sheldon의 생일 파티에 우리 중 몇 명이 가나요?

(A) Deloris가 올 수 없어서 단 10명이요.
(B) 이건 부분적으로만 색칠됐어요.
(C) 대부분의 요금 청구서요.

■ How 의문문

정답 (A)

Sheldon의 생일 파티에 몇 명이 가는지를 묻는 How 의문문이다. How many가 수량을 묻는 것임을 이해할 수 있어야 한다.
(A) [○] Deloris가 올 수 없어서 단 10명이라며 Sheldon의 생일 파티에 가는 사람 수를 언급했으므로 정답이다.
(B) [×] party – partly의 유사 발음 어휘를 사용하여 혼동을 준 오답이다.
(C) [×] Sheldon의 생일 파티에 몇 명이 가는지를 물었는데, 이와 관련이 없는 대부분의 요금 청구서라는 내용으로 응답했으므로 오답이다. Most of the까지만 듣고 정답으로 고르지 않도록 주의한다.

어휘 paint[peint] 색칠하다 billing statement 요금 청구서

16

○○○●상

③» 캐나다식 발음 → 영국식 발음

Where was the pack of printer paper set?

(A) For a copy machine.
(B) Cindy should know.
(C) Yes, I'll get it.

프린터 용지 묶음은 어디에 있었나요?

(A) 복사기용이요.
(B) Cindy가 알 거예요.
(C) 네, 제가 그걸 가져올게요.

■ Where 의문문   정답 (B)

프린터 용지 묶음이 어디에 있었는지를 묻는 Where 의문문이다.

(A) [×] printer(프린터)와 관련 있는 copy machine(복사기)을 사용하여 혼동을 준 오답이다.
(B) [○] Cindy가 알 거라는 말로 모르겠다는 간접적인 응답을 했으므로 정답이다.
(C) [×] 의문사 의문문에 Yes로 응답했으므로 오답이다. 질문의 pack of printer paper(프린터 용지 묶음)를 나타낼 수 있는 it을 사용하여 혼동을 주었다.

어휘 copy machine 복사기

17

○○○○●하

③» 호주식 발음 → 미국식 발음

Has the finance team responded to your reimbursement request?

(A) No, nobody has contacted me yet.
(B) That's his department.
(C) To my checking account.

재무팀이 당신의 변제 요청에 답변을 했나요?

(A) 아니요, 아직 아무도 제게 연락하지 않았어요.
(B) 이건 그의 부서예요.
(C) 제 당좌 예금 계좌로요.

■ 조동사 의문문   정답 (A)

재무팀이 변제 요청에 답변을 했는지를 확인하는 조동사(Have) 의문문이다.

(A) [○] No로 재무팀이 변제 요청에 답변하지 않았음을 전달한 후, 아직 아무도 연락하지 않았다는 부연 설명을 했으므로 정답이다.
(B) [×] his가 나타내는 대상이 질문에 없으므로 오답이다. team(팀)과 관련 있는 department(부서)를 사용하여 혼동을 주었다.
(C) [×] finance(재무)와 관련 있는 checking account(당좌 예금 계좌)를 사용하여 혼동을 준 오답이다.

어휘 reimbursement[미 rì:imbə́:rsmənt, 영 rì:imbə́:smənt] 변제, 상환 contact[ká:ntækt] 연락하다 checking account 당좌 예금 계좌

18

○○○●상

③» 캐나다식 발음 → 영국식 발음

Do you know why the road is blocked?

(A) For a few days, I think.
(B) On Yale Street.
(C) There was a bad accident.

당신은 왜 길이 막혀 있는지 아시나요?

(A) 며칠 동안인 것 같아요.
(B) Yale가예요.
(C) 심각한 사고가 있었어요.

■ 의문사를 포함한 일반 의문문   정답 (C)

의문사 why를 포함하여 왜 길이 막혔는지 아는지를 묻는 의문사 포함 일반 의문문이다.

(A) [×] 길이 왜 막혀 있는지 아는지를 물었는데, 이와 관련이 없는 며칠 동안인 것 같다는 내용으로 응답했으므로 오답이다. 질문의 why the road is blocked를 how long the road will be blocked로 혼동하여 Do you know how long the road will be blocked(당신은 얼마 동안 길이 막혀 있을지 아시나요)로 생각해 정답으로 선택하지 않도록 주의한다.
(B) [×] road(길)와 같은 의미인 Street(가)을 사용하여 혼동을 준 오답이다.
(C) [○] 심각한 사고가 있었다며 길이 막혀 있는 이유를 언급했으므로 정답이다.

어휘 block[bla:k] 막다 accident[ǽksidənt] 사고

19

○○○○● 하

🔊 미국식 발음 → 캐나다식 발음

How did the medical convention go?

(A) Actually, I didn't participate in it.
(B) Conference Room 1 is available.
(C) I have a medical degree.

의학 컨벤션은 어땠나요?

(A) 사실, 저는 거기에 참석하지 않았어요.
(B) 제1 회의실을 사용할 수 있어요.
(C) 저는 의학 학위를 갖고 있어요.

■ How 의문문
정답 (A)

의학 컨벤션이 어땠는지를 묻는 How 의문문이다.
(A) [○] 사실 거기에 참석하지 않았다는 말로 모르겠다는 간접적인 응답을 했으므로 정답이다.
(B) [×] convention(컨벤션)에서 연상할 수 있는 장소와 관련된 Conference Room 1(제1 회의실)을 사용하여 혼동을 준 오답이다.
(C) [×] 의학 컨벤션이 어땠는지를 물었는데, 이와 관련이 없는 자신이 의학 학위를 갖고 있다는 내용으로 응답했으므로 오답이다. 질문의 medical을 반복 사용하여 혼동을 주었다.

어휘 medical[médikəl] 의학의 participate[pɑːrtísipeit] 참석하다 available[əvéiləbl] 사용할 수 있는 degree[digríː] 학위

20

○○○●○ 중

🔊 영국식 발음 → 호주식 발음

Please tell the shipping clerk that the package must arrive by noon on Wednesday.

(A) Overnight delivery rates.
(B) OK, I will.
(C) I got there on Friday.

운송 담당 직원에게 소포가 수요일 정오까지는 도착해야 한다고 말해주세요.

(A) 익일 배송 요금이요.
(B) 네, 그럴게요.
(C) 저는 금요일에 거기 도착했어요.

■ 평서문
정답 (B)

운송 담당 직원에게 소포가 수요일 정오까지는 도착해야 한다고 말해달라고 요청하는 평서문이다.
(A) [×] 질문의 shipping(운송)과 같은 의미인 delivery(배송)를 사용하여 혼동을 준 오답이다.
(B) [○] OK로 요청을 수락한 뒤, 그러겠다고 했으므로 정답이다.
(C) [×] 질문의 arrive(도착하다)와 같은 의미인 got(도착했다)을 사용하고, Wednesday(수요일)와 관련 있는 Friday(금요일)를 사용하여 혼동을 준 오답이다.

어휘 clerk[미 kləːrk, 영 klɑːk] 직원 package[pǽkidʒ] 소포 rate[reit] 요금

21

○○○○● 하

🔊 호주식 발음 → 미국식 발음

When is the play *Lost in Time* running?

(A) A brief intermission.
(B) For another week.
(C) In about an hour.

연극 *Lost in Time*이 언제 상연하나요?

(A) 짧은 휴식 시간이요.
(B) 일주일간 더요.
(C) 약 한 시간 뒤에요.

■ When 의문문
정답 (C)

연극 *Lost in Time*이 언제 상연하는지를 묻는 When 의문문이다.
(A) [×] play(연극)와 관련 있는 intermission(휴식 시간)을 사용하여 혼동을 준 오답이다.
(B) [×] 연극 *Lost in Time*이 언제 상연하는지를 물었는데 기간으로 응답했으므로 오답이다. 질문의 When을 How long으로 혼동하여 How long is the play *Lost in Time* running(연극 *Lost in Time*이 얼마나 오래 상연하나요)으로 생각해 정답으로 선택하지 않도록 주의한다.
(C) [○] 약 한 시간 뒤라며 연극 *Lost in Time*이 상연하는 시간을 언급했으므로 정답이다.

어휘 run[rʌn] 상영하다 brief[briːf] 짧은 intermission[întərmíʃən] 휴식 시간

22
○○○●○ 하

[音] 캐나다식 발음 → 미국식 발음

I'd like to renew my monthly subscription to *Business Insight*.

(A) A seminar during October.
(B) I'm happy to help with that.
(C) No, we have few subscribers.

저는 *Business Insight*지의 월정 구독을 갱신하고 싶어요.

(A) 10월 중의 세미나요.
(B) 제가 기꺼이 그걸 도와드릴게요.
(C) 아니요, 우리는 구독자들이 적어요.

■ 평서문

정답 (B)

*Business Insight*지의 월정 구독을 갱신해 달라고 요청하는 평서문이다.
(A) [×] *Business Insight*지의 월정 구독을 갱신하고 싶다고 했는데, 이와 관련이 없는 10월 중의 세미나라는 내용으로 응답했으므로 오답이다. monthly(매월의)에서 연상할 수 있는 월과 관련된 October(10월)를 사용하여 혼동을 주었다.
(B) [○] 자신이 기꺼이 그걸 도와주겠다는 말로 요청을 수락한 정답이다.
(C) [×] subscription – subscribers의 유사 발음 어휘를 사용하여 혼동을 준 오답이다.

어휘 renew[rinúː] 갱신하다 subscription[səbskrípʃən] 구독 subscriber[səbskráibər] 구독자

23
○○○●○ 중

[音] 영국식 발음 → 호주식 발음

What messaging program should we use in the office?

(A) They should be arriving soon.
(B) I haven't seen him around today.
(C) Didn't you get Mr. Jackson's e-mail?

우리는 사무실에서 어떤 메시지 프로그램을 사용해야 하나요?

(A) 그들은 곧 도착할 거예요.
(B) 저는 오늘 그를 본 적이 없어요.
(C) 당신은 Mr. Jackson의 이메일을 받지 못했나요?

■ What 의문문

정답 (C)

사무실에서 어떤 메시지 프로그램을 사용해야 하는지를 묻는 What 의문문이다. What messaging program을 반드시 들어야 한다.
(A) [×] They가 나타내는 대상이 질문에 없으므로 오답이다. 질문의 should를 반복 사용하여 혼동을 주었다.
(B) [×] him이 나타내는 대상이 질문에 없으므로 오답이다.
(C) [○] Mr. Jackson의 이메일을 받지 못했는지 되물어 사무실에서 사용해야 하는 메시지 프로그램에 대해 이메일이 왔다는 간접적인 응답을 했으므로 정답이다.

24
○○○●○ 상

[音] 영국식 발음 → 캐나다식 발음

Did the sellers accept our final offer on the house, or did they reject it?

(A) We sold more properties last year.
(B) The open house was on Tuesday.
(C) Our agent said they agreed to it.

판매자들이 집에 대한 우리의 최종 제안을 수락했나요, 아니면 거절했나요?

(A) 우리는 작년에 더 많은 건물들을 팔았어요.
(B) 공개일은 화요일이었어요.
(C) 우리 중개인이 그들이 그것에 동의했다고 말했어요.

■ 선택 의문문

정답 (C)

판매자들이 집에 대한 최종 제안을 수락했는지 아니면 거절했는지를 묻는 선택 의문문이다.
(A) [×] sellers(판매자들)와 관련 있는 sold(팔았나)를 사용하고, house(집)와 같은 의미인 properties(건물들)를 사용하여 혼동을 준 오답이다.
(B) [×] 판매자들이 집에 대한 최종 제안을 수락했는지 아니면 거절했는지를 물었는데 이와 관련이 없는 공개일은 화요일이었다는 내용으로 응답했으므로 오답이다. 질문의 house를 반복 사용하여 혼동을 주었다.
(C) [○] 중개인이 그들이 그것에 동의했다고 말했다는 말로 판매자들이 최종 제안을 수락했음을 선택했으므로 정답이다.

어휘 property[미 práːpərti, 영 prɔ́pəti] 건물 open house (집, 시설의) 공개일 agent[éidʒənt] 중개인

○●●●
상

[음성] 미국식 발음 → 호주식 발음

Why was I assigned to the Greenway Project?

(A) Because the door is locked.
(B) Mr. Dobson made that decision, not me.
(C) I'll consider your proposal.

제가 왜 Greenway 프로젝트에 배정되었나요?

(A) 문이 잠겼기 때문이에요.
(B) 제가 아니라 Mr. Dobson이 그 결정을 내렸어요.
(C) 당신의 제안을 고려해 볼게요.

■ Why 의문문   정답 (B)

자신이 왜 Greenway 프로젝트에 배정되었는지를 묻는 Why 의문문이다.

(A) [×] 자신이 왜 Greenway 프로젝트에 배정되었는지를 물었는데, 이와 관련이 없는 문이 잠겼기 때문이라는 내용으로 응답했으므로 오답이다. Because만 듣고 정답으로 고르지 않도록 주의한다.
(B) [○] 자신이 아니라 Mr. Dobson이 그 결정을 내렸다는 말로 Mr. Dobson에게 물어보라는 간접적인 응답을 했으므로 정답이다.
(C) [×] Project(프로젝트)에서 연상할 수 있는 업무와 관련된 proposal(제안)을 사용하여 혼동을 준 오답이다.

어휘   assign[əsáin] 배정하다   lock[미 la:k, 영 lɔk] 잠기다   proposal[미 prəpóuzəl, 영 prəpóuzəl] 제안

○○●●
중

[음성] 캐나다식 발음 → 영국식 발음

Can't we stop for coffee on the way to work?

(A) Thanks for the tea.
(B) If there's enough time.
(C) I'm fine with my current job.

일하러 가는 길에 커피를 사러 잠깐 들를 수 없나요?

(A) 차 감사합니다.
(B) 만약 충분한 시간이 있으면요.
(C) 저는 제 현재 직업이 좋아요.

■ 부정 의문문   정답 (B)

일하러 가는 길에 커피를 사러 잠깐 들를 수 있는지를 묻는 부정 의문문이다.

(A) [×] coffee(커피)에서 연상할 수 있는 음료와 관련된 tea(차)를 사용하여 혼동을 준 오답이다.
(B) [○] 만약 충분한 시간이 있으면이라는 말로 시간이 있으면 일하러 가는 길에 커피를 사러 잠깐 들를 수 있음을 간접적으로 전달했으므로 정답이다.
(C) [×] 일하러 가는 길에 커피를 사러 잠깐 들를 수 있는지를 물었는데, 이와 관련이 없는 자신의 현재 직업이 좋다는 내용으로 응답했으므로 오답이다. 질문의 work(일)와 같은 의미인 job(직업)을 사용하여 혼동을 주었다.

어휘   enough[ináf] 충분한   current[미 kə́:rənt, 영 kʌ́rənt] 현재의

○○○●
중

[음성] 미국식 발음 → 영국식 발음

Which of the people who auditioned for the TV program do you like?

(A) It was an action film.
(B) I really like the dessert.
(C) They all did outstandingly well.

당신은 텔레비전 프로그램의 오디션에 참가한 사람들 중 누구를 좋아하나요?

(A) 그건 액션 영화였어요.
(B) 저는 그 디저트가 정말 좋아요.
(C) 그들은 모두 뛰어나게 잘했어요.

■ Which 의문문   정답 (C)

텔레비전 프로그램의 오디션에 참가한 사람들 중 누구를 좋아하는지를 묻는 Which 의문문이다. Which of the people을 반드시 들어야 한다.

(A) [×] 텔레비전 프로그램의 오디션에 참가한 사람들 중 누구를 좋아하는지를 물었는데, 이와 관련이 없는 그건 액션 영화였다는 말로 응답했으므로 오답이다. 질문의 TV program(텔레비전 프로그램)을 나타낼 수 있는 It을 사용하여 혼동을 주었다.
(B) [×] 질문의 like(좋아하다)을 반복 사용하여 혼동을 준 오답이다.
(C) [○] 그들은 모두 뛰어나게 잘했다는 말로 모든 사람들을 좋아한다는 것을 간접적으로 전달했으므로 정답이다.

어휘   film[film] 영화   outstandingly[autstǽndiŋli] 뛰어나게

28

🔊 호주식 발음 → 미국식 발음

Are you still planning to go to the art show in the park this weekend?

(A) Park anywhere you like.
(B) They look good on your wall.
(C) It depends on the weather.

당신은 여전히 이번 주말에 공원에서 열리는 미술 전시회에 갈 계획인가요?

(A) 당신이 원하는 곳 아무 데나 주차하세요.
(B) 그것들은 당신의 벽에 잘 어울려요.
(C) 그것은 날씨에 달려 있어요.

■ Be 동사 의문문
정답 (C)

여전히 이번 주말에 공원에서 열리는 미술 전시회에 갈 계획인지를 확인하는 Be 동사 의문문이다.
(A) [×] 질문의 park(공원)를 '주차하다'라는 의미의 동사로 반복 사용하여 혼동을 준 오답이다.
(B) [×] They가 나타내는 대상이 질문에 없으므로 오답이다.
(C) [○] 그것은 날씨에 달려 있다는 말로 모른다는 간접적인 응답을 했으므로 정답이다.

어휘   depend on ~에 달려 있다

29

🔊 영국식 발음 → 캐나다식 발음

Could you send me a copy of the tax file?

(A) A copy of the updated schedule.
(B) The accountant will bring it tomorrow.
(C) We received a fine for paying it late.

당신은 세금 파일 사본을 저에게 보내주실 수 있나요?

(A) 최신 일정의 사본이요.
(B) 회계사가 내일 그것을 가져올 거예요.
(C) 우리는 그것을 늦게 내서 벌금을 받았어요.

■ 요청 의문문
정답 (B)

세금 파일 사본을 보내달라는 요청 의문문이다. Could you가 요청하는 표현임을 이해할 수 있어야 한다.
(A) [×] 질문의 a copy of를 반복 사용하여 혼동을 준 오답이다.
(B) [○] 회계사가 내일 그것을 가져올 거라는 말로 요청을 간접적으로 거절한 정답이다.
(C) [×] 질문의 tax(세금)를 나타낼 수 있는 it을 사용하여 혼동을 준 오답이다.

어휘   accountant[əkáuntənt] 회계사 fine[fain] 벌금

30

🔊 미국식 발음 → 캐나다식 발음

We're still planning to go to the technology trade show, right?

(A) We don't need the parts any longer.
(B) Let me check with Bailey on that.
(C) Yes, we're planning on buying a few.

우리는 여전히 기술 무역 박람회에 갈 계획이죠, 그렇죠?

(A) 우리는 그 부품들이 더 이상 필요 없어요.
(B) 제가 그것에 대해 Bailey에게 확인해 볼게요.
(C) 네, 우리는 약간을 구매할 계획이에요.

■ 부가 의문문
정답 (B)

여전히 기술 무역 박람회에 갈 계획인지를 확인하는 부가 의문문이다.
(A) [×] 질문의 We를 반복 사용하여 혼동을 준 오답이다. We don't need를 We don't need to로 혼동하여 We don't need to any longer(우리는 더 이상 그럴 필요가 없어요)로 생각해 정답으로 선택하지 않도록 주의한다.
(B) [○] 그것에 대해 Bailey에게 확인해 보겠다며 모르겠다는 간접적인 응답을 했으므로 정답이다.
(C) [×] 질문의 planning을 반복 사용하여 혼동을 준 오답이다. Yes, we're planning까지만 듣고 정답으로 고르지 않도록 주의한다.

어휘   trade show 무역 박람회 any longer 더 이상

31

호주식 발음 → 영국식 발음

May I please talk to Mr. Himura from the marketing division?

(A) The talk was quite short.
(B) No, it was for a promotional campaign.
(C) Please hold while I transfer your call.

마케팅 부서의 Mr. Himura와 이야기할 수 있을까요?

(A) 대화는 꽤 짧았어요.
(B) 아니요, 그건 홍보 캠페인을 위한 것이었어요.
(C) 당신의 전화를 돌려드리는 동안 기다려주세요.

■ 요청 의문문   정답 (C)

마케팅 부서의 Mr. Himura와 이야기하게 해달라는 요청 의문문이다. May I가 요청하는 표현임을 이해할 수 있어야 한다.

(A) [×] 마케팅 부서의 Mr. Himura와 이야기하게 해달라고 했는데, 이와 관련이 없는 대화는 꽤 짧았다는 내용으로 응답했으므로 오답이다. 질문의 talk을 반복 사용하여 혼동을 주었다.

(B) [×] marketing(마케팅)과 관련 있는 promotional(홍보의)을 사용하여 혼동을 준 오답이다. No만 듣고 정답으로 고르지 않도록 주의한다.

(C) [○] 전화를 돌려주는 동안 기다려달라는 말로 요청을 간접적으로 수락한 정답이다.

어휘   promotional [미 prəmóuʃənl, 영 prəmə́uʃənl] 홍보의   hold [미 hould, 영 həuld] 기다리다

■ PART 3

난이도 ○ ○ ○ ●
       ○ ○ ● ●
       ○ ● ● ●
       ● ● ● ●
       하 중 상 최상

32
33
34

Questions 32-34 refer to the following conversation.

🎧 호주식 발음 → 영국식 발음

M: Hey, Pauline. ³²Have you registered for the engineering seminar in Beijing yet? I've just booked my flight there.

W: Not yet. I tried yesterday, but the event's Web site wasn't working.

M: ³³Then you should probably just do it over the phone since registration ends today.

W: Good idea. I definitely don't want to miss out on the event.

M: Definitely not. I heard the famous engineer Eli Price will be a guest speaker. He actually developed the machines we use in our factory.

W: I know. ³⁴I'm reading the book he published last month. He has some interesting ideas about robotics.

32 Why will the man travel to Beijing?
    (A) To meet with a client
    (B) To attend a seminar
    (C) To inspect a factory
    (D) To do some sightseeing

33 What does the man suggest?
    (A) Making a phone call
    (B) Filling out a form
    (C) Looking up a venue
    (D) Visiting a Web site

34 What does the woman say about Eli Price?
    (A) He did not read a publication.
    (B) He recently released a book.
    (C) He will edit a presentation.
    (D) He cannot join a gathering.

32-34번은 다음 대화에 관한 문제입니다.

M: 안녕하세요, Pauline. ³²베이징에서 열리는 공학 기술 세미나에 등록하셨어요? 저는 방금 거기로 가는 비행편을 예약했어요.

W: 아직이요. 어제 하려고 했는데, 그 행사의 웹사이트가 작동하지 않았어요.

M: ³³등록이 오늘 끝나기 때문에 그럼 당신은 전화로 해야 할 것 같네요.

W: 좋은 생각이에요. 저는 그 행사를 절대로 놓치고 싶지 않아요.

M: 물론 안 되죠. 유명한 기술자인 Eli Price가 초청 연사일 거라고 들었어요. 사실 우리가 공장에서 사용하는 기계들을 그가 개발했잖아요.

W: 저도 알아요. ³⁴저는 그가 지난달에 출간한 책을 읽고 있어요. 그는 로봇 공학에 대해 흥미로운 견해를 갖고 있어요.

32. 남자는 왜 베이징에 갈 것인가?
    (A) 고객과 만나기 위해
    (B) 세미나에 참석하기 위해
    (C) 공장을 점검하기 위해
    (D) 관광을 하기 위해

33. 남자는 무엇을 제안하는가?
    (A) 전화하기
    (B) 양식을 작성하기
    (C) 장소를 찾아보기
    (D) 웹사이트를 방문하기

34. 여자는 Eli Price에 관해 무엇을 말하는가?
    (A) 그는 출판물을 읽지 않았다.
    (B) 그는 최근에 책을 출간했다.
    (C) 그는 발표를 수정할 것이다.
    (D) 그는 모임에 참석할 수 없다.

지문 register[미 rédʒistər, 영 rédʒistə] 등록하다 definitely[défənətli] 절대로, 물론 miss out 놓치다 engineer[미 èndʒiníər, 영 èndʒiníə] 기술자
    publish[pʌ́bliʃ] 출간하다 robotics[미 roubá:tiks, 영 rəubɔ́tiks] 로봇 공학
32 sightseeing[sáitsi:iŋ] 관광
33 venue[vénjuː] 장소
34 gathering[gǽðəriŋ] 모임

32 ■ **세부 사항 관련 문제** 이유   정답 (B)
○
○
○
● 남자가 베이징에 가는 이유를 묻는 문제이므로, 질문의 핵심어구(Beijing)가 언급된 주변을 주의 깊게 듣는다. 남자가 여자에게 "Have
하 you registered for the engineering seminar in Beijing yet? I've just booked my flight there."라며 베이징에서 열리는 공학
    기술 세미나에 등록했는지 물은 뒤, 자신은 방금 거기로 가는 비행편을 예약했다고 하였다. 따라서 정답은 (B) To attend a seminar이다.

33 ■ **세부 사항 관련 문제** 제안   정답 (A)
○
○
○
● 남자가 제안하는 것을 묻는 문제이므로, 남자의 말에서 제안과 관련된 표현이 언급된 다음을 주의 깊게 듣는다. 남자가 "Then you
하 should probably just do it over the phone since registration ends today."라며 등록이 오늘 끝나기 때문에 그럼 전화로 할 것
    같다고 하였다. 따라서 정답은 (A) Making a phone call이다.

34 ■ **세부 사항 관련 문제** 언급   정답 (B)
○
○
● 여자가 Eli Price에 관해 언급하는 것을 묻는 문제이므로, 여자의 말에서 질문의 핵심어구(Eli Price)와 관련된 내용을 주의 깊게 듣는다.
● 여자가 "I'm reading the book he[Eli Price] published last month."라며 Eli Price가 지난달에 출간한 책을 읽고 있다고 하였다.
중 따라서 정답은 (B) He recently released a book이다.

Questions 35-37 refer to the following conversation.

🎧 미국식 발음 → 호주식 발음

W: ³⁵Sales of our dresses and pants have dropped by 5 percent since we started selling them through the Hadley Outlet.

M: Yes, ³⁶Nancy told me about that after she finished analyzing last quarter's financial figures. That's a big problem, isn't it?

W: Absolutely. Accordingly, I've arranged an appointment with one of Hadley Outlet's representatives so we can brainstorm ways to boost revenues. We'll be getting together next Wednesday at 3 P.M., if you want to join us.

M: I wish I could, but ³⁷I'm scheduled to train our interns on the accounting software that afternoon. Please e-mail me the notes from the meeting, though. I'd like to review what you discuss.

35 What type of business do the speakers probably work for?
(A) An accounting firm
(B) A marketing company
(C) A clothing manufacturer
(D) A department store

36 According to the man, what did Nancy recently do?
(A) Completed an analysis
(B) Gave a demonstration
(C) Designed more apparel
(D) Contacted a representative

37 What does the man say about the training session?
(A) It will take place tomorrow.
(B) It will focus on a computer program.
(C) It will be recorded by a film crew.
(D) It will be moved to another room.

35-37번은 다음 대화에 관한 문제입니다.

W: ³⁵우리가 Hadley 아웃렛을 통해 우리의 원피스와 바지를 팔기 시작한 이후로, 그것들의 매출이 5퍼센트 떨어졌어요.

M: 네, ³⁶Nancy가 지난 분기의 재정 수치를 분석하는 걸 마치고 나서 그것에 대해 제게 말해줬어요. 그건 정말 큰 문제예요, 그렇지 않나요?

W: 물론이죠. 그런 이유로 우리가 수익을 증진시킬 방안을 떠올릴 수 있도록 Hadley 아웃렛의 대표들 중 한 명과 약속을 잡아 놓았어요. 당신도 함께 하길 원하신다면, 저희는 다음 주 수요일 오후 3시에 모일 예정이에요.

M: 저도 그럴 수 있다면 좋을 텐데, ³⁷그날 오후에 회계 소프트웨어에 대해 인턴들을 교육할 예정이에요. 하지만 회의에서 나온 메모들을 저에게 이메일로 보내 주세요. 당신이 논의하는 것을 확인해 보고 싶어요.

35. 화자들은 어떤 종류의 업체에서 일하는 것 같은가?
(A) 회계 법인
(B) 마케팅 회사
(C) 의류 제조사
(D) 백화점

36. 남자에 따르면, Nancy는 최근에 무엇을 했는가?
(A) 분석을 완료했다.
(B) 시연을 했다.
(C) 더 많은 의류를 디자인했다.
(D) 대표에게 연락했다.

37. 남자는 교육에 관해 무엇을 말하는가?
(A) 내일 열릴 것이다.
(B) 컴퓨터 프로그램에 초점을 맞출 것이다.
(C) 촬영팀에 의해 녹화될 것이다.
(D) 다른 장소로 옮겨질 것이다.

지문 drop[draːp] 떨어지다 figure[미 fígjər, 영 fígə] 수치 boost[buːst] 증진시키다 revenue[révənuː] 수익
35 manufacturer[mæ̀njufǽktʃərər] 제조사
36 demonstration[dèmənstréiʃən] 시연
37 take place 열리다 room[ruːm] 장소

35 ■ 전체 대화 관련 문제 화자 　　　　　　　　　　　　　　　　　　　　　　　　　　　　　　　　정답 (C)

화자들이 일하는 업체를 묻는 문제이므로, 신분 및 직업과 관련된 표현을 놓치지 않고 듣는다. 여자가 "Sales of our dresses and pants have dropped by 5 percent since we started selling them through the Hadley Outlet."이라며 Hadley 아웃렛을 통해 자신들의 원피스와 바지를 팔기 시작한 이후로, 그것들의 매출이 5퍼센트 떨어졌다고 한 말을 통해 화자들이 일하는 업체가 의류 제조사임을 알 수 있다. 따라서 정답은 (C) A clothing manufacturer이다.

36 ■ 세부 사항 관련 문제 특정 세부 사항 　　　　　　　　　　　　　　　　　　　　　　　　　　　　　정답 (A)

Nancy가 최근에 한 것을 묻는 문제이므로, 질문의 핵심어구(Nancy recently do)와 관련된 내용을 주의 깊게 듣는다. 남자가 "Nancy told me about that after she finished analyzing last quarter's financial figures"라며 Nancy가 지난 분기의 재정 수치를 분석하는 걸 마치고 나서 그것에 대해 자신에게 말했다고 하였다. 따라서 정답은 (A) Completed an analysis이다.

37 ■ 세부 사항 관련 문제 언급 　　　　　　　　　　　　　　　　　　　　　　　　　　　　　　　　　정답 (B)

남자가 교육에 관해 언급하는 것을 묻는 문제이므로, 남자의 말에서 질문의 핵심어구(training session)와 관련된 내용을 주의 깊게 듣는다. 남자가 "I'm scheduled to train our interns on the accounting software that afternoon"이라며 그날 오후에 회계 소프트웨어에 대해 인턴들을 교육할 예정이라고 하였다. 따라서 정답은 (B) It will focus on a computer program이다.

Questions 38-40 refer to the following conversation.

🔊 호주식 발음 → 영국식 발음

M: ³⁸The weather forecast is not very favorable for the charity run on Saturday. It's supposed to be extremely hot with intense sunlight. What shall we do?

W: There isn't anything we can really do as postponing the event isn't an option. Let's prepare more shades, water bottles, and ice boxes.

M: Good idea. ³⁹Should we hire medical staff in case some of the runners can't handle the heat?

W: Some doctors are volunteering. ⁴⁰I'd like them to be spread out along the route.

M: OK. ⁴⁰I'll figure out the best places for them now.

38 What is scheduled for Saturday?
(A) A warehouse sale
(B) A retirement dinner
(C) A fundraising event
(D) A medical appointment

39 What does the woman imply when she says, "Some doctors are volunteering"?
(A) Medical supplies are ready.
(B) Some volunteers have not been trained.
(C) The event includes a dangerous course.
(D) Hiring staff will not be necessary.

40 What does the man say he will do?
(A) Interview some personnel
(B) Go for a medical exam
(C) Look for volunteers
(D) Identify areas on a route

38-40번은 다음 대화에 관한 문제입니다.

M: ³⁸일기예보가 토요일의 모금 달리기 대회에 매우 좋지는 않아요. 강렬한 햇빛과 함께 아주 더울 거예요. 우리는 무엇을 해야 할까요?

W: 행사를 연기하는 것은 선택지가 아니므로 우리가 정말로 할 수 있는 것은 아무것도 없어요. 더 많은 그늘막, 물병, 그리고 아이스박스를 준비합시다.

M: 좋은 생각이에요. ³⁹주자들 중 일부가 더위를 견디지 못할 경우에 대비하여 우리가 의료진을 고용해야 할까요?

W: 몇몇 의사들이 자원봉사를 할 거예요. ⁴⁰저는 그들이 경로를 따라 퍼져있었으면 해요.

M: 알겠어요. ⁴⁰제가 지금 그들을 위한 가장 좋은 장소들을 알아볼게요.

38. 토요일에 무엇이 예정되어 있는가?
(A) 창고 판매
(B) 은퇴 만찬
(C) 기금 모금 행사
(D) 진료 예약

39. 여자는 "몇몇 의사들이 자원봉사를 할 거예요"라고 말할 때 무엇을 의도하는가?
(A) 의료 물품들이 준비되었다.
(B) 몇몇 봉사자들이 훈련되지 않았다.
(C) 행사가 위험한 경로를 포함한다.
(D) 직원을 고용하는 것이 필요 없을 것이다.

40. 남자는 무엇을 할 것이라고 말하는가?
(A) 직원을 인터뷰한다.
(B) 건강 검진을 받는다.
(C) 봉사자들을 찾는다.
(D) 경로에서 구역을 확인한다.

지문 forecast[미 fɔ́ːrkæst, 영 fɔ́ːkɑːst] (일기의) 예보 favorable[féivərəbl] (기후가) 좋은, 양호한 extremely[ikstríːmli] 아주, 매우
intense[inténs] 강렬한, 거센 postpone[미 poustpóun, 영 pəustpóun] 연기하다, 미루다 spread out 퍼지다
38 warehouse[wérhaus] 창고
40 identify[aidéntifai] 확인하다

38 ■ 세부 사항 관련 문제 특정 세부 사항 정답 (C)

토요일에 예정된 일을 묻는 문제이므로, 질문의 핵심어구(Saturday)가 언급된 주변을 주의 깊게 듣는다. 남자가 "The weather forecast is not very favorable for the charity run on Saturday."라며 일기예보가 토요일의 모금 달리기 대회에 매우 좋지는 않다고 하였다. 따라서 정답은 (C) A fundraising event이다.

39 ■ 세부 사항 관련 문제 의도 파악 정답 (D)

여자가 하는 말의 의도를 묻는 문제이므로, 질문의 인용어구(Some doctors are volunteering)가 언급된 주변을 주의 깊게 듣는다. 남자가 "Should we hire medical staff in case some of the runners can't handle the heat?"라며 주자들 중 일부가 더위를 견디지 못할 경우에 대비하여 의료진을 고용해야 할지 묻자, 여자가 "Some doctors are volunteering."이라며 몇몇 의사들이 자원봉사를 할 것이라고 한 말을 통해 직원을 고용하는 것이 필요 없을 것임을 알 수 있다. 따라서 정답은 (D) Hiring staff will not be necessary이다.

40 ■ 세부 사항 관련 문제 다음에 할 일 정답 (D)

남자가 하겠다고 말한 것을 묻는 문제이므로, 질문의 핵심어구(will do)와 관련된 내용을 주의 깊게 듣는다. 여자가 "I'd like them[Some doctors] to be spread out along the route."라며 몇몇 의사들이 경로를 따라 퍼져있었으면 한다고 하자, 남자가 "I'll figure out the best places for them now."라며 지금 그들을 위한 가장 좋은 장소들을 알아보겠다고 하였다. 따라서 정답은 (D) Identify areas on a route이다.

Questions 41-43 refer to the following conversation.

🎧 호주식 발음 → 미국식 발음

M: Ms. Kearney, ⁴¹we're almost done bringing your belongings into your new home. Ah . . . but where should I place these boxes marked as decorations?

W: Oh, ⁴²those are the ornaments for my living room. Please put them on the floor by the brown cabinet.

M: All right. That's everything, then. ⁴³Would you like our company to e-mail you the invoice, or would it be better to mail you a paper copy?

W: An e-mail would be great, thanks. You should have my contact information on record. Do you happen to know how much my bill will be?

M: Yes. You'll be charged a flat rate of $350.

41 What type of business does the man probably work for?
(A) A moving company
(B) A furniture retailer
(C) An insurance provider
(D) A construction firm

42 What does the woman tell the man to do?
(A) Read an agreement
(B) Park a truck in a garage
(C) Place items on the floor
(D) Call a worker for help

43 What does the man say about the invoice?
(A) It can be sent electronically.
(B) It has been received already.
(C) It is enclosed in a box.
(D) It contains an error.

41-43번은 다음 대화에 관한 문제입니다.

M: Ms. Kearney, ⁴¹저희는 새 집으로 당신의 물건들을 가져오는 것을 거의 다 마쳤습니다. 아… 그런데 장식품이라고 표시된 이 상자들을 어디에 놓으면 될까요?

W: 아, ⁴²그건 제 거실을 위한 장식품이에요. 갈색 장식장 옆의 바닥에 놓아 주세요.

M: 알겠습니다. 그럼 이게 전부네요. ⁴³저희 회사에서 당신에게 청구서를 이메일로 보내드리길 원하시나요, 아니면 서류 사본을 보내드리는 것이 더 나을까요?

W: 이메일이 좋겠네요, 감사합니다. 제 연락처는 기록에 있을 거예요. 혹시 제 청구서가 얼마일지 아시나요?

M: 네, 350달러의 고정 요금이 청구될 거예요.

41. 남자는 어떤 종류의 업체에서 일하는 것 같은가?
(A) 이삿짐 운송 회사
(B) 가구 소매점
(C) 보험 회사
(D) 건설 회사

42. 여자는 남자에게 무엇을 하라고 말하는가?
(A) 계약서를 읽는다.
(B) 차고에 트럭을 주차한다.
(C) 물품을 바닥에 놓는다.
(D) 직원에게 도움을 청한다.

43. 남자는 청구서에 관해 무엇을 말하는가?
(A) 컴퓨터로 전송될 수 있다.
(B) 이미 수령하였다.
(C) 상자에 동봉되었다.
(D) 오류를 포함하고 있다.

지문 **belongings**[bilɔ́:ŋiŋz] 물건, 소지품 **decoration**[dèkəréiʃən] 장식품 **cabinet**[kǽbinət] 장식장 **charge**[미 tʃaːrdʒ, 영 tʃaːdʒ] 청구하다, 부과하다 **flat rate** 고정 요금

41 **insurance**[inʃúərəns] 보험

42 **garage**[gərɑ́ːdʒ] 차고

43 **electronically**[ilèktrɔ́nikəli] 컴퓨터로, 전자적으로 **enclose**[inklóuz] 동봉하다 **error**[érər] 오류

---

41 ■ **전체 대화 관련 문제** 화자 정답 (A)

남자가 일하는 업체를 묻는 문제이므로, 남자의 신분 및 직업을 나타내는 표현을 주의 깊게 듣는다. 남자가 여자에게 "we're almost done bringing your belongings into your new home"이라며 여자의 새 집으로 물건들을 가져오는 것을 거의 다 마쳤다고 한 말을 통해 남자가 이삿짐 운송 회사에서 일한다는 것을 알 수 있다. 따라서 정답은 (A) A moving company이다.

42 ■ **세부 사항 관련 문제** 요청 정답 (C)

여자가 남자에게 요청하는 것을 묻는 문제이므로, 여자의 말에서 요청과 관련된 표현이 언급된 다음을 주의 깊게 듣는다. 여자가 "those[boxes] are the ornaments for my living room. Please put them on the floor by the brown cabinet."이라며 그 상자들은 거실을 위한 장식품이라고 한 뒤, 갈색 장식장 옆의 바닥에 놓아달라고 하였다. 따라서 정답은 (C) Place items on the floor 이다.

43 ■ **세부 사항 관련 문제** 언급 정답 (A)

남자가 청구서에 관해 언급하는 것을 묻는 문제이므로, 질문의 핵심어구(invoice)가 언급된 주변을 주의 깊게 듣는다. 남자가 "Would you like our company to e-mail you the invoice, or would it be better to mail you a paper copy?"라며 자신들의 회사에서 청구서를 이메일로 보내주길 원하는지 아니면 서류 사본을 보내주는 것이 더 나을지 물었다. 따라서 정답은 (A) It can be sent electronically이다.

Questions 44-46 refer to the following conversation with three speakers.

🔊 미국식 발음 → 캐나다식 발음 → 영국식 발음

W1: ⁴⁴Everyone, we're planning to open another branch of our public relations company in Tacoma.

M: Wow . . . That decision was made quickly! I thought the CEO wouldn't approve that until next year.

W2: Me too. It makes sense, though. Many companies are located there, so it's a promising market for us.

M: Right. Um . . . Kara, ⁴⁵/⁴⁶do you know who will manage the new branch?

W1: No, but the executive team will discuss that in next Thursday's meeting. I heard they are planning to consider both internal and external candidates.

M: ⁴⁶Well, you should submit an application. You'd be a perfect fit.

W1: Thanks. I might give it a try.

44 What is the conversation mainly about?
(A) An office opening
(B) A marketing campaign
(C) An interview process
(D) A business trip

45 What does the man inquire about?
(A) A project deadline
(B) A building address
(C) A meeting location
(D) A facility supervisor

46 What does the man suggest that Kara do?
(A) Make an announcement
(B) Apply for a position
(C) Speak to an executive
(D) Review a résumé

44-46번은 다음 세 명의 대화에 관한 문제입니다.

W1: ⁴⁴여러분, 타코마에 우리의 홍보 회사가 다른 지사를 열 계획이에요.

M: 우아… 그 결정이 빨리 이루어졌네요! 저는 최고 경영자가 내년이 되어서야 그걸 승인할 거라고 생각했어요.

W2: 저도요. 하지만 이해가 되네요. 많은 회사들이 거기에 위치해 있어서 우리에게 유망한 시장이잖아요.

M: 맞아요. 음… Kara, ⁴⁵/⁴⁶새 지사를 누가 관리할지 알고 있나요?

W1: 아니요, 하지만 경영진이 다음 주 목요일 회의에서 그것을 논의할 거예요. 저는 그들이 내부와 외부 후보를 모두 고려할 계획이라고 들었어요.

M: ⁴⁶음, 당신은 지원서를 제출해야 해요. 당신이 딱 맞을 거예요.

W1: 고마워요. 한번 해봐야겠어요.

44. 대화는 주로 무엇에 관한 것인가?
(A) 지사 개점
(B) 마케팅 캠페인
(C) 인터뷰 절차
(D) 출장

45. 남자는 무엇에 관해 문의하는가?
(A) 프로젝트 마감일
(B) 건물 주소
(C) 회의 장소
(D) 시설 관리자

46. 남자는 Kara에게 무엇을 하라고 제안하는가?
(A) 공지를 한다.
(B) 자리에 지원한다.
(C) 관리자에게 말한다.
(D) 이력서를 검토한다.

지문 promising [미 prá:misiŋ, 영 prɔ́misiŋ] 유망한 executive team 경영진 give it a try 한번 해보다
45 deadline [dédlain] 마감일 facility [fəsíləti] 시설
46 résumé [rézumèi] 이력서

---

44 ■ 전체 대화 관련 문제 주제   정답 (A)

대화의 주제를 묻는 문제이므로, 대화의 초반을 반드시 듣는다. 여자 1이 "Everyone, we're planning to open another branch of our public relations company in Tacoma."라며 타코마에 자신들의 홍보 회사가 다른 지사를 열 계획이라고 한 뒤, 타코마 지사 개점에 관한 내용으로 대화가 이어지고 있다. 따라서 정답은 (A) An office opening이다.

45 ■ 세부 사항 관련 문제 특정 세부 사항   정답 (D)

남자가 문의하는 것을 묻는 문제이므로, 남자의 말을 주의 깊게 듣는다. 남자가 "do you know who will manage the new branch?"라며 새 지사를 누가 관리할지 물었다. 따라서 정답은 (D) A facility supervisor이다.

46 ■ 세부 사항 관련 문제 제안   정답 (B)

남자가 Kara 즉, 여자 1에게 제안하는 것을 묻는 문제이므로, 남자의 말에서 제안과 관련된 표현이 언급된 다음을 주의 깊게 듣는다. 남자가 여자 1에게 "do you know who will manage the new branch?"라며 새 지사를 누가 관리할지 알고 있냐고 물은 뒤, "Well, you should submit an application."이라며 지원서를 제출하라고 제안하였다. 따라서 정답은 (B) Apply for a position이다.

Questions 47-49 refer to the following conversation.

🎧 캐나다식 발음 → 미국식 발음

M: My name is Tim Jones, and ⁴⁷I'm calling to report a defective appliance. My order number is 44312.

W: Just a minute, Mr. Jones . . . ⁴⁸OK, our records show that you ordered a Steelman 90B stove. Is that correct?

M: I purchased a Gateway 350. ⁴⁸Again, the order number is 44312.

W: Oh, I misheard the last digit. My apologies. Yes, I see your purchase information now. What exactly is the problem?

M: I'm not sure. When I press the power button, nothing happens.

W: I see. ⁴⁹Would you like me to arrange a time for a repairperson to visit your home?

M: Yes, please. Any time before noon on Friday would be convenient for me.

47-49번은 다음 대화에 관한 문제입니다.

M: 제 이름은 Tim Jones이고, ⁴⁷결함이 있는 기기를 알리기 위해 전화드렸어요. 제 주문 번호는 44312예요.

W: 잠시만요, Mr. Jones… ⁴⁸네, 저희 기록은 고객님께서 Steelman 90B 난로를 주문하셨다고 보여주네요. 이것이 맞나요?

M: 저는 Gateway 350을 구입했어요. ⁴⁸다시 말씀드리면, 제 주문 번호는 44312예요.

W: 아, 제가 마지막 숫자를 잘못 들었네요. 죄송합니다. 네, 이제 고객님의 구매 정보가 보입니다. 정확히 무엇이 문제인가요?

M: 저도 잘 모르겠어요. 제가 전원 버튼을 누르면, 아무 일도 일어나지 않아요.

W: 알겠습니다. ⁴⁹수리공이 고객님 댁에 방문하도록 제가 시간을 정해 드릴까요?

M: 네, 부탁드려요. 금요일 낮 12시 전에는 언제든 괜찮아요.

47 What is the man's problem?
(A) An appliance is not available.
(B) A record is inaccurate.
(C) A shipment has not arrived.
(D) A product has malfunctioned.

47. 남자의 문제는 무엇인가?
(A) 기기를 구할 수 없다.
(B) 기록이 부정확하다.
(C) 배송 물품이 도착하지 않았다.
(D) 제품이 제대로 작동하지 않는다.

48 Why does the man say, "I purchased a Gateway 350"?
(A) To check a price
(B) To request a form
(C) To make a correction
(D) To change an order

48. 남자는 왜 "저는 Gateway 350을 구입했어요"라고 말하는가?
(A) 가격을 확인하기 위해
(B) 양식을 요청하기 위해
(C) 잘못을 바로잡기 위해
(D) 주문을 변경하기 위해

49 What does the woman say she can do?
(A) Pick up an item
(B) Process a refund
(C) Make an appointment
(D) Expedite a delivery

49. 여자는 그녀가 무엇을 할 수 있다고 말하는가?
(A) 물품을 찾는다.
(B) 환불을 처리한다.
(C) 약속을 잡는다.
(D) 배송을 신속히 처리한다.

지문 defective[diféktiv] 결함이 있는 appliance[əpláiəns] 기기 stove[stouv] 난로 mishear[mìshír] 잘못 듣다
47 malfunction[mælfʌ́ŋkʃən] 제대로 작동하지 않다
49 process[prá:ses] 처리하다 expedite[ékspədait] 신속히 처리하다

---

47 ■ 세부 사항 관련 문제 문제점   정답 (D)

남자의 문제점을 묻는 문제이므로, 남자의 말에서 부정적인 표현이 언급된 주변을 주의 깊게 듣는다. 남자가 "I'm calling to report a defective appliance"라며 결함이 있는 기기를 알리기 위해 전화했다고 하였다. 따라서 정답은 (D) A product has malfunctioned 이다.

48 ■ 세부 사항 관련 문제 의도 파악   정답 (C)

남자가 하는 말의 의도를 묻는 문제이므로, 질문의 인용어구(I purchased a Gateway 350)가 언급된 주변을 주의 깊게 듣는다. 여자가 "OK, our records show that you ordered a Steelman 90B stove. Is that correct?"라며 기록은 남자가 Steelman 90B 난로를 주문했다고 보여주는데 이것이 맞는지 묻자, 남자가 "I purchased a Gateway 350. Again, the order number is 44312." 라며 자신은 Gateway 350를 구입했고, 다시 말하자면 자신의 주문 번호는 44312라고 다시 말한 것을 통해 잘못을 바로잡으려는 의도임을 알 수 있다. 따라서 정답은 (C) To make a correction 이다.

49 ■ 세부 사항 관련 문제 특정 세부 사항   정답 (C)

여자가 할 수 있다고 말하는 것을 묻는 문제이므로, 질문의 핵심어구(she can do)와 관련된 내용을 주의 깊게 듣는다. 여자가 남자에게 "Would you like me to arrange a time for a repairperson to visit your home?"이라며 수리공이 남자의 집에 방문하도록 시간을 정해줄지 물었다. 따라서 정답은 (C) Make an appointment 이다.

Questions 50-52 refer to the following conversation.

🎧 호주식 발음 → 영국식 발음

M: Hello, Ms. Beale. This is Dan Feingold from *BizLife Magazine*. ⁵⁰Do you have any interest in being interviewed for our publication? We'd like to write a piece on your recently published book on management strategies.

W: Absolutely. I'm a big fan of your magazine!

M: That's wonderful to hear. ⁵⁰/⁵¹Would you be able to come to our office in downtown Portland on Friday afternoon for the interview?

W: ⁵¹Actually, I'm having lunch with my company's CEO that day. Saturday is more convenient for me.

M: We can manage that. ⁵²Oh, and are you willing to pose for some pictures? We want to print them next to the article.

W: ⁵²Of course.

50 Why is the man calling?
(A) To book a trip
(B) To purchase a publication
(C) To learn about a product
(D) To request a meeting

51 What does the woman have planned on Friday?
(A) A business luncheon
(B) A press conference
(C) A book launch
(D) A personal trip

52 What does the woman agree to do?
(A) Subscribe to some magazines
(B) Participate in a photo shoot
(C) Donate some money
(D) Sign autographs for fans

50-52번은 다음 대화에 관한 문제입니다.

M: 안녕하세요, Ms. Beale. 저는 *BizLife*지의 Dan Feingold입니다. ⁵⁰혹시 저희 간행물에 실리는 인터뷰에 응하시는 데에 관심이 있으신가요? 경영 전략에 관해 최근에 출간된 당신의 책에 대해 기사를 쓰고 싶습니다.

W: 당연하죠. 저는 당신 잡지의 열혈 팬이에요.

M: 그거 정말 반갑네요. ⁵⁰/⁵¹인터뷰를 위해 금요일 오후에 포틀랜드 시내에 있는 저희 사무실로 와주실 수 있나요?

W: ⁵¹사실, 그날 저는 저희 회사의 최고 경영자와 점심 약속이 있어요. 토요일이 제게 더 편해요.

M: 그렇게 할 수 있을 것 같아요. ⁵²아, 그리고 사진 촬영을 위해 포즈를 취해주실 수 있을까요? 저희는 사진들을 기사 옆에 게재하고자 해요.

W: ⁵²물론이죠.

50. 남자는 왜 전화를 하는가?
(A) 여행을 예약하기 위해
(B) 간행물을 구매하기 위해
(C) 제품에 대해 알아보기 위해
(D) 만남을 요청하기 위해

51. 여자는 금요일에 무엇을 하려고 계획하는가?
(A) 비즈니스 오찬
(B) 기자 회견
(C) 책 출간
(D) 개인 여행

52. 여자는 무엇을 하기로 동의하는가?
(A) 잡지를 몇 개 구독한다.
(B) 사진 촬영에 참여한다.
(C) 돈을 기부한다.
(D) 팬들을 위해 사인을 한다.

지문 publication[pÀblikéiʃən] 간행물 piece[piːs] (한 편의) 기사 print[print] 게재하다, 인쇄하다
51 press conference 기자 회견 launch[lɔːntʃ] 출간
52 autograph[ɔ́ːtəɡræf] (유명인의) 사인

50 ■ 전체 대화 관련 문제 목적 정답 (D)
남자가 전화를 건 목적을 묻는 문제이므로, 대화의 초반을 반드시 듣는다. 남자가 여자에게 "Do you have any interest in being interviewed for our publication?"이라며 혹시 자신들의 간행물에 실리는 인터뷰에 응하는 데에 관심이 있는지 물은 뒤, "Would you be able to come to our office ~ for the interview?"라며 인터뷰를 위해 자신들의 사무실로 와줄 수 있냐고 한 말을 통해 만남을 요청하기 위해 전화했음을 알 수 있다. 따라서 정답은 (D) To request a meeting이다.

51 ■ 세부 사항 관련 문제 특정 세부 사항 정답 (A)
여자가 금요일에 하기로 계획하는 것을 묻는 문제이므로, 질문의 핵심어구(Friday)가 언급된 주변을 주의 깊게 듣는다. 남자가 여자에게 "Would you be able to come to our office in downtown Portland on Friday afternoon for the interview?"라며 인터뷰를 위해 금요일 오후에 포틀랜드 시내에 있는 사무실로 와줄 수 있는지 묻자, 여자가 "Actually, I'm having lunch with my company's CEO that day."라며 그날 회사의 최고 경영자와 점심 약속이 있다고 하였다. 따라서 정답은 (A) A business luncheon이다.

52 ■ 세부 사항 관련 문제 특정 세부 사항 정답 (B)
여자가 하기로 동의하는 것을 묻는 문제이므로, 질문의 핵심어구(agree to do)와 관련된 내용을 주의 깊게 듣는다. 남자가 "Oh, and are you willing to pose for some pictures? We want to print them next to the article."이라며 사진 촬영을 위해 포즈를 취해줄 수 있을지 물은 뒤, 사진들을 기사 옆에 게재하고 싶다고 하자, 여자가 "Of course."라며 물론이라고 하였다. 따라서 정답은 (B) Participate in a photo shoot이다.

Questions 53-55 refer to the following conversation.

🎧 미국식 발음 → 캐나다식 발음

W: Good morning. My name is Maureen Price. ⁵³I came to your office a week ago to discuss a Web site you said you could design for the new amateur baseball team that I manage.

M: Oh, right. Have you decided which features you'd like to include?

W: Yes. ⁵⁴I'll need a page where people can reserve tickets. There should be a schedule of games, too.

M: Do you want any video content to be featured as well? We only charge an extra $100 to do so.

W: We intend to put up players' photos—but not any videos.

M: OK. Please take a seat, and ⁵⁵I'll get a quote ready for you. It should only take a few minutes.

53 What is the conversation mainly about?
(A) A service request
(B) A sports competition
(C) A uniform design
(D) A community center

54 According to the woman, what should people be able to do on a Web site?
(A) Watch some videos
(B) Order a uniform
(C) Reserve tickets
(D) Register for a workshop

55 What will happen next?
(A) A photo will be taken.
(B) A presentation will be given.
(C) A proposal will be reviewed.
(D) An estimate will be provided.

53-55번은 다음 대화에 관한 문제입니다.

W: 안녕하세요. 제 이름은 Maureen Price입니다. ⁵³저는 제가 관리하는 새 아마추어 야구팀을 위해 당신이 만들 수 있다고 말했던 웹사이트에 관해 논의하기 위해 일주일 전에 당신의 사무실에 왔었어요.

M: 아, 맞아요. 포함하고 싶은 특징들을 결정하셨나요?

W: 네. ⁵⁴저는 사람들이 티켓을 예약할 수 있는 페이지가 필요할 것 같아요. 그리고 거기에는 경기 일정도 있어야 해요.

M: 동영상 콘텐츠도 포함하기를 원하시나요? 저희는 그렇게 하는 데 추가로 단지 100달러만 받습니다.

W: 저희는 선수들의 사진을 게시하려고 생각하지만 동영상은 아니에요.

M: 알겠습니다. 여기에 앉아 계시면, ⁵⁵제가 견적을 준비해올게요. 단지 몇 분 정도 걸릴 겁니다.

53. 대화는 주로 무엇에 관한 것인가?
(A) 서비스 요청
(B) 운동 경기
(C) 유니폼 디자인
(D) 지역 문화 회관

54. 여자에 따르면, 사람들은 웹사이트에서 무엇을 할 수 있어야 하는가?
(A) 동영상을 시청한다.
(B) 유니폼을 주문한다.
(C) 티켓을 예약한다.
(D) 워크숍에 등록한다.

55. 다음에 무슨 일이 일어날 것인가?
(A) 사진이 촬영될 것이다.
(B) 발표가 진행될 것이다.
(C) 제안이 검토될 것이다.
(D) 견적이 제공될 것이다.

지문 amateur[ǽmətʃər] 아마추어의 feature[fíːtʃər] 특징 reserve[rizə́ːrv] 예약하다 quote[kwout] 견적
53 community center 지역 문화 회관 54 register[rédʒistər] 등록하다
55 proposal[prəpóuzəl] 제안 estimate[éstimət] 견적

---

53 ■ 전체 대화 관련 문제 주제 　　　　　　　　　　　　　　　　　　　　　　　　　　　　　　　　　　　정답 (A)

대화의 주제를 묻는 문제이므로, 대화의 초반을 반드시 듣는다. 여자가 "I came to your office a week ago to discuss a Web site you said you could design for the new amateur baseball team that I manage."라며 자신이 관리하는 새 아마추어 야구팀을 위해 남자가 만들 수 있다고 말했던 웹사이트에 관해 논의하기 위해 일주일 전에 사무실에 왔었다고 한 뒤, 웹사이트 제작과 웹사이트에 포함되어야 하는 요청 사항에 관한 내용으로 대화가 이어지고 있다. 따라서 정답은 (A) A service request이다.

54 ■ 세부 사항 관련 문제 특정 세부 사항 　　　　　　　　　　　　　　　　　　　　　　　　　　　　　　　정답 (C)

사람들이 웹사이트에서 할 수 있어야 하는 것을 묻는 문제이므로, 질문의 핵심어구(be able to do on a Web site)와 관련된 내용을 주의 깊게 듣는다. 여자가 "I'll need a page where people can reserve tickets."라며 사람들이 티켓을 예약할 수 있는 페이지가 필요할 것 같다고 하였다. 따라서 정답은 (C) Reserve tickets이다.

55 ■ 세부 사항 관련 문제 다음에 할 일 　　　　　　　　　　　　　　　　　　　　　　　　　　　　　　　　　정답 (D)

다음에 일어날 일을 묻는 문제이므로, 대화의 마지막 부분을 주의 깊게 듣는다. 남자가 "I'll get a quote ready for you. It should only take a few minutes."라며 견적을 준비해오겠다고 한 뒤, 단지 몇 분 정도 걸릴 거라고 하였다. 따라서 정답은 (D) An estimate will be provided이다.

바꾸어 표현하기
a quote 견적 → An estimate 견적

Questions 56-58 refer to the following conversation.

🎧 영국식 발음 → 캐나다식 발음

W: These crates are too heavy, Mike. ⁵⁶We can't move them from this loading dock to the warehouse without using the truck.

M: ⁵⁷But Kevin is using the truck right now. And we need to move this shipment before lunchtime.

W: Kevin told me earlier today that he'd be back by 11 A.M. So . . . uh . . . he should be here any minute now.

M: Oh, OK. In that case, I'll wait for him. ⁵⁸In the meantime, could you please double-check that the crates are labeled properly? We've had issues with that in the past.

56 Where must some crates be taken?
(A) To a production plant
(B) To a loading dock
(C) To a storage building
(D) To a store showroom

57 What problem does the man mention?
(A) A vehicle is unavailable.
(B) A container has been misplaced.
(C) A building door is locked.
(D) A worker is late for a shift.

58 What does the man ask the woman to do?
(A) Unpack a shipment
(B) Examine some labels
(C) Check a staff schedule
(D) Hold a team meeting

56-58번은 다음 대화에 관한 문제입니다.

W: 이 상자들은 너무 무거워요, Mike. ⁵⁶우리는 트럭을 사용하지 않고 여기 짐 싣는 곳에서 창고까지 이것들을 옮길 수 없어요.

M: ⁵⁷하지만 Kevin이 지금 트럭을 사용하고 있어요. 그리고 우리는 점심 시간 전에 이 배송품을 옮겨야 하고요.

W: Kevin이 오전 11시까지 돌아올 거라고 오늘 일찍 제게 말했어요. 그러니까… 아… 그는 곧 여기에 올 거예요.

M: 아, 알겠어요. 그렇다면 제가 그를 기다릴게요. ⁵⁸그동안에, 상자들에 제대로 상표가 붙었는지 다시 한번 확인해 주시겠어요? 우리는 이전에 그것과 관련해서 문제가 있었거든요.

56. 상자들을 어디로 가져가야 하는가?
(A) 생산 공장으로
(B) 짐 싣는 곳으로
(C) 저장고 건물로
(D) 가게 전시실로

57. 남자는 어떤 문제를 언급하는가?
(A) 차량을 이용할 수 없다.
(B) 컨테이너가 제자리에 놓여 있지 않다.
(C) 건물의 문이 잠겼다.
(D) 직원이 교대 근무 시간에 늦는다.

58. 남자는 여자에게 무엇을 해달라고 요청하는가?
(A) 배송품을 꺼낸다.
(B) 상표를 검토한다.
(C) 직원 일정을 확인한다.
(D) 팀 회의를 연다.

지문 crate[kreit] 상자 loading dock 짐 싣는 곳 in the meantime 그동안에 double-check 다시 한번 확인하다 label[léibl] 상표를 붙이다; 상표
56 storage[stɔ́ːridʒ] 저장고 showroom[ʃóuruːm] 전시실
57 vehicle[víːiəkl] 차량 container[kəntéinər] (화물 수송용) 컨테이너, 그릇 misplace[mìspléis] 제자리에 놓지 않다
58 unpack[ʌ̀npǽk] 꺼내다 examine[igzǽmin] 검토하다, 조사하다

56 ■ 세부 사항 관련 문제 특정 세부 사항 정답 (C)
상자들을 가져가야 하는 곳을 묻는 문제이므로, 질문의 핵심어구(crates be taken)와 관련된 내용을 주의 깊게 듣는다. 여자가 "We can't move them[crates] from this loading dock to the warehouse without using the truck."이라며 트럭을 사용하지 않고 짐 싣는 곳에서 창고까지 상자들을 옮길 수 없다고 하였다. 따라서 정답은 (C) To a storage building이다.

바꾸어 표현하기
warehouse 창고 → storage building 저장고 건물

57 ■ 세부 사항 관련 문제 문제점 정답 (A)
남자가 언급하는 문제점을 묻는 문제이므로, 남자의 말에서 부정적인 표현이 언급된 주변을 주의 깊게 듣는다. 남자가 "But Kevin is using the truck right now."라며 Kevin이 지금 트럭을 사용하고 있다고 하였다. 따라서 정답은 (A) A vehicle is unavailable이다.

58 ■ 세부 사항 관련 문제 요청 정답 (B)
남자가 여자에게 요청하는 것을 묻는 문제이므로, 남자의 말에서 요청과 관련된 표현이 언급된 다음을 주의 깊게 듣는다. 남자가 "In the meantime, could you please double-check that the crates are labeled properly?"라며 그동안에 상자들에 제대로 상표가 붙었는지 다시 한번 확인해달라고 요청하였다. 따라서 정답은 (B) Examine some labels이다.

바꾸어 표현하기
double-check 다시 한번 확인하다 → Examine 검토하다

Questions 59-61 refer to the following conversation with three speakers.

🎵 캐나다식 발음 → 미국식 발음 → 영국식 발음

M: ⁵⁹Unfortunately, our ski resort has had low occupancy numbers over the last few months. Could you two propose some ways to attract more visitors?

W1: How about building a new spa?

M: That's a nice thought, but we can't afford to build any new structures.

W2: Then why don't we create a sledding course? Guests could go up the mountain using our cable car and then sled down.

M: I like that. Our biggest competitor has something similar. Anything to add, Connie?

W1: Yes. ⁶⁰I know several guests have mentioned that room rates are rather high. How about offering discounted prices as a promotion?

M: Excellent suggestions. ⁶¹I'll mention both ideas at the executive meeting this afternoon.

59 What is mentioned about the ski resort?
(A) It is attracting too few customers.
(B) It will be temporarily closed down.
(C) It hosted a competition.
(D) It will open a new restaurant.

60 What does Connie suggest?
(A) Setting up a display
(B) Decreasing some rates
(C) Hiring more staff
(D) Meeting with a competitor

61 What will the man do this afternoon?
(A) Inspect a building site
(B) Sign some forms
(C) Share some ideas
(D) Clean up an area

59-61번은 다음 세 명의 대화에 관한 문제입니다.

M: ⁵⁹안타깝게도, 저희 스키 리조트가 지난 몇 달 동안 낮은 점유율 수치를 기록해왔습니다. 더 많은 방문객을 끌어모을 수 있는 방법을 두 분께서 제안해 주시겠어요?

W1: 새로운 온천을 짓는 것은 어떨까요?

M: 좋은 생각이지만, 우리는 새로운 건물을 지을 여유가 없어요.

W2: 그럼 썰매 코스를 만드는 건 어떨까요? 손님들은 우리 케이블카를 이용해 산 위로 올라가서 썰매를 타고 내려올 수 있을 거예요.

M: 좋네요. 우리의 가장 큰 경쟁사가 비슷한 것을 갖고 있잖아요. 덧붙이실 게 있나요, Connie?

W1: 네. ⁶⁰저는 몇몇 손님들이 객실 요금이 상당히 비싸다고 언급했다고 알고 있어요. 홍보 수단으로 할인된 가격을 제공하는 건 어떨까요?

M: 정말 좋은 제안들이에요. ⁶¹제가 오늘 오후에 간부 회의에서 두 의견에 대해 말해 볼게요.

59. 스키 리조트에 관해 무엇이 언급되는가?
(A) 너무 적은 고객들을 끌어모으고 있다.
(B) 일시적으로 문을 닫을 것이다.
(C) 시합을 개최하였다.
(D) 새로운 식당을 열 것이다.

60. Connie는 무엇을 제안하는가?
(A) 진열대를 놓는 것
(B) 요금을 낮추는 것
(C) 더 많은 직원을 고용하는 것
(D) 경쟁 업체와 만나는 것

61. 남자는 오늘 오후에 무엇을 할 것인가?
(A) 건물 부지를 점검한다.
(B) 몇몇 양식에 서명한다.
(C) 몇몇 의견들을 공유한다.
(D) 구역을 청소한다.

지문 occupancy[á:kjəpənsi] (객실의) 점유율, 이용율 spa[spa:] 온천, 사우나 can't afford to ~할 여유가 없다 structure[strʌ́ktʃər] 건물
sledding[slédiŋ] 썰매 rate[reit] 요금 high[hai]비싼, 높은 executive meeting 간부 회의
59 host[houst] 개최하다 restaurant[réstrɑːnt] 식당
60 display[displéi] 진열대 competitor[kəmpétitər] 경쟁 업체
61 inspect[inspékt] 점검하다 building site 건물 부지

59 ■ 세부 사항 관련 문제 언급

정답 (A)

스키 리조트에 관해 언급되는 것을 묻는 문제이므로, 질문의 핵심어구(ski resort)가 언급된 주변을 주의 깊게 듣는다. 남자가 "Unfortunately, our ski resort has had low occupancy numbers over the last few months."라며 안타깝게도 스키 리조트가 지난 몇 달 동안 낮은 점유율 수치를 기록해왔다고 하였다. 따라서 정답은 (A) It is attracting too few customers이다.

바꾸어 표현하기

has had low occupancy numbers 낮은 점유율 수치를 기록해왔다 → is attracting too few customers 너무 적은 고객들을 끌어모으고 있다

60 ■ 세부 사항 관련 문제 제안

정답 (B)

Connie 즉, 여자 1이 제안하는 것을 묻는 문제이므로, 여자 1의 말에서 제안과 관련된 표현이 언급된 다음을 주의 깊게 듣는다. 여자 1이 "I know several guests have mentioned that room rates are rather high. How about offering discounted prices as a promotion?"이라며 몇몇 손님들이 객실 요금이 상당히 비싸다고 언급했다고 알고 있다고 한 뒤, 홍보 수단으로 할인된 가격을 제공하는 것을 제안하였다. 따라서 정답은 (B) Decreasing some rates이다.

바꾸어 표현하기

offering discounted prices 할인된 가격을 제공하다 → Decreasing some rates 요금을 낮추는 것

61 ■ 세부 사항 관련 문제 다음에 할 일

정답 (C)

남자가 오늘 오후에 할 것을 묻는 문제이므로, 질문의 핵심어구(this afternoon)가 언급된 주변을 주의 깊게 듣는다. 남자가 "I'll mention both ideas at the executive meeting this afternoon."이라며 오늘 오후에 간부 회의에서 두 의견에 대해 말해 보겠다고 하였다. 따라서 정답은 (C) Share some ideas이다.

바꾸어 표현하기

mention ~ ideas 의견에 대해 말하다 → Share ~ ideas 의견들을 공유하다

Questions 62-64 refer to the following conversation and e-mail inbox.

🔊 영국식 발음 → 캐나다식 발음

W: ⁶²Tom, I want to let you know that I'm almost finished with the seating chart for Friday's banquet. I'm trying to seat all the winners near the front of the venue.

M: Yes, they should have easy access to the stage. And that reminds me. ⁶³We got an e-mail from the caterer for the event about 30 minutes ago. Have you read it yet?

W: No. I've been focused on getting this chart finished. Beeman Corporation expanded its guest list this morning. Did the e-mail indicate that there will be some problems?

M: ⁶⁴Everything's fine as we decided on the menu a month ago. The message just mentioned the number of vegetarian meals that will be provided.

→ Inbox
From: ⁶³Chau Nguyen
≫ **Subject:** Catering Meal
From: Kayla Baker
≫ **Subject:** Banquet Hall Invoice
From: Javier Valencia
≫ **Subject:** Beeman Guest List
From: Andre Wood
≫ **Subject:** Lunch Meeting

62 What is the woman working on?
(A) Room decorations
(B) Event invitations
(C) Menu changes
(D) Seating arrangements

63 Look at the graphic. Who sent an e-mail half an hour ago?
(A) Chau Nguyen
(B) Kayla Baker
(C) Javier Valencia
(D) Andre Wood

64 According to the man, what happened last month?
(A) Venue reservations were modified.
(B) Catering choices were confirmed.
(C) A conference center was renovated.
(D) A guest list was posted online.

62-64번은 다음 대화와 이메일 수신함에 관한 문제입니다.

W: ⁶²Tom, 저는 금요일 연회의 좌석 배치도를 거의 끝냈다는 걸 알려드리고 싶어요. 모든 수상자들을 장소의 앞쪽에 앉히려고 해요.

M: 네, 그들은 무대에 쉽게 접근할 수 있어야 해요. 그러고 보니 생각나네요. ⁶³우리는 약 30분 전에 행사의 출장 연회 업체로부터 이메일을 받았어요. 벌써 읽으셨나요?

W: 아니요. 저는 이 배치도를 마무리하는 데에 집중하고 있었어요. Beeman 기업이 오늘 아침에 그들의 초청자 명단을 확대했거든요. 그 이메일이 무슨 문제가 있을 거라고 명시했나요?

M: ⁶⁴우리가 메뉴를 한 달 전에 결정했기 때문에 모든 것이 괜찮아요. 메시지는 단지 제공될 채식주의자용 식사의 수를 언급했어요.

→ 받은 편지함
발신: ⁶³Chau Nguyen
≫ **제목:** 출장 연회 음식
발신: Kayla Baker
≫ **제목:** 연회장 청구서
발신: Javier Valencia
≫ **제목:** Beeman 초청자 명단
발신: Andre Wood
≫ **제목:** 점심 회의

62. 여자는 무엇에 노력을 들이고 있는가?
(A) 공간 장식
(B) 행사 초대장
(C) 메뉴 변경
(D) 좌석 배치

63. 시각 자료를 보시오. 누가 30분 전에 이메일을 보냈는가?
(A) Chau Nguyen
(B) Kayla Baker
(C) Javier Valencia
(D) Andre Wood

64. 남자에 따르면, 지난달에 무슨 일이 일어났는가?
(A) 장소 예약이 수정되었다.
(B) 출장 연회 음식 종류가 확정되었다.
(C) 회의장이 보수되었다.
(D) 초청자 명단이 온라인에 게시되었다.

지문 **seating chart** 좌석 배치도 **guest list** 초청자 명단 **indicate**[índikeit] 명시하다
62 **work on** ~에 노력을 들이다
63 **half an hour** 30분
64 **catering**[kéitəriŋ] 출장 연회 음식, 출장 연회 업체 **choice**[ʧɔis] 종류 **confirm**[kənfə́ːrm] 확정되다

62 ■ **세부 사항 관련 문제** 특정 세부 사항 정답 (D)

○ ○ ○
● ● ●
상
여자가 노력을 들이고 있는 것을 묻는 문제이므로, 질문의 핵심어구(working on)와 관련된 내용을 주의 깊게 듣는다. 여자가 "Tom, I want to let you know that I'm almost finished with the seating chart for Friday's banquet. I'm trying to seat all the winners near the front of the venue."라며 금요일 연회의 좌석 배치도를 거의 끝냈다는 걸 알려주고 싶다며, 모든 수상자들을 장소의 앞쪽에 앉히려고 하고 있다고 하였다. 따라서 정답은 (D) Seating arrangements이다.

63 ■ **세부 사항 관련 문제** 시각 자료 정답 (A)

○ ○ ○
● ● ●
상
30분 전에 이메일을 보낸 사람을 묻는 문제이므로, 제시된 이메일 수신함의 정보를 확인한 뒤 질문의 핵심어구(sent an e-mail half an hour ago)와 관련된 내용을 주의 깊게 듣는다. "We got an e-mail from the caterer for the event about 30 minutes ago."라며 약 30분 전에 행사의 출장 연회 업체로부터 이메일을 받았다고 하였으므로, 30분 전에 이메일을 보낸 사람은 출장 연회 음식이라는 이메일을 보낸 Chau Nguyen임을 이메일 수신함에서 알 수 있다. 따라서 정답은 (A) Chau Nguyen이다.

64 ■ **세부 사항 관련 문제** 특정 세부 사항 정답 (B)

○ ○ ○
● ● ●
상
지난달에 일어난 일을 묻는 문제이므로, 질문의 핵심어구(last month)와 관련된 내용을 주의 깊게 듣는다. 남자가 "Everything's fine as we decided on the menu a month ago."라며 메뉴를 한 달 전에 결정했기 때문에 모든 것이 괜찮다고 하였다. 따라서 정답은 (B) Catering choices were confirmed이다.

바꾸어 표현하기
decided on the menu 메뉴를 결정했다 → Catering choices were confirmed 출장 연회 음식 종류가 확정되었다

Questions 65-67 refer to the following conversation and coupon.

호주식 발음 → 미국식 발음

M: Excuse me. ⁶⁵I need a printer for my home office. Where are they stocked?

W: Oh, they're right over here. Do you have a specific brand in mind?

M: Well, I had a PaperPro device before, and I really liked it. So, something from that brand would be excellent.

W: ⁶⁶I'd recommend the PaperPro 300, then. Um . . . Our store received them from the manufacturer just last Monday. ⁶⁶They're even more user-friendly than previous models.

M: Perfect. I'll take one of those, please.

W: Certainly. Also, ⁶⁷do you need any paper for the printer? If so, here's a discount coupon for you to use. We're having a sale on those items today.

M: ⁶⁷I'll take two packs.

65-67번은 다음 대화와 쿠폰에 관한 문제입니다.

M: 실례합니다. ⁶⁵저는 자택 사무실에 놓을 프린터가 필요해요. 그것들은 어디에 있나요?

W: 아, 바로 저기에 있어요. 마음에 두고 계신 구체적인 브랜드가 있으신가요?

M: 음, 저는 이전에 PaperPro 기기를 갖고 있었는데, 정말 마음에 들었어요. 그래서 그 브랜드에서 나온 거라면 좋을 것 같아요.

W: ⁶⁶그렇다면 저는 PaperPro 300을 추천해요. 음… 저희 가게는 이것들을 그 제조사로부터 지난 월요일에 막 받았어요. ⁶⁶심지어 이진 모델들보다 더 사용하기 쉬워요.

M: 완벽하네요. 그걸로 하나 할게요.

W: 물론이죠. 그리고, ⁶⁷프린터에 사용할 용지도 필요하신가요? 만약 그러시다면, 여기 사용하실 수 있는 할인 쿠폰이 있어요. 저희가 오늘 이 제품들을 할인 판매하고 있거든요.

M: ⁶⁷두 묶음을 살게요.

Miller's Office Supplies
Paper Product Coupon

Buy	Receive
1 pack	5 percent off
2 packs	⁶⁷10 percent off
3 packs	15 percent off
4 packs	20 percent off

Miller 사무용품
용지 제품 쿠폰

구입 시	받는 혜택
1 묶음	5퍼센트 할인
2 묶음	⁶⁷10퍼센트 할인
3 묶음	15퍼센트 할인
4 묶음	20퍼센트 할인

65 What does the man ask about?

(A) The price of a device
(B) The size of a printer
(C) The location of merchandise
(D) The duration of a promotion

66 What does the woman say about the PaperPro 300?

(A) It is a durable product.
(B) It is simple to use.
(C) It comes in several colors.
(D) It was featured in a magazine.

67 Look at the graphic. What discount will the man most likely receive?

(A) 5 percent off
(B) 10 percent off
(C) 15 percent off
(D) 20 percent off

65. 남자는 무엇에 관해 문의하는가?

(A) 기기의 가격
(B) 프린터의 크기
(C) 상품의 위치
(D) 홍보 기간

66. 여자는 PaperPro 300에 관해 무엇을 말하는가?

(A) 내구성이 있는 제품이다.
(B) 사용하기 간단하다.
(C) 여러 색깔로 출시된다.
(D) 잡지에 특집 기사로 다루어졌다.

67. 시각 자료를 보시오. 남자는 얼마의 할인을 받을 것 같은가?

(A) 5퍼센트 할인
(B) 10퍼센트 할인
(C) 15퍼센트 할인
(D) 20퍼센트 할인

지문　stock[미 staːk, 영 stɔk] (판매할 상품을 갖춰 두고) 있다　specific[spəsífik] 구체적인　user-friendly 사용하기 쉬운
sale[seil] 할인 판매
65　location[loukéiʃən] 위치　duration[duréiʃən] 기간
66　durable[dúrəbl] 내구성이 있는　feature[fíːtʃər] 특집 기사로 다루다

65 ■ 세부 사항 관련 문제 특정 세부 사항 　　　　　　　　　　　　　　　　　　　　　　　　　　　　정답 (C)

○○○●● 중

남자가 문의하는 것을 묻는 문제이므로, 남자의 말을 주의 깊게 듣는다. 남자가 "I need a printer for my home office. Where are they stocked?"라며 자택 사무실에 놓을 프린터가 필요하다고 한 뒤, 그것들이 어디에 있는지 물었다. 따라서 정답은 (C) The location of merchandise이다.

66 ■ 세부 사항 관련 문제 언급 　　　　　　　　　　　　　　　　　　　　　　　　　　　　　　　　정답 (B)

○●●●● 상

여자가 PaperPro 300에 관해 언급하는 것을 묻는 문제이므로, 여자의 말에서 질문의 핵심어구(PaperPro 300)가 언급된 주변을 주의 깊게 듣는다. 여자가 "I'd recommend the PaperPro 300, then."이라며 PaperPro 300을 추천한다고 한 뒤, "They're even more user-friendly than previous models."라며 그것들은 심지어 이전 모델들보다 더 사용하기 쉽다고 하였다. 따라서 정답은 (B) It is simple to use이다.

바꾸어 표현하기

user-friendly 사용하기 쉬운 → simple to use 사용하기 간단한

67 ■ 세부 사항 관련 문제 시각 자료 　　　　　　　　　　　　　　　　　　　　　　　　　　　　　　정답 (B)

○○○●● 중

남자가 받을 할인을 묻는 문제이므로, 제시된 쿠폰의 정보를 확인한 뒤 질문의 핵심어구(discount)가 언급된 주변을 주의 깊게 듣는다. 여자가 남자에게 "do you need any paper for the printer? If so, here's a discount coupon for you to use. We're having a sale on those items today."라며 프린터에 사용할 용지도 필요한지 물은 뒤, 만약 그렇다면 사용할 수 있는 할인 쿠폰이 있으며 오늘 이 제품들을 할인 판매하고 있다고 하였다. 그러자 남자가 "I'll take two packs."라며 두 묶음을 사겠다고 하였으므로, 남자는 두 묶음 구입 시 받는 혜택인 10퍼센트 할인을 받을 것임을 쿠폰에서 알 수 있다. 따라서 정답은 (B) 10 percent off이다.

Questions 68-70 refer to the following conversation and form.

🔊 캐나다식 발음 → 영국식 발음

M: Good afternoon. ⁶⁸I was biking this morning and noticed that my bicycle is making a lot of noise.

W: Let me take a look . . . Hmm . . . ⁶⁹Quite a few parts need to be updated.

M: ⁶⁹I see. Would you be able to take care of that today?

W: ⁶⁹No, unfortunately. The parts have to be ordered. We could have it fixed by next week. As for the cost, let me check on everything . . . All right, the total will be $195.

M: That's pretty expensive! ⁷⁰Is there any way to lower the price?

W: ⁷⁰I suppose the chain you have will be OK for another few months.

M: ⁷⁰Great. I'll get a new one later, then.

Bicycle World Inc.

Service Request Number: 2534

Part	Price
Tire	$105
Brake pads	$50
Chain	⁷⁰$35
Cable	$5
TOTAL DUE	**$195**

68-70번은 다음 대화와 양식에 관한 문제입니다.

M: 안녕하세요. ⁶⁸저는 오늘 아침에 자전거를 타다가 제 자전거에서 소음이 많이 난다는 것을 알게 됐어요.

W: 한번 볼게요… 흠… ⁶⁹상당 부분이 새 부품으로 교체되어야겠네요.

M: ⁶⁹그렇군요. 오늘 그것을 처리해주실 수 있나요?

W: ⁶⁹안타깝게도 안 돼요. 부품들이 주문되어야 하거든요. 저희는 다음 주까지 이걸 고칠 수 있을 거예요. 비용에 관해서는, 모두 확인해 볼게요… 좋아요, 총 195달러가 될 거예요.

M: 꽤 비싸네요! ⁷⁰가격을 낮출 수 있는 방법이 있나요?

W: ⁷⁰손님이 갖고 계신 체인이 몇 달 동안은 괜찮을 거라고 생각되네요.

M: ⁷⁰좋아요. 그럼 나중에 새로 교체할게요.

자전거 세상 주식회사

서비스 요청 번호: 2534

부품	가격
바퀴	105달러
브레이크 패드	50달러
체인	⁷⁰35달러
케이블	5달러
합계	195달러

68 What did the man do earlier today?
(A) Checked a bicycle tire
(B) Called a local repair shop
(C) Shopped for parts online
(D) Went for a bike ride

69 What problem does the woman mention?
(A) A request will take some time to fulfill.
(B) A store does not sell a certain brand.
(C) A credit card has been rejected.
(D) A component was not properly installed.

70 Look at the graphic. How much will be deducted from the total cost?
(A) $105
(B) $50
(C) $35
(D) $5

68. 남자는 오늘 일찍 무엇을 했는가?
(A) 자전거의 바퀴를 확인했다.
(B) 지역 정비소에 전화했다.
(C) 온라인으로 부품을 구입했다.
(D) 자전거를 탔다.

69. 여자는 무슨 문제를 언급하는가?
(A) 요청이 이행되는 데에 시간이 걸릴 것이다.
(B) 가게가 특정 브랜드를 판매하지 않는다.
(C) 신용 카드가 거부되었다.
(D) 부품이 제대로 설치되지 않았다.

70. 시각 자료를 보시오. 총 가격에서 얼마가 공제될 것인가?
(A) 105달러
(B) 50달러
(C) 35달러
(D) 5달러

지문 noise[nɔiz] 소음 fix[fiks] 고치다 pretty[príti] 꽤 expensive[ikspénsiv] 비싼 lower[미 lóuər, 영 lóuə] 낮추다
69 fulfill[fulfíl] 이행하다 install[instɔ́ːl] 설치하다
70 deduct[didʌ́kt] 공제하다, 감하다

68 ■ **세부 사항 관련 문제** 특정 세부 사항 　　　　　　　　　　　　　　　　　　　　　　　정답 (D)

남자가 오늘 일찍 한 것을 묻는 문제이므로, 질문의 핵심어구(do earlier today)와 관련된 내용을 주의 깊게 듣는다. 남자가 "I was biking this morning"이라며 오늘 아침에 자전거를 탔다고 하였다. 따라서 정답은 (D) Went for a bike ride이다.

69 ■ **세부 사항 관련 문제** 문제점 　　　　　　　　　　　　　　　　　　　　　　　　　　정답 (A)

여자가 언급하는 문제점을 묻는 문제이므로, 여자의 말에서 부정적인 표현이 언급된 주변을 주의 깊게 듣는다. 여자가 "Quite a few parts need to be updated."라며 상당 부분이 새 부품으로 교체되어야겠다고 하자, 남자가 "I see. Would you be able to take care of that today?"라며 오늘 그것을 처리해줄 수 있는지 물었다. 그러자, 여자가 "No, unfortunately. The parts have to be ordered. We could have it fixed by next week."이라며 안타깝지만 안 된다며, 부품들이 주문되어야 하기에, 다음 주까지 이걸 고칠 수 있을 거라고 하였다. 따라서 정답은 (A) A request will take some time to fulfill이다.

70 ■ **세부 사항 관련 문제** 시각 자료 　　　　　　　　　　　　　　　　　　　　　　　　정답 (C)

총 가격에서 공제될 가격을 묻는 문제이므로, 제시된 양식의 정보를 확인한 뒤 질문의 핵심어구(deducted from the total cost)와 관련된 내용을 주의 깊게 듣는다. 남자가 여자에게 "Is there any way to lower the price?"라며 가격을 낮출 수 있는 방법이 있는지 묻자, 여자가 "I suppose the chain you have will be OK for another few months."라며 남자가 갖고 있는 체인이 몇 달 동안은 괜찮을 것 같다고 하였다. 그러자 남자가 "Great. I'll get a new one later, then"이라며 그럼 나중에 새로 교체하겠다고 하였으므로, 총 가격에서 공제될 양은 체인의 가격인 35달러임을 양식에서 알 수 있다. 따라서 정답은 (C) $35이다.

PART 4

Questions 71-73 refer to the following announcement.

[호주식 발음]

May I have your attention, shoppers? ⁷¹A sweater was found in our bakery section. It was left beside a sale sign and is gray with a black stripe across the back. If this item belongs to you, ⁷²come to the information desk, which is situated next to our milk and cheese aisle . . . Also, ⁷³I'd like to remind everyone that Smiling Grocery recently introduced a new service. Buy as many goods as you like, and we'll bring them to your residence within an hour, as long as you live here in Allensville.

71 What was found in a store?
(A) A garment
(B) A wallet
(C) An umbrella
(D) A wristwatch

72 What does the speaker mention about the information desk?
(A) It is staffed by two people.
(B) It is marked with a sign.
(C) It is closing in five minutes.
(D) It is near the dairy section.

73 What does the speaker say was recently introduced?
(A) A delivery service
(B) A security measure
(C) A phone application
(D) A rewards program

71-73번은 다음 공지에 관한 문제입니다.

쇼핑객 여러분, 모두 주목해주시겠습니까? ⁷¹저희 제과 매장에서 스웨터가 발견되었습니다. 그것은 할인 표지판 옆에 놓여 있었고 등 부분에 검은색 줄무늬가 있는 회색입니다. 만약 이 물건이 귀하의 것이라면, ⁷²우유와 치즈가 있는 통로 옆에 위치한 안내데스크로 와주시기 바랍니다… 또한, ⁷³Smiling 식료품점이 최근에 새로운 서비스를 시작했다는 것을 모든 분께 다시 한번 말씀드리고 싶습니다. 원하시는 만큼 많은 물건을 구매하시면, 이곳 Allensville에 거주하시는 한 저희가 그것들을 한 시간 내에 귀하의 댁으로 가져다드리겠습니다.

71. 상점에서 무엇이 발견되었는가?
(A) 의류
(B) 지갑
(C) 우산
(D) 손목시계

72. 화자는 안내데스크에 관해 무엇을 언급하는가?
(A) 두 명의 직원이 일하고 있다.
(B) 표지판으로 표시되어 있다.
(C) 5분 후에 문을 닫을 것이다.
(D) 유제품 매장 근처에 있다.

73. 화자는 무엇이 최근에 시작되었다고 말하는가?
(A) 배송 서비스
(B) 보안 조치
(C) 휴대 전화 애플리케이션
(D) 보상 프로그램

지문 stripe[straip] 줄무늬 aisle[ail] 통로, 복도 remind[rimáind] 다시 한번 말해 주다, 상기시키다
introduce[미 ìntrədú:s, 영 ìntrədjú:s] 시작하다, 도입하다 residence[rézidəns] 댁, 거주지
71 garment[gá:rmənt] 의류, 옷 wristwatch[rístwɑ:tʃ] 손목시계
72 staff[stæf] 직원을 두다 dairy[déri] 유제품
73 security[səkjúrəti] 보안 measure[méʒər] 조치 reward[riwɔ́:rd] 보상

71 ■ 세부 사항 관련 문제 특정 세부 사항   정답 (A)
상점에서 발견된 것을 묻는 문제이므로, 질문의 핵심어구(found in a store)와 관련된 내용을 주의 깊게 듣는다. "A sweater was found in our bakery section."이라며 제과 매장에서 스웨터가 발견되었다고 하였다. 따라서 정답은 (A) A garment이다.

바꾸어 표현하기
sweater 스웨터 → garment 의류

72 ■ 세부 사항 관련 문제 언급   정답 (D)
화자가 안내데스크에 관해 언급하는 것을 묻는 문제이므로, 질문의 핵심어구(information desk)가 언급된 주변을 주의 깊게 듣는다. "come to the information desk, which is situated next to our milk and cheese aisle"이라며 우유와 치즈가 있는 통로 옆에 위치한 안내데스크로 와달라고 하였다. 따라서 정답은 (D) It is near the dairy section이다.

바꾸어 표현하기
milk and cheese aisle 우유와 치즈가 있는 통로 → dairy section 유제품 매장

73 ■ 세부 사항 관련 문제 특정 세부 사항   정답 (A)
화자가 최근에 시작되었다고 말하는 것을 묻는 문제이므로, 질문의 핵심어구(recently introduced)가 언급된 주변을 주의 깊게 듣는다. "I'd like to remind everyone that Smiling Grocery recently introduced a new service."라며 Smiling 식료품점이 최근에 새로운 서비스를 시작했다는 것을 청자들에게 다시 한번 말해 주고 싶다고 한 뒤, "Buy as many goods as you like, and we'll bring them to your residence within an hour"라며 원하는 만큼 많은 물건을 구매하면, 그것들을 한 시간 내에 청자의 집으로 가져다주겠다고 하였다. 따라서 정답은 (A) A delivery service이다.

74
75
76

Questions 74-76 refer to the following telephone message.

🎧 미국식 발음

Hi, Paul. This is Becky Landers. ⁷⁴I looked over your proposal for redesigning my kitchen. ⁷⁵I really like your choice of counter—the color matches the tiles on the wall. But regarding, um, ⁷⁶the sink you picked out . . . I think it would be better to do things differently. I live by myself. ⁷⁶So, it would be great if you could recommend a smaller model instead. Can we meet at 4 P.M. to discuss it? I think that would be more efficient than doing it on the phone.

74 What type of business does the listener most likely work for?
(A) A restaurant chain
(B) A remodeling company
(C) A real estate agency
(D) A market research firm

75 What does the speaker like about the proposal?
(A) The color
(B) The size
(C) The schedule
(D) The price

76 What does the speaker mean when she says, "I live by myself"?
(A) A request cannot be accommodated.
(B) She wants another suggestion.
(C) A room expansion is not necessary.
(D) She is making the decisions herself.

74-76번은 다음 전화 메시지에 관한 문제입니다.

안녕하세요, Paul. 저는 Becky Landers입니다. ⁷⁴저의 부엌을 재설계하는 것에 대한 당신의 제안을 살펴보았습니다. ⁷⁵저는 당신이 선택한 조리대가 벽의 타일과 색상이 어울려서 매우 마음에 들어요. 하지만, 음, ⁷⁶당신이 고른 싱크대에 대해서는… 다르게 하는 게 더 좋을 것 같다고 생각해요. 저는 혼자 살아요. ⁷⁶그러니, 당신이 대신 더 작은 모델을 추천해 주신다면 좋을 것 같아요. 그것을 논의하기 위해 오후 4시에 만날 수 있나요? 저는 전화로 하는 것보다 그것이 더 효율적일 것으로 생각해요.

74. 청자는 어떤 종류의 업체에서 일하는 것 같은가?
(A) 식당 체인점
(B) 리모델링 회사
(C) 부동산 중개소
(D) 시장 조사 업체

75. 화자는 제안에 관해 무엇을 좋아하는가?
(A) 색상
(B) 크기
(C) 일정
(D) 가격

76. 화자는 "저는 혼자 살아요"라고 말할 때 무엇을 의도하는가?
(A) 요청은 들어줄 수 없다.
(B) 그녀는 다른 제안을 원한다.
(C) 방 확장은 필요하지 않다.
(D) 그녀는 직접 결정한다.

지문   look over 살펴보다, 검토하다   proposal[prəpóuzəl] 제안   match[mætʃ] 어울리다   pick out 고르다, 선택하다
        recommend[rèkəménd] 추천하다
   76   accommodate[əká:mədeit] (부탁을) 들어주다, 수용하다   expansion[ikspǽnʃən] 확장   make a decision 결정하다

---

74 ■ 전체 지문 관련 문제   청자   정답 (B)

○○○○●○   청자가 일하는 업체의 종류를 묻는 문제이므로, 신분 및 직업과 관련된 표현을 놓치지 않고 듣는다. "I looked over your proposal for
중   redesigning my kitchen."이라며 부엌을 재설계하는 것에 대한 청자의 제안을 살펴보았다고 한 것을 통해 청자가 리모델링 회사에서 일한다는 것을 알 수 있다. 따라서 정답은 (B) A remodeling company이다.

75 ■ 세부 사항 관련 문제   특정 세부 사항   정답 (A)

○○○○●○   화자가 제안에 관해 좋아하는 것을 묻는 문제이므로, 질문의 핵심어구(like about the proposal)와 관련된 내용을 주의 깊게 듣는다. "I
하   really like your choice of counter—the color matches the tiles on the wall."이라며 청자가 선택한 조리대가 벽의 타일과 색상이 어울려서 매우 마음에 든다고 하였다. 따라서 정답은 (A) The color이다.

76 ■ 세부 사항 관련 문제   의도 파악   정답 (B)

○○●○○○   화자가 한 말의 의도를 묻는 문제이므로, 질문의 인용어구(I live by myself)가 언급된 주변을 주의 깊게 듣는다. "the sink you picked
중   out ~ I think it would be better to do things differently. I live by myself. So, it would be great if you could recommend a smaller model instead."라며 청자가 고른 싱크대에 대해서는 다르게 하는 게 더 좋을 것 같다고 생각한다며 자신은 혼자 살아서 대신 더 작은 모델을 추천해 주면 좋을 것 같다고 하였다. 이를 통해, 화자가 다른 제안을 원한다는 것을 알 수 있다. 따라서 정답은 (B) She wants another suggestion이다.

Questions 77-79 refer to the following announcement.

🎧 영국식 발음

I want you all to meet Ahmed Pearce, our new managing director. 77Mr. Pearce has overseen public relations firms like ours for over a decade now, so he has plenty of experience. 78He's also received the Carter Prize from the National PR Society. I'm sure you'll all appreciate working under him. 79I've arranged for some bagels, muffins, and coffee to be delivered to our break room tomorrow morning for you to enjoy while introducing yourself to Mr. Pearce.

77 Where most likely do the listeners work?
(A) At a financial consulting agency
(B) At a corporate law firm
(C) At a public relations company
(D) At an educational institution

78 What is mentioned about Mr. Pearce?
(A) He founded the firm.
(B) He is waiting in the break room.
(C) He will be leaving the company.
(D) He won an industry award.

79 According to the speaker, what will happen tomorrow?
(A) Some staff will be transferred.
(B) A break room will be closed off.
(C) A training session will be held.
(D) Some refreshments will be available.

77-79번은 다음 공지에 관한 문제입니다.

저는 여러분 모두가 우리의 새로운 상무 이사인 Ahmed Pearce를 만나시길 바랍니다. 77Mr. Pearce는 우리와 같은 홍보 회사들을 지금까지 10년이 넘게 관리해왔기에, 많은 경험을 가지고 있습니다. 78그는 또한 전국 홍보 협회로부터 Carter 상을 받았습니다. 여러분 모두 그의 밑에서 일하는 것을 환영하실 거라고 확신합니다. 79내일 아침에 Mr. Pearce에게 여러분 스스로를 소개하실 동안 즐기실 수 있는 베이글, 머핀, 그리고 커피가 휴게실로 배달되도록 준비해두었습니다.

77. 청자들은 어디에서 일하는 것 같은가?
(A) 금융 컨설팅 회사에서
(B) 기업 법률 사무소에서
(C) 홍보 회사에서
(D) 교육 기관에서

78. Mr. Pearce에 관해 무엇이 언급되는가?
(A) 그는 회사를 설립했다.
(B) 그는 휴게실에서 기다리고 있다.
(C) 그는 회사를 떠날 것이다.
(D) 그는 산업 분야 상을 받았다.

79. 화자에 따르면, 내일 무슨 일이 일어날 것인가?
(A) 일부 직원들이 전근을 갈 것이다.
(B) 휴게실이 폐쇄될 것이다.
(C) 교육이 진행될 것이다.
(D) 몇 가지 다과들이 이용 가능할 것이다.

지문 oversee[미 òuvərsíː, 영 ə̀uvəsíː] 관리하다, 감독하다 decade[dékeid] 10년 plenty of 많은 appreciate[əpríːʃieit] 환영하다, 감사하다
79 transfer[trænsfɔ́ːr] 전근을 가다 refreshment[rifréʃmənt] 다과, 가벼운 식사

77 ■ 전체 지문 관련 문제 청자 정답 (C)
청자들이 일하는 장소를 묻는 문제이므로, 신분 및 직업과 관련된 표현을 놓치지 않고 듣는다. "Mr. Pearce has overseen public relations firms like ours for over a decade now"라며 Mr. Pearce가 자신들과 같은 홍보 회사들을 지금까지 10년이 넘게 관리해왔다는 말을 통해 청자들이 일하는 장소가 홍보 회사임을 알 수 있다. 따라서 정답은 (C) At a public relations company이다.

78 ■ 세부 사항 관련 문제 언급 정답 (D)
Mr. Pearce에 관해 언급되는 것을 묻는 문제이므로, 질문의 핵심어구(Mr. Pearce)와 관련된 내용을 주의 깊게 듣는다. "He [Mr. Pearce]'s also received the Carter Prize from the National PR Society."라며 Mr. Pearce는 또한 전국 홍보 협회로부터 Carter 상을 받았다고 하였다. 따라서 정답은 (D) He won an industry award이다.

바꾸어 표현하기
received the ~ Prize from the National PR Society 전국 홍보 협회로부터 상을 받았다 → won an industry award 산업 분야 상을 받았다

79 ■ 세부 사항 관련 문제 다음에 할 일 정답 (D)
내일 일어날 일을 묻는 문제이므로, 질문의 핵심어구(tomorrow)가 언급된 주변을 주의 깊게 듣는다. "I've arranged for some bagels, muffins, and coffee to be delivered to our break room tomorrow morning"이라며 내일 아침에 베이글, 머핀, 그리고 커피가 휴게실로 배달되도록 준비해두었다고 하였다. 따라서 정답은 (D) Some refreshments will be available이다.

바꾸어 표현하기
some bagels, muffins, and coffee 베이글, 머핀, 그리고 커피 → Some refreshments 몇 가지 다과들

Questions 80-82 refer to the following excerpt from a meeting.

🎧 캐나다식 발음

⁸⁰I'm sure you're all as eager as I am to see the new company logo that our graphic design team has been working on. It will be unveiled next week at the trade show, after which ⁸¹we'll give each of our clients small presents with the logo on them. For instance, we're planning to hand out pens as well as key chains. ⁸²If you have ideas for other items we could distribute, I'm open to them. The more, the better.

80 According to the speaker, what has a team been working on?
(A) A company symbol
(B) Clothing designs
(C) A business deal
(D) Office renovations

81 What does the speaker say clients will be given?
(A) Business brochures
(B) Branded gifts
(C) Updated contracts
(D) Price estimates

82 Why does the speaker say, "The more, the better"?
(A) To welcome personnel
(B) To encourage suggestions
(C) To accept an offer
(D) To praise an achievement

80-82번은 다음 회의 발췌록에 관한 문제입니다.

⁸⁰저는 우리 그래픽 디자인팀이 작업해온 새로운 회사 로고를 여러분 모두가 저만큼 몹시 보고 싶어 하실 거라고 생각합니다. 그것은 다음 주 무역 박람회에서 발표될 것이고, 그 이후에 ⁸¹각 고객들에게 로고가 있는 작은 선물을 드릴 것입니다. 예를 들어, 열쇠고리뿐만 아니라 펜도 나눠줄 계획입니다. ⁸²만약 여러분이 우리가 배부할 수 있는 다른 물품들에 대한 의견이 있다면, 그것을 고려해볼 것입니다. 많으면 많을수록 좋습니다.

80. 화자에 따르면, 팀은 무엇을 작업하고 있는가?
(A) 회사 상징
(B) 의류 디자인
(C) 사업 거래
(D) 사무실 개조

81. 화자는 고객들이 무엇을 받을 것이라고 말하는가?
(A) 사업 소책자
(B) 상표가 붙은 선물
(C) 업데이트된 계약서
(D) 가격 견적서

82. 화자는 왜 "많으면 많을수록 좋습니다"라고 말하는가?
(A) 직원들을 환영하기 위해
(B) 제안을 권장하기 위해
(C) 제안을 수락하기 위해
(D) 성과를 칭찬하기 위해

지문 eager[íːgər] 몹시 ~하고 싶어 하는 unveil[ʌnvéil] 발표하다 hand out 나누어주다 key chain 열쇠고리 idea[aidíːə] 의견
80 symbol[símbəl] 상징
81 brochure[brouʃúər] 소책자 branded[brǽndid] 상표가 붙은 estimate[éstimət] 견적서
82 personnel[pə̀ːrsənél] 직원들 encourage[inkə́ːridʒ] 권장하다, 장려하다 achievement[ətʃíːvmənt] 성과, 업적

80 ■ 세부 사항 관련 문제 특정 세부 사항   정답 (A)

팀이 작업하고 있는 것을 묻는 문제이므로, 질문의 핵심어구(team ~ working on)가 언급된 주변을 주의 깊게 듣는다. "I'm sure you're all as eager as I am to see the new company logo that our graphic design team has been working on."이라며 그래픽 디자인팀이 작업해온 새로운 회사 로고를 청자들 모두가 자신만큼 몹시 보고 싶어 할 거라고 생각한다고 하였다. 따라서 정답은 (A) A company symbol이다.

바꾸어 표현하기
company logo 회사 로고 → company symbol 회사 상징

81 ■ 세부 사항 관련 문제 특정 세부 사항   정답 (B)

화자가 고객들이 받을 것이라고 말하는 것을 묻는 문제이므로, 질문의 핵심어구(clients will be given)와 관련된 내용을 주의 깊게 듣는다. "we'll give each of our clients small presents with the logo on them"이라며 각 고객들에게 로고가 있는 작은 선물을 줄 것이라고 하였다. 따라서 정답은 (B) Branded gifts이다.

바꾸어 표현하기
presents with the logo on them 로고가 있는 선물 → Branded gifts 상표가 붙은 선물

82 ■ 세부 사항 관련 문제 의도 파악   정답 (B)

화자가 하는 말의 의도를 묻는 문제이므로, 질문의 인용어구(The more, the better)가 언급된 주변을 주의 깊게 듣는다. "If you have ideas for other items we could distribute, I'm open to them. The more, the better."라며 만약 자신들이 배부할 수 있는 다른 물품들에 대한 의견이 있다면 그것을 고려해볼 것이라고 한 뒤, 많으면 많을수록 좋다고 한 것을 통해 제안을 권장하기 위한 의도임을 알 수 있다. 따라서 정답은 (B) To encourage suggestions이다.

Questions 83-85 refer to the following broadcast.

🔊 영국식 발음

This is Haley Woodson, and you're listening to *Movies Today* on WMMZ 99.5 Radio. This morning, [83]I'll be interviewing director Marcy Sawyer about her latest documentary film, *Wild Serengeti*, which was released just two weeks ago. It contains never-before-seen footage of endangered animals living in western Africa and advocates for the protection of wildlife in that region. In just a moment, Ms. Sawyer will tell us all about her joys and struggles living and working abroad for nearly four months. [84]Critics have loved the film, and I've got no reason to doubt them. [85]But first, let's take a few minutes to listen to the morning news highlights from our reporter Shirley Quinn.

83 Who is the speaker going to interview?
   (A) A zoo official
   (B) A filmmaker
   (C) A travel blogger
   (D) A scientist

84 What does the speaker imply when she says, "I've got no reason to doubt them"?
   (A) A project goal will be met.
   (B) Some praise is justified.
   (C) A campaign will be successful.
   (D) Some concerns are valid.

85 What will the listeners most likely hear next?
   (A) Details about an event
   (B) Advertisements from sponsors
   (C) Comments about a production
   (D) Information from a reporter

83-85번은 다음 방송에 관한 문제입니다.

저는 Haley Woodson이고, 여러분께서는 WMMZ 99.5 라디오의 *Movies Today*를 듣고 계십니다. 오늘 아침, [83]저는 Marcy Sawyer 감독과 그녀의 최신 다큐멘터리 영화인 *Wild Serengeti*에 대해 인터뷰할 것인데, 그 영화는 2주 전에 막 개봉했습니다. 영화는 서아프리카에 살고 있는 멸종 위기에 처한 동물들에 대해 지금까지 보지 못했던 장면들을 담고 있고, 그 지역의 야생동물의 보호를 지지하고 있습니다. 바로 잠시 후에, Ms. Sawyer는 거의 4개월 간 해외에서 살며 일하는 것의 기쁨과 고된 노력에 대해 우리 모두에게 말해줄 것입니다. [84]비평가들은 그 영화를 매우 좋아했고, 저는 그들을 의심할 여지가 없습니다. [85]그러나 먼저, Shirley Quinn 기자의 아침 주요 뉴스를 잠시 들으시겠습니다.

83. 화자는 누구를 인터뷰할 것인가?
   (A) 동물원 관계자
   (B) 영화 제작자
   (C) 여행 블로거
   (D) 과학자

84. 화자는 "저는 그들을 의심할 여지가 없습니다"라고 말할 때 무엇을 의도하는가?
   (A) 프로젝트의 목표가 달성될 것이다.
   (B) 호평이 당연하다.
   (C) 캠페인이 성공적일 것이다.
   (D) 걱정들이 타당하다.

85. 청자들은 다음에 무엇을 들을 것 같은가?
   (A) 행사에 대한 세부 사항
   (B) 후원 업체로부터 받은 광고
   (C) 제작에 관한 의견들
   (D) 기자로부터의 정보

지문 director[미 diréktər, 영 dairéktə] 감독, 연출자 release[rilíːs] 개봉하다, 출시하다 contain[kəntéin] 담고 있다, 포함하다 footage[fútidʒ] 장면
      endangered[indéindʒərd] 멸종 위기에 처한 advocate[ǽdvəkeit] 지지하다, 주장하다 protection[prətékʃən] 보호
      wildlife[wáildlaif] 야생동물 struggle[strʌ́gl] 고된 노력, 투쟁 critic[krítik] 비평가
   84 justified[dʒʌ́stifaid] 당연한, 정당한 이유가 있는 concern[kənsə́ːrn] 걱정, 우려 valid[vǽlid] 타당한

83 ■ 세부 사항 관련 문제 특정 세부 사항   정답 (B)
   화자가 인터뷰할 사람을 묻는 문제이므로, 질문의 핵심어구(interview)가 언급된 주변을 주의 깊게 듣는다. "I'll be interviewing director Marcy Sawyer about her latest documentary film, *Wild Serengeti*"라며 Marcy Sawyer 감독과 그녀의 최신 다큐멘터리 영화인 *Wild Serengeti*에 대해 인터뷰할 것이라고 하였다. 따라서 정답은 (B) A filmmaker이다.

84 ■ 세부 사항 관련 문제 의도 파악   정답 (B)
   화자가 하는 말의 의도를 묻는 문제이므로, 질문의 인용어구(I've got no reason to doubt them)가 언급된 주변을 주의 깊게 듣는다. "Critics have loved the film, and I've got no reason to doubt them."이라며 비평가들은 그 영화를 매우 좋아했다고 한 뒤, 자신은 그들을 의심할 여지가 없다고 한 말을 통해 영화에 대한 호평이 당연함을 알 수 있다. 따라서 정답은 (B) Some praise is justified이다.

85 ■ 세부 사항 관련 문제 특정 세부 사항   정답 (D)
   청자들이 다음에 들을 것을 묻는 문제이므로, 지문의 마지막 부분을 주의 깊게 듣는다. "But first, let's take a few minutes to listen to the morning news highlights from our reporter Shirley Quinn."이라며 먼저 Shirley Quinn 기자의 아침 주요 뉴스를 잠시 들을 것이라고 하였다. 따라서 정답은 (D) Information from a reporter이다.

바꾸어 표현하기
   morning news highlights from ~ reporter 기자의 아침 주요 뉴스 → Information from a reporter 기자로부터의 정보

Questions 86-88 refer to the following telephone message.

86-88번은 다음 전화 메시지에 관한 문제입니다.

③ 캐나다식 발음

Hi, Clara. This is Shawn from BeBelle Hair Salon. I'm calling you regarding your cutting and styling appointment today with Steve. ⁸⁶Unfortunately, he is running late today, and we're wondering whether you're open to coming an hour later than originally planned. I know this is an inconvenience, and we're very sorry. ⁸⁷If you agree, we'd be happy to give you a complimentary bottle of shampoo. Oh . . . one more thing. ⁸⁸Our building's elevator is currently out of service, so you'll have to take the stairs to the second floor whenever you arrive. I look forward to hearing from you.

안녕하세요, Clara. 저는 BeBelle Hair Salon의 Shawn입니다. 오늘 Steve와의 커팅 및 스타일링 약속과 관련하여 전화드립니다. ⁸⁶유감스럽게도, 그가 오늘 늦게 되어 손님께서 원래 예정보다 한 시간 늦게 오시는 것이 괜찮으신지 궁금합니다. 이것이 불편한 일이라는 것을 알고 있고, 저희는 매우 죄송하게 생각합니다. ⁸⁷만약 손님께서 승낙하신다면, 저희가 무료 샴푸 한 병을 드리고자 합니다. 아… 한 가지 더 있습니다. ⁸⁸저희 건물의 엘리베이터가 현재 고장이 나서, 도착하시면 2층까지 계단을 사용하셔야 할 것입니다. 연락 기다리겠습니다.

86 What does the speaker inform the listener about?
(A) A loyalty program
(B) A service price
(C) A new stylist
(D) A schedule change

86. 화자는 청자에게 무엇에 대해 알리는가?
(A) 회원 프로그램
(B) 서비스 가격
(C) 새로운 스타일리스트
(D) 일정 변경

87 What is offered to the listener?
(A) A membership card
(B) A follow-up consultation
(C) A hair-care product
(D) A gift certificate

87. 청자에게 무엇이 제공되는가?
(A) 회원증
(B) 후속 상담
(C) 모발 관리 제품
(D) 상품권

88 What does the speaker say is inaccessible?
(A) An elevator
(B) A parking lot
(C) A staircase
(D) A waiting area

88. 화자는 무엇을 이용할 수 없다고 말하는가?
(A) 엘리베이터
(B) 주차장
(C) 계단
(D) 대기실

지문 appointment[əpɔ́intmənt] 약속 inconvenience[ìnkənvíːniəns] 불편한 일 agree[əgríː] 승낙하다, 동의하다
complimentary[kàːmpləméntəri] 무료의
87 consultation[kànsəltéiʃən] 상담
88 staircase[stéərkeis] 계단

86 ■ 세부 사항 관련 문제 특정 세부 사항   정답 (D)
화자가 청자에게 알리는 것을 묻는 문제이므로, 질문의 핵심어구(inform the listener about)와 관련된 내용을 주의 깊게 듣는다. "Unfortunately, he[Steve] is running late today, and we're wondering whether you're open to coming an hour later than originally planned."라며 유감스럽게도 Steve가 오늘 늦게 되어, 청자가 원래 예정보다 한 시간 늦게 오는 것이 괜찮은지 궁금하다고 하였다. 따라서 정답은 (D) A schedule change이다.

87 ■ 세부 사항 관련 문제 특정 세부 사항   정답 (C)
청자에게 제공되는 것을 묻는 문제이므로, 질문의 핵심어구(offered to the listener)와 관련된 내용을 주의 깊게 듣는다. "If you agree, we'd be happy to give you a complimentary bottle of shampoo."라며 청자가 승낙한다면, 무료 샴푸를 주고자 한다고 하였다. 따라서 정답은 (C) A hair-care product이다.

바꾸어 표현하기
a ~ bottle of shampoo 샴푸 한 병 → A hair-care product 모발 관리 제품

88 ■ 세부 사항 관련 문제 특정 세부 사항   정답 (A)
화자가 이용할 수 없다고 말하는 것을 묻는 문제이므로, 질문의 핵심어구(inaccessible)와 관련된 내용을 주의 깊게 듣는다. "Our building's elevator is currently out of service"라며 건물의 엘리베이터가 현재 고장이 났다고 하였다. 따라서 정답은 (A) An elevator이다.

Questions 89-91 refer to the following talk.

🔊 미국식 발음

We will begin selling a new keyboard on Tuesday. ⁸⁹As you will need to introduce this product to our customers, ⁹⁰you should get to know its features as quickly as possible. It's called the Koring Pro, and it's made by Leino. ⁹¹What makes this item stand out is that it has no cord. It connects wirelessly to computers, tablets, and phones. And it's quite affordable. The price here at Gadget Warehouse will be $21. In time, I think it'll become one of our best sellers.

89 Who most likely are the listeners?
(A) Electronics salespeople
(B) Computer programmers
(C) Product designers
(D) Media representatives

90 What does the speaker suggest?
(A) Posting about a product online
(B) Setting up some displays
(C) Correcting some malfunctions
(D) Becoming familiar with a device

91 What feature distinguishes the Koring Pro?
(A) It comes in multiple colors.
(B) It does not need a cord to function.
(C) It contains built-in speakers.
(D) It is compatible with previous models.

89-91번은 다음 담화에 관한 문제입니다.

우리는 화요일에 새 키보드를 판매하기 시작할 것입니다. ⁸⁹여러분께서 이 제품을 우리 고객들에게 소개하셔야 하므로, ⁹⁰가능한 한 빨리 그것의 특징들을 익히셔야 합니다. 그것은 Koring Pro라고 하며, Leino사에 의해 만들어졌습니다. ⁹¹이 제품을 돋보이게 만드는 것은 코드가 없다는 것입니다. 그것은 컴퓨터, 태블릿, 그리고 휴대 전화에 무선으로 연결됩니다. 그리고 그것은 가격이 꽤 적당합니다. 이곳 Gadget Warehouse에서의 가격은 21달러일 것입니다. 조만간, 그것은 우리의 가장 잘 팔리는 상품들 중 하나가 될 것이라고 생각합니다.

89. 청자들은 누구인 것 같은가?
(A) 전자 제품 판매원들
(B) 컴퓨터 프로그래머들
(C) 상품 디자이너들
(D) 언론사 직원들

90. 화자는 무엇을 제안하는가?
(A) 상품에 대해 온라인에 게시하기
(B) 진열대를 설치하기
(C) 오작동을 바로잡기
(D) 기기에 익숙해지기

91. 어떤 특징이 Koring Pro를 구별 짓는가?
(A) 다양한 색상이 있다.
(B) 작동하는 데 코드가 필요 없다.
(C) 내장된 스피커를 갖고 있다.
(D) 이전 모델들과 호환이 된다.

지문 feature[fíːtʃər] 특징 stand out 돋보이다, 두드러지다 wirelessly[wáiərləsli] 무선으로 affordable[əfɔ́ːrdəbl] 가격이 적당한
89 electronics[ilèktráːniks] 전자 제품
90 correct[kərékt] 바로잡다, 조정하다 malfunction[mælfʌ́ŋkʃən] 오작동, 고장
91 distinguish[distíŋgwiʃ] 구별 짓다 built-in 내장된, 붙박이의 be compatible with ~과 호환되다

89 ■ 전체 지문 관련 문제 청자   정답 (A)
○○○●○ 하
청자들의 신분을 묻는 문제이므로, 신분 및 직업과 관련된 표현을 놓치지 않고 듣는다. "As you will need to introduce this product[new keyboard] to our customers"라며 청자들이 새 키보드를 고객들에게 소개해야 한다는 말을 통해 청자들이 전자 제품 판매원들임을 알 수 있다. 따라서 정답은 (A) Electronics salespeople이다.

90 ■ 세부 사항 관련 문제 제안   정답 (D)
○○○●○ 중
화자가 제안하는 것을 묻는 문제이므로, 지문의 중후반에서 제안과 관련된 표현이 포함된 문장을 주의 깊게 듣는다. "you should get to know its[new keyboard] features as quickly as possible"이라며 가능한 한 빨리 새 키보드의 특징들을 익혀야 한다고 하였다. 따라서 정답은 (D) Becoming familiar with a device이다.

바꾸어 표현하기
get to know its[new keyboard] features 새 키보드의 특징들을 익히다 → Becoming familiar with a device 기기에 익숙해지기

91 ■ 세부 사항 관련 문제 특정 세부 사항   정답 (B)
○○○●○ 중
Koring Pro를 구별 짓는 특징을 묻는 문제이므로, 질문의 핵심어구(feature distinguishes the Koring Pro)와 관련된 내용을 주의 깊게 듣는다. "What makes this item[Koring Pro] stand out is that it has no cord. It connects wirelessly to computers, tablets, and phones."라며 이 제품을 돋보이게 만드는 것은 코드가 없다는 것이며 컴퓨터, 태블릿, 그리고 휴대 전화에 무선으로 연결된다고 하였다. 따라서 정답은 (B) It does not need a cord to function이다.

Questions 92-94 refer to the following news report.

🎧 미국식 발음

This is Catherine Long with BBS News. ⁹²Our top business story today is about the launch of JarinSport's highly anticipated running shoe line. The shoes have been designed to include computer chips that record the wearer's distance traveled and calories burned and send the information to a smartphone application for review. ⁹³Consumers who participated in the product testing carried out this spring showed promising levels of satisfaction. The line of shoes hits stores early this May. Unfortunately, ⁹⁴JarinSport has stopped accepting advance orders due to an unexpectedly high volume of requests placed through its Web site.

92 What is the report mainly about?
(A) A business opening
(B) A product release
(C) A health study
(D) A company acquisition

93 According to the speaker, what took place in the spring?
(A) A product trial
(B) An awareness campaign
(C) A seasonal promotion
(D) A national recall

94 Why was the preorder service halted?
(A) It proved to be too popular.
(B) It violated state regulations.
(C) It was not approved by a CEO.
(D) It cost a lot of money.

92-94번은 다음 뉴스 보도에 관한 문제입니다.

저는 BBS News의 Catherine Long입니다. ⁹²오늘 화제의 사업 소식은 JarinSport사의 매우 기대되는 운동화 제품 출시에 대한 것입니다. 그 운동화는 착용한 사람의 이동 거리와 소비된 칼로리를 기록하고, 검토를 위해 그 정보를 스마트폰의 애플리케이션으로 전송하는 컴퓨터 칩을 포함하도록 만들어졌습니다. ⁹³올 봄에 실시된 제품 시험에 참여했던 소비자들은 전망이 좋은 수준의 만족도를 보였습니다. 이 운동화 제품은 5월 초에 매장에 출시됩니다. 안타깝게도, ⁹⁴JarinSport사는 웹사이트를 통해 이루어진 예상 외로 많은 양의 요청으로 인해 예약 주문을 받는 것을 중단했습니다.

92. 보도는 주로 무엇에 관한 것인가?
(A) 개업
(B) 제품 출시
(C) 건강에 관한 연구
(D) 기업 인수

93. 화자에 따르면, 봄에 무슨 일이 일어났는가?
(A) 제품 시용
(B) 인식 개선 캠페인
(C) 계절 할인 행사
(D) 전국적인 리콜

94. 예약 주문 서비스는 왜 중단되었는가?
(A) 인기가 너무 많아졌다.
(B) 주 규정을 위반했다.
(C) 최고 경영자에 의해 허가되지 않았다.
(D) 많은 돈이 들었다.

지문 launch[lɔ:ntʃ] 출시, 시작 anticipate[æntísipeit] 기대하다 carry out 실시하다, 수행하다 promising[prá:misiŋ] 전망이 좋은, 유망한 advance order 예약 주문 volume[vá:lju:m] 양
92 acquisition[æ̀kwizíʃən] 인수
93 trial[tráiəl] 시용, 시험 awareness[əwéərnəs] 인식 national[nǽʃənl] 전국적인, 국민의
94 halt[hɔ:lt] 중단하다 violate[váiəleit] 위반하다, 침해하다 regulation[règjuléiʃən] 규정, 규제

92 ■ 전체 지문 관련 문제 주제 　　　　　　　　　　　　　　　　　　　　　　　　　　　　　정답 (B)
보도의 주제를 묻는 문제이므로, 지문의 초반을 반드시 듣는다. "Our top business story today is about the launch of JarinSport's highly anticipated running shoe line."이라며 오늘 화제의 사업 소식은 JarinSport사의 매우 기대되는 운동화 제품 출시에 대한 것이라고 한 뒤, 제품에 대한 내용을 언급하였다. 따라서 정답은 (B) A product release이다.

93 ■ 세부 사항 관련 문제 특정 세부 사항 　　　　　　　　　　　　　　　　　　　　　　　　　정답 (A)
봄에 일어난 일을 묻는 문제이므로, 질문의 핵심어구(spring)가 언급된 주변을 주의 깊게 듣는다. "Consumers who participated in the product testing carried out this spring"이라며 올 봄에 실시된 제품 시험에 소비자들이 참여했다고 하였다. 따라서 정답은 (A) A product trial이다.

94 ■ 세부 사항 관련 문제 이유 　　　　　　　　　　　　　　　　　　　　　　　　　　　　　정답 (A)
예약 주문 서비스가 중단된 이유를 묻는 문제이므로, 질문의 핵심어구(preorder service halted)와 관련된 내용을 주의 깊게 듣는다. "JarinSport has stopped accepting advance orders due to an unexpectedly high volume of requests placed through its Web site"이라며 JarinSport사가 웹사이트를 통해 이루어진 예상 외로 많은 양의 요청으로 인해 예약 주문을 받는 것을 중단했다고 한 말을 통해 인기가 너무 많아져 서비스가 중단되었음을 알 수 있다. 따라서 정답은 (A) It proved to be too popular이다.

Questions 95-97 refer to the following excerpt from a meeting and pie chart.

🎧 호주식 발음

I'd like to discuss one of our products. ⁹⁵This morning, I heard that Westmore Home Goods has released a new product called the West2000 that will compete with our Master Baker. Although I believe our product is superior, ⁹⁶I am worried as it is included in our second biggest product category. We can't risk such a popular product line being affected. ⁹⁶I think we should brainstorm some ideas to ensure that the product line remains competitive. I've asked my assistant to go out and get a few West2000s. ⁹⁷I'd like you all to test them out and compare them to ours. Then we can decide if we should increase our marketing to stay ahead.

95-97번은 다음 회의 발췌록과 원그래프에 관한 문제입니다.

우리 제품들 중 하나에 관해 이야기하고 싶습니다. ⁹⁵오늘 아침, Westmore 가정용품점이 우리의 Master Baker와 경쟁할 West2000이라고 불리는 신제품을 출시했다고 들었어요. 저는 우리의 제품이 우수하다고 생각하지만, ⁹⁶그것이 우리의 두 번째로 규모가 큰 제품 종류에 포함되어 있어서 걱정돼요. 우리는 그렇게 인기 있는 제품군이 영향을 받을 위험을 감수할 수 없습니다. ⁹⁶우리는 그 제품군이 경쟁력을 유지할 수 있도록 확실히 하기 위한 아이디어들을 떠올려야 한다고 생각합니다. 제 비서에게 나가서 몇 개의 West2000을 사 오라고 요청했습니다. ⁹⁷여러분 모두가 그것들을 시험해 보고 우리의 것과 비교해보시길 바랍니다. 그럼 우리는 앞서 나가기 위해 우리의 마케팅을 늘려야 할지 결정할 수 있습니다.

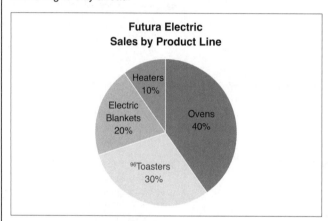

Futura Electric Sales by Product Line

Heaters 10%
Electric Blankets 20%
Ovens 40%
⁹⁶Toasters 30%

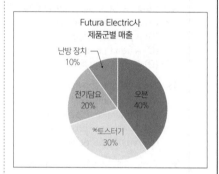

Futura Electric사 제품군별 매출

난방 장치 10%
전기담요 20%
오븐 40%
⁹⁶토스터기 30%

95 What does the speaker say he did this morning?
(A) He used a new appliance.
(B) He had a meeting with a competitor.
(C) He found out about a product release.
(D) He studied the company's total sales.

96 Look at the graphic. Which product category needs to be discussed?
(A) Ovens
(B) Toasters
(C) Electric Blankets
(D) Heaters

97 What does the speaker ask the listeners to do?
(A) Contact a coworker
(B) Redesign a product line
(C) Prepare some recipes
(D) Try out some devices

95. 화자는 오늘 아침에 무엇을 했다고 말하는가?
(A) 새로운 가전제품을 사용했다.
(B) 경쟁 업체와 회의를 했다.
(C) 제품 출시에 대해 알게 되었다.
(D) 회사의 전체 판매량을 검토했다.

96. 시각 자료를 보시오. 어느 제품 종류가 논의되어야 하는가?
(A) 오븐
(B) 토스터기
(C) 전기담요
(D) 난방 장치

97. 화자는 청자들에게 무엇을 하라고 요청하는가?
(A) 동료에게 연락한다.
(B) 제품군을 다시 디자인한다.
(C) 조리법을 준비한다.
(D) 기기들을 시험해 본다.

지문 **release** [rilí:s] 출시하다, 발표하다 **compete** [kəmpí:t] 경쟁하다, 참가하다 **superior** [미 su:píəriər, 영 su:píəriə] 우수한
product line 제품군, 제품 종류 **brainstorm** [미 bréinstɔ:rm, 영 bréinstɔ:m] 떠올리다, 구상하다 **ensure** [미 inʃúr, 영 inʃɔ́:] 확실히 하다
competitive [kəmpétətiv] 경쟁력 있는 **test out** 시험해 보다 **ahead** [əhéd] 앞서, 앞으로
95 **appliance** [əpláiəns] 가전제품

95 ■ 세부 사항 관련 문제 특정 세부 사항 정답 (C)

화자가 오늘 아침에 한 것을 묻는 문제이므로, 질문의 핵심어구(this morning)가 언급된 주변을 주의 깊게 듣는다. "This morning, I heard that Westmore Home Goods has released a new product"라며 오늘 아침 Westmore 가정용품점이 신제품을 출시했다고 들었다고 하였다. 따라서 정답은 (C) He found out about a product release이다.

96 ■ 세부 사항 관련 문제 시각 자료 정답 (B)

논의되어야 하는 제품 종류를 묻는 문제이므로, 제시된 원그래프의 정보를 확인한 뒤 질문의 핵심어구(product category ~ discussed)와 관련된 내용을 주의 깊게 듣는다. "I am worried as it[Master Baker] is included in our second biggest product category"라며 Master Baker가 두 번째로 규모가 큰 제품 종류에 포함되어 있어서 걱정된다고 한 뒤, "I think we should brainstorm some ideas to ensure that the product line remains competitive."라며 그 제품군이 경쟁력을 유지할 수 있도록 확실히 하기 위한 아이디어들을 떠올려야 한다고 생각한다고 하였다. 이를 통해 두 번째로 규모가 큰 제품 종류인 토스터기가 논의될 것임을 원그래프에서 알 수 있다. 따라서 정답은 (B) Toasters이다.

바꾸어 표현하기

be discussed 논의되다 → brainstorm some ideas 아이디어들을 떠올리다

97 ■ 세부 사항 관련 문제 요청 정답 (D)

화자가 청자들에게 요청하는 것을 묻는 문제이므로, 지문의 중후반에서 요청과 관련된 표현이 포함된 문장을 주의 깊게 듣는다. "I'd like you all to test them[West2000s] out and compare them to ours."라며 청자들 모두가 West2000을 시험해 보고 자신들의 것과 비교해보길 바란다고 하였다. 따라서 정답은 (D) Try out some devices이다.

바꾸어 표현하기

test ~ out 시험해 보다 → Try out 시험해 보다

Questions 98-100 refer to the following telephone message and table.

🎧 캐나다식 발음

Good afternoon. This is Jonathan Rivers calling from Partners Bank for Helen Wong. Ms. Wong, I'd like to let you know that your debit card may have been used by an unauthorized person. ^{98/99}A purchase was made with your card yesterday at a luxury clothing store in Barcelona. ⁹⁹However, our records indicate that you live in Seattle. In order to discuss the matter further, ^{99/100}please call 555-3422. ¹⁰⁰This number will connect you with the customer service center at our main branch, and a representative will assist you. Thank you.

Office	Phone number
Denver	555-2466
Seattle	555-9183
Tacoma	555-7833
¹⁰⁰Phoenix	555-3422

98-100번은 다음 전화 메시지와 표에 관한 문제입니다.

안녕하세요. 저는 Helen Wong님께 전화드리는 Partners 은행의 Jonathan Rivers입니다. Ms. Wong, 저는 귀하의 현금 카드가 권한이 없는 사용자에 의해 쓰였을 수도 있다는 것을 알려드리고 싶습니다. ^{98/99}귀하의 카드로 어제 바르셀로나에 있는 고급 의류 상점에서 구매가 이루어졌습니다. ⁹⁹그러나, 저희의 기록에는 귀하가 시애틀에 살고 계시다고 나옵니다. 이 문제를 더 논의하시려면, ^{99/100}555-3422로 전화해 주시기 바랍니다. ¹⁰⁰이 번호는 저희 본사에 있는 고객 서비스 센터로 연결될 것이고, 담당자가 도와드릴 것입니다. 감사합니다.

지점	전화번호
덴버	555-2466
시애틀	555-9183
타코마	555-7833
¹⁰⁰피닉스	555-3422

98 According to the speaker, where was a debit card used yesterday?
(A) At an international airport
(B) At an apparel retailer
(C) At a luxury resort
(D) At a fast food restaurant

99 Why must the listener place a call?
(A) To track some parcels
(B) To take advantage of a deal
(C) To confirm a purchase
(D) To make travel arrangements

100 Look at the graphic. Which office should the listener contact?
(A) Denver
(B) Seattle
(C) Tacoma
(D) Phoenix

98. 화자에 따르면, 어제 현금 카드가 어디에서 사용되었는가?
(A) 국제 공항에서
(B) 의류 소매점에서
(C) 고급 휴양지에서
(D) 패스트푸드 식당에서

99. 청자는 왜 전화를 해야 하는가?
(A) 소포를 추적하기 위해
(B) 거래를 이용하기 위해
(C) 구매를 확인하기 위해
(D) 여행 준비를 하기 위해

100. 시각 자료를 보시오. 청자는 어느 지점에 연락해야 하는가?
(A) 덴버
(B) 시애틀
(C) 타코마
(D) 피닉스

지문 debit card 현금 카드 unauthorized[ʌnɔ́ːθəraizd] 권한이 없는, 승인되지 않은 assist[əsíst] 도와주다

98 apparel[əpǽrəl] 의류

99 track[træk] 추적하다 take advantage of 이용하다

98 ■ 세부 사항 관련 문제 특정 세부 사항 정답 (B)

현금 카드가 사용된 장소를 묻는 문제이므로, 질문의 핵심어구(debit card used yesterday)와 관련된 내용을 주의 깊게 듣는다. "A purchase was made with your card yesterday at a luxury clothing store in Barcelona."라며 바르셀로나에 있는 고급 의류 상점에서 어제 청자의 카드로 구매가 이루어졌다고 하였다. 따라서 정답은 (B) At an apparel retailer이다.

바꾸어 표현하기
luxury clothing store 고급 의류 상점 → apparel retailer 의류 소매점

99 ■ 세부 사항 관련 문제 이유 정답 (C)

청자가 전화를 해야 하는 이유를 묻는 문제이므로, 질문의 핵심어구(place a call)와 관련된 내용을 주의 깊게 듣는다. "A purchase was made with your card yesterday at a luxury clothing store in Barcelona. However, our records indicate that you live in Seattle."이라며 바르셀로나에 있는 고급 의류 상점에서 어제 청자의 카드로 구매가 이루어졌으나 기록에는 청자가 시애틀에 살고 있다고 나온다고 한 뒤, "In order to discuss the matter further, please call 555-3422."라며 이 문제를 더 논의하려면 555-3422로 전화해달라고 하였다. 따라서 정답은 (C) To confirm a purchase이다.

100 ■ 세부 사항 관련 문제 시각 자료 정답 (D)

청자가 연락해야 하는 지점을 묻는 문제이므로, 제시된 표의 정보를 확인한 뒤 질문의 핵심어구(listener contact)와 관련된 내용을 주의 깊게 듣는다. "please call 555-3422. This number will connect you with the customer service center at our main branch"라며 555-3422로 전화해 달라고 한 뒤, 이 번호는 본사에 있는 고객 서비스 센터로 연결될 것이라고 하였으므로, 청자가 피닉스 지점으로 연락해야 한다는 것을 표에서 알 수 있다. 따라서 정답은 (D) Phoenix이다.

정답 ▎

TEST 01

1 (D)	2 (B)	3 (A)	4 (C)	5 (A)
6 (B)	7 (A)	8 (B)	9 (C)	10 (C)
11 (A)	12 (C)	13 (B)	14 (B)	15 (A)
16 (B)	17 (A)	18 (C)	19 (A)	20 (B)
21 (B)	22 (A)	23 (C)	24 (A)	25 (B)
26 (A)	27 (C)	28 (A)	29 (C)	30 (B)
31 (C)	32 (B)	33 (C)	34 (C)	35 (B)
36 (A)	37 (D)	38 (B)	39 (D)	40 (B)
41 (B)	42 (D)	43 (A)	44 (D)	45 (B)
46 (A)	47 (D)	48 (C)	49 (A)	50 (D)
51 (A)	52 (B)	53 (C)	54 (D)	55 (A)
56 (C)	57 (B)	58 (D)	59 (C)	60 (D)
61 (B)	62 (B)	63 (D)	64 (A)	65 (D)
66 (C)	67 (C)	68 (A)	69 (D)	70 (C)
71 (C)	72 (A)	73 (D)	74 (B)	75 (A)
76 (C)	77 (B)	78 (C)	79 (C)	80 (A)
81 (D)	82 (B)	83 (D)	84 (D)	85 (C)
86 (A)	87 (B)	88 (C)	89 (A)	90 (C)
91 (D)	92 (A)	93 (B)	94 (D)	95 (A)
96 (B)	97 (C)	98 (A)	99 (B)	100 (D)

TEST 02

1 (D)	2 (C)	3 (B)	4 (C)	5 (A)
6 (D)	7 (C)	8 (B)	9 (B)	10 (A)
11 (B)	12 (C)	13 (A)	14 (C)	15 (C)
16 (B)	17 (A)	18 (A)	19 (B)	20 (A)
21 (A)	22 (C)	23 (A)	24 (B)	25 (B)
26 (B)	27 (A)	28 (C)	29 (B)	30 (C)
31 (A)	32 (A)	33 (C)	34 (A)	35 (D)
36 (B)	37 (B)	38 (C)	39 (D)	40 (D)
41 (C)	42 (A)	43 (D)	44 (D)	45 (C)
46 (B)	47 (C)	48 (B)	49 (B)	50 (B)
51 (C)	52 (B)	53 (C)	54 (B)	55 (D)
56 (D)	57 (B)	58 (D)	59 (B)	60 (A)
61 (B)	62 (D)	63 (A)	64 (D)	65 (D)
66 (B)	67 (B)	68 (D)	69 (B)	70 (D)
71 (B)	72 (C)	73 (A)	74 (C)	75 (B)
76 (B)	77 (D)	78 (B)	79 (A)	80 (C)
81 (C)	82 (B)	83 (B)	84 (C)	85 (A)
86 (D)	87 (A)	88 (C)	89 (C)	90 (D)
91 (D)	92 (B)	93 (C)	94 (D)	95 (C)
96 (B)	97 (D)	98 (B)	99 (C)	100 (D)

TEST 03

1 (A)	2 (B)	3 (D)	4 (B)	5 (D)
6 (C)	7 (A)	8 (B)	9 (C)	10 (B)
11 (A)	12 (C)	13 (C)	14 (B)	15 (A)
16 (C)	17 (C)	18 (A)	19 (B)	20 (B)
21 (A)	22 (C)	23 (C)	24 (B)	25 (A)
26 (B)	27 (C)	28 (A)	29 (C)	30 (A)
31 (B)	32 (B)	33 (D)	34 (A)	35 (D)
36 (B)	37 (B)	38 (A)	39 (D)	40 (D)
41 (C)	42 (C)	43 (A)	44 (C)	45 (D)
46 (A)	47 (C)	48 (D)	49 (D)	50 (D)
51 (B)	52 (C)	53 (D)	54 (B)	55 (C)
56 (B)	57 (A)	58 (A)	59 (C)	60 (C)
61 (B)	62 (D)	63 (C)	64 (C)	65 (A)
66 (C)	67 (D)	68 (B)	69 (D)	70 (B)
71 (D)	72 (A)	73 (D)	74 (A)	75 (D)
76 (B)	77 (C)	78 (D)	79 (B)	80 (C)
81 (B)	82 (A)	83 (D)	84 (A)	85 (B)
86 (B)	87 (A)	88 (B)	89 (D)	90 (A)
91 (D)	92 (A)	93 (C)	94 (B)	95 (C)
96 (B)	97 (B)	98 (C)	99 (D)	100 (C)

TEST 04

1 (D)	2 (B)	3 (C)	4 (A)	5 (A)
6 (D)	7 (C)	8 (A)	9 (B)	10 (C)
11 (B)	12 (B)	13 (B)	14 (C)	15 (A)
16 (C)	17 (B)	18 (C)	19 (C)	20 (B)
21 (C)	22 (B)	23 (B)	24 (A)	25 (B)
26 (B)	27 (C)	28 (A)	29 (B)	30 (C)
31 (C)	32 (B)	33 (C)	34 (B)	35 (B)
36 (D)	37 (A)	38 (C)	39 (A)	40 (D)
41 (B)	42 (D)	43 (C)	44 (B)	45 (B)
46 (C)	47 (A)	48 (C)	49 (B)	50 (C)
51 (B)	52 (A)	53 (B)	54 (A)	55 (B)
56 (B)	57 (C)	58 (A)	59 (A)	60 (D)
61 (A)	62 (A)	63 (C)	64 (B)	65 (D)
66 (C)	67 (D)	68 (B)	69 (C)	70 (D)
71 (A)	72 (A)	73 (B)	74 (C)	75 (D)
76 (D)	77 (D)	78 (A)	79 (B)	80 (D)
81 (A)	82 (A)	83 (D)	84 (C)	85 (C)
86 (D)	87 (B)	88 (B)	89 (D)	90 (B)
91 (A)	92 (D)	93 (B)	94 (C)	95 (C)
96 (B)	97 (B)	98 (A)	99 (B)	100 (D)

▌TEST 05

1 (A)	2 (D)	3 (C)	4 (C)	5 (C)
6 (B)	7 (B)	8 (A)	9 (C)	10 (B)
11 (B)	12 (A)	13 (C)	14 (A)	15 (C)
16 (B)	17 (C)	18 (B)	19 (A)	20 (A)
21 (C)	22 (C)	23 (A)	24 (A)	25 (B)
26 (C)	27 (A)	28 (A)	29 (B)	30 (C)
31 (A)	32 (C)	33 (A)	34 (C)	35 (B)
36 (D)	37 (C)	38 (D)	39 (B)	40 (C)
41 (D)	42 (C)	43 (A)	44 (C)	45 (C)
46 (B)	47 (D)	48 (A)	49 (D)	50 (A)
51 (D)	52 (A)	53 (A)	54 (C)	55 (B)
56 (D)	57 (B)	58 (A)	59 (D)	60 (B)
61 (C)	62 (B)	63 (B)	64 (D)	65 (B)
66 (C)	67 (B)	68 (A)	69 (D)	70 (B)
71 (C)	72 (B)	73 (A)	74 (D)	75 (C)
76 (A)	77 (C)	78 (D)	79 (A)	80 (C)
81 (B)	82 (A)	83 (B)	84 (A)	85 (D)
86 (B)	87 (A)	88 (A)	89 (B)	90 (D)
91 (D)	92 (B)	93 (A)	94 (D)	95 (C)
96 (D)	97 (A)	98 (C)	99 (D)	100 (B)

▌TEST 06

1 (C)	2 (B)	3 (D)	4 (D)	5 (A)
6 (B)	7 (C)	8 (C)	9 (B)	10 (A)
11 (C)	12 (C)	13 (A)	14 (B)	15 (A)
16 (C)	17 (B)	18 (B)	19 (A)	20 (C)
21 (A)	22 (B)	23 (A)	24 (C)	25 (B)
26 (A)	27 (C)	28 (A)	29 (B)	30 (C)
31 (C)	32 (D)	33 (C)	34 (B)	35 (C)
36 (D)	37 (A)	38 (D)	39 (A)	40 (B)
41 (C)	42 (D)	43 (A)	44 (B)	45 (B)
46 (D)	47 (C)	48 (B)	49 (A)	50 (D)
51 (C)	52 (A)	53 (C)	54 (B)	55 (A)
56 (D)	57 (B)	58 (D)	59 (C)	60 (D)
61 (A)	62 (B)	63 (C)	64 (A)	65 (D)
66 (B)	67 (B)	68 (A)	69 (B)	70 (C)
71 (B)	72 (C)	73 (A)	74 (B)	75 (B)
76 (A)	77 (C)	78 (D)	79 (A)	80 (D)
81 (D)	82 (C)	83 (A)	84 (C)	85 (D)
86 (C)	87 (A)	88 (B)	89 (C)	90 (C)
91 (D)	92 (B)	93 (D)	94 (A)	95 (B)
96 (B)	97 (D)	98 (C)	99 (D)	100 (A)

▌TEST 07

1 (A)	2 (C)	3 (B)	4 (B)	5 (B)
6 (D)	7 (A)	8 (C)	9 (A)	10 (A)
11 (C)	12 (A)	13 (B)	14 (C)	15 (A)
16 (C)	17 (C)	18 (B)	19 (B)	20 (B)
21 (C)	22 (A)	23 (B)	24 (A)	25 (B)
26 (A)	27 (A)	28 (C)	29 (B)	30 (A)
31 (B)	32 (C)	33 (D)	34 (B)	35 (A)
36 (B)	37 (C)	38 (A)	39 (A)	40 (D)
41 (B)	42 (D)	43 (C)	44 (D)	45 (A)
46 (B)	47 (B)	48 (A)	49 (C)	50 (A)
51 (B)	52 (B)	53 (C)	54 (B)	55 (B)
56 (D)	57 (C)	58 (C)	59 (D)	60 (B)
61 (D)	62 (A)	63 (B)	64 (D)	65 (A)
66 (B)	67 (C)	68 (B)	69 (C)	70 (A)
71 (B)	72 (A)	73 (D)	74 (D)	75 (C)
76 (D)	77 (D)	78 (A)	79 (B)	80 (C)
81 (B)	82 (A)	83 (C)	84 (A)	85 (D)
86 (D)	87 (B)	88 (D)	89 (A)	90 (D)
91 (A)	92 (B)	93 (D)	94 (B)	95 (C)
96 (B)	97 (D)	98 (B)	99 (D)	100 (C)

▌TEST 08

1 (D)	2 (A)	3 (A)	4 (B)	5 (A)
6 (C)	7 (C)	8 (B)	9 (A)	10 (B)
11 (C)	12 (A)	13 (C)	14 (B)	15 (B)
16 (A)	17 (C)	18 (C)	19 (B)	20 (C)
21 (C)	22 (A)	23 (C)	24 (B)	25 (C)
26 (C)	27 (B)	28 (A)	29 (A)	30 (A)
31 (C)	32 (B)	33 (D)	34 (B)	35 (C)
36 (A)	37 (B)	38 (C)	39 (C)	40 (A)
41 (D)	42 (B)	43 (C)	44 (D)	45 (A)
46 (A)	47 (C)	48 (A)	49 (D)	50 (C)
51 (A)	52 (D)	53 (B)	54 (D)	55 (A)
56 (C)	57 (B)	58 (C)	59 (A)	60 (B)
61 (D)	62 (D)	63 (C)	64 (B)	65 (A)
66 (C)	67 (C)	68 (D)	69 (C)	70 (B)
71 (B)	72 (A)	73 (C)	74 (C)	75 (A)
76 (B)	77 (C)	78 (A)	79 (D)	80 (B)
81 (D)	82 (C)	83 (C)	84 (D)	85 (D)
86 (B)	87 (D)	88 (C)	89 (D)	90 (D)
91 (C)	92 (A)	93 (C)	94 (B)	95 (B)
96 (C)	97 (B)	98 (D)	99 (C)	100 (C)

TEST 09

1 (C)	2 (D)	3 (B)	4 (D)	5 (D)
6 (C)	7 (A)	8 (C)	9 (C)	10 (A)
11 (C)	12 (A)	13 (B)	14 (A)	15 (A)
16 (B)	17 (C)	18 (B)	19 (A)	20 (B)
21 (B)	22 (A)	23 (C)	24 (C)	25 (B)
26 (A)	27 (A)	28 (B)	29 (B)	30 (A)
31 (C)	32 (B)	33 (B)	34 (A)	35 (A)
36 (D)	37 (B)	38 (B)	39 (C)	40 (D)
41 (C)	42 (D)	43 (A)	44 (C)	45 (D)
46 (C)	47 (C)	48 (B)	49 (D)	50 (D)
51 (C)	52 (A)	53 (C)	54 (B)	55 (A)
56 (B)	57 (D)	58 (B)	59 (C)	60 (B)
61 (C)	62 (D)	63 (C)	64 (A)	65 (A)
66 (C)	67 (C)	68 (B)	69 (A)	70 (C)
71 (B)	72 (C)	73 (C)	74 (D)	75 (B)
76 (B)	77 (C)	78 (B)	79 (B)	80 (A)
81 (B)	82 (C)	83 (D)	84 (C)	85 (A)
86 (B)	87 (B)	88 (A)	89 (D)	90 (C)
91 (D)	92 (D)	93 (B)	94 (A)	95 (C)
96 (B)	97 (D)	98 (D)	99 (B)	100 (A)

TEST 10

1 (D)	2 (B)	3 (A)	4 (A)	5 (C)
6 (C)	7 (C)	8 (B)	9 (A)	10 (B)
11 (A)	12 (C)	13 (C)	14 (B)	15 (A)
16 (B)	17 (A)	18 (C)	19 (A)	20 (B)
21 (C)	22 (B)	23 (C)	24 (C)	25 (B)
26 (B)	27 (C)	28 (C)	29 (B)	30 (B)
31 (C)	32 (B)	33 (A)	34 (B)	35 (C)
36 (A)	37 (B)	38 (C)	39 (D)	40 (D)
41 (A)	42 (C)	43 (A)	44 (A)	45 (D)
46 (B)	47 (D)	48 (C)	49 (C)	50 (D)
51 (A)	52 (B)	53 (A)	54 (C)	55 (D)
56 (C)	57 (A)	58 (B)	59 (A)	60 (B)
61 (C)	62 (D)	63 (A)	64 (B)	65 (C)
66 (B)	67 (B)	68 (D)	69 (A)	70 (C)
71 (A)	72 (D)	73 (A)	74 (B)	75 (A)
76 (B)	77 (C)	78 (D)	79 (D)	80 (A)
81 (B)	82 (B)	83 (B)	84 (B)	85 (D)
86 (D)	87 (C)	88 (A)	89 (A)	90 (D)
91 (B)	92 (B)	93 (A)	94 (A)	95 (C)
96 (B)	97 (D)	98 (B)	99 (C)	100 (D)

최신 기출유형으로 실전 완벽 마무리

해커스 토익 LC

실전 **1000**제 **1**

LISTENING **해설집**

개정 5판 4쇄 발행 2024년 8월 5일

개정 5판 1쇄 발행 2023년 1월 2일

지은이	해커스 어학연구소
펴낸곳	㈜해커스 어학연구소
펴낸이	해커스 어학연구소 출판팀

주소	서울특별시 서초구 강남대로61길 23 ㈜해커스 어학연구소
고객센터	02-537-5000
교재 관련 문의	publishing@hackers.com
동영상강의	HackersIngang.com

ISBN	978-89-6542-508-3 (13740)
Serial Number	05-04-01

외국어인강 1위, 해커스인강
HackersIngang.com

해커스인강

· 해커스 토익 스타강사의 **본 교재 인강**
· 단기 리스닝 점수 향상을 위한 **무료 받아쓰기&쉐도잉 프로그램**
· 최신 출제경향이 반영된 **무료 온라인 실전모의고사**
· 들으면서 외우는 **무료 단어암기장 및 단어암기 MP3**
· 빠르고 편리하게 채점하는 **무료 정답녹음 MP3**

영어 전문 포털, 해커스토익
Hackers.co.kr

해커스토익

· 무료 매월 적중예상특강 및 실시간 토익시험 정답확인/해설강의
· 매일 실전 RC/LC 문제 및 토익 기출보카 TEST, 토익기출 100단어 등 다양한 무료 학습 콘텐츠

헤럴드 선정 2018 대학생 선호브랜드 대상 '대학생이 선정한 외국어인강' 부문 1위